国家重点档案专项资金资助项目

抗日战争档案汇编

广安市广安区档案馆藏抗战档案选编

1

广安市广安区档案馆 编

中華書局

图书在版编目（CIP）数据

广安市广安区档案馆藏抗战档案选编．1／广安市广安区档案馆编．－北京：中华书局，2021.8
（抗日战争档案汇编）
ISBN 978-7-101-15230-2

Ⅰ．广… Ⅱ．广… Ⅲ．抗日战争－历史档案－汇编－广安区 Ⅳ．K265.063

中国版本图书馆CIP数据核字(2021)第111764号

书　　名	广安市广安区档案馆藏抗战档案选编1
丛 书 名	抗日战争档案汇编
编　　者	广安市广安区档案馆
策划编辑	许旭虹
责任编辑	徐麟翔
装帧设计	许丽娟
出版发行	中华书局 （北京市丰台区太平桥西里38号　100073） http://www.zhbc.com.cn E-mail:zhbc@zhbc.com.cn
图文制版	北京禾风雅艺文化发展有限公司
印　　刷	天津艺嘉印刷科技有限公司
版　　次	2021年8月北京第1版 2021年8月第1次印刷
规　　格	开本889×1194毫米　1/16 印张38¾
国际书号	ISBN 978-7-101-15230-2
定　　价	600.00元

抗日战争档案汇编编委会

编纂出版工作领导小组

组　长　陆国强

副组长　王绍忠　付　华　魏洪涛　刘鲤生

编纂出版工作领导小组办公室

主　任　常建宏

副主任　孙秋浦　石　勇

成　员（按姓氏笔画为序排列）

李　宁　沈　岚　贾　坤

编纂委员会

主　任　陆国强

副主任　王绍忠

顾　问　杨冬权　李明华

成　员（按姓氏笔画为序排列）

于学蕴　于晓南　于晶霞　马忠魁　马俊凡　马振犊

王　放　王文铸　王建军　卢琼华　田洪文　田富祥

史晨鸣　代年云　白明标　白晓军　吉洪武　刘　钊

刘玉峰　刘灿河　刘忠平　刘新华　汤俊峰　孙　敏

苏东亮　杜　梅　李宁波　李宗春　吴卫东　何素君

张　军　张明决　陈念芜　陈艳霞　卓兆水　岳文莉

郑惠姿　赵有宁　查全洁　施亚雄　祝　云　徐春阳

郭树峰　唐仁勇　唐润明　黄凤平　黄远良　黄菊艳

梅　佳　龚建海　常建宏　韩　林　程潜龙　焦东华

童　鹿　蔡纪万　谭荣鹏　黎富文

四川省抗日战争档案汇编编纂出版领导机构

编纂出版工作领导小组

组　长　丁成明

副组长　罗亚夫

编纂委员会

主　任　丁成明

副主任　罗亚夫　周书生　张辉华　蒋希霖

委　员（按姓氏笔画为序排列）

王　勇　付荣江　付德健　刘文明　刘启章

刘淑华　杨世洪　李德勇　陈　波　陈吉学

罗国雄　罗曙光　庞红梅　袁　俊　夏长蓉

黄晓燕　韩家翼　粟　辉　舒建明　熊丽静

编纂出版工作领导小组办公室

主　任　张晓芳

副主任　曾声珂

成　员　张　强　刘金霞　刘严付　米晓燕

广安市广安区档案馆藏抗战档案选编编委会

组　长　张洪林

副组长　汪良慧

成　员　李臬宁　李胜平　姜坤相

总序

为深入贯彻落实习近平总书记「让历史说话，用史实发言，深入开展中国人民抗日战争研究」的重要指示精神，国家档案局根据《全国档案事业发展「十三五」规划纲要》和《「十三五」时期国家重点档案保护与开发工作总体规划》的有关安排，决定全面系统地整理全国各级综合档案馆馆藏抗战档案，编纂出版《抗日战争档案汇编》（以下简称《汇编》）。

中国人民抗日战争是近代以来中国反抗外敌入侵第一次取得完全胜利的民族解放战争，开辟了中华民族伟大复兴的光明前景。这一伟大胜利，也是中国人民为世界反法西斯战争胜利、维护世界和平作出的重大贡献。加强中国人民抗日战争研究，具有重要的历史意义和现实意义。

全国各级档案馆保存的抗战档案，数量众多，内容丰富，全面记录了中国人民抗日战争的艰辛历程，是研究抗战历史的珍贵史料。一直以来，全国各级档案馆十分重视抗战档案的开发利用，陆续出版公布了一大批抗战档案，对揭露日本帝国主义侵华罪行，讴歌中华儿女勠力同心、不屈不挠抗击侵略的伟大壮举，弘扬伟大的抗战精神，引导正确的历史认知，发挥了积极作用。特别是国家档案局组织有关方面共同努力和积极推动，「南京大屠杀档案」被联合国教科文组织评选为「世界记忆遗产」，列入《世界记忆名录》，捍卫了历史真相，在国际上产生了广泛而深远的影响。

全国各级档案馆馆藏抗战档案开发利用工作虽然取得了一定的成果，但是，在档案信息资源开发的系统性和深入性方面仍显不足。正如习近平总书记所指出的：「同中国人民抗日战争的历史地位和历史意义相比，同这场战争对中华民族和世界的影响相比，我们的抗战研究还远远不够，要继续进行深入系统的研究。」「抗战研究要深入，就要更多通过档案、资料、事实、当事人证词等各种人证、物证来说话。要加强资料收集和整理这一基础性工作，全面整理我国各地抗战档案、照片、资料、实物等……」

国家档案局组织编纂《汇编》，对全国各级档案馆馆藏抗战档案进行深入系统地开发，是档案部门贯彻落实习近平总书记重要指示精神，推动深入开展中国人民抗日战争研究的一项重要举措。本书的编纂力图准确把握中国人民抗日战争的历史进程、主流和本质，用详实的档案全面反映一九三一年九一八事变后十四年抗战的全过程，反映中国共产党在抗日战争中的中流砥柱作用以及中国人民抗日战争在世界反法西斯战争中的重要地位，反映国共两党「兄弟阋于墙，外御其侮」进行合作抗战、共同捍卫民族尊严的历史，反映各民族、各阶层及海外华侨共同参与抗战的壮举，展现中国人民抗日战争的伟大意义，以历史档案揭露日本侵华暴行，揭示日本军国主义反人类、反和平的实质。

编纂《汇编》是一项浩繁而艰巨的系统工程。为保证这项工作的有序推进，国家档案局制订了总体规划和详细的实施方案，明确了指导思想、工作步骤和编纂要求。为保证编纂成果的科学性、准确性和严肃性，国家档案局组织专家对选题进行全面论证，对编纂成果进行严格审核。

各级档案馆高度重视并积极参与到《汇编》工作之中，通过全面清理馆藏抗战档案，将政治、军事、外交、经济、文化、宣传、教育等多个领域涉及抗战的内容列入选材范围。入选档案包括公文、电报、传单、文告、日记、照片、图表等多种类型。在编纂过程中，坚持实事求是的原则和科学严谨的态度，对所收录的每一件档案都仔细鉴定、甄别与考证，维护档案文献的真实性，彰显档案文献的权威性。同时，以《汇编》编纂工作为契机，以项目谋发展，用实干育人才，带动国家重点档案保护与开发，夯实档案馆基础业务，提高档案人员的业务水平，促进档案馆各项事业的发展。

守护历史，传承文明，是档案部门的重要责任。我们相信，编纂出版《汇编》，对于记录抗战历史，弘扬抗战精神，发挥档案留史存鉴、资政育人的作用，更好地服务于新时代中国特色社会主义文化建设，都具有极其重要的意义。

抗日战争档案汇编编纂委员会

编辑说明

广安地处四川省东北部，紧邻抗战时期国民政府的陪都重庆。抗日战争全面爆发后，广安人民抗日热情空前高涨，与全国各族人民一道，齐心协力、共赴国难，踊跃捐款捐物，不仅捐飞机、募寒衣支援前线，还出工出力修建公路、架设防空通讯线路，保家卫国奔赴战场，为中国人民抗日战争的伟大胜利做出了积极贡献，付出了巨大牺牲。

《广安市广安区档案馆藏抗战档案选编1》收录广安区档案馆藏抗战档案二百三十余件，选稿起自一九三二年，迄至一九四五年。全书按照主题分为捐款捐物、修建公路、防空通讯线路建设维护及管理、轰炸损失四个部分，以档案形成时间先后分别排序。其中，轰炸损失部分主要收录了一九四〇年八月二日和九月三日日机两次轰炸广安带来损失的相关档案。

本书选用档案均为本馆馆藏原件，全文影印，未作删节；如有缺页，为档案自身原缺。档案中原标题完整或基本符合要求的使用原标题，原标题有明显缺陷的进行了修改或重拟，无标题的加拟标题。标题中的人名使用通用名，机构名称使用机构全称或规范简称，历史地名沿用当时地名。

档案形成时间一般以发文时间为准，少数无发文时间的采用收文时间，并加以注明。档案所载时间不完整或不准确的，作了补充或订正。档案时间只有年份和月份的，排在该月末；只有年份的，排在该年末。档案无时间且无法考证的标注「时间不详」。

全书使用规范的简化字，对标题中的繁体字、不规范异体字等予以径改。限于篇幅，本书不作注释。

由于时间紧、档案公布量大，加之编者水平有限，在编辑过程中可能存在疏漏之处，考订难免有误，欢迎方家斧正。

编　者

二〇二一年六月

目录

总序

编辑说明

一、捐款捐物

广安县政府关于印发《广安县各界救国募金团组织条例》致县商会主席黄守仁的训令（一九三二年三月三十日） …… 〇〇三

附：广安县各界救国募金团组织条例 …… 〇〇四

四川省教育厅关于奉令转发救国飞机捐款办法等致广安县教育局的训令（一九三三年三月至八月） …… 〇〇六

四川省教育厅致广安县教育局的训令（一九三三年三月） …… 〇〇六

四川省教育厅致广安县教育局的训令（一九三三年五月） …… 〇〇八

四川省教育厅致广安县教育局的训令（一九三三年八月） …… 〇一〇

广安县政府关于抄发续征公务员飞机捐办法及征捐数目月报表式致县商会的训令（一九三七年八月十一日） …… 〇一二

附：中国航空建设协会总会续征公务员飞机捐办法 …… 〇一五

四川省第十区行政督察专员公署关于奉令于七月起征解公务员飞机捐款致广安县征收局的训令（一九三七年九月十四日） …… 〇一七

广安县政府关于奉令限期汇缴飞机捐款及会员费致县商会的训令（一九三七年十月二日） …… 〇一八

广安县政府关于转发捐款奖励办法及献金手续并竭力劝募致崇望乡保长联合办公处的训令（一九三七年十月六日） …… 〇二〇

附：捐款奖励办法及献金手续 …… 〇二三

广安县政府关于奉令征募飞机捐款的训令（一九三七年十月） …… ○二四
广安县政府致崇望乡保长联合办公处的训令（一九三七年十月十日） …… ○二四
广安县政府致县商会的训令（一九三七年十月十日） …… ○二六
广安县政府关于奉电撙节费用捐助前线伤兵医药费致县商会的训令（一九三七年十月十四日） …… ○二八
广安县政府与四川省抗敌后援会广安县分会关于征募抗日将士寒衣布鞋等的一组文书
（一九三七年十月至一九三九年十月） …… ○三○
广安县政府致崇望乡保长联合办公处的训令（一九三七年十月二十九日） …… ○三○
附：四川省抗敌后援会广安县分会征募寒衣办法 …… ○三二
四川省抗敌后援会广安县分会致白庙乡抗敌支会的训令（一九三七年十一月一日） …… ○三四
四川省抗敌后援会广安县分会致崇望乡抗敌支会的训令（一九三七年十一月一日） …… ○三六
广安县政府致崇望乡保长联合办公处的训令（一九三七年十一月十四日） …… ○三八
附：四川省抗敌后援会募集皮毛丝棉制品办法 …… ○四○
广安县政府致崇望乡保长联合办公处的训令（一九三七年十二月十三日） …… ○四二
广安县政府致崇望乡保长联合办公处的训令（一九三八年一月十七日） …… ○四四
四川省抗敌后援会广安县分会致国民自卫总队部的公函（一九三八年十一月四日收） …… ○四六
附：议决案 …… ○四七
广安县政府致彭家小学的训令（一九三九年四月） …… ○五○
广安县政府致第二区崇望短期小学的训令（一九三九年五月三日） …… ○五一
广安县政府致彭家初级小学的训令（一九三九年十月十四日） …… ○五二
附（一）四川省征募寒衣运动工作实施大纲 …… ○五四
附（二）广安县征募寒衣实施办法 …… ○五八
广安县政府关于查报各寺庙钟、磬、炉、鼎及乡村散置生铁等致崇望乡保长联合办公处的训令（一九三八年一月九日） …… ○六○

附：钟磬炉鼎五金等物调查表……〇六二
四川省抗敌后援会广安县分会关于查照收支款项一览表等致县商会的公函（一九三八年六月五日）……〇六四
附（一）四川省抗敌后援会广安县分会收支一览表……〇六六
附（二）四川省抗敌后援会广安县分会寒衣医药募捐捐款数目表……〇六八
附（三）四川省抗敌后援会广安县分会征募什物一览表……〇七一
四川省抗敌后援会广安县分会关于会商办理劝募捐款事宜致广安县各机关、法团、学校的公函（一九三八年七月十日）……〇七二
广安县政府第一区区署关于限期募集抗敌军人家属优待金致崇望乡联保主任的训令
并附各乡集款数目分配表（一九三八年九月）……〇七四
广安县政府与中国航空建设协会四川省分会等关于征募航空会员会费的一组文书
（一九三八年十一月至一九四三年九月）……〇七六
广安县政府、中国航空建设协会四川省分会广安县分会致国民自卫总队部的训令（一九三八年十一月二十三日）……〇七六
广安县政府致中国航空建设协会四川省分会征求总队的呈（一九四二年十月二日）……〇七八
附：四川省银行汇款便条……〇八〇
中国航空建设协会四川省分会致广安县政府的指令（一九四二年十二月四日）……〇八一
广安私立载英中学致县政府的呈（一九四二年十二月二十二日）……〇八二
广安县政府致县立中学的指令（一九四三年九月）……〇八四
「中国儿童号飞机」四川省广安县筹募分会关于召开成立大会致国民自卫总队部的公函（一九三八年十二月）……〇八五
附（一）「中国儿童号」飞机全国筹募会组织大纲……〇八七
附（二）「中国儿童号」飞机各省市筹募分会组织大纲……〇九三
附（三）「中国儿童号」飞机全国筹募实施方案……〇九五
旅鄂文士高仰之关于将家藏书画金石展览所得资金及屏堂捐助抗日致广安县政府的函（一九三九年二月十九日收）……〇九八
四川省第十区行政督察专员公署关于抄发统一缴解捐款献金办法致广安县政府的训令（一九三九年八月二十三日）……一〇〇

广安县第一区城厢联保关于请收集各商号以营业税标准应征优待义壮积谷捐款致县商会的公函（一九四〇年一月十一日收）……一〇一

广安县政府与花桥镇公所关于积谷募捐事的一组文书（一九四〇年八月至一九四一年十月）……一〇三

广安县政府致县商会的训令（一九四〇年八月二日）……一〇三

广安县花桥镇公所致县政府的呈（一九四一年十月二日）……一〇八

白在中与广安县政府关于杨森、杨汉域、杨干才为广安被炸灾民捐款事的函电（一九四〇年九月）……一一一

白在中致广安县县长的函（一九四〇年九月十八日）……一一一

广安县政府致杨森、杨汉域、杨干才的代电（一九四〇年九月二十五日）……一一三

四川省动员委员会关于抄发扩大征募慰劳运动实施办法致广安县动员委员会的训令（一九四〇年十一月八日）……一一五

附：四川省各级党部一九四〇年度下半年扩大征募慰劳运动实施办法……一一七

四川省动员委员会关于奉电转发中央派驻各地方机关捐款献金原则致广安县动员委员会的训令（一九四〇年十二月二十一日）……一二四

广安县战时工作委员会、广安县动员委员会等关于出钱劳军捐款的一组文书（一九四一年四月至一九四三年四月）……一二六

广安县战时工作委员会致县立女子中学的训令（一九四一年四月八日）……一二六

广安县战时工作委员会致县商会的训令（一九四一年四月八日）……一二七

广安县出钱劳军运动各乡镇劝募标准（时间不详）……一二八

广安县出钱劳军运动公教人员劝募标准（时间不详）……一二九

广安私立培文初级中学致县战时工作委员会的呈（一九四一年四月二十九日）……一三〇

广安县战时工作委员会致县立女子中学的指令（一九四一年五月十七日）……一三一

广安县护安乡公所致县政府的呈（一九四一年六月五日）……一三二

广安县第一区泰山乡公所致县战时工作委员会的呈（一九四一年六月三十日收）……一三三

广安县动员委员会致四川省动员委员会的呈（一九四一年十二月十二日）……一三四

广安县动员委员会致四川省动员委员会的呈（一九四二年八月十七日）……一三六
四川省动员委员会致广安县动员委员会的代电（一九四二年十月）……一三八
广安县政府致县立男子中学的指令（一九四三年四月十六日）……一三九
广安县政府关于奉令转发全国教师号飞机献捐办法致彭家乡中心学校的训令（一九四一年五月）……一四〇
广安县政府关于查报该校阵亡将士遗孤以凭汇转专款致彭家乡中心学校的训令（一九四一年六月）……一四一
广安县政府关于抄发《统一捐募运动办法》致县商会的训令（一九四二年七月二十一日收）……一四二
附：统一捐募运动办法（一九四二年五月二日）……一四三
广安县政府关于奉令催缴献机捐款致县商会的训令（一九四二年八月二十四日）……一四四
广安县政府与县立中学关于滑翔机捐款事的来往文书（一九四二年十一月至一九四三年七月）……一四五
广安县政府致县立中学的训令并附广安县滑翔机捐款配额表（一九四二年十一月）……一四五
广安县立中学致县政府的呈（一九四三年三月）……一四七
广安县政府致县立中学的指令（一九四三年七月十日）……一四九
三民主义青年团重庆支团广安分团部筹备处关于请查收建国储蓄券致广安县商会的函（一九四二年十二月十六日收）……一五〇
广安县政府关于抄发《非常时期捐献款项承购国债及劝募捐款国债奖励条例施行细则》致县商会的训令
（一九四三年三月十六日收）……一五一
附：非常时期捐献款项承购国债及劝募捐款国债奖励条例施行细则……一五二
广安县政府与所属各乡镇公所关于捐资修建补充兵营房事宜的来往文书（一九四三年五月至八月）……一五五
广安县政府致县国民兵团及各乡镇公所的训令（一九四三年五月二十六日）……一五五
广安县政府致各乡镇公所的训令（一九四三年七月二十九日）……一五六
广安县东岳乡公所致县政府的呈（一九四三年八月五日）……一五七
广安县北城镇公所致县政府的呈（一九四三年八月七日）……一五九
广安县元平乡公所致县政府的呈（一九四三年八月九日）……一六〇

广安县献粮献金审议会议第一次会议记录（一九四五年六月十六日）……二六三
广安县临时参议会致县政府的公函（一九四五年六月三十日）……二六六
广安县政府致各区指导员的训令（一九四五年七月九日）……二六八
附（一）献金造报办法……二七〇
附（二）献金补充办法……二七一
附（三）各乡镇献金等级及户额表……二七二
广安县政府致四川省政府、四川省第十区行政督察专员兼保安司令公署的呈（一九四五年十月二十日）……二七六
广安县政府致四川省政府、四川省第十区行政督察专员兼保安司令公署的呈（一九四五年十月二十五日）……二七八
附（一）广安县政府经办改善士兵待遇献金缴款清单……二七九
附（二）广安县政府经办改善士兵待遇献金收入旬报表（一九四五年十月二十三日）……二八三
四川省政府关于抓紧办理献金事宜致广安县政府的指令（一九四五年七月十二日）……二九一
四川省广安县知识青年志愿从军征集委员会捐册（时间不详）……二九三
二、修建公路
广安县筑路委员会、广安县政府关于修筑川鄂公路广安段事宜致崇望乡联保办公处的训令、命令
（一九三八年三月至九月）……三〇一
广安县筑路委员会致崇望乡联保办公处的训令（一九三八年三月二十八日）……三〇一
广安县政府、广安县筑路委员会致崇望乡联保办公处的训令（一九三八年四月二日）……三〇二
广安县县长周膺九致崇望乡联队长谭巨林的命令（一九三八年四月十三日）……三〇四
广安县政府、广安县筑路委员会致崇望乡联保办公处的训令（一九三八年四月十八日）……三〇六
广安县政府、广安县筑路委员会致崇望乡联保办公处的训令（一九三八年四月十九日）……三〇八
广安县政府、广安县筑路委员会致崇望乡联保办公处的训令（一九三八年四月十九日）……三一〇

广安县政府、广安县筑路委员会致崇望乡联保办公处的训令（一九三八年四月二十一日）……三一二
广安县政府、广安县筑路委员会致崇望乡联保办公处的训令（一九三八年四月二十六日）……三一四
广安县政府、广安县筑路委员会致崇望乡联保办公处的训令（一九三八年五月二十一日）……三一六
广安县政府致崇望乡联保办公处的训令（一九三八年五月二十七日）……三一八
广安县政府、广安县筑路委员会致崇望乡联保办公处的训令（一九三八年五月三十一日）……三一九
广安县政府、广安县筑路委员会致崇望乡联保办公处的训令（一九三八年六月十三日）……三二〇
广安县政府、广安县筑路委员会致崇望乡联保办公处的训令（一九三八年六月二十一日）……三二二
广安县政府致崇望乡联保办公处的训令（一九三八年六月二十三日）……三二四
广安县政府、广安县筑路委员会致崇望乡联保办公处的训令（一九三八年八月九日）……三二六
附：加宽路面图、应征民工人数及带工具表……三二八
广安县政府致崇望乡联保办公处的训令（一九三八年九月二日）……三二九
四川省第十区行政督察专员公署与广安县政府关于修筑汉渝公路事宜的电令（一九三九年八月至十二月）……三三一
四川省第十区行政督察专员公署致广安县政府的电（一九三九年八月十二日）……三三一
四川省第十区行政督察专员公署致广安县政府的训令（一九三九年十一月十七日）……三三二
四川省第十区行政督察专员公署致广安县政府的训令（一九三九年十二月四日）……三三四
广安县政府致各乡镇联保办公处的密令（一九三九年十二月）……三三六
附（一）广安县修筑汉渝公路各联保征调民工数目一览表……三三八
附（二）广安县修筑汉渝公路渝竹段民工编配表……三三九
附（三）广安县修筑汉渝公路民工伙食费筹集数目表……三四一
附（四）广安县修筑汉渝公路渝竹段征调民工办法……三四五
四川省政府关于抄发战时公路征料办法致广安县政府的训令（一九三九年十一月）……三四九
附：战时主要公路征购材料办法……三五一

三、防空通讯线路建设、维护及管理

广安县政府与交通部广安电报局、广安县各乡联保办公处及各区署、四川省政府关于修设川东北防空电报线路的一组文书（一九三九年一月至一九四〇年五月）……三五五

广安县井溪乡联保办公处致县政府的呈（一九三九年一月二十一日）……三五五

附：广安县政府第二区井溪乡造呈川东北电杆树花名册（一九三九年一月十日）……三五八

广安县广门乡联保办公处致县政府的呈（一九三九年四月九日）……三六五

广安县大有乡联保办公处致县政府的呈（一九三九年四月十日）……三六九

广安县第一区区署致县政府的呈（一九三九年四月十二日收）……三七二

广安县第二区区署致县政府的呈（一九三九年四月二十日收）……三七五

交通部广安电报局致广安县政府的公函（一九三九年五月三十一日）……三七八

交通部广安电报局致广安县政府的公函（一九三九年六月五日）……三八二

广安县政府致第一、二、四区区署的代电（一九三九年六月六日）……三八五

四川省政府致广安县政府的密电（一九三九年六月三十日）……三八七

广安县政府致四川省政府的代电（一九三九年七月十七日）……三八九

广安县第四区区署致县政府的呈（一九三九年七月二十八日）……三九一

广安县城厢镇联保办公处致县政府的呈（一九三九年八月二十三日）……三九四

广安县太平乡联保办公处致县政府的呈（一九三九年九月十二日收）……三九七

广安县彭家乡联保办公处致县政府的呈（一九三九年九月二十一日收）……四〇一

广安县协兴乡联保办公处致县政府的呈（一九三九年九月二十七日收）……四〇三

附（一）领款收据……四〇七

附（二）验收员收据（一九三九年九月十二日）……四〇八

广安县政府致交通部广安电报局的公函（一九三九年十月十一日）……四〇九

交通部广安电报局致广安县政府的公函（一九三九年十月十四日）……四一二
附：各乡验收合格之电杆实数表（一九三九年十月十三日）……四一六
广安县城厢联保办公处致县政府的呈（一九四〇年一月十五日）……四二〇
广安县彭家乡联保办公处致县政府的呈（一九四〇年三月）……四二二
广安县政府致城厢、化龙等乡镇联保办公处的训令（一九四〇年五月二十日）……四二四
广安县各乡联保办公处、广安县乡村电话管理处与广安县政府等关于维护整修川东北防空电报线路的一组文书（一九三九年八月至一九四〇年九月）……四二六
广安县广福乡联保办公处致县政府的呈（一九三九年八月七日收）……四二六
四川省政府致广安县政府的训令（一九四〇年一月一日）……四三〇
广安县观音镇联保办公处致县政府的呈（一九四〇年四月九日收）……四三二
广安县乡村电话管理处致县政府的呈（一九四〇年四月二十一日）……四三五
广安县政府致县乡村电话管理员的指令（一九四〇年五月二十五日）……四三七
附：维修线路材料收据（一九四〇年五月三十一日）……四三九
广安县观音乡联保办公处致县政府的呈（一九四〇年六月三日收）……四四〇
广安县观阁镇镇长、广兴乡乡长致县长的签呈（一九四〇年六月二十四日）……四四三
广安县财务委员会致县政府的呈（一九四〇年七月二日）……四四四
广安县政府致县乡村电话管理处的训令（一九四〇年七月十三日）……四四六
广安县政府致县乡村电话管理处的训令（一九四〇年七月十三日）……四四八
广安县政府致县财务委员会的训令（一九四〇年七月）……四五〇
广安县广兴乡乡长林义贤致县政府的呈（一九四〇年七月）……四五一
广安县政府致县乡村电话管理处的训令（一九四〇年八月七日）……四五三
广安县乡村电话管理处致县政府的呈（一九四〇年八月三十日）……四五五

广安县政府致县电报局的公函（一九四〇年九月十八日）……四五七
广安县政府致各乡镇公所、乡村电话管理处的训令（一九四〇年九月二十一日）……四五九
广安县协兴、井溪、泰山乡联保办公处关于呈报电话守机人姓名册致县政府的呈（一九四〇年三月至五月）……四六一
广安县协兴乡联保办公处致县政府的呈（一九四〇年三月）……四六一
附：广安县第一区协兴乡造呈现守电话机人姓名册（一九四〇年三月）……四六三
广安县井溪乡联保办公处致县政府的呈（一九四〇年四月）……四六四
广安县泰山乡联保办公处致县政府的呈（一九四〇年五月）……四六六
附：泰山乡联保办公处造具电话司机生姓名住址册（一九四〇年五月十日）……四六八
广安县政府关于奉电转发电讯管理人员应注意事项致县乡村电话管理处的训令（一九四〇年七月二十三日）……四六九
四川省第十区行政督察专员公署关于奉电诫勉电讯管理人员及电务生薪饷问题等致广安县政府的指令（一九四〇年八月五日）……四七一

四、轰炸损失

四川省政府关于查报广安县一九四〇年八月二日遭空袭损失详情并妥办善后抚恤伤亡致广安县政府的快邮代电（一九四〇年八月二十二日）……四七五
广安地方法院及该院检察处关于该院检察官王善祥在渝遭空袭请求救济事的一组文书（一九四〇年八月至十二月）……四七六
广安地方法院检察处致广安地方法院的公函（一九四〇年八月二十八日）……四七六
广安地方法院检察官王善祥致广安地方法院的公函（一九四〇年十月二十九日）……四七八
广安地方法院致四川高等法院的代电（一九四〇年十一月一日）……四八〇
广安地方法院致该院检察处的公函（一九四〇年十一月一日）……四八二
广安地方法院致四川高等法院的呈（一九四〇年十二月九日）……四八四
广安县政府关于召集被炸灾民听候放赈致护安乡公所的训令（一九四〇年十月二十三日）……四八六

四川省赈济会关于广安县一九四〇年八月二日遭日机轰炸组织赈济的一组电令（一九四〇年八月至十二月） …… 四八七
四川省赈济会致广安县政府、县赈济会的训令（一九四〇年八月二十九日收） …… 四八七
四川省赈济会致广安县政府的快邮代电（一九四〇年九月） …… 四八九
四川省赈济会致广安县政府的指令（一九四〇年十二月十三日） …… 四九〇
广安县政府关于一九四〇年九月三日遭日机轰炸人员伤亡及财产损失的一组文书（一九四〇年九月至十一月） …… 四九一
广安县政府致四川省政府、四川省赈济会、重庆防空司令部等的电（一九四〇年九月三日） …… 四九一
广安县政府致城厢镇公所的命令（一九四〇年九月六日） …… 四九二
广安县政府致行政院的呈（一九四〇年十月三十一日） …… 四九三
广安县政府致四川省政府、四川省第十区行政督察专员公署的呈（一九四〇年十一月一日） …… 四九五
广安地方法院代理警长及谢用臣妻谢严氏等关于法警谢用臣被日机轰炸身亡请求抚恤救济事的一组文书（一九四〇年九月） …… 四九七
广安地方法院代理警长和熙旸致广安地方法院的报告（一九四〇年九月三日） …… 四九七
广安地方法院法警谢用臣妻谢严氏致广安地方法院的呈（一九四〇年九月十七日收） …… 四九八
广安地方法院致四川高等法院的呈（一九四〇年九月二十三日） …… 五〇二
广安县管狱署关于九月三日监所被炸犯人脱逃、受伤及财产损失情形致广安县政府、广安地方法院的呈（一九四〇年九月） …… 五〇六
广安县管狱署致县政府的呈（一九四〇年九月四日） …… 五〇六
广安县管狱署致县政府的呈（一九四〇年九月十日） …… 五〇八
广安县管狱署致广安地方法院的呈（一九四〇年九月） …… 五一〇
附：广安县管狱署造具一九四〇年九月三日敌机轰炸禁民受伤表 …… 五一一
广安县管狱署致县政府的呈（一九四〇年九月） …… 五一三
附：广安县管狱署及监所九月三日敌机空袭器物损失清册 …… 五一五

广安县政府公务员役等关于一九四〇年九月三日被炸伤亡损失请求救济抚恤致县政府的一组文书（一九四〇年九月至十二月） …… 五一六

广安县政府军事科科员梁鲁珍致县政府的签呈（一九四〇年九月五日） …… 五一六

广安县平价会干事刘百先致县政府的签呈（一九四〇年九月六日） …… 五一七

广安县政府雇员张民膏致县政府的签呈（一九四〇年九月九日） …… 五一八

广安县政府雇员杜平章致县政府的签呈（一九四〇年九月十日） …… 五一九

广安县政府公役尹福致县政府的报告（一九四〇年九月十日） …… 五二〇

广安县政府军法书记员张光耀致县政府的报告（一九四〇年九月十日） …… 五二一

广安县政府事务员郑慎徽致县政府的签呈（一九四〇年九月十二日） …… 五二二

广安县政府雇员李继白致县政府的签呈（一九四〇年九月十九日） …… 五二三

广安县政府事务员王传六致县政府的报告（一九四〇年九月二十一日） …… 五二四

广安县政府公役黄义廷致县政府的报告（一九四〇年九月二十九日） …… 五二五

广安县政府政警阳圣德致县政府的报告（一九四〇年九月三十日） …… 五二六

广安县警察所所长王达三致县政府的呈（一九四〇年九月） …… 五二七

广安县政府政警致县政府的呈（一九四〇年九月） …… 五二八

广安县政府政警周光全致县政府的报告（一九四〇年十月一日） …… 五三〇

广安县政府职员万子模致县政府的呈（一九四〇年十月七日） …… 五三一

广安县政府雇员张民膏致县政府的签呈（一九四〇年十月十四日） …… 五三二

广安县政府职员周香池致县政府的签呈（一九四〇年十二月十七日） …… 五三三

附：十二名被炸员役政警损失及赈济清单 …… 五三四

广安县政府公役刘世荣致县政府的报告（一九四〇年十二月二十六日） …… 五三六

陆军通信兵第三团第四营第十三连与广安县政府关于第十三连士兵被日军轰炸死亡及器物被毁的来往文书（一九四〇年九月）……五三七
陆军通信兵第三团第四营第十三连致广安县政府的函（一九四〇年九月五日）……五三七
广安县政府致陆军通信兵第三团第四营第十三连的证明书（一九四〇年九月十三日）……五三八
广安县政府与四川省赈济会、四川省政府等关于广安县一九四〇年九月三日被日机轰炸情形及拨款赈济事的来往文书（一九四〇年九月至十二月）……五三九
广安县政府致军事委员会、四川省政府等的呈（一九四〇年九月七日）……五三九
广安县政府致四川省赈济会、行政院赈济委员会的电（一九四〇年九月十一日）……五四二
四川省赈济会致广安县政府的快邮代电（一九四〇年九月二十四日）……五四三
四川省第十区行政督察专员公署致广安县政府的指令（一九四〇年九月二十五日收）……五四四
四川省政府致广安县政府的指令（一九四〇年九月二十六日）……五四五
四川全省防空司令部致广安县政府的训令（一九四〇年九月二十六日）……五四七
四川省政府致广安县政府的指令（一九四〇年九月二十八日）……五四九
广安县政府致重庆防空司令部的代电（一九四〇年十月九日）……五五〇
重庆防空司令部致广安县政府的指令（一九四〇年十月十四日收）……五五一
四川省赈济会致广安县政府的快邮代电（一九四〇年十月十五日）……五五三
四川省赈济会致广安县政府的指令（一九四〇年十二月七日）……五五四
关于广安县立中学出纳干事周益兴被日机轰炸身亡并损失身带经费的一组文书（一九四〇年九月至十一月）……五五五
广安县立中学致县政府的呈（一九四〇年九月十日）……五五五
广安县立中学再致县政府的呈（一九四〇年九月十日）……五五七
四川省政府致广安县政府的指令（一九四〇年十一月四日）……五五八
重庆防空司令部关于按规定格式填报空袭损失报告表及拨款赈济事致广安县政府的指令（一九四〇年九月十七日收）……五六〇

四川省第十区行政督察专员公署关于被炸损失表报收悉并拨款赈济事致广安县政府的指令（一九四〇年九月二十日） …… 五六二
广安县私塾教员卢又森关于所办私塾校舍被日机炸毁请求拨款维修致县政府的呈（一九四〇年九月二十一日收） …… 五六三
广安县财务委员会关于文风巷及北街图书馆街房遭炸毁损失情形致县政府的呈（一九四〇年九月二十七日） …… 五六五
广安县救济院关于该院儿童教养所被日机轰炸损毁情况致县政府的呈（一九四〇年九月三十日） …… 五六七
广安地方法院验厂掩埋夫役陈兴发、刘兴发等关于验厂被日机炸毁请求救济致县政府、地方法院的呈（一九四〇年九月至十一月） …… 五六九
　陈兴发、刘兴发等致广安县政府的呈（一九四〇年九月） …… 五六九
　陈兴发、刘兴发等致广安地方法院的呈（一九四〇年十一月） …… 五七三
广安县财务委员会关于城厢镇横街镇乡教经街房被炸毁事宜致县政府的呈（一九四〇年十月二十二日） …… 五七七
广安县政府一九四〇年八月二日、九月三日被日机轰炸所领赈款收支情况表（一九四一年二月） …… 五七九
红十字会广安分会关于请拨款归垫被日机炸伤灾民李永莲住院费致广安县政府的呈（一九四一年四月十八日收） …… 五八一
　附：住院费结单 …… 五八五
四川省政府关于按规定填报城区公私立小学被炸情况调查表致广安县政府的指令（一九四一年六月十六日） …… 五八六
广安县城厢镇公所关于请拨发抗属徐作春被炸安葬费致县政府的呈（一九四一年八月六日） …… 五八八
行政院赈济委员会关于复准备查遭空袭伤亡人数报告表致广安县政府的快邮代电（一九四一年十月四日收） …… 五九〇
　附：四川省广安县一九四〇年度遭受空袭伤亡人数报告表 …… 五九一

后记

一、捐款捐物

广安县政府关于印发《广安县各界救国募金团组织条例》致县商会主席黄守仁的训令（一九三二年三月三十日）

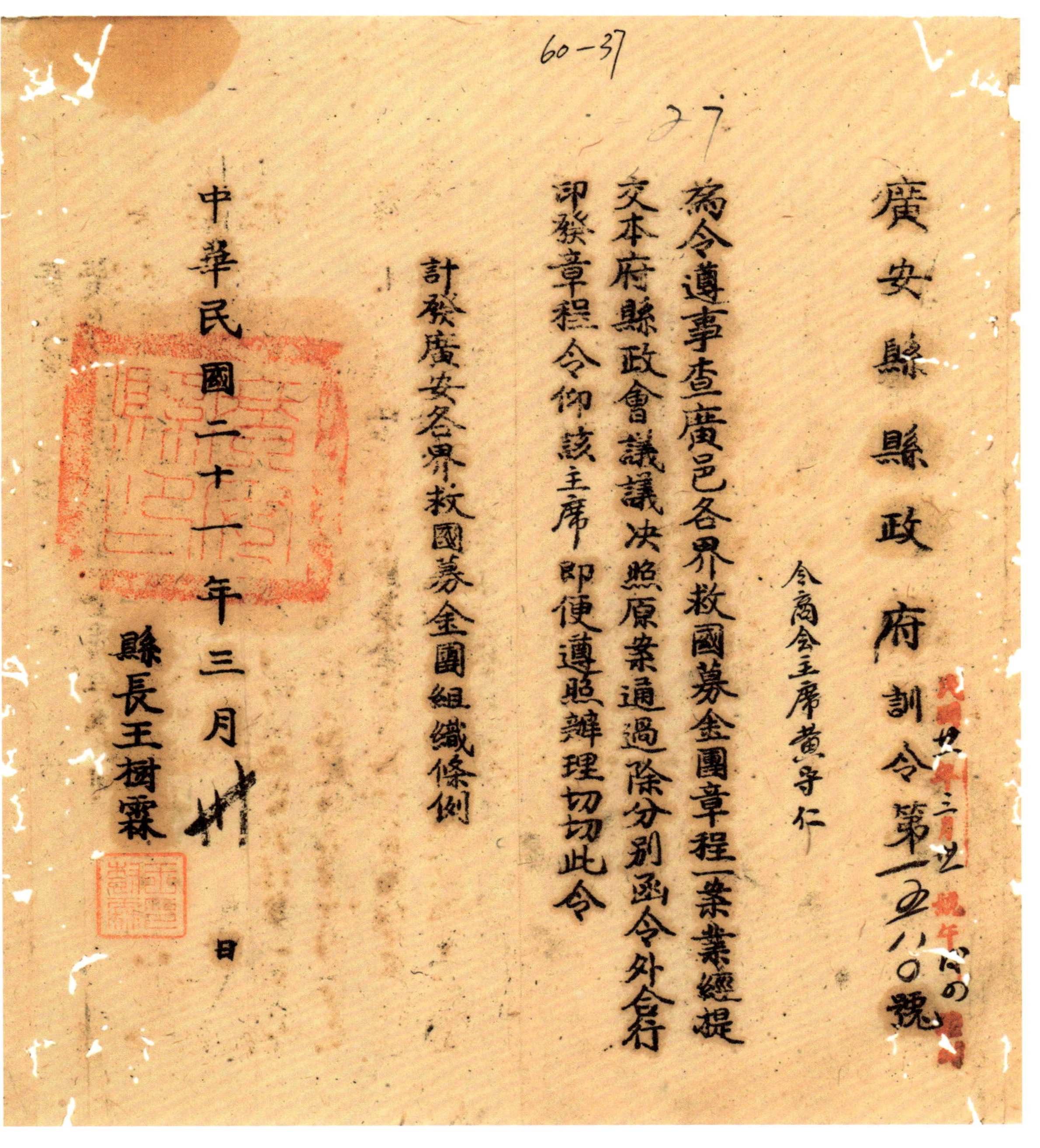
廣安縣政府訓令第一五八〇號

令商会主席黄守仁

爲令遵事查廣邑各界救國募金團章程一案業經提交本府縣政會議議決照原案通過除分别函令外合行印發章程令仰該主席即便遵照辦理切切此令

計發廣安各界救國募金團組織條例

中華民國二十一年三月卅日

縣長王樹霖

附：广安县各界救国募金团组织条例

廣安縣各界救國募金團組織條例

第一條　本團由廣安各界組織而成故定名曰廣安各界救國募金

第二條　本團以募金救國爲宗旨

第三條　本團自刊木質圖記一顆文曰廣安各界救國募金團之圖記

第四條　本團設總務股以縣政府教育局建設局保衛團辦公處公安局充任之辦理本團募金事宜及一切日常事宜

第五條　本團設宣傳股以指委会農会工会充任之辦理本團一切宣傳事宜

第六條　本團設保款股以縣商會財政局第三課充任之辦理保管募金及支發募金一切事宜

第七條　本團置募金簿若干册由總務股送發各軍隊各機關各

法國各埠區之主任人員負責劝募

第八條　本團置收據若干份無論募金多寡均須給予收據

第九條　本團募金簿發出後限期連同募金收回

第十條　本團總務處收齊各方募金後召開全体會議審核募金實數並隨將募金數交由保管股存管之

第十一條　本團募金須先經全体會議決始能動用

第十二條　本團募金動用無論細鉅均須由保款股取得收據交全体会議審查

第十三條　本條例有未盡善處得由全体会議修改之

第十四條　本條例由全体会議通過後施行

四川省教育厅关于奉令转发救国飞机捐款办法等致广安县教育局的训令（一九三三年三月至八月）

四川省教育厅致广安县教育局的训令（一九三三年三月）

79-23

四川省教育廳訓令 第三三零 號

令廣安縣教育局

案奉

教育部訓令第一三九九號內開為令遵事案奉

行政院第零零六六三號訓令開案奉

國民政府第三八號訓令開為令遵事案准中央政治會函開據石委員瑛提議請舉辦救國飛機捐購置飛機以厚國防等由經本會議第三四一次會議議決㈠全國各党政軍警機關人員應以實發薪額若干成捐助政府作為購置飛機之用㈡捐款自本年二月份起以六個月為限㈢捐款標準如次薪額不滿三十元者月捐三角三十一元至五十元者月捐六角五十一元至一百元者月捐百分之三一百零一元至二百元者月捐百分之六二百零一元至三百元者月捐一百分之八三百零一元以上者月捐百分之十上項

79-24

捐額以各機關實發薪額為標準勤務公役亦照標準抽收

(四)捐款在各縣市由縣市各機關主持人負責收取彙解於

各省在省或直轄市各機關主持人負責收取彙解於中央

飛機捐款保管委員會(五)中央飛機捐款保管委員會由中

央政治會議指定委員五人至七人組織之除函中央執行

委員會外相應錄案函請查照辦理等由准此除函覆並分

行外合行令仰遵照辦理并轉飭所屬一体遵照此令等因

奉此除分令外合行令仰遵照并轉飭所屬一体遵照等因

奉此除分令外合行令仰遵照并轉飭所屬一体遵照此令

等因奉此除分令外合亟令仰遵照此令

中華民國二十二年三月　日

四川省政府委員
兼教育廳廳長張錚

第一科科長郭鴻鑾代行

監印陳宗儀

校對劉湘鴻

四川省教育厅致广安县教育局的训令（一九三三年五月）

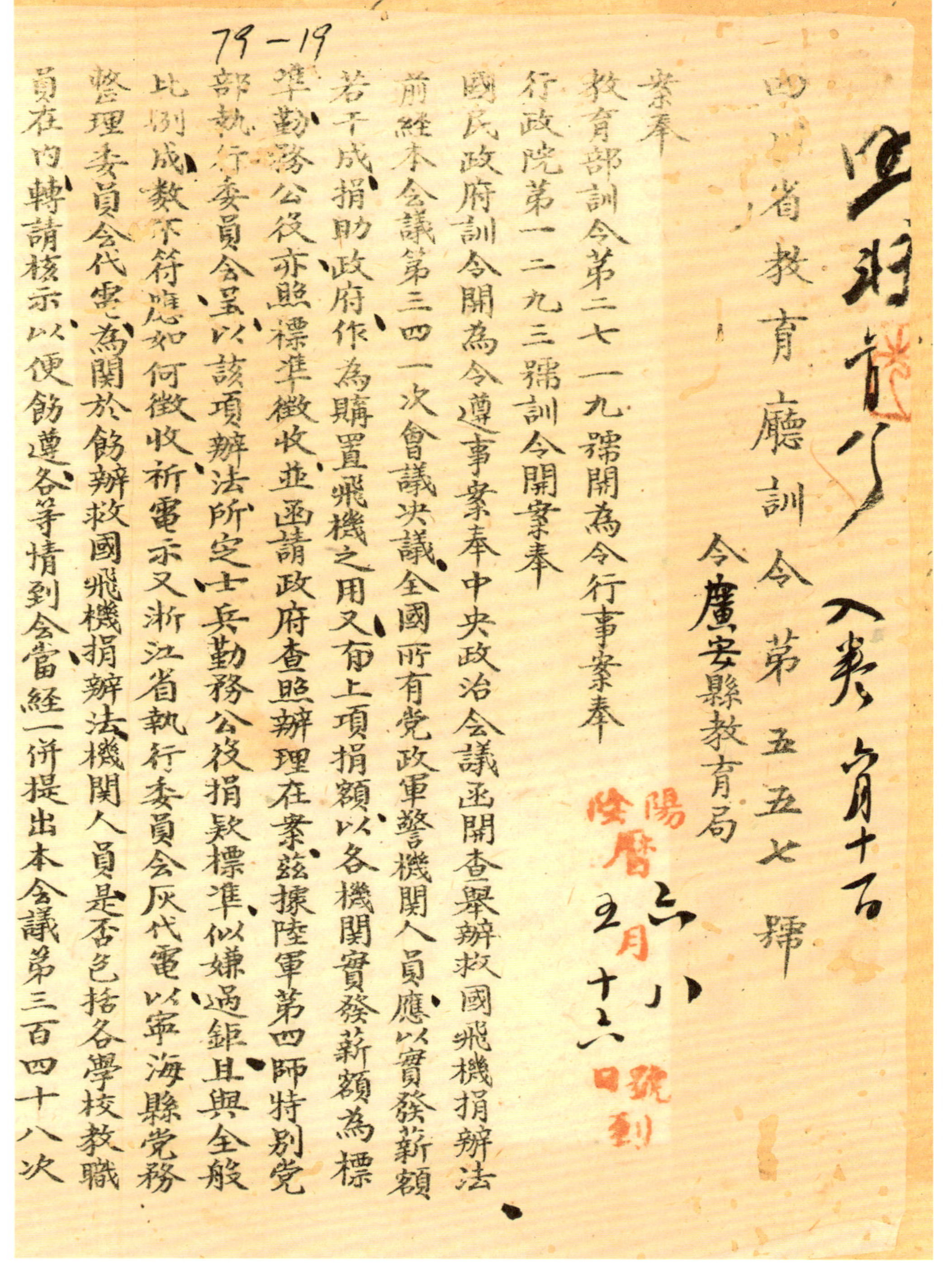

四川省教育廳訓令第五五七號

令廣安縣教育局

案奉

教育部訓令第二七一九號開為令行事案奉

行政院第一二九三號訓令開案奉

國民政府訓令開為令遵事案奉中央政治会議函開查舉辦救國飛機捐辦法前經本会議第三四一次會議決議全國所有党政軍警機關人員應以實發薪額若干成捐助政府作為購置飛機之用又有上項捐額以各機關實發薪額為標準勤務公役亦照標準徵收並函請政府查照辦理在案茲據陸軍第四師特別党部執行委員会呈以該項辦法所定士兵勤務公役捐款標準似嫌過鉅且與全般比例成数不符應如何徵收祈電示又浙江省執行委員会灰代電以寧海縣党務整理委員会代電為関於飭辦救國飛機捐辦法機関人員是否包括各學校教職員在内轉請核示以便飭遵各等情到会當經一併提出本会議第三百四十八次

79-20

会議討論復經決議(一)軍隊警察一律免捐(二)學校教職員可自由捐助除函請中央執行委員会分別轉知外相應録案函達即希查照辦理等由准此自應照辦查此案前於本年一月二十七日准中央政治会議函送捐款購机辦法到府當經通令飭遵在案茲准前由合行令仰該院即便轉飭遵照辦理等因奉此除分令外合行令仰即便遵照并轉飭所屬一体遵照等因奉此查此案前奉行政院第零々六六三號訓令到部當經通令飭遵在案茲奉前因合行令仰遵照并轉飭所屬一体遵照此令等因查此案前奉教育部第一三九九號訓令下廳當經通飭在案茲奉前因合亟令仰遵照并轉飭所屬學校一体遵照此令

中華民國二十三年五月　日

四川省政府委員兼教育廳廳長　張錚

第一科科長郭鴻鑾代行

監印陳今儀
校對劉澌鴻

四川省教育厅致广安县教育局的训令（一九三三年八月）

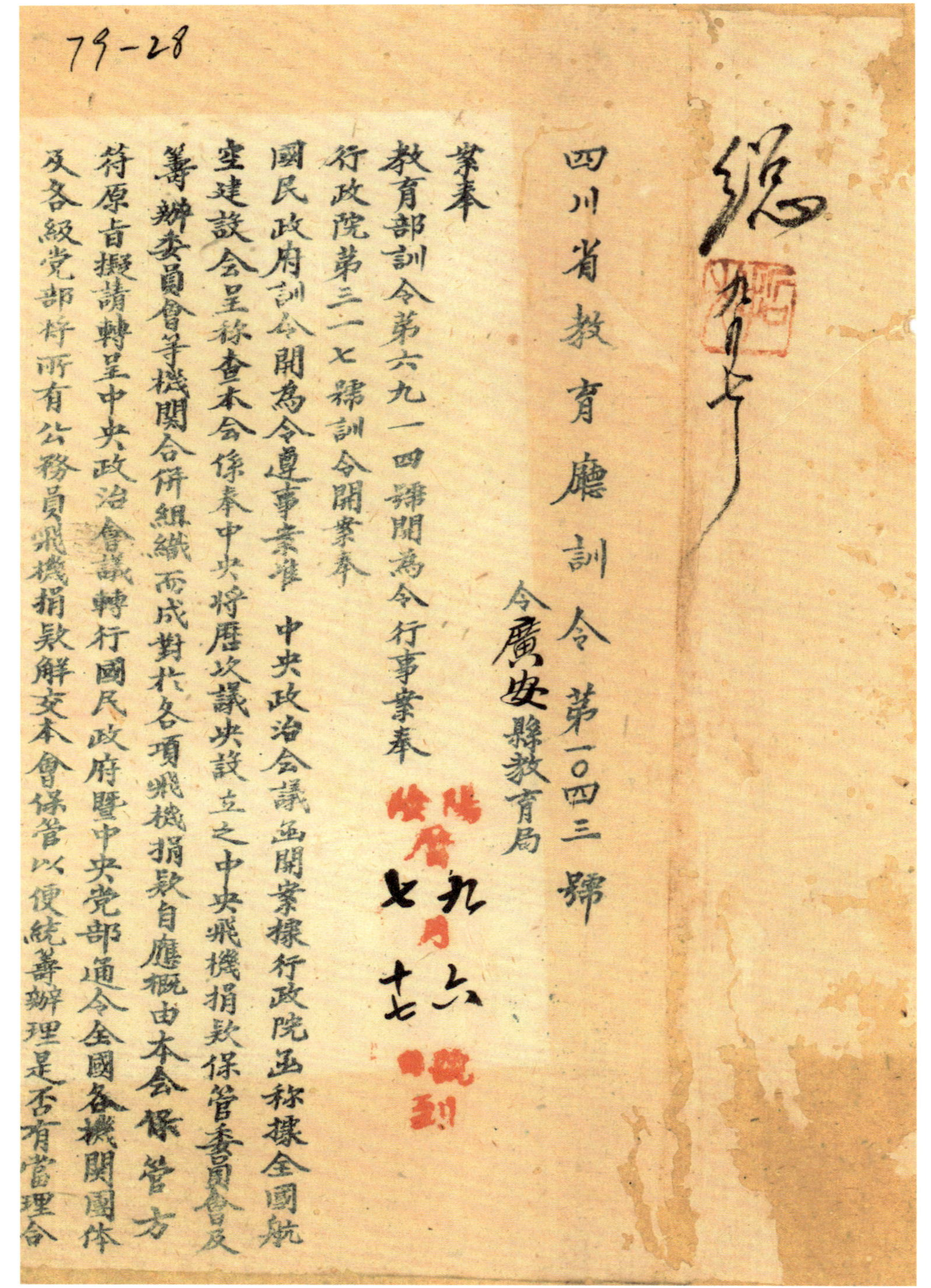

79-28

四川省教育廳訓令 第一〇四三號
令廣安縣教育局
案奉
教育部訓令第六九一四號開為令行事案奉
行政院第三一七號訓令開案奉
國民政府訓令開為令遵事案准 中央政治会議函開案據行政院函称據全國航
空建設会呈称查本会係奉中央將歷次議决設立之中央飛機捐款保管委員會及
籌辦委員會等機關合併組織而成對於各項飛機捐款自應概由本会保管方
符原旨擬請轉呈中央政治會議轉行國民政府暨中央党部通令全國各機關團体
及各級党部將所有公務員飛機捐款解交本會保管以便統籌辦理是否有當理合

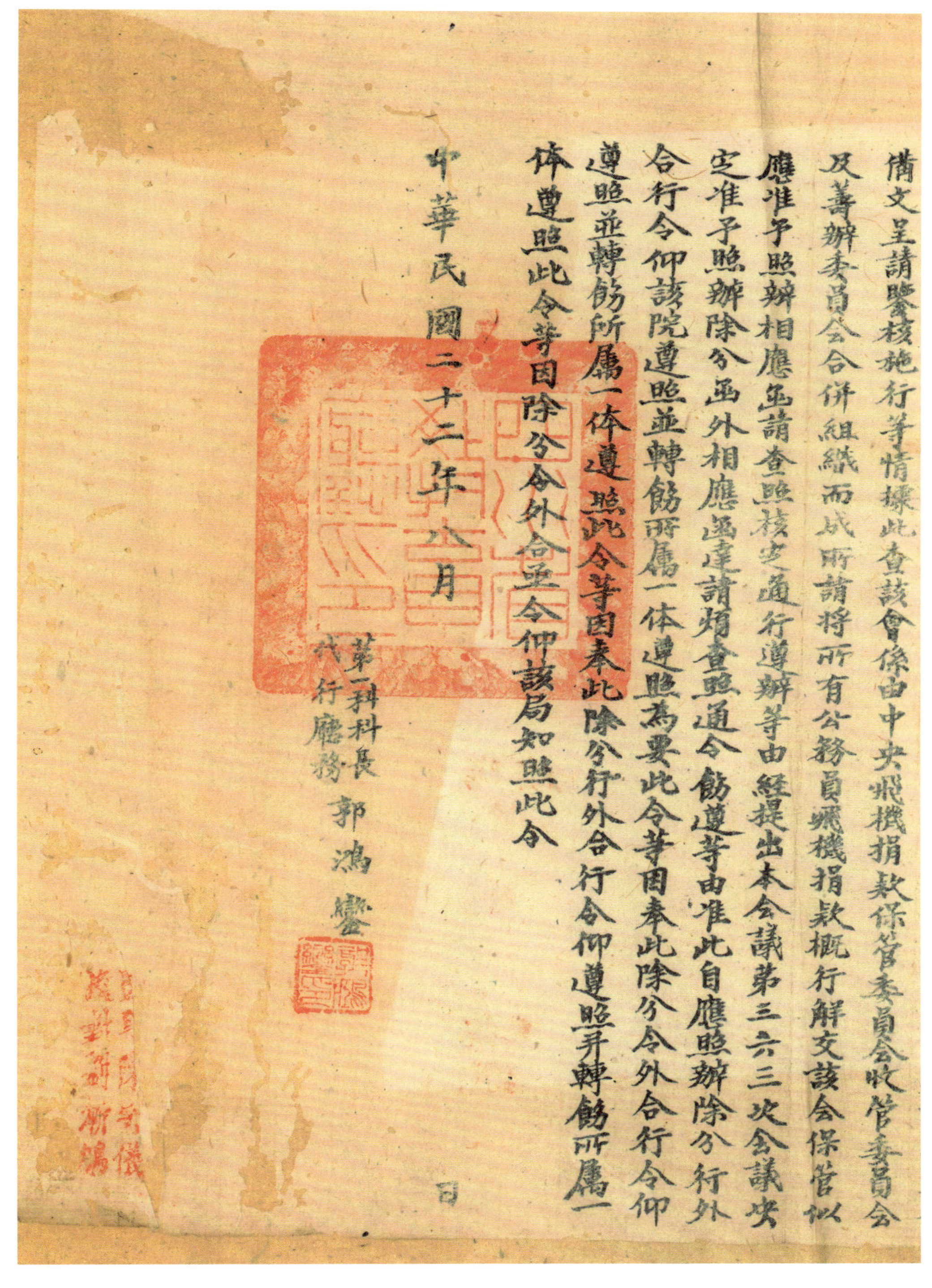

備文呈請鑒核施行等情據此查該會係由中央飛機捐款保管委員会收管委員会
及籌辦委員会合併組織而成所請將所有公務員飛機捐款概行解交該会保管似
應准予照辦相應函請查照核定通行遵辦等由經提出本会議第三六三次会議決
定准予照辦除分函外相應函達請煩查照通令飭遵等由准此自應照辦除分行外
合行令仰該院遵照並轉飭所屬一体遵照為要此令等因奉此除分令外合行令仰
遵照並轉飭所屬一体遵照此令等因奉此除分行外合行令仰遵照并轉飭所屬一
体遵照此令等因除分令外合亟令仰該局知照此令

中華民國二十二年八月　日

第一科科長
代行廳務　郭鴻鑾

广安县政府关于抄发续征公务员飞机捐办法及征捐数目月报表式致县商会的训令（一九三七年八月十一日）

廣安縣政府訓令 廿六年政字第1034號

令商會

本年七月廿九日案奉

四川省政府廿六年秘字第四八三三號訓令開：（略）

案奉

行政院二十六年五月廿五日第零三零九三號訓令轉奉 中央政治委員會議決准將上項續徵飛機捐办法期限延期一年（自本年七月起廿七年六月止）並奉

行政院同年同月二十六日第肆——二九七號指令開：「查續徵飛機捐事關通案，國防建設事業，人民尚踴躍輸將，公務員更當見義恐後。該省公務員薪額，既有折扣，自可按每月實領數徵收，以俸給之厚薄，分捐額之重輕，負担亦較公平。

仰仍盡力倡導，毓期依法徵解爲要。此令。各等因。因附發簡章
中國航空建設協會四川省分會函請通令各機關人員及公
立學校教職員自本年五月份起將上項機捐依據按月扣解
分會總核，以便彙解中央。嗣由當復併案提付本府第一五七
次省務會議議決：「本案捐款應自本年七月份起開始徵收，函
應照爲執行。」同時中央延展期限，除分令外，合行抄發原案
[illegible]征機捐办法及征捐數目月報表格式，令仰遵照，并分別轉飭
所屬各縣區署暨各保安部隊官佐各機關職員暨當地省市縣
立各級學校教職員人等一体遵照，自廿六年七月份起至廿七年
六月止，依照征捐办法規定標準，由各該機關主官負責各按月
支薪額實數，分別扣齊，逐月彙解省分會核收；一面依照附發表
式，造具征捐數目月報表，隨文送繳分會，以便填給收據，並按月
照填捐數表二份，分報本府備查。至各機關已遵省分會令，自
五月份起征者，仍各繼續按月征繳；但應於提前兩個月截止，關
照乎允，其應繳會員年費，前經本府令飭自五月起分四個

月平均扣繳者分會收，滋准分會函稱上項會費，各款閱報月扣繳者固多，其觀望未繳者尚屬不少，現在分繳期限將届，亦未便再任拖延。飭仰該機關主官負責，查照前令按照欠繳數目一次彙繳清楚，用省繁牘。合併飭遵。此令。

一等因，計抄發續征公務員飛機捐办法一份，征捐數目月報表式一份，奉此，除分令外，合行抄發原办法表式各一份，令仰該会即便遵照办理，每屆月終，即將應繳捐款及表式，逕呈來府，以憑彙轉，至於會員年費，則應遵照本府前發致字第六四四號訓令办理。事關國防要政，不得藉故遲延為要。

此令。

計抄發續征公務員飛機捐办法一份，征捐數目月報表式一份。

中華民國二十六年八月十一日

縣長 劉元瑭

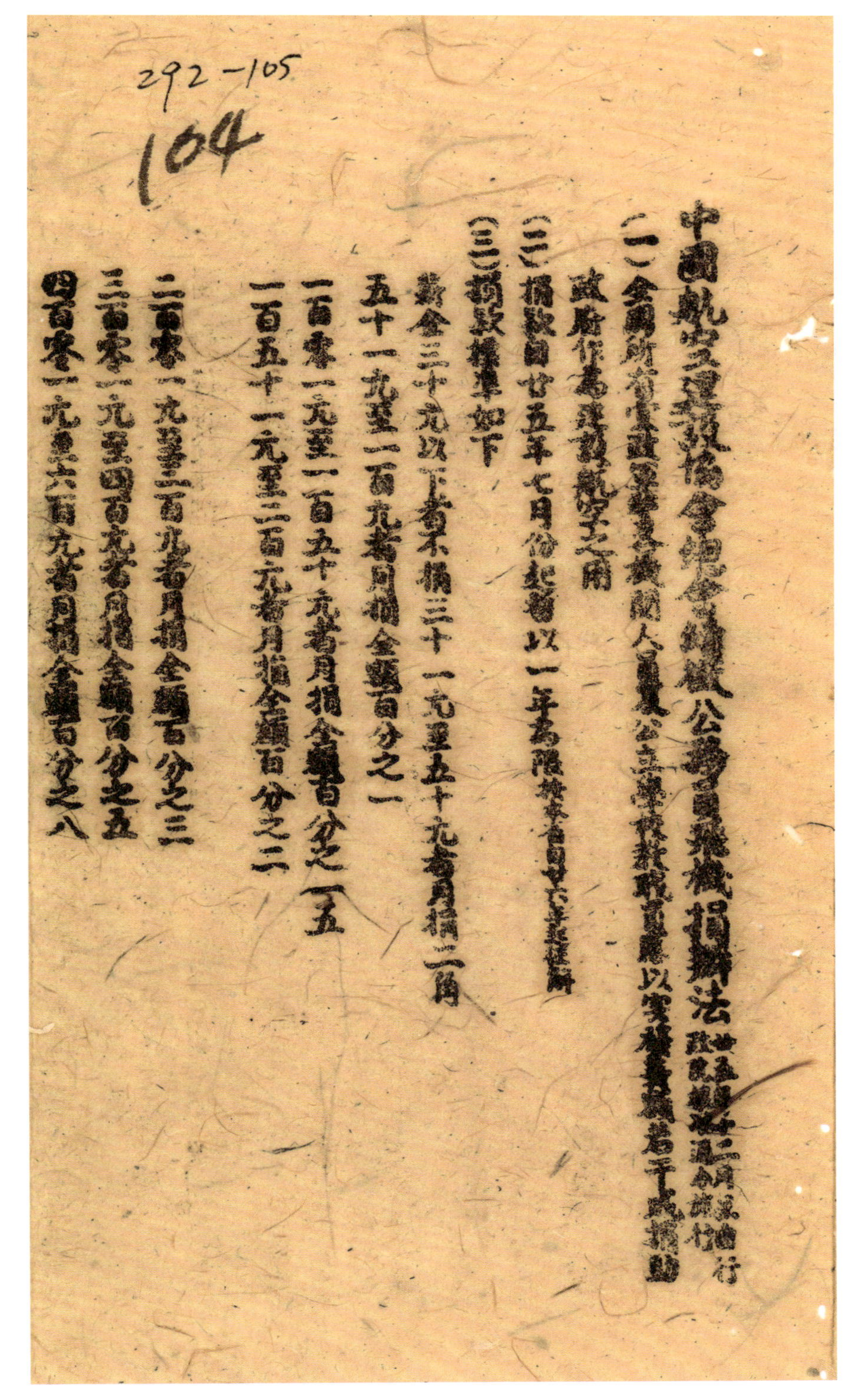

292-105

104

中國航空建設協會總會續徵公務員飛機捐辦法（廿五年六月二日由行政院核准通令施行）

（一）全國所有中央政府暨各機關人員及公立學校教職員應以寔俸若干成捐助政府作為建設航空之用

（二）捐款自廿五年七月份起暫以一年為限截至廿六年六月底止

（三）捐款標準如下

薪金三十元以下者不捐　三十一元至五十元者月捐二角

五十一元至一百元者月捐金額百分之一

一百零一元至一百五十元者月捐金額百分之一五

一百五十一元至二百元者月捐金額百分之二

二百零一元至三百元者月捐金額百分之三

三百零一元至四百元者月捐金額百分之五

四百零一元至六百元者月捐金額百分之八

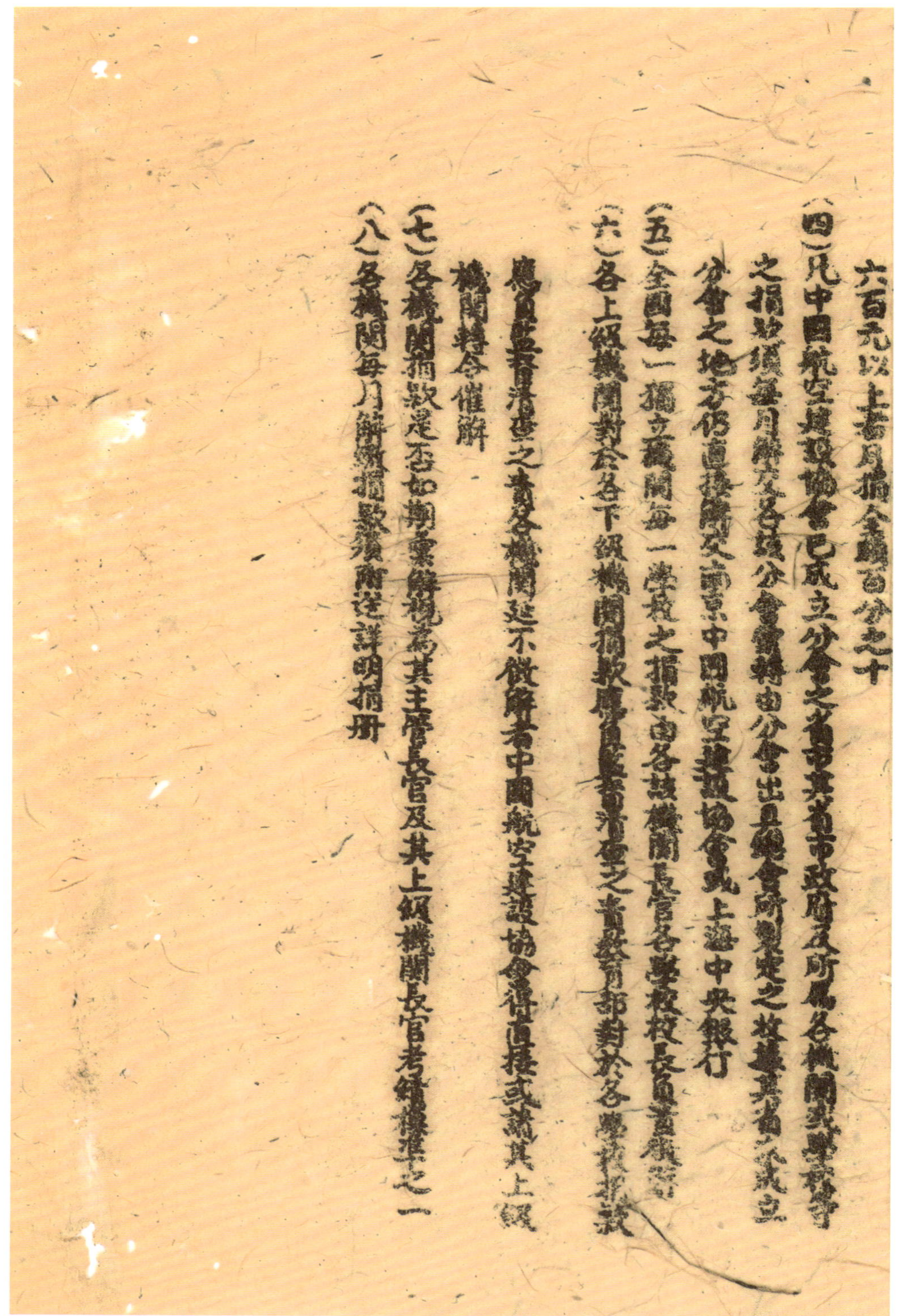

六百元以上者月捐全薪百分之十

（四）凡中國航空建設協會已成立分會之省市其省市政府及所屬各機關與學校等之捐款須每月解交各該分會轉由分會出具總會所製定之收據其省分未成立分會之地方仍直接解交南京中國航空建設協會或上海中央銀行

（五）全國每一獨立機關每一學校之捐款由各該機關長官各學校校長負責徵齊

（六）各上級機關對於各下級機關捐款應負監督催促之責教育部對於各學校捐款應負監督催促之責各機關延不繳解者中國航空建設協會得直接或請其上級機關特令催解

（七）各機關捐款是否如期彙解視為其主管長官及其上級機關長官考績標準之一

（八）各機關每月解繳捐款須附送詳明捐册

四川省第十区行政督察专员公署关于奉令于七月起征解公务员飞机捐款致广安县征收局的训令（一九三七年九月十四日）

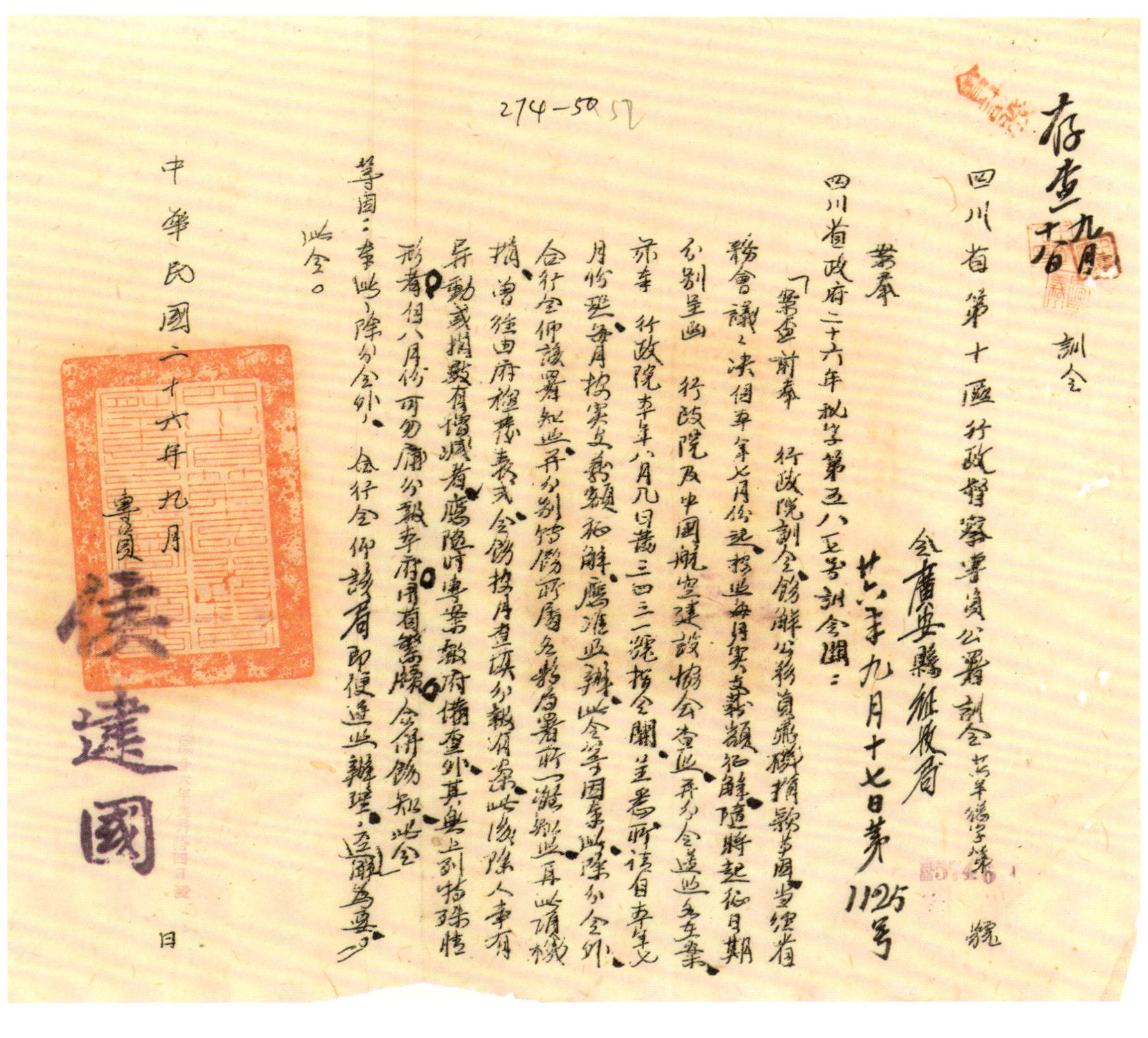

存查 九月十七日

四川省第十區行政督察專員公署訓令 廿六年稅字第　號

令廣安縣征收局

廿六年九月十七日第1125号

案奉

四川省政府二十六年秘字第五八五五號訓令開：

「案查前奉行政院訓令飭解公務員飛機捐款，前由省務會議議決，自本年七月份起，按照每月實支薪額扣解，隨時起征日期分別呈函行政院及中國航空建設協會查照，并分令遵照各在案。茲奉行政院本年八月九日蔚三四三一號指令開：『呈悉。所請自本年七月份起，每月按實支薪額扣解，應准照辦。此令。』等因，奉此。除分令外，合行令仰該署知照，并分別轉飭所屬各機關一體知照，再此項飛機捐，曾經由府擬訂表式，令飭按月查填分報有案，此後除人事有異動或捐數有增減者，應隨時專案報府備查外，其無上列特殊情形者，自八月份起可勿庸分報本府，用省繁牘。合併飭知。此令。」

等因；奉此。除分令外，合行令仰該局即便遵照辦理，並轉飭為要。

此令。

中華民國二十六年九月　日

專員 侯遠國

广安县政府关于奉令限期汇缴飞机捐款及会员费致县商会的训令（一九三七年十月二日）

廣安縣縣政府訓令 廿六年政字第1285號

令商會

九月廿二日案奉

中國航空建設協會四川省分會支劃案代電字第四三八號開：「各縣市支會征求隊均鑒：頃奉總會會長蔣佳電令開：『抗戰益緊，需款孔急，仰該分會將所有經收保存之公務員飛機捐款及會員費限令到五日內掃數報解，不得延誤。』除分電外，合行電仰知照」等因。奉此，除分電外，合行電仰該縣支會速將現已收存之飛機捐及會員費統限於電到十日內掃數報解，

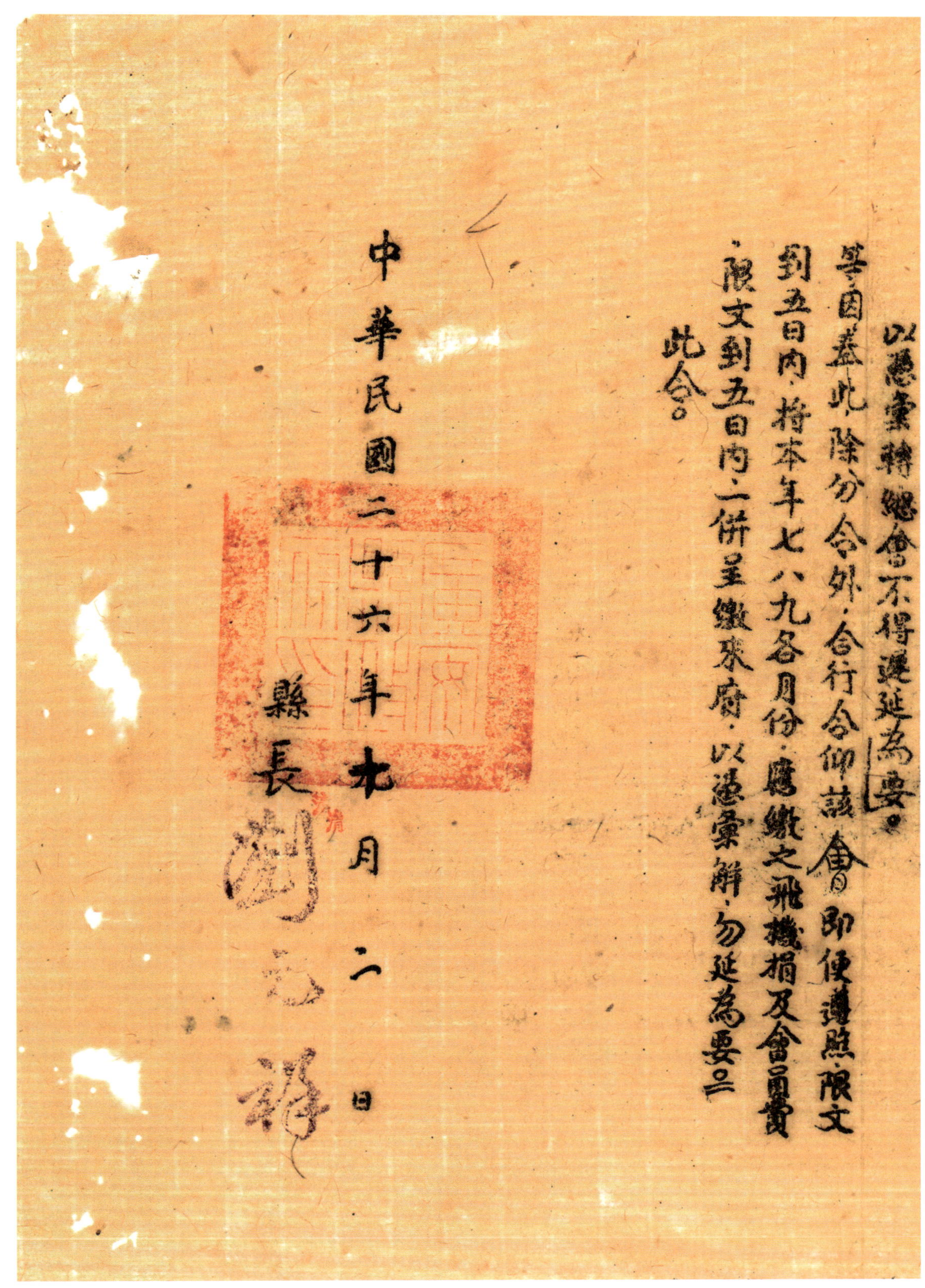

以憑彙轉總會，不得遲延為要。

等因。奉此，除分令外，合行令仰該會即便遵照，限文到五日內，將本年七八九各月份應繳之飛機捐及會員費，限文到五日內，一併呈繳來府，以憑彙解，勿延為要。

此令。

中華民國二十六年十月二日

縣長 劉[illegible]祥

广安县政府关于转发捐款奖励办法及献金手续并竭力劝募致崇望乡保长联合办公处的训令

（一九三七年十月六日）

献金手續及捐款獎勵辦法

十月 日

廣安縣政府訓令 廿六年政字第四卅號

令崇望乡保長聯合辦公處

九月廿二日案奉

中國航空建設協會四川省分會字第四三九號訓令開：

「暴日肆虐，恣意横行，自七七蘆溝橋事變以來，我平津滬及蘇浙皖贛湘鄂豫冀察綏及沿海各地莫不遭敵機之轟炸威脅，幸賴我鐵血空軍奮勇抗戰，擊落敵機六十餘架，并予敵海陸部隊加以膺懲，我神勇之空軍威力，顯示於國人，並博得世界之贊美。空軍救國，國人想已認識。本會於建設航空負有專責，誠恐愛國志士報效無由，爰特　國民政府行政院核准之飛機捐款獎勵办法及吾川

獻金手續隨令公佈，仰該主會即便遵照，佈告城鄉，并
轉飭所屬廣爲勸募，務使一般紳民踴躍輸將，則守土
殺敵，必操最后之勝利，仍將遵辦情形及代收捐款隨時報
解爲要，此令。

等因，附捐款奬勵辦法及獻金手續一份，奉此，除呈覆并函告
外，合行令仰該主任即便遵照，竭力勸募，鞏固空防，是爲
至要。此令

計附捐款奬勵辦法及獻金手續一份

中華民國二十六年十月七日

縣長 劉元祥

附：捐款奖励办法及献金手续

捐款獎勵辦法及獻金手續

五、凡國民（個人或團体）為航空建設而捐款或經募款之獎勵依本办法办理。

一、捐款之獎勵辦法如左

1、捐款一百元以上不滿五百元者給予獎狀。

2、捐款五百元以上不滿一千元者給予銀質獎章

3、捐款一千元以上不滿二千元者給予金質獎章

4、捐款二千元以上不滿三千元者除照第三項獎勵外並由總會會長贈予照片再將捐款人肖像懸掛本分會，所以資矜式

5、捐款三千元以上不滿五千元者除第三四兩項獎勵外并由總會會長題贈匾額一方獎狀由總會制發。

6、捐款五千元以上者除呈請行政院轉請國民政府依人民捐資救國獎勵办法核獎外再由總會會長給予照片并將捐款人肖像懸掛總會，所以資矜式。

二、凡經募捐款超過第二條所列各款之額五倍以上者亦得依照

第二條各項規定獎勵之。

三、本會於办理獎勵後即將受獎人姓名或團体名稱附叙事實函送各該管市縣政府查照

五、献金手續如左

1、成都市可交中央、中國、農民、聚興誠及省銀行（取本會收据）或直交本會。

2、重慶市區内可交中央、中國、農民、聚興誠銀行（取本會收据）及本會重慶市支會或直滙交本會

3、各縣市可交本會支會轉解，如未成立本會支會可交縣政府轉解本會或直接兌交本會

4、本會收到献金時除給予本會正式收据外並逐日披露捐款人姓名捐額於報端以昭慎重。

5、各縣市捐款人如在縣市政府或支會交款須取得該處臨時收据並於該處換取本會寄發之正式收据。

以上各項办法自公佈之日起施行。

广安县政府关于奉令征募飞机捐款的训令（一九三七年十月）

广安县政府致崇望乡保长联合办公处的训令（一九三七年十月十日）

271-36

廣安縣政府訓令　廿六年政字第1315號

令崇望鄉保長聯合辦公處

十月七日案奉

中國航空建設協會四川省分會：長劉湘梗代電開：

案奉　總會巧代電開　溯自日寇在蘆溝橋開釁以來，強佔平津，起衅淞滬，日來復自台灣及瀏青各航空母艦出發大批飛機，襲杭州、長興、廣德、南昌、首都及京滬沿線，我國領空，我空軍為自衛計，不得不出而應戰，幸賴我空軍將士智勇兼備，技術精良，翱翔追逐，迭摧強寇，綜計連日轟毀敵艦多隻，及滬濱公大沙廠敵軍司令部，日本停機場等地，并于杭州、嘉興、蘭溪、南京、句容、揚州、鎮江、洛虎，先後擊落敵機三十餘架，并掩護我淞滬陸軍迭次擊敗敵陸戰隊，此種空前之勝利，洵足以寒敵膽，壯士氣，為全球驚歎者，而我各分會及直屬支會平昔領導海內外民眾，未雨綢繆，作捐款購機之努力，亦引為無限之快慰焉。刻下全國全面抗戰業已開始，則長期戰爭之持續與最後勝利之操券，一方面固有仗於我全体空軍將士運籌決鬥，他方面尤恃乎舉國民眾對於捐款購機一端互相策勵，補充新機，深望各省分會及直屬海外各支會于此非常時期尤宜積極策動全体會員慷慨解囊，或鼓勵當地民眾踴躍輸將，俾涓滴成海，集腋為裘，合亟電達，即希續繼加緊征募工作，湊集成數解

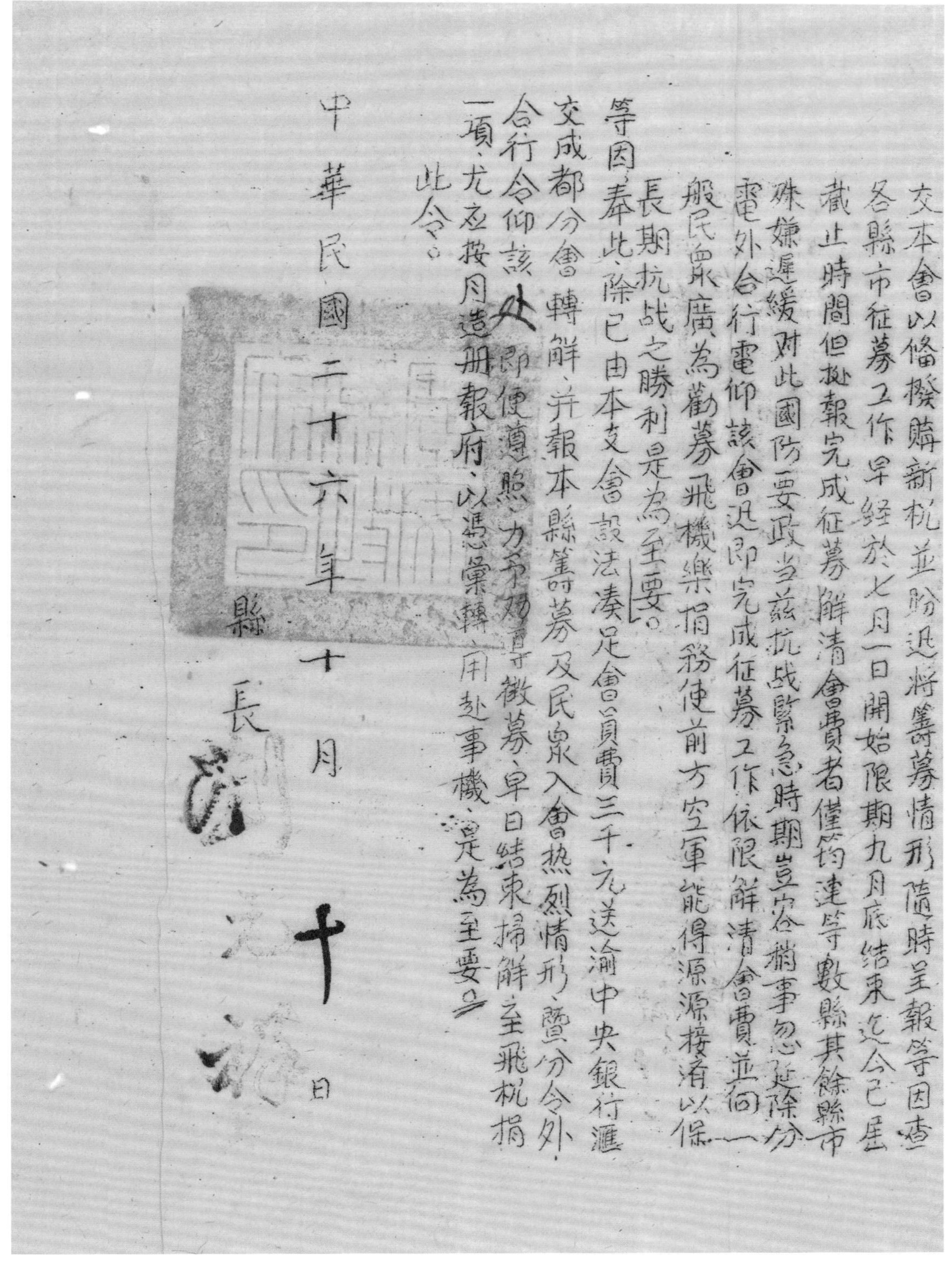

交本會以憑撥購新机並盼迅將籌募情形隨時呈報等因查
各縣市征募工作早經於七月一日開始限期九月底結束迄今已屆
截止時間但拠報完成征募解清會費者僅筠連等數縣其餘縣市
殊嫌遲緩对此國防要政当茲抗战緊急時期豈容稍事忽延除分
電外合行電仰該會迅即完成征募工作依限解清會費並向一
般民衆廣為勸募飛機樂捐務使前方空軍能得源源接濟以保
長期抗战之勝利是為至要。
等因，奉此，除已由本支會設法湊足會員費三千元送渝中央銀行滙
交成都分會轉解，并報本縣籌募及民衆入會熱烈情形，暨分令外，
合行令仰該處即使遵照，力予勸導徵募，早日結束掃解，至飛机捐
一項，尤應按月造册報府，以憑彙轉，用赴事機，是為至要。
此令。

中華民國二十六年十月十日

縣長

广安县政府致县商会的训令（一九三七年十月十日）

廣安縣政府訓令 廿六年政字第1315號

381 廿六 十 十 日

令商會

十月七日案奉

中國航空建設協會四川省分會長劉湘梗代電開：

案奉總會巧代電開溯自日寇在蘆溝橋開釁以來擄佔平津起衅淞滬日來復自台灣及瀏青各航空母艦出發大批飛機侵襲杭州長興廣德南昌首都及京滬沿線我國領空我空軍為自衛計不得不出而應战幸賴我空軍將士智勇兼備技術精良翱翔追逐迭摧强寇綜計連日轟毀敵艦多隻及滬濱公大沙廠敵軍司令部日本僞機場等地并于杭州嘉興蘭溪南京句容揚州鎮江各處先後擊落敵機三十餘架并掩護我淞滬陸軍迭次擊敗敵陸戰隊此種空前之勝利洵足以寒敵胆壯士氣為全球驚歎者而我各分會及直屬支會平昔領導海內外民衆未雨綢繆作捐款購機之努力亦引為無限之快慰焉刻下全國全面抗战業已開始則長期战爭之持續與最後勝利之操券一方面固有仗於我全体空軍將士運籌决鬥他方面尤恃乎舉國民衆對於捐款購機一端互相策勵補充新機深望各省分會及直屬海外各支會于此非常時期尤宜積

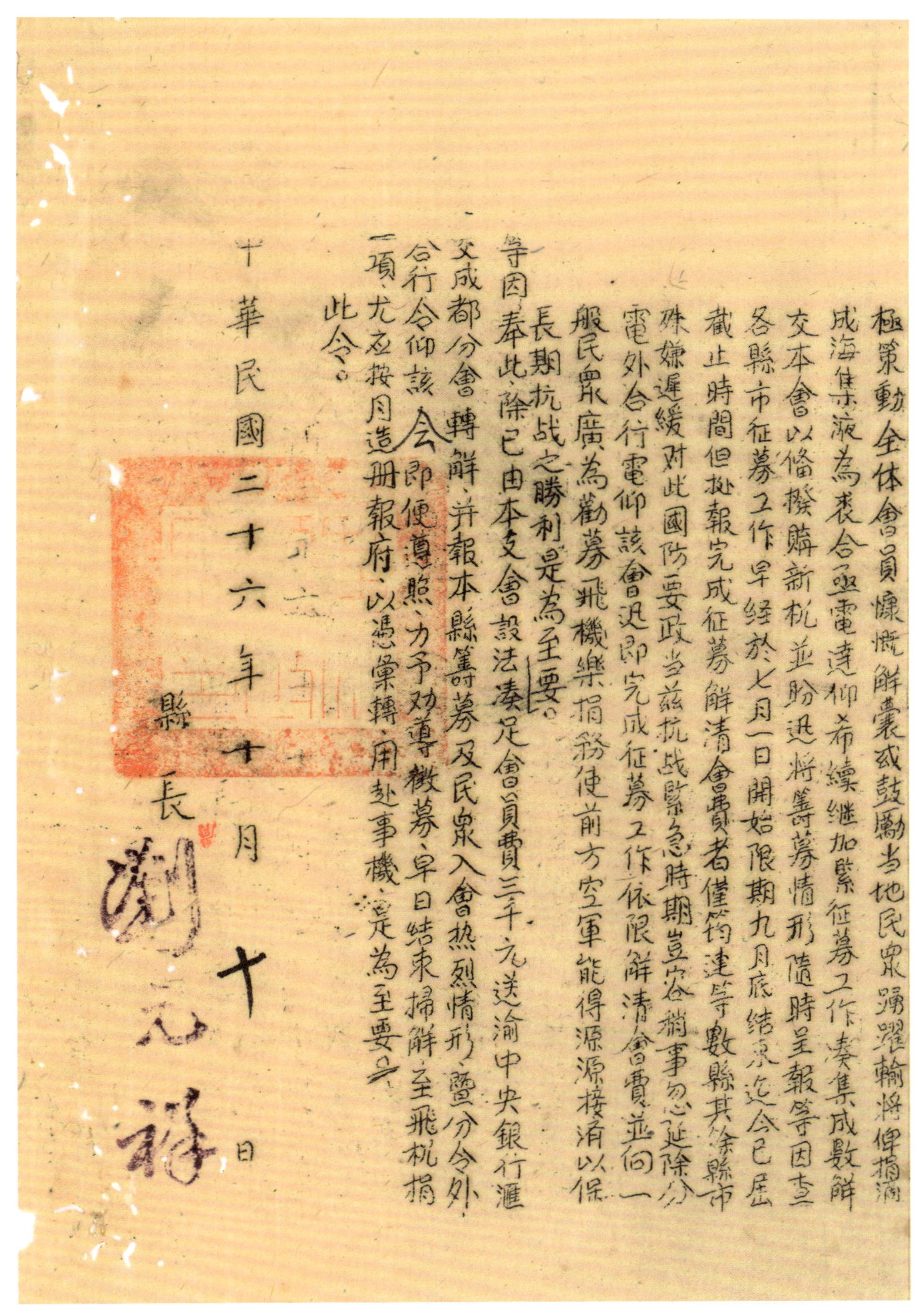

極策動全体會員慷慨解囊或鼓勵當地民衆踴躍輸將俾捐滴
成海集液為裘合亟電達仰希續継加緊征募工作凑集成數解
交本會以備撥購新机並盼迅將籌募情形隨時呈報等因查
各縣市征募工作早經於七月一日開始限期九月底結束迄今已屆
截止時間但拠報完成征募解清會費者僅筠連等數縣其余縣市
殊嫌遲緩對此國防要政當茲抗戰緊急時期豈容稍事忽延除分
電外合行電仰該會迅即完成征募工作依限解清會費並向一
般民衆廣為勸募飛機樂捐務使前方空軍能得源源接濟以保
長期抗戰之勝利是為至要。

等因，奉此，除已由本支會設法湊足會員費三千元送渝中央銀行滙
交成都分會轉解，并報本縣籌募及民衆入會熱烈情形，暨分令外，
合行令仰該會即便遵照，力予劝導徵募，早日結束掃解，至飛机捐
一項，尤应按月造册報府，以憑彙轉，用赴事機，是為至要。

此令。

中華民國二十六年十月十日

縣長 劉元祥

广安县政府关于奉电撙节费用捐助前线伤兵医药费致县商会的训令（一九三七年十月十四日）

廣安縣縣政府訓令

令商会 第367號 廿六年十月十四日

專員兼司令保隘總代電開：十月三日案奉

頃奉 四川省政府巧省秘代電開案准九一八六週年四川省會各界紀念大會函開頃奉 中央電令本年九一八紀念全國均應素食一日以撙節費用捐助前方傷兵醫葯等因奉此相應函達貴府請煩查照轉飭所屬一体遵照办理并將撙節所餘費用於本月内彚送本會總務組審府李科長執中收）取具收批用備轉解為荷等由准此除分

電外合行電仰該署遵照并分别轉飭所屬各級政府及各機関團体学校一体遵照办理再來電到府過遲如奉到時紀念日期已過即由該主管機関酌定一日補行素食仍各將所餘費用彙觧共濟時艱並將奉電日期及捐款數目分報本府備查為要等因奉此除分電外合電仰遵照办理仍分報

本署備查為要。

等因。奉此。除分令外，合行令仰該会即便遵照轉令所屬各機關職員，自行定期素食一日，每人節費洋一角，報繳該会彙送來府，以憑轉觧為要。此令。

中華民國二十六年十月十の日

縣長 劉先祥

广安县政府与四川省抗敌后援会广安县分会关于征募抗日将士寒衣布鞋等的一组文书

（一九三七年十月至一九三九年十月）

广安县政府致崇望乡保长联合办公处的训令（一九三七年十月二十九日）

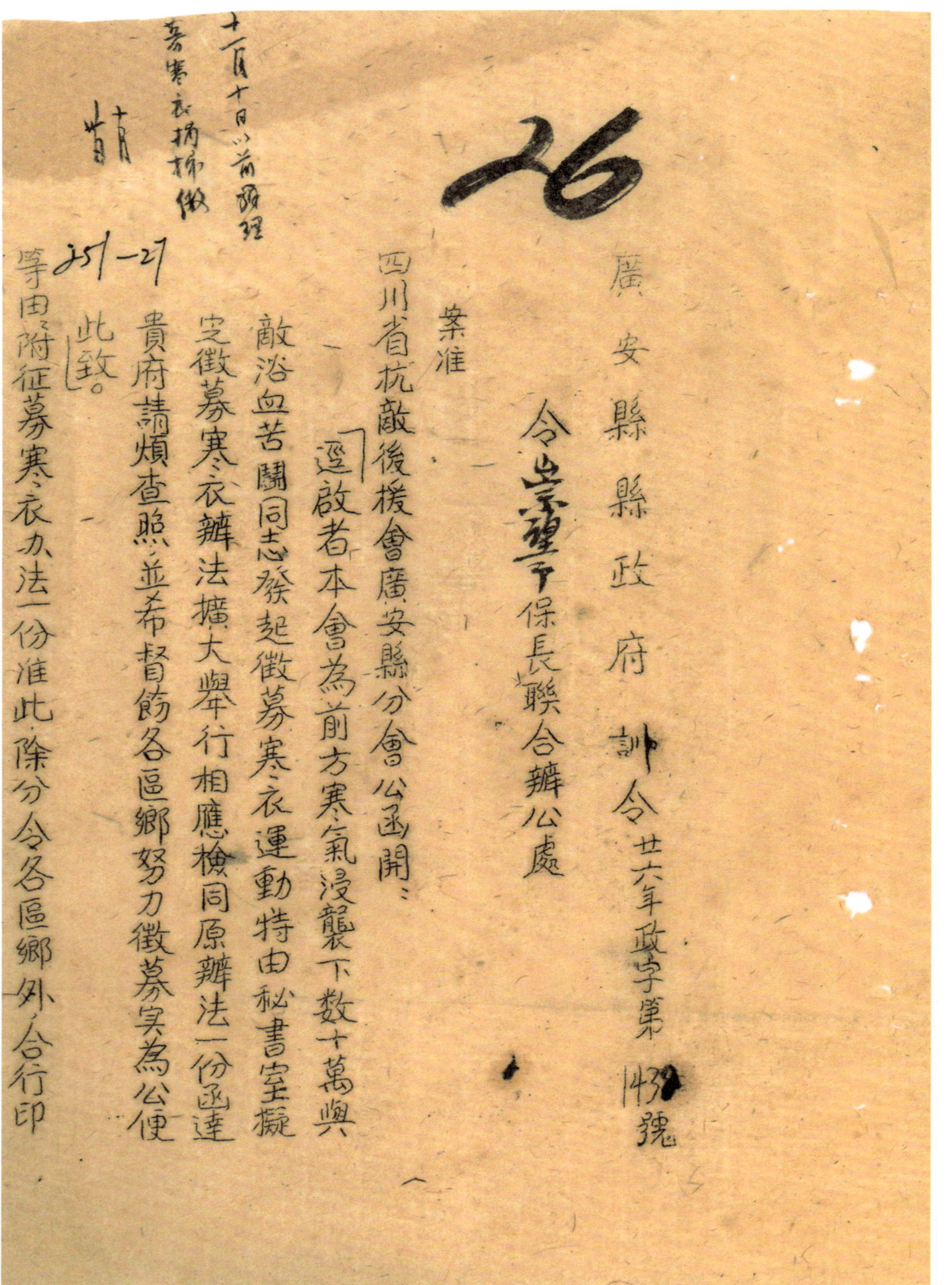

十月十日以前辦理
募寒衣捐飭繳

251-27

26

廣安縣縣政府訓令 廿六年政字第14[illegible]號

令崇望鄉保長聯合辦公處

案准

四川省抗敵後援會廣安縣分會公函開：

「逕啟者：本會為前方寒氣浸襲，數十萬與敵浴血苦鬭同志，發起徵募寒衣運動，特由秘書室擬定徵募寒衣辦法，擴大舉行，相應檢同原辦法一份函達貴府，請煩查照，並希督飭各區鄉努力徵募，實為公便。此致。」

等由，附征募寒衣办法一份，准此，除分令各區鄉外，合行印

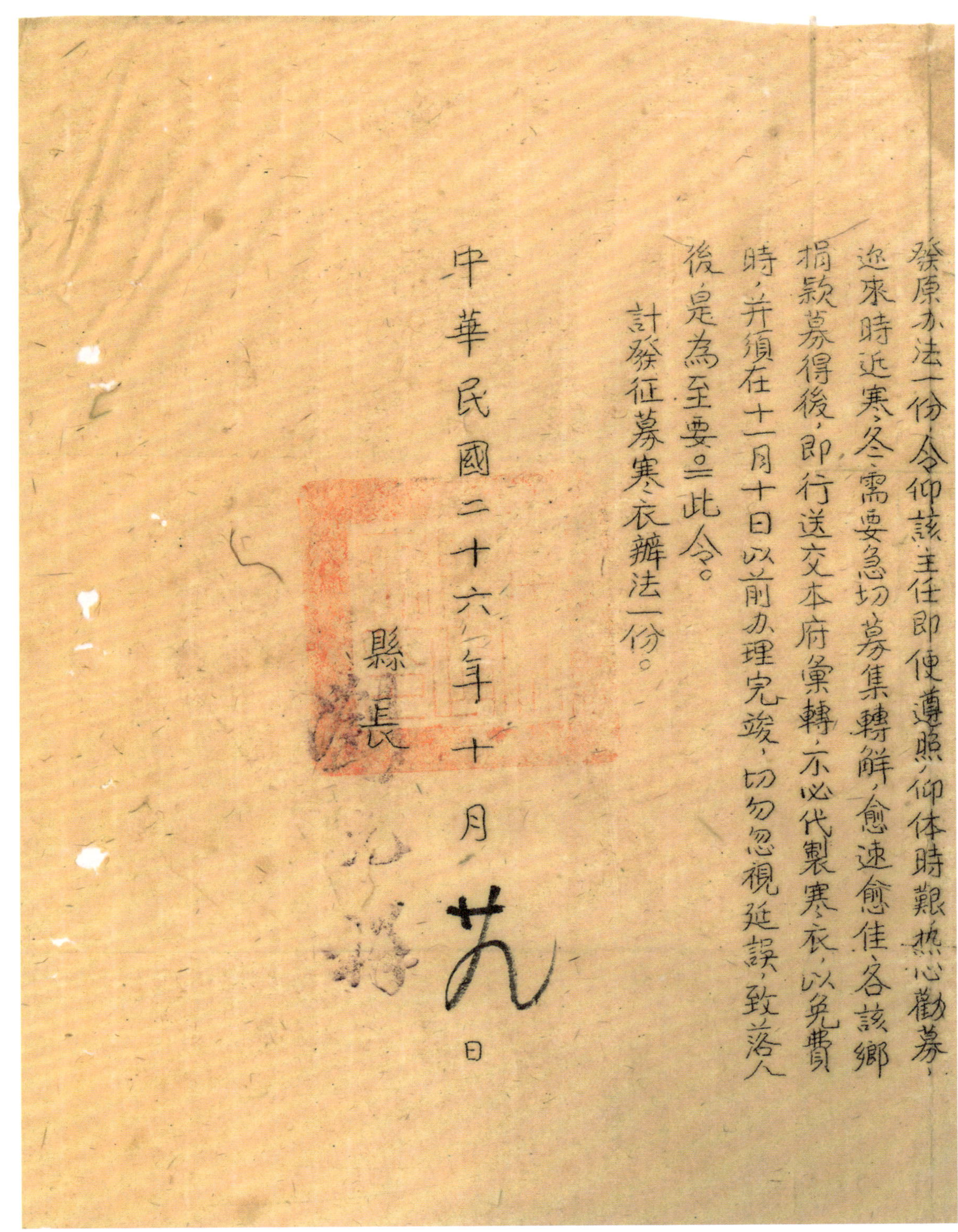

發原办法一份，令仰該主任即便遵照，仰体時艱，熱心勸募，迩來時近寒冬，需要急切，募集購辦，愈速愈佳，各該鄉捐款募得後，即行送交本府彙轉，亦必代製寒衣，以免費時，并須在十一月十日以前办理完竣，切勿忽視延誤，致落人後，是為至要。此令。

計發征募寒衣辦法一份。

中華民國二十六年十月廿九日

縣長

附：四川省抗敌后援会广安县分会征募寒衣办法

四川省抗敵後援會廣安縣分會徵募寒衣辦法

一、緣起：

自蘆案發生、吾國於暴日猛力進攻之下、實行全面抗
各地軍隊、因倉卒調赴前線、不及作充分之戰時準備方
浴血轉鬬、英勇殺敵之精神、誠不稍餒、惟以戰區一帶
度殊高、古所謂墮指裂膚、實非虛語、吾人欲前方部
殺敵致勝、豈能讓國家干城、被襲于朔風沙場將士、受
于冰雪、此本會所以有征募寒衣輸贈前敵將士之舉
尚望愛國同胞、踴躍捐贈、勿任翹企之至。

二、徵募種類

1、現款
2、金屬物
3、易於變賣之物品
4、照本會規定製成之背心
5、棉衣
6、國產布類及棉絮等

三、徵募方法

1、由本會製定寒衣捐款冊、請託各机關法團及其他民衆團
慈善團体及热心公益之愛國志士、分頭劝募。
2、製備捐款筒、通飭各支會、组織徵募隊、於市集或公共場
分别劝募。
3、於總理誕辰在城厢舉行遊藝募捐
4、在城厢設征募寒衣收件處、以備自由应募者、可隨時捐

四、徵募所得財物之處置

1、無論任何單位、所募集之現款或物品、均須彙交本會
指定之收件處、取具正式收据。
2、分發各支会之募捐筒、須於或滿時或募捐结束時、送交本

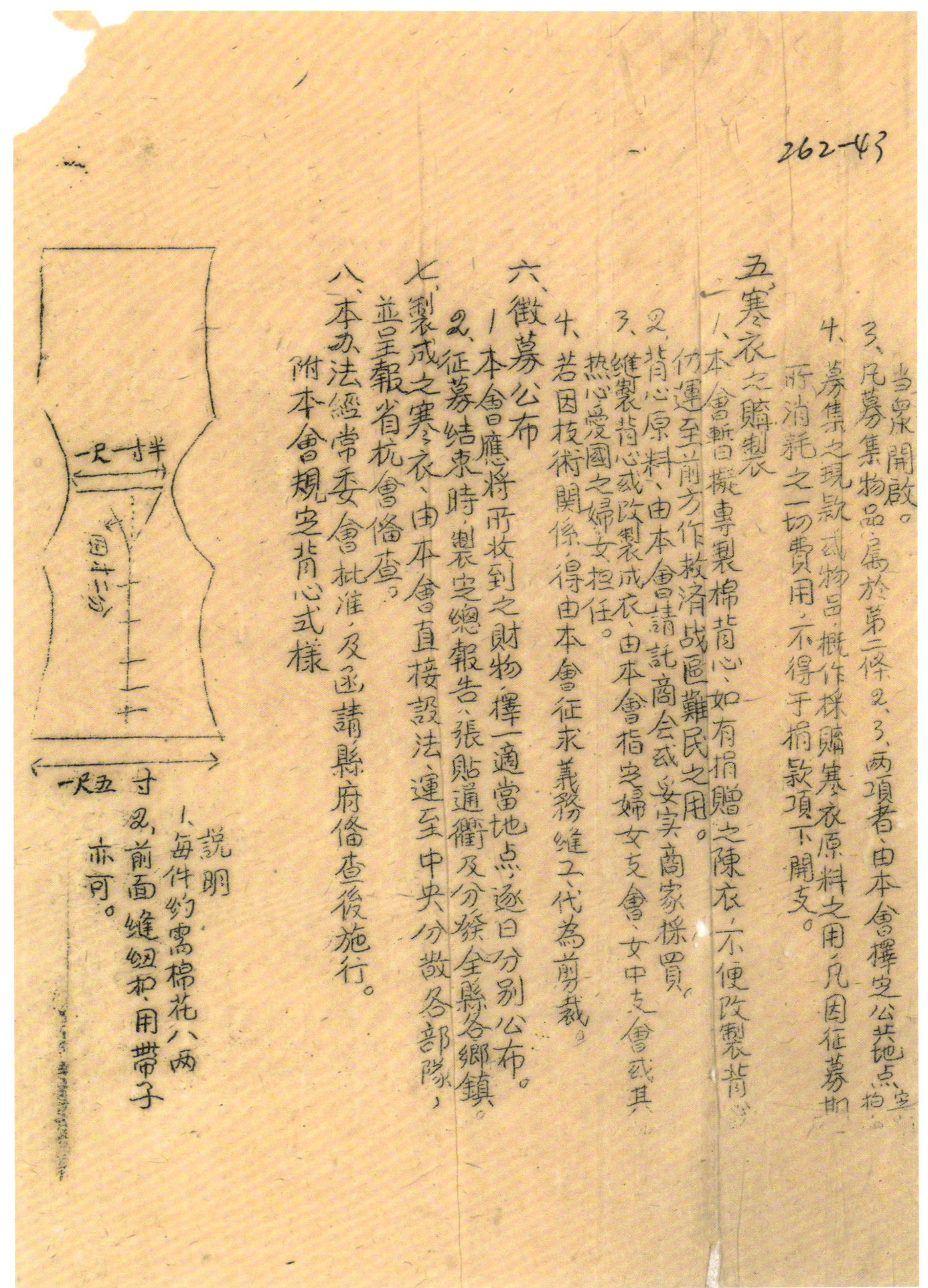

262-43

當衆開啟。

3、凡募集物品，屬於第二條2、3、兩項者，由本會擇定公共地点，定期拍

4、募集之現款或物品，概作採購寒衣原料之用，凡因征募期一所消耗之一切費用，不得于捐款項下開支。

五、寒衣之購製

1、本會暫擬專製棉背心，如有捐贈之陳衣，不便改製背心，仍運至前方作救濟战區難民之用。

2、背心原料，由本會請託商会或妥实商家採買。

3、縫製背心或改製成衣，由本會指定婦女支會、女中支會或其熱心愛國之婦女担任。

4、若因技術關係，得由本會征求義務縫工，代為剪裁。

六、徵募公布

1、本會應將所收到之財物，擇一適當地点，逐日分別公布。

2、征募結束時，製表定總報告，張貼通衢及分發全縣各鄉鎮。

七、製成之寒衣，由本會直接設法運至中央分散各部隊，並呈報省抗會備查。

八、本办法經常委會批准，及函請縣府備查後施行。

附本會規定背心式樣

說明

1、每件約需棉花八兩。

2、前面縫鈕扣，用帶子亦可。

四川省抗敌后援会广安县分会致白庙乡抗敌支会的训令（一九三七年十一月一日）

262-36

四川省抗敵後援會廣安縣分會訓令

令白廟鄉抗敵支會

案奉

四川省抗敵後援會訓令開：

「本年十月十九日，案奉第二預備軍司令長官司令部秘字第四八九號函開：

逕啟者：自全面抗戰展開，瞬經三月，前方將士浴血苦戰，更值寒冬積雪，設陞我川中健兒作戰，向着草履，此次出師參加抗敵，對于西北戰場地域氣候之寒冷，草履殊難適用，除已由本部製發布鞋一批外，素審貴會敵愾同仇，與前方密切呼應，特為函請代向領導之本市各抗敵團體、各工作委員會、各生產消費合作社等，屬其勸募出征官兵布鞋，多多益善，以資繼續供應，如募有成數時，請逕交本部轉送前方，計劃分配，藉應抗戰所需，至盼協助，相應函請查照辦理，並希見覆為荷。至布鞋底面，均以土布為宜，白底青面外加

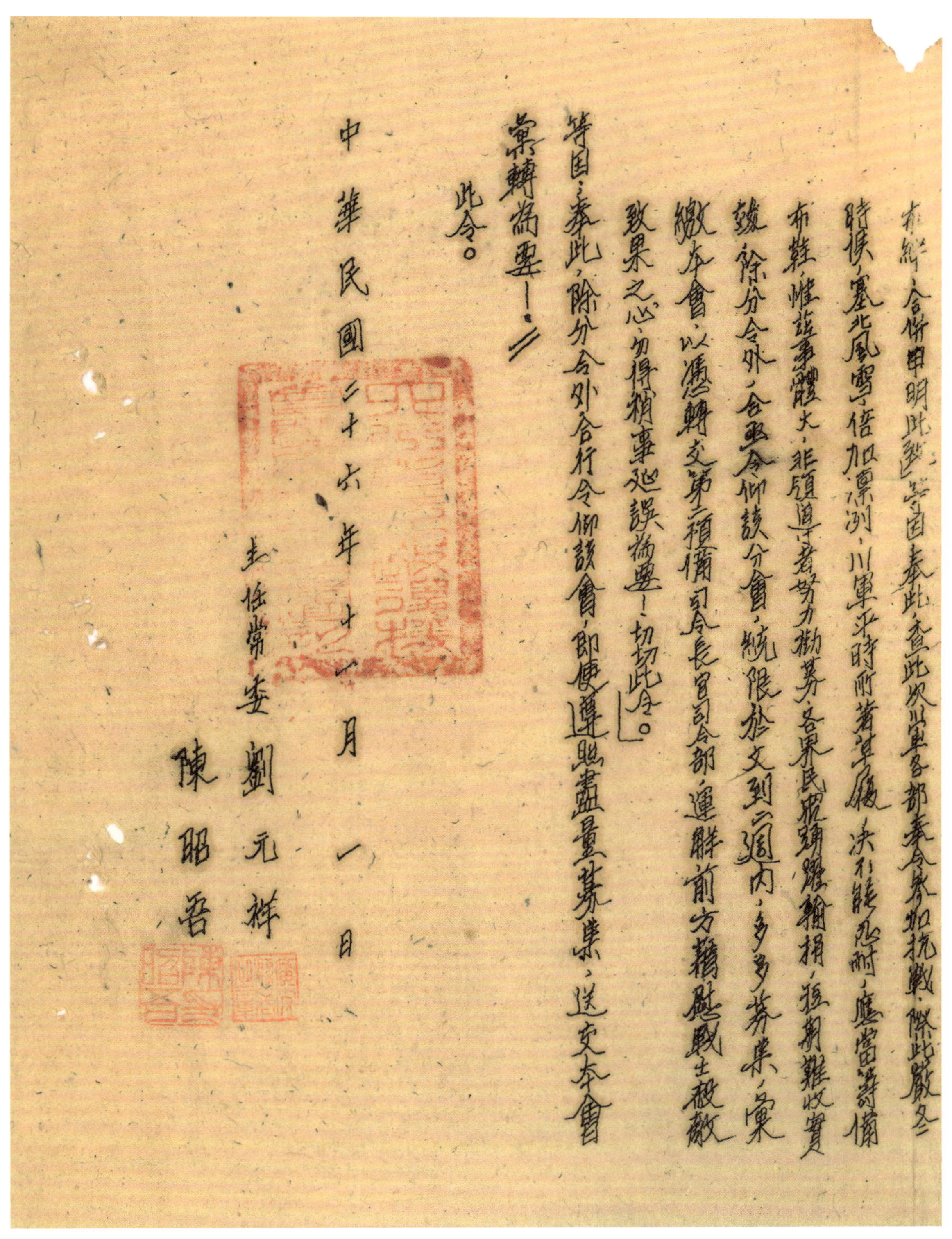

布鞋,合併申明此致,等因奉此,查此次川軍各部奉令參加抗戰,際此嚴冬時候,塞北風雪倍加凜冽,川軍平時所著草履,決不能忍耐,應當籌備布鞋,惟茲事體大,非賴領導者努力勸募,各界民衆踴躍輸捐,猶恐難收實效,除分令外,合亟令仰該分會,統限於文到一週內,多多募集,彙繳本會,以憑轉交第二預備司令長官司令部,運勝前方,藉慰戰士殺敵致果之心,勿得稍事延誤爲要!切切此令。

等因,奉此,除分令外,合行令仰該會,即便遵照盡量募集,送交本會彙轉爲要!!

此令。

中華民國二十六年十一月一日

主任常委　劉元祥

陳昭吾

四川省抗敌后援会广安县分会致崇望乡抗敌支会的训令（一九三七年十一月一日）

262-45

四川省抗敵後援會廣安縣分會訓令

令崇望鄉抗敵支會

崇奉

四川省抗敵後援會訓令開：

「本年十月十九日，案奉第二預備軍司令長官司令部秘字第四八九號函開：

逕啟者：自全面抗戰展開，瞬經三月，前方將士浴血苦戰，更值寒冬積雪沒脛。我川中健兒作戰，向着草履，此次出師參加抗敵，對于西北戰場地域氣候之寒冷，草履殊難適用。除已由本部製發布鞋一批外，素審貴會敵愾同仇，與前方密切呼應，特函懇請代向領導之本市各抗敵團體，各工作委員會，各區虛消費合作社等，屬其勸募出征官兵布鞋，多多益善，以資繼續捐募。如募有成數時，請逕交本部轉送前方，計劃分配，事關抗戰所需，至盼協助相應函請查照辦理，並希見覆為荷。至布鞋式樣，請以土布為宜，白底青面，小加

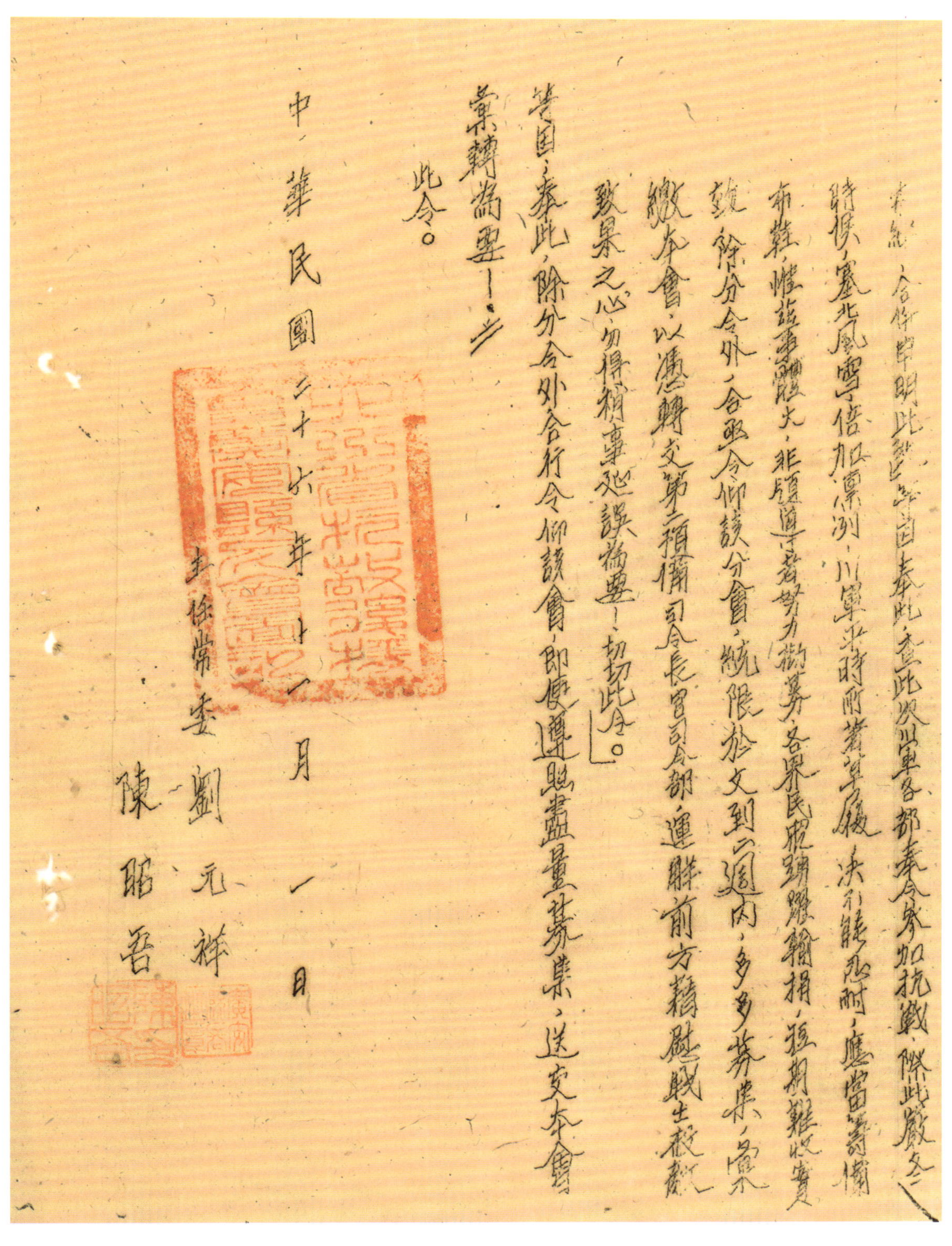

等因，合行印明此令等因。奉此。查此次川軍各部奉令參加抗戰，際此嚴冬

時候，塞北風雪倍加凜冽，川軍平時所著單薄，決不能忍耐，應當籌備

布鞋，惟茲事體重大，非賴通才群策努力勸募，各界民眾踴躍輸捐，短期難收實

效。除分令外，合亟令仰該分會，統限於文到二週內，多多募集，彙齊

繳本會，以憑轉交第二預備司令長官司令部，運解前方，藉慰戰士殺敵

致果之心，勿得稍事延誤為要！切切此令。

等因。奉此。除分令外，合行令仰該會，即便遵照，盡量募集，送交本會

彙轉為要！！

此令。

中華民國二十六年十一月一日

主任常委 劉元祥

陳昭吾

广安县政府致崇望乡保长联合办公处的训令（一九三七年十一月十四日）

262-32

廣安縣政府訓令 廿六年政字第1485號

令崇望鄉保長聯合辦公處

十一月八日案奉

四川省第十區行政督察專員公署廿六年秘署字第六八七七號訓令開：

「案奉 四川省政府同年秘字第七二零一號訓令開：「案據四川省抗敵後援會呈稱：「竊此次川軍各部奉令出征，行將到達華北，參加殺敵，英風浩氣，殊堪敬佩。惟查出川將士多著單衣，際此深秋，將盡嚴冬，即臨塞北風雪凛冽逼人，本會為激勵前方將士，加強抗敵力量計，特擬定「募集皮毛絲棉等禦寒品辦法」，動員全川民眾，預計一月之內募集皮毛絲棉背心十二萬件，運送前方，賙濟抗敵將士身受之苦，兼示民眾擁護抗戰之意。惟茲事體重

大非官民通力合作難收敏捷統一之效除民衆方面由
本會通令各級分支會遵照辦理外理合繕具辦法隨
文賫請鈞府俯賜鑒核並懇通令各市縣政府協助辦
理以竟全功是否有當指令祇遵等情據此查所擬募集
皮毛絲棉等製品办法尚無不合應准令行除指令照准
並分令外合將上項办法照印令發仰即遵照併轉飭所
屬一体協助办理為要仍將奉到日期填具迴單呈核等
因附發四川抗敵後援會募集皮毛絲棉製品办法八份奉
此除分令外合行檢發附件令仰該縣府即便遵照仍將
奉文日期先具迴單呈核為要此令。
等因附募集皮毛絲棉製品办法一份奉此除函知抗敵後援分
會外合行抄發原办法一份令仰該主任即便遵照办理為要
此令。
計抄發募集皮毛絲棉製品办法一份。

中華民國二十六年十一月十四日

縣長 劉元禄

附：四川省抗敌后援会募集皮毛丝棉制品办法

262-33

四川省抗敵後援會募集皮毛絲棉製品辦法

Ⅰ 緣起

此次川軍出征部隊，計約十二萬人，行將到達華北，參加抗戰。際此秋盡冬來，塞北風雪，凜冽逼人，狐裘不暖，錦衾猶薄，而出川將士，尚着單衣，揆之常情，何以度歲？查捨身捍國，固軍人之天職，而踴躍輸將，亦民衆之義務。本會為激勵前方將士，加強抗敵力量，原擬募集皮衣十二萬件，運送前方，以每件皮衣值國幣五元計，共需國幣六十萬元，既恐金額過鉅，募集困難，又恐川省產皮有限，購買不齊，用特變通辦法，無論狐裘皮袍、毛線絲棉各種已製未製之誠品，只須合于改製背心或滾身，足供前方將士禦寒之用者，均一律募集。其有急公好義，而無上列之物品可資捐贈者，改捐現金，由本會代製，亦所歡迎。爰擬具募集皮毛絲棉製品辦法，轉發各縣市分支會分頭動員，加緊勸募，務期於最短時間，即盡數募足。此不特可以鼓舞前方之士氣，兼足以表現我民衆愛國之熱忱，公私兼利，願我同胞，齊力赴之。

Ⅱ 辦法

第一條　本會為慰勞出川抗敵將士起見，特製訂募集皮毛絲棉製品辦法。

第二條　出川抗敵將士第一期人數在十二萬人以上，本會募集皮毛絲棉製品套數以十二萬件為度。

第三條　本辦法所稱皮毛絲棉製品凡屬含有禦寒性之狐皮羊皮各種毛線各種絲棉等類不論新舊製品合于改製背心或滚身之用者均屬之若以現金捐助者由本會代製

第四條　凡募集之皮毛絲棉製品均由本會改製為背心或滚身形式呈繳第二預備司令長官司令部配發出川抗敵各部將士

第五條　募集方式由本會各級分支會負責主办各市縣政府區署鄉鎮聯保協助募集之

第六條　凡捐贈皮毛絲棉製成品或款項之熱心愛國志士均由本會各級分支會填具前所公布之捐物三聯收據以憑查攷三聯收據由分會製發之

第七條　各分支會募集皮毛絲棉製品或捐款應連同收據報告表捐助人姓名造具詳細清册繳呈本會查收改製或代製並分別登報表揚

第八條　各支會募集之成品或捐款繳由分會彙集繳呈之

第九條　各分會運輸皮毛絲棉製品運費或捐款滙費由捐款內動支

第十條　本办法除由本會通令各市縣分會办理外並呈請省政府通令各市縣政府協助办理之。

广安县政府致崇望乡保长联合办公处的训令（一九三七年十二月十三日）

抄募寒衣辦法十件

十二月十一日

262-11

廣安縣政府訓令 廿六年政字第1623號

令崇望鄉保長聯合辦公處

十二月五日案奉

四川省政府廿六年秘整正字第一七六號訓令開：

案奉 行政院廿六年十月總字第五九五七號訓令開：案准中央執行委員會秘書處本月二十二日孝字第一二八五八號公函開：茲經中央決定慰勞前方將士募製寒衣辦法十項：(一)由各省市黨政當局督促各縣市下級機關發動救國團体(如抗敵後援會、救濟會、民眾組織委員會等)舉行大規模之募製寒衣運動。(二)募製寒衣之種類，應以各該地所產原料為標準，得分為皮、棉、絲棉等三種。(三)寒衣之尺寸須依照軍事機關之規定辦理之。(四)募製寒衣之數量得依各該省市人口多寡及地方財富為準，由最高黨政當局酌攤之。(五)各省市人民有捐贈原料或捐款指定購製寒衣者得

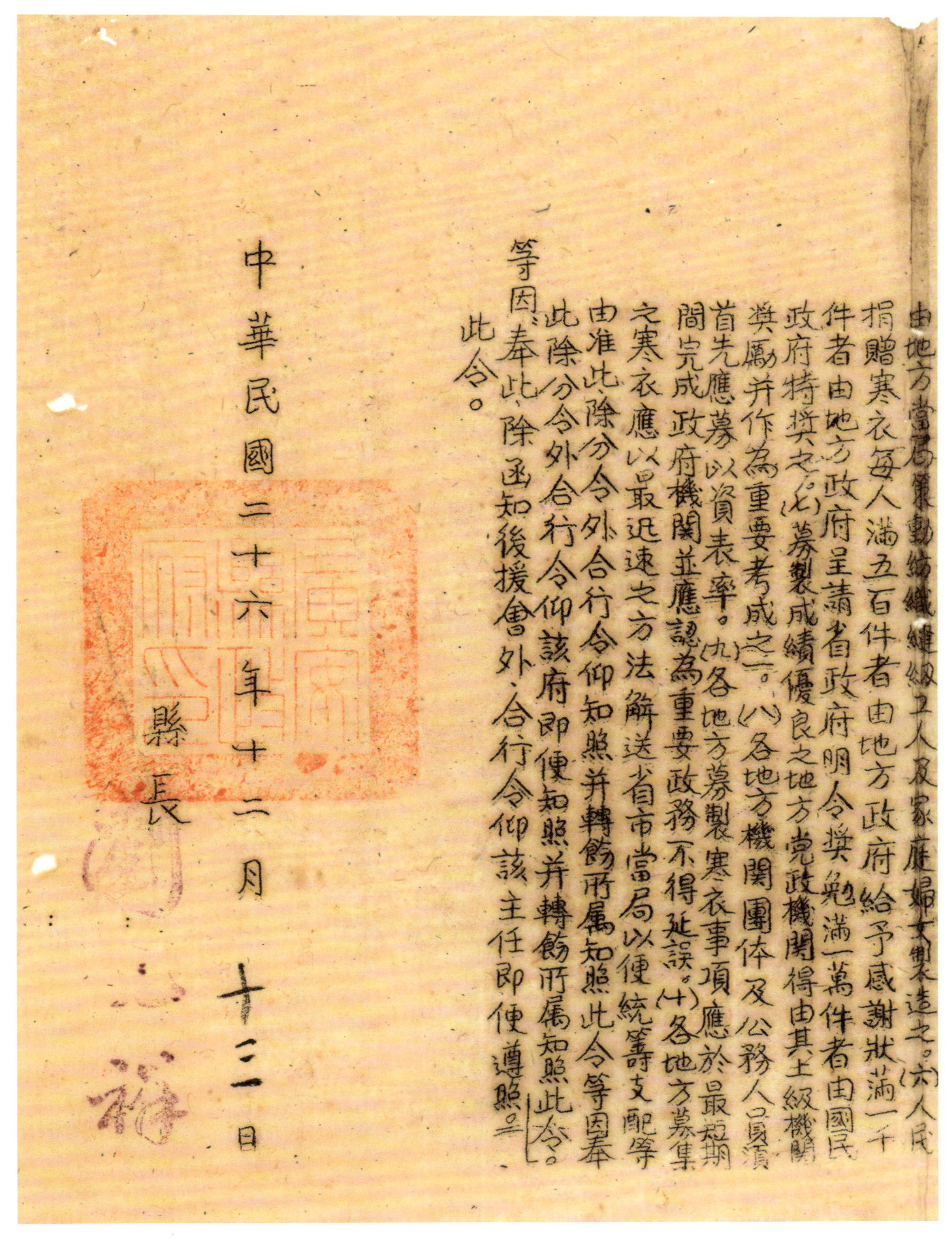

由地方當局策動紡織縫級工人及家庭婦女製造之。（六）人民捐贈寒衣每人滿五百件者由地方政府給予感謝狀，滿一千件者由地方政府呈請省政府明令獎勉，滿一萬件者由國民政府特獎之。（七）募製成績優良之地方黨政機關得由其上級機關獎勵，并作為重要考成之一。（八）各地方機關團体及公務人員須首先應募，以資表率。（九）各地方募製寒衣事項應於最短期間完成，政府機關並應認為重要政務（不得延誤。（十）各地方募集之寒衣應以最迅速之方法觧送省市當局，以便統籌支配等由，准此。除分令外，合行令仰知照，并轉飭所屬知照。此令等因，奉此。除分令外，合行令仰該府即便知照，并轉飭所屬知照。此令。等因。奉此。除函知後援會外，合行令仰該主任即便遵照。

此令。

縣長

中華民國二十六年十二月十三日

广安县政府致崇望乡保长联合办公处的训令（一九三八年一月十七日）

廣安縣政府訓令 民字第 號

令崇望鄉保長联合辦公處

新舊年節禁止一切無謂消耗

一月十七日

342-74

案奉

四川省政府廿六年秘整字第二五九號訓令開、

「案據合江縣長吳鴻仁呈稱、查現值國難嚴重期間欲求

長期抗戰決勝將來自非集中財力物力源源接濟不足以救亡圖

存凡屬國民均應節衣縮食禁絕無益消耗儲為抗戰資源茲查三

十七年新舊年節將屆誠恐一般民衆仍相沿積習餽送禮物招讌春

酒以及辦演龍獅花燈燃放爆竹等既忘失地之恥辱復擲金錢於虛

耗縣長有鑒於此業經通令布告縣屬民衆一律停止上項娛樂

節省此項無益消耗之資移作購買寒衣布鞋用贈前方將士及滙

解前方救濟難民之用俟達到最後勝利再行擴大慶祝其有故違

禁令者立予傳案罰辦仍以此項罰金分別滙解前線慰勞將士救

濟難民誠恐本省各縣不無同類情形擬請通令各縣轉飭各界

民衆一体遵照辦理所請是否有當除分呈第七區專員公署外

理合具文呈請鈞府俯賜鑒核示遵」等情據此除以呈悉查當此國难

嚴重資源枯竭所有新舊年節餽送禮物招讌春酒辦演龍獅花燈

724

號

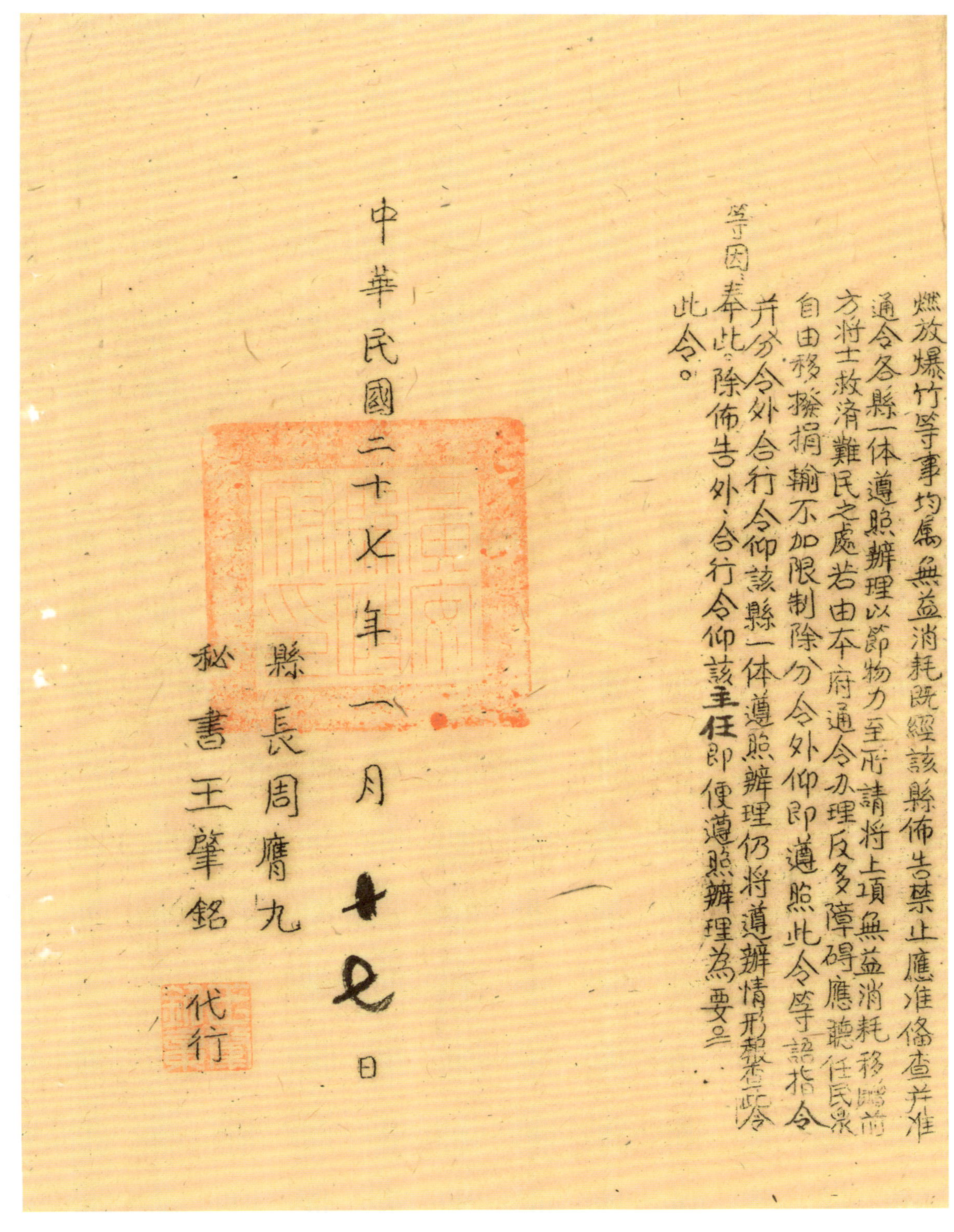

燃放爆竹等事均為無益消耗既經該縣佈告禁止應准備查并准
通令各縣一体遵照辦理以節物力至所請將上項無益消耗移贈前
方將士救濟難民之處若由本府通令办理反多障碍應聽任民衆
自由移撥捐輸不加限制除分令外仰即遵照此令等語指令
并分令外合行令仰該縣一体遵照辦理仍將遵辦情形報查此令
等因奉此除佈告外合行令仰該主任即便遵照辦理為要〻
此令。

中華民國二十七年一月十七日

縣長周膺九

秘書王肇銘代行

四川省抗敌后援会广安县分会致国民自卫总队部的公函（一九三八年十一月四日收）

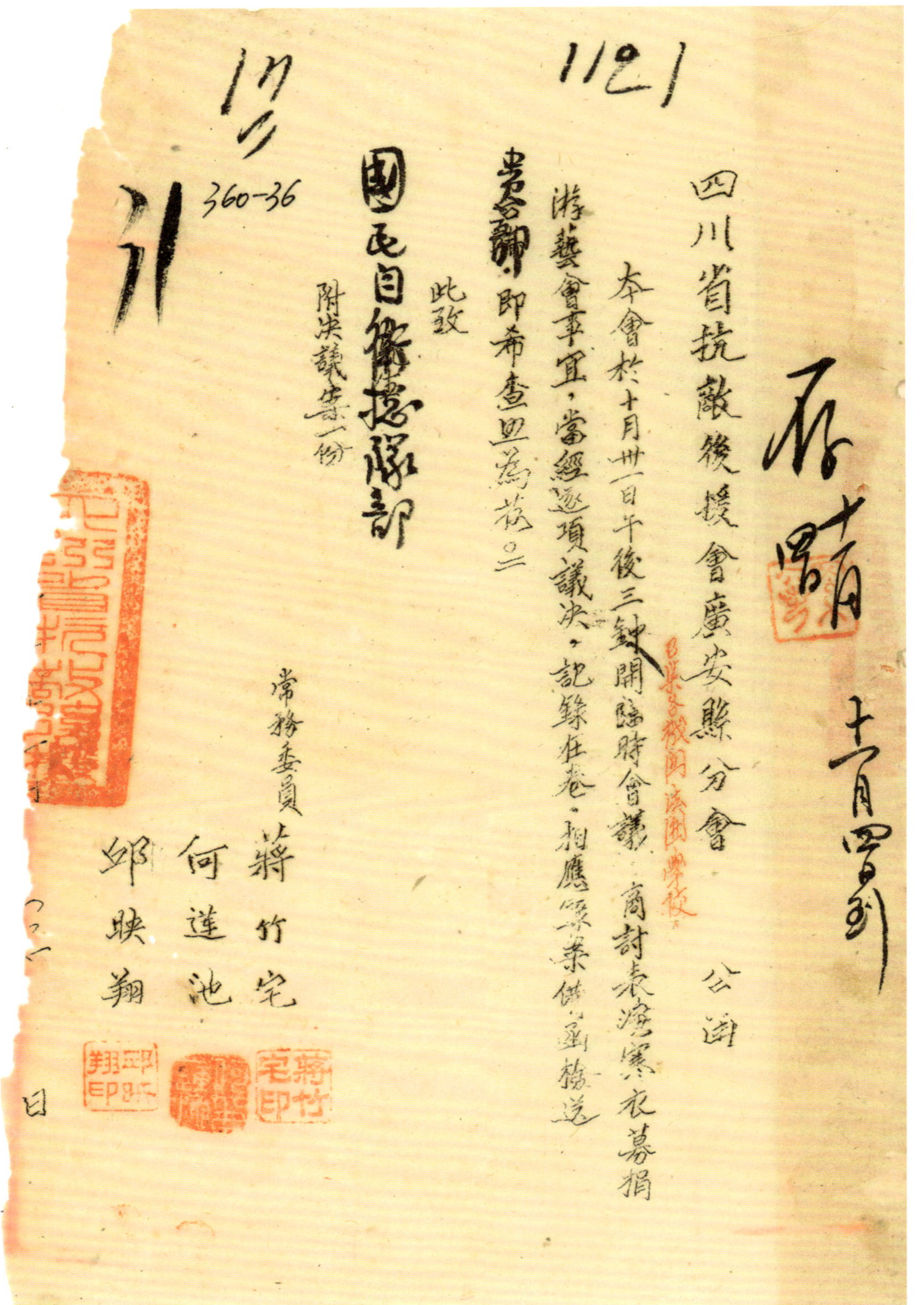

四川省抗敵後援會廣安縣分會　公函

本會於十月卅一日午後三鐘開臨時會議，商討表演寒衣募捐游藝會事宜，當經逐項議決，記錄在卷，相應照案併函檢送

貴部，即希查照為荷。

此致

國民自衛總隊部

附決議案一份

常務委員　蔣竹宅　何蓮池　邱映翔

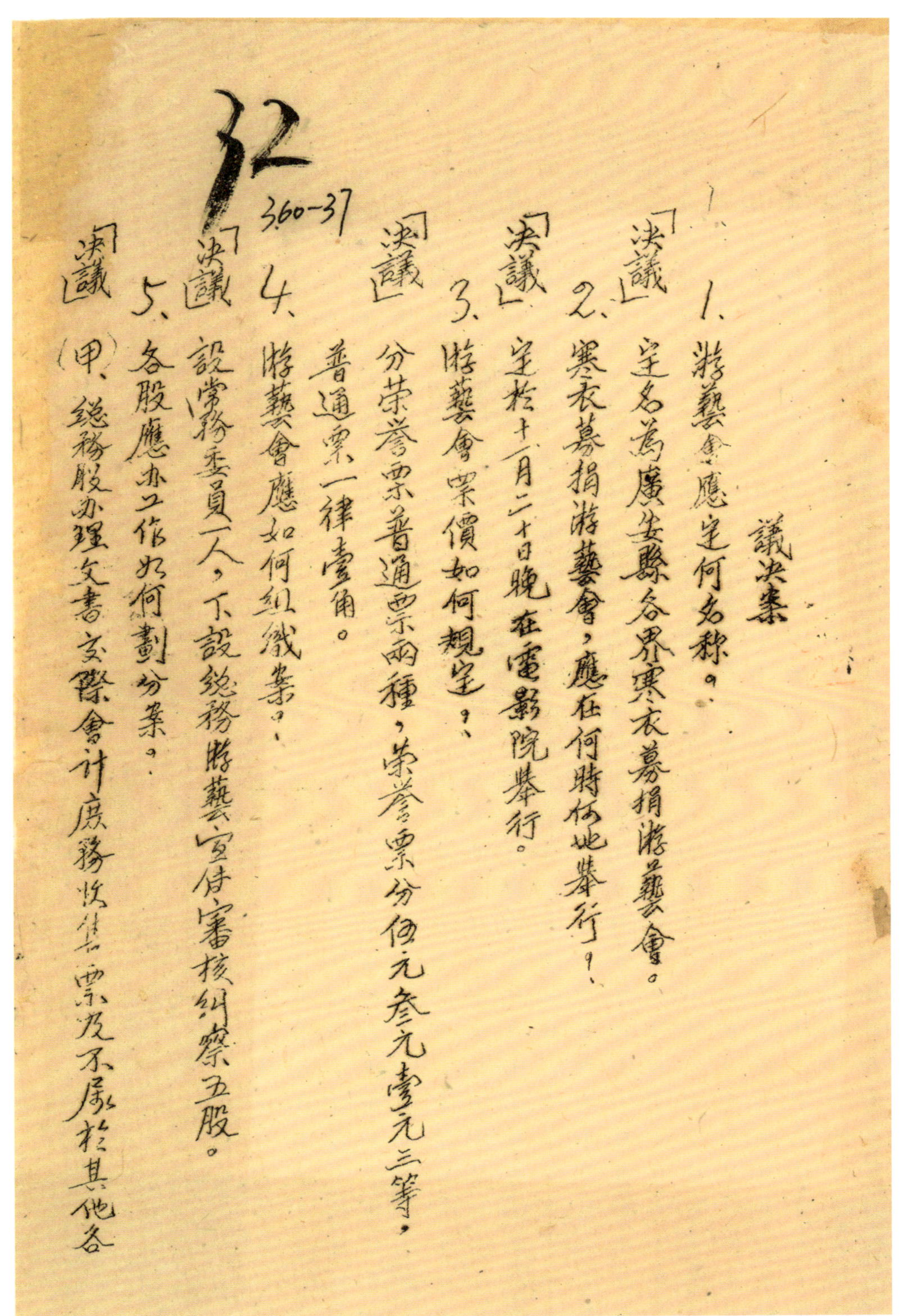

議決案

1、游藝會應定何名稱。

「議決」定名為廣安縣各界寒衣募捐游藝會。

2、寒衣募捐游藝會，應在何時何地舉行。

「議決」定於十一月二十日晚在電影院舉行。

3、游藝會票價如何規定。

「議決」分榮譽票普通票兩種，榮譽票分伍元叁元壹元三等，普通票一律壹角。

4、游藝會應如何組織案。

「議決」設常務委員一人，下設總務游藝宣傳審核糾察五股。

5、各股應辦工作如何劃分案。

「議決」（甲）、總務股辦理文書交際會計庶務收售票及不屬於其他各

560

配節目 一。

丙、宣傳股办理關於宣傳一切事宜。

丁、審核股——審核劇材及各項开支。

戊、糾察股負責維持會場秩序。

推定職員案：

「決議」6、甲、推定陳貽書為常務委員、

乙、總務股推定邱鼎翔文作楨為正副股長、梁壽琦担任文書，陳篤周杜希哲賀輯五担任交際，李錫九担任庶務，陳華一担任會計，收售票由公訓同學會推舉八人負責。

丙、游藝股推定陳大義陸顯儀為正副股長，黃荊後台指揮，譚楚白鄭知敬担任借物，周光碧担任保管，鄧林担任化裝，陳了初担任燈光、潘烈刘民舟謝夢琴担任佈景。

丁、宣傳股推何蓮池、鄭志清為正副股長，關於文字宣傳，由女中負責，關於圖畫宣傳，由東小負責。

戊、審核股推陳貽晉、鄧松年為正副股長。

己、糾察股推駐軍與縣壯巡隊負責。

下、所需臨時經費，在何處借用案。

「決議」

暫向抗敵分會借用，俟游藝會結束後，由票價歸還。

广安县政府致彭家小学的训令（一九三九年四月）

廣安縣政府訓令 廿八年教字第580號

令彭家小學

案奉

四川省政府二十八年教字第一〇三〇九號訓令開：

「案准教育廳案呈奉

教育部廿八年二月發普肆10字第三八九二號代電開：查各省初中及小學勞作學科之設施，與抗戰建國有密切之關係，仰轉飭各校于勞作一科，應就地方情形，盡量利用學生能力及財力製作與抗戰有關之衣食等用品，但應與當地軍需機關、前方將士慰勞會、救濟會等機關合作，以免製品不適于用，徒耗財力，并將辦理情形具報備核等因。到府。除分令外，合亟令仰轉飭所屬遵照辦理具報備核。」

等因，奉此。除分令外，合行令仰該校遵照辦理，具報來府，以憑核轉。此令。

縣長 鄔繩武

秘書 林炳煌 代行

中華民國二十八年四月 日

广安县政府致第二区崇望短期小学的训令（一九三九年五月三日）

廣安縣縣政府訓令 二十八年教字第966號

令第二區崇望短期小學

案奉

四川省政府廿八年教字第一三七三三號訓令開、

教育廳案呈奉 教育部訓令内開案准軍事委員會政治部三月七日治民渝字第六六六號函開案據甘肅省渭源縣教育局長張亨呈請通令全國各級學校為前方抗敵將士趕製毛襪或毛手套以示慰勞等情前除批示外相應抄同原呈函請查照核辦為荷等由過部查中等以下學校為鼓勵學生發揮愛國熱忱慰勞前方將士起見自應一体斟酌時令與前方需要令學生在勞作科課程内趕製毛襪手套或布襪衫褲等將士用品彙送主管教育行政機關轉送前方應用除函復外合行令仰轉飭遵照等因到府查前准教育部寒代電請飭各校各就地方環境及學校情形擬具足以貢献前方將士有益實際之活動一案業經本府於廿七年十二月以教字第三六五三零號訓令通飭遵辦在案茲准前因除分令外合行令仰該府知照并轉飭所屬小學查酌前案切實辦理為要。

等因奉此。除分令外合行令仰該校即便遵照切實辦理為要。

此令。

中華民國二十八年五月三日

縣長 鄔繩武 調訓

秘書 林炳煌 代行

广安县政府致彭家初级小学的训令（一九三九年十月十四日）

廣安縣縣政府訓令 民字第1608號

令彭家初小學

案奉

四川省征募寒衣運動委員會蓉總儉代電開銜畧公鑒時已秋令瞬及寒冬我前方將士浴血抗戰萬千難同胞顛沛流離為早籌禦寒之具自應賡續徵募寒衣查全國徵募寒衣運動委員會總會二十八年度徵募運動計劃中規定川省應徵募數目至少為二十萬件（重慶及自貢市除外）前經本省黨政軍聯合會報決議成立四川省徵募寒衣運動委員會積極進行徵募在案刻本會業已正式成立組織大綱及工作實施大綱各縣徵募寒衣數目分配表等亦經製定茲隨電送達即希迅速成立分會積極發動徵募務期於十一月底以前完成此項工作并希將分會成立

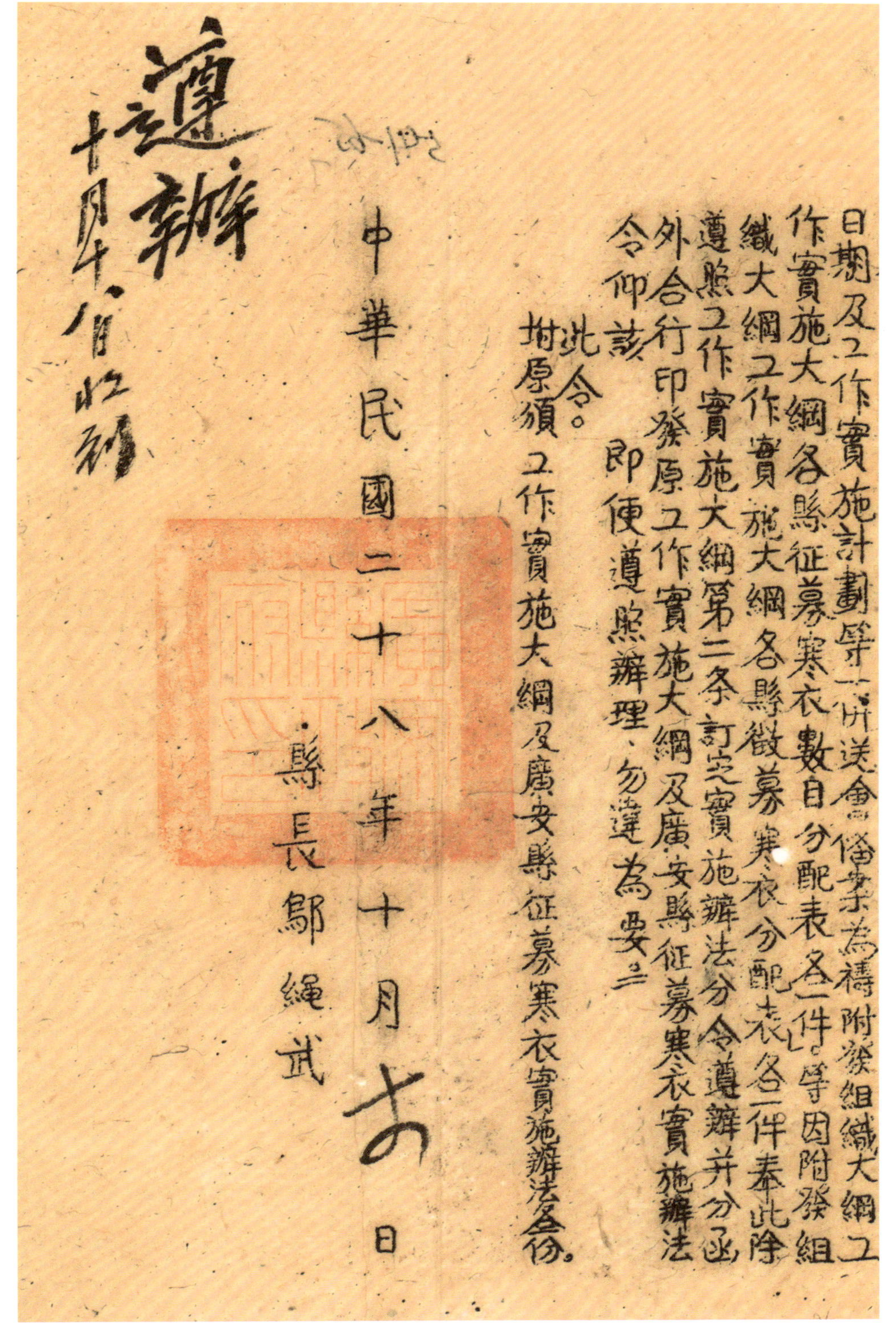
日期及工作實施計劃等一併送會，俾案為禱。附發組織大綱、工作實施大綱、各縣征募寒衣數目分配表各一件。等因，附發組織大綱、工作實施大綱、各縣徵募寒衣分配表各一件，奉此，除遵照工作實施大綱第二条訂定實施辦法，分令遵辦并分函外，合行印發原工作實施大綱及廣安縣征募寒衣實施辦法，令仰該　即便遵照辦理，勿違，為要。

此令。

計原頒工作實施大綱及廣安縣征募寒衣實施辦法各一份。

中華民國二十八年十月十六日

縣長　鄒繩武

遵辦

十月十八日收到

附（一）四川省征募寒衣运动工作实施大纲

(1)

四川省征募寒衣運動工作實施大綱

一、本大綱根據四川省征募寒衣運動委員會組織大綱第七條擬定之

二、成都市及各縣之寒衣征募運動本此大綱進行，其詳細辦法自行規定之

三、依據全國寒衣總會二十八年度征募寒衣計劃，四川省全省（除重慶及自貢市）征募總數至少為二十萬件（棉背心），茲規定成都市至少應征集六萬件，各縣至少應征集十四萬件（征集數目分配見另表），能增加數目時應儘量增加之。除棉背心外，得同時征募舊衣（難能用），但不規定數目

四、四川省之寒衣征募期間為九月十八日起至十一月底止

五、四川省寒衣征募之進行，由省征募寒衣運動委員會（以下簡稱省征募會）主持統籌，各縣由縣征募寒衣運動分會（以下簡稱分會）主持，受省征募會之指揮監督。縣分會由縣政府負實際主持推動之責任，縣黨部、青年團、動員委員會、鄉村服務團、駐軍政黨部及各機關團体負實際協同進行之責任。

六、征募分征募寒衣及征募寒衣代金二種，但各縣以征募寒衣代金為限（棉背心以一元五角計算）

七、征募前及征募期間應普遍擴大宣傳

1. 舉行征募宣傳週

541-67

(2) 發動各報紙積極宣傳

(3) 於各鄉鎮或十字街口及公共場所張貼大標語或宣傳畫

(4) 映放影片標語

(5) 敦請各界名流廣播

(6) 於國慶紀念 總理蒙難紀念 總理誕辰紀念日集中征募宣傳。

八、寒衣之徵與募兩者并重其辦法概要如左：

(1) 徵集：

(子) 党政軍各機關之公務員捐獻一日之所得金

(丑) 各學校各團体規定其應徵之至少數目（棉背心）其標準如左：

(A) 各團体依其經濟力量及範圍之大小由執行征募機關調查處統一規定

(B) 各學校以大學教職員至少二件中學教職員至少一件小學教職員及大學學生每二人一件中學生每五人一件小學生每十人一件為原則。

(寅) 各娛樂場所捐獻一日之全部收入

(2) 募集：

(子) 游藝募捐

(丑) 体育競技募捐

(寅) 各種義賣

(卯) 各種展覽會

(辰)發動各學校員生組織勸募隊勸募舊衣(不再勸募棉背心)

以上五項須經當地之征募機關核准備案後始得進行)

(巳)榮譽捐由各地征募機關直接進行

九、收繳衣款之時間及手續，如左其詳細辦法另定之

(1)成都市征集或募集之寒衣及寒衣代金統限於十二月二十日

二十一日以前解繳完畢

(2)各縣之寒衣代金統限於十一月底以前解繳省征募會完畢

(3)寒衣運送省征募會驗收。

(4)各單位寒衣代金及捐款之繳納方法如次：

(子)成都市各單位繳納代金及捐款時應先繳納於指定之銀行，然後以銀行之收據繳納於省征募會

(丑)各縣所屬之各單位繳納代金時先繳納於該縣經指定之銀行或合作金庫後，再以上項收據繳納於征募分會，如無銀行或金庫時始以現金逕繳分會

寅、各縣分會繳納代金或捐款於省征募會時仍匯交指定

(5)

之銀行代收并同時通知省征募會

卯、無論征集募集之寒衣或寒衣代金省縣均以一次整交整收為原則但手續上須辦下列數點

1.各單位對其所屬之徵募宜自行出具收據並於繳解分會及省征募會時均須附送征募名冊

(四)凡榮譽捐之收據均由征募機關製發

十、各縣分會之征募情形應每旬具報省征募會

十一、分會於征募完畢時應即於當地登報公佈其征募結果省征募會於征募結束時亦應將征募結果詳細登報公佈并編製征募經過總報告

十二、征募之實施由省征募會督檢組并指揮各縣分會之督檢組嚴格督促進行其有進行不力或舞弊情事者檢舉之

十三、凡各單位或個人於征募成績表現最佳者應予獎勵其成績不足規定之額數或有舞弊情事者應予處分其獎勵辦法另定之。

十四、本大綱由省征募寒衣運動委員會通過頒佈施行。

附（二）广安县征募寒衣实施办法

541-66

廣安縣征募寒衣實施辦法

1、本辦法根據四川省征募寒衣運動工作實施大綱第二条之規定訂定之。

2、本縣應征寒衣照省頒征募寒衣分配表規定數目為一千五百件并得征募舊衣（難胞用）但不規定數目

3、依據四川省征募寒衣運動工作實施大綱第六条之規定各縣以征募寒衣代金為限本縣准此辦理照規定每件一元五角計算共應征代金二千二百五十元 難胞寒衣捐在外

4、本縣征募寒衣代金規定如左：

子、党政軍機關之公務員捐獻一日之所得金

丑、各鄉（鎮）至少每保募集代金一元五角由各聯保主任督飭所屬各保長就各保中殷實富紳募捐之不得攤派。

寅、各團体得斟酌其經濟力量及範圍自由捐送代金

卯、中學教職員至少以每人一件小學教職員以二人一件中學生每五人一件小學生每十人一件為原則。

辰、娛樂場所捐獻一日之全部收入

巳、城厢舉行游藝、義賣募捐

5、本縣照前條征募標準，有多出時即將多出之數移作難胞寒衣捐，直解省征募會。

6、各鄉（鎮）寒衣代金限於十一月二十日以前募集完畢，由各聯保處將所募代金送繳本縣合作金庫，同時將募集人姓名列榜及姓名清冊呈縣府，以便榜示鈐印，發還張貼於各聯保處。

7、各鄉（鎮）聯保處應募集之代金，如逾限未繳，即由財委會在各該鄉（鎮）應領保甲經費內扣除代繳，仍由縣政府嚴催報核。

8、縣城各機關法團學校教職員學生及各區署所征代金，要於十一月二十日以前由其首長列表連同代金送繳本縣合作金庫後，將收據送縣征委會。

9、本縣征募之寒衣代金由縣征委會於本年十一月底以前解繳省征募會。

10、本辦法自公佈日施行。

广安县政府关于查报各寺庙钟、磬、炉、鼎及乡村散置生铁等致崇望乡保长联合办公处的训令

（一九三八年一月九日）

廣安縣縣政府訓令 廿七年民字第181號

令崇望鄉保長聯合辦公處

查各刹寺廟、所有鐘磬爐鼎、以及各鄉村中散置之生鐵大炮、均係現代戰爭炮火彈藥所需原料、并為 中央政府重視、前自全面戰爭展開以來、本府即奉 省府密令特飭調查登記、經以政字第一三三七號訓令、通飭遵办在案、迄今時逾數月、尚未據各該鎮鄉呈報前來、殊屬疲玩已極、茲機械戰爭日趨激烈、所有上項原料、急應調查確實、於必要時、運濟前方、曾經迭奉 層峯令催、萬不能再事延緩、特由本府製定調查表式、及填表須知、令飭各該鎮鄉於文到十日內、迅將所轄區域內各寺廟中所藏鐘磬爐鼎及銅鉄大炮、一併查明、按照表列各欄

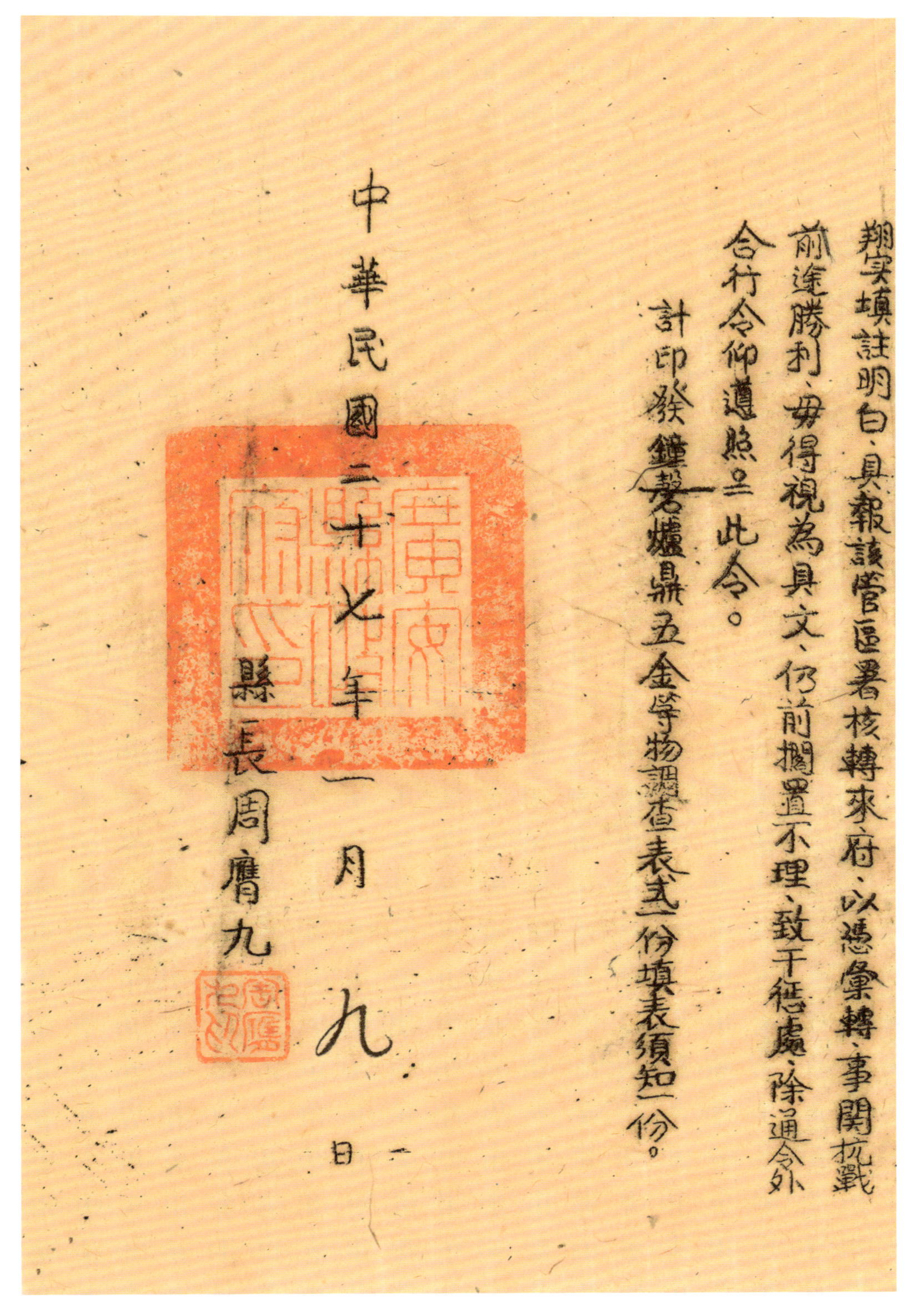

翔實填註明白，具報該管區署核轉來府，以憑彙轉。事關抗戰前途勝利，毋得視爲具文，仍前擱置不理，致干懲處。除通令外，合行令仰遵照。此令。

計印發鐘磬爐鼎五金等物調查表式一份，填表須知一份。

中華民國二十七年一月九日

縣長周膺九

附：钟磬炉鼎五金等物调查表

342-91

四川省廣安縣第　區　鎮鄉　鐘磬爐鼎五金等物調查表

區別	鎮鄉別	寺廟別	五金種類：鐘磬爐鼎	五金種類：其他	件數	重量	價值	有無保存	保管者姓名	備考
合計										

填表須知

1、「區別」欄即填該管區署名稱、

2、「鎮鄉別」欄即填該管鎮鄉名稱、

3、「寺廟別」欄即填寺廟名稱

4、「五金種類」欄依鐘磬爐鼎等物名稱，分別銅質或鐵質照式填入、

5、「件數」和「重量」兩欄，分別鐘磬爐鼎等物有若干件，即填若干件，有若干斤，即填若干斤、

6、「有無保存價值」欄即查明某物，有無「科學的」「歷史的」「藝術的」價值在備攷欄内注明，而於本欄内填「有」字，或「無」字、

7、「保管者姓名」欄，即填明「某人保管」例如保甲長保管即填保甲長姓名、

8、本表格式，可自由伸縮，不必限定，總以填夠為原則

9、本表填三份，以一份存查，一份呈區署，一份呈縣府、

四川省抗敌后援会广安县分会关于查照收支款项一览表等致县商会的公函（一九三八年六月五日）

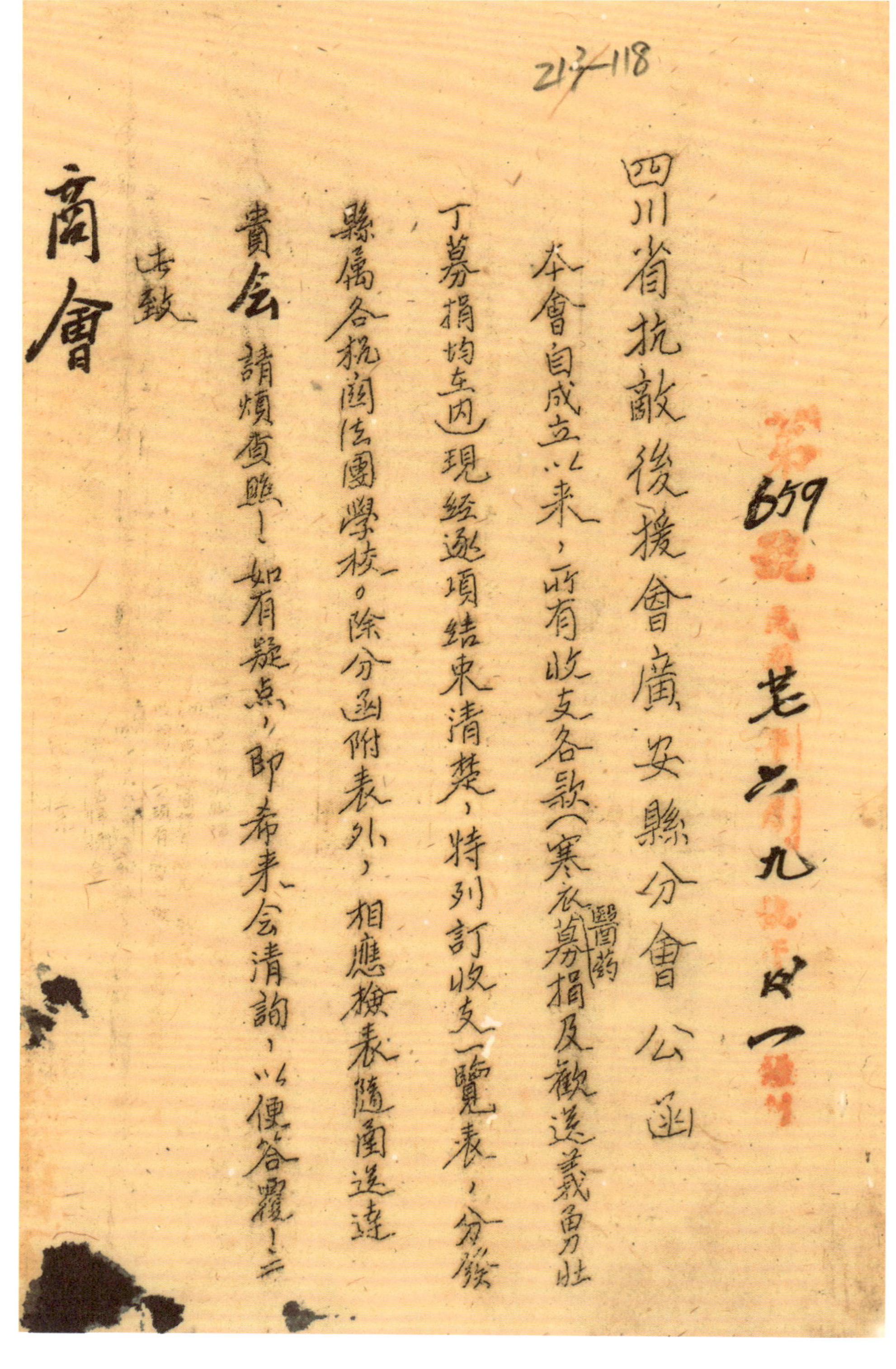

212-118

659

廿七　六　九　日　一

四川省抗敵後援會廣安縣分會公函

本會自成立以来，所有收支各款（寒衣、醫藥募捐及歡送義勇壯丁募捐均在内）現經逐項結束清楚，特列訂收支一覽表，分發縣屬各機關法團學校。除分函附表外，相應檢表隨函送達

貴会，請煩查照！如有疑點，即希来会清詢，以便答覆！

此致

商會

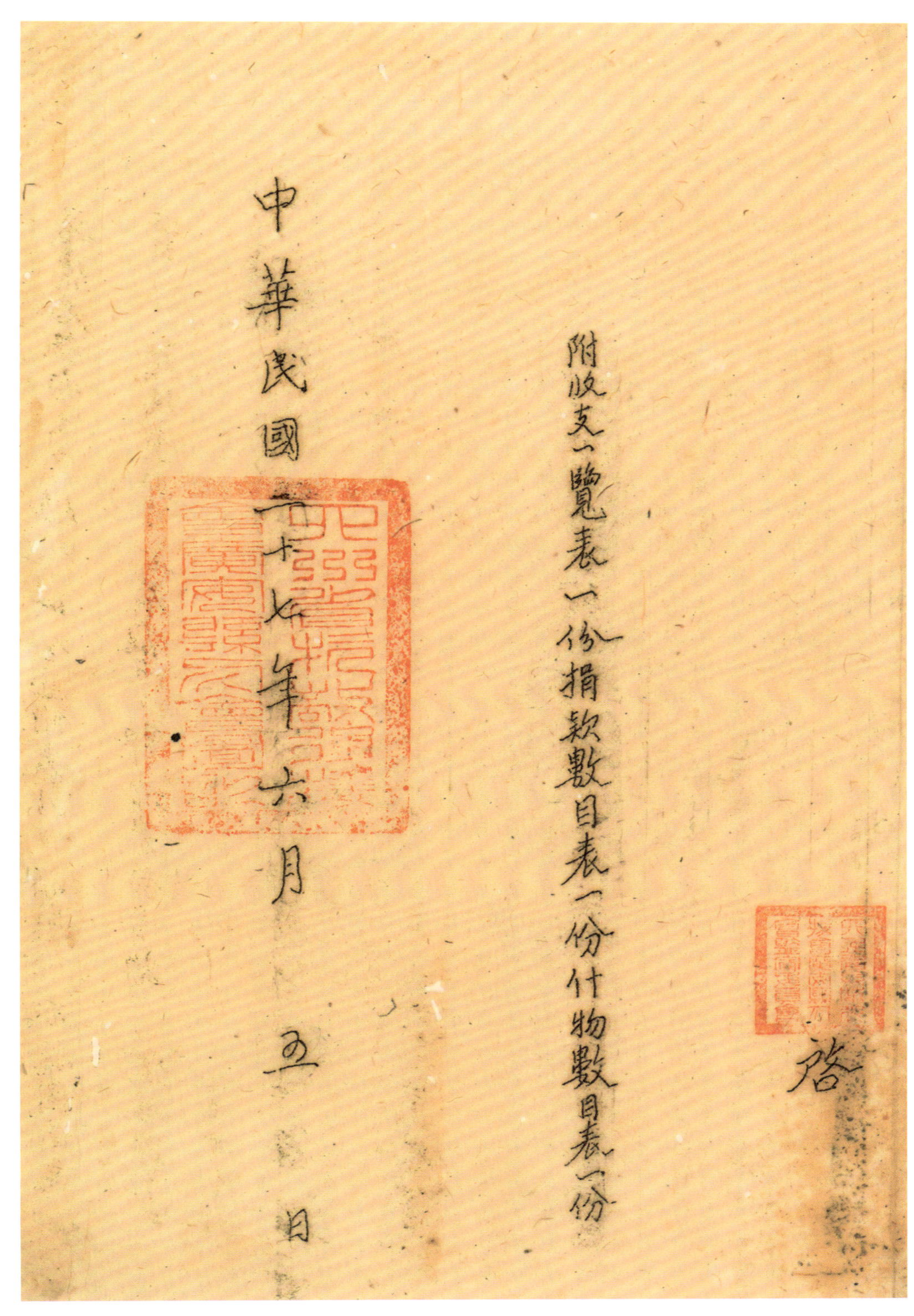

啓

附收支一覽表一份捐款數目表一份什物數目表一份

中華民國二十七年六月五日

附（一）四川省抗敌后援会广安县分会收支一览表

213-119　213-120　213-121

四川省抗敵後援會廣安縣分會收支一覽表

本会收支各款（寒衣医药募捐及欢送義勇壯丁募捐均在内）現經逐項结束清楚，特列表公佈，即希各界人士查照為荷！

收入項

項別	收入洋數	備攷
壯丁募捐	九七〇〇五	柏侍泉募[illegible]元，宋丹墀募[illegible]元，邱映翔募[illegible]元，蔡汝愚募[illegible]元，何蓮池募[illegible]元，縣府募[illegible]元，張岳鍾經手代收零數[illegible]元，合計如上數，各款由財委会收了
寒衣募捐	二八八七三九	此欄因賬目过多，另附表註明
游藝募捐	七四四一〇	共售票[illegible]張，收洋[illegible]元，抗女小学生来販賣食物红息[illegible]元，除独立十二旅欠票洋[illegible]元（因票要出後款未收到）实收洋如上數，此款由陳華一經手
會員基金	三四〇	廖民新等卅の人各缴会員入會金乙角
合計	四六〇四九四	

支出項

項別	支出洋數	備攷
歡送義勇壯丁	四二二九〇	毛巾[illegible]元（何蓮池經手[illegible]元，財委会經手[illegible]元，肖九成經手[illegible]元）旗子、火炮、布等洋[illegible]元，縣府經手[illegible]元，財委会經手[illegible]元，鄭詠湘經手[illegible]元，肖九成經手[illegible]元
慰勞前敵將士	三〇〇〇〇	交軍委会陳華一經手
棉背心	二四五八七三	共[illegible]件，色与藍順圓仟件，每件[illegible]角，共洋[illegible]元，自製之棉背心[illegible]件，去棉花洋[illegible]元，布[illegible]元，雜腸帶[illegible]元，線[illegible]元，裁工[illegible]元，兩次運渝水腳、彈花工洋、篾包子、上下起運力資等共去洋[illegible]元，共如上數。其款除由肖九成經手[illegible]元，由鄭詠湘經手[illegible]元外，餘由陳華一經手支付。所有棉背心係運渝交鄭國中轉交新蜀报社收轉前方，現有新蜀报社收據為據

項目	金額		備註
鴿裝網沙袋布鞋	三一〇	〇〇	1. 折合鴿裝網及沙袋[illegible]元交川康綏靖公署其款由陳華一經手 2. 男甲種經手製鞋子沙袋共[illegible]元合元如上數
遊藝會用費	一〇一	一一	肖九成經手[illegible]元陳華一經手[illegible]元
辦公費	一五	七九	由陳濟時經手
薪工	八六	六一	支陳濟時[illegible]元支譚世昌[illegible]元王開禹[illegible]元 小工蔣品[illegible]元臨時雇工[illegible]
筆墨紙張	四四	八三	除由財委會經手[illegible]角何蓮池經手[illegible]元外餘由肖九成經手
郵電	一五	四九	由[illegible]電費[illegible]元（電外主席）肖九成支電費[illegible]元（賀楊軍勝利）又支郵費[illegible]元
書報	一四二	二〇	周刊[illegible]抗宣傳綱要[illegible]元旦宣言[illegible]元委座肖像標語[illegible]反侵略宣言[illegible]宣傳大綱[illegible] 除宣傳大綱之[illegible]由何蓮池經手外其餘由陳華一經手
雜支	一六	九〇	肖九成經手[illegible]元陳華一經手[illegible]元
合計	三九一四	五六	
結存	六九〇	三八	

說明

1. 本會收支各項賬目係由主任秘書陳華一總務組何蓮池叩映翔（賬項係由肖九成經手）張岳[illegible]、同經手繼因肖九成赴萬經商陳秘書因事赴合各方賬項雖於彙齊故報銷至現在始摒蹺

2. 本會在正式收據未印製前所收各方捐款物件係由經手人暫出臨時收據昨曾由本會函催各方到會換取正式收據現各方是尚存有臨時收據即希來會掉換

3. 本報銷收支方面是有錯誤遺漏即希持據來會更正

4. 本會經手各項賬目概有簿記黏據備查現此項簿記粘據已移交新抗敵公[illegible]為本報銷有疑点處即希來會清詢如有錯誤由各經手人負完全責任

附（二）四川省抗敌后援会广安县分会寒衣医药募捐捐款数目表

四川省抗敵後援會廣安縣分會寒衣醫藥募捐捐款數目表

代募抗敵團体名稱	代募捐款數目	備考
廣安小支会	一四二〇	洋[illegible]元銅元[illegible]合洋[illegible]元
東岳小學	七〇〇	節食費
曾書士	五〇〇〇	
婦女支会	六〤九〇	
電灯公司	一〤〇〇	游藝會募捐灯費作為寒衣捐
城廂聯保辦公處	三三八〇	
男中校支会	三三五二	
指揮部	八〇〇	
三民火柴廠	七〇〇〇	
羅海帆門	一〇〇〇	
義興鄉	一四七五〇	內有医药費[illegible]元　由二區郭區長手交來

井溪鄉	二五三〇〇	內有醫藥費廿六元	同前
白市鄉	二五一一〇	內有醫藥費卅九元	同前
沙溪鄉	一四八〇〇		同前
肖溪鄉	二七五四〇	內有醫藥費卅四元	同前
大有鎮	二三四〇〇		同前
恒昇鄉	一〇〇〇〇		同前
東岳鄉	四〇〇〇		同前
太平鄉	七〇〇〇		同前
石筍河	六〇〇〇〇		同前
觀音閣	一五〇〇〇		
代市鎮	一九一八〇		
大興鄉	五〇〇〇		
大興小學	一〇八〇		
西城小學	一七八九		
徵收局	六五〇〇		
郭咸中	三一〇		

紅十字会	三〇	二〇	
崇德慈善社	五二	八〇	
龍台寺	一〇八	〇〇	内有医药費肆拾元 二區郭區長交来
悦来小學	七	五八	
悦来短期小学	二	一三	
東城小学支会	一九	七二	係廿元又銅元伍仟合卅元
周縣長	四	〇〇	係府庶務会缺席趋述宴客公约照章繳罰金如上数
廣興鄉	一〇〇	〇〇	
縣政府	四三	六〇	節食費
女中校支会	一九	一〇	
一百一分運動捐	三	四五	
龍安鄉	二	〇〇	保長十名開会遲到罰金各捐由一區李區長交来
桂興鄉	二三	三〇	
協興鄉	二	〇〇	蘇諳生宴客滋事罰金脱由一區李區長交来
参会臨席不公缺席罰金	一	五〇	
合計	二八八七	三九	

附（三）四川省抗敌后援会广安县分会征募什物一览表

四川省抗敵後援會廣安縣分會征募什物一覽表

代募抗敵團体名稱	代募物别	數目	備
觀音鎮女小	布鞋	一二五双	
	沙袋	五〇根	
	偽裝網	二二個	
	棉背心	一〇件	
三溪河	棉背心	一三〇件	
	布鞋	八〇件	
石笋河	偽裝網	四〇件	
	沙袋	二〇根	
代市鎮	布鞋	一二双	
	沙袋	六〇根	
	偽裝網	二六個	
婦女補習學校	布鞋	一二双	
觀音鎮	偽裝網	二〇個	
代市女小	布鞋	八一双	

說明：以上徵募各件物除覌音鎮之偽裝網弍拾個代市鎮之布鞋捌拾壹双移交新抗敵會外餘已運渝交郭咸中先生轉交新蜀報社彙轉前方

四川省抗敌后援会广安县分会关于会商办理劝募捐款事宜致广安县各机关、法团、学校的公函

（一九三八年七月十日）

四川省抗敵後援會廣安縣分會公函

逕啟者：前本月七日，舉行抗戰建國紀念大會，曾於六日午後六鐘，由縣政府轉下 專員侯電，電文中有設獻金臺勸募捐款一項，當以接電甚遲，時間迫促，舉辦不及，未經設臺募款，昨復准縣政府函轉 專員侯轉頒省府電，囑本分會將捐募宣傳情形，及素食一日所得款額，如何設獻金臺，統須去覆，以便轉報。又於去歲十二月份曾准縣政府函轉四川省民眾救濟戰區難民勸募會函知組織分會，附發組織大綱、宣言、收據，近今縣政府轉奉到省令催將捐款滙省，准函前因，昨經本分會執監聯席會議議決：將此兩事，交付機關、法團、學校首長，定本月十八日午

第694號 民國廿七年七月十八號午前七鐘到

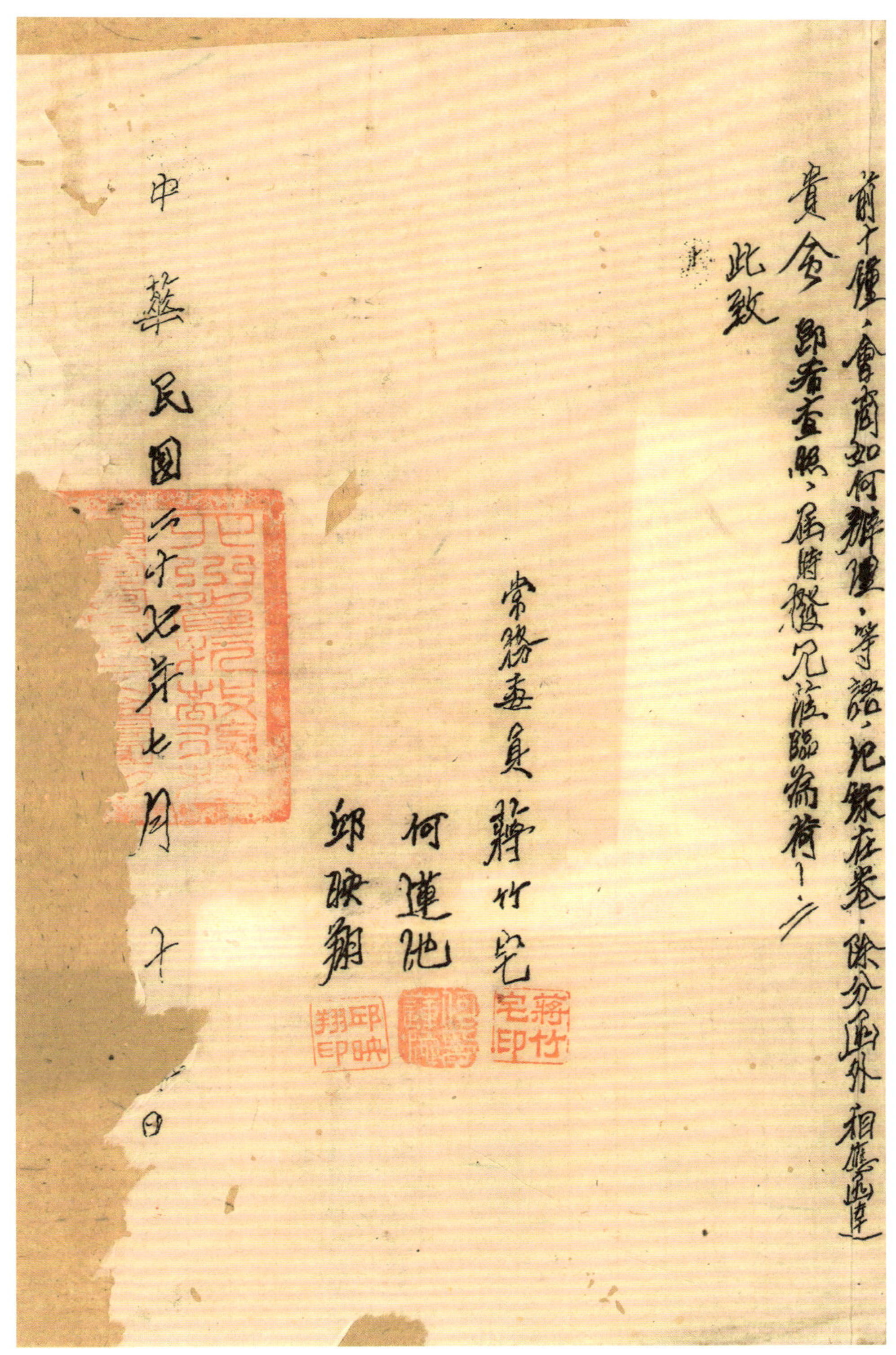

前十僅、會商如何辦理、等語、記錄在卷、除分函外相應函達

貴會　即希查照、屆時派兄蒞臨爲荷！、

此致

常務委員　蔣竹宅

何蓮池

邱映翔

中華民國六十七年七月十　日

广安县政府第一区区署关于限期募集抗敌军人家属优待金致崇望乡联保主任的训令并附各乡集款数目分配表（一九三八年九月）

廣安縣政府第一區區署訓令　財字第　号

令崇望鄉聯保主任譚彥彬

廿七年七月二十八日，案奉

廣安縣政府二十七年民字第四四三〇號訓令開：

「查我國自神聖抗戰展開以來，前方將士，浴血奮鬥，不惜犧牲，關於抗敵軍人家屬優待事宜，自應積極辦理，一以酬庸，一以減少軍人內顧之憂。前奉府奉令組設出征抗敵軍人優待委員會，雖經照章成立，惟是所需救濟基金，照奉頒實施細則第十八條規定，由各市縣政府負責捐募或籌集等因；並經集議決定，該區應集款一千八百元，所有集款辦法，由該區自行酌定，或籌或募，總以集足規定額數為原則。除分令外，合行令仰遵照，限九月底辦竣，繳呈本府轉發優待會備用，事關抗戰建國大計，勿稍違誤為要！此令。」

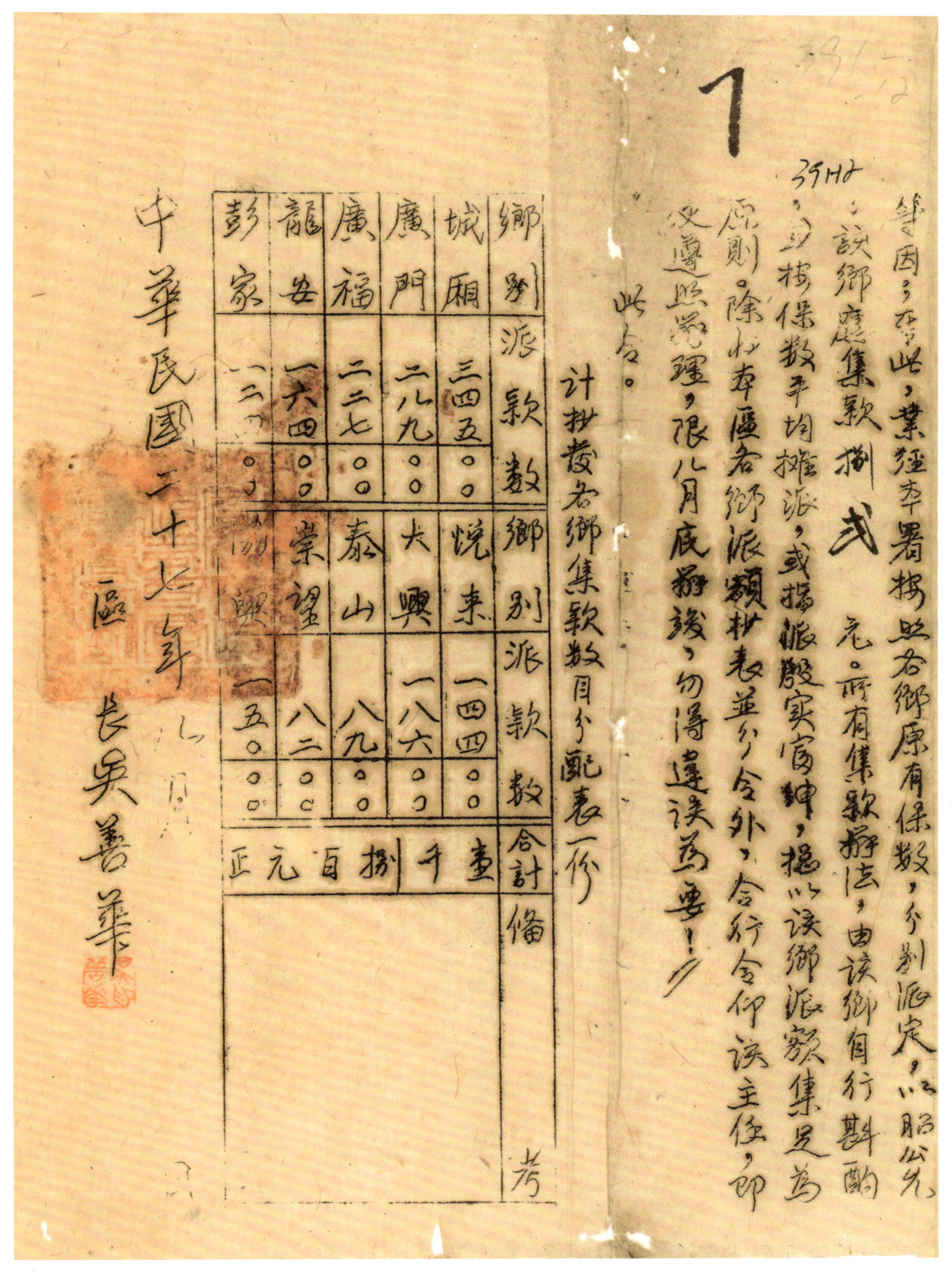

1

等因；奉此，業經本署按照各鄉原有保數，分别派定，以昭公允；該鄉應集款捌式 元。前有集款辦法，由該鄉自行斟酌辦，按保數平均攤派，或攤派殷実富紳，總以該鄉派款集足為原則。除將本區各鄉派額抄表并分令外，合行令仰該主任，即便遵照辦理，限八月底辦竣，勿得違誤為要！

此令。

計抄發各鄉集款數目分配表一份

鄉别	派款数	鄉别	派款数
城廂	三四五○○	悦来	一四四○○
廣門	二八九○○	大興	一八六○○
廣福	二二七○○	泰山	八九○○
龍安	一六四○○	崇望	八二○○
彭家	一二[illegible]○○	[illegible]興	一五○○○
合計	壹千捌百元正		
備考			

中華民國二十七年七月　日

區長吳善華

广安县政府与中国航空建设协会四川省分会等关于征募航空会员会费的一组文书（一九三八年十一月至一九四三年九月）

广安县政府、中国航空建设协会四川省分会广安县分会致国民自卫总队部的训令（一九三八年十一月二十三日）

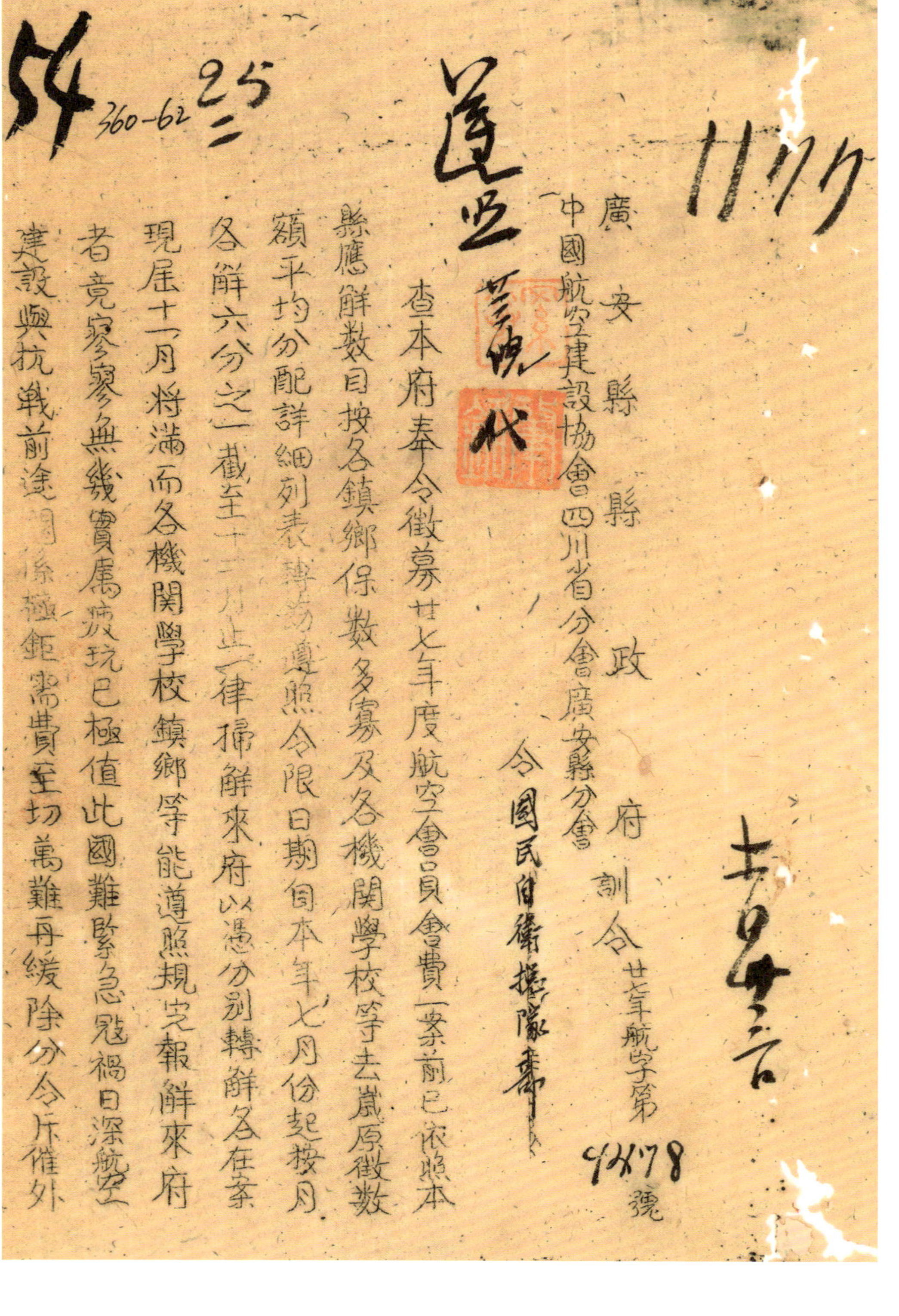

廣安縣政府訓令　廿七年航字第9478號

中國航空建設協會四川省分會廣安縣分會

令國民自衛總隊部

查本府奉令徵募廿七年度航空會員會費一案，前已依照本縣應解数目，按各鎮鄉保数多寡及各機關學校等去歲原徵数額平均分配，詳細列表轉飭遵照，令限日期自本年七月份起按月各解六分之一，截至十二月止一律掃解來府，以憑分別轉解各在案。現屆十一月將滿，而各機關學校鎮鄉等能遵照規定報解來府者竟寥寥無幾，實屬疲玩已極。值此國難緊急，寇禍日深，航空建設與抗戰前途關係極鉅，需費至切，萬難再緩。除分令斥催外

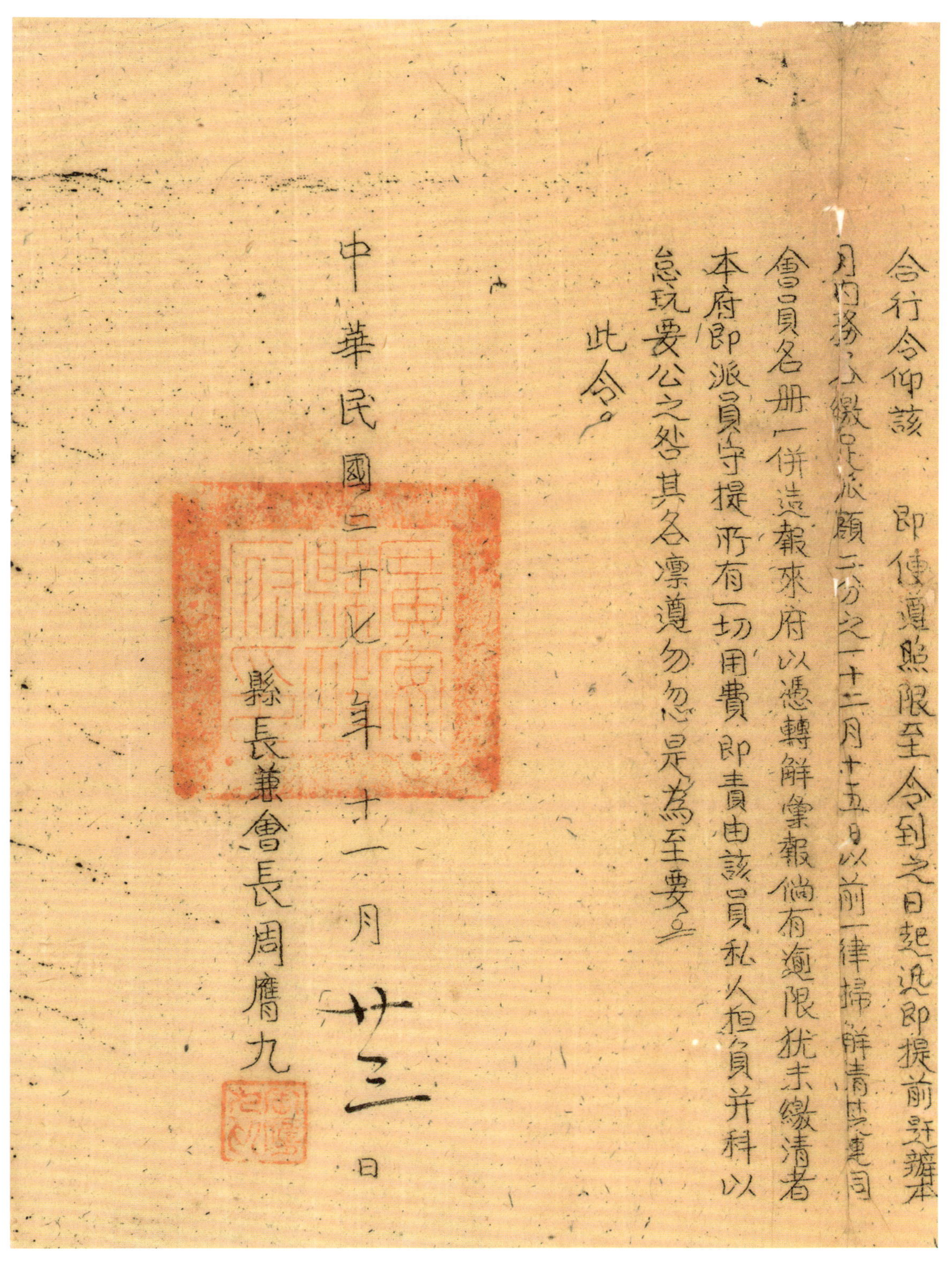

合行令仰該　即便遵照限至令到之日起迅即提前趕辦本月内務必繳足派額三分之一十二月十五日以前一律掃解清楚連同會員名册一併造報來府以憑轉解彙報倘有逾限猶未繳清者本府即派員守提所有一切用費即責由該員私人担負并科以怠玩要公之咎其各凜遵勿忽是為至要。

此令。

中華民國二十七年十一月廿三日

縣長兼會長周膺九

广安县政府致中国航空建设协会四川省分会征求总队的呈（一九四二年十月二日）

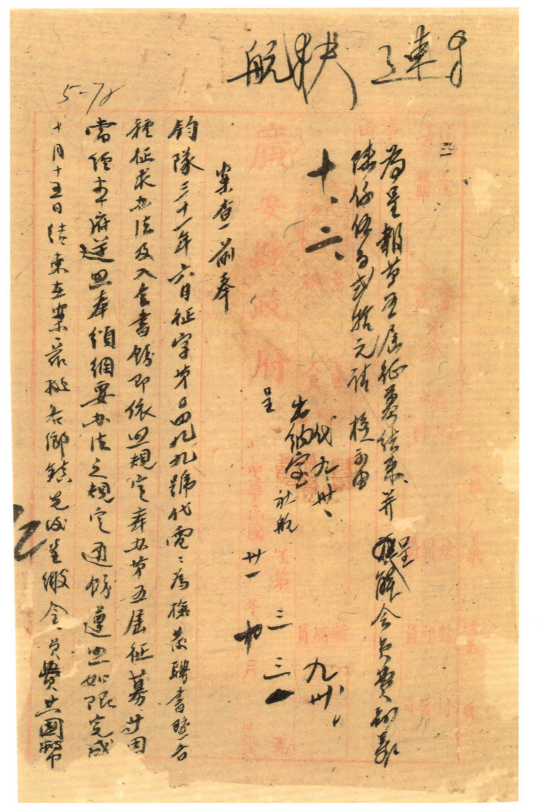

5-74

四萬陸仟伍佰貳拾元正，除照規定應扣領出公宣傳費百分之五，計國幣貳仟叁佰貳拾陸元正外，實應匯解國幣四萬肆仟壹佰玖拾肆元正，本縣商銀行匯解。查本縣辦理此案適合貴會征求會員競賽與法第二條之規定，理合具文呈解前來，

領隊呈核。至基本會員簽名書、會員名冊及扣款宣傳費收據另文呈報，合併呈明。

謹呈

中國航空建設協會四川省分會征求總隊

廣安縣委員中隊長 袁〇〇

73

附：四川省银行汇款便条

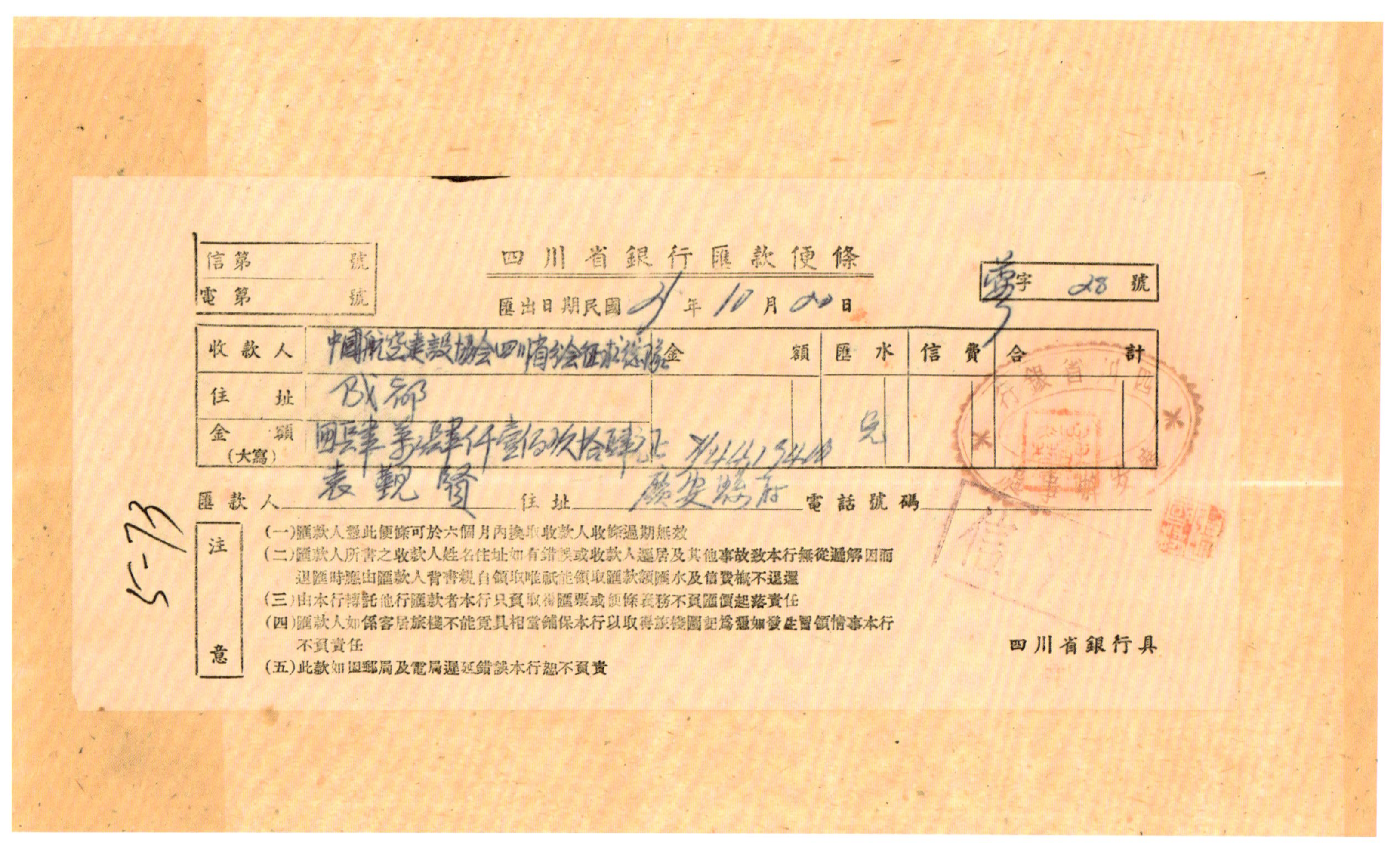

四川省銀行匯款便條

信第　號
電第　號

字第28號

匯出日期民國34年10月20日

	金額	匯水	信費	合計
收款人 中國航空建設協會四川省分會征求總隊				
住址 成都				
金額（大寫） 國幣壹萬肆仟壹佰伍拾肆元	14154.00	免		

匯款人 袁觀賢　住址 廣安縣府　電話號碼

注意

（一）匯款人憑此便條可於六個月內換取收款人收條逾期無效
（二）匯款人所書之收款人姓名住址如有錯誤或收款人遷居及其他事故致本行無從通解因而退匯時應由匯款人背書親自領取唯祇能領取匯款額匯水及信費概不退還
（三）由本行轉託他行匯款者本行只負取得匯票或領條義務不負匯出匯起落責任
（四）匯款人如係寄居旅棧不能覓具相當鋪保本行以取得該棧圖記為憑如發生冒領情事本行不負責任
（五）此款如因郵局及電局遲延錯誤本行概不負責

四川省銀行具

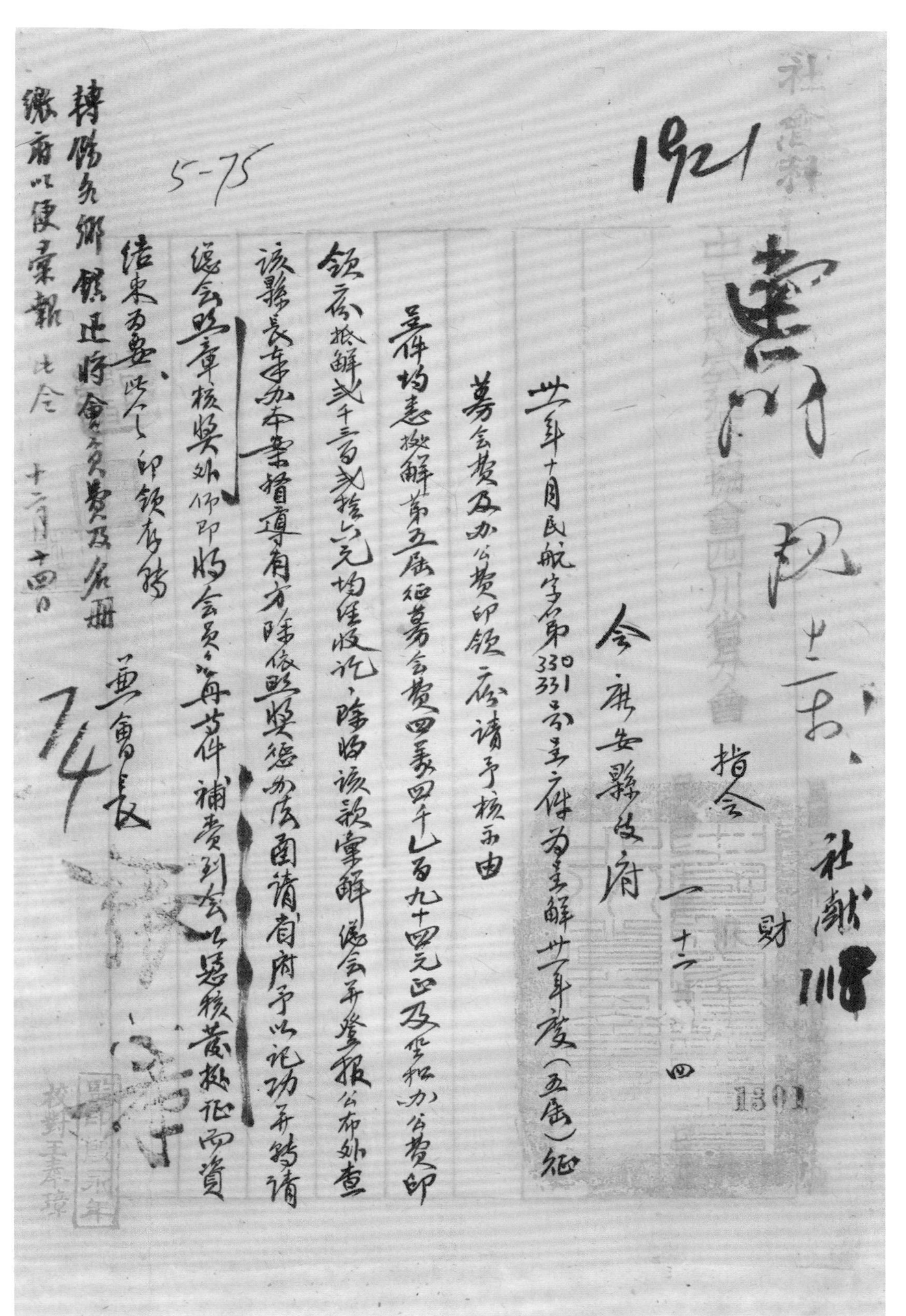
社献川 财

指令 一 十二 四

令广安县政府

卅年十月民航字第330、331号呈一件为呈解卅一年度（五届）征募会费及办公费印领恳请予核示由

呈件均悉。拟解第五届征募会费四万四千三百九十四元正及奖金办公费印领，应予抵解式千三百式拾六元，均经收讫。除将该款汇解总会并登报公布外，查该县长年办本案，措导有方，除依照奖惩办法函请省府予以记功，并转请总会照章核奖外，仍印将会员名册补造到会以凭核发奖征（证）。所有资（？）……

转饬各乡镇迅将会员费及名册缴府以便汇报。此令。

结束为要。此令。印领存转。

十二月十四日

兼会长

5-75

1921

74

广安私立载英中学致县政府的呈（一九四二年十二月二十二日）

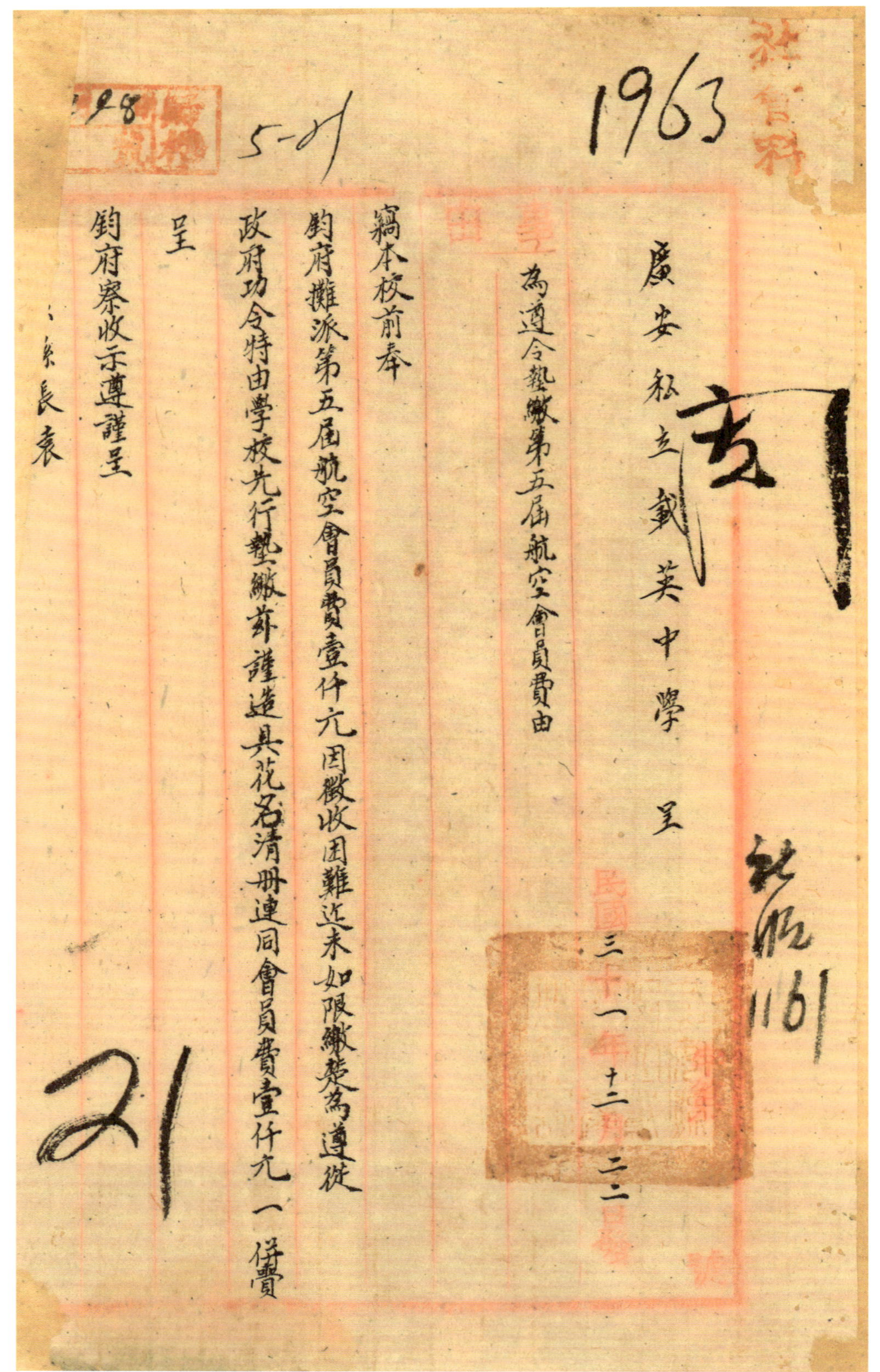

廣安私立載英中學 呈

為遵令墊繳第五屆航空會員費由

民國三十一年十二月二二日

竊本校前奉

鈞府攤派第五屆航空會員費壹仟元因徵收困難迄未如限繳楚為遵從

政府功令特由學校先行墊繳并謹造具花名清冊連同會員費壹仟元一併賫

呈

鈞府察收示遵謹呈

縣長袁

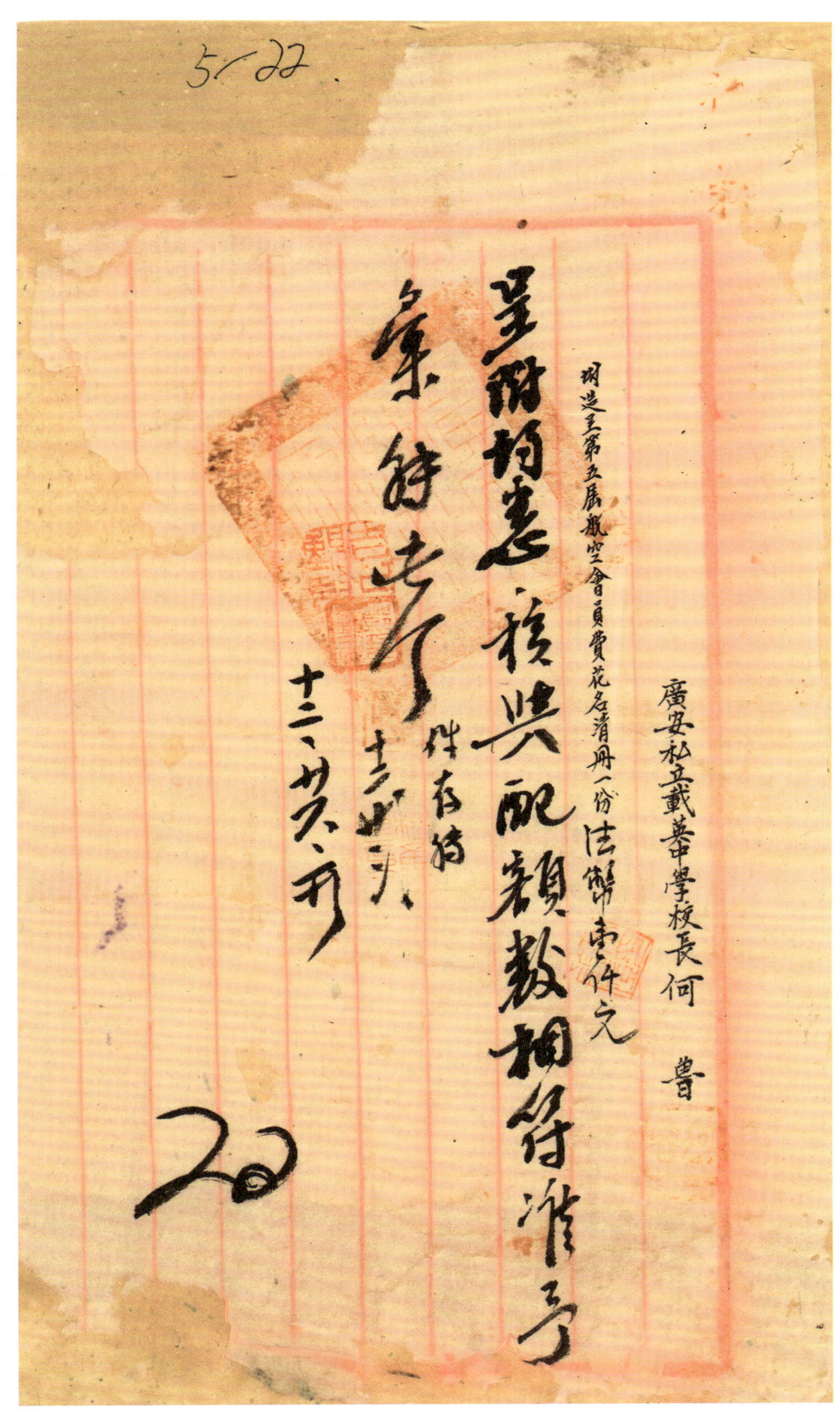

5-22

廣安私立戴華中學校長何魯

列造呈第五屆航空會員費花名清冊一份法幣壹仟元

呈附均悉，核與配額數相符，准予

備案，此令。

件存

十二、廿六

十二、廿六　行

22

广安县政府致县立中学的指令（一九四三年九月）

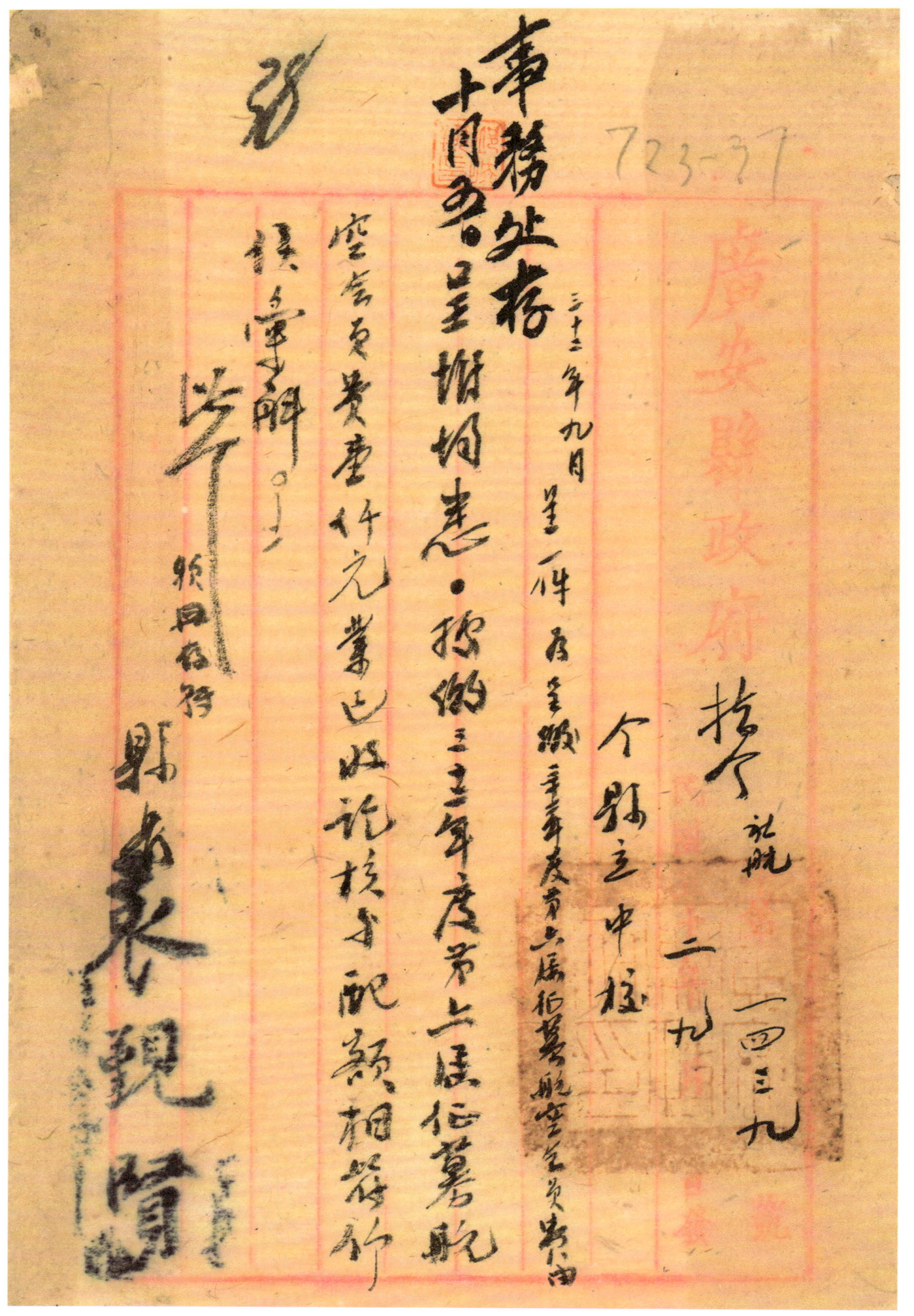

广安县政府

指令 社航 一四三九

令县立中校 二九

三十二年九月 呈一件 为呈缴三十一年度第六届征募航空会费由

事务处转 十月五日

呈暨附件均悉。据缴三十一年度第六届征募航空会费壹仟元业已收讫，核与配额相符，所[illegible]

[illegible]解。此令

附件存

县长 袁觐贤

「中国儿童号飞机」四川省广安县筹募分会关于召开成立大会致国民自卫总队部的公函（一九三八年十二月）

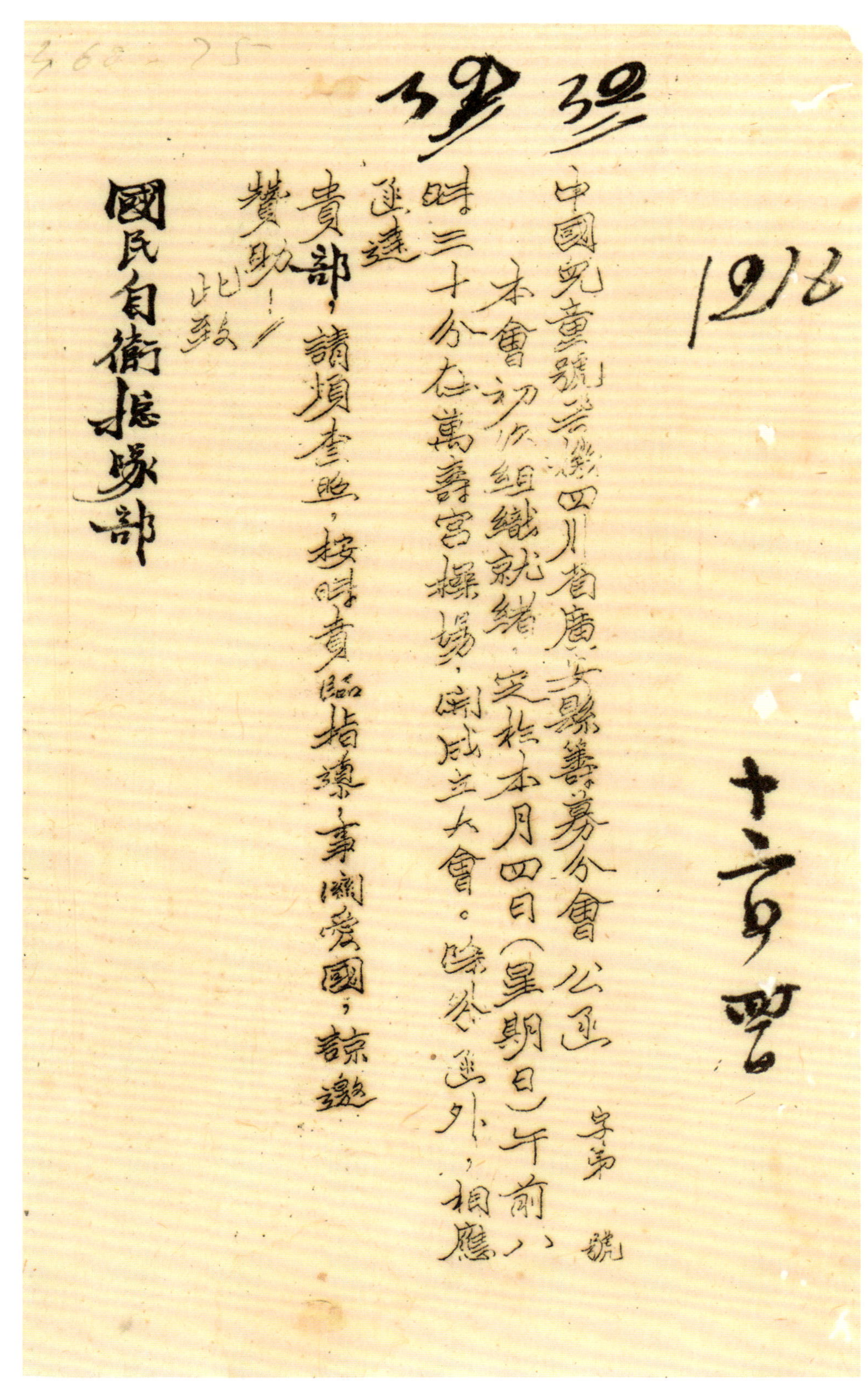

「中國兒童號」募捐四川省廣安縣籌募分會公函　字第　號

本會初次組織就緒，定於本月四日（星期日）午前八時三十分在萬壽宮操場，開成立大會。除分函外，相應函達

貴部，請煩查照，按時貴臨指導，事關愛國，諒邀

贊助！！此致

國民自衛總隊部

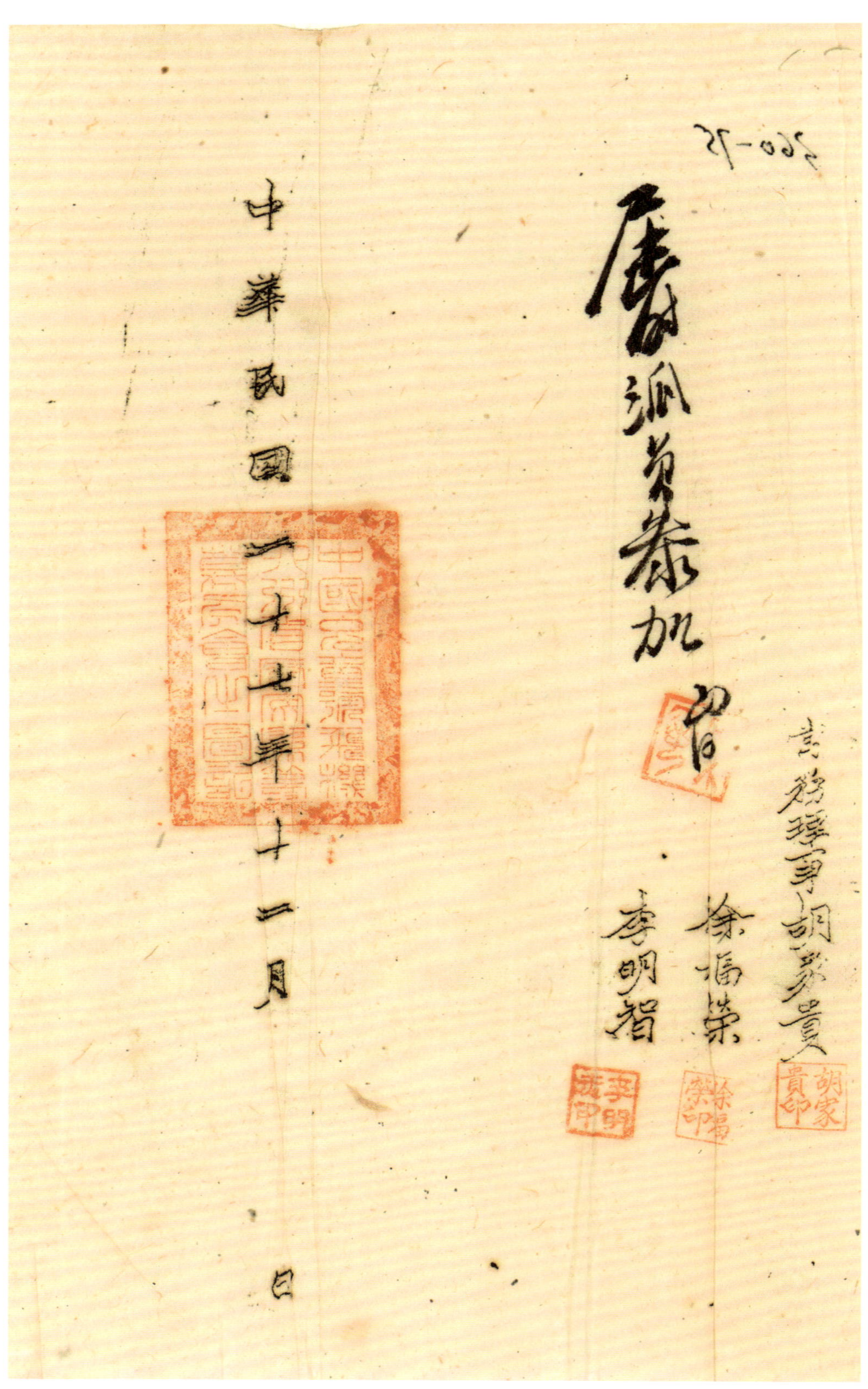

260-75

屆派員參加旨

常務委員 胡家貴

徐福榮

李明智

中華民國二十七年十一月 日

附（一）「中国儿童号」飞机全国筹募会组织大纲

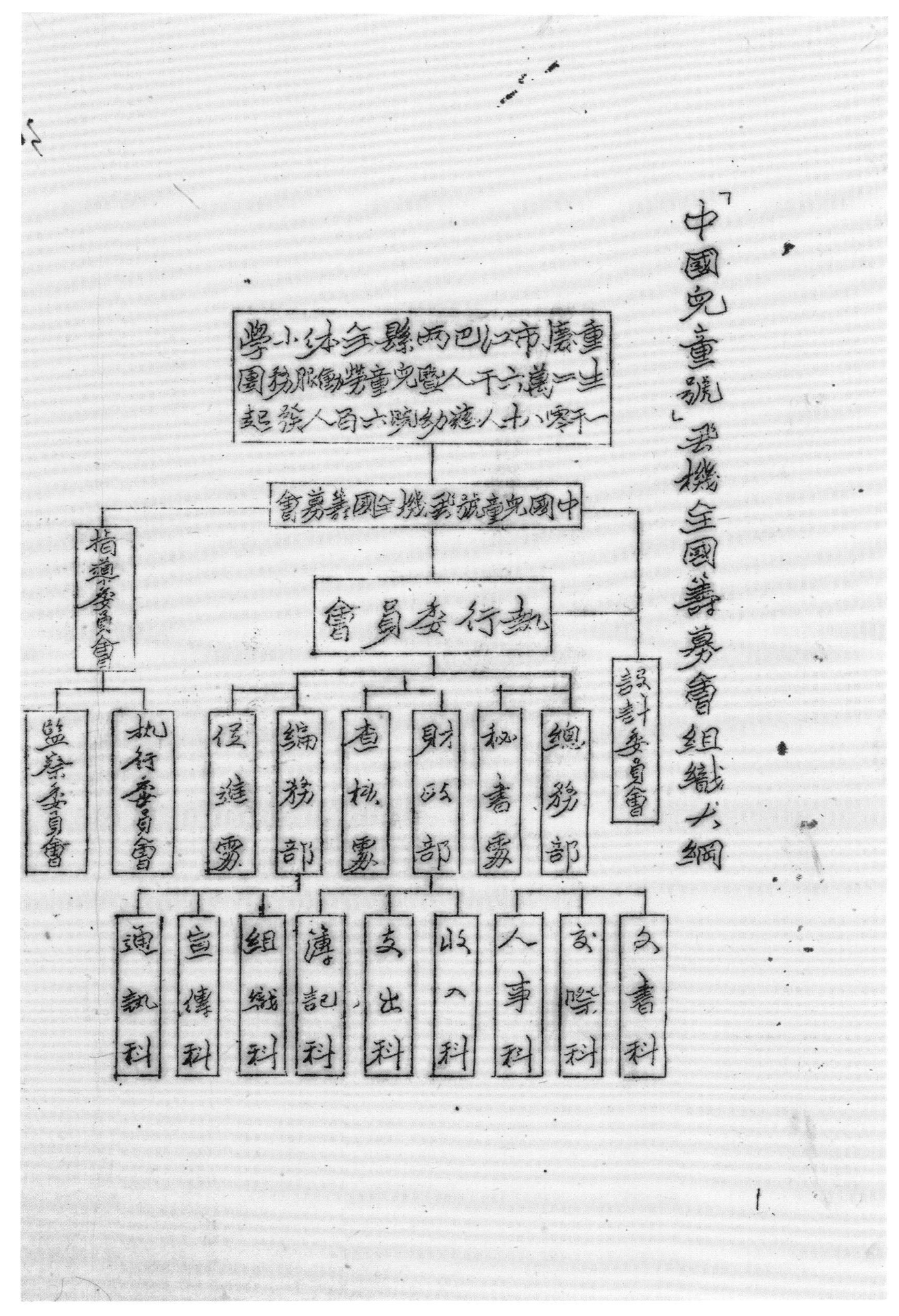

（一）本會定名為「中國兒童號」獻機全國籌募會。總會設重慶市（新首都），由各省設省分會，再由各市縣設分會，再由各鎮鄉區學校設支會。

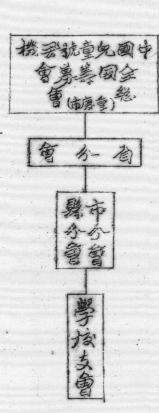

中國兒童號獻機全國籌募總會（重慶市）

省分會

市分會
縣分會

學校支會

（二）本會預定籌募「中國兒童號」獻機一架，每架國幣「十萬元」，共計壹百萬元。

（三）本會由重慶市江巴兩縣各鄉、鎮小學生五十萬六千八[illegible]百難童[illegible]兒童勞動服務團一千零八十人，慈幼院六百人共同組織籌募會。

（四）由每學校及各兒童團体推派代表一人成立籌募會，以成立大會公選執行委員若干人組織執行委員會，本會一切事務均須由執行委員會公議決定進行（由籌募代表大會及執委會各推選主席一人由全体發起人推選主席一人，共三人爲主席團。)

(五)執行委員會下設總務、財務、編務三部。

甲、總務部，爲負管理本會一切總務之責，下分：

1、文書科 專爲辦理內外之文件等事。

2、交際科 專爲辦理內外接洽、功募捐件等事。

3、人事科 專爲辦理內外、庶務雜項等事。

另由執委會指設秘書處(不屬總務部管理)負責監察、指示并協助該部一切事宜。

乙、財務部，爲負管理本會一切財務之責，下分：

1、收入科 專爲辦理捐款及本會經濟之收入。

2、支出科 專爲辦理公款及本會經濟之付出。

3、簿記科 專爲辦理整理登記、核算財務等事。

另由執委會指設查核處(不屬財務部管理)負責稽查、核對、監察

360-77

指示并協助總部一切事宜。

（丙）編務部為負管理本會一切編務之責，下分：

1、組織科 專為辦理本會各會組織及各省市鄉區學校等組織事。

2、宣傳部 專為辦理籌募及紀念一切宣傳事。

3 通訊科 專為辦理情報通訊、號誌等事。

旁由執委會指設促進處（不屬編務部管理）負責推行促進擴大加緊監察指示并協助總部一切事宜。

（六）由籌募會成立大會邀請各界童軍、青團、社團機關及各學校校長代表設立本會指導委員會為負責指導保護本會一切事宜。（下分執行監察二委員會由執監委員會各推選主席一人并指委會推選主席共三人為主席團。）

（七）由籌募成立大會邀請各省黨政軍界各機關團體（學校）領導者設立本會設計委員會為負責設計本會一切實施方針推進步驟之良好辦法。

八、本會執委會每週舉行一次，屆時邀請參會主席團列席指導。

（九）本會工作聯席會議每月舉行一次。

（十）由籌募成立大會敬請

蔣委員長為本會會長，

林主席為本會名譽會長，

蔣夫人、馮副委員長、馮夫人、陳部長、鄧主任及各黨政軍領袖

為名譽會長。

十一、本會籌募期預訂自本月一日至本年四月四日兒童節，發起[illegible]本

年八月四日至[illegible]擬定[illegible]、十月十日國慶日為「中國兒童號」[illegible]

戰成功紀念日。

（十二）本會爲廣岳武三縣所發起，故發起之三地即爲總會所在地，其管轄之團直屬總會。

（十三）各省市縣支會暨分支會之團旗由本會規定（附式樣大小（字體大篆文））

（十四）各分會組織得參照本會組織大綱。

（十五）本大綱有未盡之處得召集臨時籌務全體代表大會修改之。

4

中國兒童號飛機　省(或　省　縣市)籌募分會組織大綱

第一條　本大綱依照「中國兒童號」飛機全國籌募組織大綱第十一條之規定訂定之。

第二條　本分會由　省(或　縣市)所屬各公私立小學全体學生組織之。

第三條　本分會由每小學推派代表一人至三人參加成立會選舉理事七人至十五人組織理事會辦理一切籌募事宜又由理事會互選常務理事三人處理日常事務。

第四條　理事會下設左列各組由理事兼任之

(一)總務組　辦理本分會文書交際組織及不屬於其他各組事宜。

(二)財務組　辦理本分會財務一切收支表報核算一切事宜。

(三)勸募組　辦理本分會捐款籌募事宜。

260-70

（四）宣傳組　辦理本分會一切宣傳事宜。

以上各組得視事務之繁簡酌聘幹事若干人助理之

第五條　由本分會敦請當地各黨政軍機關及各團体領袖為指導委員組織指導委員會指導辦理籌募捐款事宜其組織章則另定之。

第六條　本分會每週開理事會一次須過半數之會員出席始得開會又須出席人過半數之表決方得為決議。

第七條　本分會籌募事宜限二十七年底完成之。

第八條　本分會辦理經費由該機關酌量發給不得動用捐款。

第九條　本分會之下就各小學組織支會其簡則另訂之。

第十條　本大綱經全國籌募會執行委員會通過後呈由委托教育部轉飭教育廳通令各地學校施行。

「中國兒童號」飛機全國籌募實施方案

籌募「中國兒童號」飛機暫訂十架共計籌募壹百萬元。

二十七年四月四日兒童節發起至二十八年兒童節日結束。

甲　總則

一、呈請教育部通電各省教育廳轉各市縣教育局或科成立各省市縣分會由各省市分會通令各學校成立各學校支會。

乙　籌募方法

二、全國小學生（平民救濟保育貧苦兒童等學校例外）每人須負責募集壹元以上捐款定十月底結束彙解總會。

三、籌開全市縣中國兒童抗敵遊藝會（小學生表演戲劇舞蹈武術……等注重於航空及防空宣傳）由各市縣分會所屬各學校負責徵收參觀費充購機捐法如上條指定十一月十二日全國同時舉行。

四、籌開全市縣中國兒童抗敵圖畫展覽會（注重於航空及防空宣傳）

由各市縣分會所屬各學校負責指定十月十日全國同時舉行，繳校參觀費（售票或向參觀人募捐）充購機捐。

五、籌開全市縣中國兒童國防勞作展覽會，集合小學生勞作手工成績品，再由每學校陳列偉大之集體創作一件，由各分會所屬各學校規定數個學校負責征收參觀費充購機捐，法如上條，指定十二月二十五日全國同時舉行。

六、由各學校分會小學生向家庭親戚友好作「中國兒童號」飛機家庭樂捐，限本年底以前繳納。

七、由各市縣分會請當地政府通令各戲院及游藝場（排演兒童戲劇發售及提高航空國防游藝）繳納一日所得之費以作購機捐款，定十二月內舉行。

八、由各市縣分會斟酌發起全市縣小學運動大會（經費由各市縣政府負責）以運動會入場券各部收入及全部獎金充購機捐。

丙　解款辦法

九、各市縣之小學、中學捐款解送各市縣分會，再由市縣分會彙解該省分會，由省分會彙解總會，均須每月彙解一次。

十、捐款收據式樣由總會製定，分發各省分會照印發出，以昭一律。

十一、捐款匯寄，概由國家銀行（中央、中國、交通）。如該地無國家銀行，則由郵政匯寄。

丁 附則

十二、總會會址設四川省重慶市政府內。

十三、總會由重慶市政府以民眾團體、黨、學、婦女、工、商、醫、藥、新運會、兒童、勞動服務團壹千零八十八、總動員六百人共同發起，敬請

蔣委員長為總募會會長。

林主席、孔委員長、宋委員長為名譽會長。

蔣夫人、馮副委員長、馮夫人、陳部長、鄧主席、王主任、吳主席為副會長。

十四、本方案經籌募會全體通過，並呈請核准施行。

旅鄂文士高仰之关于将家藏书画金石展览所得资金及屏堂捐助抗日致广安县政府的函

（一九三九年二月十九日收）

敬再肅者慨自倭奴逞暴侵我疆土到處轟炸殘殺我同胞必欲亡我國家而後快幸焦土抗戰早具决心前方戰士拚血肉之軀盡衛國之責吾儕身居後方安危何啻霄壤偶以凝神思及勇烈戰士斷骨穿胸爲國禦寇能不解囊傾篋而助餉下走衰朽之年弗忍見敵逆逞其淫威毁家紓難人同此心爰特呈明漢口市政府出家藏書畫金石公開展覽得資輸將更裝製屏堂分諸仁德之士代呼將伯用宏義舉先已交郵寄呈四堂幸早蒙收留矣顧國破則必家亡覆巢豈有完卵翘在

高景卣抗敵捐助書画展覽社用牋

100

337-93

整個國家生命得失之傾，尤宜見義勇為，共赴國難，不有赴湯蹈火之願，豈能奠國家磐石之安。設或不幸，吾人生命尚且不保，遑論餘財。稍有義行者，當恥食倭粟，寧忍苟活，覥顏事仇耶？切盼

台端體上天好生之德，開一門方便之路，慨解義囊，廣為勸購，幸勿觀望。寇至矣，勿遲疑。下走風燭殘年，語偶失檢，幸鑒其愚忱而

曲諒之，是幸。肅頌

勳安。惟望

賜示乃荷

七七叟 高仰之拜手

函覆屏查來收到 二・十九

查明屏堂已否收到

第二科

二月十九日

高景山抗敵捐助書畫展覽社用牋

四川省第十区行政督察专员公署关于抄发统一缴解捐款献金办法致广安县政府的训令

（一九三九年八月二十三日）

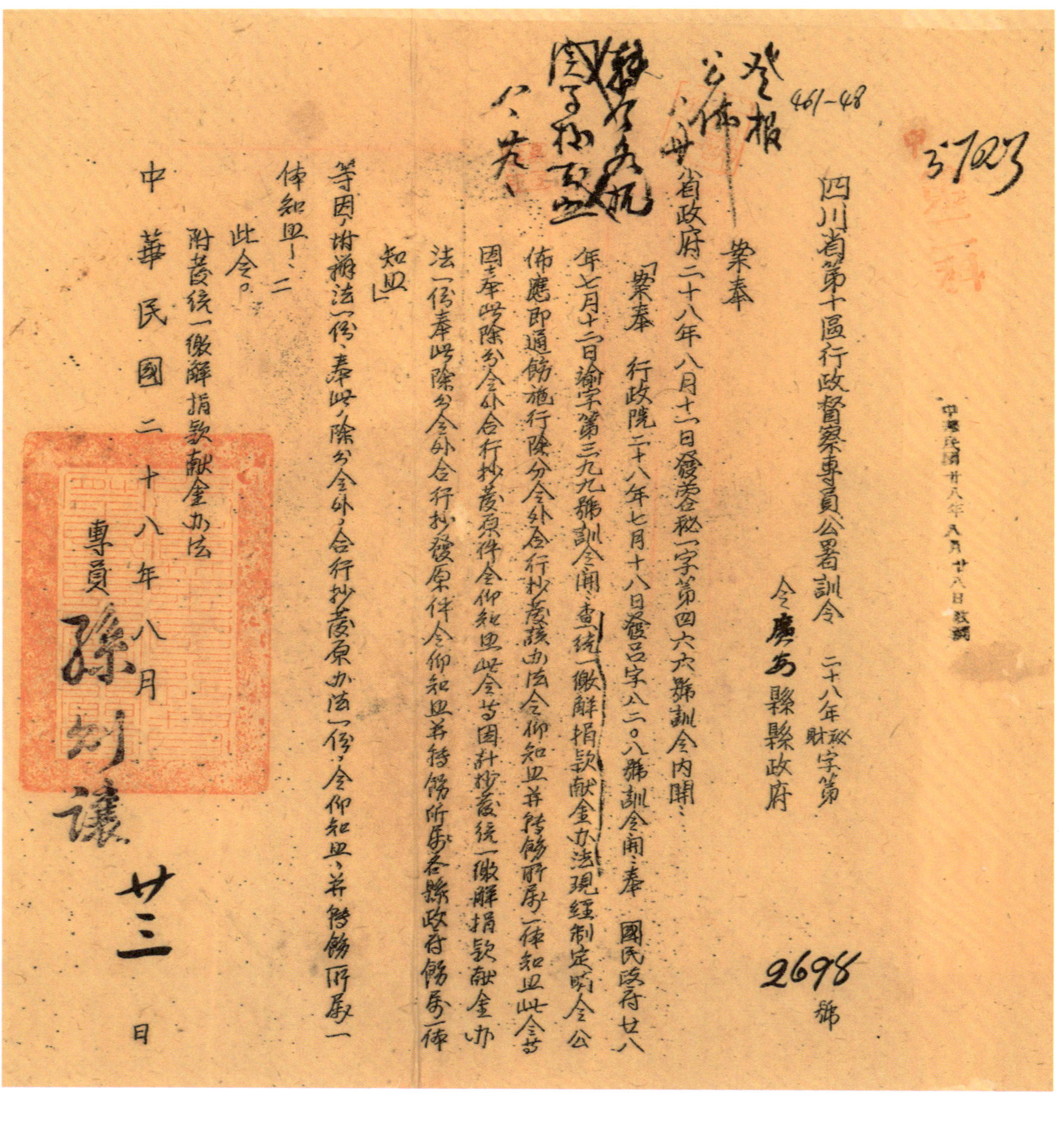

37623

461-48

中華民國廿八年八月廿八日收到

四川省第十區行政督察專員公署訓令 二十八年財秘字第2698號

令廣安縣縣政府

案奉

四川省政府二十八年八月十二日發秘一字第四六六號訓令內開：「案奉行政院二十八年七月十八日發呂字八二〇八號訓令開：奉國民政府廿八年七月十二日渝字第三九九號訓令開：查統一繳解捐款獻金辦法現經制定，明令公佈，應即通飭施行。除分令外，合行抄發該辦法，令仰知照，並轉飭所屬一體知照。此令。等因；計抄發統一繳解捐款獻金辦法一份。奉此，除分令外，合行抄發原件，令仰知照，並轉飭所屬各縣政府飭屬一體知照」等因；附辦法一份。奉此，除分令外，合行抄發原辦法一份，令仰知照，並轉飭所屬一體知照。

此令。

附發統一繳解捐款獻金辦法

中華民國二十八年八月廿三日

專員 孫[illegible]讓

广安县第一区城厢联保关于请收集各商号以营业税标准应征优待义壮积谷捐款致县商会的公函（一九四〇年一月十一日收）

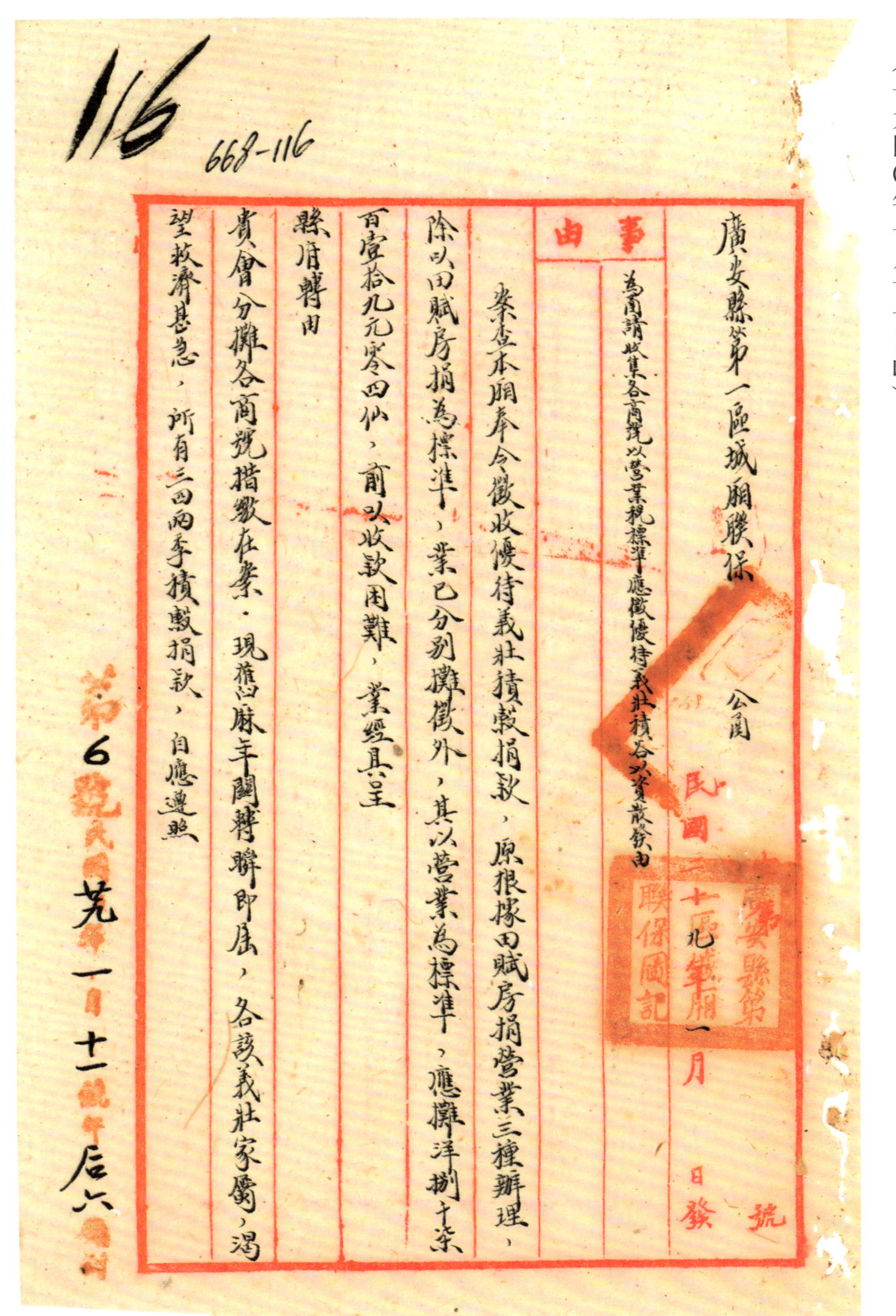

116

668-116

廣安縣第一區城廂聯保 公函

事由：為函請收集各商號以營業稅標準應徵優待義壯積谷以資散發由

民國二十九年一月 日發 號

案查本廂奉令徵收優待義壯積穀捐款，原根據田賦房捐營業三種辦理，除以田賦房捐為標準，業已分別攤徵外，其以營業為標準，應攤洋捌千柒百壹拾九元零四仙，前以收款困難，業經具呈

縣府轉由

貴會分攤各商號措繳在案。現舊曆年關轉瞬即屆，各該義壯家屬，渴望救濟甚急，所有三四兩季積穀捐款，自應遵照

第6號 民國廿九年一月十一號午后六時

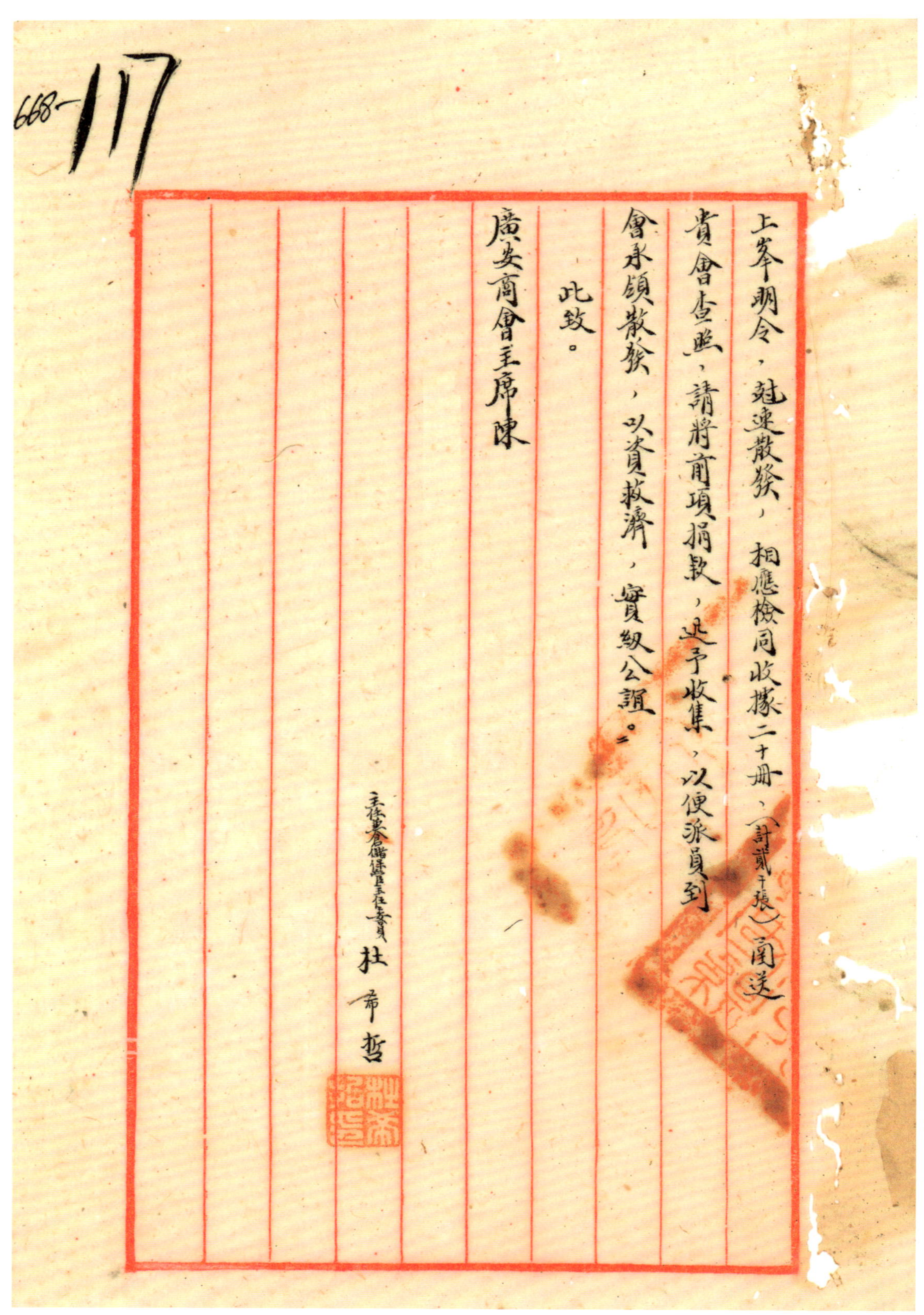

上峯明令，迅速散發，相應檢同收據二十冊，（計貳千張）函送

貴會查照，請將前項捐款，迅予收集，以便派員到

會承領散發，以資救濟，實紉公誼。

此致

廣安商會主席陳

主任委員會籌備處主任委員　杜希哲

广安县政府与花桥镇公所关于积谷募捐事的一组文书（一九四〇年八月至一九四一年十月）

广安县政府致县商会的训令（一九四〇年八月二日）

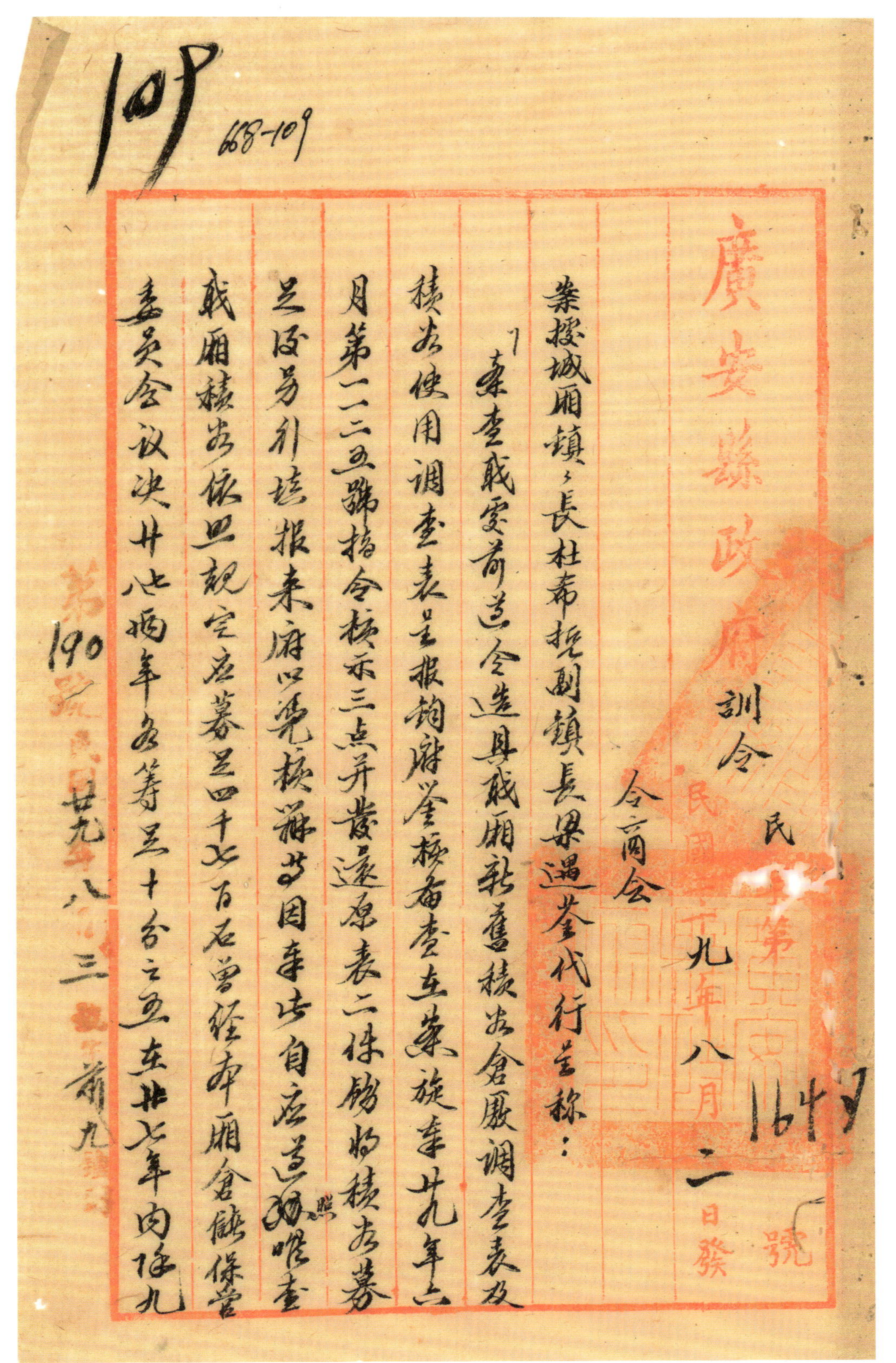

廣安縣政府訓令 民 字第1647號

令商会

九 八 二日發

案據城厢镇镇長杜希撫、副镇長梁遇荃代行呈称：

"案查職處前遵令造具城厢镇舊積谷倉廒調查表及積谷使用調查表呈报鈞府鑒核備查在案。旋奉廿九年六月第一二五號指令核示三點，并發還原表二張，飭將積谷募足呈報，引述報來府，以憑核辦等因。奉此，自應遵照。唯查職厢積谷依照規定應募足四千七百石，曾經本厢倉儲保管委員会議决廿八、廿九兩年各籌足十分之五，在廿七年內除九坎規河應征積谷外，另餘以房捐標準估十分之八，以營業稅標準估十分之八，業將議決籌募詳情呈報鈞府核准備查在案。除廿七年以房捐標準估十分之八業經照應攤谷石以時價折合培援征收並已先後分發各義壯家屬外，唯廿七年以營業稅標準估十分之二，應攤積谷四百廿七石四斗四升（即舊斗一百零六石八斗六升正）（廿七年應籌積谷二千三百五十石，營業稅估十分之二，為上款）二十八年以稅業標準估十分之八，應攤積谷一千七百五十二石三斗二升正（即舊量四百三十八石零八升正），兩年內以營業稅標準共應籌集積谷二千一百七十九石七斗六升（即舊量五百四十四石九斗四升正）以時價舊量每石十六元折合該洋

668—111

八千七百一十九元零四仙，经填具收据，发维收。旋因去廿七年内各该商号，布因规避，或已迁移，或已另改牌名，或已停闭另组营业，以致该项存款无法筹集，祇得具呈钧府，恳将以上存款（八千七百一十九元〇〇仙）令饬商会主席向同业公会分别筹足，以别发散。旋准去秉计由商会筹集缴斗钱零，共计洋三千三百四十元，仅仅筹足积存二百零捌石七斗五升之谱（仍以每石十六元折合）。目前存价飞涨，以平委会规定价格已涨至旧量每石五十五元，若仍照原价收集，义壮家属每次仍发六元，则仅足购米四升（旧量），试问区区之数何足以资救济。俾因法理应发存

668—112

量不能不照时价折发各同业公会照筹集旧量五百四十四石九斗四升除已缴二百零八七斗五升外应补筹三百三十六石一斗九升正亟应遵照前项指令第三项规定以时价每石五十五元折合应该法币一万八千四百九十元零四角五分正应恳钧府令饬商会主席迅将上项款一万八千四百九十元另四角五分正向各同业公会分别筹足以便发救济并祈商会主席多方晓谕勉以大义各该义壮身临战场牺牲救国后方救济家属亦属责无旁贷并来年物价递涨各该商号赢赚已夥上项款分摊各号为数亦不甚钜并该项款不唯分应担任并亦含有慈善性质较之其

668-113

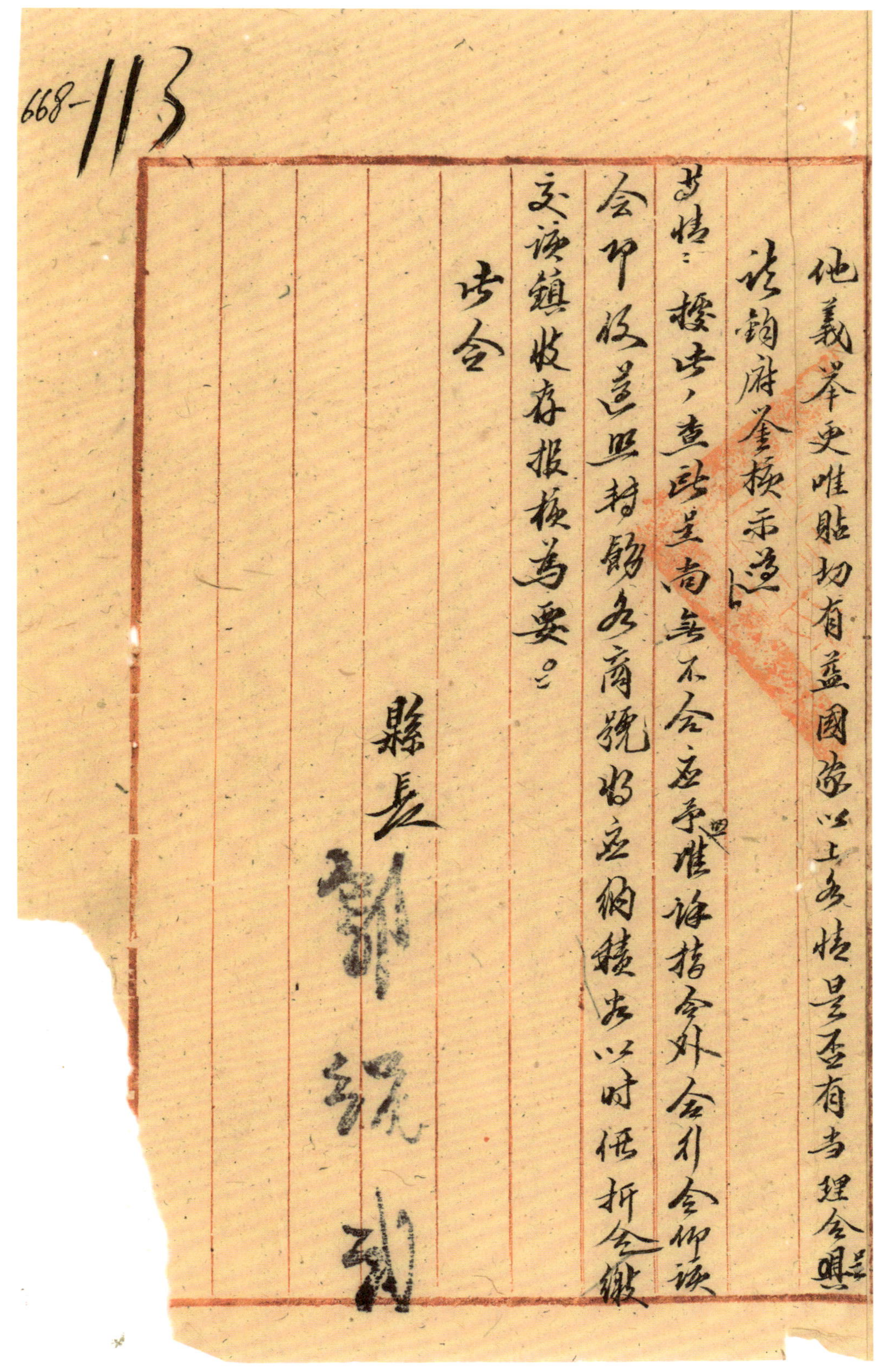
他義舉，更唯貽坊有益國家。以上各情，是否有當，理合具文，呈請
鈞府鑒核示遵。」
等情。據此，查所呈尚無不合，應予照准。除指令外，合行令仰該
會即便遵照，轉飭各商號，將應納積款，以時價折合繳
交該鎮收存，報核為要。此令。

縣長　劉紹（？）

广安县花桥镇公所致县政府的呈（一九四一年十月二日）

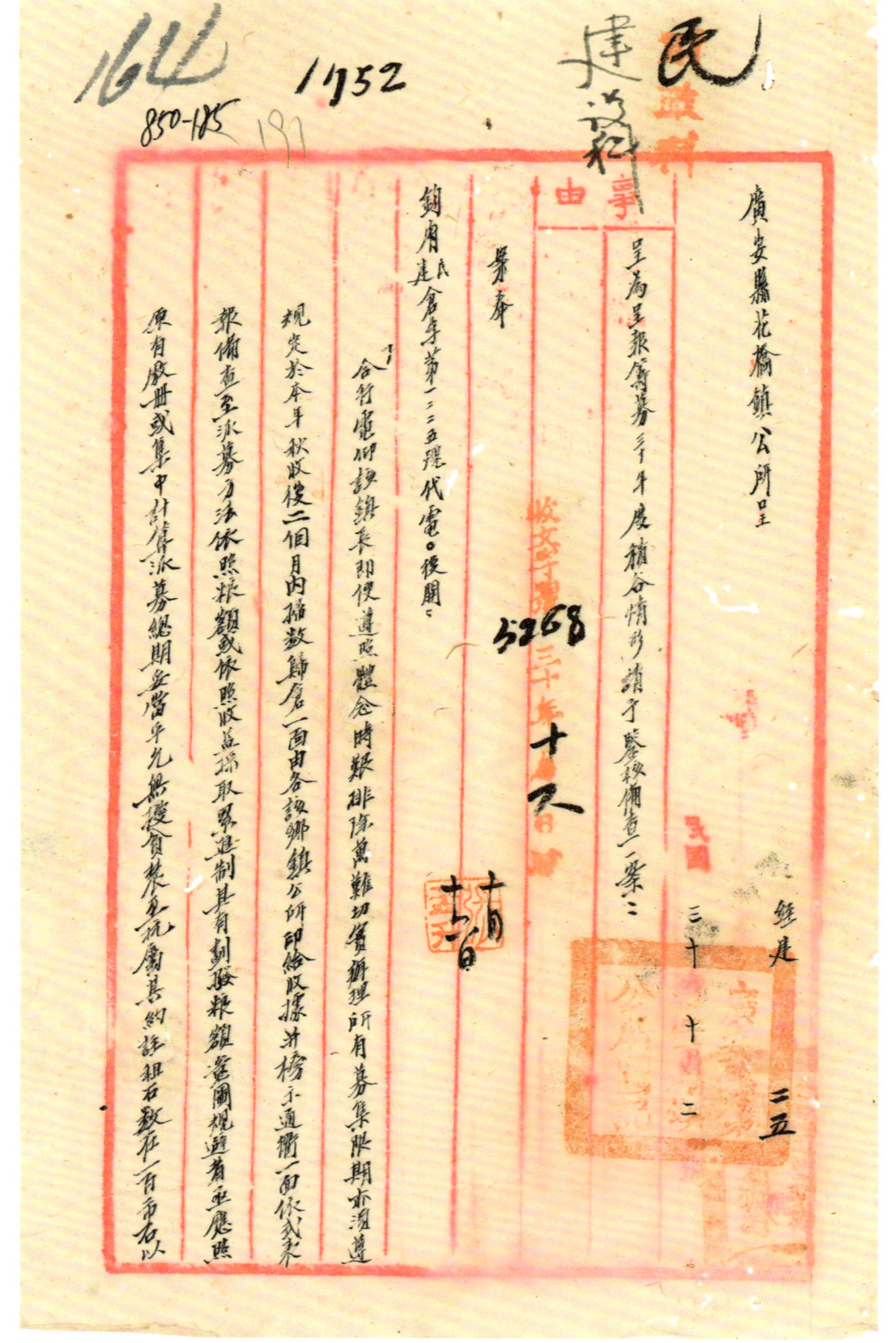

廣安縣花橋鎮公所呈

事由：呈為呈報籌募三十年度積谷情形請予鑒核備查一案由

民國三十年十月二日　發建二五

案奉

鈞府民建倉字第一二五號代電略開：

合行電仰該鎮長即便遵照，體念時艱，排除萬難，切實辦理，所有募集限期亦須遵

規定於本年秋收後二個月內掃數歸倉，一面由各該鄉鎮公所印給收據并榜示通衢，一面依式求

報備查。至派募方法依照粮額或依照收益採取累進制，其有劃撥粮額意圖規避者，亟應照

原有底冊或集中計算派募，總期要當平允，無使貧苦負擔。至抗屬其約該租石數在一百市石以

下者，既爲一百市石以上者，仍照普通糧民派募，亦爲各鄉鎮辦理便利計，特將本年度各鄉
鎮應募積谷數量及應建倉修倉情形，分别列表頒下，並據示各項印發累進制標準表，以
資遵循。用限計日完成之效，仰即恪遵表列數目，迅速辦理爲要。
等因，附本縣各鎮鄉三十年度應建新倉及培修舊倉一覽表一份，修建倉廒撥示一份，三十年度應募積谷數量
表一份，派募積谷撥示一份，省府頒征收積谷累進制標準表一份，奉此。遵查職所前以呈報籌募三十年度積
谷標準，經予鑒核，已奉
鈞府民積字第一三四一號指令在案。嗣奉前因，即於本年九月二十九日召開第十六次士紳保長會議，籌
募三十年度積谷實施累進制，並參酌地方實際情形，從每升糧起征，每糧一升征谷七市升，一斗糧以上至二
斗者，每升征谷八市升，二斗以上至三斗者，每升征谷十市升，餘則照此遞加，列表呈核。因職鎮所轄糧額，斗
三百六十石餘，而糧額達八斗幾以上，是大糧少，小糧多，連年保甲造册、清查糧額需時日，若照原有糧册或集中

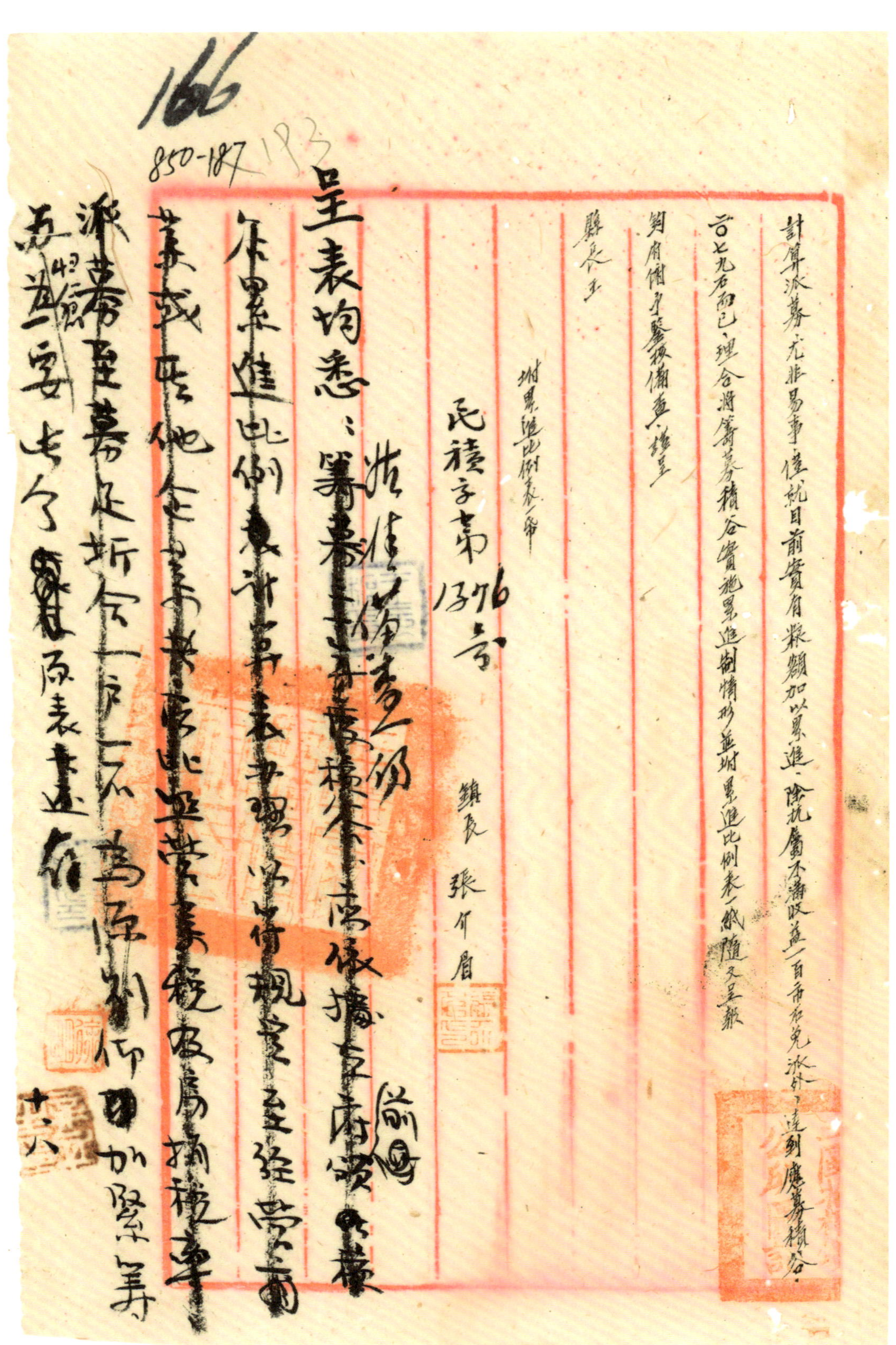

白在中与广安县政府关于杨森、杨汉域、杨干才为广安被炸灾民捐款事的函电（一九四〇年九月）

白在中致广安县县长的函（一九四〇年九月十八日）

縉武縣長大鑒：頃接廿七集團軍駐渝辦事處處長李宗棠來函，轉錄楊子惠總副司令及楊漢域軍長、楊幹才師長電云：急。重慶李處長、白在中、江雷孫：廣安被炸，災哀鴻遍野，遠道傳聞，曷勝惘惻，特由森捐洋三千元，域捐洋二千元，才捐洋一千元，除已電廣鄰縣長白在中外，希即滙交廣安縣銀行交縣府急賑被炸同胞為幸。楊森、楊漢域

華安礦業股份有限公司用箋

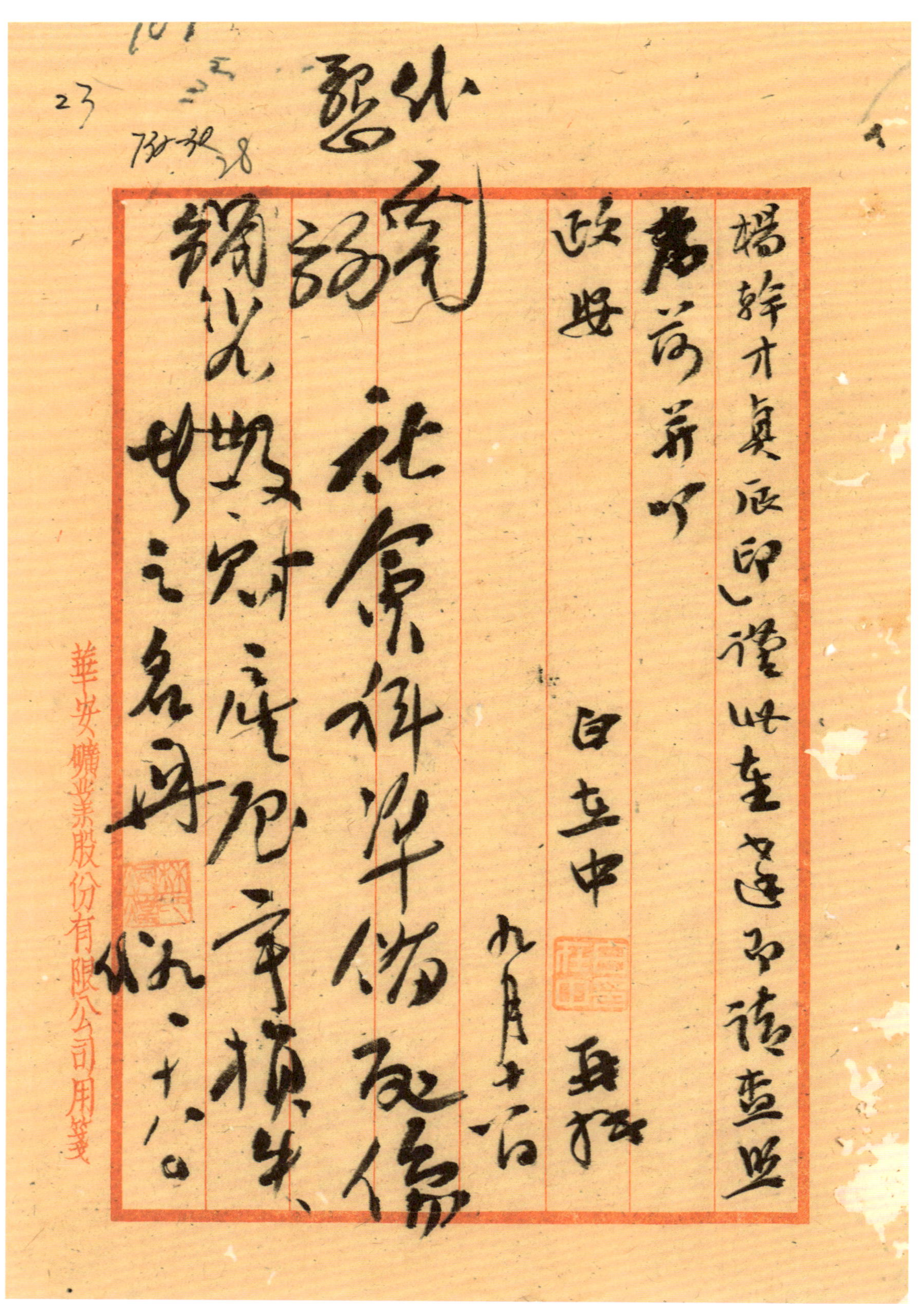
[illegible]幹才莫展，即懇此案送予，請查照為荷，并叩

政安

白立中再拜

九月十一日

華安礦業股份有限公司用箋

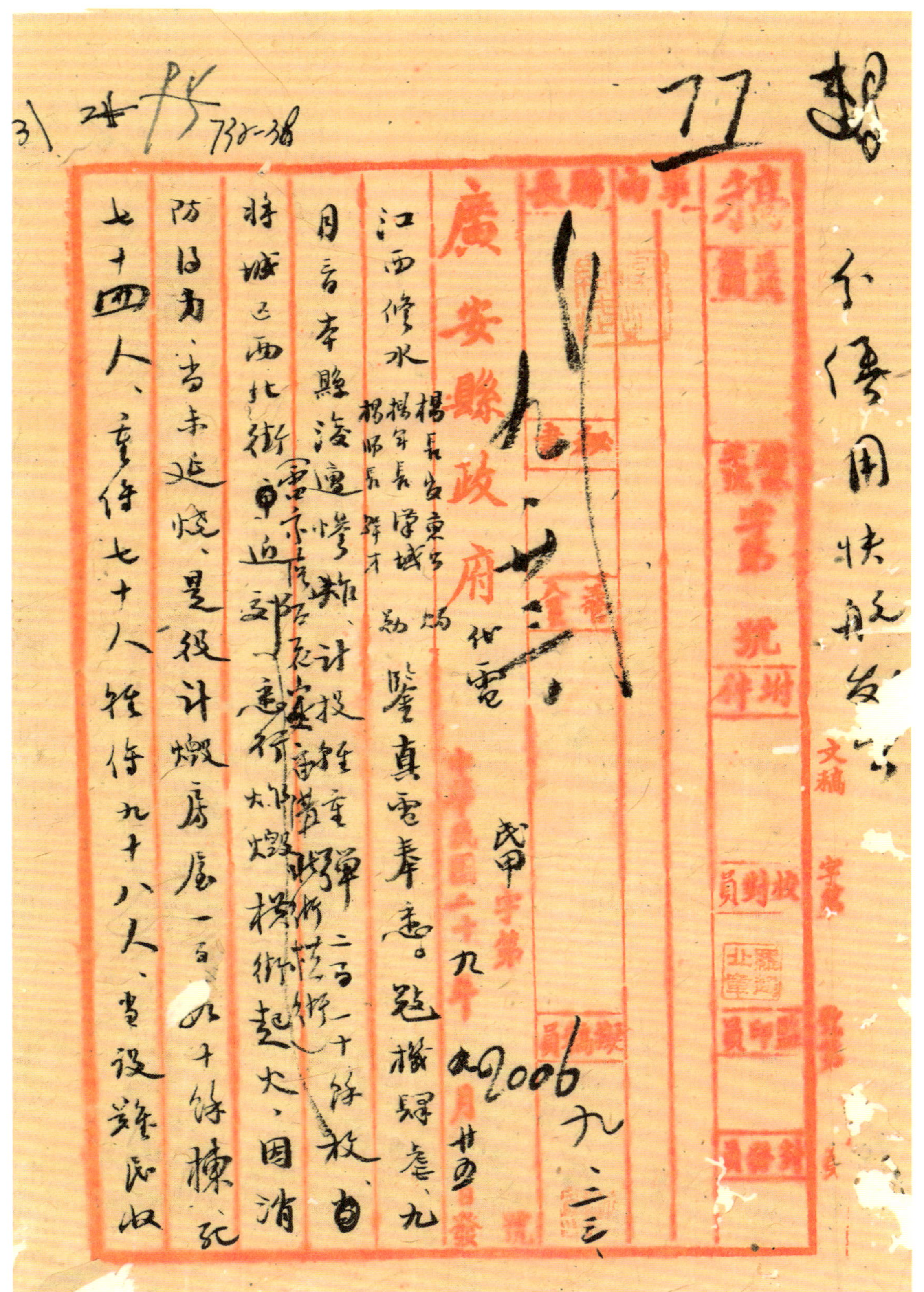
廣安縣政府代電

江西修水楊長官森、楊軍長漢域、楊師長幹才勛鑒：真電奉悉。敵機肆虐，九月言本縣復遭慘炸，計投燒夷彈二百一十餘枚，自將城近西北街（[illegible]）一帶起火，因消防得力，尚未延燒，是役計毀房屋一百九十餘棟，死七十四人、重傷七十人、輕傷九十八人，當設難民收

廣安縣政府致杨森、杨汉域、杨干才的代电（一九四〇年九月二十五日）

容所於西城小学内，设郊野医院於城西之古佛
寺，收容时民，施以救治，所有掩埋暴露尸体及
填平街道工作，亦於当晚切实办理，并派员撤废
发放急赈、药资救济，现在市面，不似过去繁荣，
目击荒凉，良用怆然。我公抗敌前线，军机万急，
犹念切桑梓，致电慰问，并承廉捐钜款，赈济
灾黎，[illegible]並[illegible]生佛，
同深感戴。赈资到时，当即转发，除当示德意，
并另电陈发放情形外，谨电致谢，敬祈
垂鉴。广安县县长校杯印

四川省动员委员会关于抄发扩大征募慰劳运动实施办法致广安县动员委员会的训令（一九四〇年十一月八日）

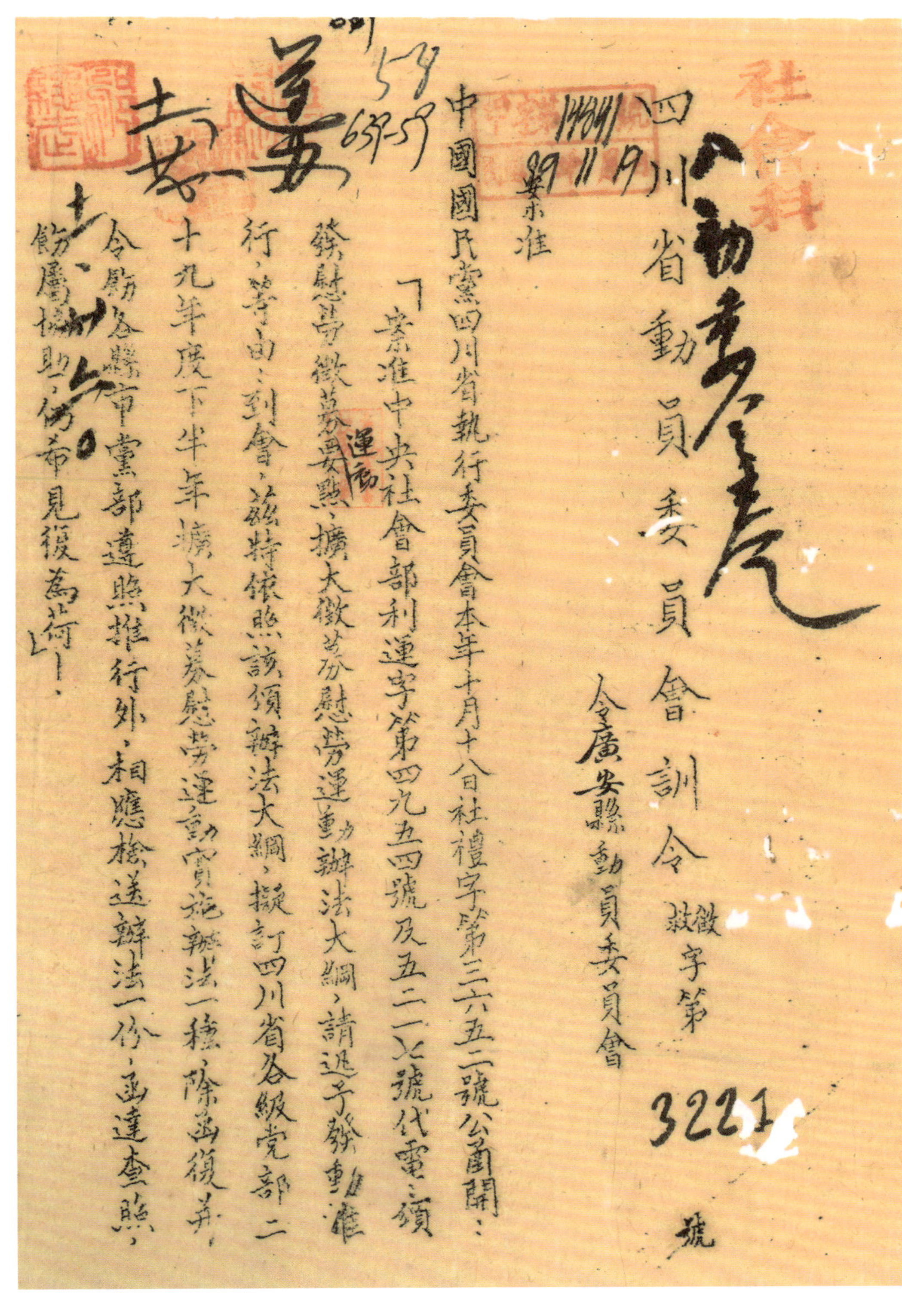

四川省動員委員會訓令　政徵字第3221號

令廣安縣動員委員會

中國國民黨四川省執行委員會本年十月十八日社禮字第三六五二一號公函開：

「案准中央社會部利運字第四九五四號及五二一七號代電，續發慰勞徵募要點，擴大徵募慰勞運動辦法大綱，請迅予發動推行。等由，到會。茲特依照該項辦法大綱，擬訂四川省各級黨部二十九年度下半年擴大徵募慰勞運動實施辦法一種，除函復並令飭各縣市黨部遵照推行外，相應檢送辦法一份，函達查照，飭屬協助，備希見復為荷！」

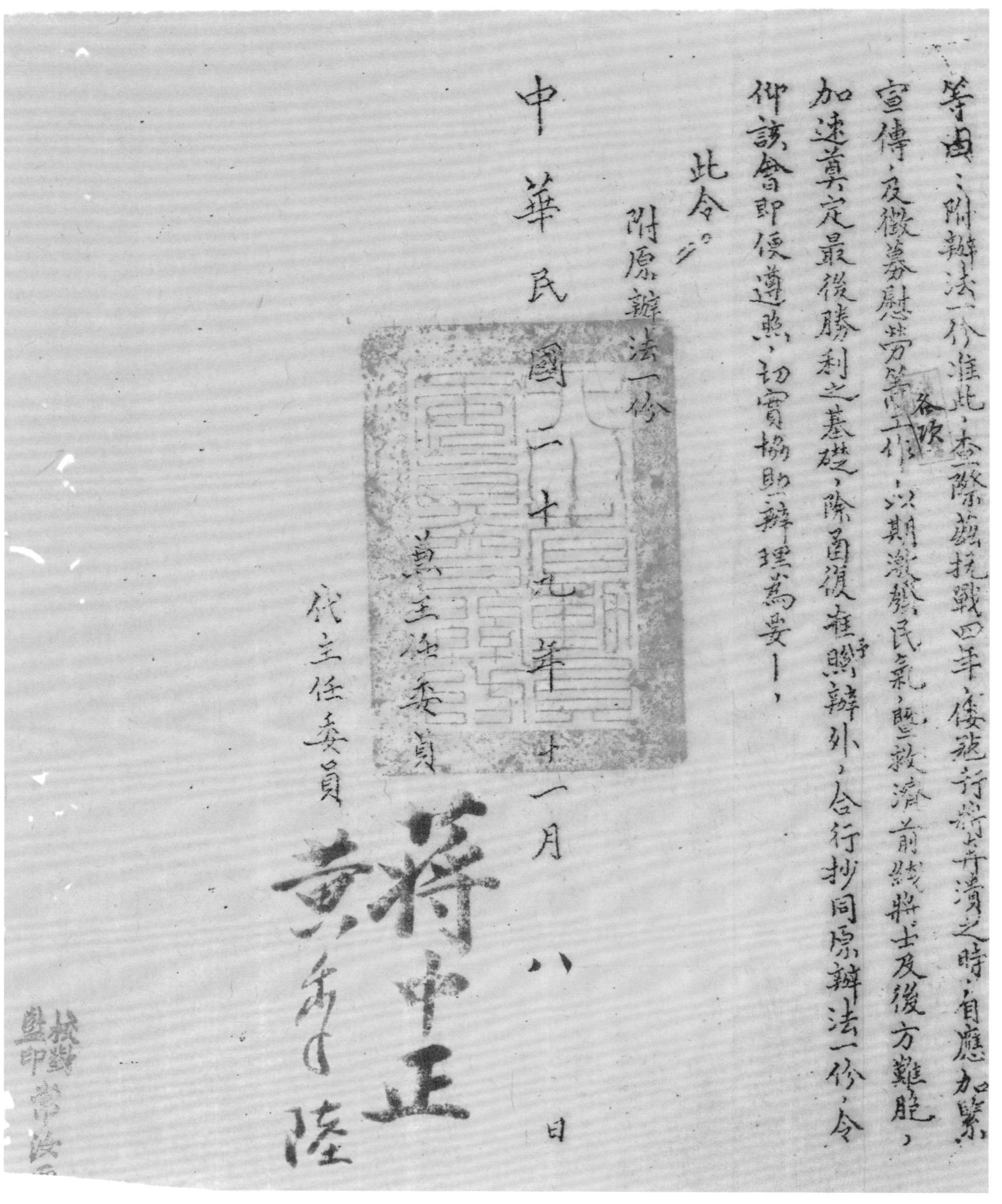

等由，附办法一份准此。查际兹抗战四年，倭寇行将崩溃之时，自应加紧宣传，及征募慰劳等工作，以期激发民气，暨救济前线将士及后方难胞，加速奠定最后胜利之基础。除函复准照办外，合行抄同原办法一份，令仰该会即便遵照，切实协助办理为要！

此令。

附原办法一份

中华民国二十九年十一月八日

兼主任委员 蒋中正

代主任委员 黄季陆

校对 监印

四川省各級黨部廿九年度下半年擴大徵募慰勞運動實施辦法

甲、原則

一、本辦法依照中央社會部頒發擴大徵募慰勞運動辦法大綱並參酌本省實際情形訂定之

二、藉擴大徵募慰勞運動以宣揚抗戰國策及愛護前綫將士與後方難民之德意

三、擴大徵募慰勞運動基於軍事第一勝利第一之目標鼓勵國民毀家紓難並普遍激發民眾抗敵情緒

四、擴大徵募慰勞運動廣集一切軍需物資貢獻國家政府並大規模向前綫將士及後方難民分致慰勞與撫問

五、擴大徵募慰勞運動須求普遍深入徵募方面以策動人民自動捐輸為原則慰勞方面以實施精神慰勞為主物質副之

乙、辦法

一、擴大捐獻運動：

1、獻金　策動各地民眾捐獻金銀或其製品或現款暨各項國家債券等於國家政府

2、節約　鼓勵各地民眾節衣縮食節省婚喪用費暨不必要之浪費捐獻於國家政府

3、義賣　倡導各地民眾捐獻儲餘衣服器物及古玩書畫等彙集舉行義賣貢獻於國家政府

二、擴大徵募運動

1、慰勞信件　廣徵黨國要人社會名流地方耆宿書寫慰勞前綫將士信件并徵製、集印萬民慰勞信（徵集當地黨政名人及地方士紳等簽名印製之）分贈前方將士以淬勵士氣

2、慰勞刊物　發動當地報章各大及各大刊物刊行慰勞特刊分贈前方將士

3、榮譽慰勞品　發動各地人民及民眾團體製衣贈慰勞前方將士榮譽旗錦旗或紀念手冊手巾等

4、戎衣寒衣　徵募戎衣棉背心或棉皮大衣及鞋襪手套等製贈前綫將士并募集寒衣以分贈各戰區及後方難民難童

5、藥品食物　徵募中西救急藥品及乾糧罐頭食品等贈送前方、將士及後方難民

三、擴大慰勞運動

1. 慰勞空軍將士　發動各地民眾向當地空軍將士致敬與慰勞并在空軍所在地發動群眾行慰勞大會

2、慰勞前綫將士　發動各地民眾向前綫將士致敬與慰勞并發動組織慰勞團分赴前綫慰勞

3、慰勞負傷將士　擴大推行各地傷兵服務工作并推行軍人榮譽職

業運動

4、慰問征屬 策動各地民眾按時慰問出征軍人家屬並推行其服務工作

5、慰問難民 策動各地民眾按時慰問難民並推行其救濟工作

丙、實施

一、本年七月一日起至十二月底止各地一律擴大推行徵募慰勞運動並依照下列時間分別推行各項運動

1、七至八月份擴大推行慰勞運動在此期限內發動慰勞空軍將士並由省黨部策動組織慰勞團出發前線慰勞

2、八至九月份擴大推行徵募運動徵募慰勞信件慰勞利物及各項慰勞品並開始徵募寒衣運動

3、十至十一月份 繼續擴大推行慰勞運動舉行慰勞負傷將士及征屬並完成徵募寒衣工作

639-63

62

4、十一至十二月份 擴大舉行捐獻運動發動獻動金及舉行義賣，等并於十二月內舉行慰問難民

二、推行區域 本省各級黨部除依普遍深入之原則推行外照左列辦法辦理

1、慰勞區 子、普遍慰問出征軍人家屬 丑、駐省空軍將士負傷將士及難民之地應分別舉行慰勞及慰問 寅、慰勞前方出發過境之將士 卯、策動民眾致電前方慰勞

2、徵募區 子、如有公報之縣市應徵募特刊 丑、其餘慰勞信崇譽慰勞品或衣衾衣及藥品食物等各縣市應一律徵募

3、捐獻區 各縣市應一律辦理

三、推行區域機構 擴大徵募慰勞運動由本會督促各縣市黨部會同動員委員會及戰時工作委員會并聯繫各地方有關機關團體推行之

丁、督導

一、各項慰勞物品慰勞捐款及義賣捐款等募集成績各經辦黨部須

按月統計精確數字編製月報表每項徵募結束須統計總成績連同
徵信錄工作報告等呈由本會彙送中央社會部備查
二、各縣市募集所得之慰勞物品或其他代金及慰勞金等除呈經核定
得就地分配外統解交全國慰勞抗戰將士委員會總會經收由中央社
會部督導妥於分配贈送前綫將士
三、各地徵募所得戎衣寒衣鞋襪等或其代金除呈經核定得就地分配
外統解交全國徵募寒衣運動委員會總會經收由中央社會部督
導妥予分配贈送前方將士及後方難民
四、各縣市黨部募集所得物品在未解繳前須妥為保管至捐獻現
金捐款及債券等概依照統一捐款獻金解繳辦法妥託當地中中
交農四銀行經收保管及辦理滙解事宜
五、各縣市擴大推行徵募慰勞運動工作努力及成績優良者由本會轉

639-62

61

函中央社會部予以獎勵其人民團體慨捐鉅款者呈由本會函轉中央社會部轉請政府獎勵之

戊、附則

一、各級党部於奉到本辦法時如已逾規定之期限者應斟酌當地情形或補行未辦理或延期辦理

二、各級黨部辦理本運動之切與否列為獻金工作成績之一

三、本辦法規定之徵募慰勞運動無論由黨部或政府主辦各該地党部均應將詳細經過及工作情形具報本會以憑核轉備查已辦而不具報者以未辦論

四、本辦法如有未盡事宜隨時以命令修改之

五、本辦法於頒發施行後函送中央社會部備查

四川省动员委员会关于奉电转发中央派驻各地方机关捐款献金原则致广安县动员委员会的训令（一九四〇年十二月二十一日）

四川省動員委員會訓令　動徵字第　號

令廣安縣動員委員會

案准

國防最高委員會秘書廳本年十二月三日國綱字第18114號江代電開：

「案查前奉交下江西省政府及江西省動員委員會代電各一件，為建議凡中央派駐各省機關遇有徵募及慰勞獻金等動運，應依從當地党政機關或各法團會議之決議，不得藉詞拒絕參加，請採納施行，由當以事關民運，經函請中央執行委員會秘書處核復去後，茲准函復略開：「查中央派駐各地方機關對於當地党政軍機關發動之群眾運動，自宜予以贊助，關於職員各種捐款獻金如已其上級機關統籌辦理者，可無庸強甚在地方再有捐納，惟对於地方舉行之抗建群眾大會，仍應積極參加，并協助宣傳及勸導所屬人員自由捐輸，以資

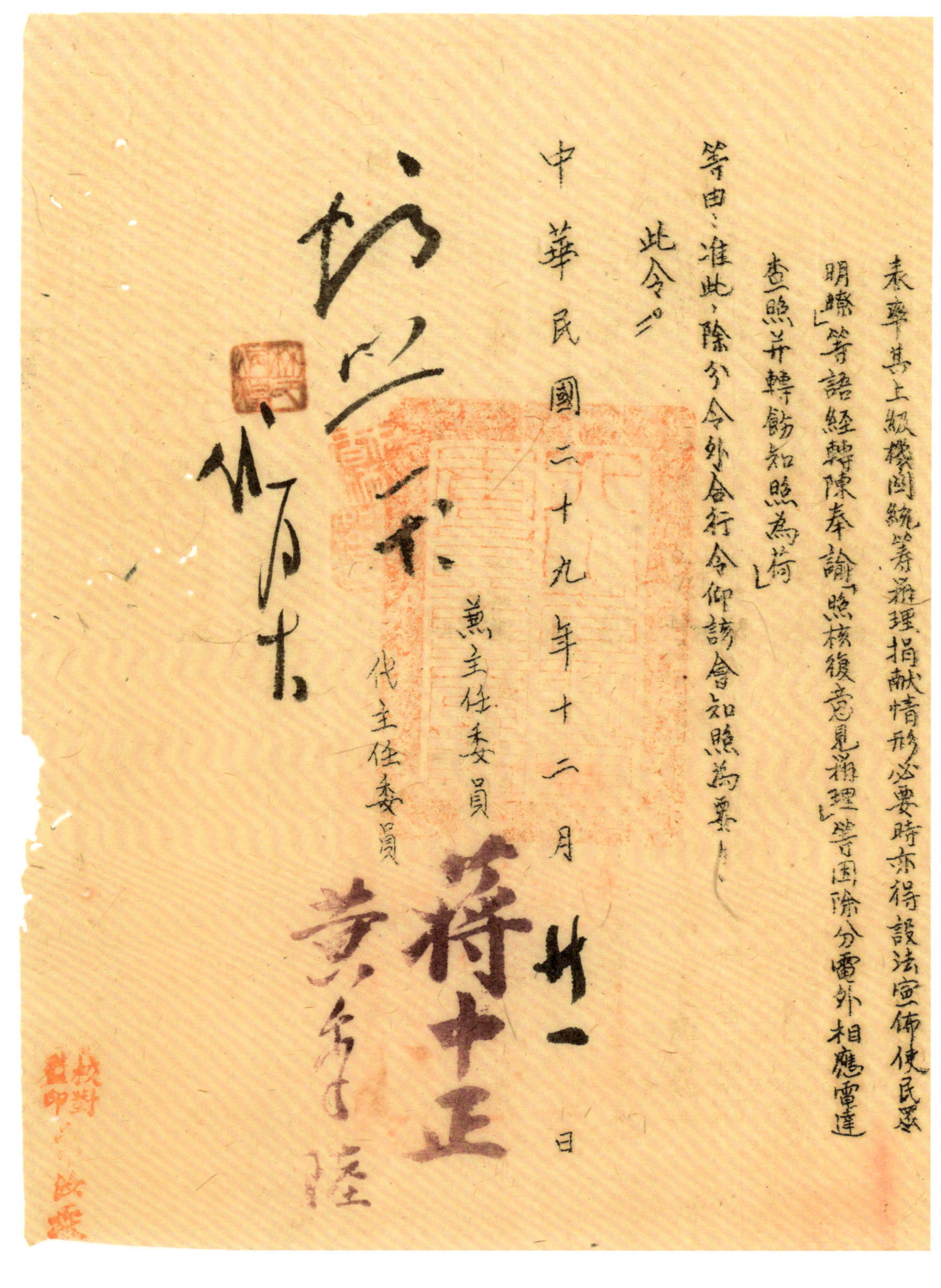

表率甚上級機關統籌辦理捐獻情形必要時亦得設法宣佈使民眾明瞭」等語經轉陳奉諭「照核復意見辦理」等因除分電外相應電達查照并轉飭知照為荷」等由;准此,除分令外合行令仰該會知照為要!

此令。

中華民國二十九年十二月卅一日

兼主任委員 蔣中正

代主任委員 黄季陸

广安县战时工作委员会、广安县动员委员会等关于出钱劳军捐款的一组文书（一九四一年四月至一九四三年四月）

广安县战时工作委员会致县立女子中学的训令（一九四一年四月八日）

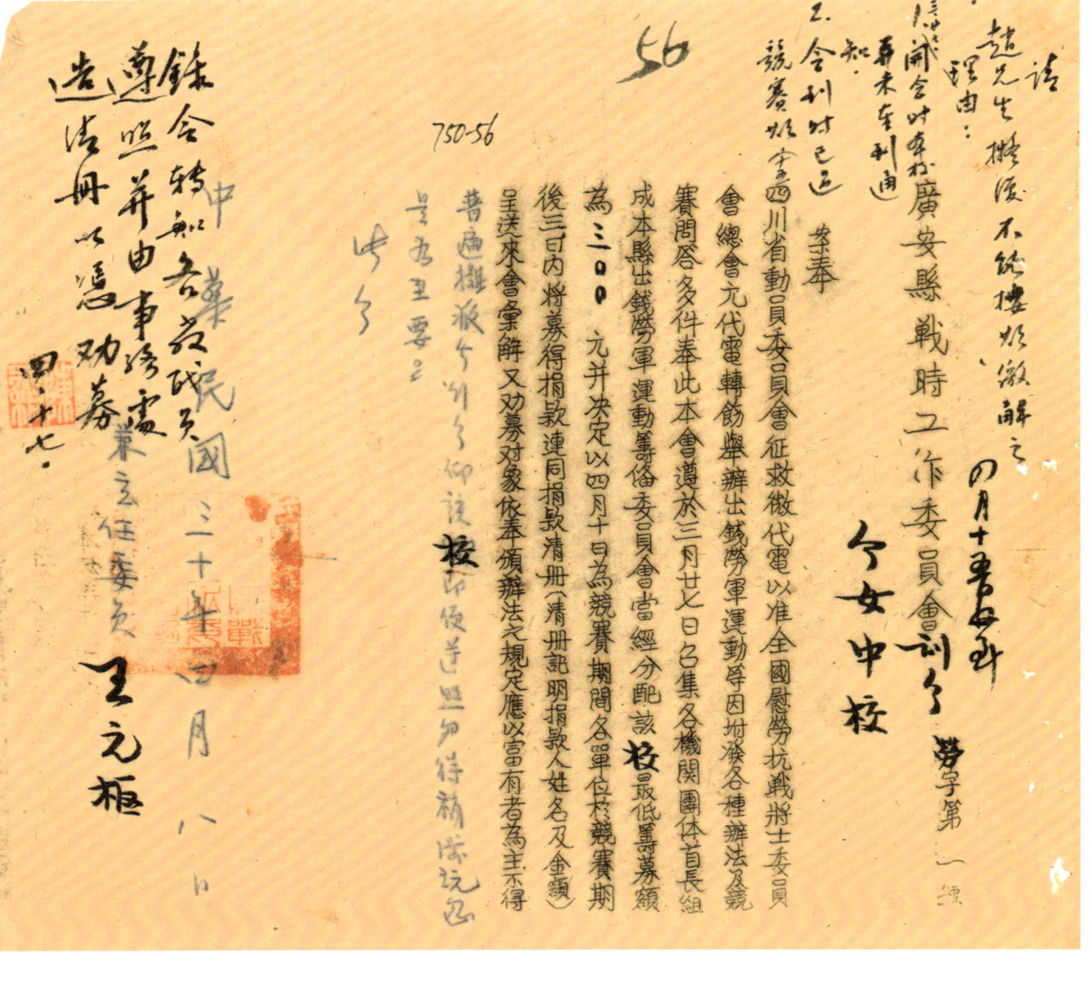

廣安縣戰時工作委員會訓令　勞字第一號

令女中校

案奉

四川省動員委員會征救微代電以准全國慰勞抗戰將士委員會總會元代電轉飭舉辦出錢勞軍運動等因並發各種辦法及競賽問答多件奉此本會遵於三月廿七日召集各機關團体首長組成本縣出錢勞軍運動籌備委員會當經分配該校最低募額為三〇〇元并決定以四月十日為競賽期間各單位於競賽期後三日内將募得捐款連同捐款清冊（清冊註明捐款人姓名及金額）呈送來會彙解又劝募对象依奉頒辦法之規定應以富有者為主不得普遍攤派仰該校即便遵照勿得稍涉玩忽

是為至要

此令

中華民國三十年四月八日

主任委員　王元樞

錄令轉知各教職員遵照并由事務處造清冊以憑劝募　四、十七

广安县战时工作委员会致县商会的训令（一九四一年四月八日）

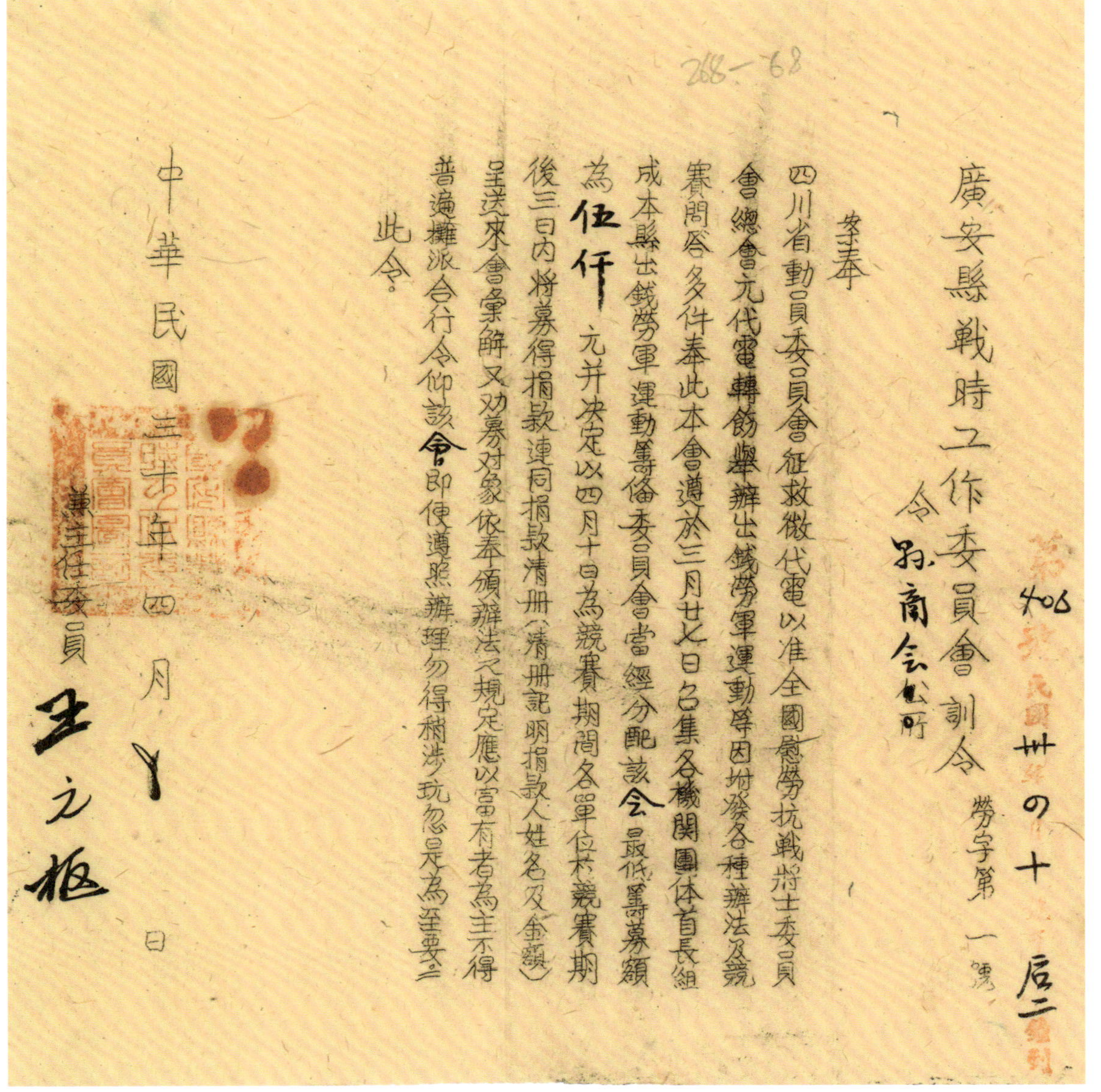

廣安縣戰時工作委員會訓令　勞字第一號

令縣商会公所

案奉

四川省動員委員會征救微代電以准全國慰勞抗戰將士委員會總會元代電轉飭舉辦出錢勞軍運動等因附發各種辦法及競賽問答多件奉此本會遵於三月廿七日召集各機關團体首長組成本縣出錢勞軍運動籌備委員會當經分配該会最低籌募額為**伍仟**元并決定以四月十日為競賽期間各單位於競賽期後三日内將募得捐款連同捐款清冊（清冊記明捐款人姓名及金額）呈送來會彙解又劝募对象依奉頒辦法之規定應以富有者為主不得普遍攤派合行令仰該**會**即便遵照辦理勿得稍涉玩忽是為至要〻

此令。

中華民國三十年四月八日

主任委員　王之樞

第406號　民國卅年四月十日

广安县出钱劳军运动各乡镇劝募标准（时间不详）

750-57

廣安縣出錢勞軍運動各鄉鎮劝募標準

各鄉鎮配額應按各保財力統籌，不得平均攤派。捐款人每人不得少於二元（即指有錢者才出），并定四月十五日結束，若到期不能結束者，即請財委會就各該鄉鎮四月份應領經費內扣繳。

广安县出钱劳军运动公教人员劝募标准（时间不详）

750-58

廣安縣出錢勞軍運動公教人員劝募標準

月薪三十九元至四十九元者捐一元，五十元至七十九元者捐二元，八十元至一百三十九元者捐五元，一百四十九元至一百九十九元者捐十元，二百元以上者樂捐，但不得少於廿元。

（月薪只計正薪，不計米津）

广安私立培文初级中学致县战时工作委员会的呈（一九四一年四月二十九日）

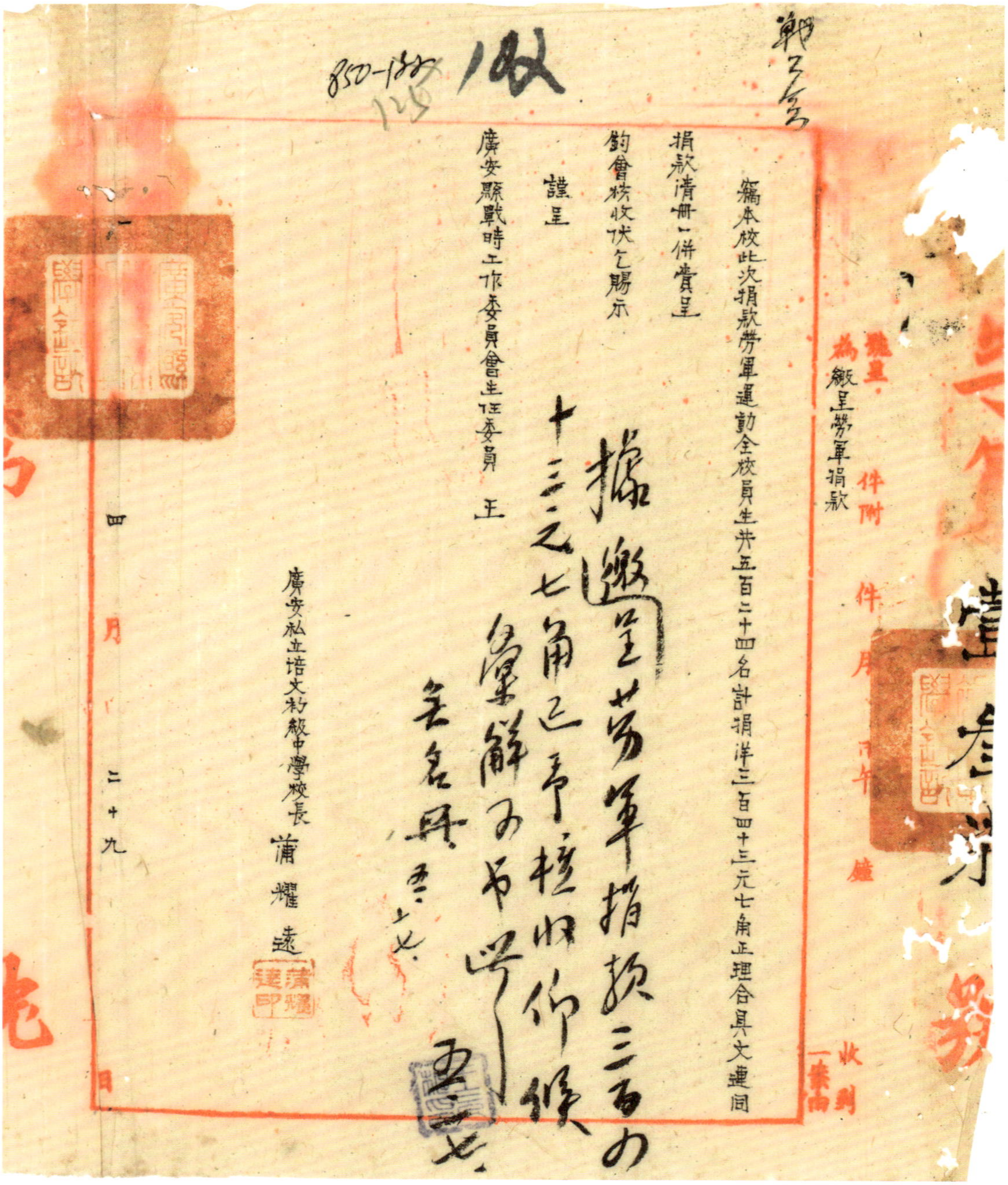

為繳呈勞軍捐款

竊本校此次捐款勞軍運動全校員生共五百二十四名計捐洋三百四十三元七角正理合具文連同捐款清冊一併賫呈

鈞會核收伏乞賜示

謹呈

廣安縣戰時工作委員會主任委員 王

廣安私立培文初級中學校長 蒲耀遠

四月二十九日

據繳呈勞軍捐款三百四十三元七角正予核收仰候彙解可也

广安县战时工作委员会致县立女子中学的指令（一九四一年五月十七日）

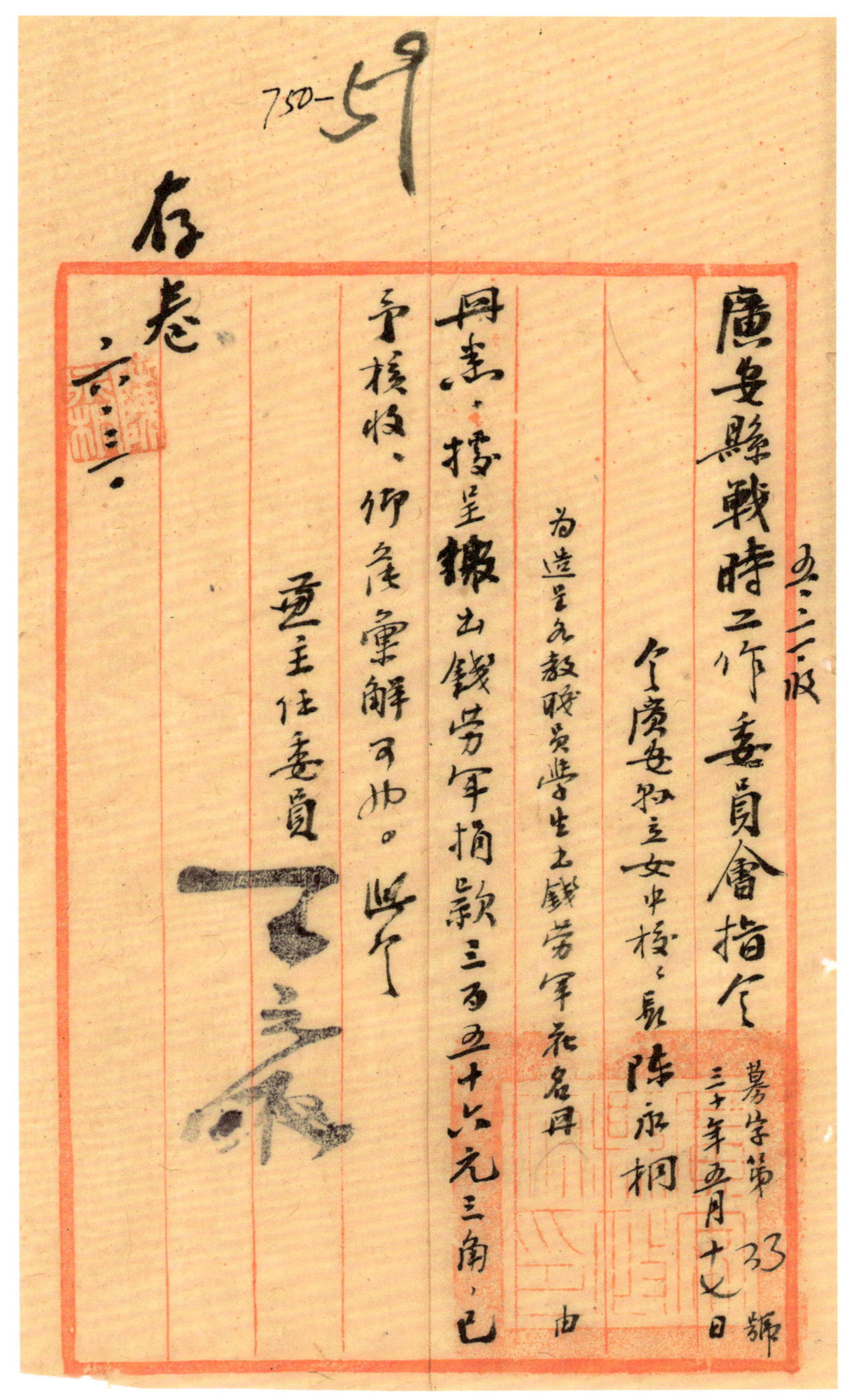

750-59

存卷　六、三、

五、二一、收

廣安縣戰時工作委員會指令　募字第33號　三十年五月十七日

令廣安縣立女中校校長陳永桐

為造呈各教職員學生出錢勞軍花名冊由

冊悉。據呈繳出錢勞軍捐款三百五十六元三角，已予核收，仰候彙解可也。此令

兼主任委員　丁[illegible]

广安县护安乡公所致县政府的呈（一九四一年六月五日）

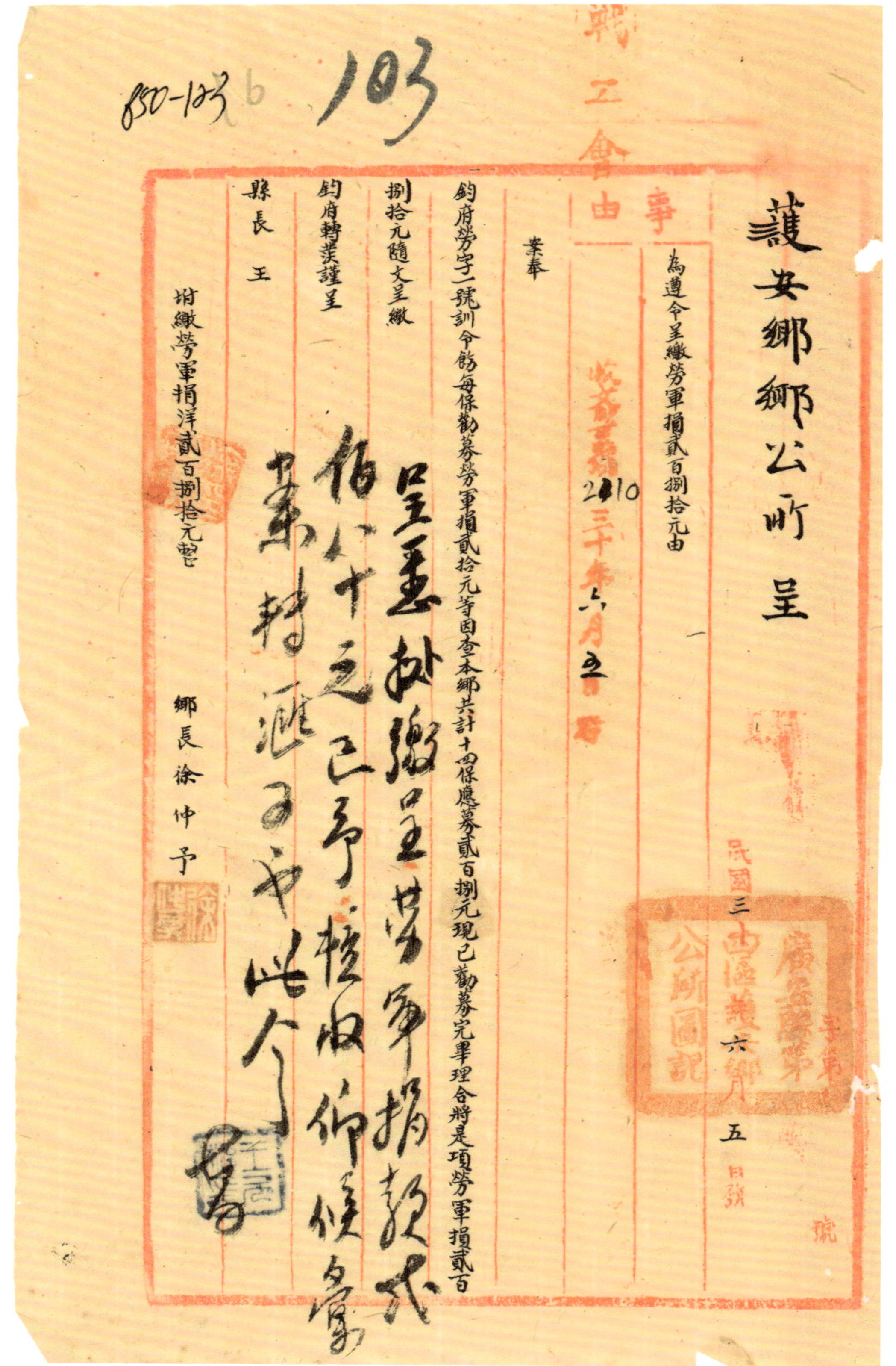

護安鄉鄉公所　呈

事由：為遵令呈繳勞軍捐貳百捌拾元由

收文戰字第2810號　三十年六月五日

民國三十年六月五日　戰字第　號

案奉

鈞府勞字一號訓令飭每保勸募勞軍捐貳拾元等因，查本鄉共計十四保，應募貳百捌拾元，現已勸募完畢，理合將是項勞軍捐貳百捌拾元隨文呈繳

鈞府轉遞謹呈

縣長王

附繳勞軍捐洋貳百捌拾元整

鄉長涂仲予

呈悉。拟繳呈勞軍捐款式佰八十元已予核收，仰候令飭，業特匯予。此令。

广安县第一区泰山乡公所致县战时工作委员会的呈（一九四一年六月三十日收）

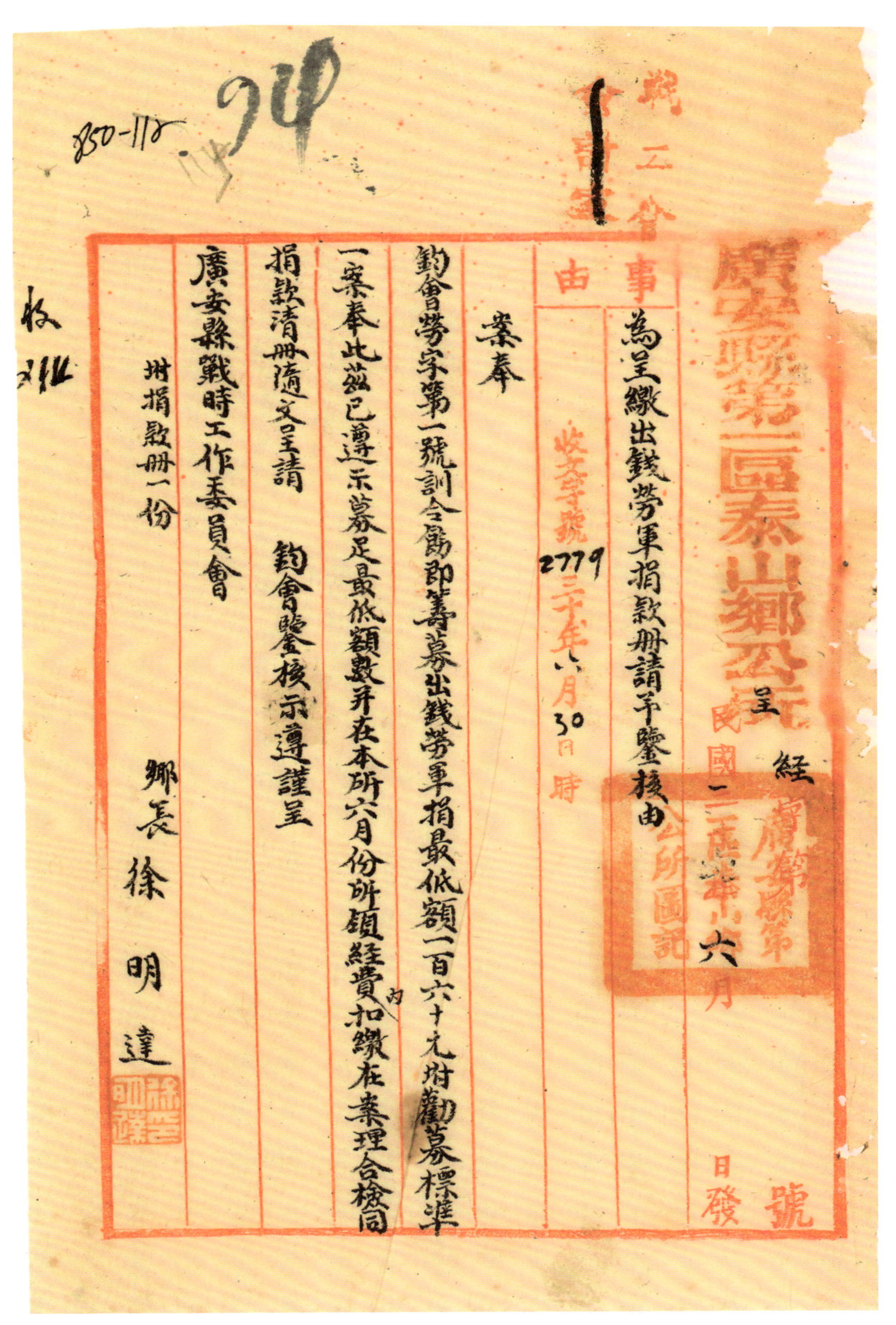
廣安縣第一區泰山鄉公所　呈　經號
民國三十年六月　日發
事由：為呈繳出錢勞軍捐款册請予鑒核由
收文字號2779　三十年六月30日　時

案奉
鈞會勞字第一號訓令飭即籌募出錢勞軍捐最低額一百六十元附勸募標準一案奉此茲已遵示募足最低額數并在本所六月份所領經費内扣繳在案理合檢同捐款清册隨文呈請
鈞會鑒核示遵謹呈
廣安縣戰時工作委員會
附捐款册一份
鄉長　徐明達

广安县动员委员会致四川省动员委员会的呈（一九四一年十二月十二日）

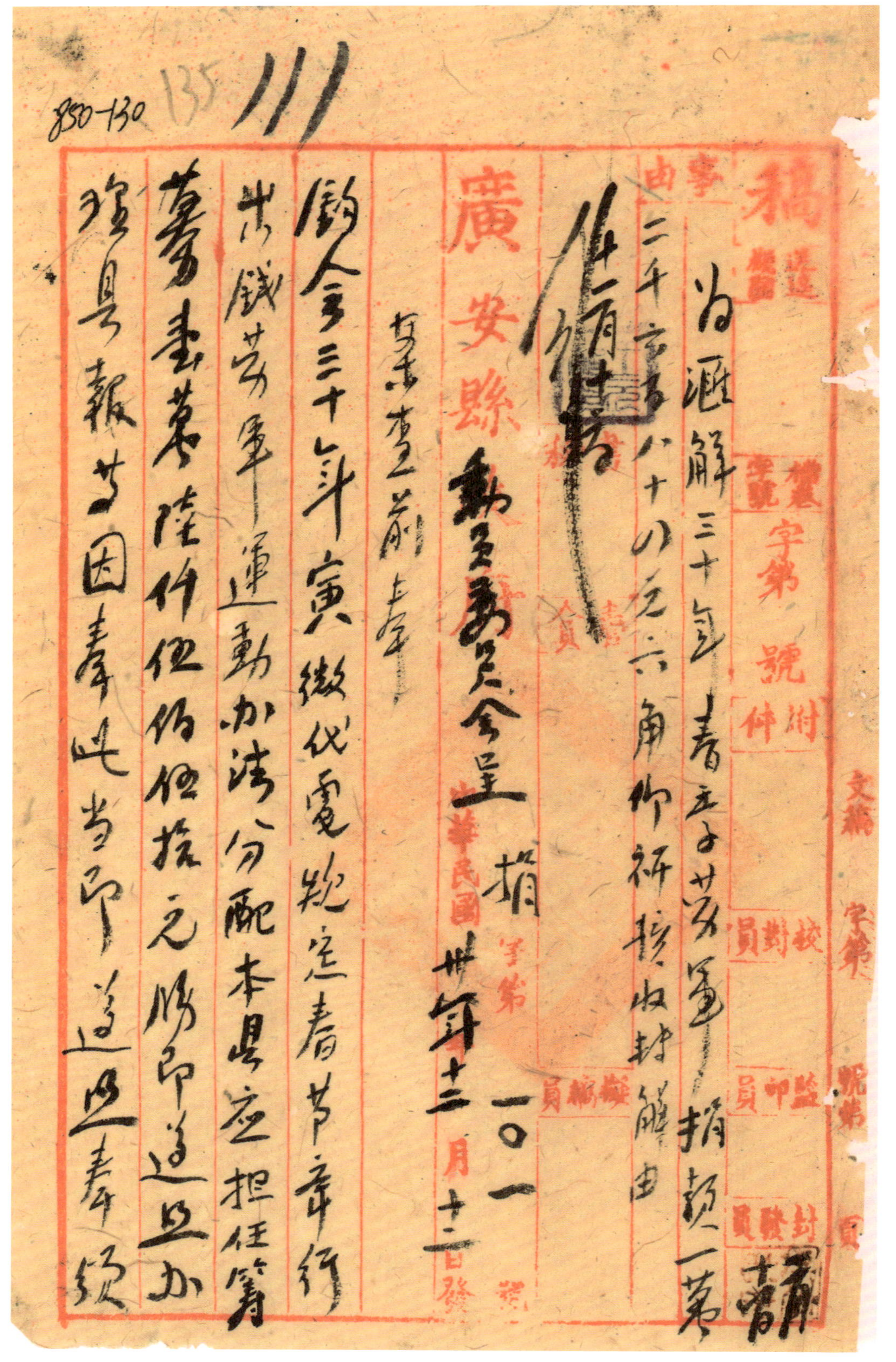
850-130 135 111

事由：为汇解三十年春节献金捐款一万二千六百八十八元六角仰祈核收封解由

任有 稿

广安县动员委员会呈 捐

中华民国卅年十二月十二日发 一〇一

案奉前由

钧会三十年寅微代电规定春节举行
出钱劳军运动办法分配本县应担任筹
募壹万陆仟伍佰伍拾之限即遵照办
理具报等因奉此当即遵照奉经

236
850-131 113

本縣前經籌募，迭經催繳，最近始湊
成捐款壹萬弍仟陸佰捌拾肆元陸角（業已交由四川省銀行匯上，其餘）
尚未足額，正繼續催繳中。奉令前
因，理合造具捐款清冊，檢同匯款存
根，備文賫請
鈞會備鑒核收[illegible]指令祗遵。
謹呈
四川省動員委員會
附呈捐款清冊一份、匯款存根一帋
廣安縣動員委員會
兼主任委員 王元權

广安县动员委员会致四川省动员委员会的呈（一九四二年八月十七日）

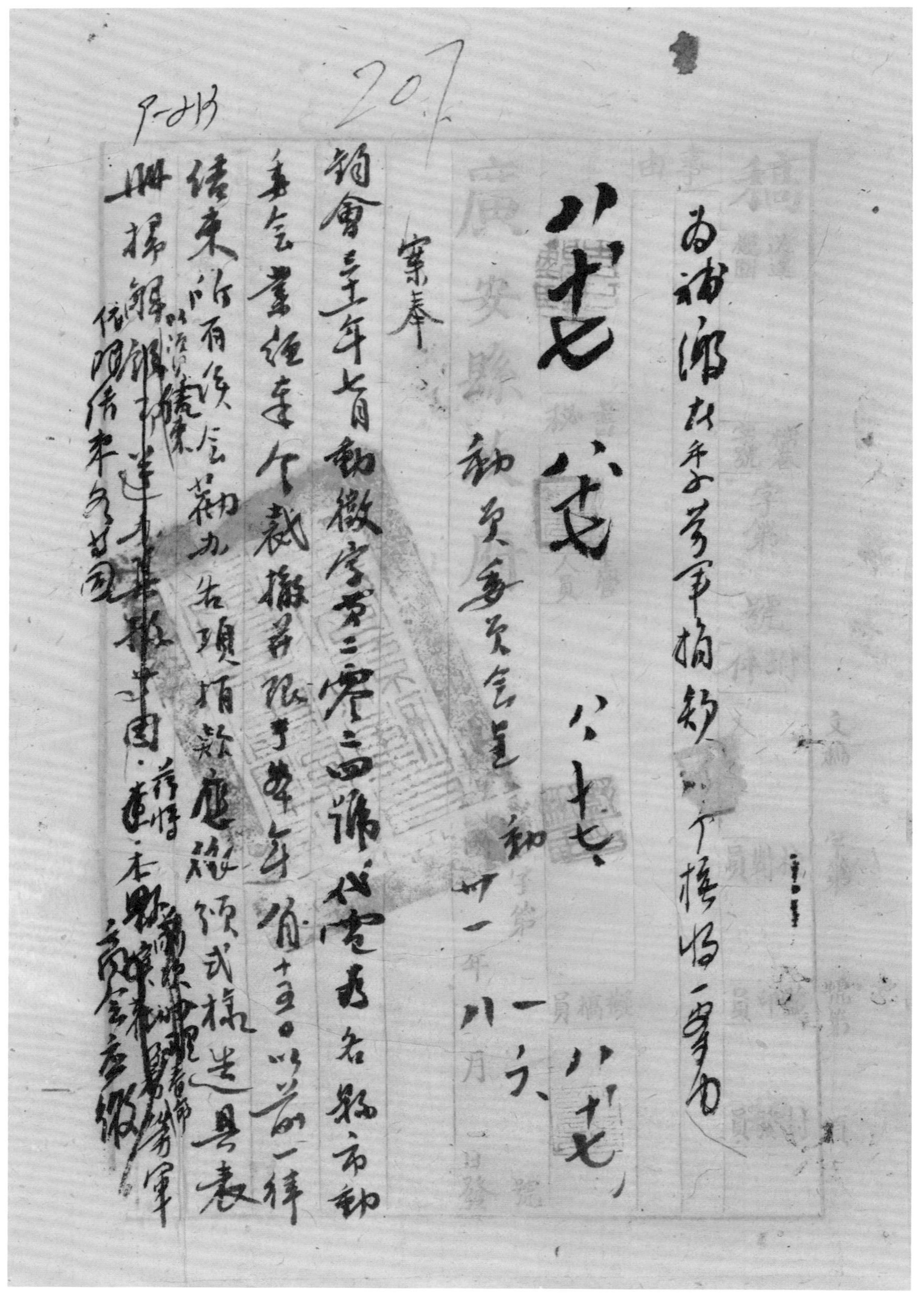

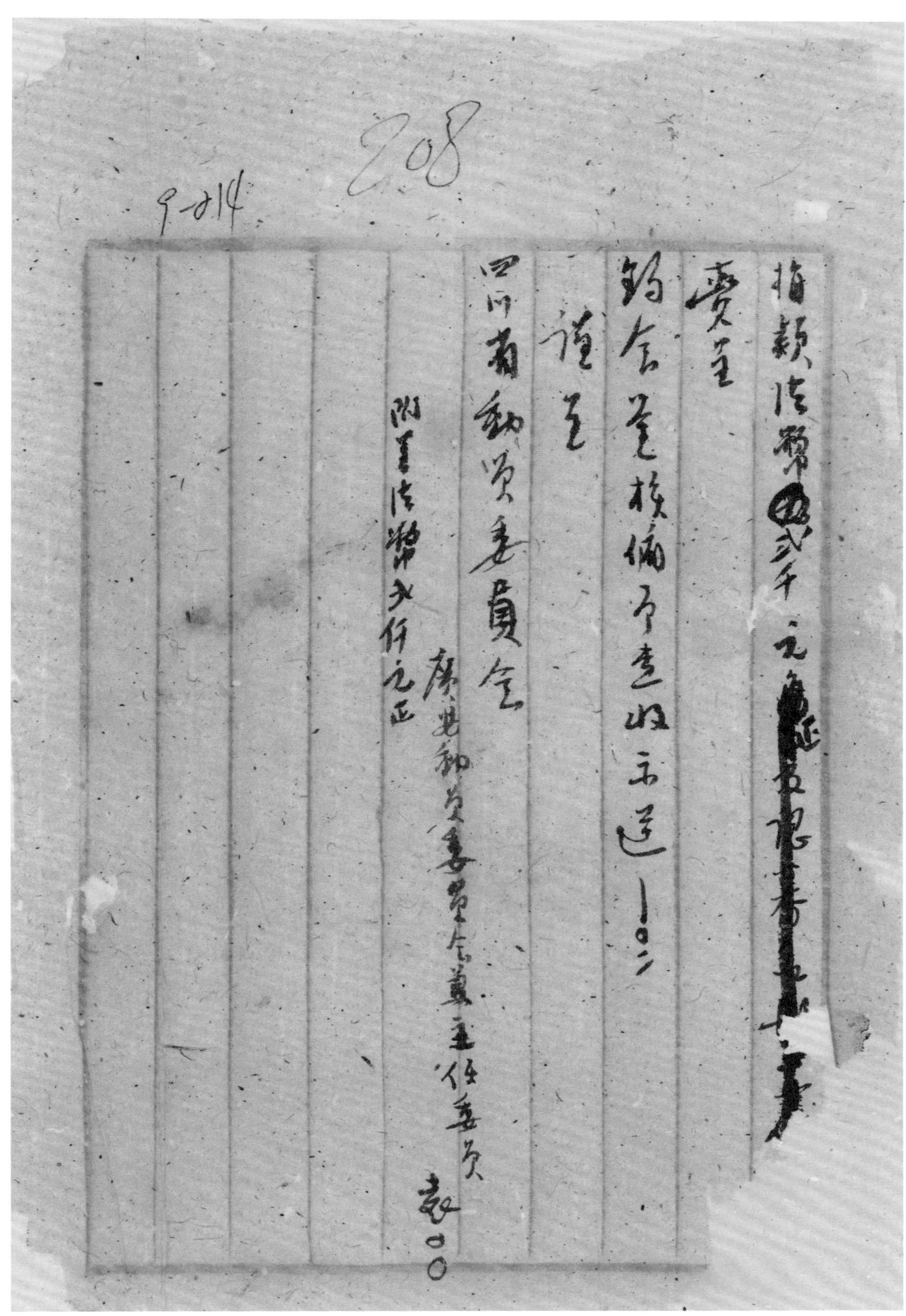
208

9-214

指款法幣貳千元正[illegible]

賫呈

鈞會鑒核備予查收示遵 一〇二

謹呈

四川省動員委員會

廣安縣動員委員會主任委員 袁〇〇

附呈法幣貳仟元正

四川省动员委员会致广安县动员委员会的代电（一九四二年十月）

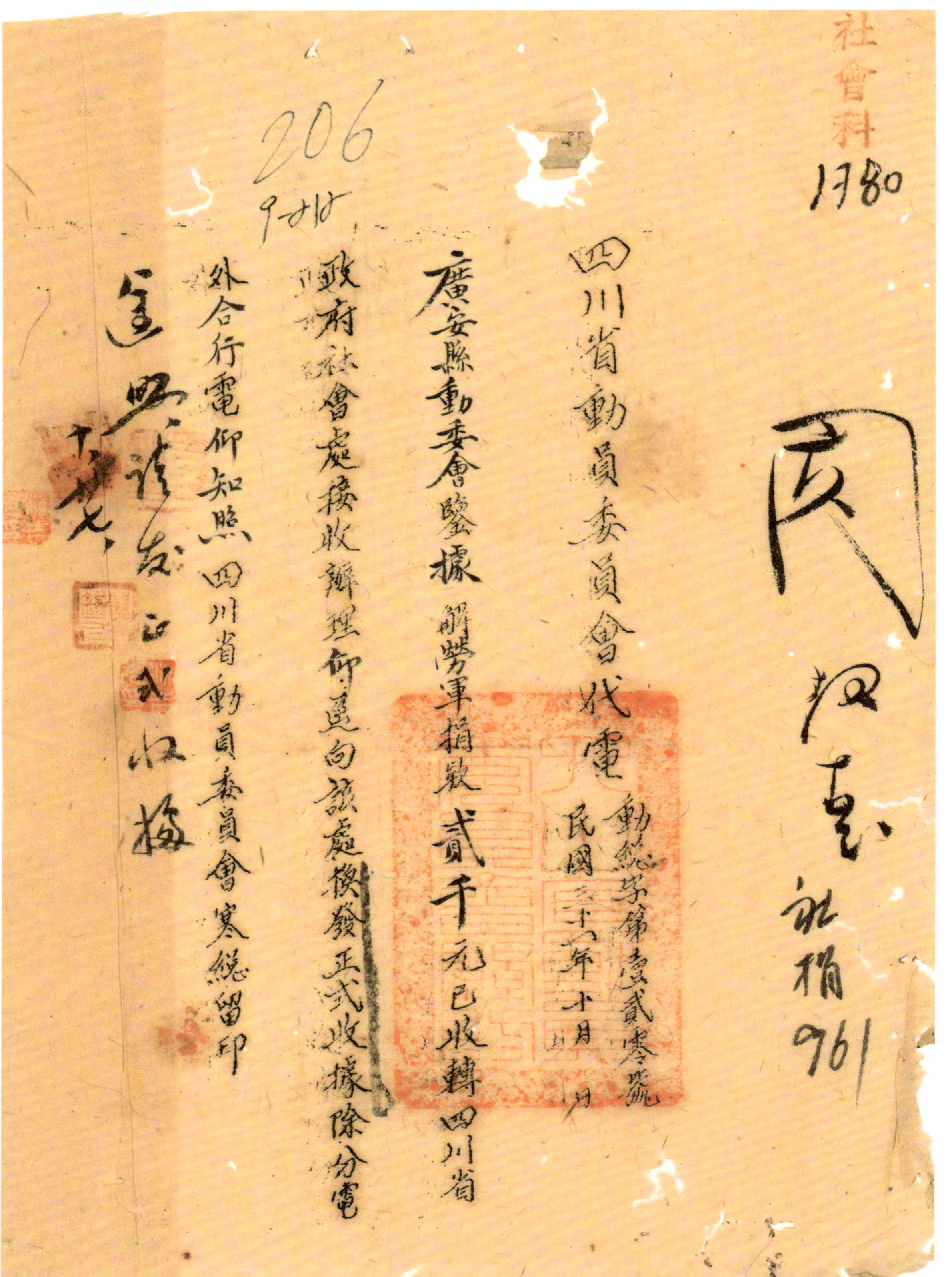

四川省動員委員會代電 動總字第壹貳零號 民國三十一年十月 日

廣安縣動委會鑒：據解勞軍捐款貳千元，已收轉四川省政府社會處接收辦理，仰逕向該處掣發正式收據。除分電外，合行電仰知照。四川省動員委員會寒總留印

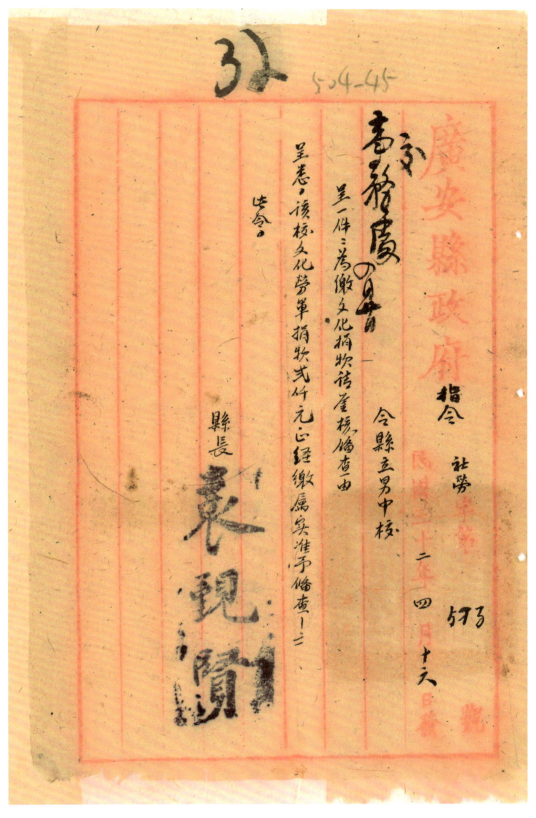

广安县政府致县立男子中学的指令（一九四三年四月十六日）

31

504-45

廣安縣政府指令 社勞字第573號

民國三十二年四月十六日發

令縣立男中校

呈一件：為繳文化捐款請准核備查由

呈悉。該校文化勞軍捐款式仟元正，經繳屬實，准予備查！

此令。

縣長 袁觀賢

广安县政府关于奉令转发全国教师号飞机献捐办法致彭家乡中心学校的训令（一九四一年五月）

廣安縣政府訓令 教文（九）字第六七六號

令彭家鄉中心學校

案奉

四川省政府三十年教一字第六八二四號訓令，以教育廳案呈奉

教育部虞代電訂定全國教師號飛機獻捐辦法：（一）以校內自由捐獻為原則，不向外界募捐；（二）一切捐獻事宜由各校當局負責主持，收入款項應隨時存入銀行暫行保管，彙齊繳部轉解；（三）學校於解繳捐款時應造具冊表四份，載列捐獻者姓名、金額，一份公佈，一份存校，兩份存部以備存轉；（四）此項捐獻，各校應分別於文到兩個月內辦理結束。電仰飭屬各小學一体遵照等因。奉此，查倭寇侵凌，四載於茲，幸賴我統帥部指揮若定，全國將士奮勇抵抗，洒血得遏其兇燄，殲彼倭寇不少。今值我國最後勝利之爭取已至事緊勢迫之階段，而國際局勢之動盪更予我以殲滅寇虜之良機，我全体教師慷慨捐機，響應助長抗戰殲敵力量，還為救國義舉，自應遵照辦理。除分令外，合行令仰該 轉飭所屬教師於本年七七抗戰紀念日遵照上列部訂辦法，熱烈響應，慷慨捐獻，以期早日殲彼倭寇，還我河山。仍將奉文日期及辦理情形報查，事後并將捐獻者姓名、金額表冊分報一份來府，以憑轉報，併仰遵照。

此令。

中華民國三十年五月

縣長王元楅 公出

广安县政府关于查报该校阵亡将士遗孤以凭汇转专款致彭家乡中心学校的训令（一九四一年六月）

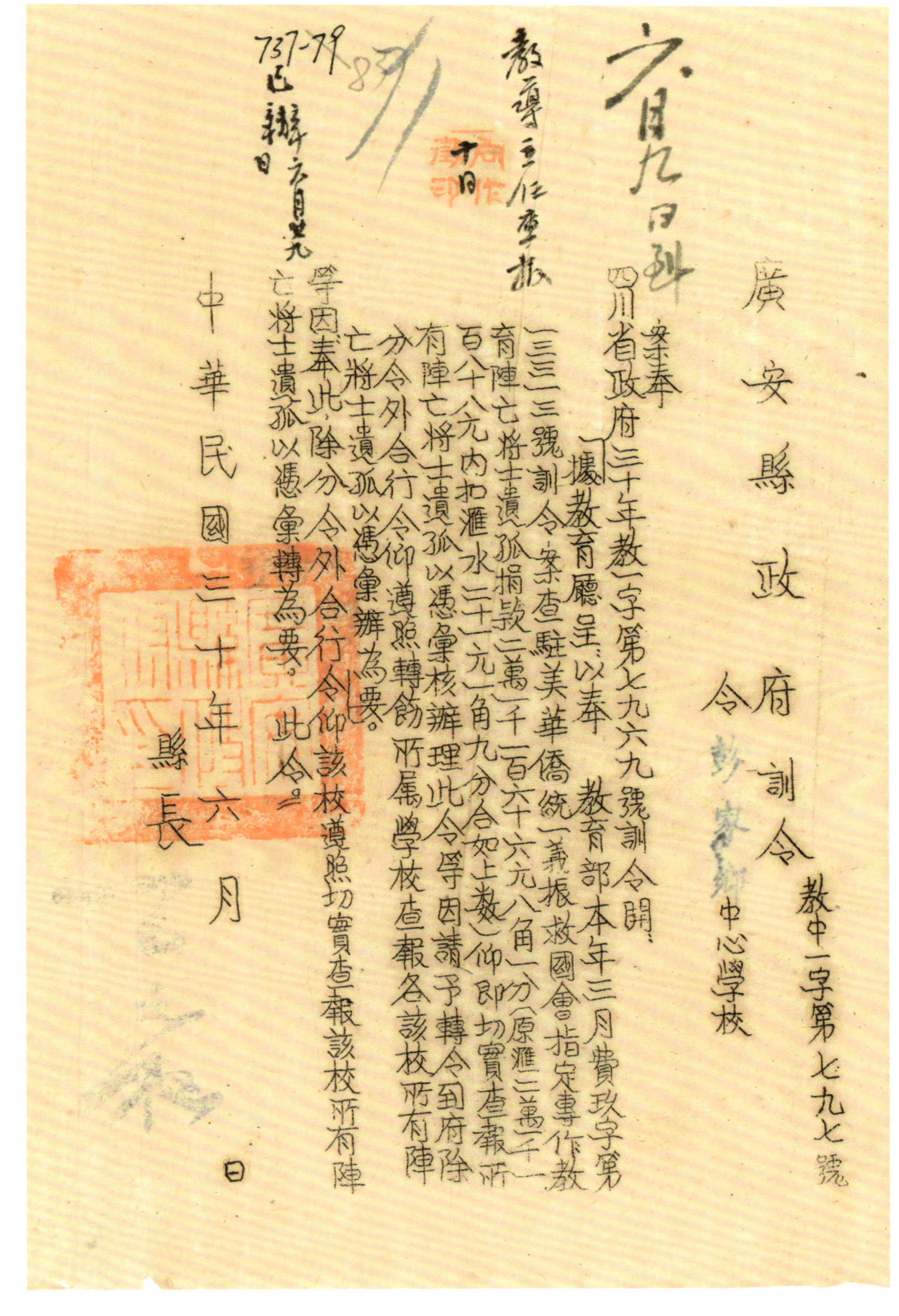

广安县政府训令

教中一字第七九九七号

令彭家乡中心学校

案奉

四川省政府三十年教一字第七九六九号训令开：

「据教育厅呈，以奉

教育部本年三月费玖字第一三三三号训令，案查驻美华侨统一义振救国会指定专作教育阵亡将士遗孤捐款二万一千一百六十六元八角一分（原汇二万二千一百十分元内扣汇水二十一元二角九分合如上数），仰即切实查报所有阵亡将士遗孤以凭汇案核办理。此令。等因。请予转令到府。除分令外，合行令仰遵照转饬所属学校查报各该校所有阵亡将士遗孤，以凭汇案办为要。」

等因。奉此，除分令外，合行令仰该校遵照切实查报该校所有阵亡将士遗孤，以凭汇案转为要。此令。

中华民国三十年六月　日

县长

六月九日到

教导主任查报

十日

已办 六月廿九日

737-79

广安县政府关于抄发《统一捐募运动办法》致县商会的训令（一九四二年七月二十一日收）

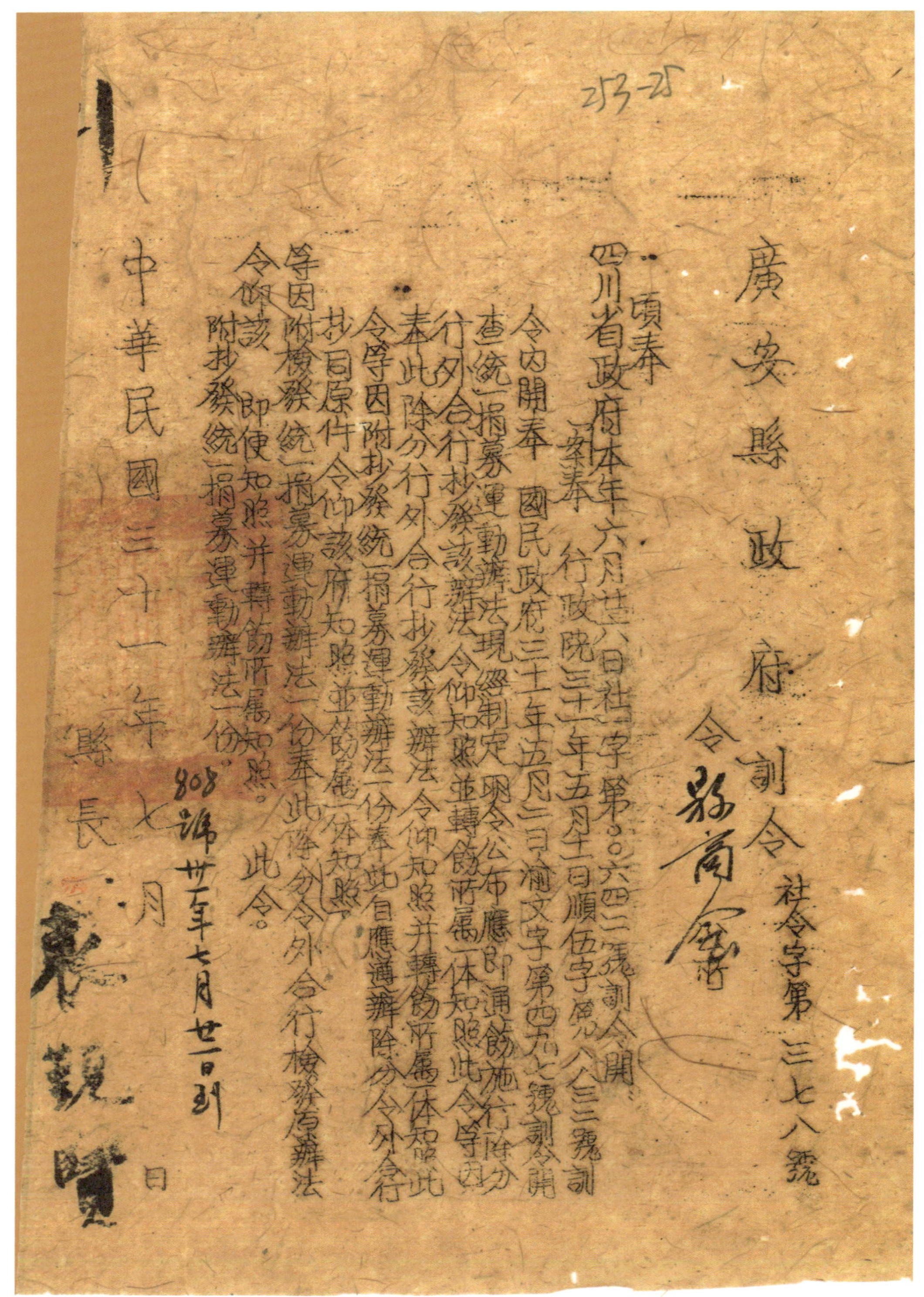

253-25

廣安縣政府訓令 社令字第三七八號

令縣商會

頃奉

四川省政府本年六月廿八日社字第○○六四二號訓令開：

案奉 行政院三十一年五月廿一日順伍字第八八三二號訓令内開：奉 國民政府三十一年五月二日渝文字第四九七號訓令開：查統一捐募運動辦法現經制定，明令公布，應即通飭施行，除分行外，合行抄發該辦法，令仰知照，並轉飭所屬一体知照。此令。等因。奉此，除分行外，合行抄發該辦法，令仰知照，并轉飭所屬一体知照。此令。等因，附抄發統一捐募運動辦法一份。奉此，自應通辦。除分令外，合行抄同原件，令仰該府知照，並飭屬一体知照。

等因，附檢發統一捐募運動辦法一份。奉此，除分令外，合行檢發原辦法令仰該會即便知照，并轉飭所屬知照。此令。

附抄發統一捐募運動辦法一份

808號 卅一年七月廿一日到

中華民國三十一年七月 日

縣長 秦觀賢

附：统一捐募运动办法（一九四二年五月二日）

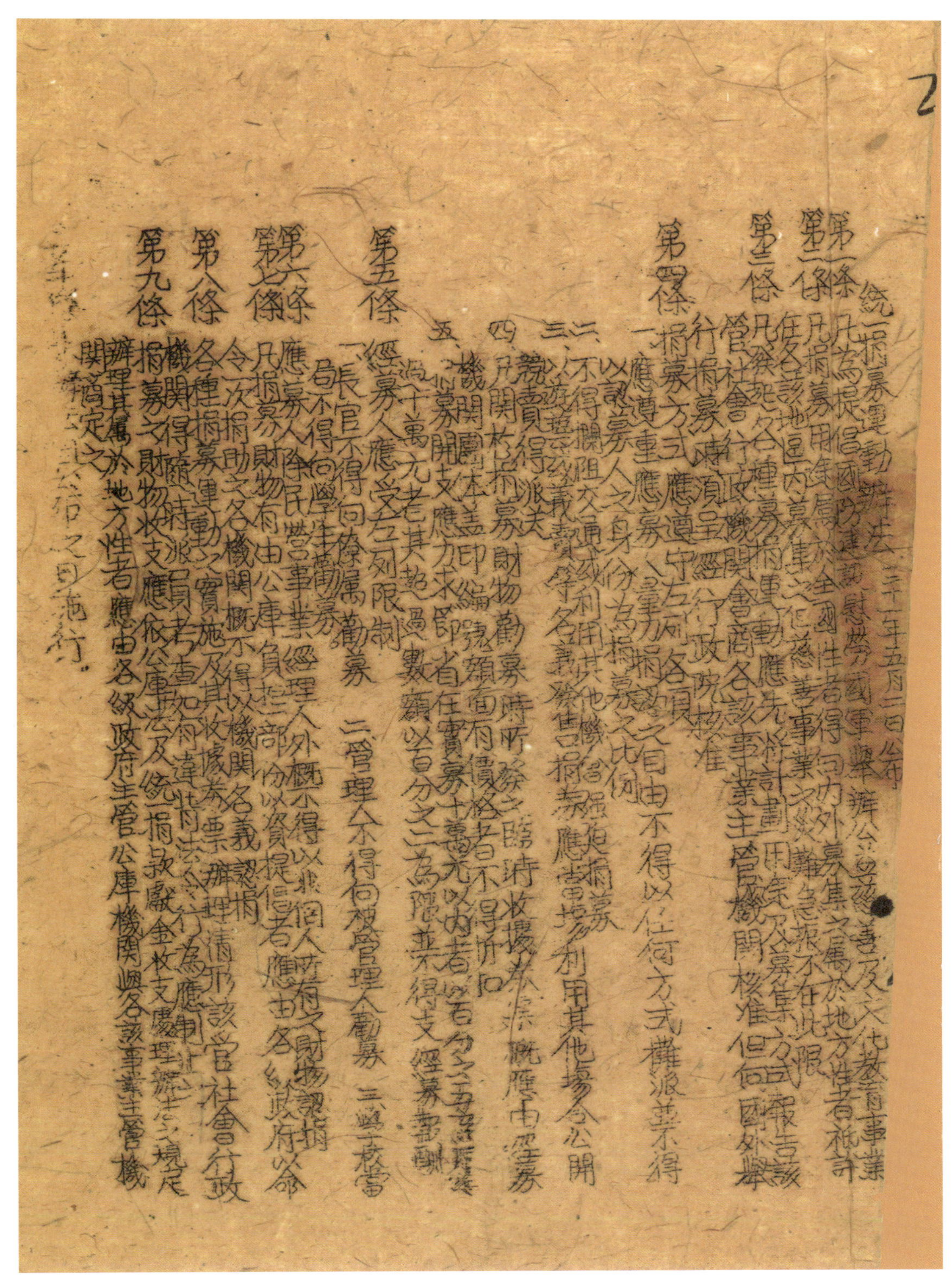

統一捐募運動辦法（三十一年五月二日公布）

第一條 凡為提倡國防建設、慰勞國軍、舉辦公益慈善及文化教育事業……

第二條 凡捐募用途屬於全國性者得向國內外募集之，屬於地方性者祇許在各該地區內募集之，但慈善事業之災難急振不在此限。

第三條 凡發起各種募捐運動應先將計劃用途及募集方式報告該管社會行政機關會商各該事業主管機關核准，但向國外舉行捐募時須呈經行政院核准。

第四條 捐募方式應遵守左列各項：

一、應遵重應募人量力捐募之自由，不得以任何方式攤派，並不得以認募人之身份為捐募之比例。

二、不得攔阻交通或利用其他機會強迫捐募。

三、以遊藝、義賣、競賣等名義發售捐券應當場利用其他場合公開競賣，得派[illegible]。

四、凡關於捐募財物勸募時所發之臨時收據[illegible]概應由經募機關團體蓋印編號，預有價格者不得折扣。

五、經募開支應力求節省，在實募十萬元以內者以百分之五為限，超過十萬元者其超過數額以百分之二為限，並不得支經募報酬。

第五條 經募人應受左列限制：一、長官不得向僚屬勸募；二、管理人不得向被管理人勸募；三、學校當局不得向學生勸募。

第六條 應募人除民營事業經理人外，概不得以非個人所有之財物認捐。

第七條 凡捐募財物有由公庫負擔一部份以資提倡者，應由各級政府以命令一次捐助之，各機關概不得以機關名義認捐。

第八條 各種捐募運動之實施及其收據券票辦理情形，該管社會行政機關得隨時派員考查，如有違背法令之行為應制止。

第九條 捐募之財物收支應依公庫法及統一捐款獻金收支處理辦法之規定辦理，其屬於地方性者應由各級政府主管公庫機關與各該事業主管機關商定之。

第十條 本辦法自公布之日施行。

广安县政府关于奉令催缴献机捐款致县商会的训令（一九四二年八月二十四日）

842号 卅一年八月廿五到

廣安縣政府訓令　社献字第六二八號

令商會公所

頃奉

中國航空建設協會四川省分會三十一年八月五日献總字第一九三號代電：「為捐款献機期限早經屆滿，茲已亟待結束，仰將收存之數立即報解，至欠額併仰上緊催收，尅日如數掃解，以濟國防急需」等因。除將所收之款匯解省會核收并分令外，合再令催，仰各該長於文到十日內，仍遵前令將所欠之献機捐款依限掃解，以資結束，而濟國防急需。事關飭辦之件，勿再延誤為要。

此令。

中華民國三十一年八月　日

縣長

一九四二八月廿四日

广安县政府与县立中学关于滑翔机捐款事的来往文书（一九四二年十一月至一九四三年七月）

广安县政府致县立中学的训令并附广安县滑翔机捐款配额表（一九四二年十一月）

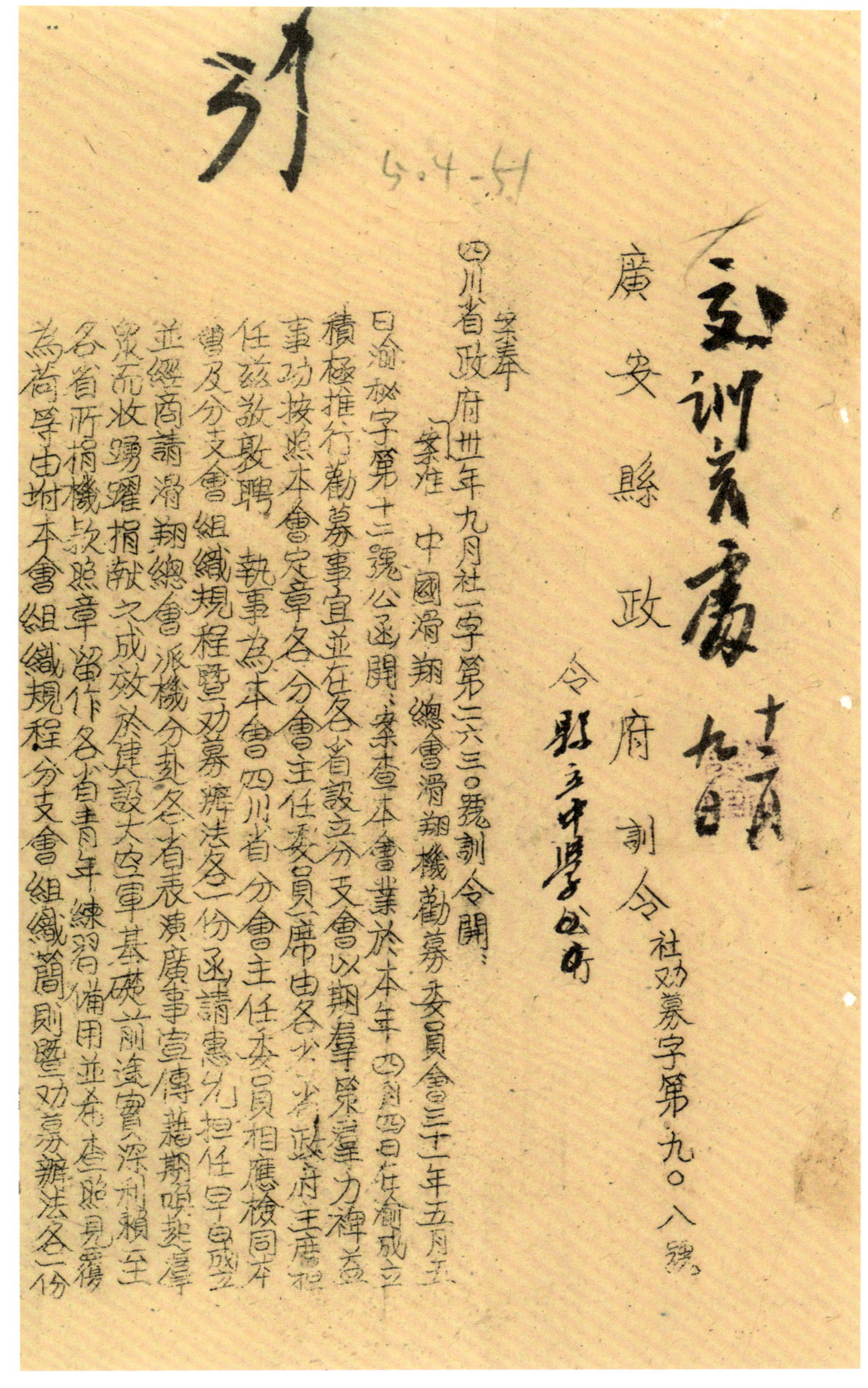

廣安縣政府訓令　社劝募字第九〇八號

令縣立中學

案奉

四川省政府卅一年九月社一字第二六三〇號訓令開：

案准中國滑翔總會滑翔機勸募委員會三十一年五月五日渝秘字第十二號公函開：案查本會業於本年四月四日在渝成立，積極推行勸募事宜，並在各省設立分支會，以期群策群力，裨益事功。按照本會定章，各分會主任委員由各省政府主席担任。茲敦聘執事為本會四川省分會主任委員，相應檢同本會及分支會組織規程暨劝募辦法各一份，函請惠允担任，早日成立，並經商請滑翔總會派機分赴各省表演，廣事宣傳，藉期喚起群眾，而收踴躍捐獻之成效，於建設大空軍基礎前途，實深利賴。至各省所捐機款，照章留作各省青年練習備用，並希查照見復為荷。等由；附本會組織規程、分支會組織簡則暨劝募辦法各一份

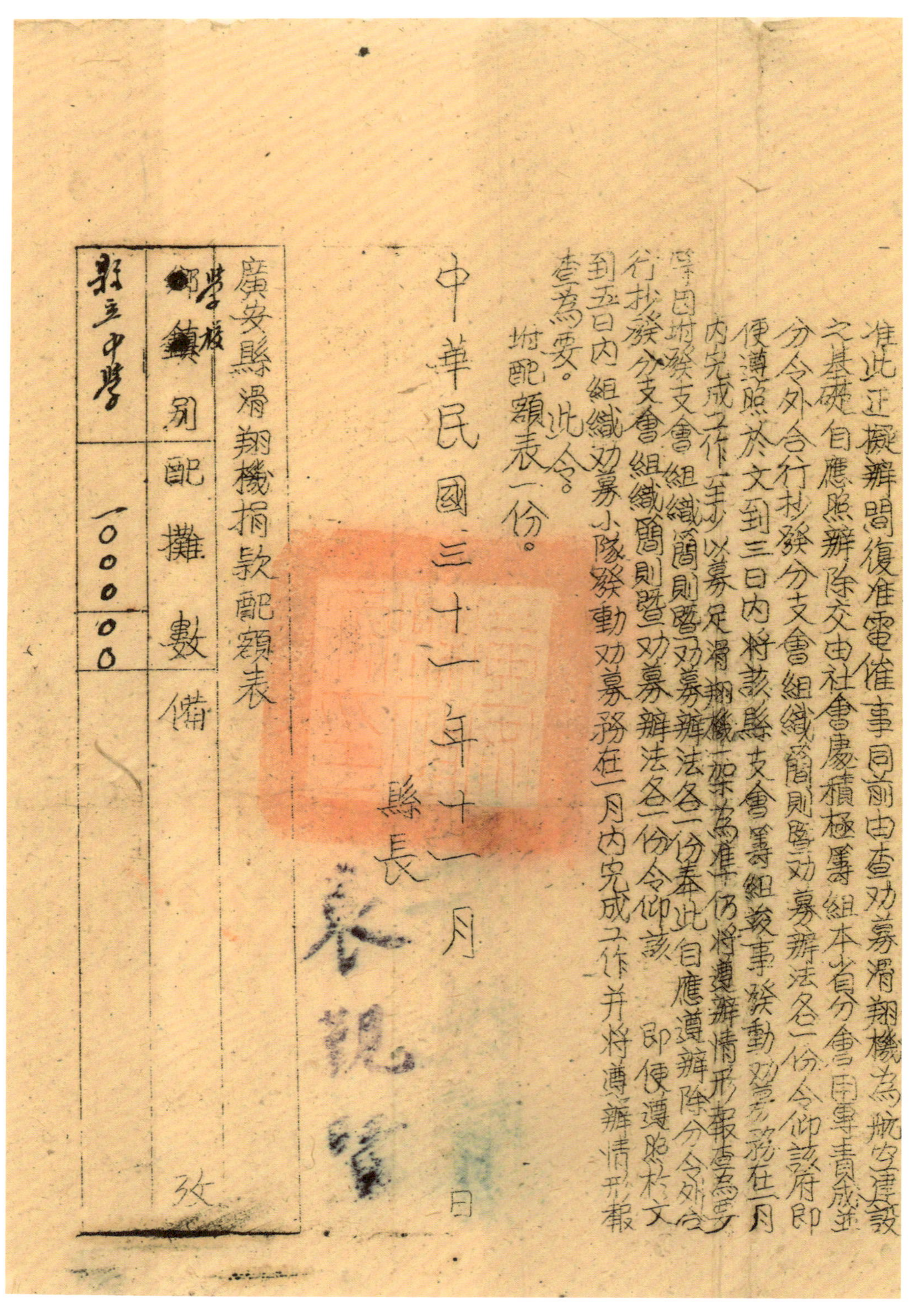

准此正擬辦間復准電催事同前由查劝募滑翔機為航空建設之基礎自應照辦除交由社會處積極籌組本省分會由專責成並分令外合行抄發分支會組織簡則暨劝募辦法各一份令仰該府即便遵照於文到三日内將該縣支會籌組竣事發動劝募務在一月内完成工作至少以募足滑翔機一架為準仍將遵辦情形報查為要

等因附發支會組織簡則暨劝募辦法各一份奉此自應遵辦除分令外合行抄發分支會組織簡則暨劝募辦法各一份令仰該　即便遵照於文到五日内組織劝募小隊發動劝募務在一月内完成工作并將遵辦情形報查為要。此令。

附配額表一份。

中華民國三十一年十二月　日

縣長 袁觀[illegible]

廣安縣滑翔機捐款配額表

~~鄉鎮~~學校別	配攤數	備攷
縣立中學	100000	

广安县立中学致县政府的呈（一九四三年三月）

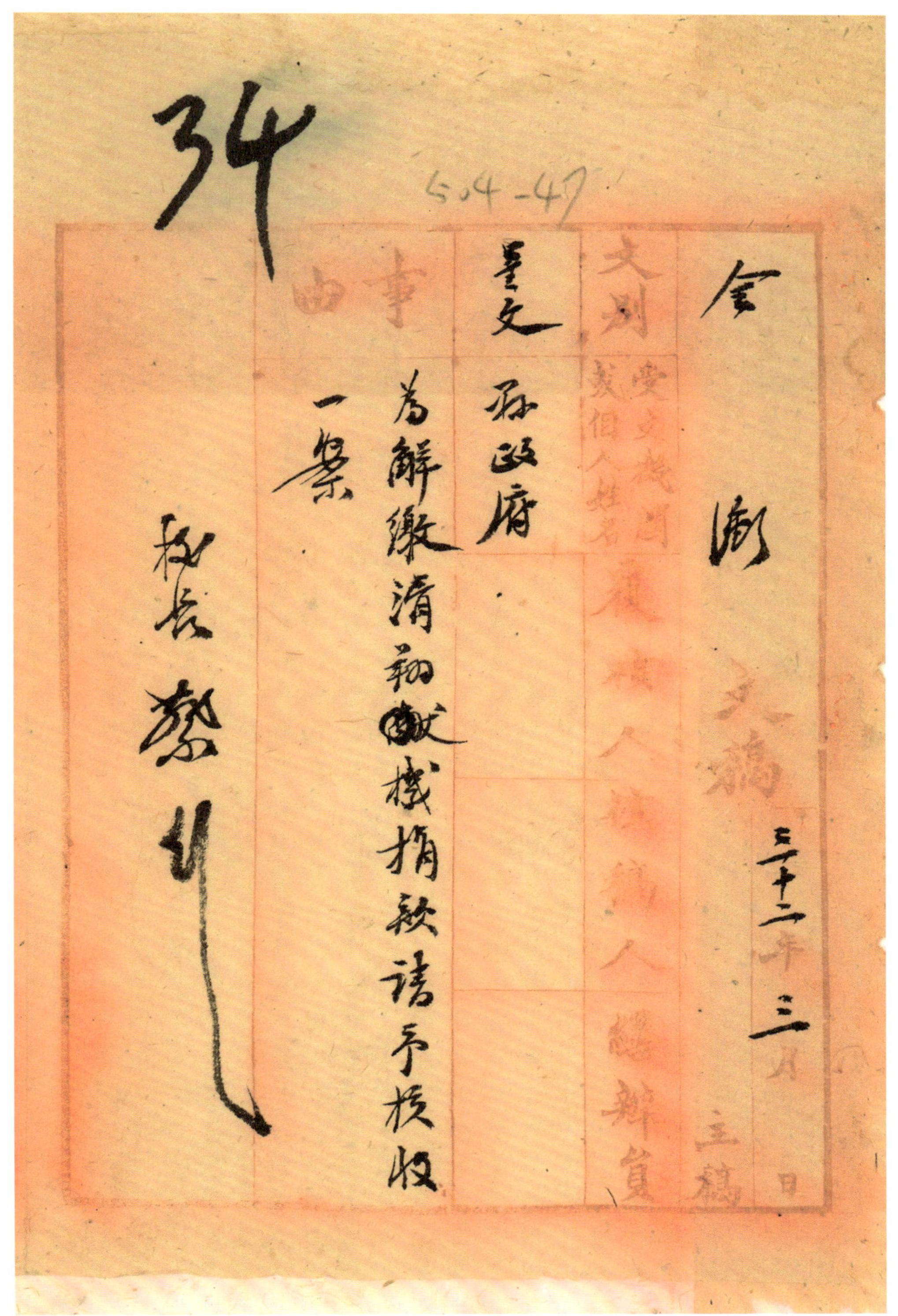
34
504-47

会衔　文稿　三十二年三月　日　主稿

文别：呈文

受文机关：县政府

受文者个人姓名　撰稿人　缮稿人　总办员

事由：为解缴清[illegible]献机捐款请予核收一案

校长　蔡

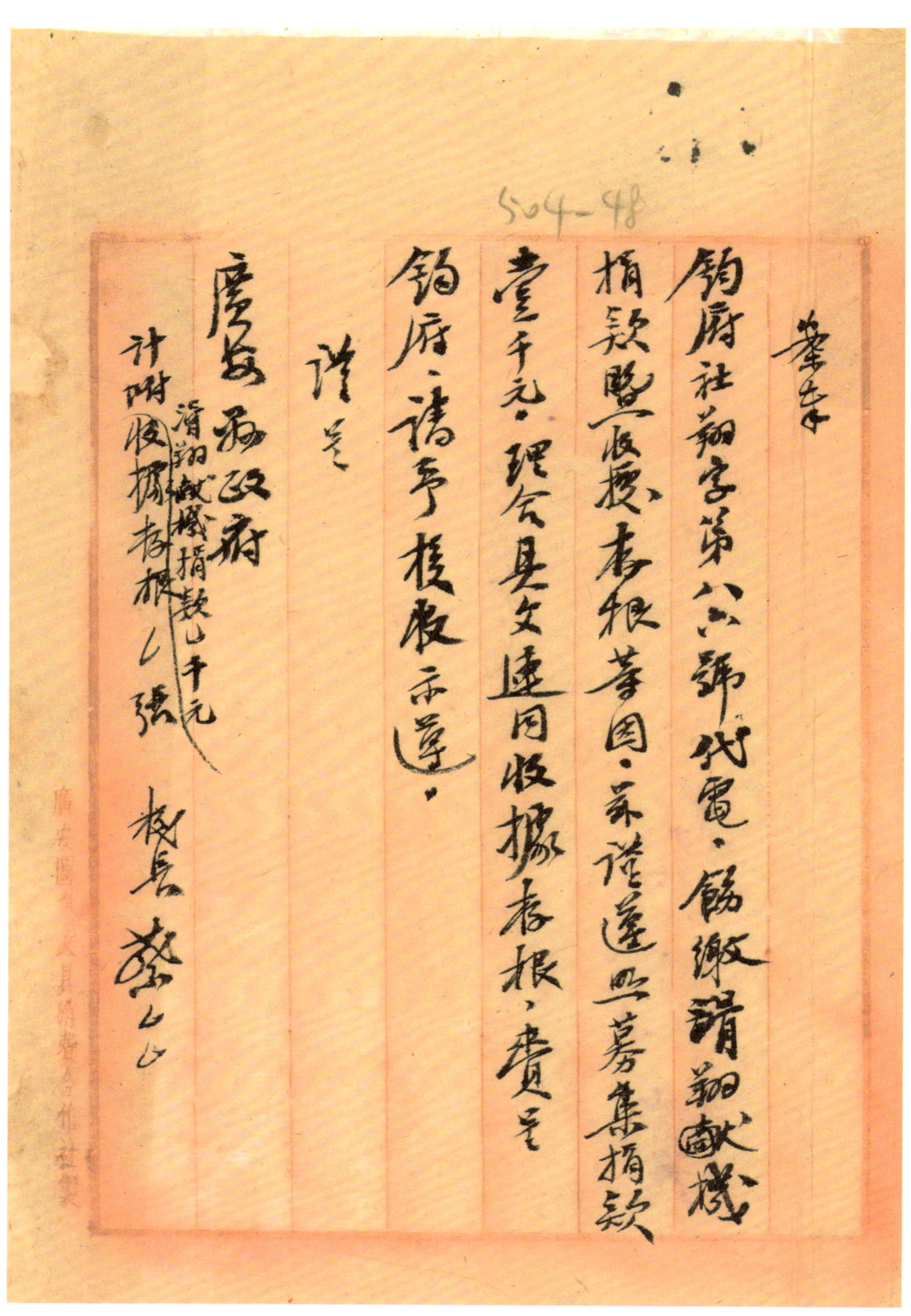

案奉

鈞府社翔字第八六六號代電，飭繳滑翔獻機捐款暨收據存根等因，奉此，遵照募集捐款壹千元，理合具文連同收據存根，賫呈

鈞府，請予核收示遵。

謹呈

廣安縣政府

滑翔獻機捐款乙千元

計附收據存根乙張

社長 蔡ㄙㄙ

广安县政府致县立中学的指令（一九四三年七月十日）

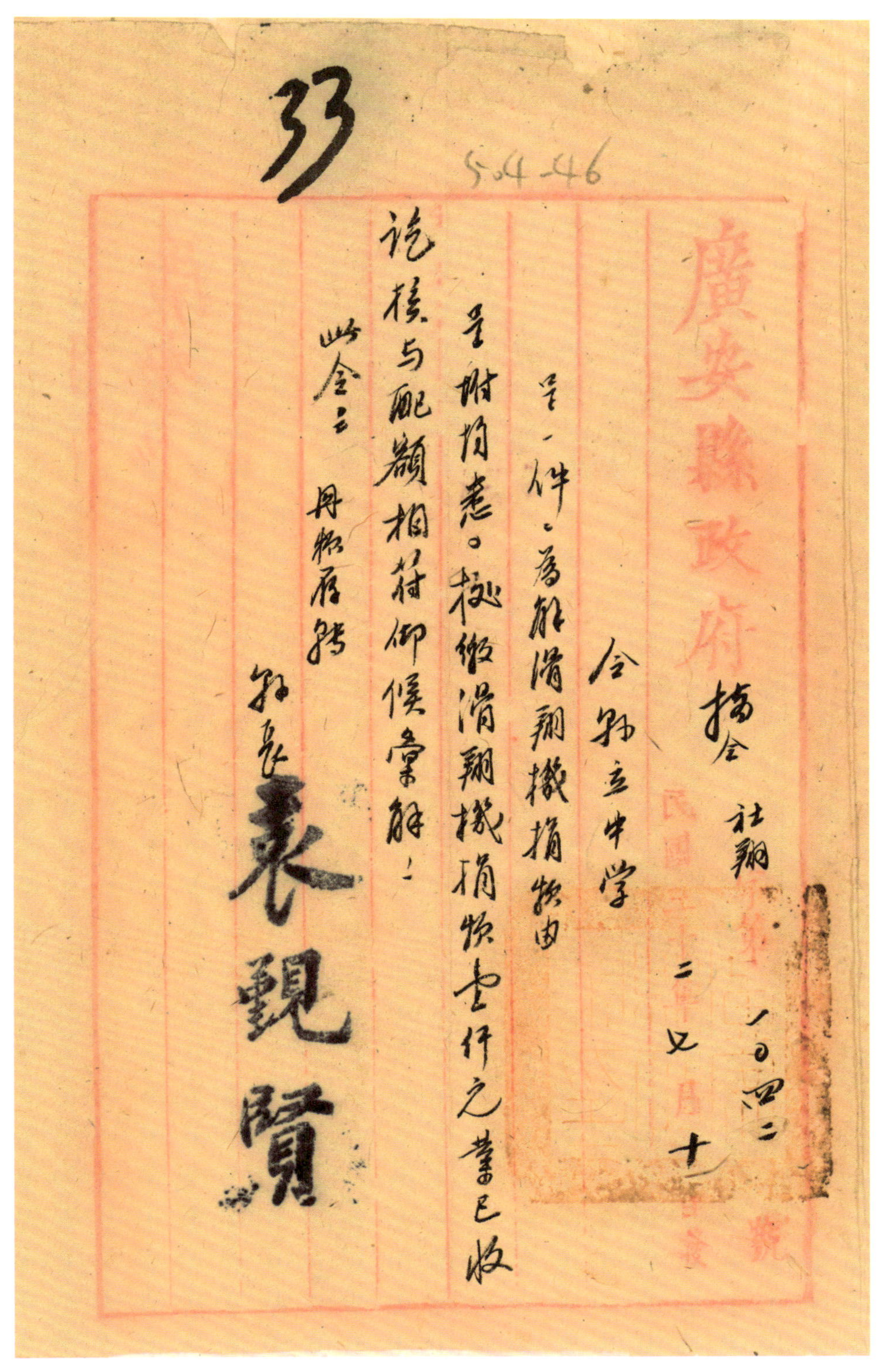

廣安縣政府指令 社翔字第一〇四二號

民國三十二年七月十日發

令縣立中學

呈一件，為航滑翔機捐款由

呈附均悉。據繳滑翔機捐款壹仟元，業已收訖，核與配額相符，仰候彙解！

此令。冊粘存轉

縣長 袁觀賢

三民主义青年团重庆支团广安分团部筹备处关于请查收建国储蓄券致广安县商会的函

（一九四二年十二月十六日收）

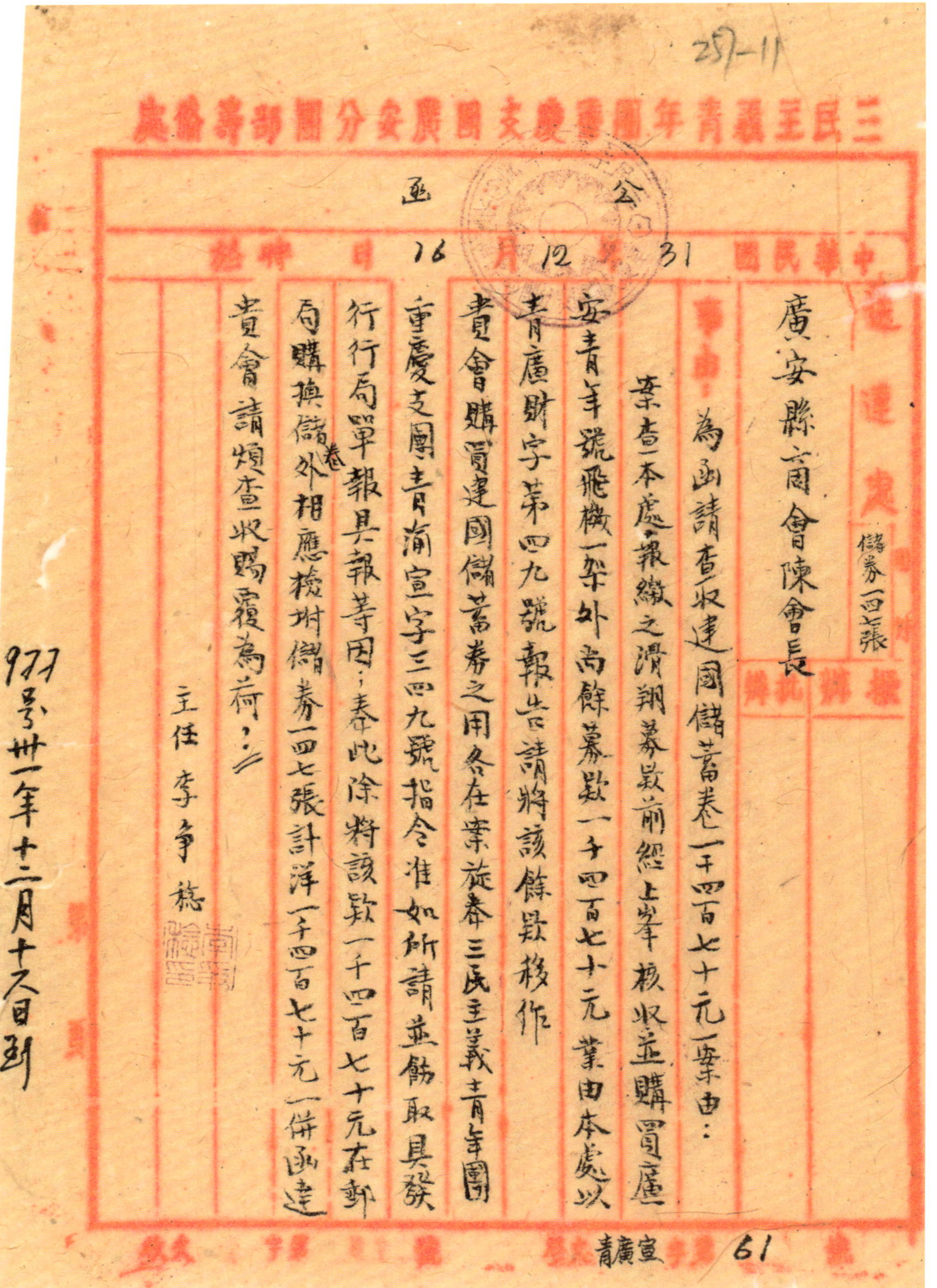

257-11

三民主义青年团重庆支团广安分团部筹备处

公函

中华民国 31 年 12 月 16 日

附件：建国储蓄券一四七张

受文者：广安县商会陈会长

事由：为函请查收建国储蓄券一千四百七十元一案由：

案查本处报缴之滑翔募款前经上峰核收并购买广安青年号飞机一架外，尚余募款一千四百七十元，业由本处以青广财字第四九号报告请将该余款移作贵会购买建国储蓄券之用，各在案。旋奉三民主义青年团重庆支团青渝宣字三四九号指令准如所请，并饬取具发行行局单报具报等因；奉此，除将该款一千四百七十元在邮局购换储蓄券外，相应检附储蓄券一四七张，计洋一千四百七十元，一并函达贵会，请烦查收赐覆为荷！

主任 李争稔

971 号 卅一年十二月十六日到

青广宣 61 号

广安县政府关于抄发《非常时期捐献款项承购国债及劝募捐款国债奖励条例施行细则》致县商会的训令（一九四三年三月十六日收）

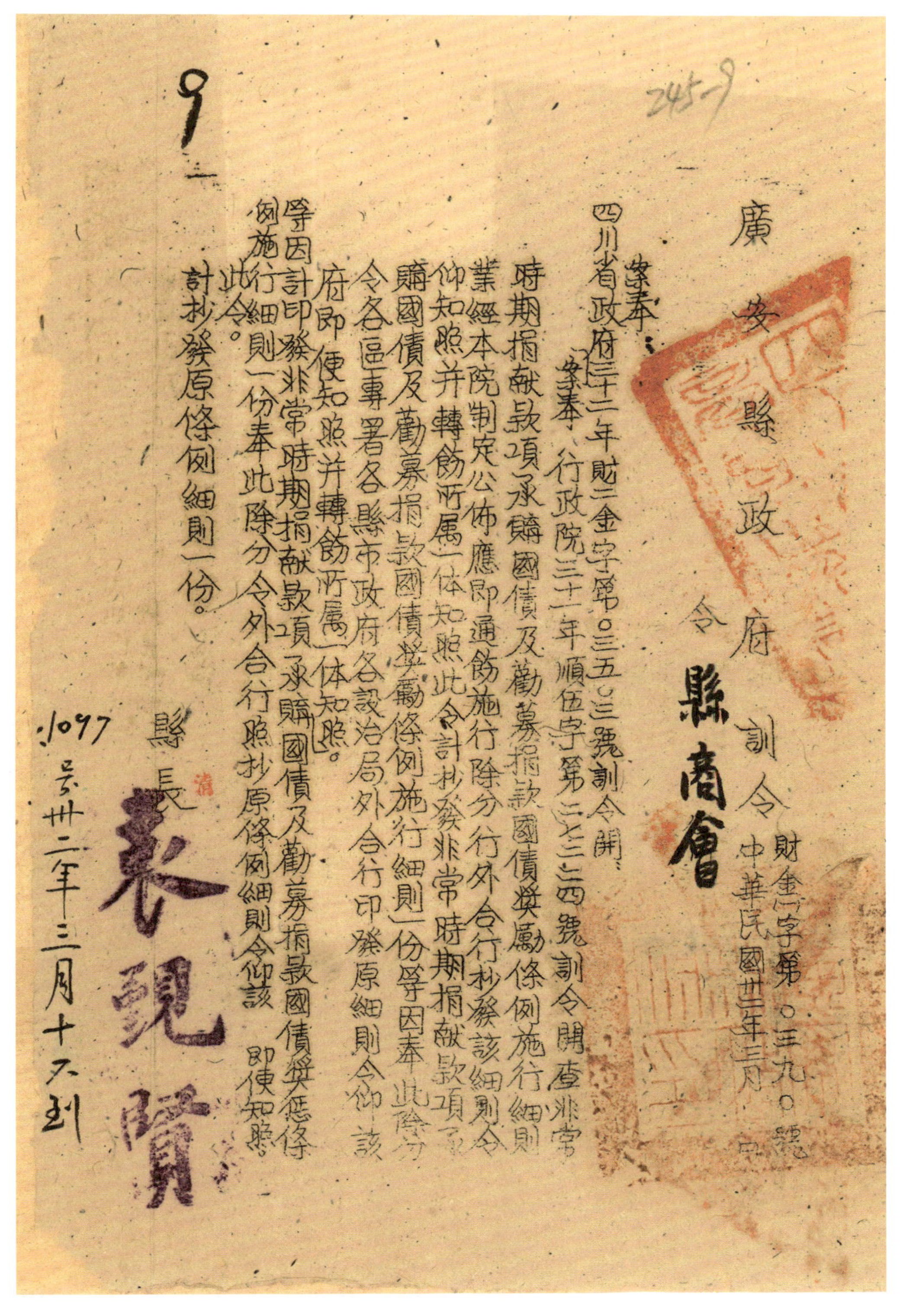

廣安縣政府訓令　財金(一)字第〇三九〇號

中華民國卅二年三月　日

令縣商會

案奉

四川省政府(卅二年)財(二)金字第〇三五〇三號訓令開：

"案奉行政院三十一年順伍字第二七二四號訓令開：'查非常時期捐獻款項承購國債及勸募捐款國債獎勵條例施行細則業經本院制定公佈，應即通飭施行，除分行外，合行抄發該細則，令仰知照，并轉飭所屬一體知照。此令。'計抄發非常時期捐獻款項承購國債及勸募捐款國債獎勵條例施行細則一份。等因，奉此，除分令各區專署、各縣市政府、各設治局外，合行印發原細則，令仰該府即便知照，并轉飭所屬一體知照。"

等因，計印發非常時期捐獻款項承購國債及勸募捐款國債獎懲條例施行細則一份。奉此，除分令外，合行照抄原條例細則，令仰該　即便知照。此令。

計抄發原條例細則一份。

縣長　袁覲賢

1097號　卅二年三月十六到

附：非常时期捐献款项承购国债及劝募捐款国债奖励条例施行细则

非常時期捐獻款項承購國債及勸募捐款國債獎勵條例施行細則

第一條　本細則依照非常時期捐獻款項承購及勸募捐款國債獎勵條例（以下簡稱本條例）第十三條之規定制定之

第二條　本條例所稱團体或個人包括本國及友邦之人民或團体

第三條　本條例所稱捐獻款項概按國幣單位計算如以外國通用貨幣有價證券及其他一切可以變價之物品財產權利捐獻者其折算方法如左

一、物品財產權利及除第二款至第四款所指債券以外之其他有價證券依其變賣價格計算其一時不及變價者由內政財政兩部參酌市價估定價格。

二、國民政府發行或承認償付之國幣債券依其本票面額計算。

三、國民政府發行或承認償付之外幣債券依其本票面額照捐獻時政府規定匯率折合國幣計算。

四、國民政府發行之實物庫券除依面額計算其實物數量外其實物價格由內政財政兩部會商主管機關估定之

五、外國通用貨幣依財政部暨發捐獻收據所載折合國幣數目計算其收據未載明折合國幣數目者依捐獻時政府掛牌市價折合國幣數目計算。

第四條　本條例所稱承購國債指向財政部或依法設立之勸募機關或其委託代理之機關團体直接購買抗戰以後中央政府所發行之債

券其購債數目之計算準用本細則第三條第二款至第四款之規定。

第五條　本條例所稱勸募捐款國債以直接向捐款人或購債人勸募者為限，其勸募捐款國債數目之計算準用本細則第三條及第四條關於計算捐款購債數目之規定。

第六條　本條例所定獎狀獎章各分為捐獻及公債兩種，獎章又分為三等九級，由行政院給予之。

前項獎章應附發證書。

獎狀獎章及獎章證書式樣由行政院制定之。

第七條　本條例第九條所稱最低獎額指第三條至第八條各款每款之最低數額。

同條所稱捐款購債及勸募之款得合併計算指捐款得與勸募捐款合併計算，購債得與勸募國債合併計算，但以獎勵等第相當者為限。

第八條　本條例第十條所稱勞苦者，農人、工人、店員或家境不豐之人，應以根據勸募機關團体求文或其他足資證明之文件經查屬實者為限。

經辦機關認為必要時，得向所在地縣市政府或領使館行文查詢。

第九條　本條例施行前在抗戰期間同一捐款人歷次捐獻款項數目或同一購債人歷次承購國債數目同一勸募人歷次勸募捐款國債數目得分別合併計算核獎，但已依其他法令給獎者，其已獎部份之數目應予扣除。

第十條　經辦機關辦理核獎事宜，如有掛漏，得由應受獎團体或個人或其他眷親屬申請查明更正或補給獎勵。

第十一條　凡捐獻款項承購國債或勸募捐款國債不及最低數額未予獎勵者，以後繼續捐款購債或勸募捐款國債，仍得將以前捐款購債或勸募數目合併計算，給予獎勵。

第十二條　依本條例頒給之各種獎勵，應由內政、財政兩部會同審核，造具清冊，開列受獎人姓名、年齡、性別、籍貫、受獎團体名稱及捐款購債數目或勸募數目，并擬定獎勵種類等第，呈請行政院核定，或轉呈國民政府核發，分別頒給之。

第十三條　依本條例頒給之勳章獎章及所屬證書或獎狀匾額遺失時原受獎人須於登報声明作廢後申叙緣由請由原請機関轉請補給如原件查獲時應即繳還註銷。

第十四條　勳章獎章獎狀匾額之頒給一律免收費用但因遺失呈請補發者須酌收費用其數額另定之

第十五條　個人因犯罪褫奪公權者應即繳還勳章獎章及所附證書

第十六條　本細則如有未盡事宜由內政財政兩部會同呈請行政院修改之

第十七條　本細則自公布日施行。

广安县政府与所属各乡镇公所关于捐资修建补充兵营房事宜的来往文书（一九四三年五月至八月）

广安县政府致县国民兵团及各乡镇公所的训令（一九四三年五月二十六日）

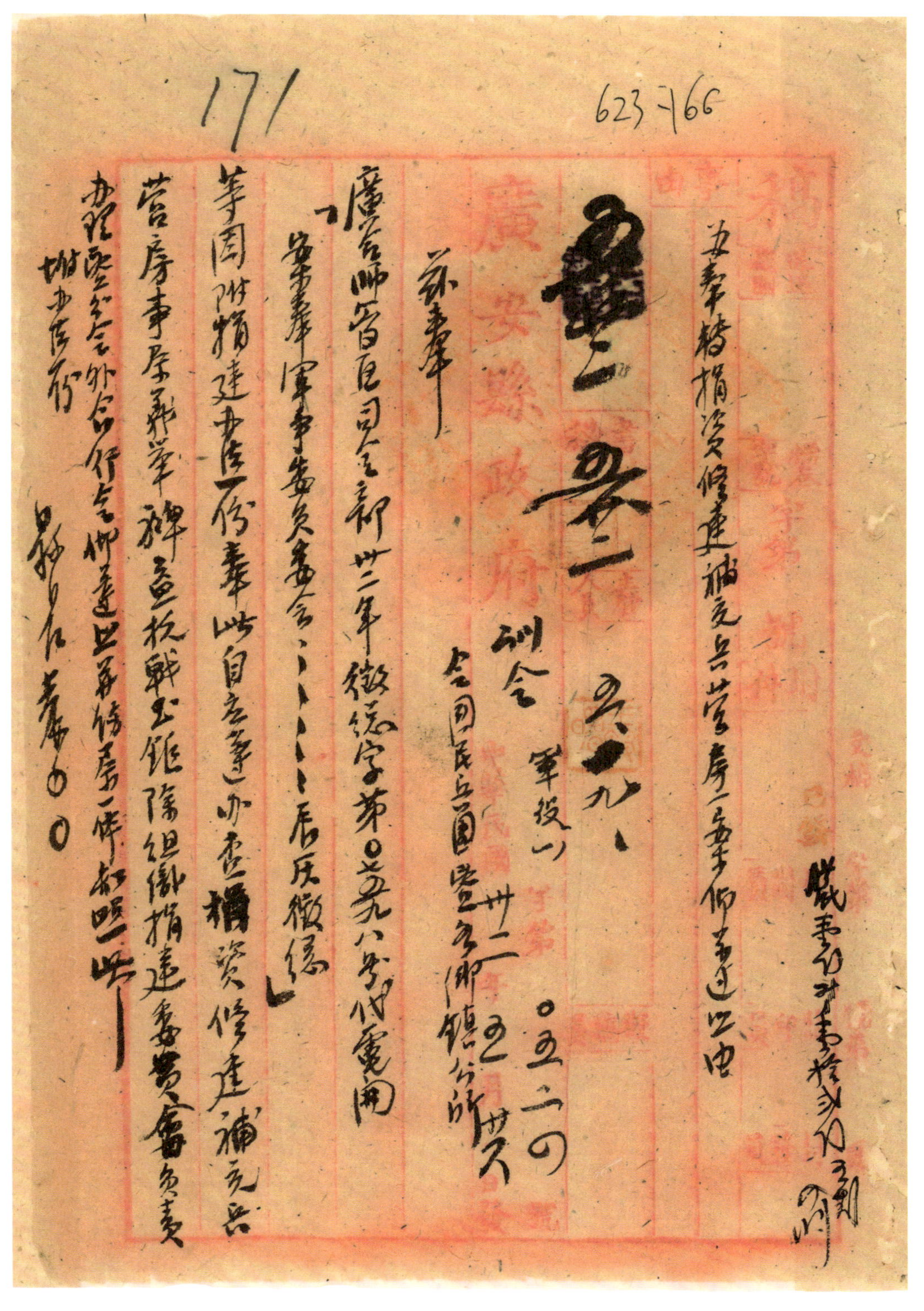

广安县政府致各乡镇公所的训令（一九四三年七月二十九日）

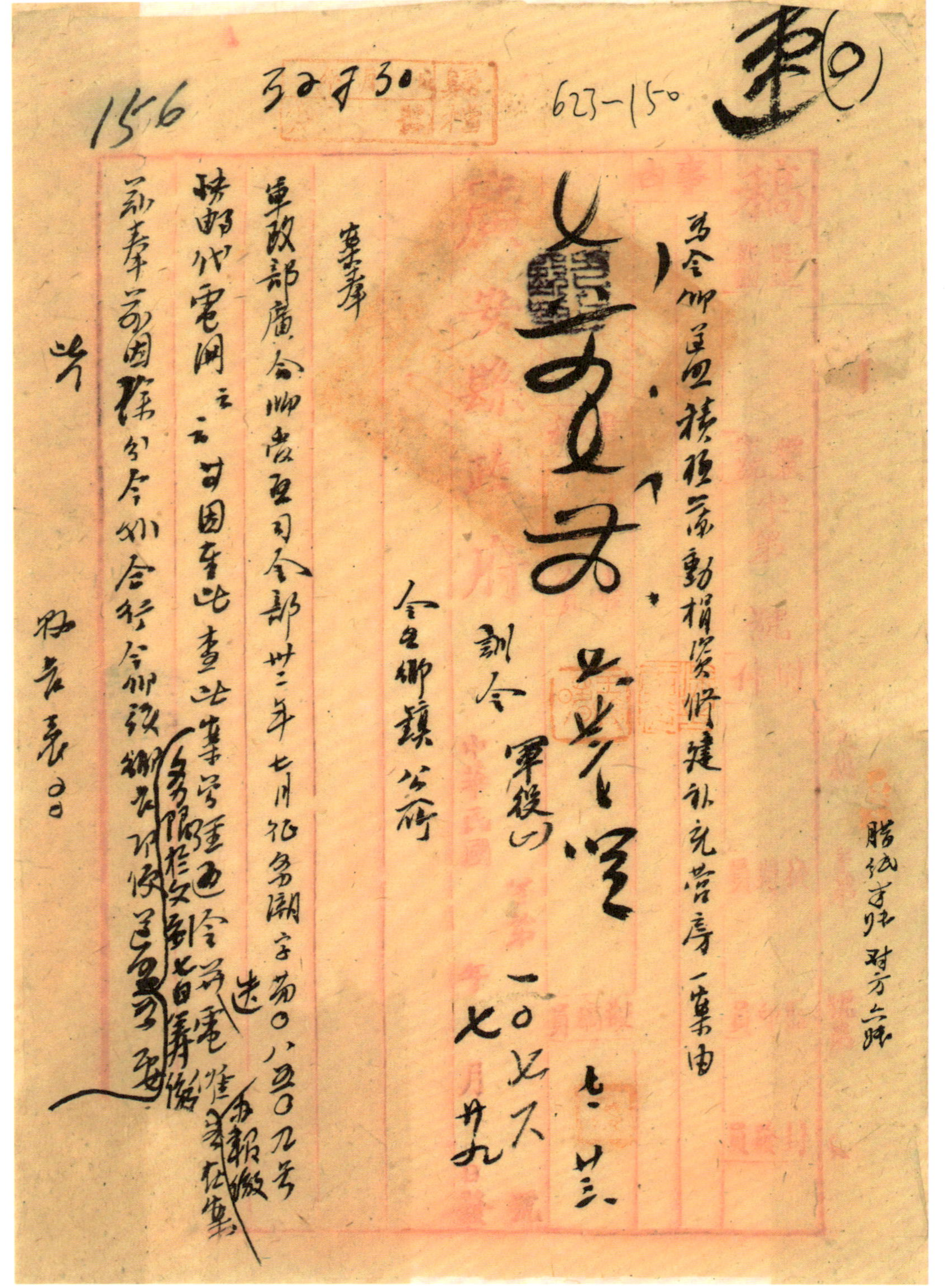

广安县东岳乡公所致县政府的呈（一九四三年八月五日）

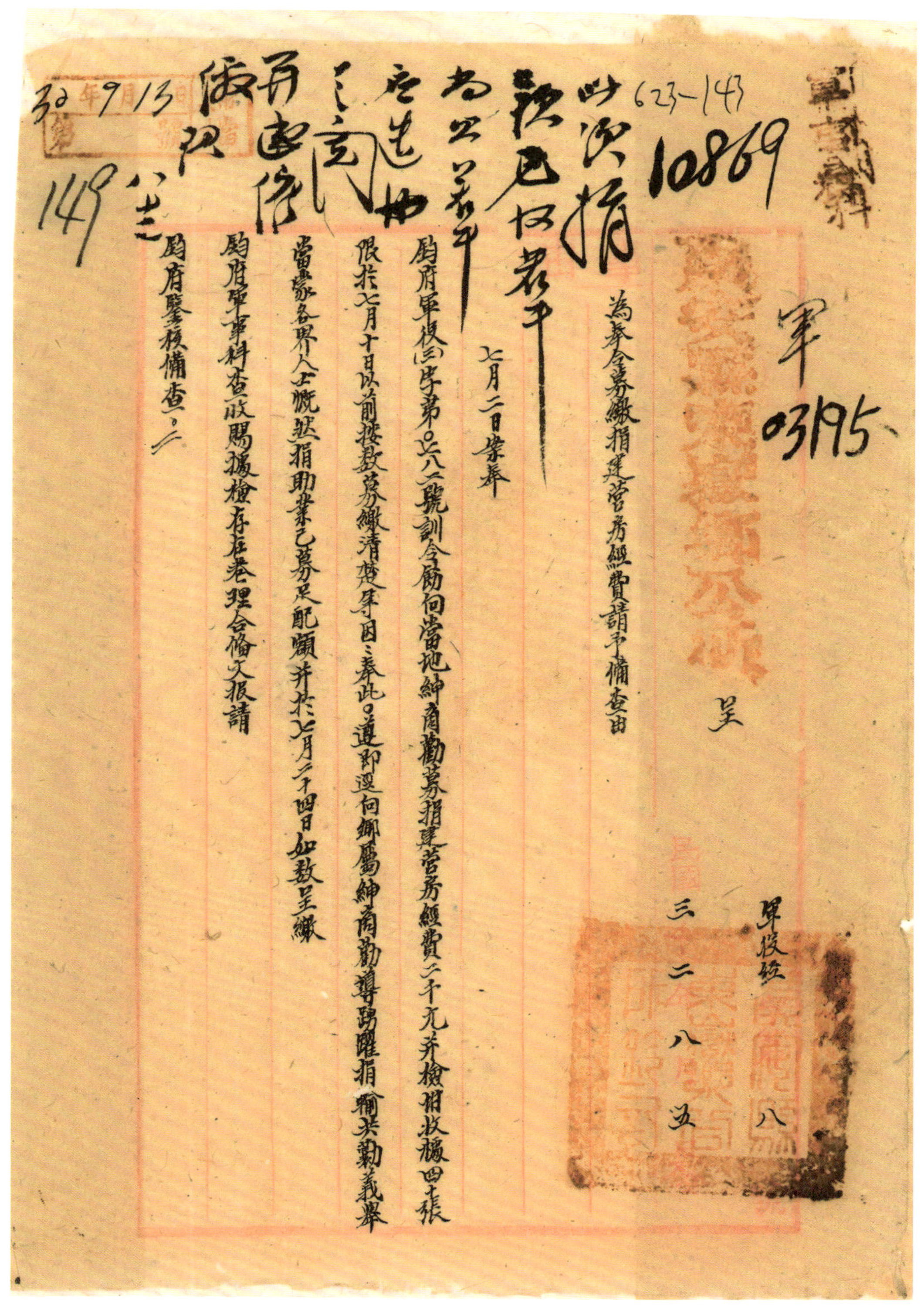

為奉令募繳捐建營房經費請予備查由

呈

鈞府軍役(三)字第〇三八二號訓令飭向當地紳商勸募捐建營房經費二千元并檢捐收據四十張限於七月十日以前按數募繳清楚等因。奉此。遵即邀同鄉屬紳商勸導踴躍捐輸共勸義舉

七月二日奉

當家各界人士慨然捐助業已募足配額并於七月二十四日如數呈繳

鈞府軍事科查收賜據檢存在卷理合備文報請

鈞府鑒核備查。

三二 八 五

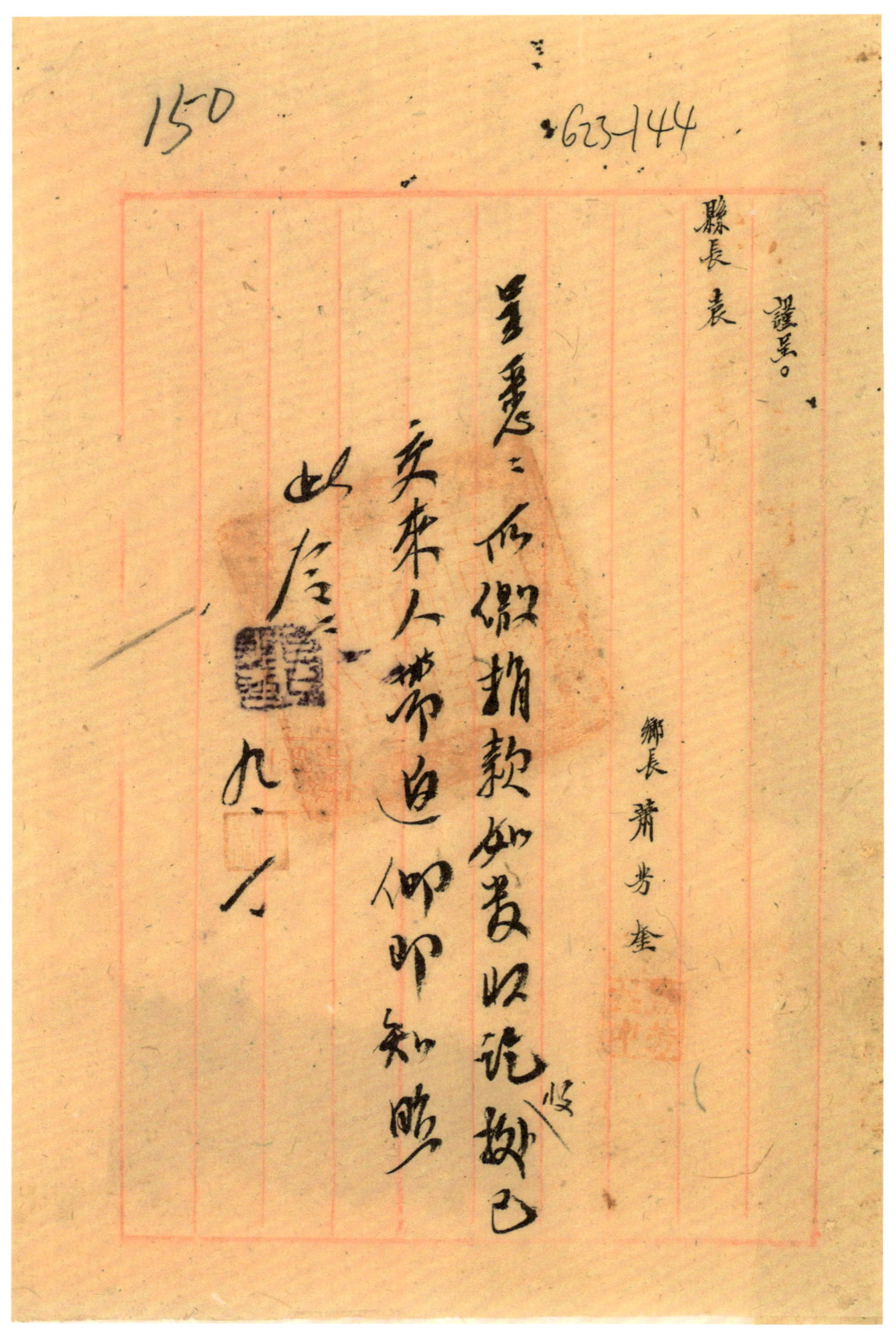

150

623-144

謹呈。

縣長 袁

鄉長 蕭芳奎

呈悉。所繳捐款如數收訖，據已交來人帶回，仰即知照。此令。

九、八

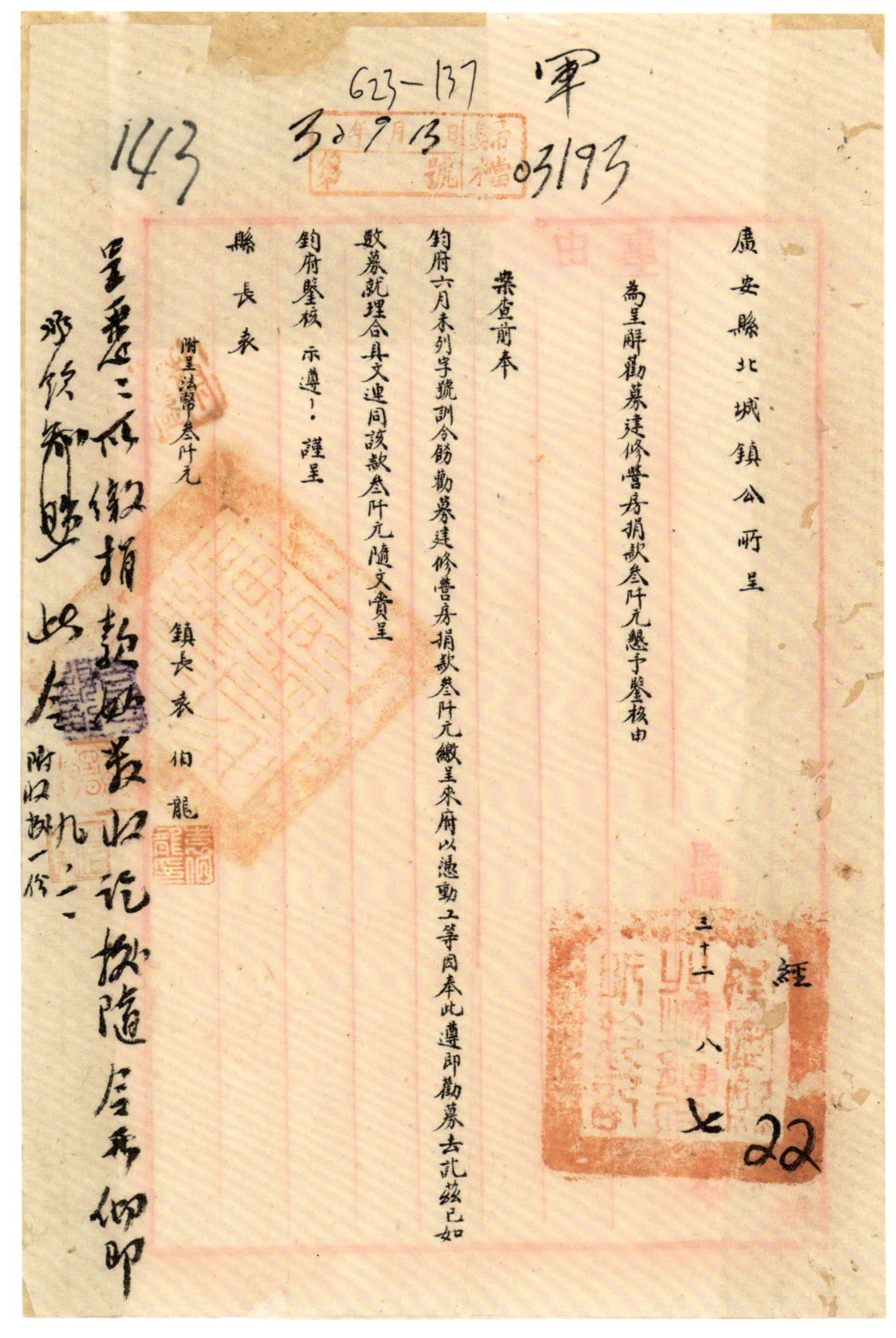

143

623-137 軍

32 9 13 03193

廣安縣北城鎮公所呈

事由：為呈解勸募建修營房捐款叁仟元懇予鑒核由

案查前奉

鈞府六月未列字號訓令飭勸募建修營房捐款叁仟元繳呈來府以憑動工等因奉此遵即勸募去訖茲已如數募就理合具文連同該款叁仟元隨文賫呈

鈞府鑒核 示遵！謹呈

縣長袁

附呈法幣叁仟元

鎮長袁伯龍

三十二 八 七

22

呈悉。所繳捐款如數收訖，據隨令希仰即遵照知照。此令

附收據一份 九.二

广安县北城镇公所致县政府的呈（一九四三年八月七日）

广安县元平乡公所致县政府的呈（一九四三年八月九日）

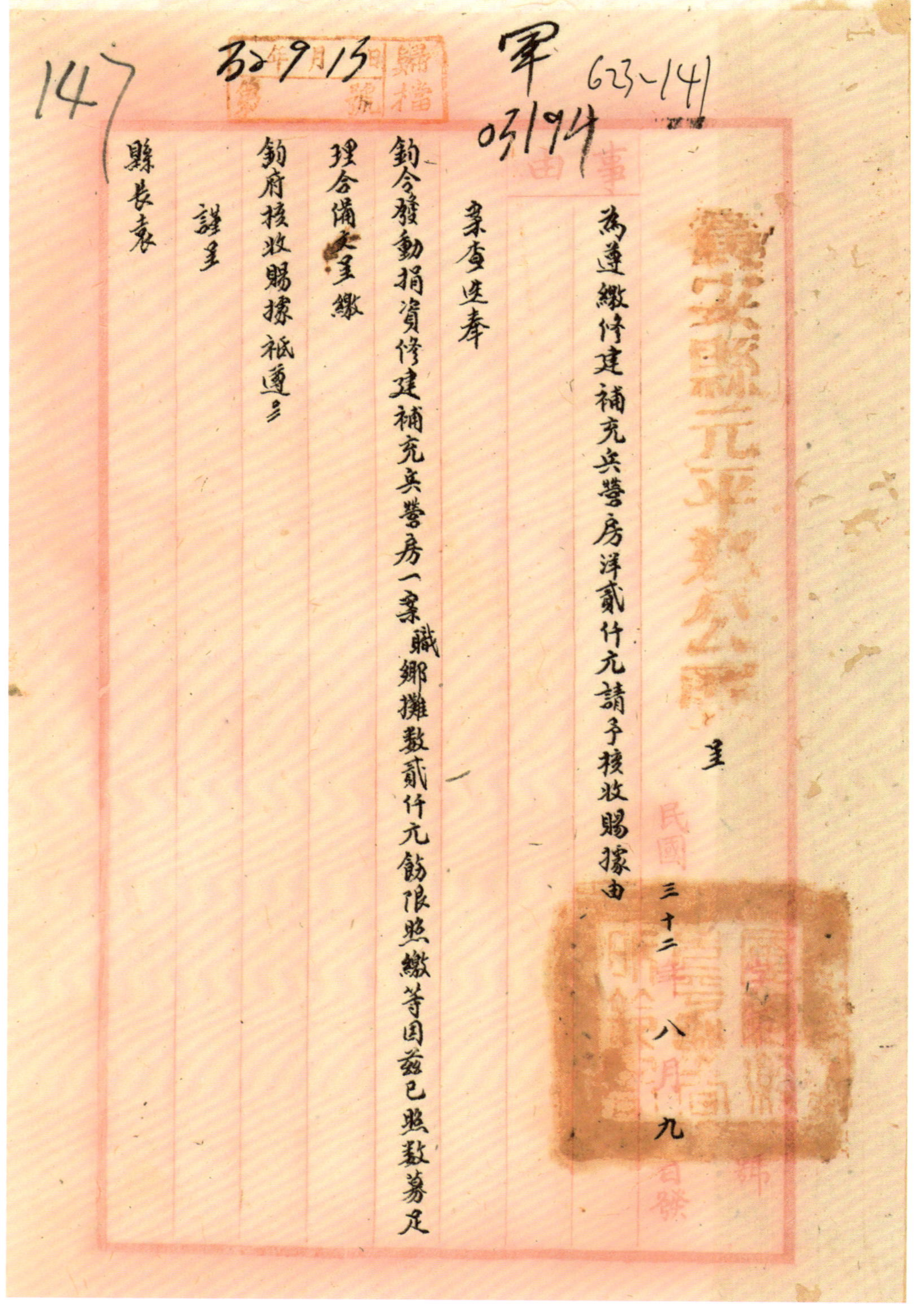

廣安縣元平鄉公所　呈

事由：為遵繳修建補充兵營房洋貳仟元請予核收賜據由

案查迭奉

鈞令發動捐資修建補充兵營房一案，職鄉攤數貳仟元，飭限照繳等因，茲已照數募足，理合備文呈繳

鈞府核收賜據，祗遵！

謹呈

縣長袁

民國三十二年八月九日發

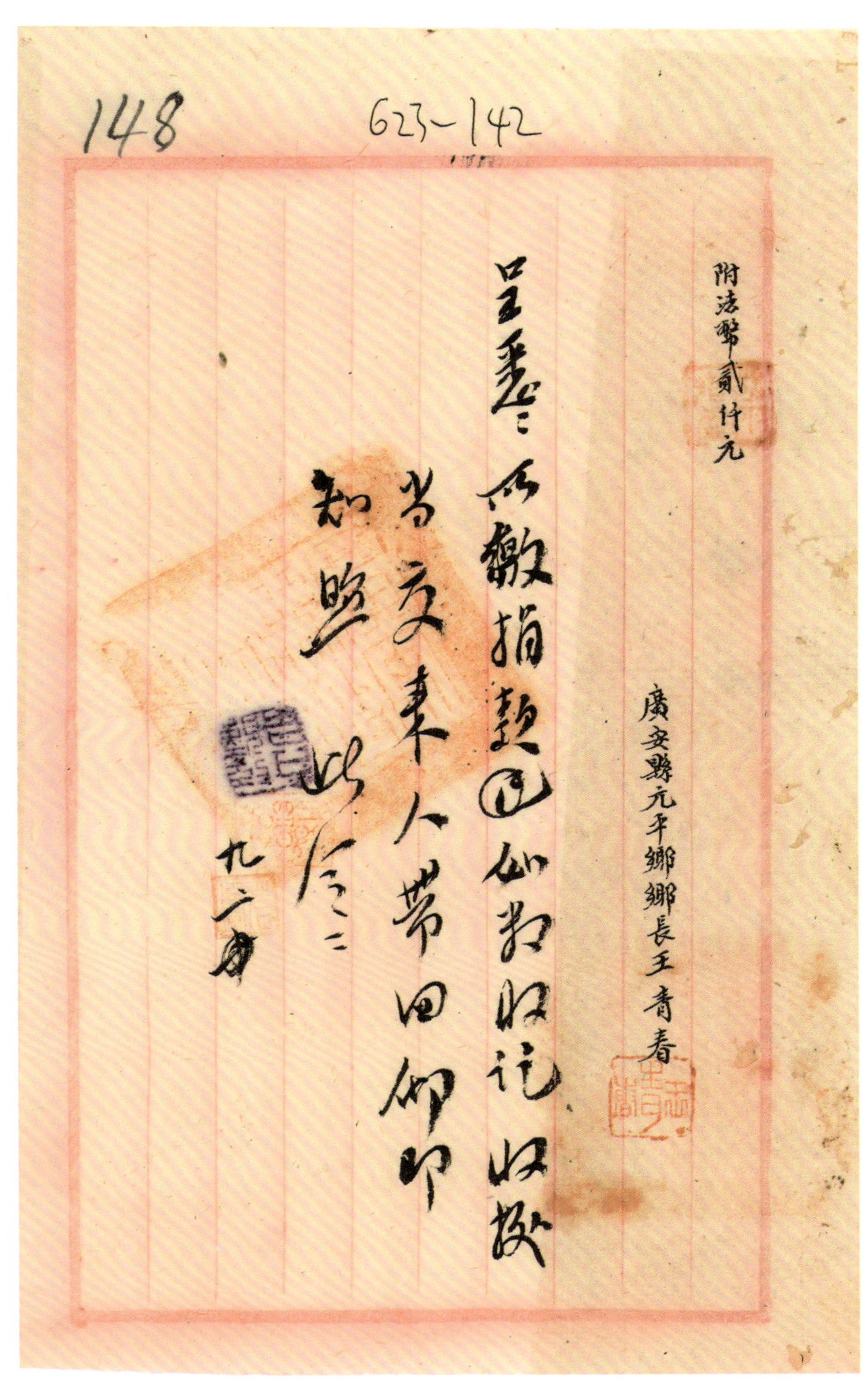

附法幣貳仟元

廣安縣元平鄉鄉長王青春

呈悉。所繳捐款已如數收訖，收據當交來人帶回，仰即知照。此令。

九二月

广安县明月乡公所致县政府的呈（一九四三年八月十日）

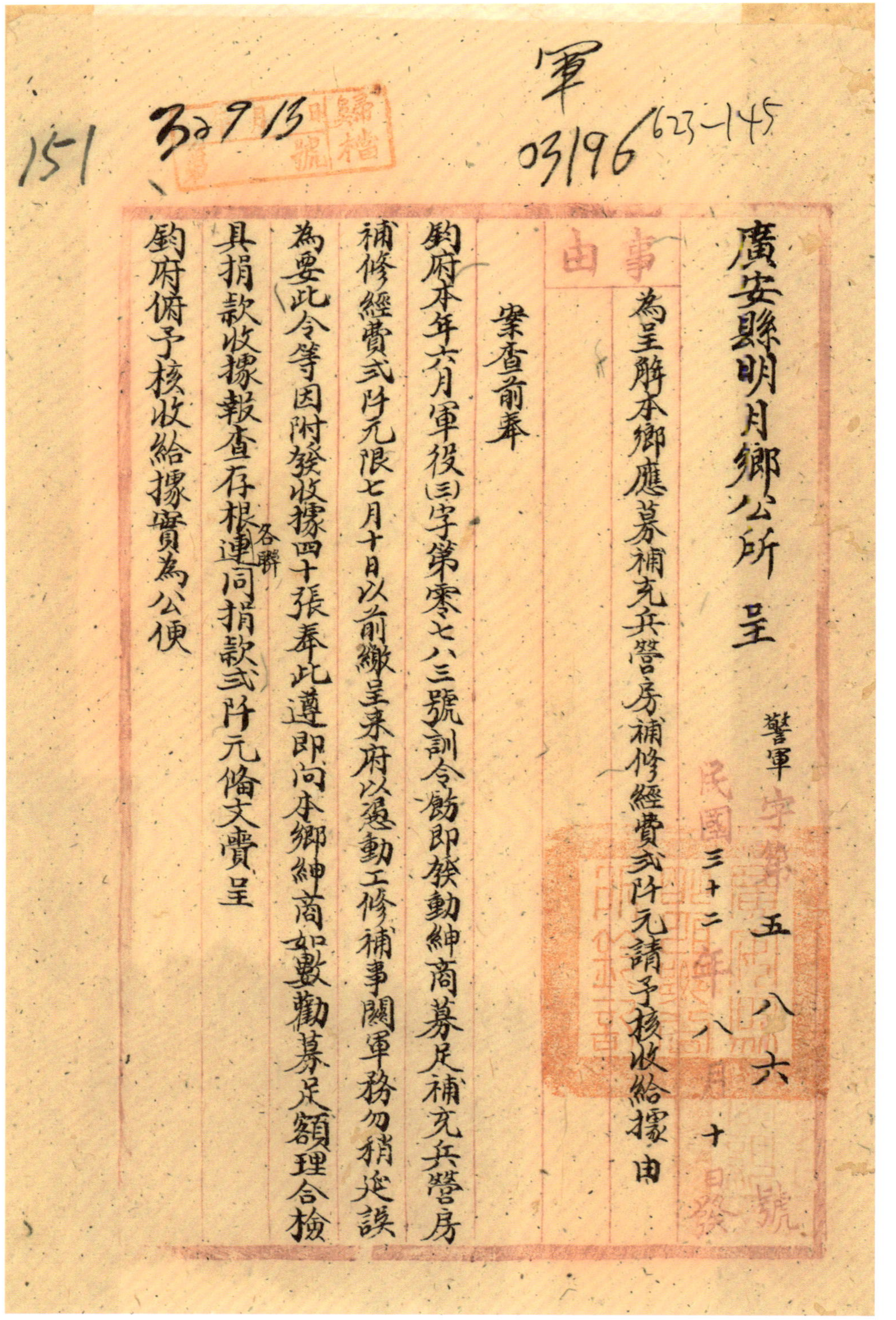
151
329 13
軍
03196 623-145

廣安縣明月鄉公所　呈

事由：為呈解本鄉應募補充兵營房補修經費貳仟元請予核收給據由

警軍字第五八六號

民國三十二年八月十日發

案查前奉

鈞府本年六月軍役(三)字第零七八三號訓令飭即發動紳商募足補充兵營房補修經費貳仟元限七月十日以前繳呈來府以憑動工修補事關軍務勿稍延誤為要此令等因附發收據四十張奉此遵即向本鄉紳商如數勸募足額理合檢具捐款收據報查存根各聯連同捐款貳仟元備文賫呈

鈞府俯予核收給據實為公便

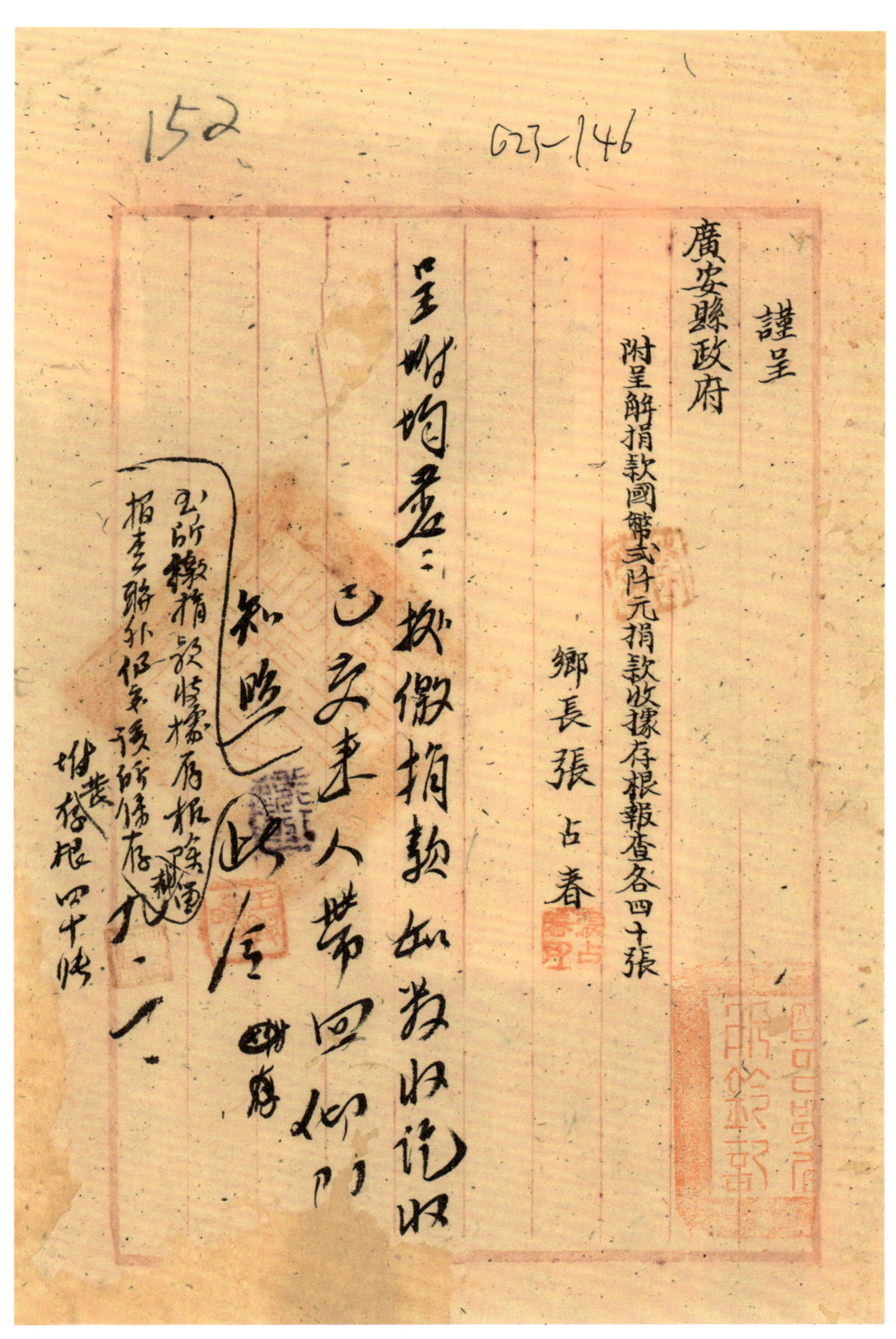

152

023-146

謹呈

廣安縣政府

附呈解捐款國幣弍阡元捐款收據存根報查各四十張

鄉長張占春

呈件均悉。據繳捐款如數收訖，收[illegible]已交來人帶回，仰知照。此令

至所繳捐款收據存根，除扣留捐查聯外，仍發還該所備存。

附發存根四十張

九、一

广安县西溪乡公所致县政府的呈（一九四三年八月三十日）

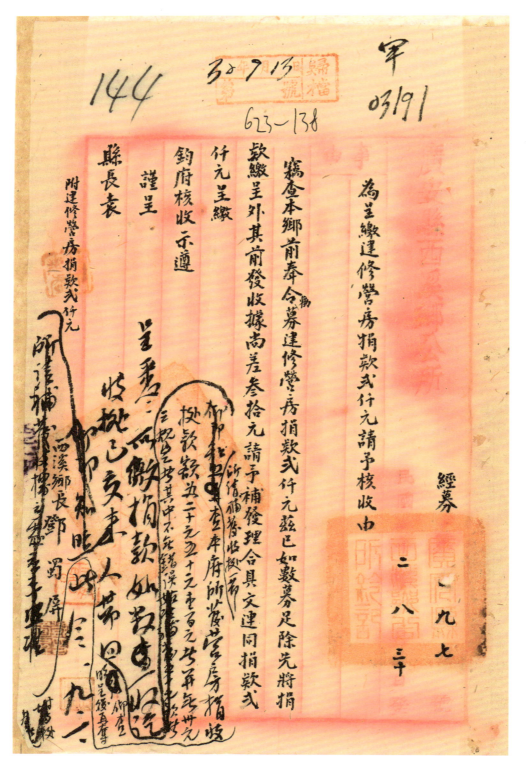

為呈繳建修營房捐款貳仟元請予核收由

經募 二一九七 二八 三十

竊查本鄉前奉令飭募建修營房捐款貳仟元茲已如數募足除先將捐款繳呈外其前發收據尚差叁拾元請予補發理合具文連同捐款貳仟元呈繳

鈞府核收示遵

謹呈

縣長袁

附建修營房捐款貳仟元

西溪鄉長鄧蜀屏

广安县花桥镇公所致县政府的呈（一九四三年八月）

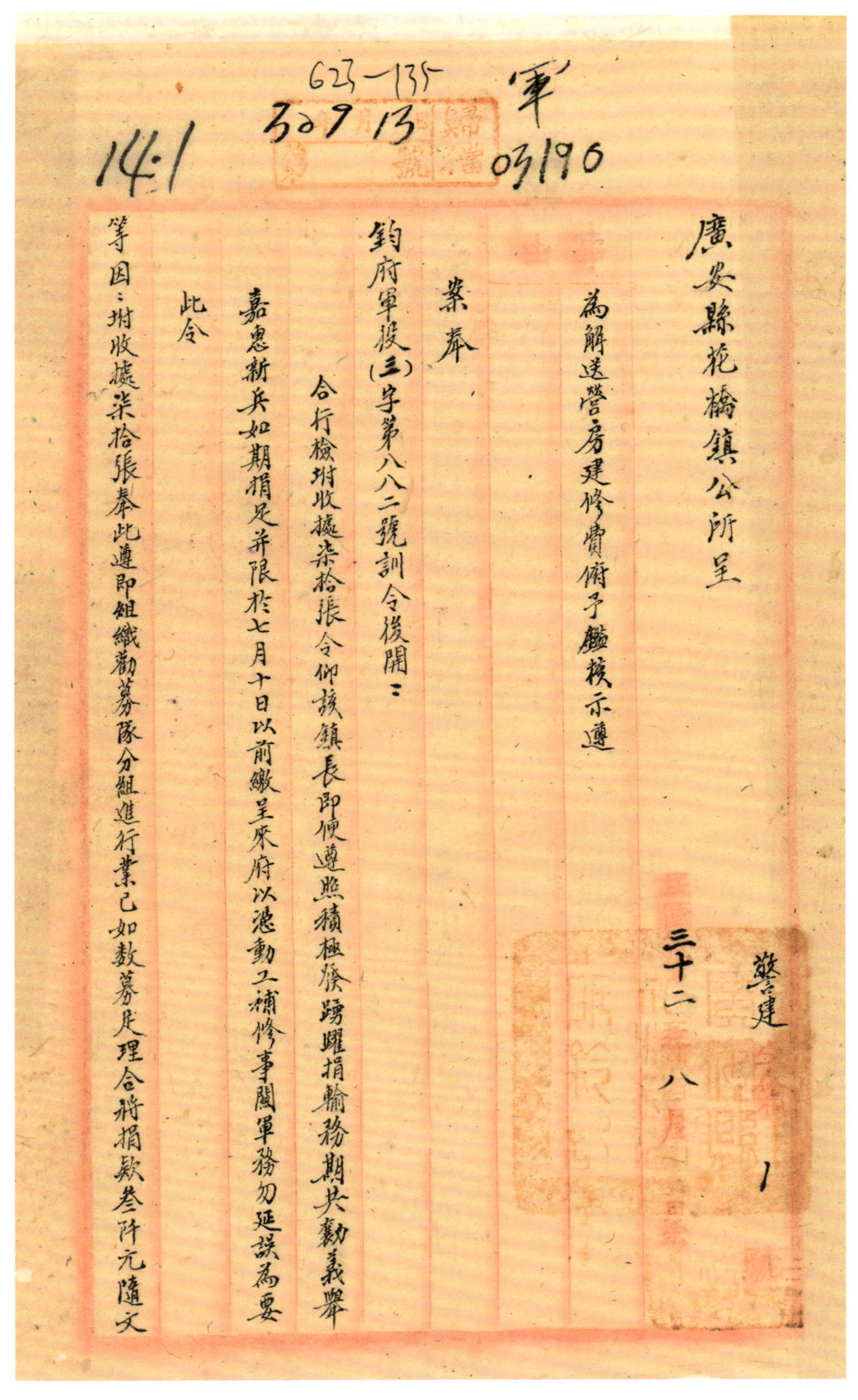

廣安縣花橋鎮公所呈

為解送營房建修費俯予驗核示遵

案奉

鈞府軍役(三)字第八八二號訓令後開：

合行檢附收據柒拾張令仰該鎮長即便遵照積極發動踴躍捐輸務期共勸義舉

嘉惠新兵如期捐足并限於七月十日以前繳呈來府以憑動工補修事關軍務勿延誤為要

此令

等因：附收據柒拾張奉此遵即組織勸募隊分組進行業已如数募足理合將捐款叁仟元隨文

警建

三十二　八　1

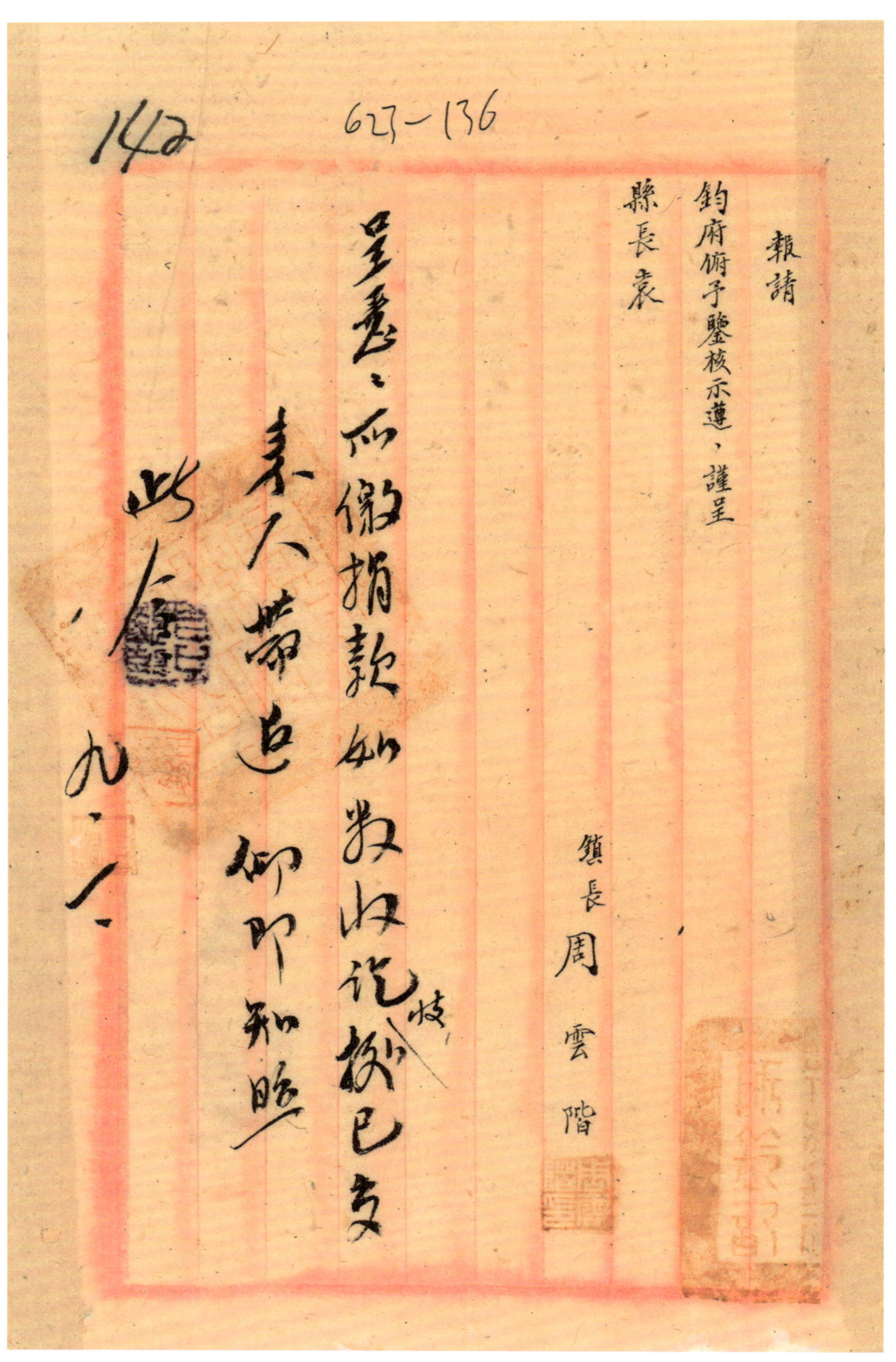

142

627—136

報請

鈞府俯予鑒核示遵，謹呈

縣長袁

鎮長周雲階

呈悉。所繳捐款如數收訖，收據已交來人帶回，仰即知照。

此令

九二八

广安县汪家乡公所致县政府的呈（一九四三年八月）

广安县汪家乡公所 呈

为呈缴补充兵营房经费贰千元恳予查收赐据由：

案奉

钧府军役（三）字第〇七八三号训令开：

「查派富力分配该乡应募补修经费贰千元，并检附收据四十张，合仰该乡长即便遵照积极发动绅粮输将，期共勷义举，嘉惠新兵，如期捐足，并限于七月十日以前缴呈来府，以凭动工修补，事关军务，切勿稍延，致干未便。此令」

等因，奉此，遵即转知各保长劝募，刻已如数募足，理合检款随文赍呈

钧府鉴核，俯予查收，赐据批示遵

民国三十二年八月 10 日

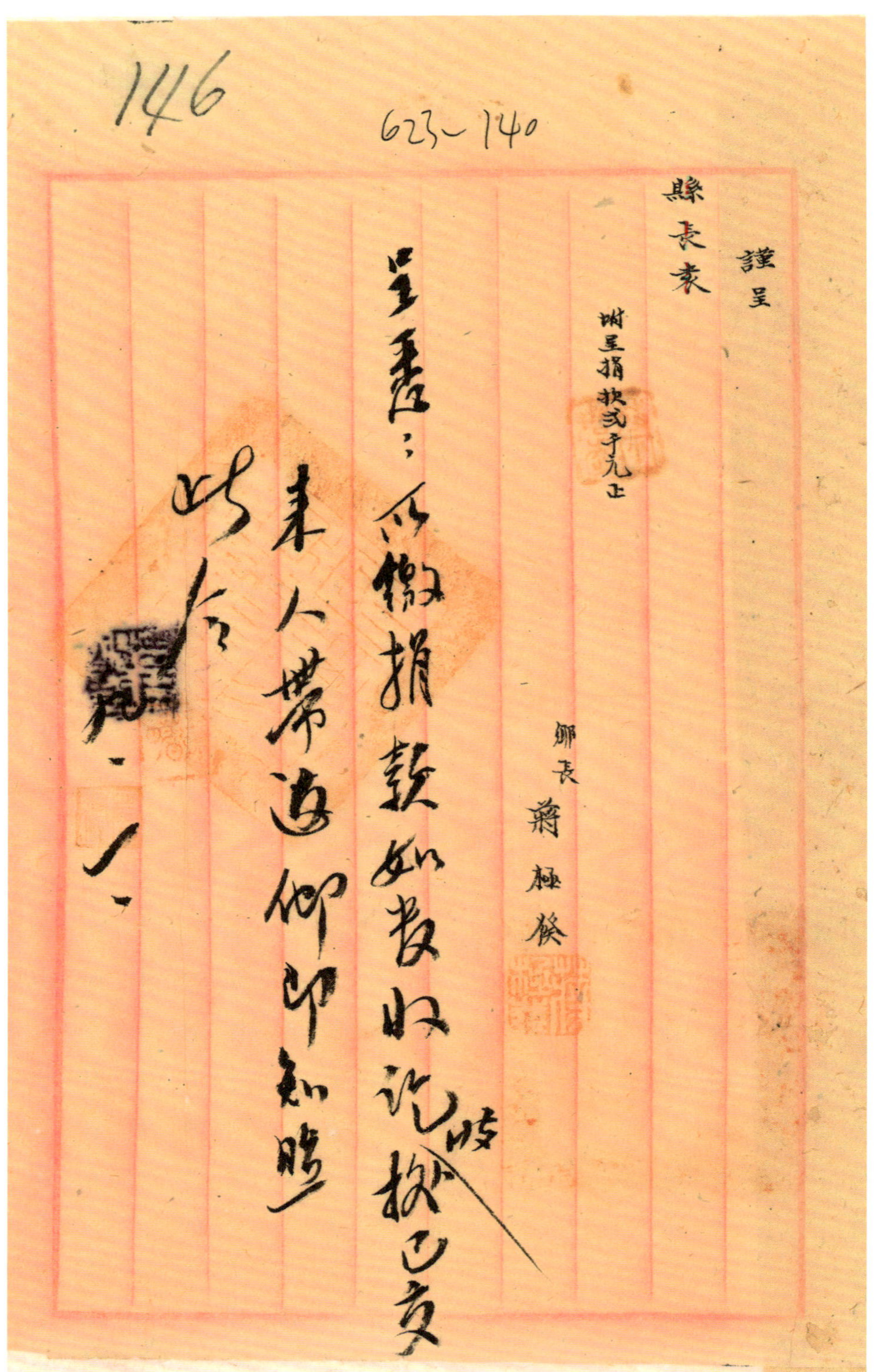

146

623-140

謹呈

縣長袁

附呈捐款弍千元正

鄉長 蔣極篌

呈悉：所繳捐款如數收訖，收據已交來人帶返，仰即知照。

此令。

二、八

广安县出征抗敌军人家属优待委员会与广安地方法院关于捐募出征壮丁慰劳金的来往文书（一九四三年六月至七月）

广安县出征抗敌军人家属优待委员会致广安地方法院的公函（一九四三年六月）

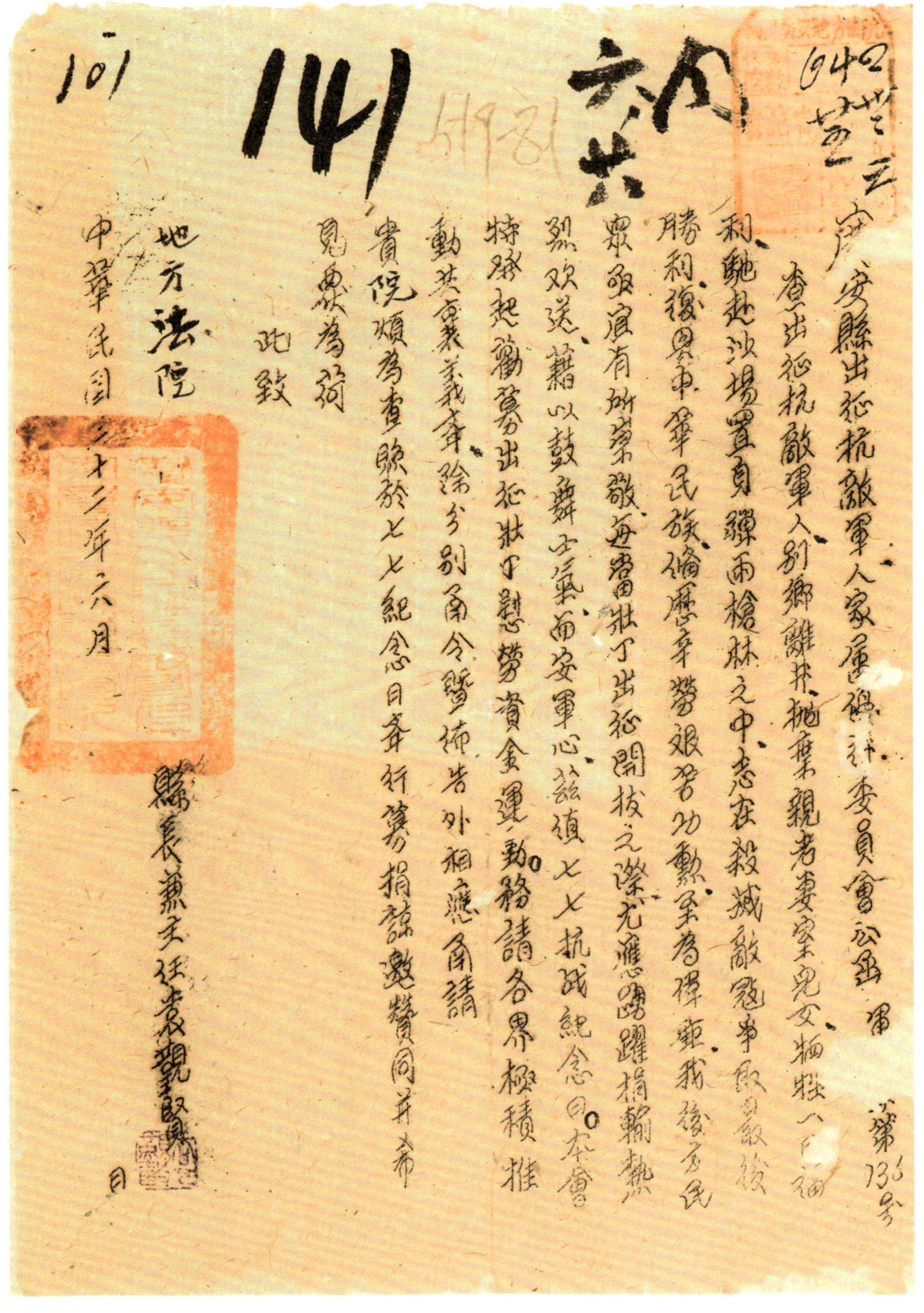

廣安縣出征抗敵軍人家屬優待委員會公函　第136号

查出征抗敵軍人別鄉離井，拋棄親老妻室兒女，犧牲個人利益，馳赴沙場，冒彈雨槍林之中，志在殺滅敵寇，爭取最後勝利，復興中華民族，論歷年勞艱苦功勳，至為偉大，我後方民衆亟宜有所崇敬。每逢壯丁出征開拔之際，尤應踴躍捐輸，熱烈歡送，藉以鼓舞士氣而安軍心。茲值七七抗戰紀念日，本會特發起勸募出征壯丁慰勞資金運動，務請各界積極推動，共襄義舉。除分別函令暨佈告外，相應函請

貴院煩為查照，於七七紀念日舉行募捐，[illegible]贊同，并希

見覆為荷。

此致

地方法院

縣長兼主任委員袁[illegible]

中華民國三十二年六月　日

广安地方法院致广安县出征抗敌军人家属优待委员会的公函（一九四三年七月六日）

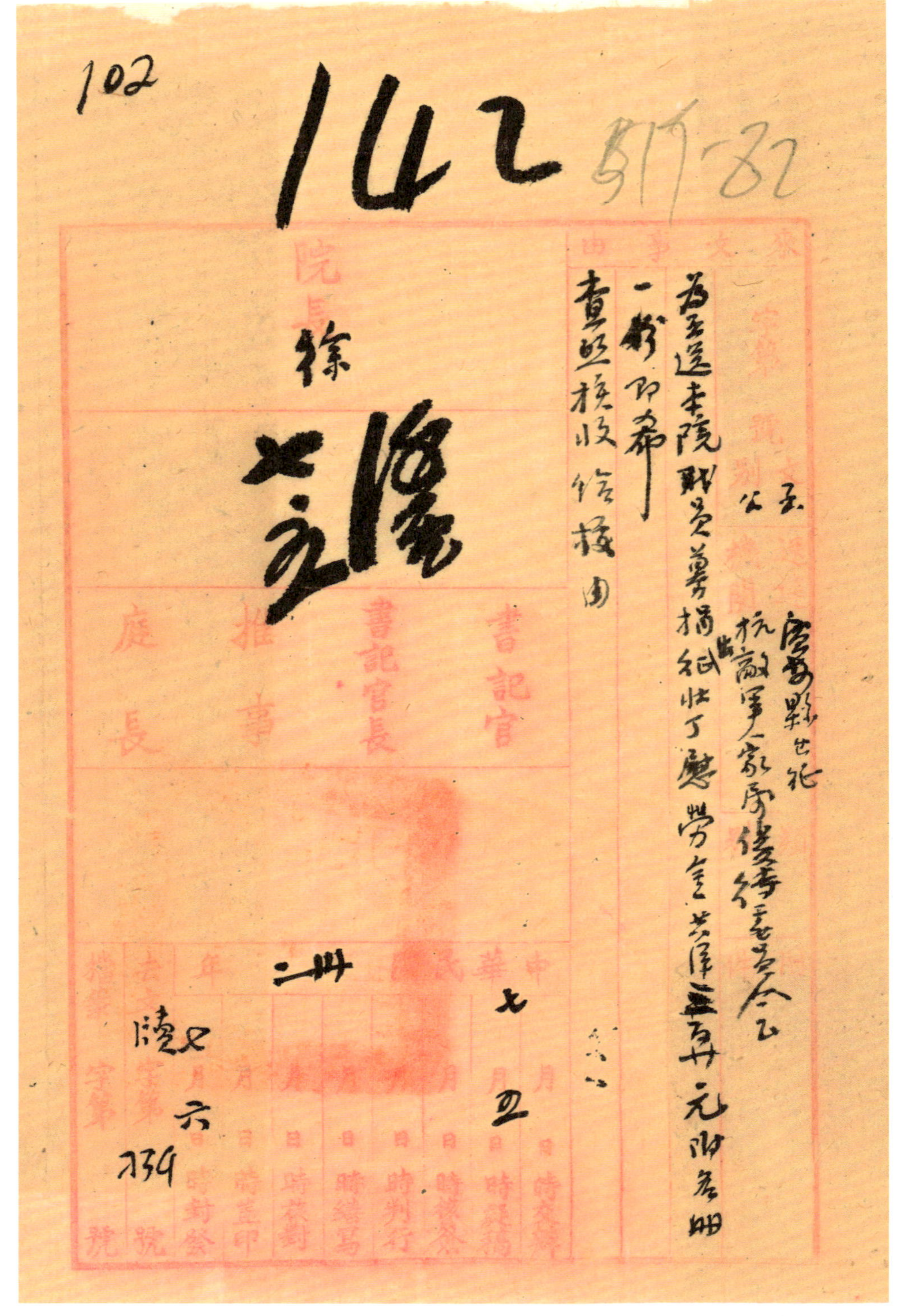

致 广安县出征抗敌军人家属优待委员会 公函

为函送本院判罚黄万扬纸壮丁惩罚金共洋五百廿元附名册一份，即希查照核收给据由

院長

庭長

推事

書記官長

書記官

519-83

四川广安地方法院 公函

案准

贵会卅六年寅卅营军优字第一三六号公函开：「为出征抗敌军人别乡，兹值七七抗战纪念日，特发起劝募出征壮丁慰劳资金，逢动请各界踊跃捐输，共襄义举，请查照，按七七纪念日举行募捐，并邀赞同义举，希见覆」等由，到院。当经本院职员热烈募捐出征壮丁慰劳资金共计法币三百卅元，兹具名册一份，相应随函送上，查照核收，并希赐据为荷。此致

广安县出征抗敌军人家属优待委员会

计函送国币之名册一份

院长 徐○○

附（二）捐赠慰劳金收据（一九四三年七月六日）

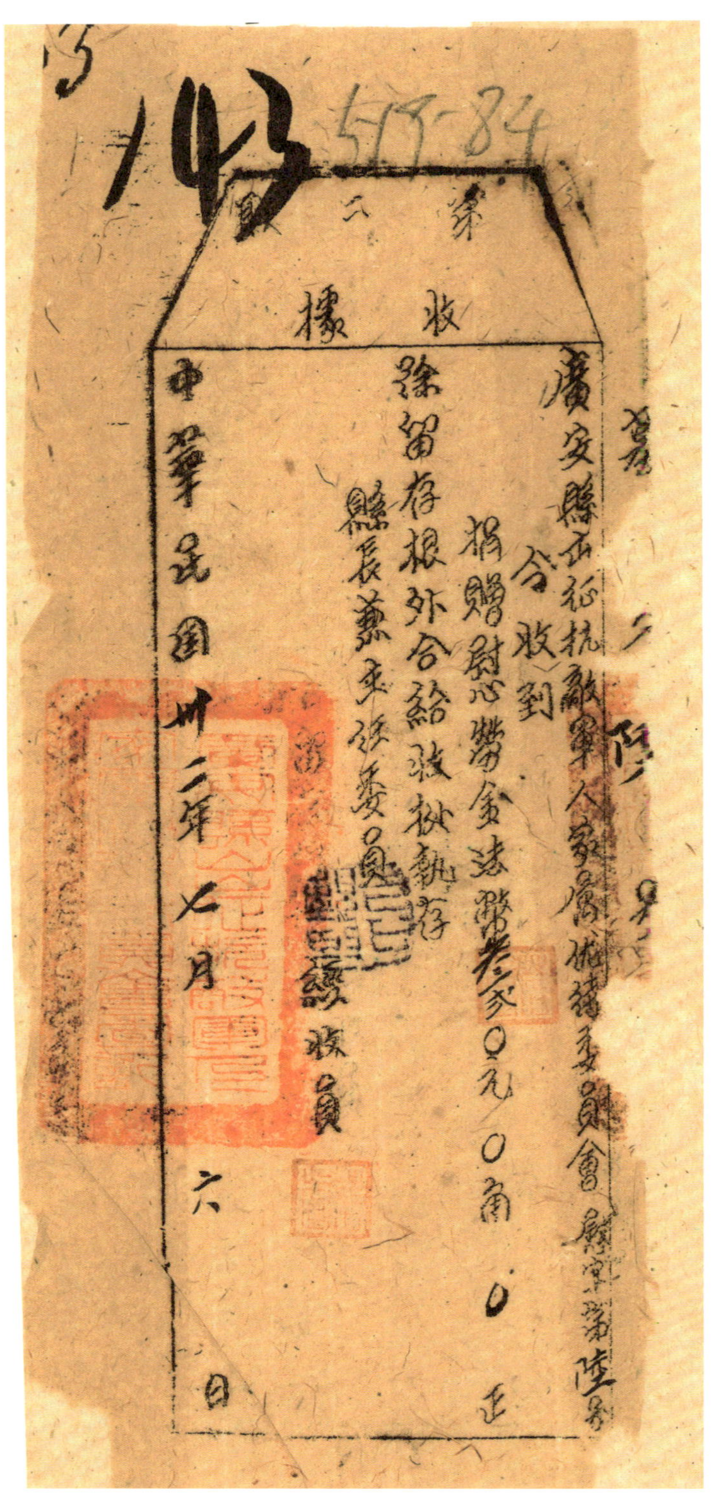

第二 收據

廣安縣出征抗敵軍人家屬優待委員會 慰字第陸號

今收到

捐贈慰勞金法幣叁〇元〇角〇正

除留存根外合給收執存

縣長兼主任委員 收員

中華民國卅二年七月六日

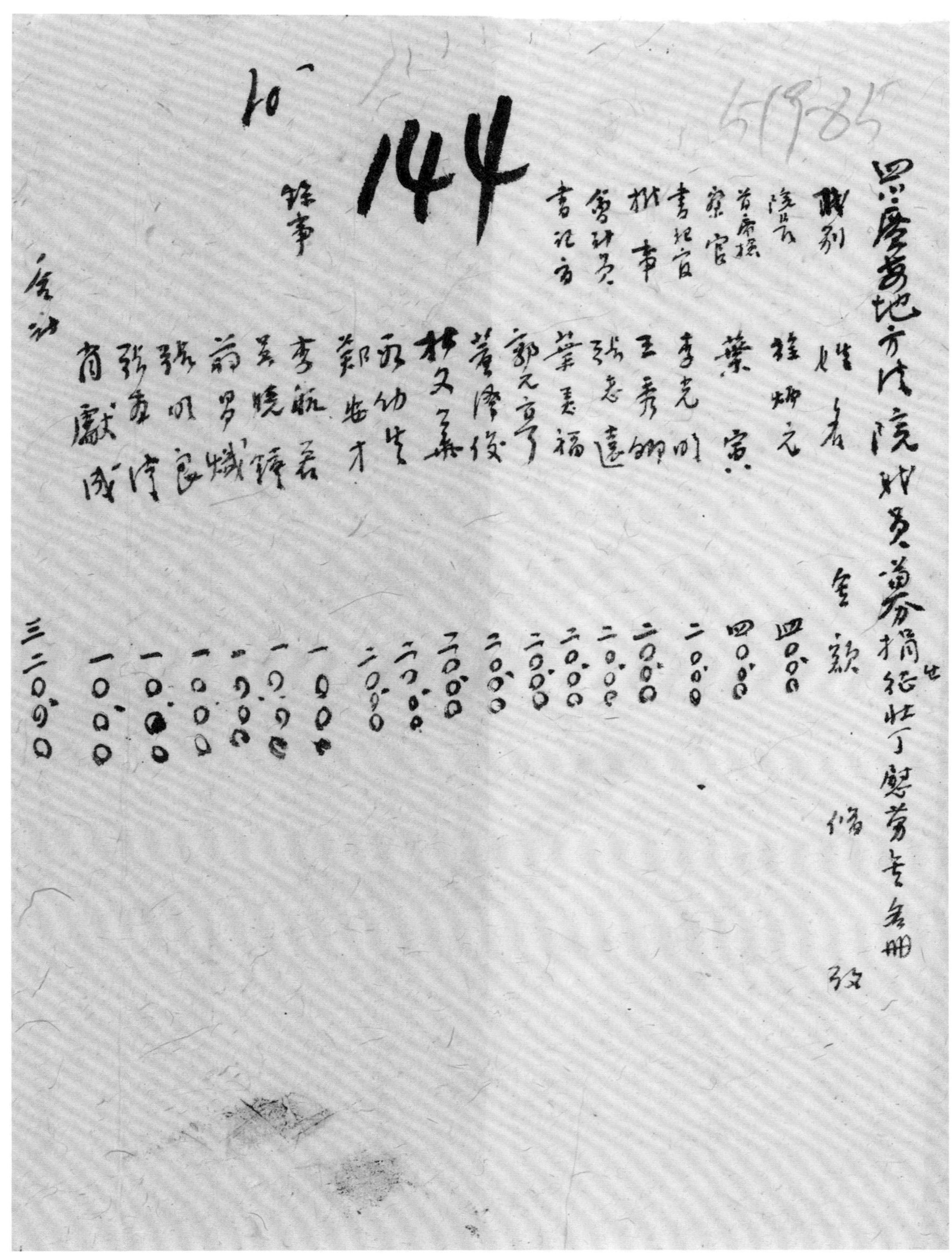

四川廣安地方法院職員募捐出征壯丁慰勞金名冊

職別	姓名	金額	備考
院長	錢炳元	四〇〇	
首席檢察官	葉賓	四〇〇	
書記官	李光明	二〇〇	
執事	王秀卿	二〇〇	
會計員	張志遠	二〇〇	
書記員	葉春福	二〇〇	
	郭元亨	二〇〇	
	黃澤俊	二〇〇	
	林文燾	二〇〇	
	邱幼生	二〇〇	
	鄭安才	二〇〇	
錄事	李航若	一〇〇	
	吳曉鍾	一〇〇	
	蔣男熾	一〇〇	
	張明良	一〇〇	
	張秀清	一〇〇	
	肖獻成	一〇〇	
合計		三二〇〇	

广安县政府与所属各机关关于「一县一机运动」捐款事的一组文书（一九四三年八月至十二月）

广安县政府致各乡镇公所、公私立中学、县商会的训令（一九四三年八月十八日）

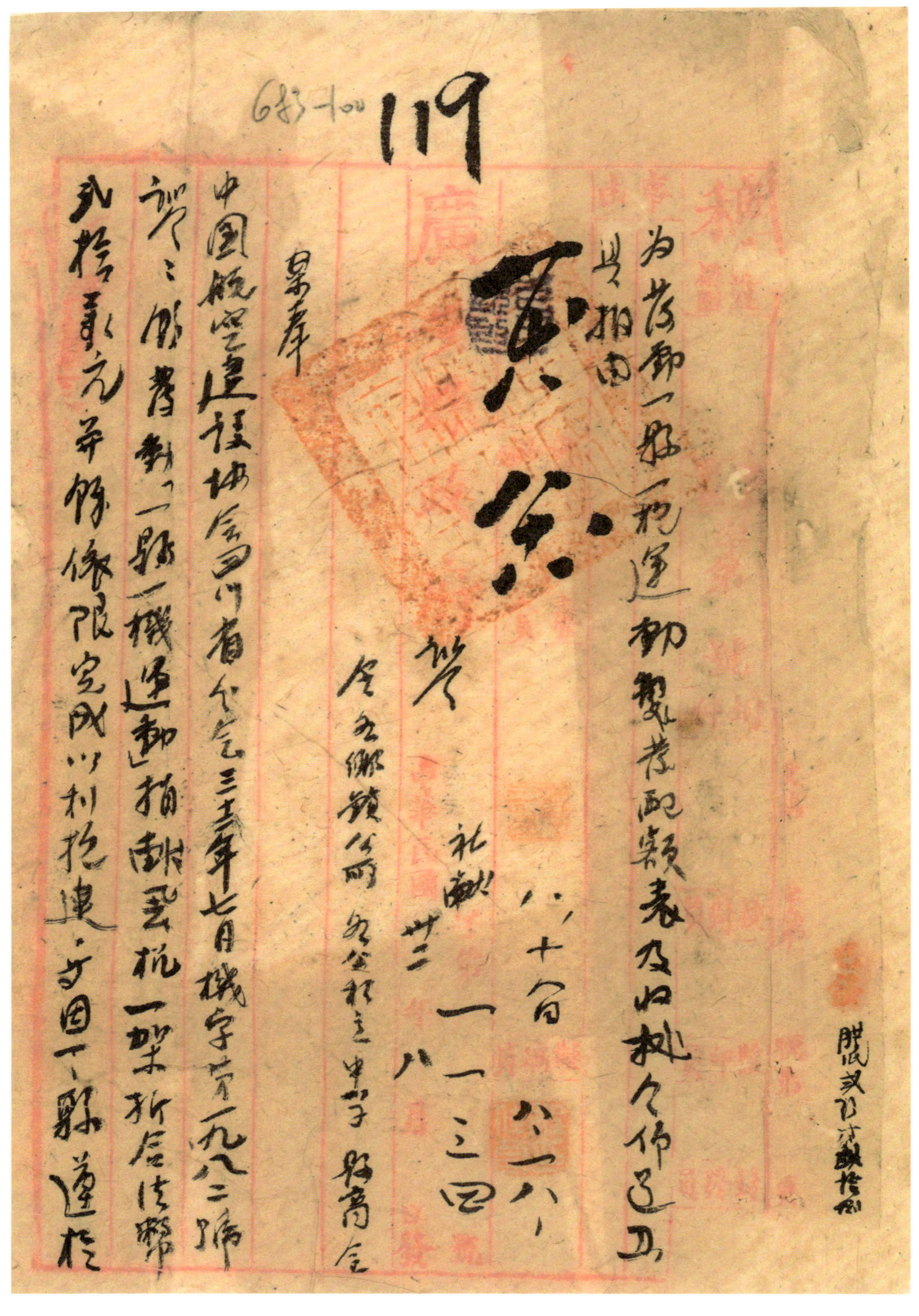

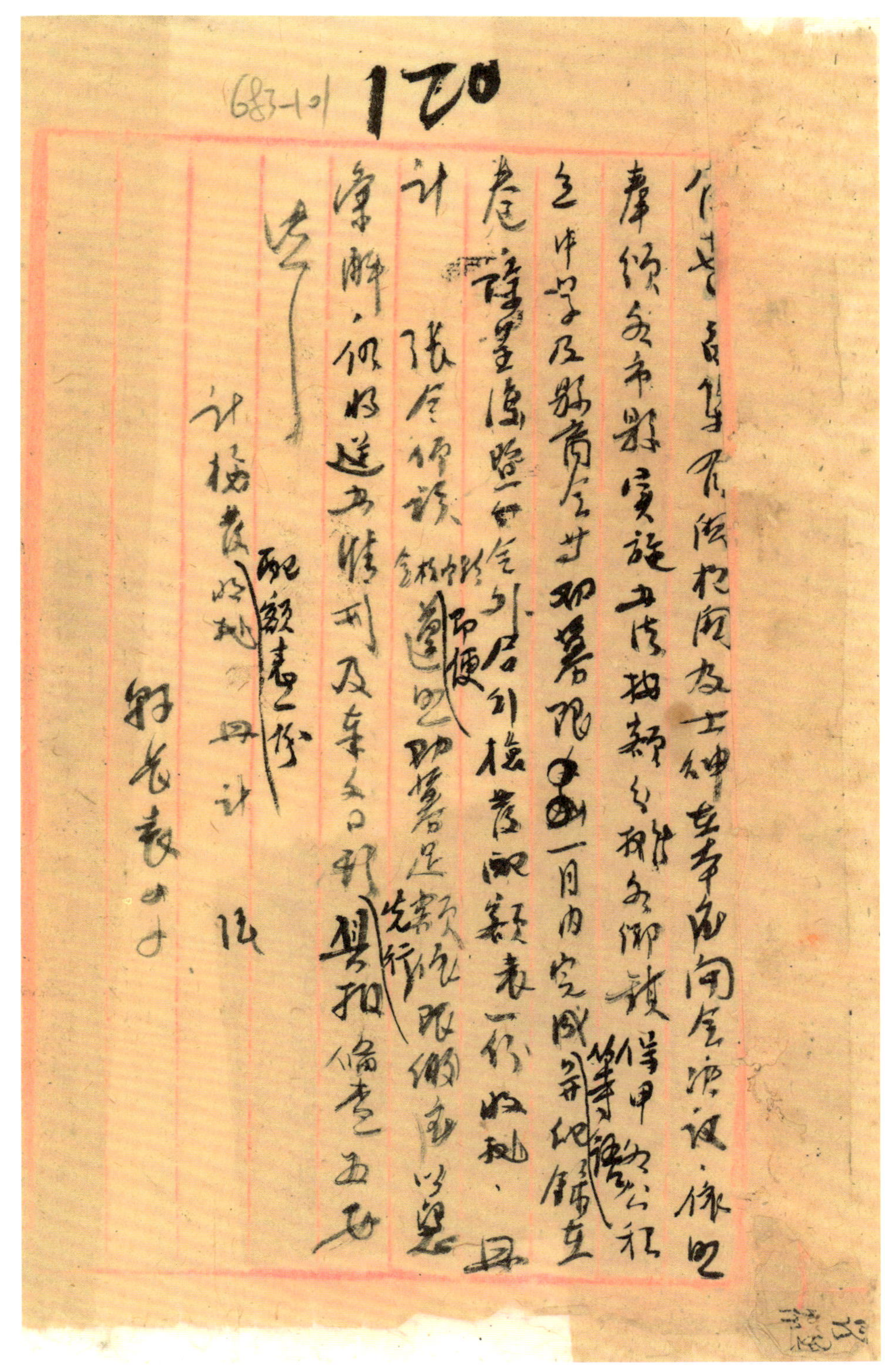

683-101 120

今召集本区校同友士绅在本乡向众演说，依照
奉颁各市县实施办法，拟颁分配各乡镇保甲暨公私
立中学及县商会共同劝募，限一月内完成，并纪录在
卷。谨呈[illegible]外，另检发配额表一份收执。县
计
[illegible]限期劝募足额，以尽
筹办，仍将送出情形及本年五月具报备查为要。
此令
计检发配额表一份 收执
县长 袁

附：广安县一机运动劝募委员会分摊派募表（一九四三年七月）

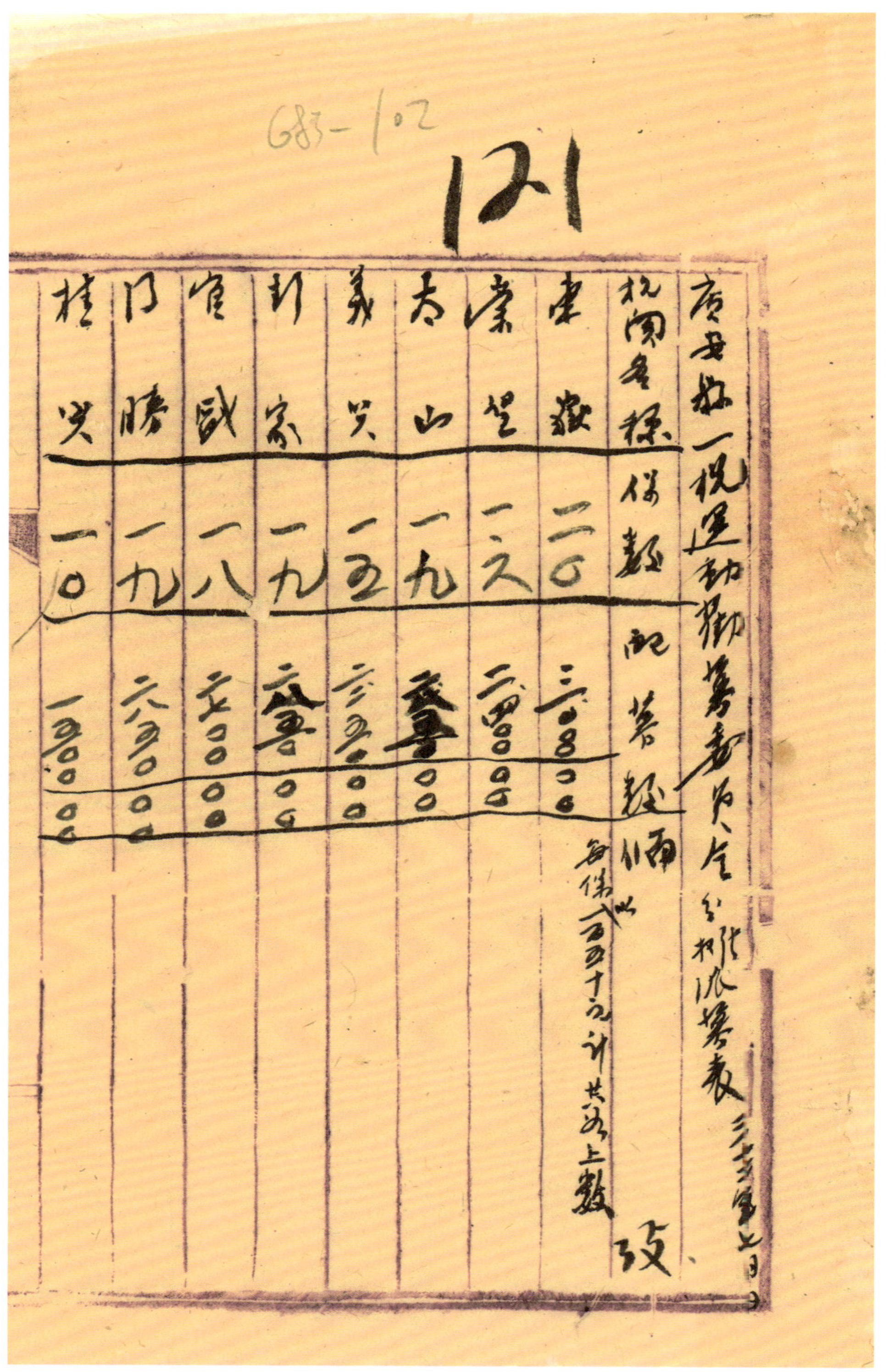

121

广安县一机运动劝募委员会分摊派募表　三十二年七月　日

机关名称	保数	配募数额
东岳	二〇	三〇〇〇〇
崇望	一六	二四〇〇〇
太山	一九	二八五〇〇
义兴	一五	二二五〇〇
彭家	一九	二八五〇〇
官盛	一八	二七〇〇〇
[illegible]胜	一九	二八五〇〇
桂兴	一〇	一五〇〇〇

备 每保以一五〇〇计共如上数

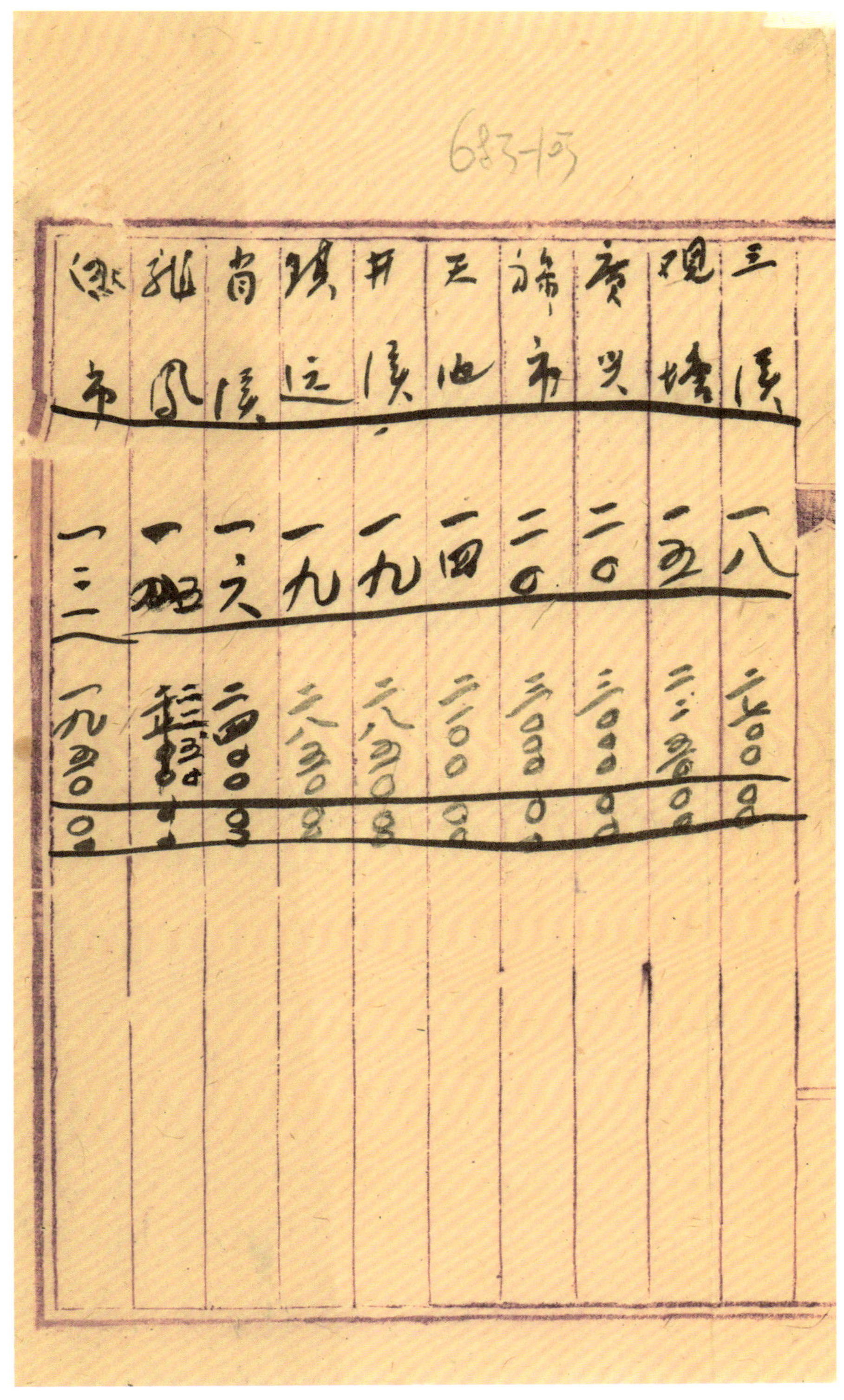

觀閣	石筍	龍臺	太平	復興	大興	當麻	悅來	馬壩	協興
一四	一九	一五	一五	一五	二〇	二〇	一八	一五	二〇
二〇〇〇〇	六八〇〇〇	二二〇〇〇	二二〇〇〇	二二五〇〇〇	三〇〇〇〇〇	三〇〇〇〇〇	二七〇〇〇〇	二二五〇〇〇	三〇〇〇〇〇

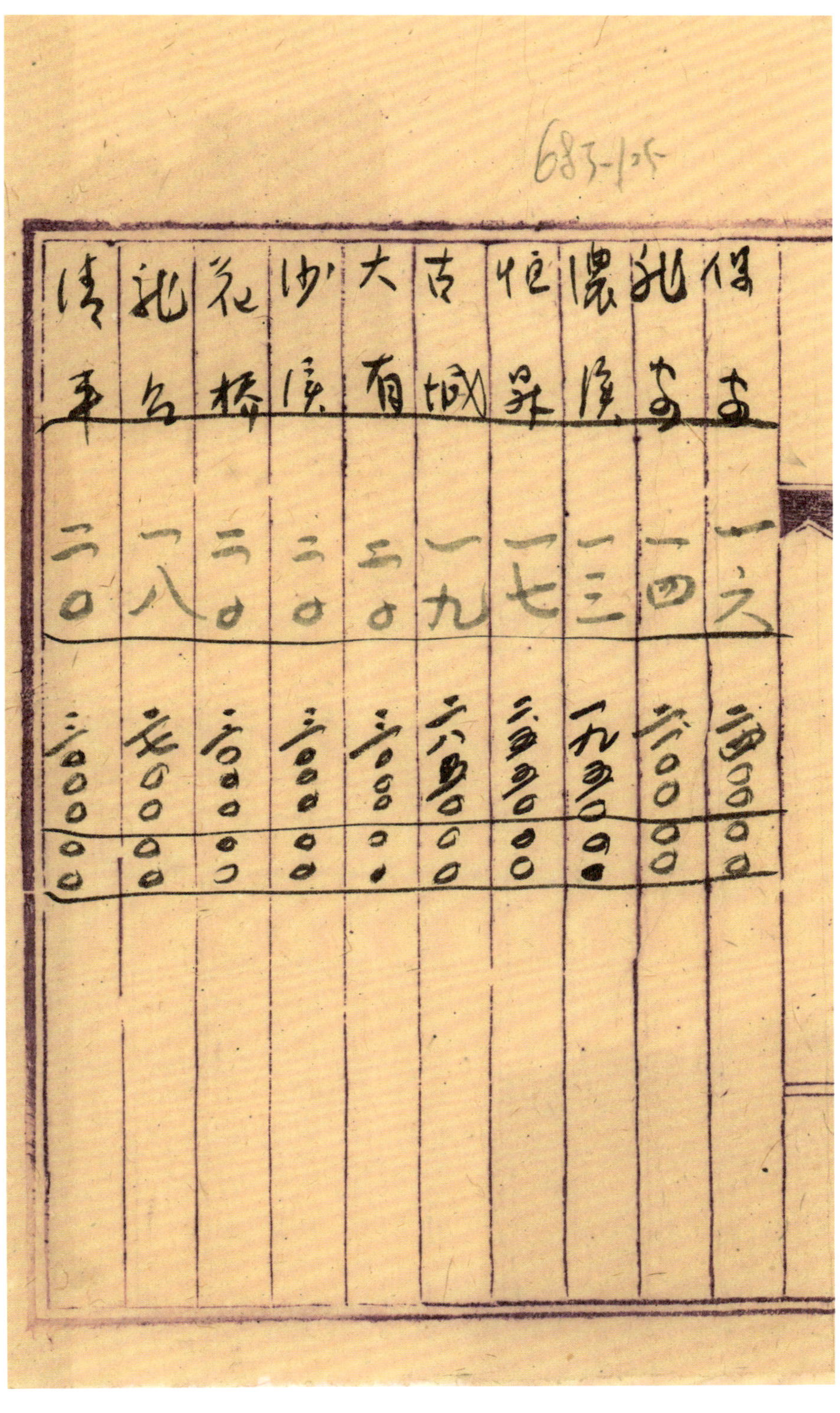

683-125

保安	龍安	懷來	恒昇	古城	大有	沙河	花橋	龍台	清平
一六	一四	一三	一七	一九	二〇	二〇	二〇	一八	二〇
[illegible]	[illegible]	[illegible]	[illegible]	[illegible]	[illegible]	[illegible]	[illegible]	[illegible]	[illegible]

683-106

高庙	观阁	新桥	任家	护安	三台	石桥	永兴	回龙	明月
八	二〇	二〇	一三	二〇	二〇	二〇	二〇	一九	一四
一二〇〇〇〇	三〇〇〇〇〇	三〇〇〇〇〇	一九五〇〇〇	三〇〇〇〇〇	三〇〇〇〇〇	三〇〇〇〇〇	三〇〇〇〇〇	二八五〇〇〇	二一〇〇〇〇

三勝	一三	一九五〇〇〇
双河	二〇	三〇〇〇〇〇
古橋	一八	二七〇〇〇〇
洞堡	一五	二二五〇〇〇
廣福	二〇	三〇〇〇〇〇
廣豐	二〇	三〇〇〇〇〇
化龍	一六	二四〇〇〇〇
新陽	一六	二四〇〇〇〇
大良	二〇	三〇〇〇〇〇
桂豐	一〇	一五〇〇〇〇

附市	新桥	元平	广门	西溪	奎山	北城	南城	镇商会	镇中校
二十	十八	十八	十九	二十	二十	二十	二十		
[illegible]	[illegible]	[illegible]	[illegible]	[illegible]	[illegible]	[illegible]	[illegible]	[illegible]	[illegible]

十月廿四日收[illegible]

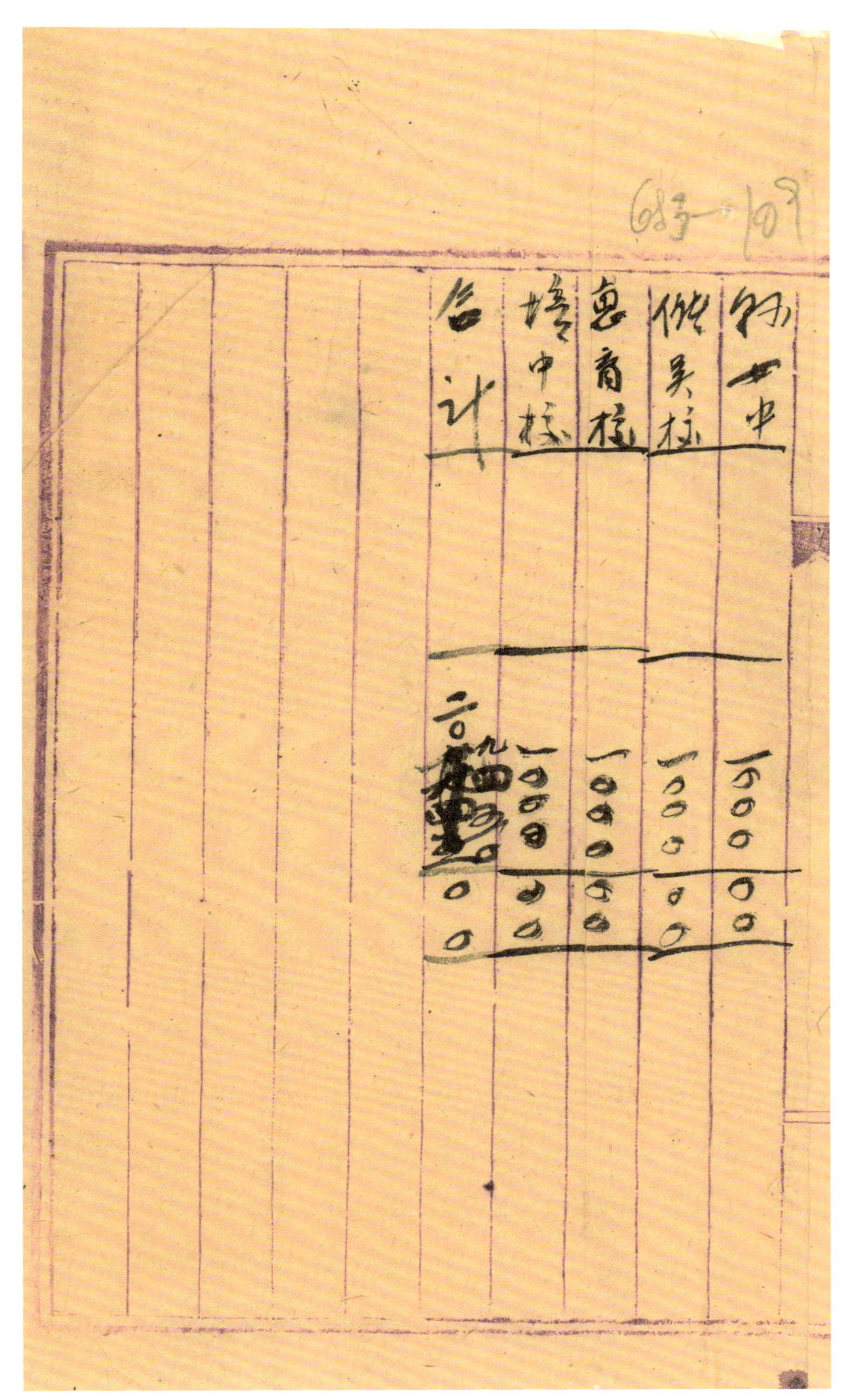
689—109

[illegible]女中	偕吴校	惠育校	培中校	合計
一万〇〇〇〇〇	一〇〇〇〇〇〇	一〇〇〇〇〇〇	一〇〇〇〇〇〇	[illegible]〇〇

广安县政府致县立中学的训令并附配额表（一九四三年八月二十四日收）

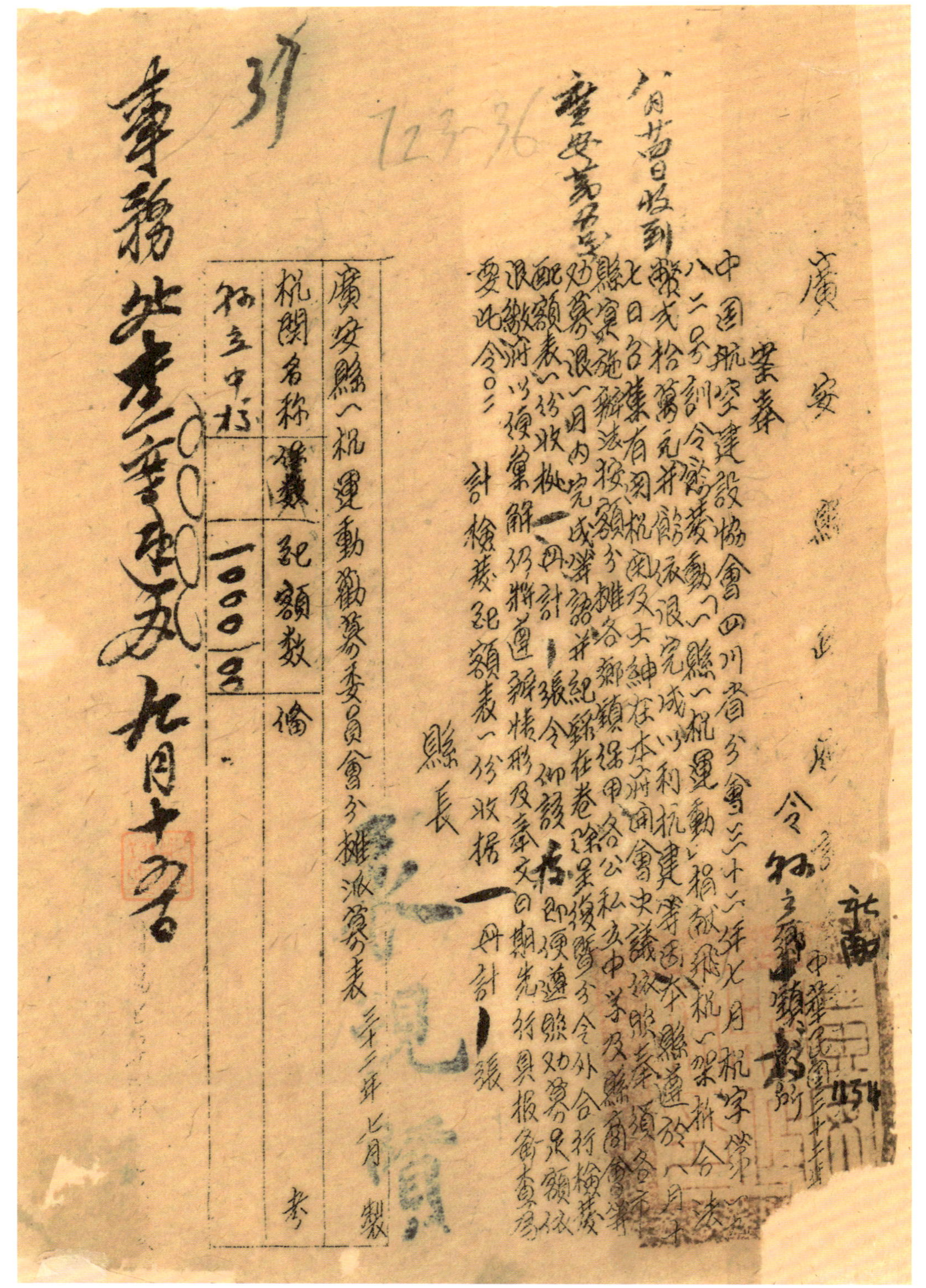

廣安縣政府訓令 社甫字第 號

令縣立中學校長

案奉

中國航空建設協會四川省分會三十二年七月航字第一八二號訓令，發動一縣一機運動，捐獻飛機一架，拚合法幣式拾萬元，并飭依限完成，以利抗建。等因。本縣遵於八月七日召集有關機關及士紳在本府開會決議，依照奉頒各縣實施辦法，按額分攤各鄉鎮保甲各公私立中等及縣商會等勸募，限一月內完成等語，并紀錄在卷。除呈復暨分令外，合行檢發配額表一份、收據一冊計一張，令仰該校即便遵照勸募足額，依限繳府，以便彙解，仍將遵辦情形及奉文日期先行具報備查為要。此令。

計檢發配額表一份、收據一冊計一張

縣長

廣安縣一機運動勸募委員會分攤派募表

機關名稱	配額數	備考
縣立中校	一〇〇〇元	

三十二年七月製

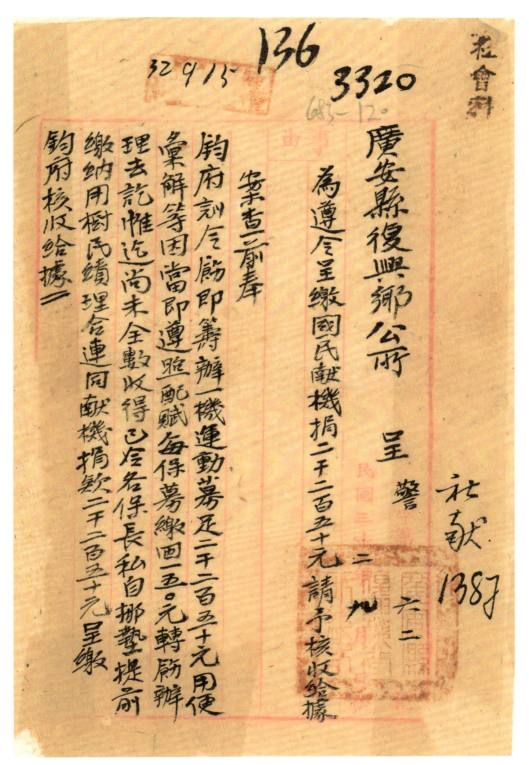

广安县复兴乡公所致县政府的呈（一九四三年九月十五日收）

社會科

32.9.15

136

3320

683-120

社獻

1387

廣安縣復興鄉公所 呈 警 二九 六二

為遵令呈繳國民獻機捐二千二百五十元請予核收給據

案查前奉

鈞府訓令飭即籌辦一機運動募足二千二百五十元用便彙解等因，當即遵照配賦，每保募繳四一五〇元，轉飭辦理去訖。惟迄尚未全數收得，已令各保長私自挪墊，提前繳納，用樹民績。理合連同獻機捐款二千二百五十元，呈繳

鈞府核收給據。

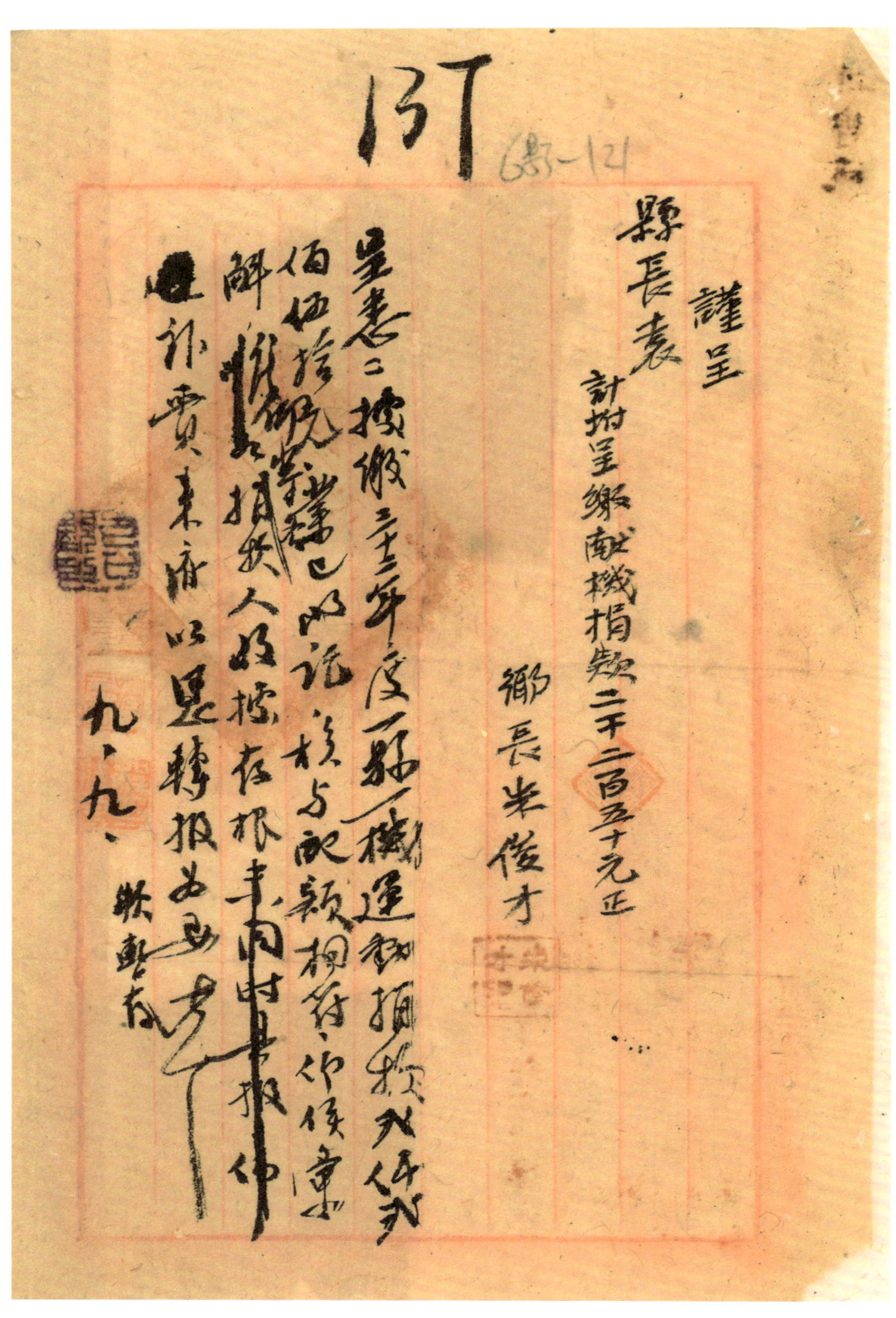
謹呈
縣長袁
計附呈繳獻機捐款二千二百五十元正
鄉長牟俊才

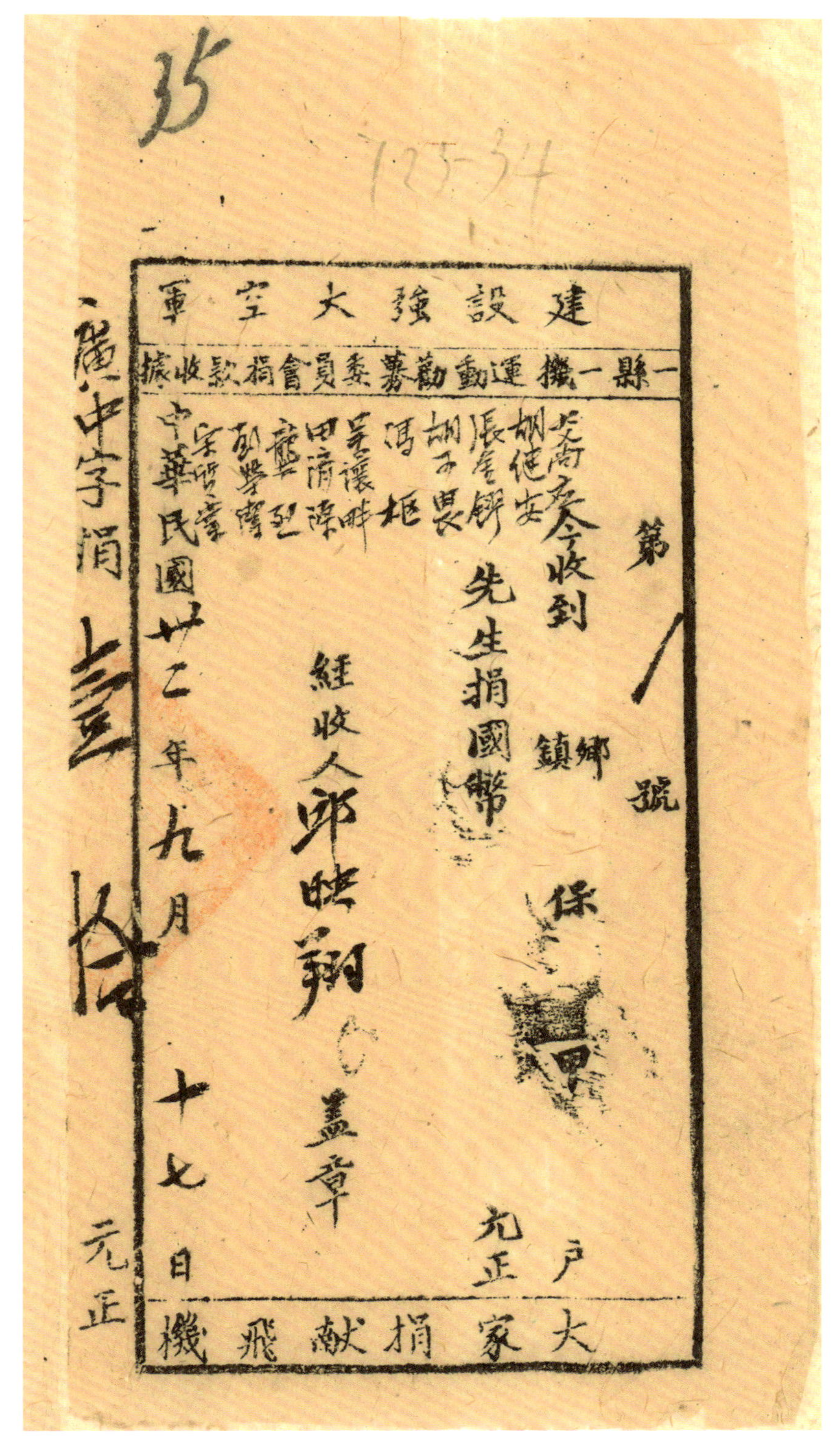

建設強大空軍

一縣一機運動勸募委員會捐款收據

第1號

今收到　鄉鎮　保　甲　戶

胡德安　張金銘　胡丙畏　馮柜　吳讓時　田清源　龍熙　劉學齋　宋質章

先生捐國幣九元正

經收人鄧映翔蓋章

中華民國卅二年九月十七日

大家捐獻飛機

廣中字捐壹佰　元正

广安县私立惠育中学致县政府的呈（一九四三年九月十九日）

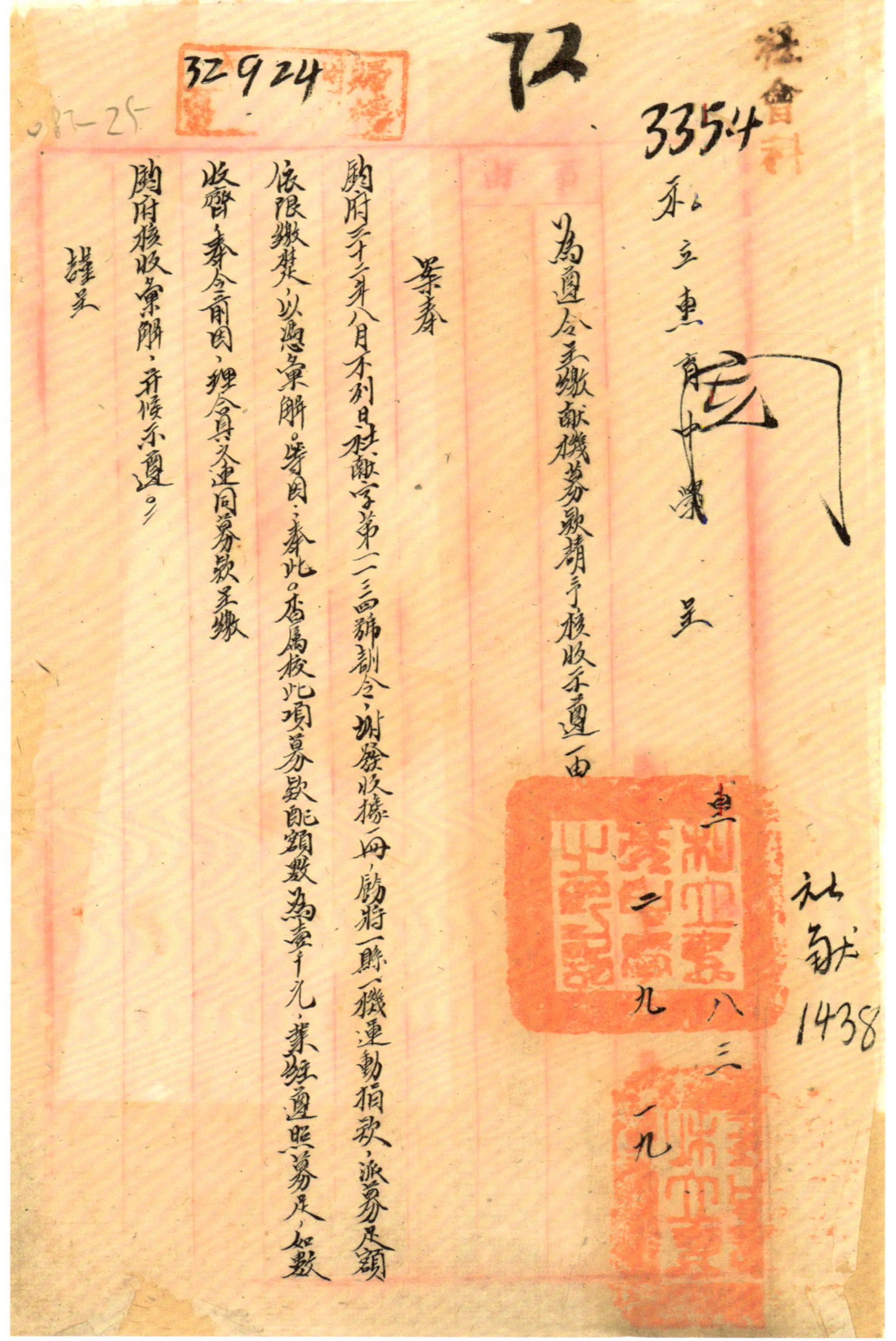

私立惠育中學　呈

為遵令呈繳獻機募款請予核收示遵由

案奉

鈞府三十二年八月不列日社秋獻字第一一三四號訓令，頒發收據一冊，飭將一縣一機運動捐款，派募足額依限繳獎，以憑彙解。等因，奉此。查屬校此項募款配額數為壹千元，業經遵照募足，如數收齊，奉令前因，理合具文連同募款呈繳

鈞府核收彙解，并候示遵。

謹呈

广安县花桥镇公所致县政府的呈（一九四三年九月二十二日收）

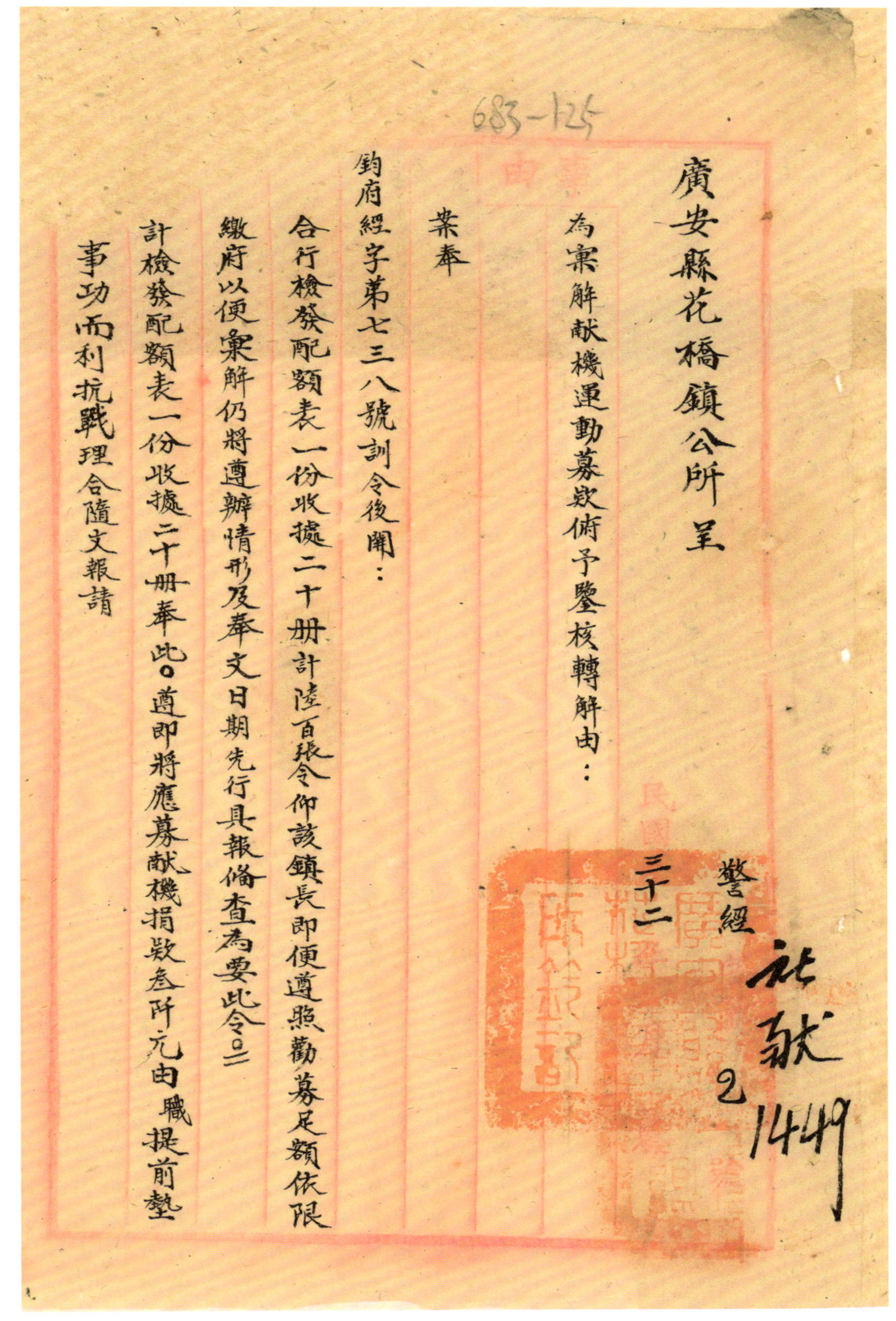

683-125

廣安縣花橋鎮公所　呈

事由

為案解献機運動募欵術予鑒核轉解由：

案奉

鈞府經字第七三八號訓令後開：

合行檢發配額表一份收據二十册計陸百張令仰該鎮長即便遵照勸募足額依限

繳府以便彙解仍將遵辦情形及奉文日期先行具報備查為要此令。

計檢發配額表一份收據二十册。奉此，遵即將應募献機捐欵叁所允由職提前墊

事功而利抗戰理合隨文報請

民國三十二

警經

社献

乙1449

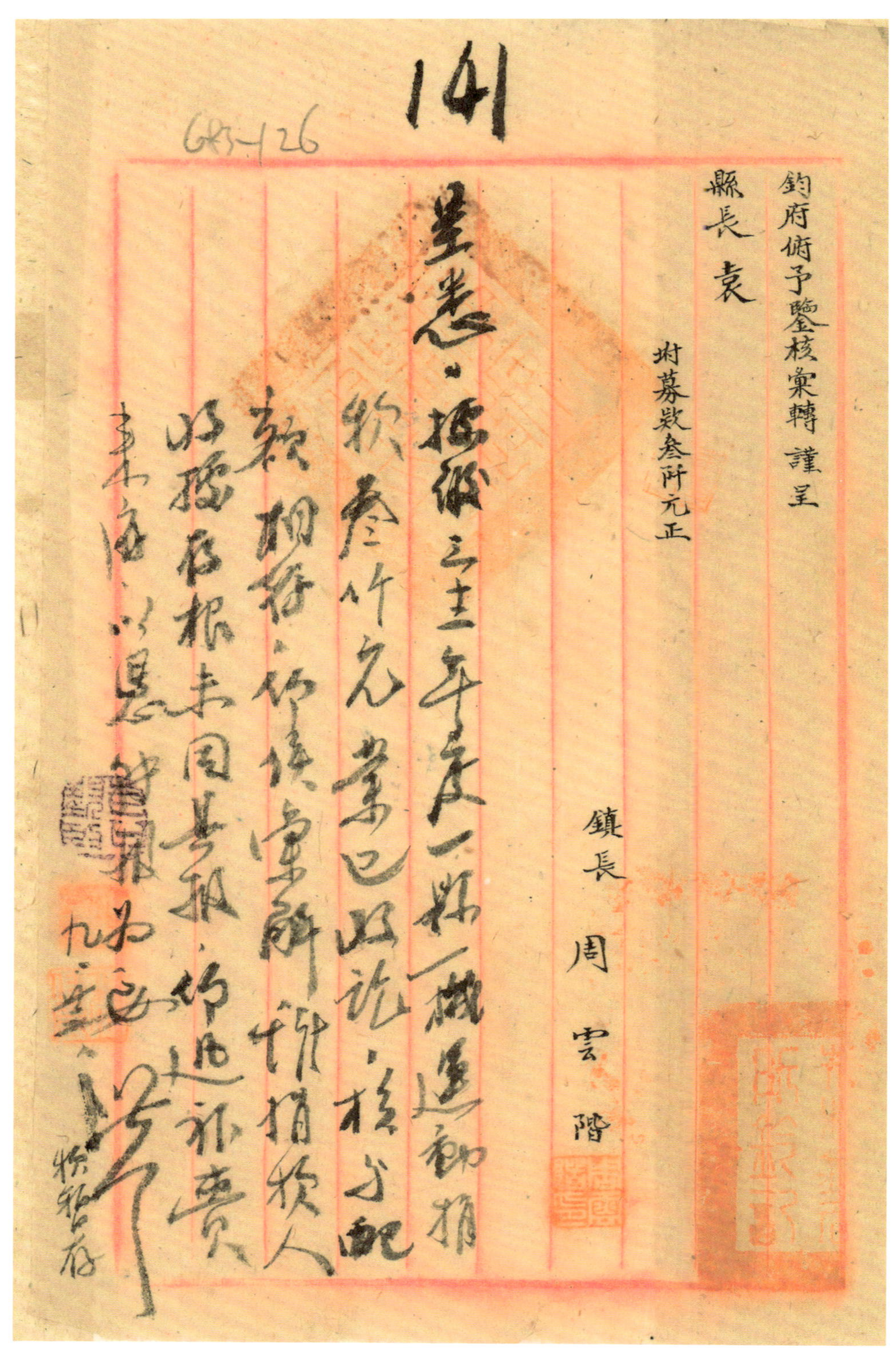

141

683-126

鈞府俯予鑒核彙轉 謹呈

縣長 袁

附募款叁仟元正

鎮長 周雲階

呈悉。據繳三十一年度一縣一機運動捐款叁仟元,業已收訖,核與配額相符,仰候彙解。惟捐款人姓名存根未同案報,仰迅補齎來府,以憑核轉。此令

九、五

[illegible]

擬稿存

广安县龙凤乡公所致县政府的呈（一九四三年九月二十三日）

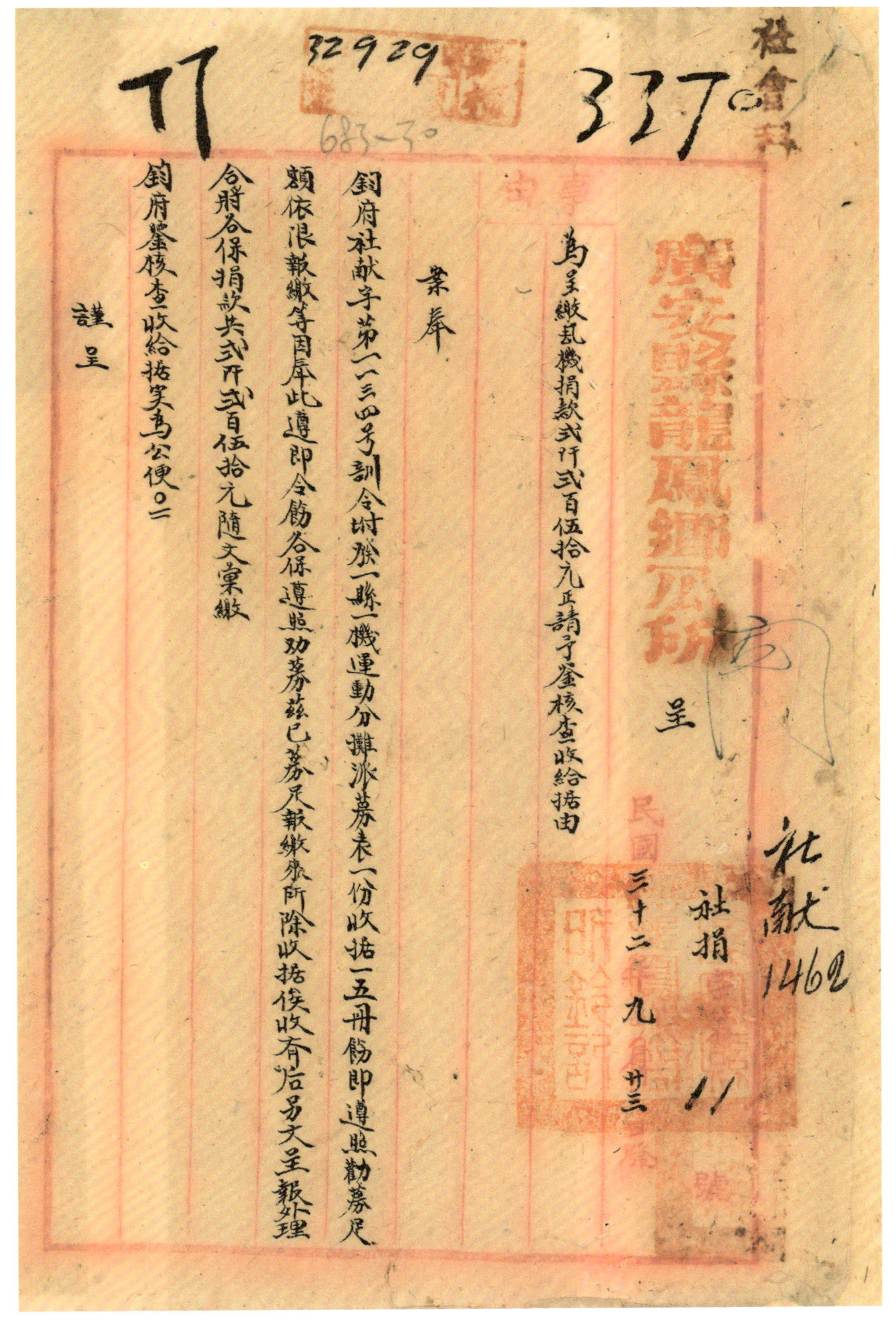

廣安縣龍鳳鄉公所　呈

民國三十二年九月廿三

社捐

事由：為呈繳亂機捐款貳仟貳百伍拾九元正請予鑒核查收給據由

案奉

鈞府社献字第一三四号訓令坿發一縣一機運動分攤派募表一份收据一五冊飭即遵照勸募足額依限報繳等因奉此遵即令飭各保遵照劝募茲已募足報繳來所除收据俟收齊后另文呈報外理合將各保捐款共貳仟貳百伍拾元隨文賫繳

鈞府鑒核查收給据實為公便〇二

謹呈

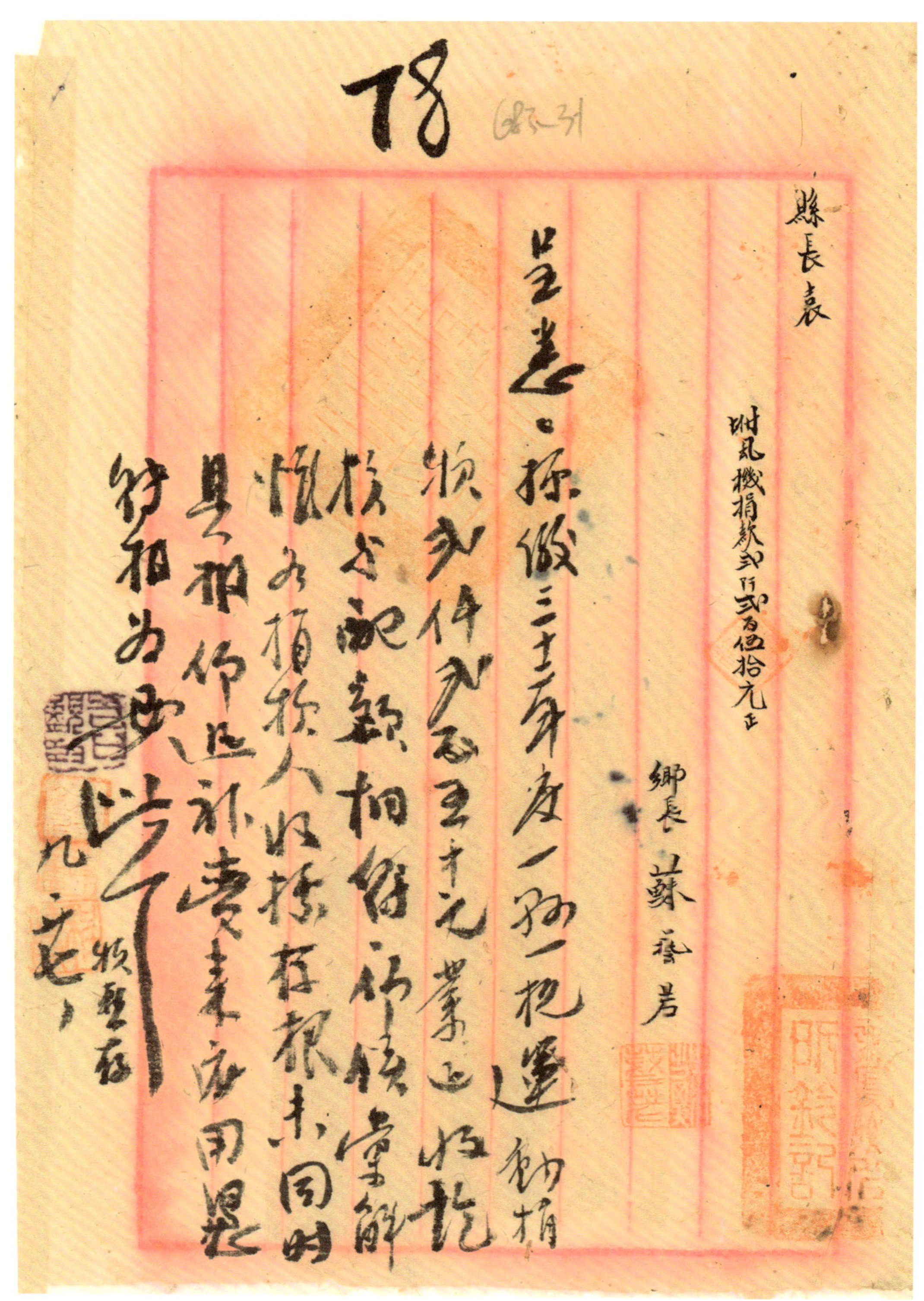

18

縣長袁

附飛機捐款貳仟貳百伍拾元正

鄉長蘇□□呈

呈送：據繳二十八年度一縣一機運動捐

額貳仟貳百五十元，業已收訖，

核與配額相符，所有收據

懇予指揮人收據存根，未同時

具報，仰乞補發，來府用退

轉相爲要。此上

九月二十□日

广安县政府致县立中学的指令（一九四三年九月二十五日）

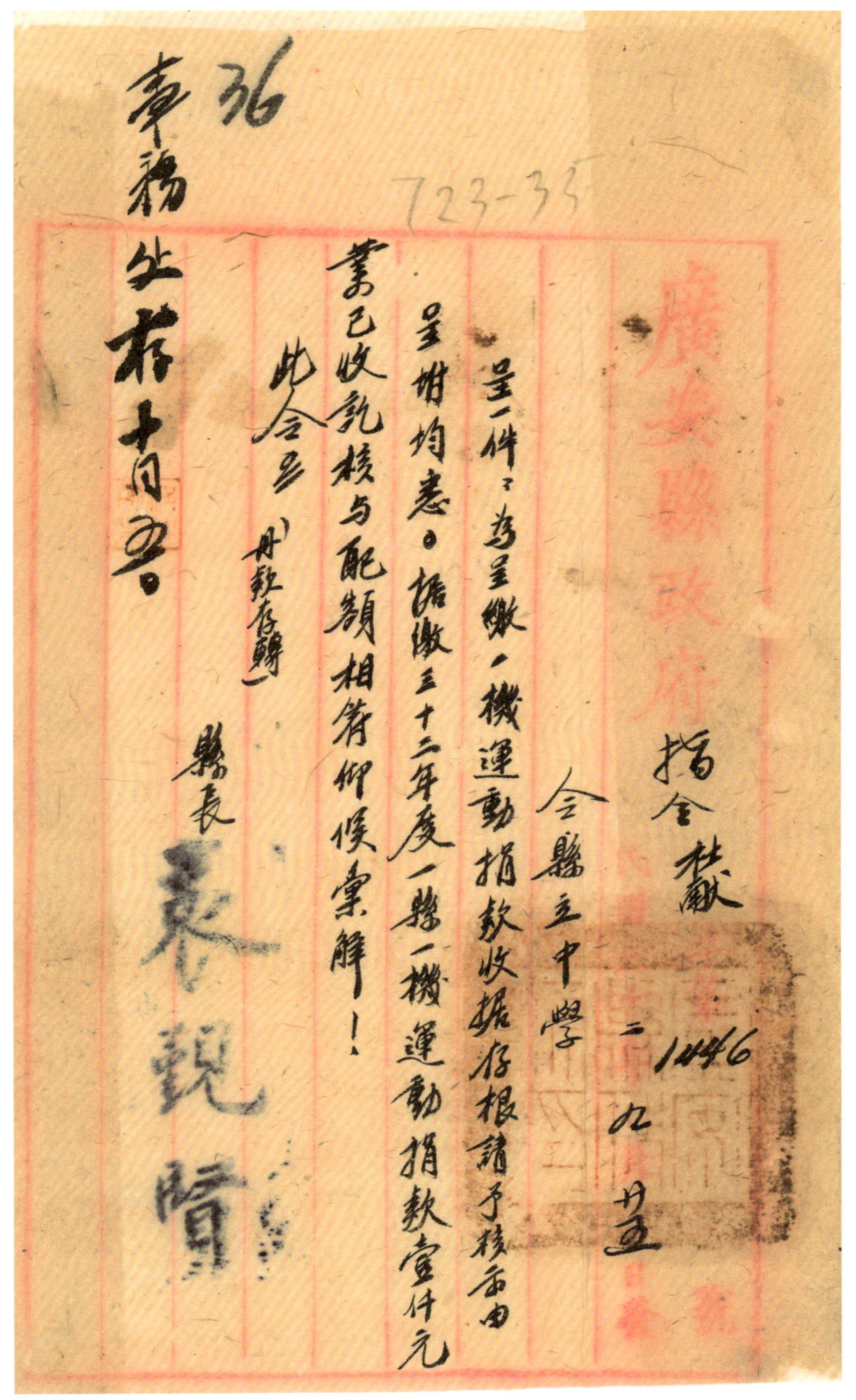
廣安縣政府指令　社敎　二1446

令縣立中學　二九廿五

呈一件：為呈繳一機運動捐款收据存根請予核示由

呈冊均悉。據繳三十二年度一縣一機運動捐款壹仟元業已收訖，核與配額相符，仰候彙解！

此令。

（附存根存轉）

縣長　袁觀賢

事務处存　十月五日　36

723-35

广安县立中学致县政府的呈（一九四三年九月二十五日）

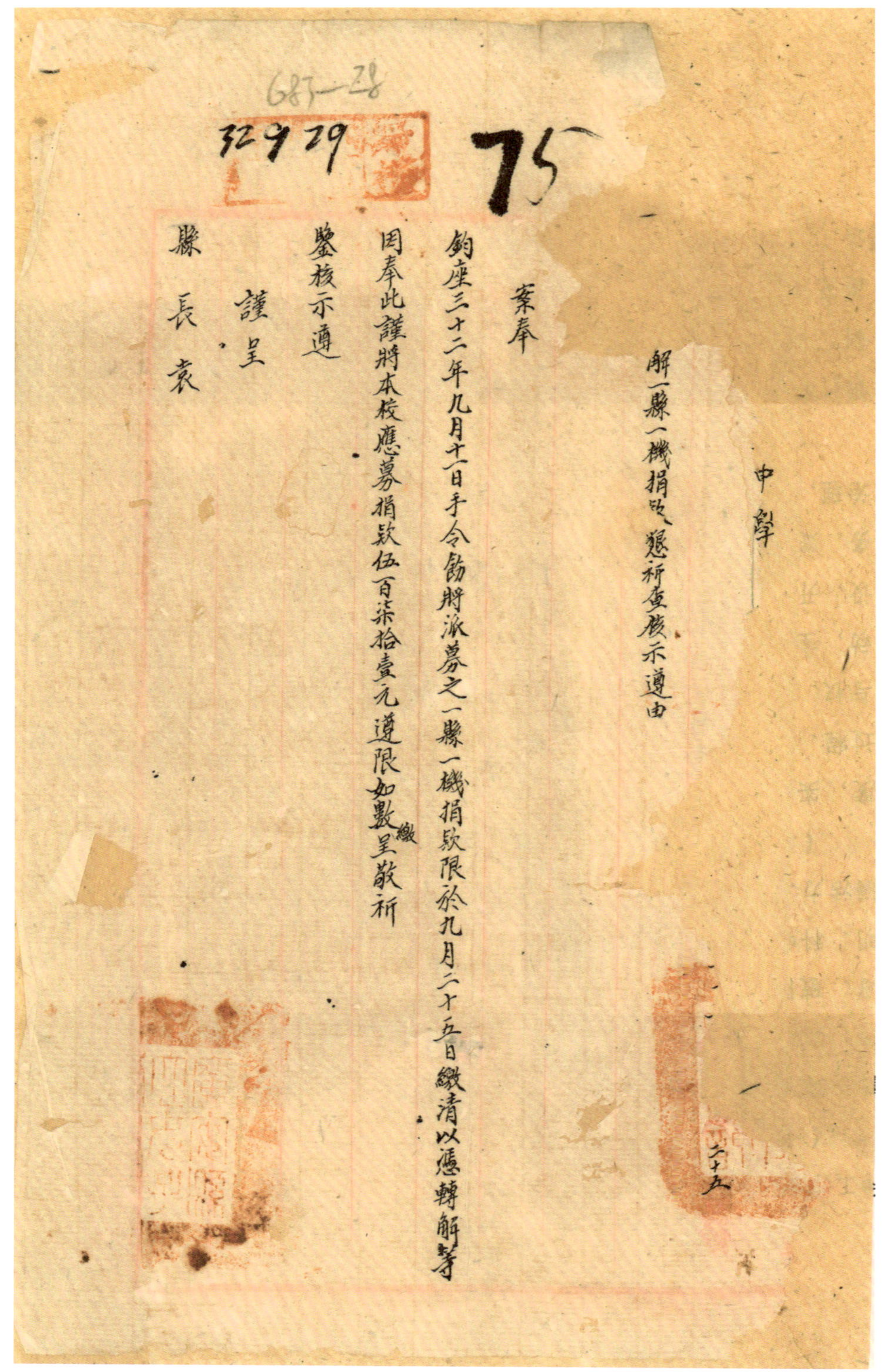
683—28

32.9.29

75

中学

解一县一机捐款恳祈查核示遵由

案奉

钧座三十二年九月十一日手令饬将派募之一县一机捐款限于九月二十五日缴清以凭转解等因奉此谨将本校应募捐款伍百柒拾壹元遵限如数呈缴敬祈

鉴核示遵

谨呈

县长袁

二十五

广安县龙安乡公所致县政府的呈（一九四三年九月二十九日收）

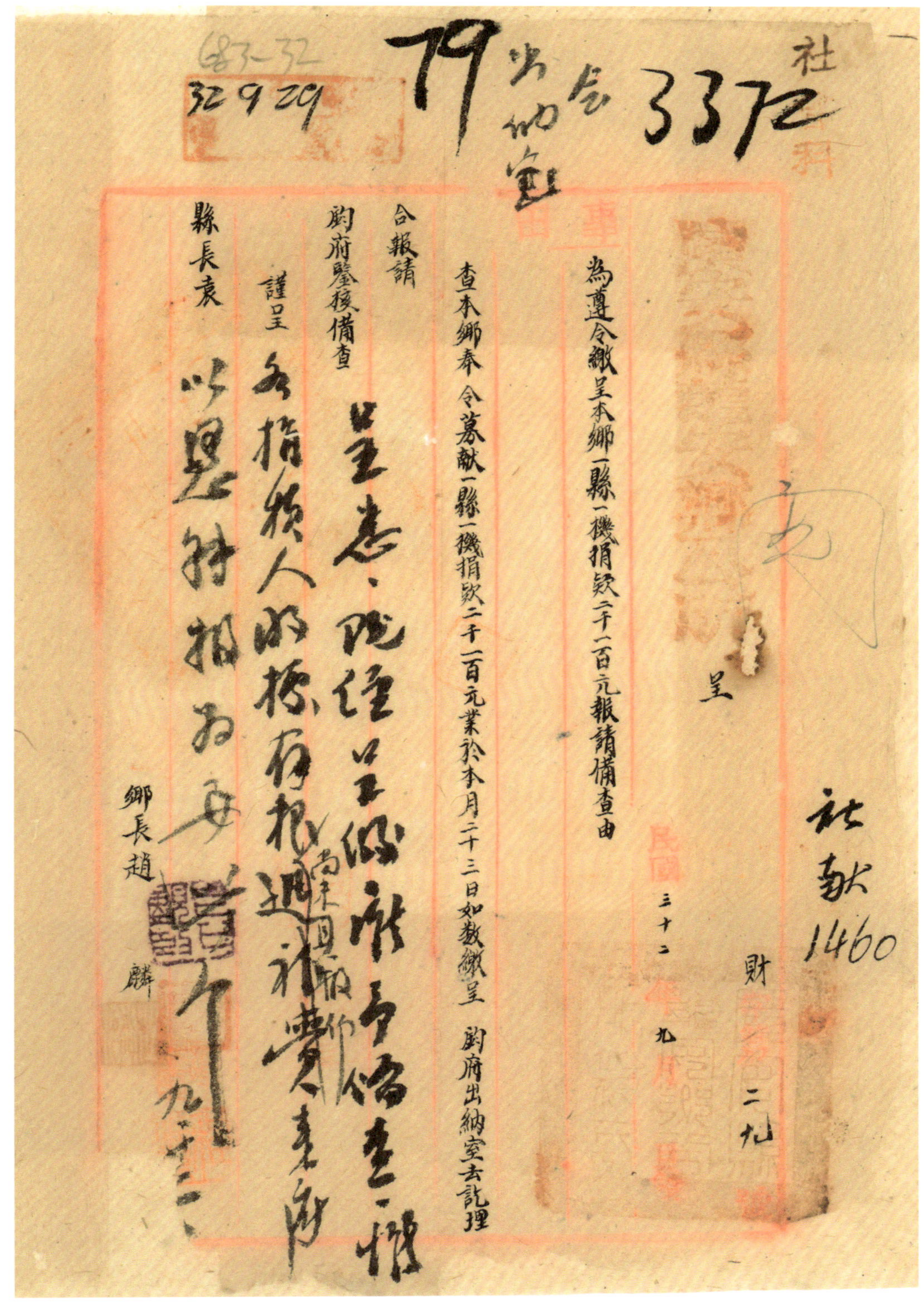

为遵令缴呈本乡一县一机捐款二千一百元报请备查由

查本乡奉令募献一县一机捐款二千一百元业于本月二十三日如数缴呈钧府出纳室去讫理合报请

钧府鉴核备查

谨呈

县长袁

乡长赵麟

广安县浓溪乡公所致县政府的呈（一九四三年九月二十九日）

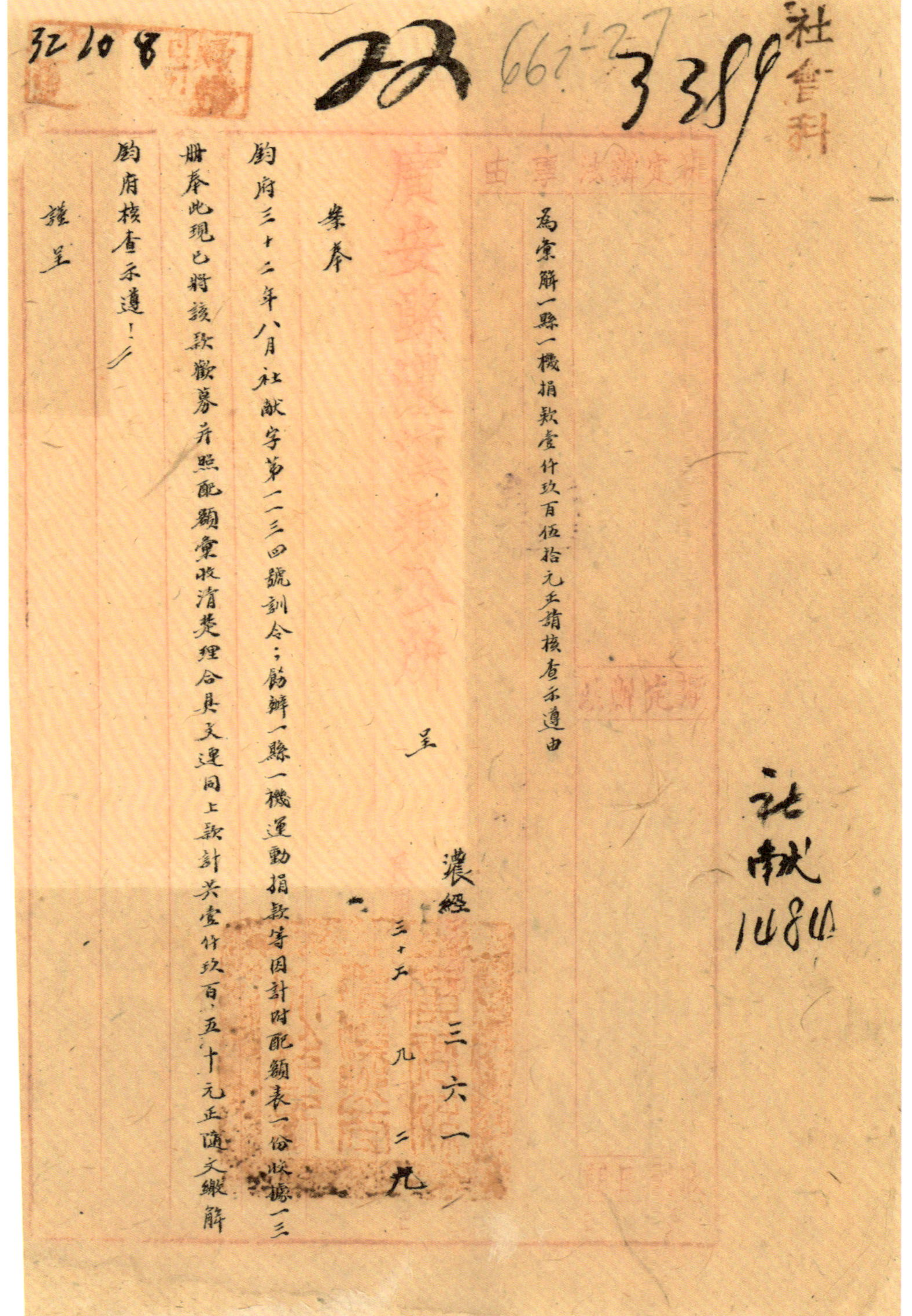
社會科

社獻 1084

322 10 8

3389

661-2-27

廣安縣濃溪鄉公所

事由 為案解一縣一機捐款壹仟玖百伍拾元正請核查示遵由

呈 濃經 三十一 三十二 九 二九

案奉

鈞府三十二年八月社獻字第一一三四號訓令：飭辦一縣一機運動捐款等因，計附配額表一份，依據一三冊奉此，現已將該款勸募并照配額汇收清楚，理合具文，連同上款計共壹仟玖百五十元正，隨文繳解鈞府核查示遵！

謹呈

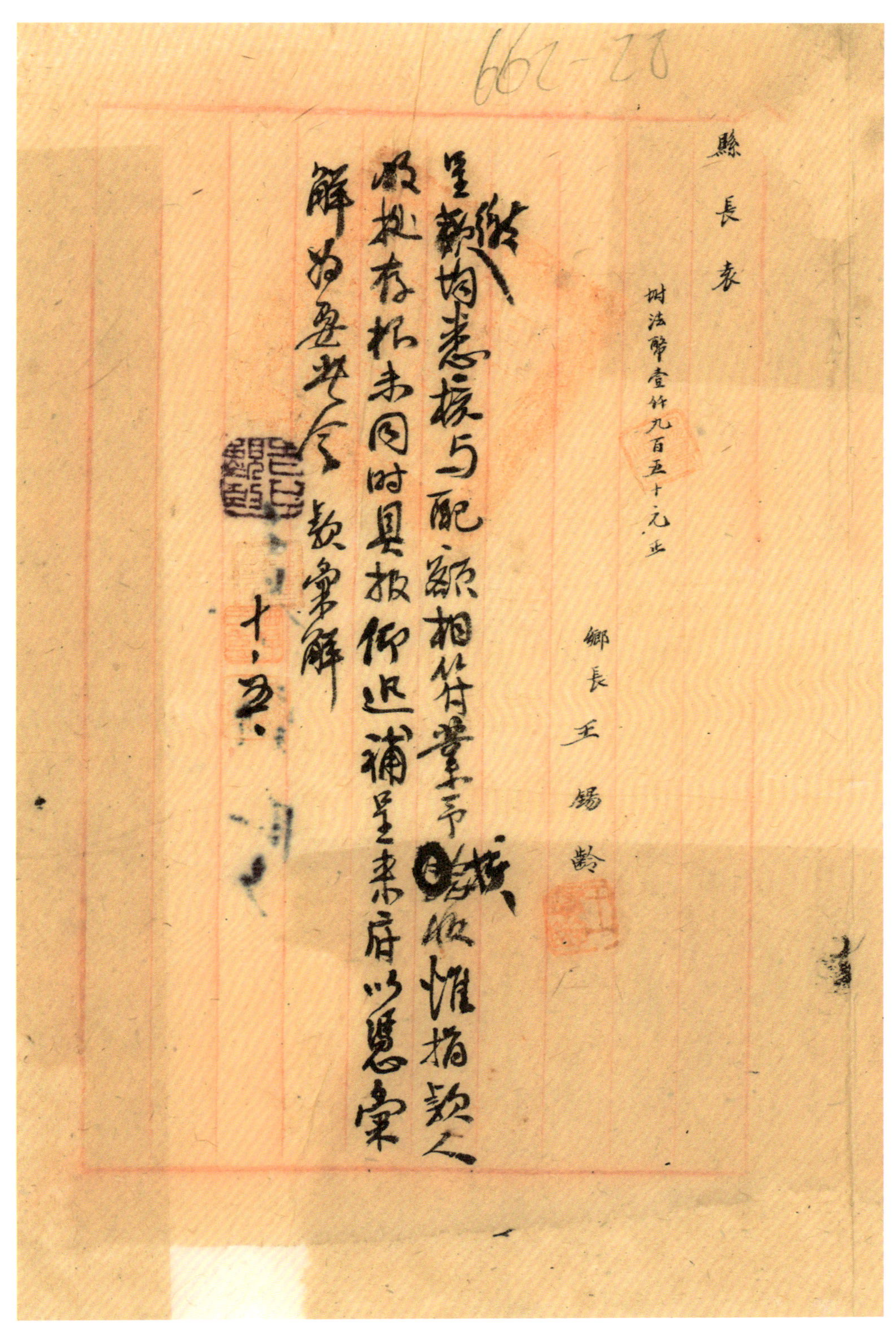
662-28

縣長袁

附法幣壹仟九百五十元正

鄉長王錫齡

呈繳均悉。核與配額相符，業予照收。惟捐款人數據存根未同時具報，仰迅補呈來府，以憑彙解為要。此令。

款彙解

十、五

广安县明月乡公所致县政府的呈（一九四三年九月二十九日）

廣安縣明月鄉公所呈

經社字第六四二號

民國三十二年九月二十九日發

事由：爲呈解縣機捐款貳仟壹佰元備予核收給據由

案查前奉

鈞令以此次發動縣機運動本鄉十四保應募捐款貳千壹佰元飭即如數募足繳府以憑彙解等因遵即發動各保業將上項捐款如數募足理合備文呈解

鈞府備予核收給據實爲公便！

謹呈

廣安縣政府

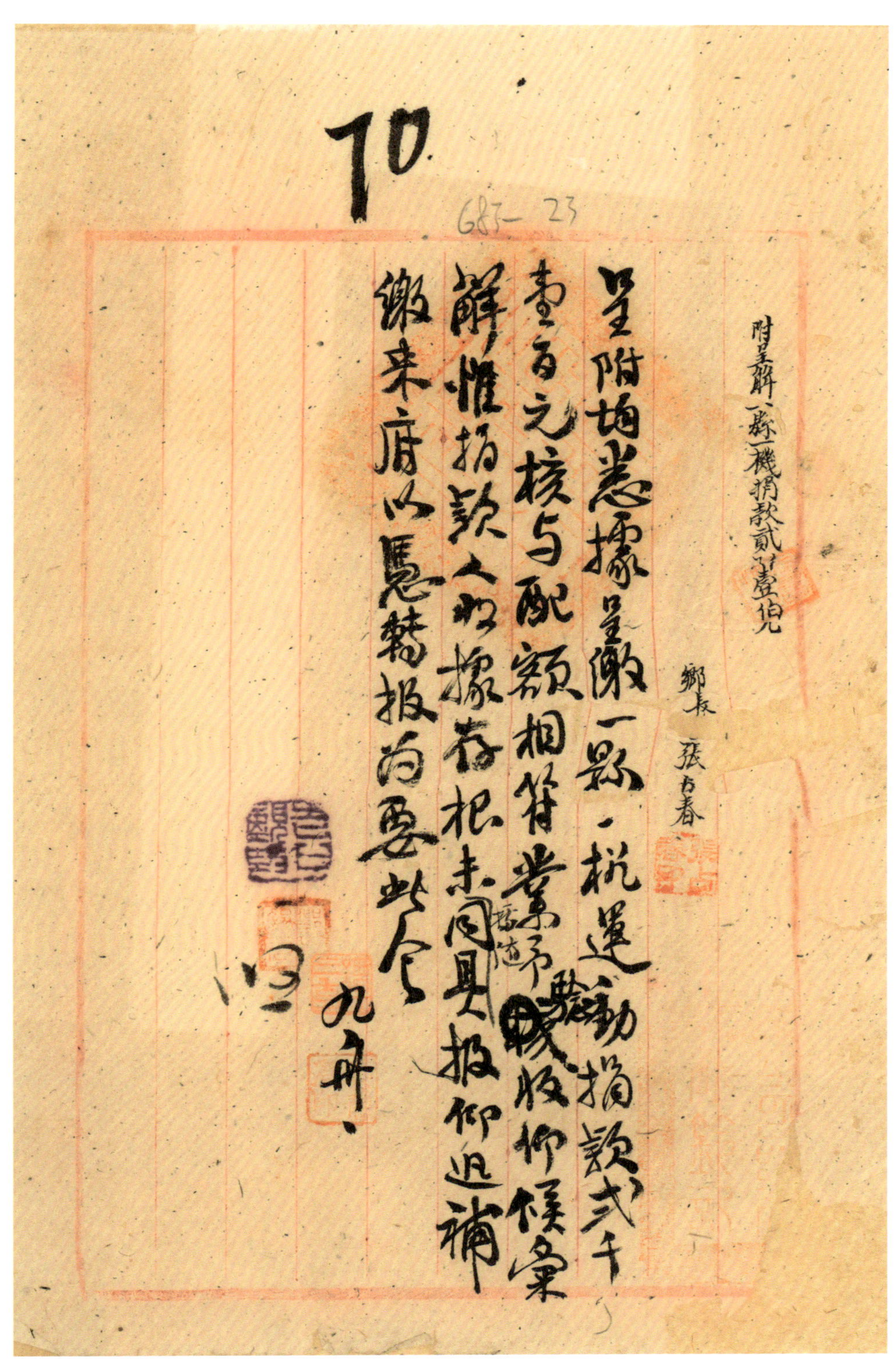

附呈解一縣一機捐款貳仟壹佰元

鄉長 張占春

呈附均悉。據呈繳一縣一機運動捐款貳千壹百元之核與配額相符，業經驗收，仰候彙解。惟捐款人姓名據呈未同具報，仰迅補繳來府，以憑轉報為要。此令。

九卅

广安县北城镇公所致县政府的呈（一九四三年十月一日）

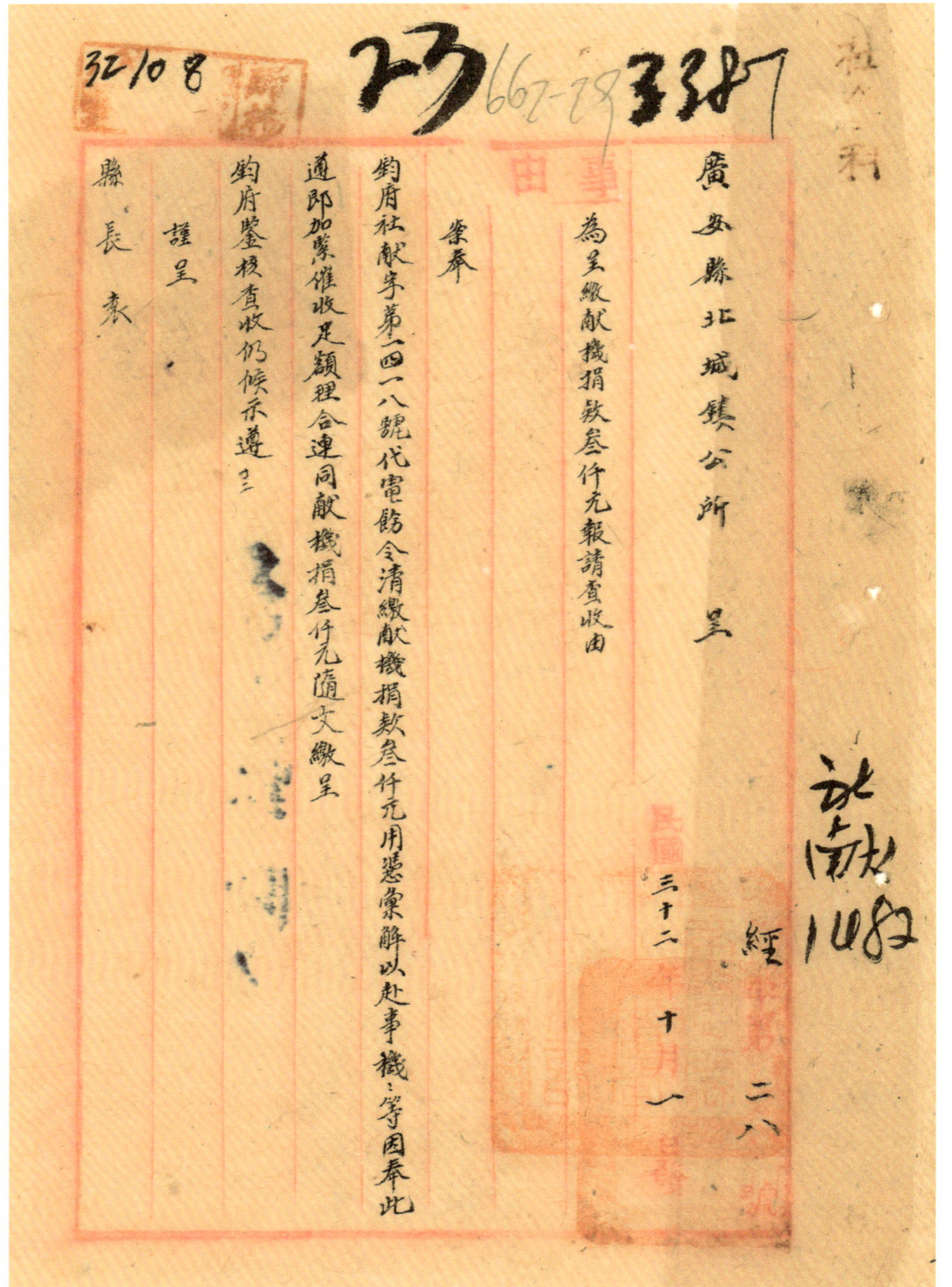

32/10 8

23 662-28 3387

廣安縣北城鎮公所　呈

事由　為呈繳獻機捐款叁仟元報請查收由

案奉

鈞府社獻字第一四一八號代電飭令清繳獻機捐款叁仟元用懸彙解以赴事機等因奉此

遵即加緊催收足額理合連同獻機捐叁仟元隨文繳呈

鈞府鑒核查收仍候示遵

謹呈

縣長袁

三十二年十月一

經二八

社獻 1082

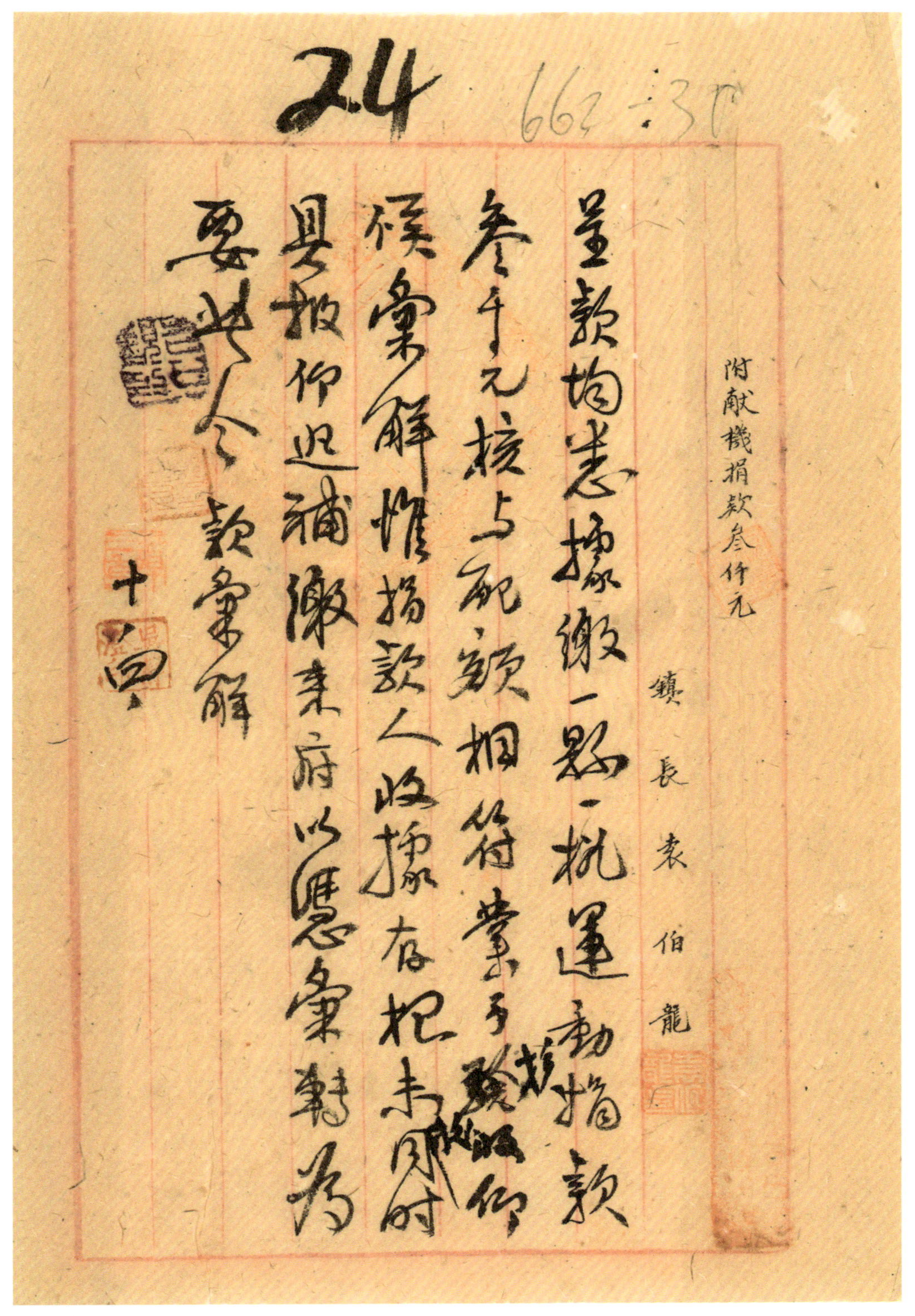

附献機捐款叁仟元

鎮長袁伯龍

並款均悉據繳一點一機運動捐款叁千元核與原額相符業予核收仰候彙解惟捐款人收據存根未附具報仰迅補繳來府以憑彙轉為要此令

款彙解

十八日

广安县广罗乡公所致县政府的呈（一九四三年十月四日）

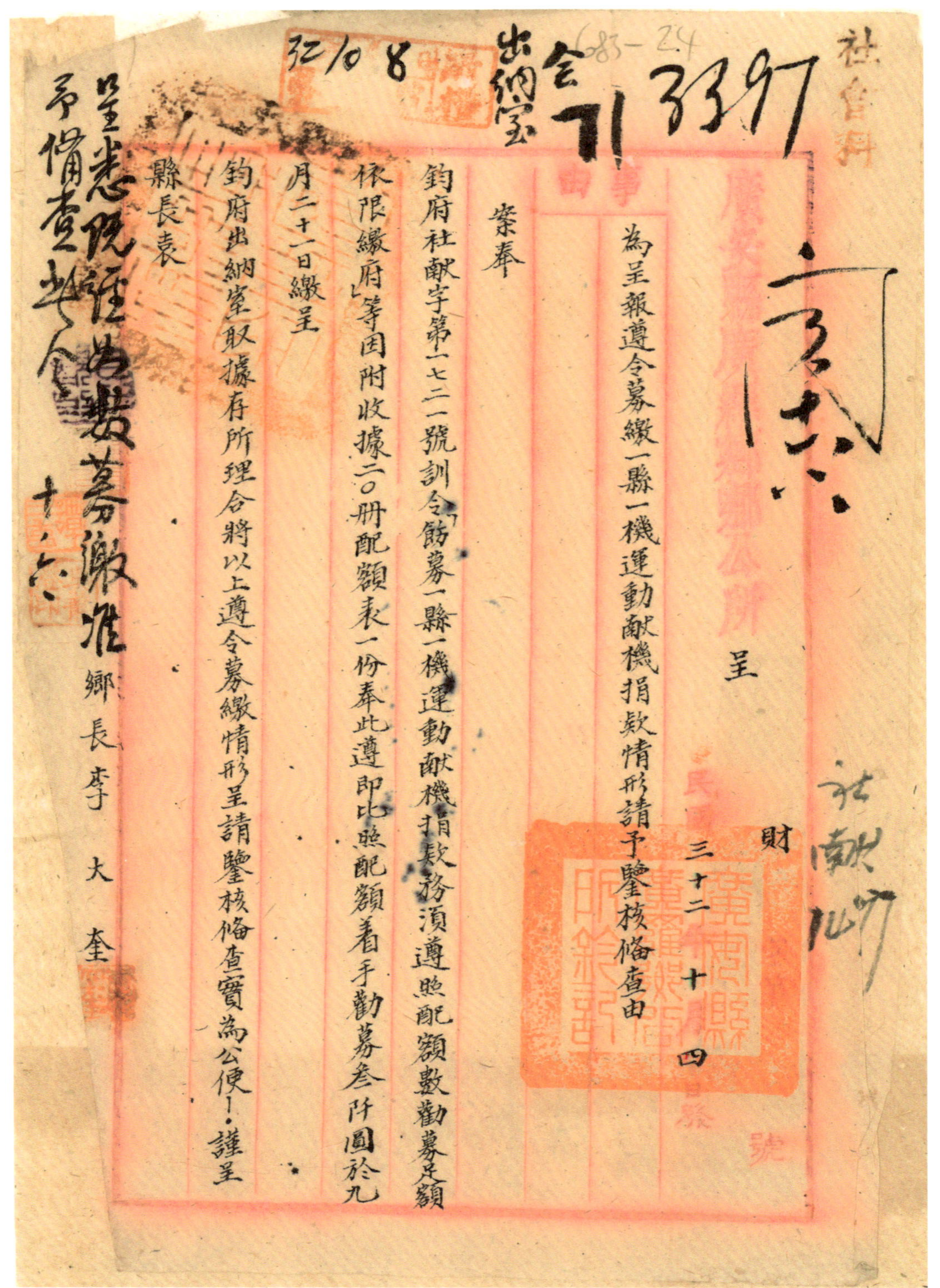

廣安縣廣羅鄉公所 呈

事由：為呈報遵令募繳一縣一機運動獻機捐款情形請予鑒核備查由

三十二 十 四

案奉

鈞府社獻字第一七二一號訓令，飭募一縣一機運動獻機捐款，務須遵照配額數勸募足額，依限繳府等因，附收據二〇冊，配額表一份。奉此，遵即比照配額着手勸募叁仟圓，於九月二十一日繳呈

鈞府出納室取據存所。理合將以上遵令募繳情形呈請鑒核備查，實為公便！謹呈

縣長袁

鄉長李大奎

广安县元平乡公所致县政府的呈（一九四三年十月十一日）

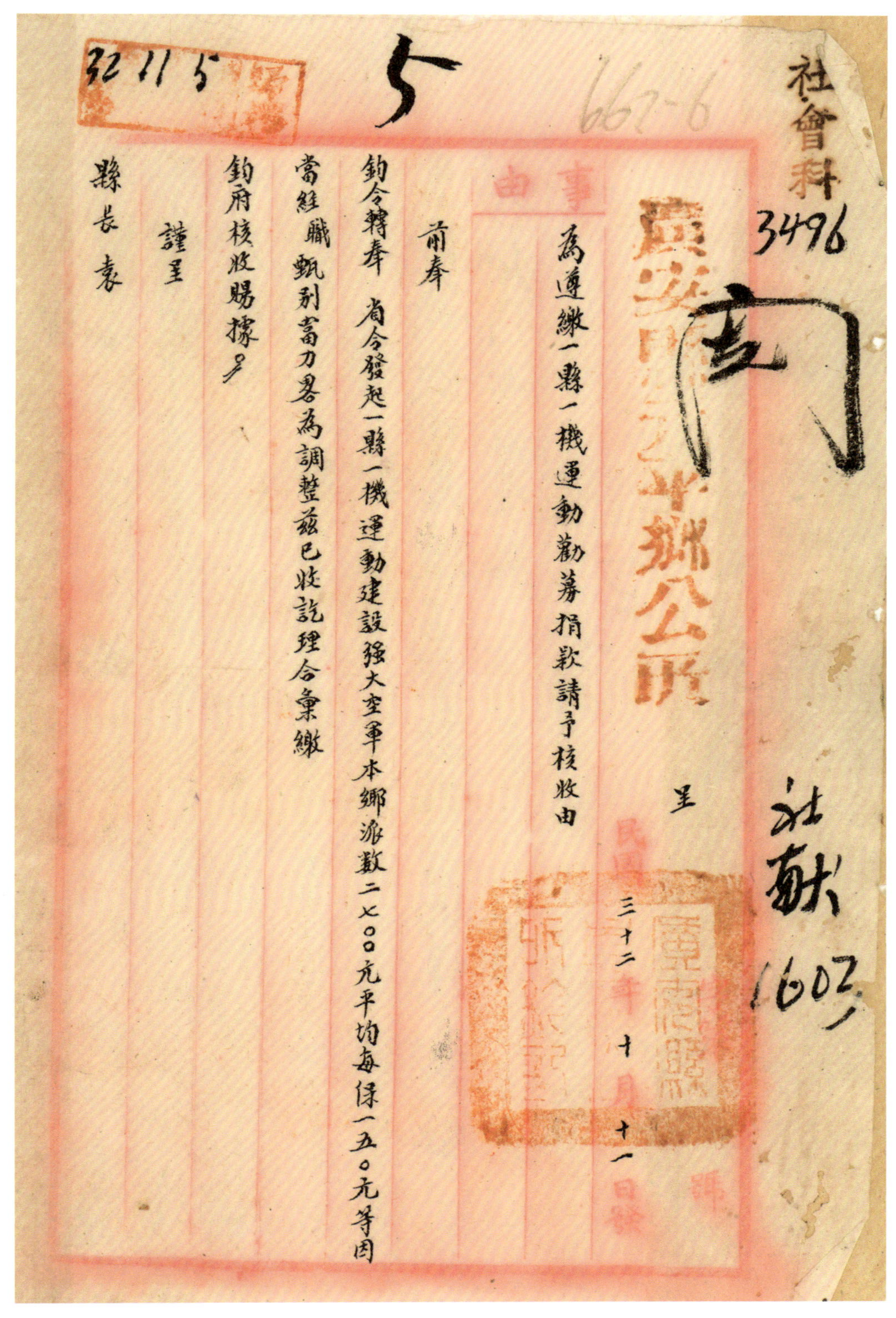

社會科
3496

32 11 5

5

661-6

廣安縣元平鄉公所 呈

事由：為遵繳一縣一機運動勸募捐款請予核收由

前奉
鈞令轉奉 省令發起一縣一機運動建設強大空軍本鄉派數二七〇〇元平均每保一五〇元等因
當經職甄別富力畧為調整茲已收訖理合彙繳
鈞府核收賜據
謹呈
縣長 袁

民國三十二年十月十一日發

社 1603

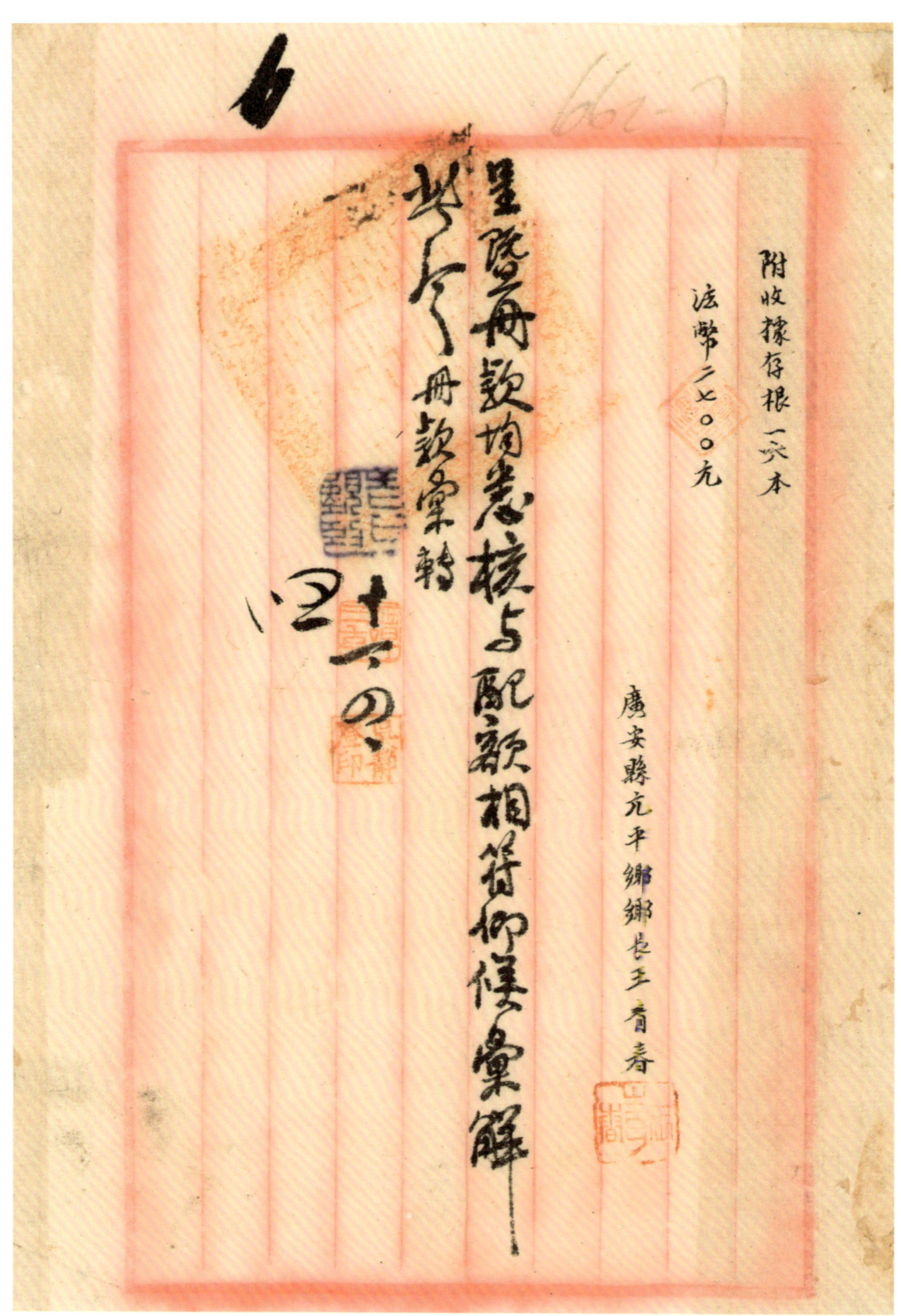
附收據存根一張本
法幣二七〇〇元
廣安縣允平鄉鄉長王青春

呈階冊款均悉核與配額相符仰候彙解
此令
冊款彙轉
四十四

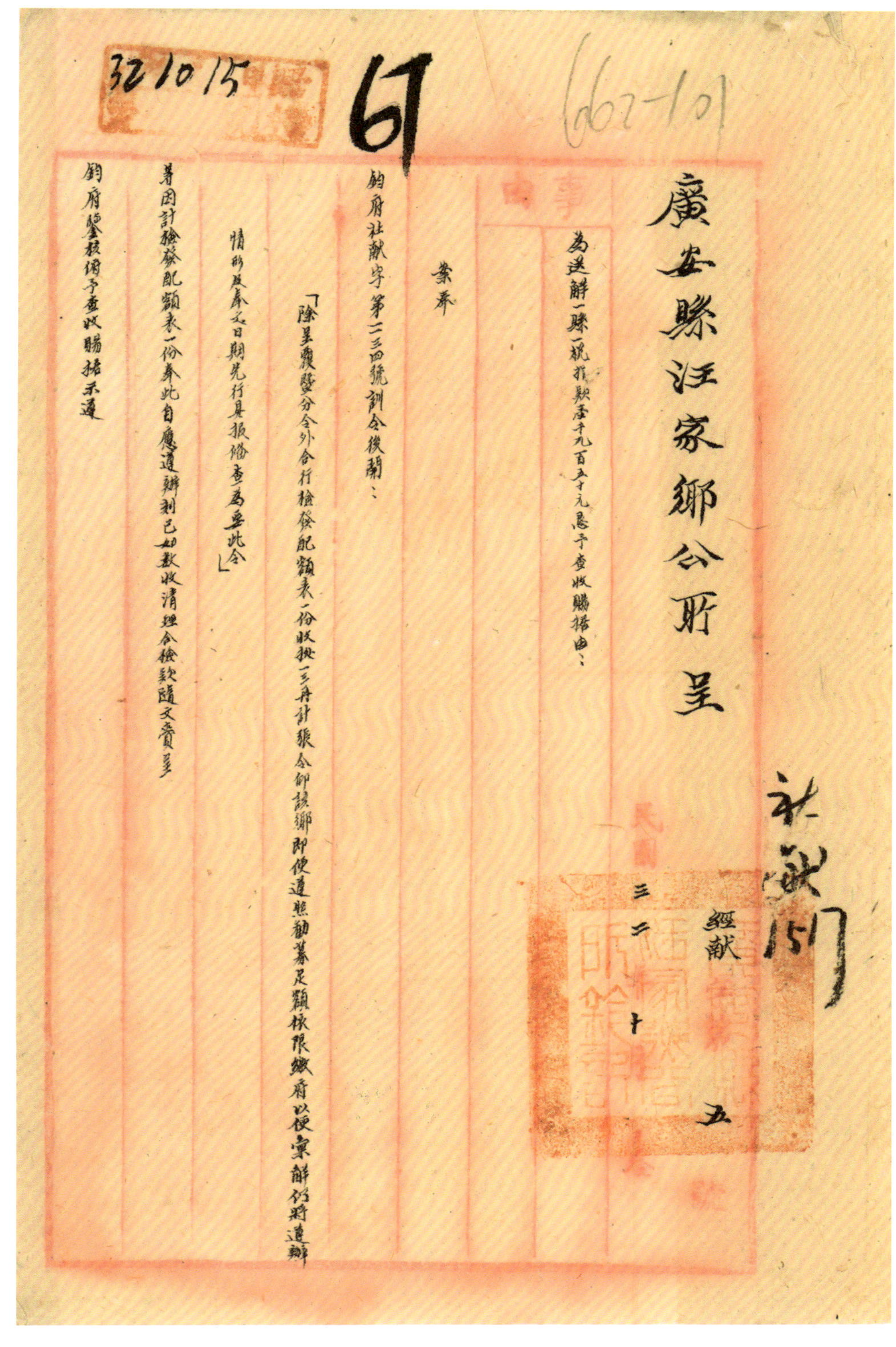

32 10 15

67

（662-101）

广安县汪家乡公所呈

为送解一县一机捐款壹千九百五十元恳予查收赐据由

钧府社献字第一二三四号训令后开：

案奉

「除呈复暨分令外，合行检发配额表一份，收据一三本，计张，令仰该乡即便遵照劝募足额，依限缴府，以便汇解，仍将遵办情形及奉文日期先行具报备查为要。此令」

等因，计检发配额表一份。奉此，自应遵办。刻已如数收清，理合检款随文赍呈

钧府鉴核，赐予查收，赐据示遵。

民国三二年十月五日

经献

广安县汪家乡公所致县政府的呈（一九四三年十月十二日收）

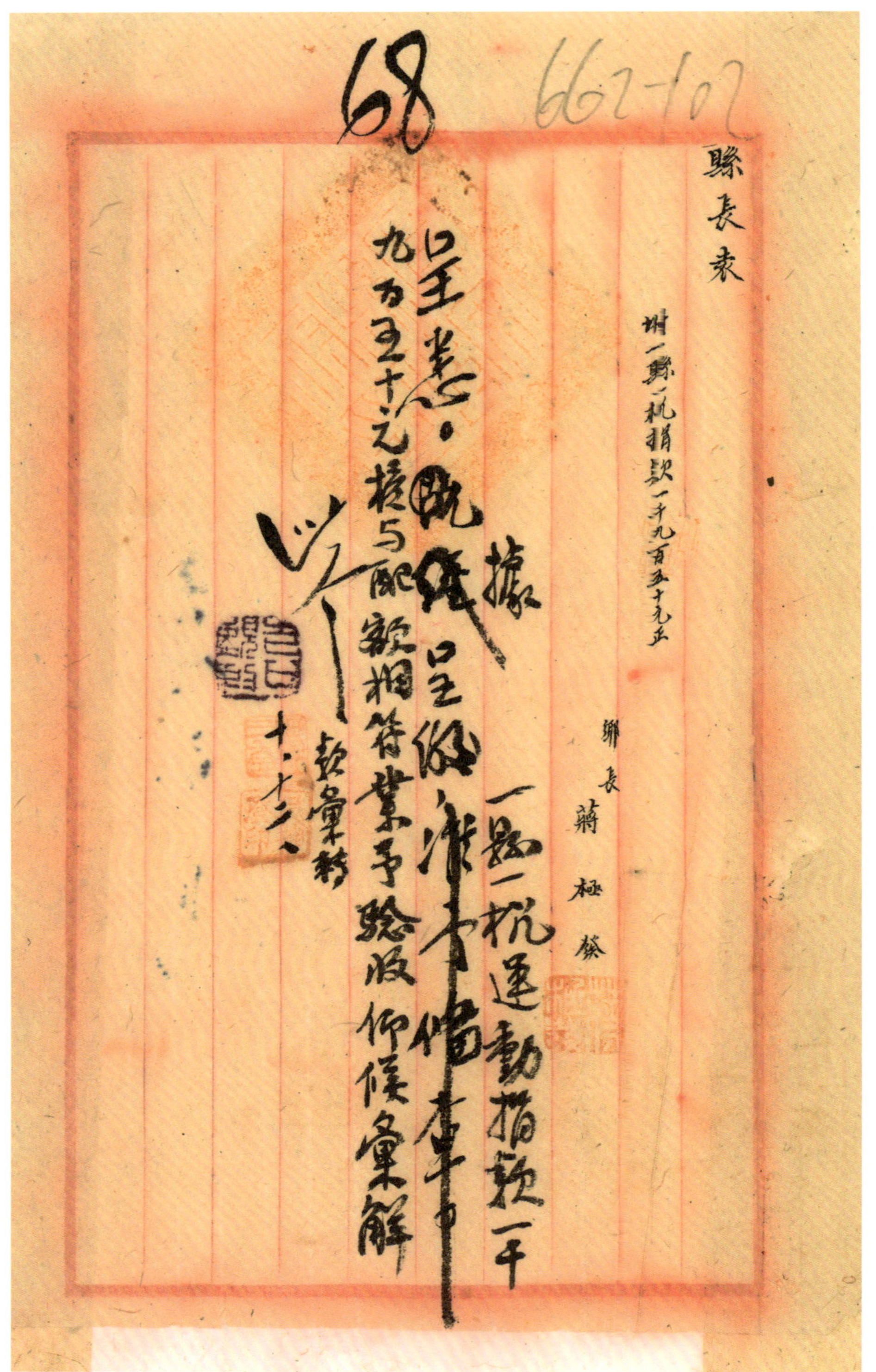

68

662-102

縣長袁

卅一縣抗捐款一千九百五十九元

鄉長蔣極燊

據一區一抗運動捐款一千

呈悉。既據呈繳，准予備查

九百五十九元核與所配額相符，業予驗收，仰候彙解

此令

十二、十二

款彙轉

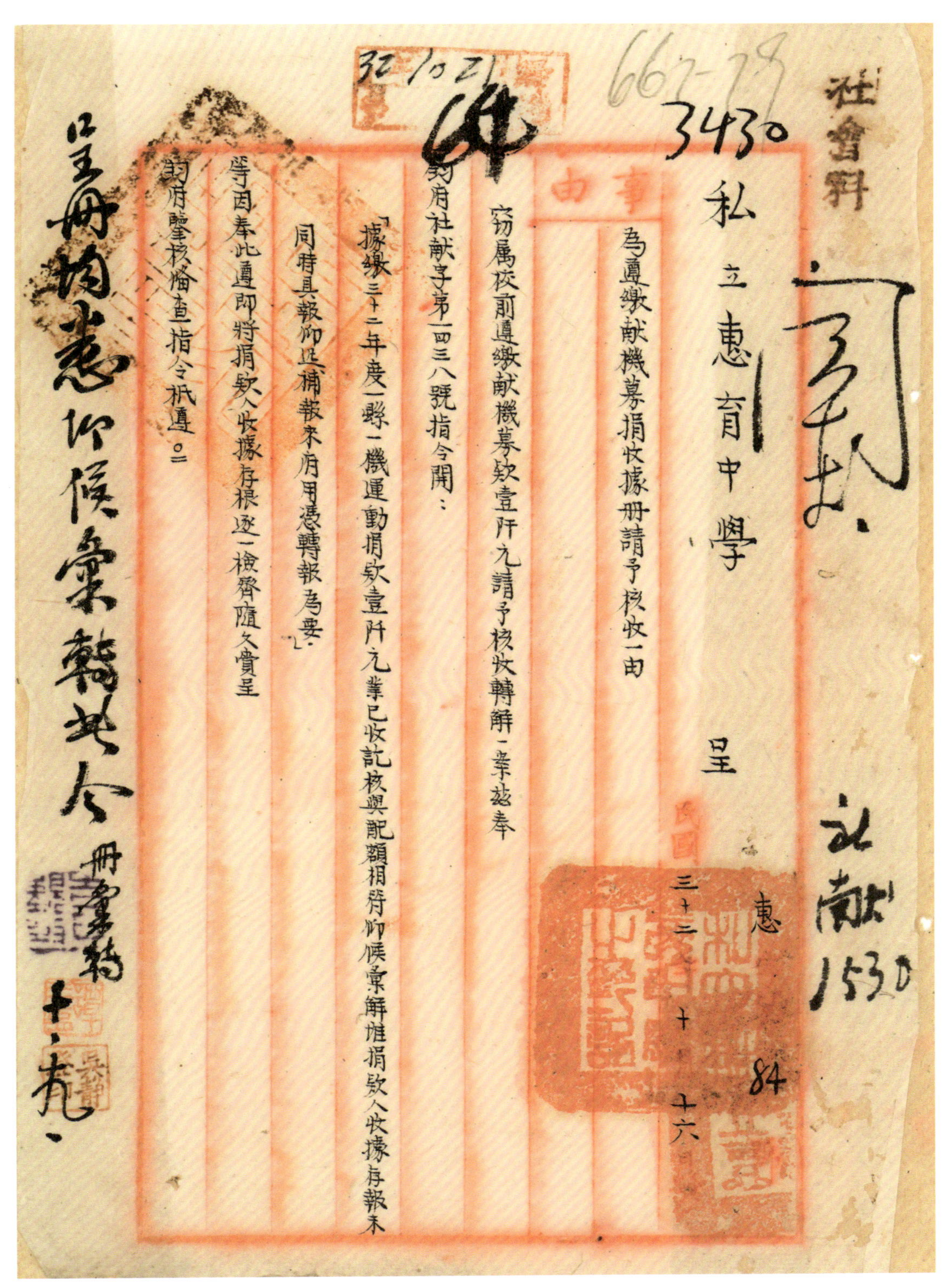

事由：為遵繳獻機募捐收據冊請予核收一由

私立惠育中學 呈

竊屬校前遵繳獻機募款壹仟元請予核收轉解一案，兹奉

鈞府社獻字第一四三八號指令開：

「據緣三十二年度一縣一機運動捐款壹仟元業已收訖，核與配額捐齊，仰候彙解。惟捐款人收據存報未同時具報，仰迅補報來府，用憑轉報為要。」

等因，奉此，遵即將捐款人收據存根逐一檢齊，隨文賫呈

鈞府鑒核備查，指令祇遵。

民國三十二年十月十六日

广安县私立惠育中学致县政府的呈（一九四三年十月十六日）

存　162-80

謹呈

廣安縣政府

附呈獻機募捐收據一册（計一百頁共洋壹仟元整）

校長　周名立

广安县北城镇公所致县政府的呈（一九四三年十月十八日）

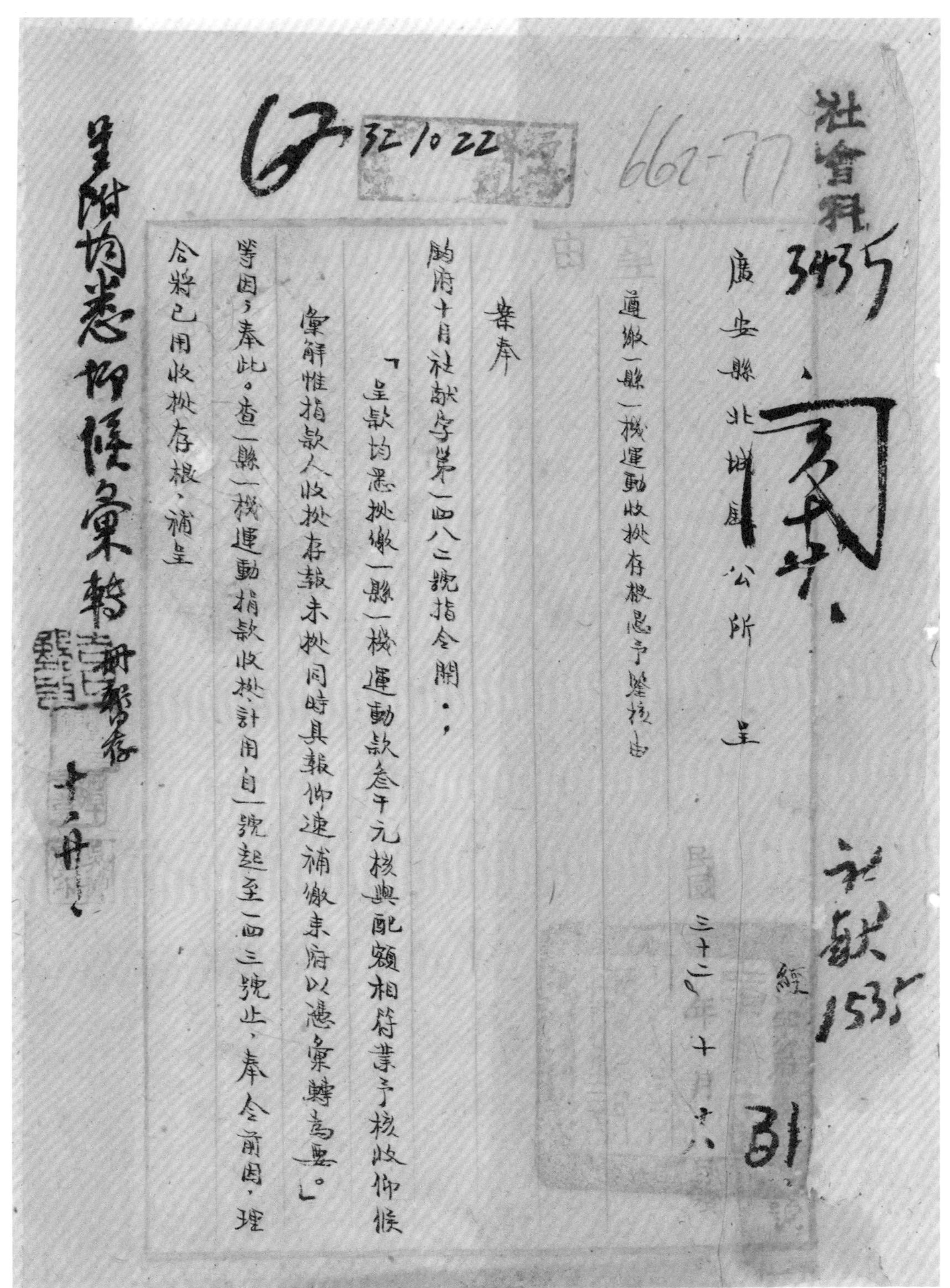

社會科 3435

廣安縣北城鎮公所　呈

社獻 1535

事由：遵繳一縣一機運動收據存根恳予鑒核由

案奉

鈞府十月社獻字第一四八二號指令開：

「呈款均悉，據繳一縣一機運動款叁千元，核與配額相符，業予核收，仰候彙解。惟捐款人收據存報未據同時具報，仰速補繳來府，以憑彙轉為要。」

等因，奉此。查一縣一機運動捐款收據計用自一號起至一四三號止，奉令前因，理合將已用收據存根，補呈

鈞府鑒核彙轉。

民國三十二年十月十八日

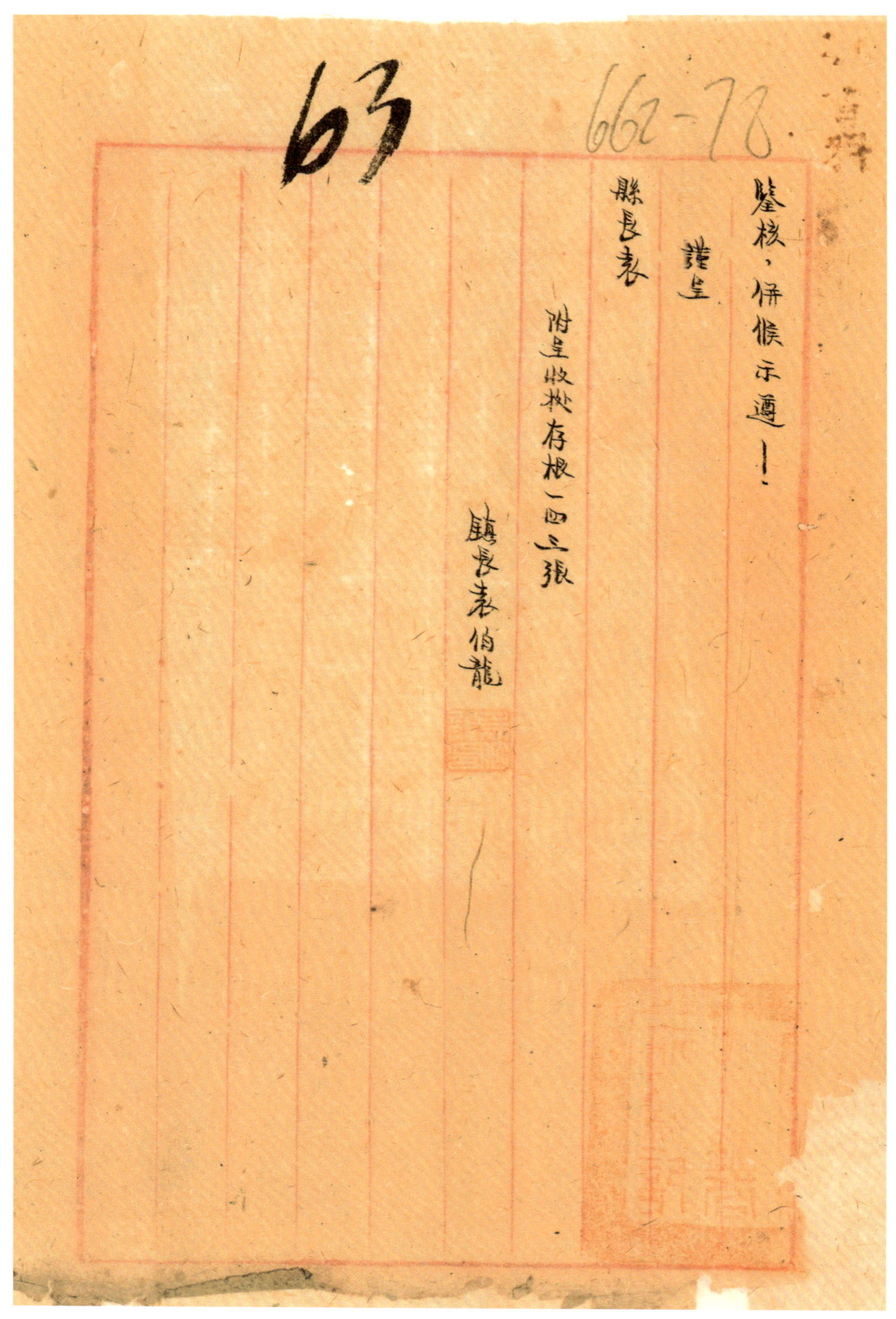
63
662-78
鑒核，併候示遵！
謹呈
縣長袁
附呈收據存根一四三張
鎮長袁伯龍

广安县西溪乡公所致县政府的呈（一九四三年十月二十五日）

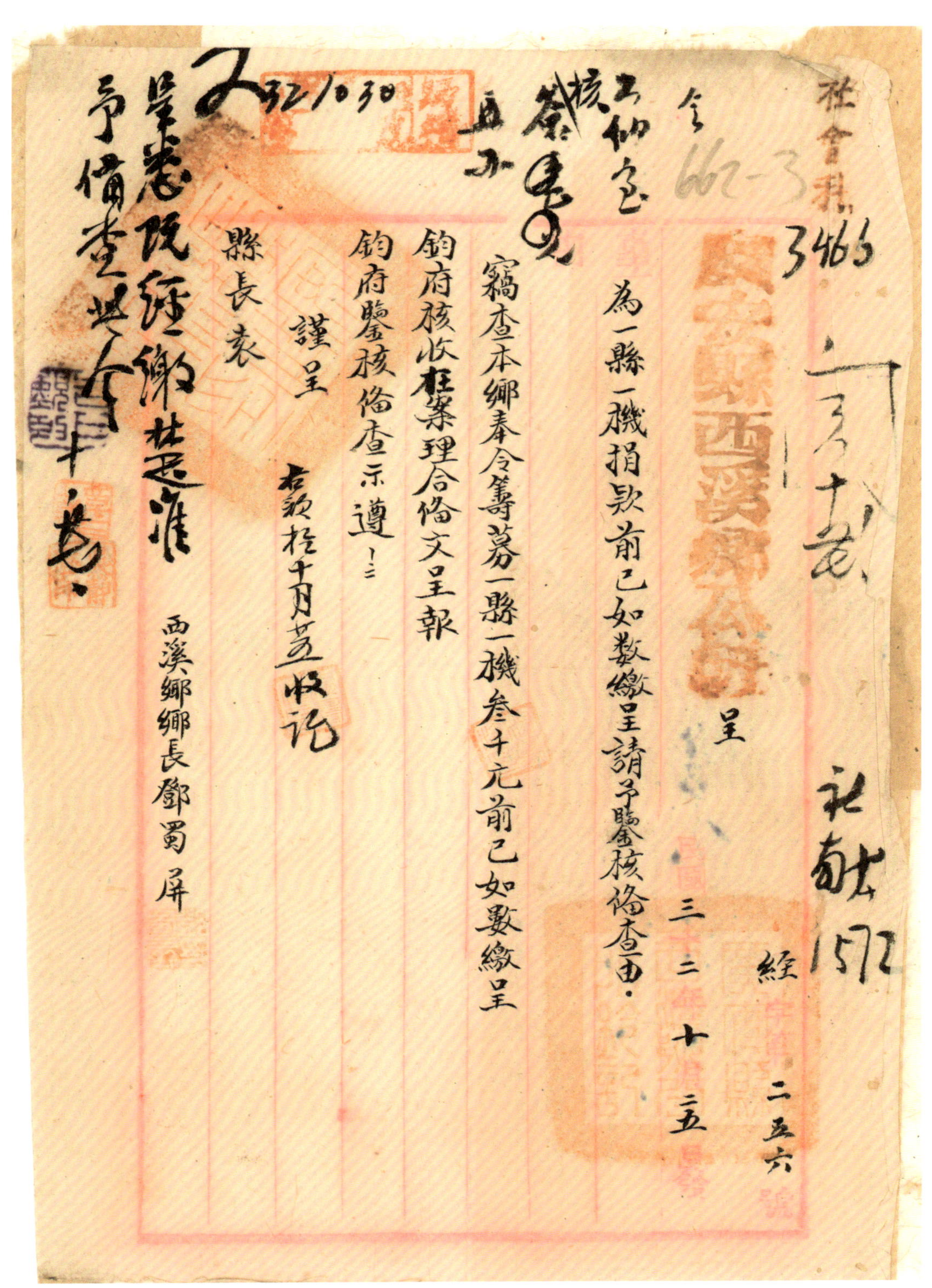
廣安縣西溪鄉公所呈　三二十五　經二五六號

為一縣一機捐款前已如數繳呈請予鑒核備查由。

竊查本鄉奉令籌募一縣一機叁千元前已如數繳呈

鈞府核收在案理合備文呈報

鈞府鑒核備查示遵！

謹呈

縣長袁

西溪鄉鄉長鄧蜀屏

广安私立培文初级中学致县政府的呈（一九四三年十一月一日）

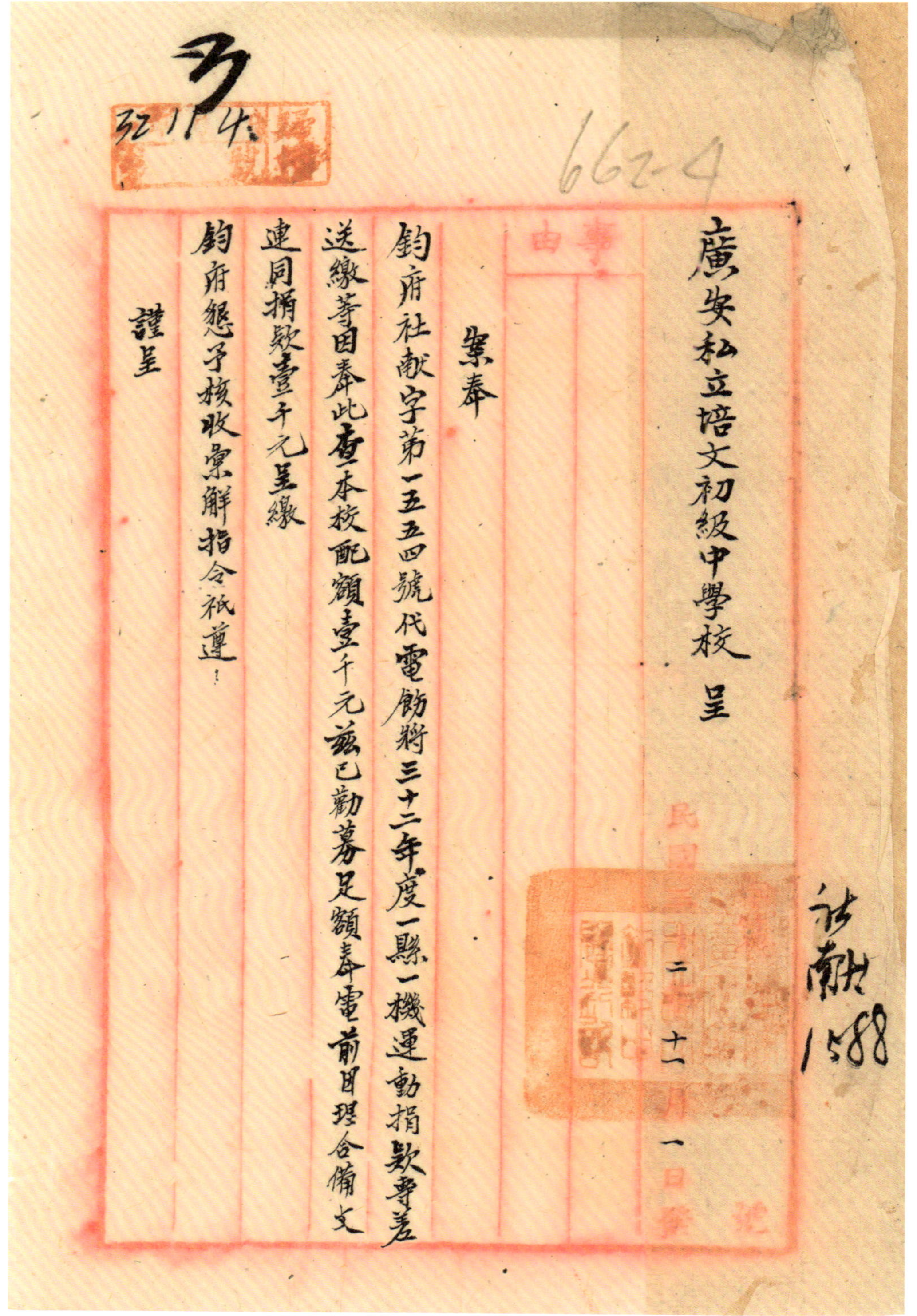
廣安私立培文初級中學校 呈

案奉

鈞府社献字第一五五四號代電飭將三十二年度一縣一機運動捐款專差送繳等因奉此查本校配額壹千元茲已勸募足額奉電前因理合備文連同捐款壹千元呈繳

鈞府懇予核收彙解指令祇遵！

謹呈

二十一月一日

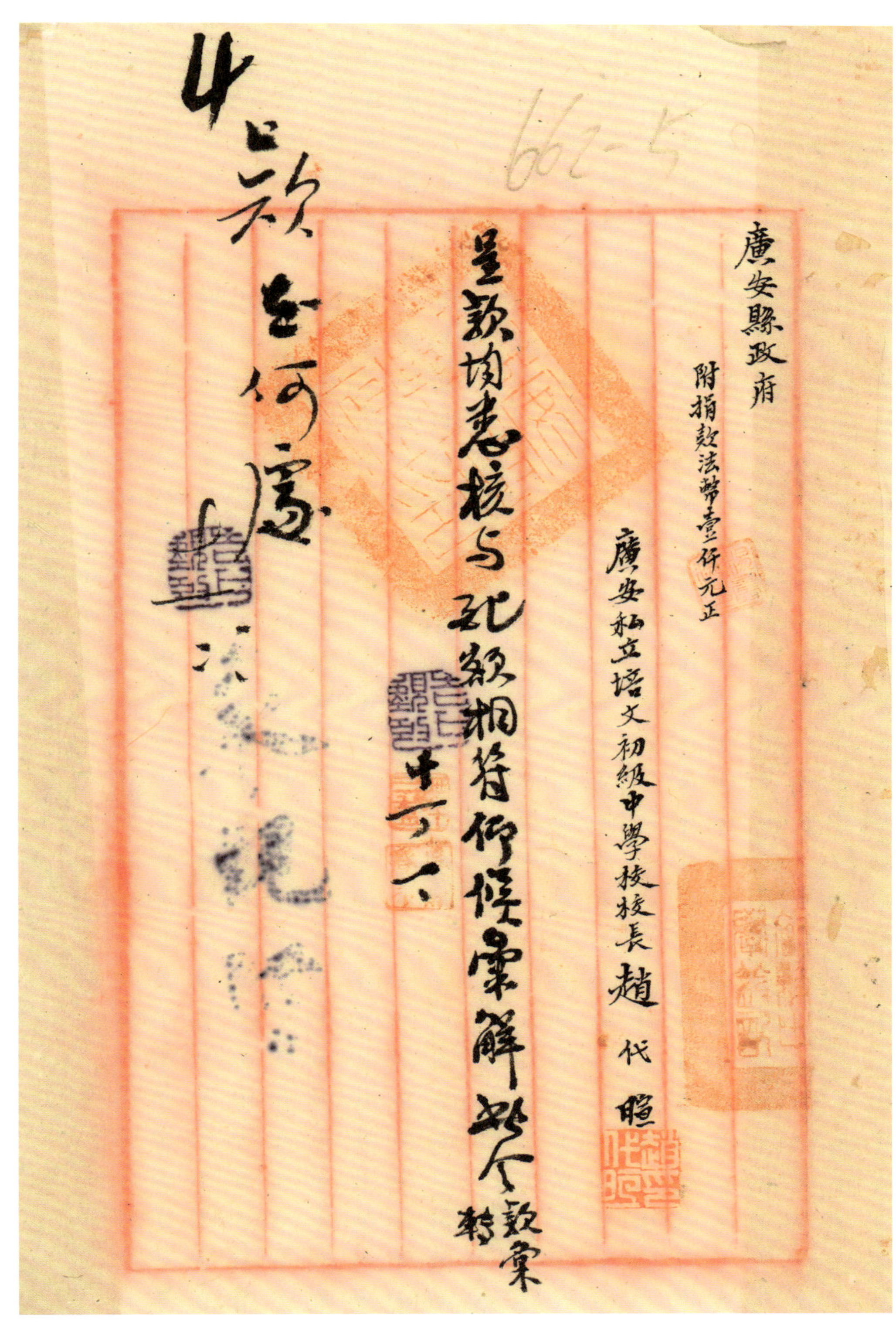

662-5

廣安縣政府

附捐款法幣壹仟元正

廣安私立培文初級中學校校長趙　代　聰

呈款均悉核與孔叙桐暨何俊案解款令 款案 轉

十一、八

4日款至何處

广安县三胜乡公所致县政府的呈（一九四三年十一月二日）

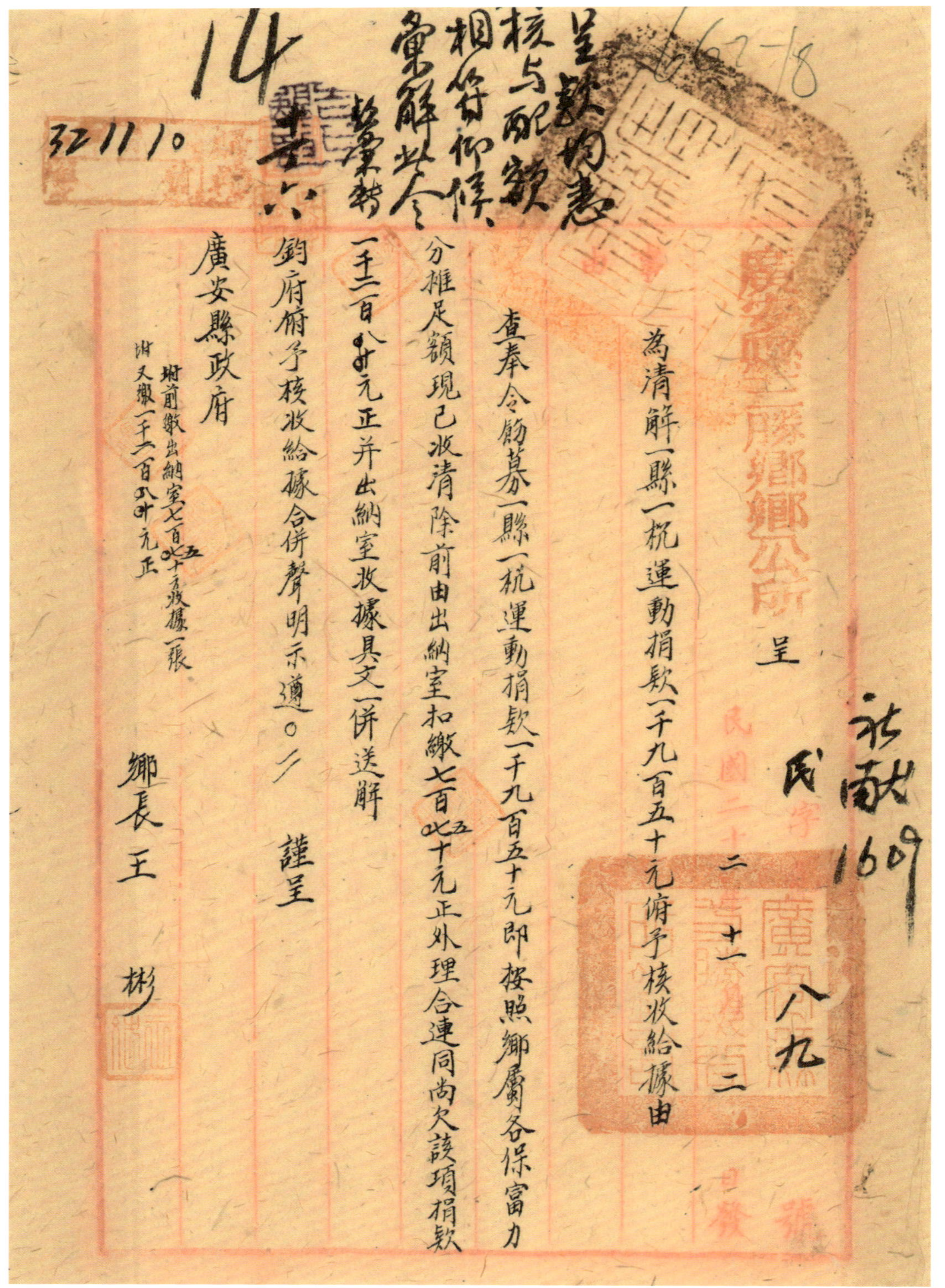

呈款均悉核与配款相符仰候彙解此令

廣安縣三勝鄉公所 呈

民國 年 十一 月 二 日發

為清解一縣一杭運動捐款一千九百五十元俯予核收給據由

查奉令飭募一縣一杭運動捐款一千九百五十元即按照鄉屬各保富力分推足額現已收清除前由出納室扣繳七百七十五元正外理合連同尚欠該項捐款一千一百八十元正并出納室收據具文一併送解

鈞府俯予核收給據合併聲明示遵。

謹呈

廣安縣政府

附前繳出納室七百七十五元收據一張

計又繳一千一百八十元正

鄉長 王彬

广安县护安乡公所致县政府的呈（一九四三年十一月九日）

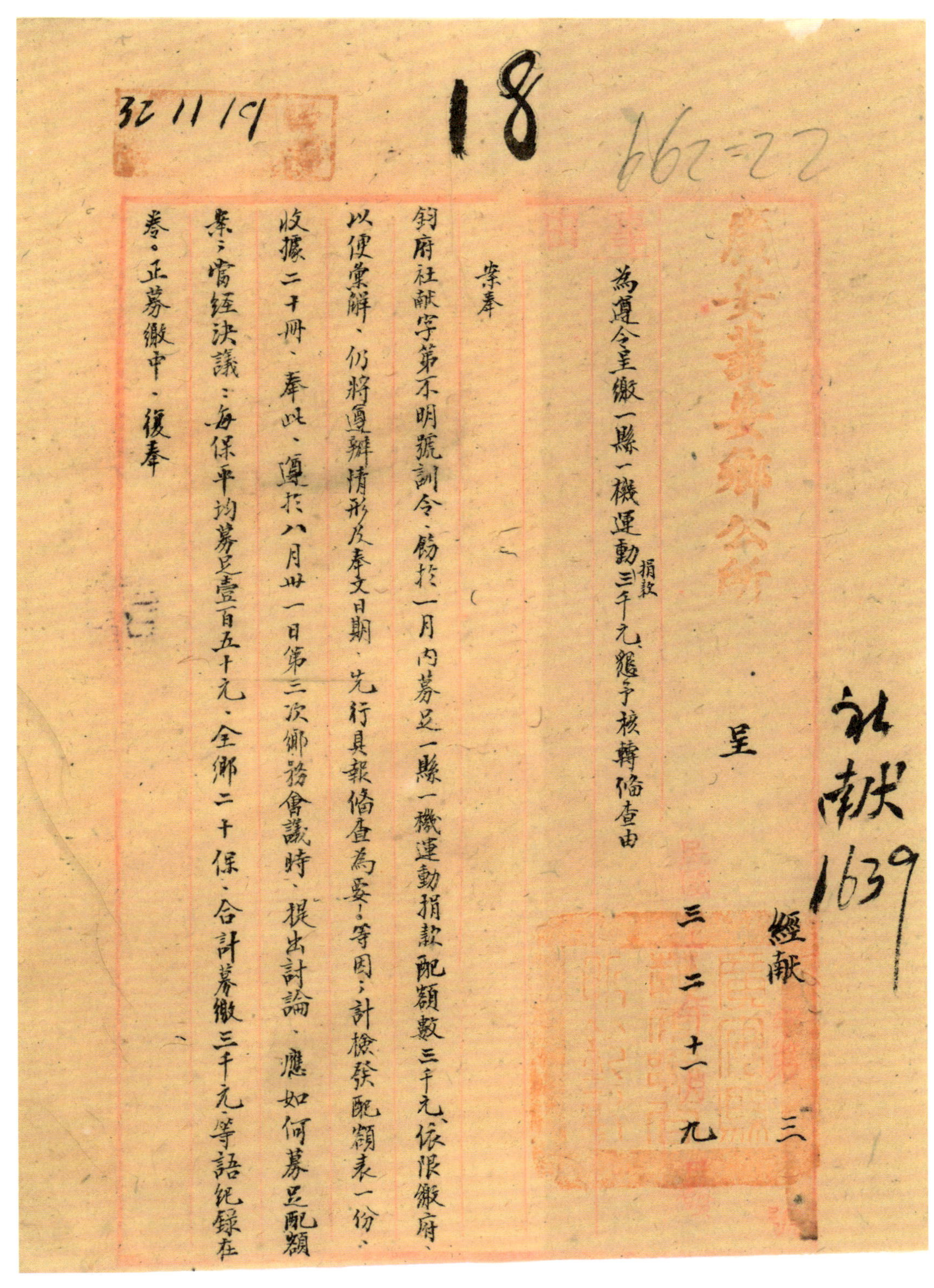

廣安護安鄉公所

為遵令呈繳一縣一機運動捐款三千元，懇予核轉備查由

呈

經獻 三

三二 十一 九

案奉

鈞府社獻字第不明號訓令，飭於一月內募足一縣一機運動捐款配額數三千元，依限繳府，以便彙解，仍將遵辦情形及奉文日期，先行具報備查為要！等因；計檢發配額表一份，奉此，遵於八月卅一日第三次鄉務會議時，提出討論，應如何募足配額案，當經決議：每保平均募足壹百五十元，全鄉二十保，合計募繳三千元，等語紀錄在卷。正募繳中，復奉

17

662-23

鈞府社猷字第一五五五號電令催繳，限電到日内，將該項捐款專差繳府，各等因；奉

此，查該項捐款三千元，刻已由各保陸續募足繳所，理合將捐款三千元，隨文報解

鈞府核轉備查　示遵！

謹呈

縣長　袁

附繳呈一縣一機運動捐款法幣三千元

鄉長　熊燕樺

呈款均悉，核与配额相符，業予驗收。惟捐款人收據存根未同時繳府，仰迅呈繳前來，以便彙報為要。此令。款暂存。

十一、十三

广安县立女子中学致县政府的呈（一九四三年十一月十五日收）

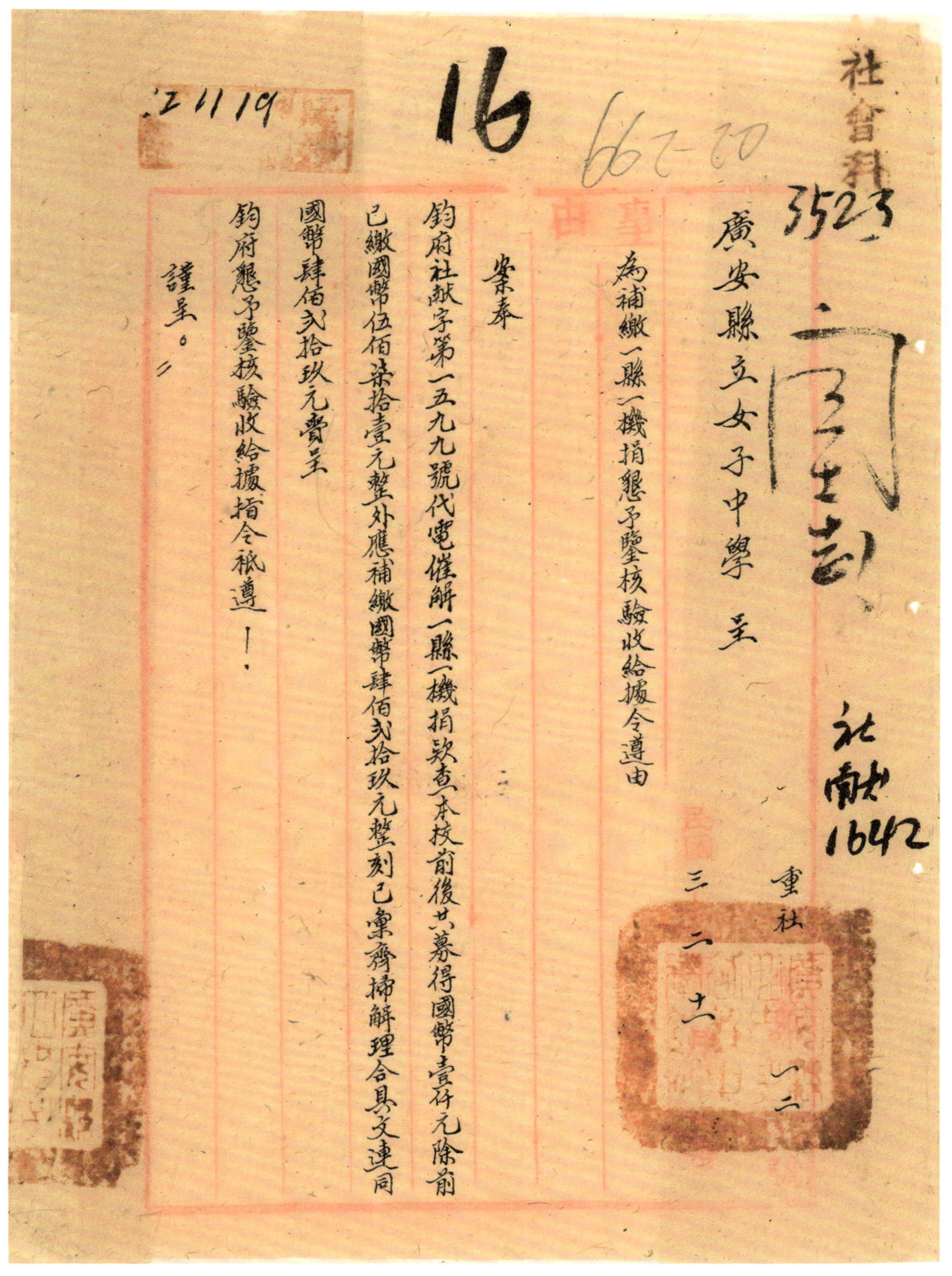
社會科

3523

16

32 11 19

66-60

廣安縣立女子中學 呈

為補繳一縣一機捐懇予鑒核驗收給據令遵由

案奉

鈞府社献字第一五九九號代電催解一縣一機捐款，查本校前後共募得國幣壹仟元，除前已繳國幣伍佰柒拾壹元整外，應補繳國幣肆佰貳拾玖元整，刻已彙齊掃解，理合具文連同國幣肆佰貳拾玖元賫呈

鈞府懇予鑒核驗收給據，指令祇遵！

謹呈。

社獻 1642

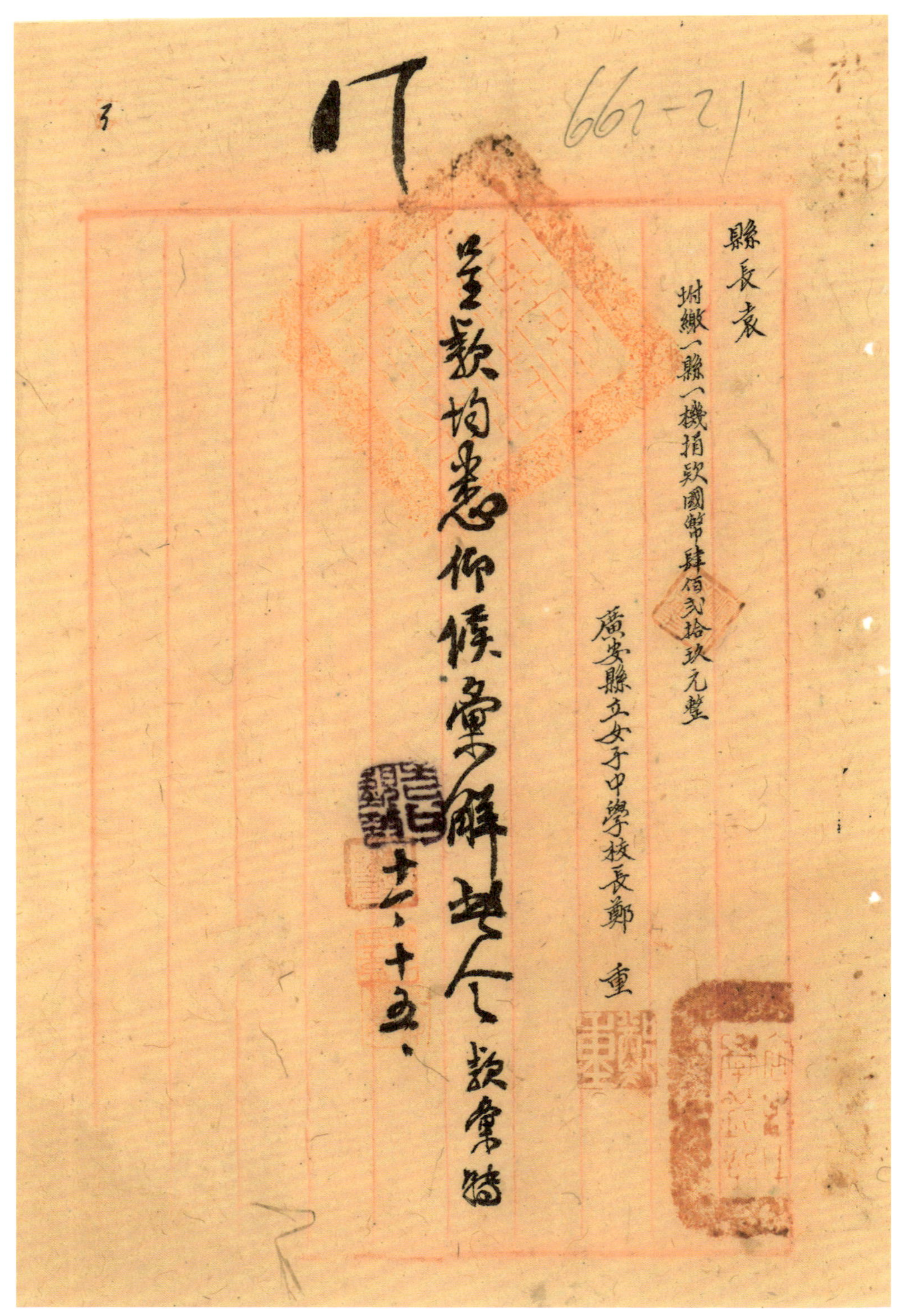

行

3

662-21

縣長袁

解繳一縣一機捐款國幣肆佰貳拾玖元整

廣安縣立女子中學校長鄭　重

呈款均悉，仰候彙解。此令。

十六、十五、

款彙[illegible]

广安私立储英中学致县政府的呈（一九四三年十一月十七日）

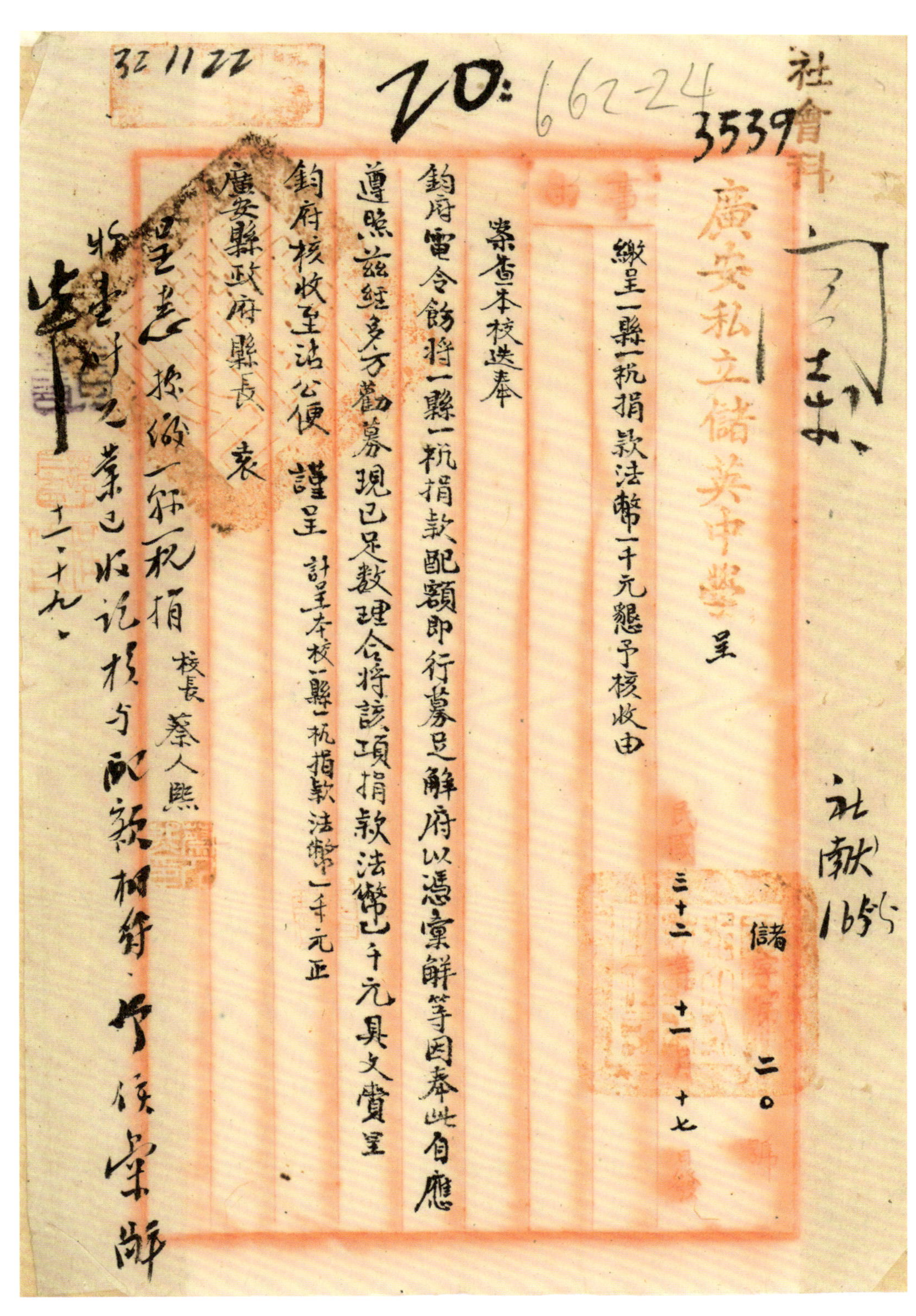

廣安私立儲英中學　呈

繳呈一縣一机捐款法幣一千元懇予核收由

案查本校迭奉

鈞府電令飭將一縣一机捐款配額即行募足解府以憑彙解等因奉此自應

遵照茲經多方勸募現已足數理合將該項捐款法幣一千元具文賫呈

鈞府核收至諒公便　謹呈

廣安縣政府縣長　袁

呈表　捺繳一縣一机捐

計呈本校一縣一机捐款法幣一千元正

校長　秦人熙

民國三十二年十一月十七日

儲二〇

广安县浓溪乡公所致县政府的呈（一九四三年十一月二十三日）

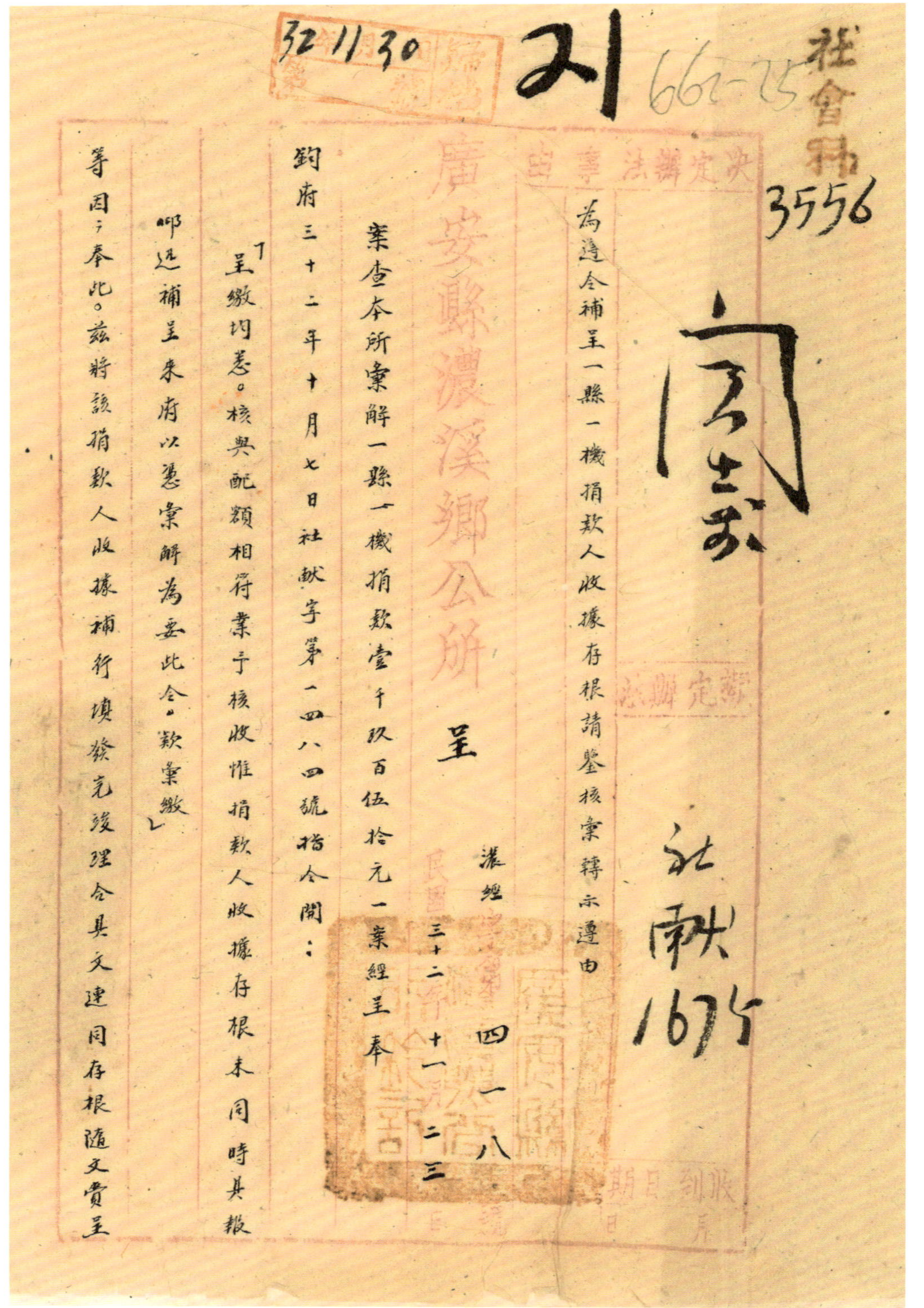

為遵令補呈一縣一機捐款人收據存根請鑒核彙轉示遵由

廣安縣濃溪鄉公所　呈

濃經　四一八　三十二　十一　二三

案查本所彙解一縣一機捐款壹千玖百伍拾元一案，經呈奉

鈞府三十二年十月七日社献字第一四八四號指令開：

「呈繳均悉。核與配額相符，業予核收。惟捐款人收據存根未同時具報，仰迅補呈來府，以憑彙解為要。此令。」款彙繳

等因。奉此。茲將該捐款人收據補行填發完竣，理合具文連同存根隨文賫呈

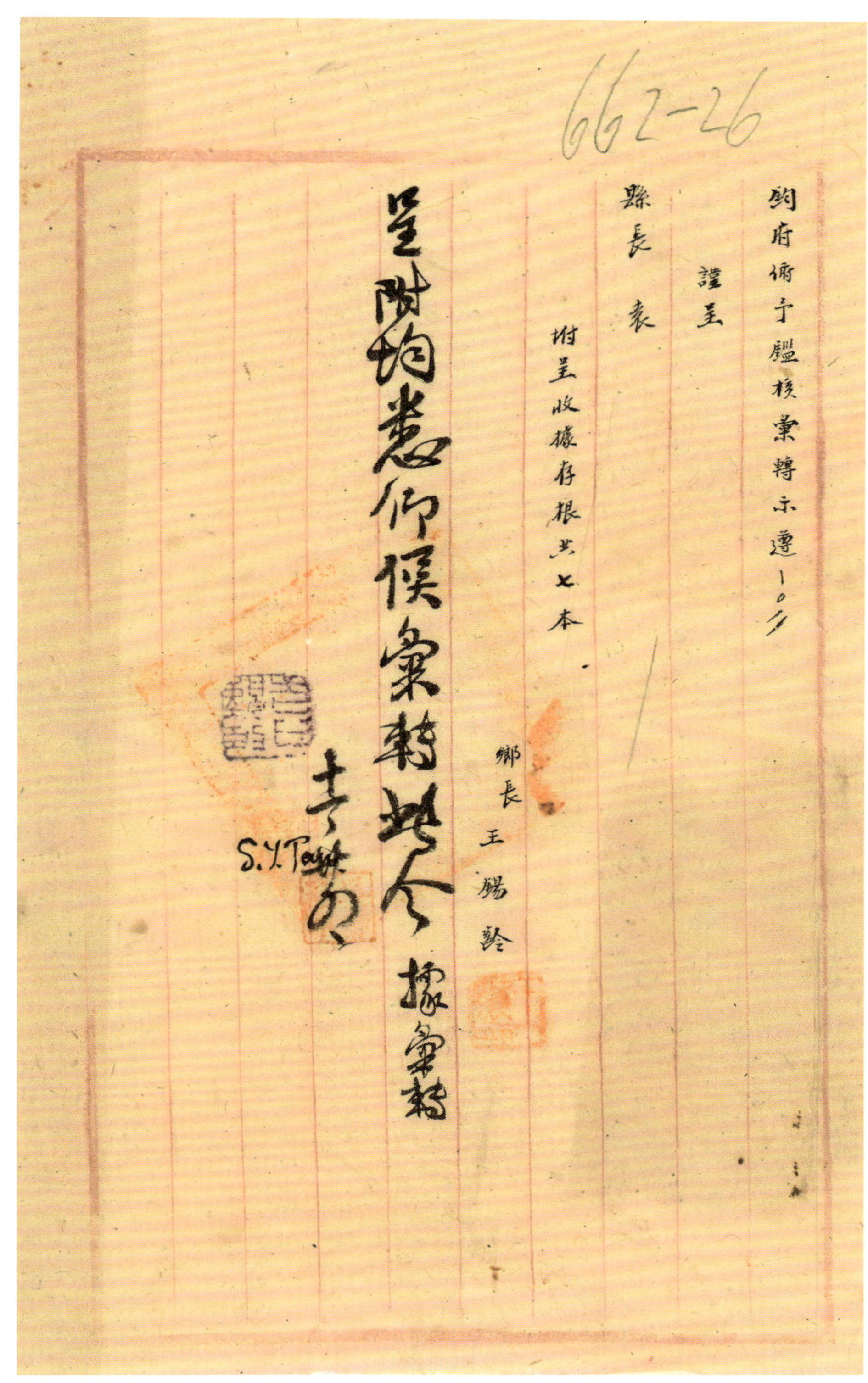
鈞府俯予鑒核彙轉示遵

謹呈

縣長 袁

附呈收據存根共七本。

鄉長 王錫齡

呈附均悉仰候彙轉此令 據彙轉

十一、卅

S.Y.Tsai

广安县观塘乡公所致县政府的呈（一九四三年十二月十四日）

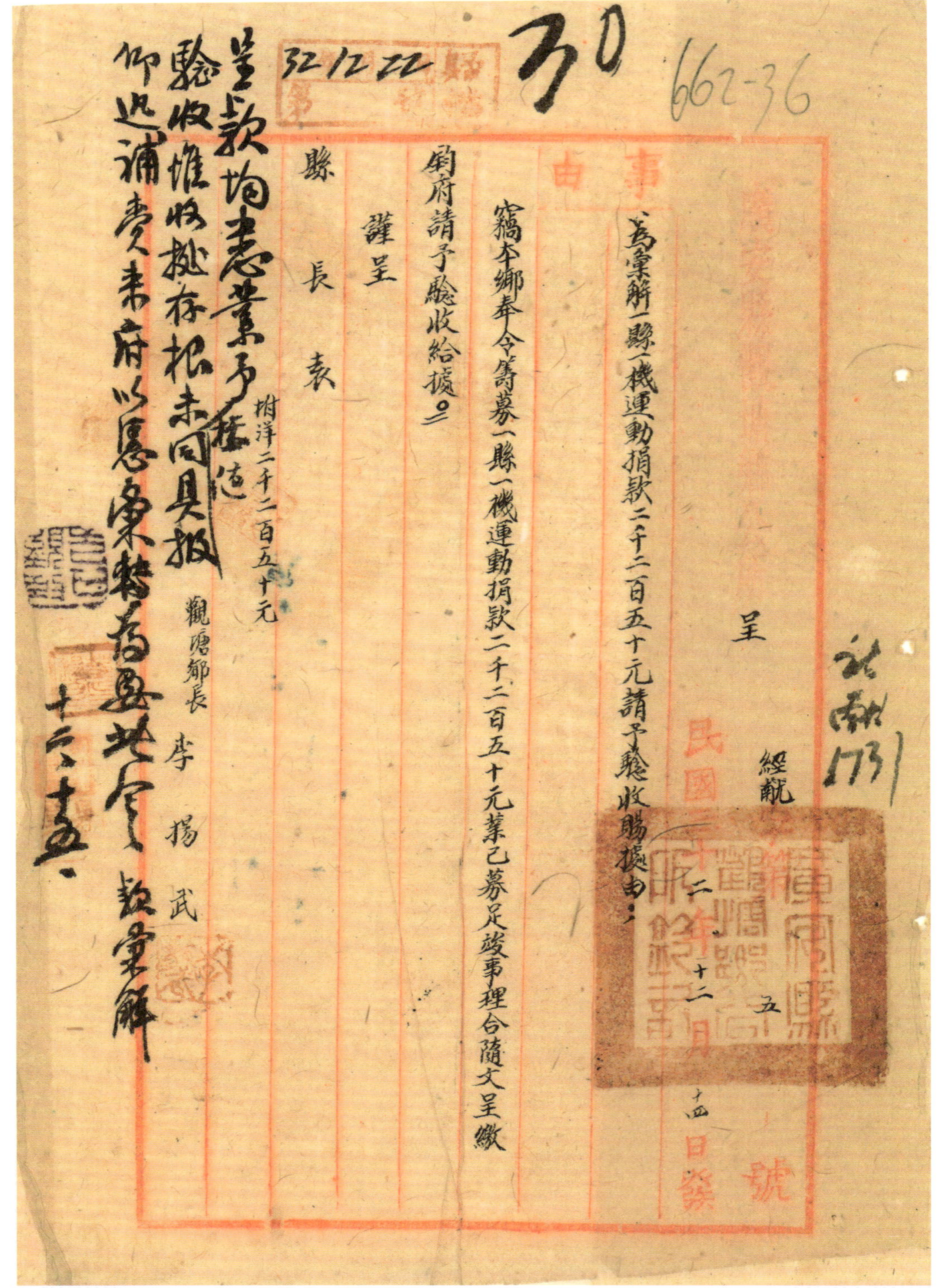
事由：为汇解一县一机运动捐款二千二百五十元请予验收赐据由。

呈 经航 字第 五 号

民国三十二年十二月十四日发

窃本乡奉令筹募一县一机运动捐款二千二百五十元，业已募足，兹事理合随文呈缴

钧府请予验收给据。

谨呈

县长袁

捐洋二千二百五十元

观塘乡长 李扬武

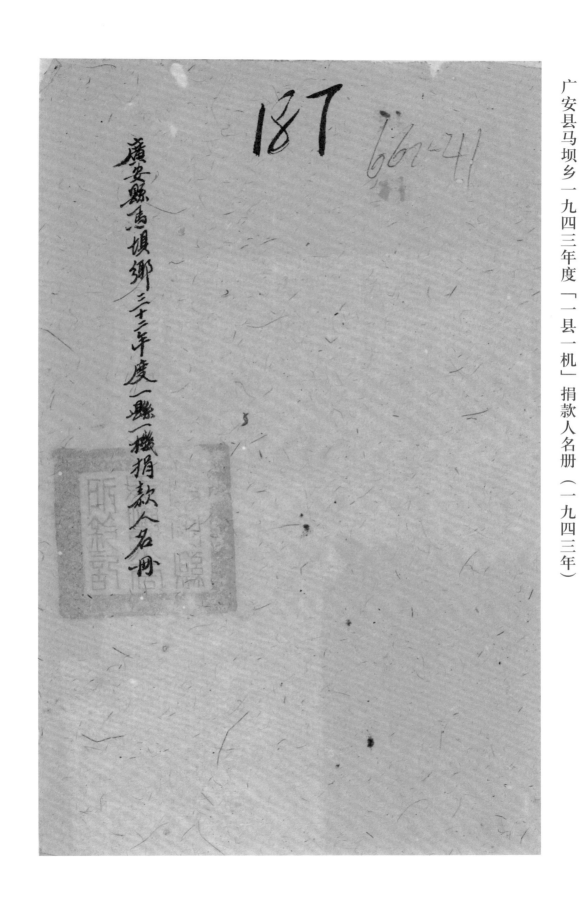

广安县马坝乡一九四三年度「一县一机」捐款人名册（一九四三年）

廣安縣馬墩鄉造具三十二年度一縣一機捐款人名清册

保別	姓名	籍貫	職業	捐款金額	備攷
一	唐明珠	廣安	農	一九〇〇元	
一	唐明金	廣安	農	一九〇〇	
一	唐占泉	廣安	商	一九〇〇	
一	唐明燦	廣安	農	一九〇〇	
一	鄧存源	廣安	農	一九〇〇	
一	陳盛均	廣安	學	一九〇〇	
一	陳盛興	廣安	農	一九〇〇	
一	黃茂柏	廣安	商	一九〇〇	

一 炉海山 廣安 農 一九〇〇
一 唐吉軒 廣安 商 一九〇〇
二 蔣静修 廣安 學 七〇〇
二 文遠富人啓 廣安 農 六〇〇
二 譚代松光已 廣安 農 七〇〇
二 譚代潚信 廣安 農 六〇〇
二 譚江氏萬仗 廣安 農 六〇〇
二 陳昌榮 廣安 農 六〇〇
二 陳昌壽 廣安 農 六〇〇
二 周吉德云 廣安 農 七〇〇

189 662-44

二	譚萬祿	廣安	農	七〇〇
二	譚萬高	廣安	農	七〇〇
二	魁润富、騰昭贵	廣安	農	六〇〇
二	譚光純、譚萬芝	廣安	農	六〇〇
二	譚代金、譚代揮	廣安	農	七〇〇
二	譚萬志、譚萬佑	廣安	農	六〇〇
二	譚傅氏、譚代亨	廣安	農	六〇〇
二	譚代荣、王光貴	廣安	農	七〇〇
二	譚代玉	廣安	農	六〇〇
二	譚胡氏	廣安	農	六〇〇

二	陳盛文 武文	廣安	農	一二〇〇
二	刘光艮	廣安	農	四〇〇
二	刘有六 光地	廣安	農	三〇〇
二	張倩蘭 揚鏈鈞	廣安	農	七〇〇
二	彭道貴 楊官錫	廣安	農	六〇〇
二	于隆華 彭萬氏	廣安	農	六〇〇
二	特法之	廣安	農	一二〇〇
二	唐致地 昌三林	廣安	農	四〇〇
二	彭安廷 許才遂	廣安	農	三〇〇
二	文餘氏	廣安	農	六〇〇

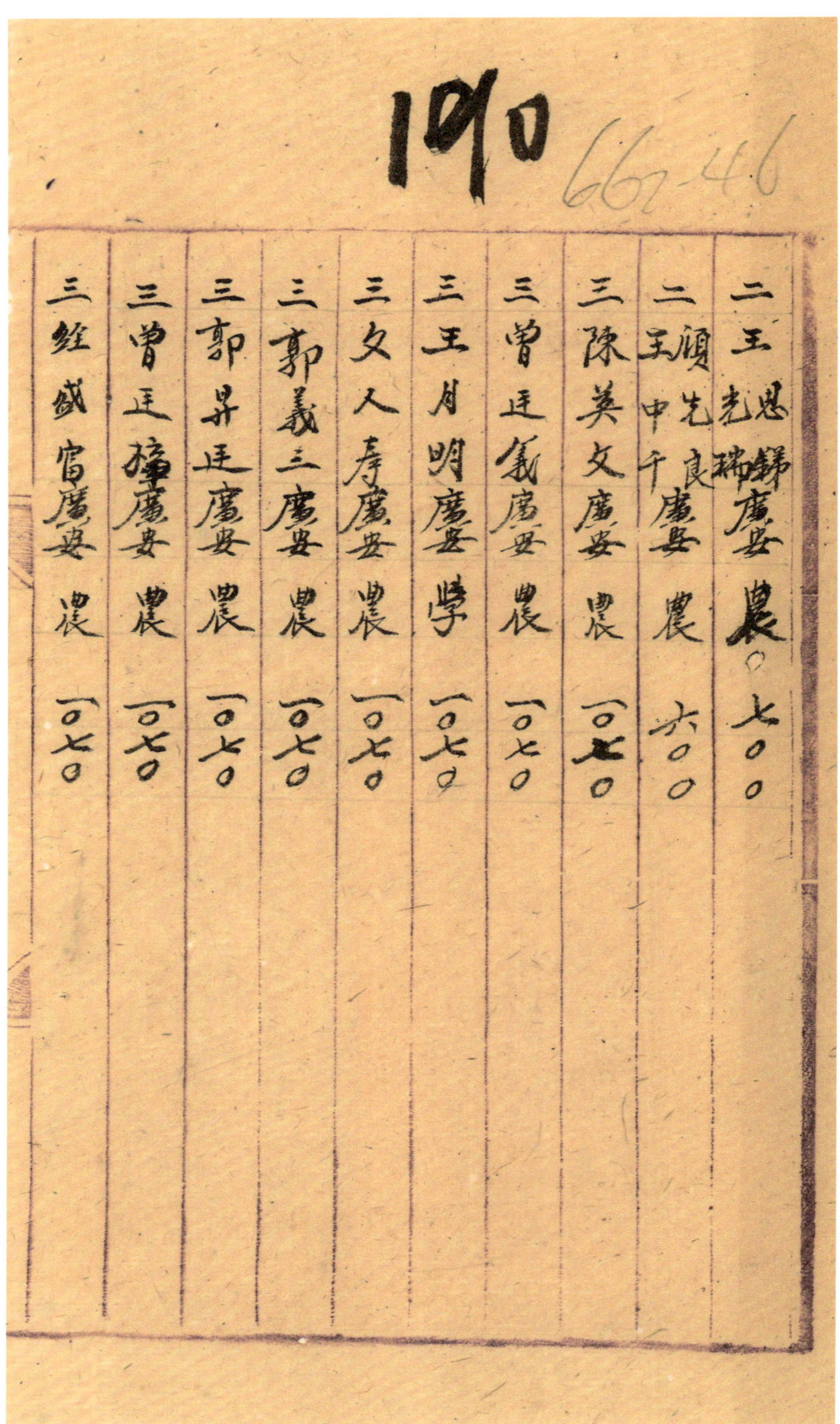

190

662-46

二 王恩锡 光瑞 广安 农 〇七〇〇

二 王顺中 先良 千 广安 农 六〇〇

三 陈英文 广安 农 一〇七〇

三 曾廷义 广安 农 一〇七〇

三 王月明 广安 学 一〇七〇

三 文人寿 广安 农 一〇七〇

三 郭义三 广安 农 一〇七〇

三 郭升廷 广安 农 一〇七〇

三 曾廷璋 广安 农 一〇七〇

三 经盛官 广安 农 一〇七〇

三	陳海泉	廣安	農	一〇七
三	陳盛芳	廣安	農	一〇七
四	陳英煥	廣安	農	二〇〇
四	陳盛文	廣安	農	二〇〇
四	陳英海	廣安	農	二〇〇
四	陳英貴	廣安	農	二〇〇
四	陳英河	廣安	農	二〇〇
四	陳盛圓	廣安	農	二〇〇
四	陳騏輪	廣安	農	二〇〇
四	陳盛漁	廣安	農	二〇〇

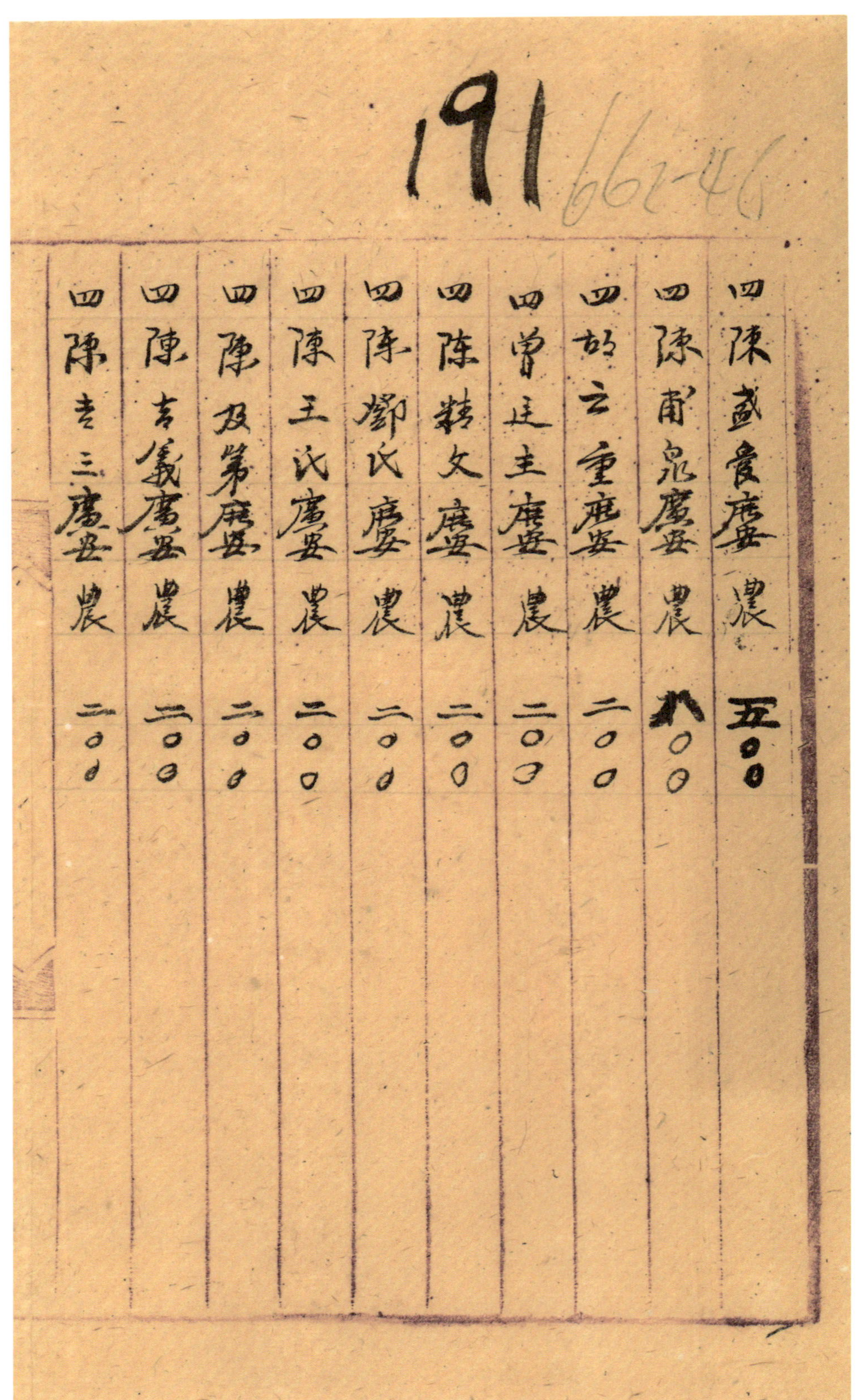
191 662-46

四	陈盛贵	广安	农	五〇〇
四	陈甫泉	广安	农	八〇〇
四	胡云重	广安	农	二〇〇
四	曾廷主	广安	农	二〇〇
四	陈精文	广安	农	二〇〇
四	陈邓氏	广安	农	二〇〇
四	陈王氏	广安	农	二〇〇
四	陈及第	广安	农	二〇〇
四	陈吉义	广安	农	二〇〇
四	陈吉三	广安	农	二〇〇

四	陳顧氏	慶安	農	二〇〇
四	陳英方	慶安	農	二〇〇
四	陳吉球	慶安	農	二〇〇
四	陳玉山	慶安	農	二〇〇
四	陳吉湖	慶安	農	五〇〇
四	陳英俊	慶安	農	五〇〇
四	陳英福	慶安	農	五〇〇
四	胡紹慶	慶安	農	五〇〇
四	李世文	慶安	農	五〇〇
四	陳超榜	慶安	農	四〇〇

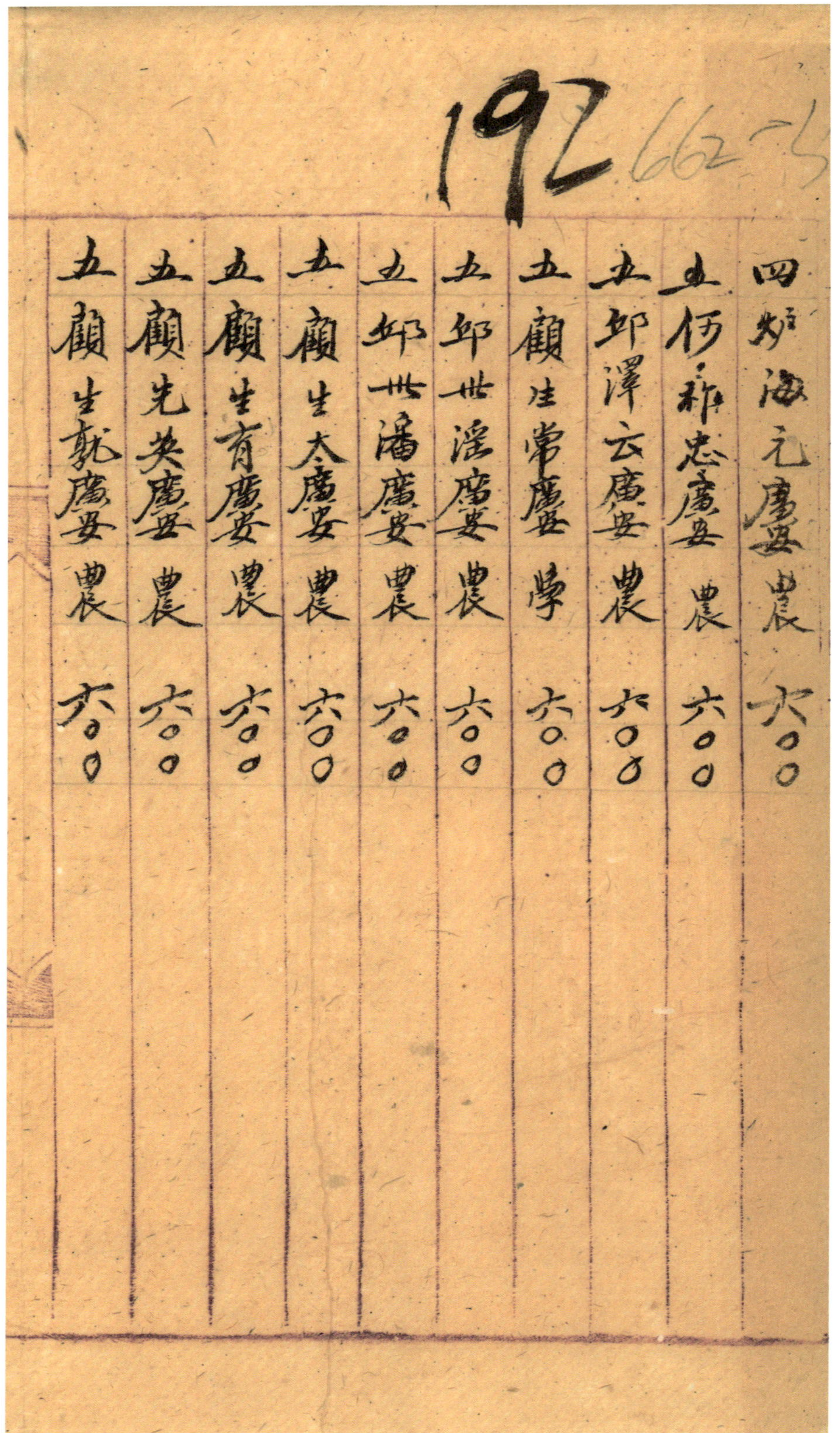

192 662-5

四	炉海元	廣安	農	六〇〇
五	伍称忠	廣安	農	六〇〇
五	邱澤云	廣安	農	六〇〇
五	顧生常	廣安	學	六〇〇
五	邱世滛	廣安	農	六〇〇
五	邱世潘	廣安	農	六〇〇
五	顧生太	廣安	農	六〇〇
五	顧生育	廣安	農	六〇〇
五	顧先英	廣安	農	六〇〇
五	顧生就	廣安	農	六〇〇

五	顧庠珍	慶安	農	六〇〇
五	顧紹南	慶安	農	六〇〇
五	顧紹淦	慶安	學	六〇〇
五	顧光農	慶安	農	六〇〇
五	顧生地	慶安	農	六〇〇
五	唐啓蓀	慶安	農	六〇〇
五	顧紹承	慶安	農	六〇〇
五	須紹春	慶安	農	六〇〇
五	須紹云	慶安	農	六〇〇
五	顧瑞之	慶安	農	六〇〇

五	吴海山	廣安	農	六〇〇
五	吴祚言	廣安	農	六〇〇
五	顧紹堯	廣安	農	六〇〇
五	顧玉池	廣安	農	六〇〇
五	顧書田	廣安	農	六〇〇
五	顧松年	廣安	農	六〇〇
五	顧玉川	廣安	農	六〇〇
五	顧秋煩	廣安	畢	六〇〇
五	顧珊珍	廣安	學	六〇〇
五	張兴政	廣安	農	二〇〇

五	張侍伯	廣安	農	六〇〇
六	王運啓	廣安	農	二〇〇
六	顧紹慶	廣安	農	七〇〇
六	顧杜氏	廣安	農	三〇〇
六	顧理堂	廣安	農	四〇〇
六	顧生世	廣安	學	九〇〇
六	顧生顧	廣安	農	五〇〇
六	顧生華	廣安	工	五〇〇
六	顧紹蘭	廣安	商	八〇〇
六	顧德南	廣安	農	二〇〇

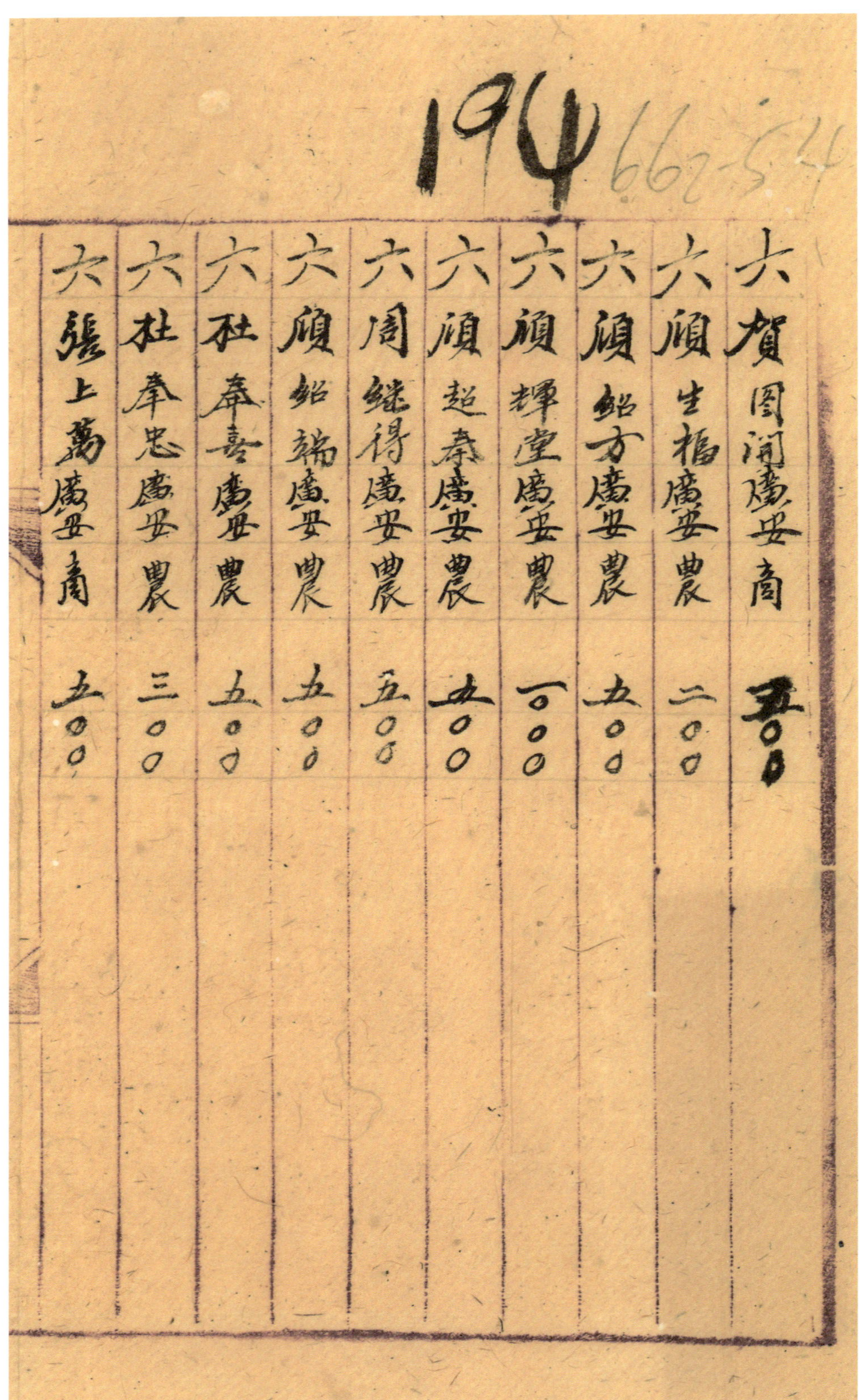

194 662-5-4

保	姓名	籍贯	职业	金额
六	賀圖澗	廣安	商	五〇〇
六	顧生福	廣安	農	二〇〇
六	顧紹方	廣安	農	五〇〇
六	顧輝堂	廣安	農	一〇〇〇
六	顧超奉	廣安	農	五〇〇
六	周繼得	廣安	農	五〇〇
六	顧紹端	廣安	農	五〇〇
六	杜奉喜	廣安	農	五〇〇
六	杜奉忠	廣安	農	三〇〇
六	張上萬	廣安	商	五〇〇

六	顧	紹澄	廣安	農	一〇〇
六	顧	紹潤	廣安	農	六〇〇
六	顧	紹芝	廣安	農	一〇〇
六	劉	光錫	廣安	農	五〇〇
六	顧	生徽	廣安	農	五〇〇
六	顧	高聯	廣安	農	一〇〇
六	顧	生通	廣安	學	五〇〇
六	張	特蓉	廣安	工	五〇〇
六	周	治學	廣安	農	四〇〇
六	顧	生才	廣安	農	五〇〇

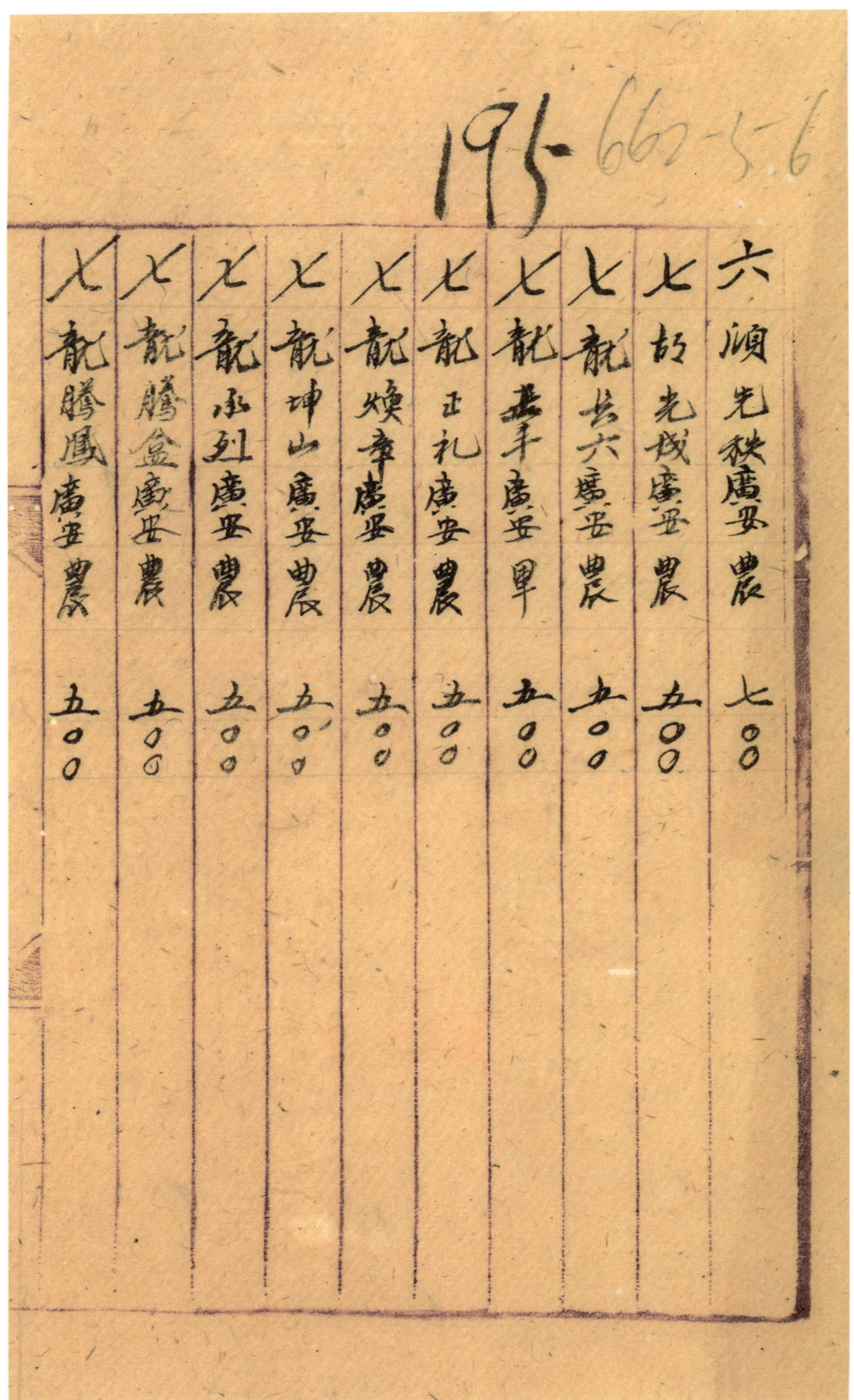

195-662-5-6

六	順先秩	廣安	農	七〇〇
七	胡光域	廣安	農	五〇〇
七	龍世六	廣安	農	五〇〇
七	龍華手	廣安	畢	五〇〇
七	龍正礼	廣安	農	五〇〇
七	龍煥章	廣安	農	五〇〇
七	龍坤山	廣安	農	五〇〇
七	龍丞烈	廣安	農	五〇〇
七	龍騰盆	廣安	農	五〇〇
七	龍騰鳳	廣安	農	五〇〇

66-2-57

七 龍貴明 廣安 農 五〇〇
七 龍承礼 廣安 農 五〇〇
七 龍承義 廣安 農 五〇〇
七 龍正印 廣安 農 五〇〇
七 順紹官 廣安 農 五〇〇
七 龍騰洪 廣安 工 五〇〇
七 龍正册 廣安 農 五〇〇
七 龍正坤 廣安 農 五〇〇
七 龍正要 廣安 工 五〇〇
七 龍正吉 廣安 学 五〇〇

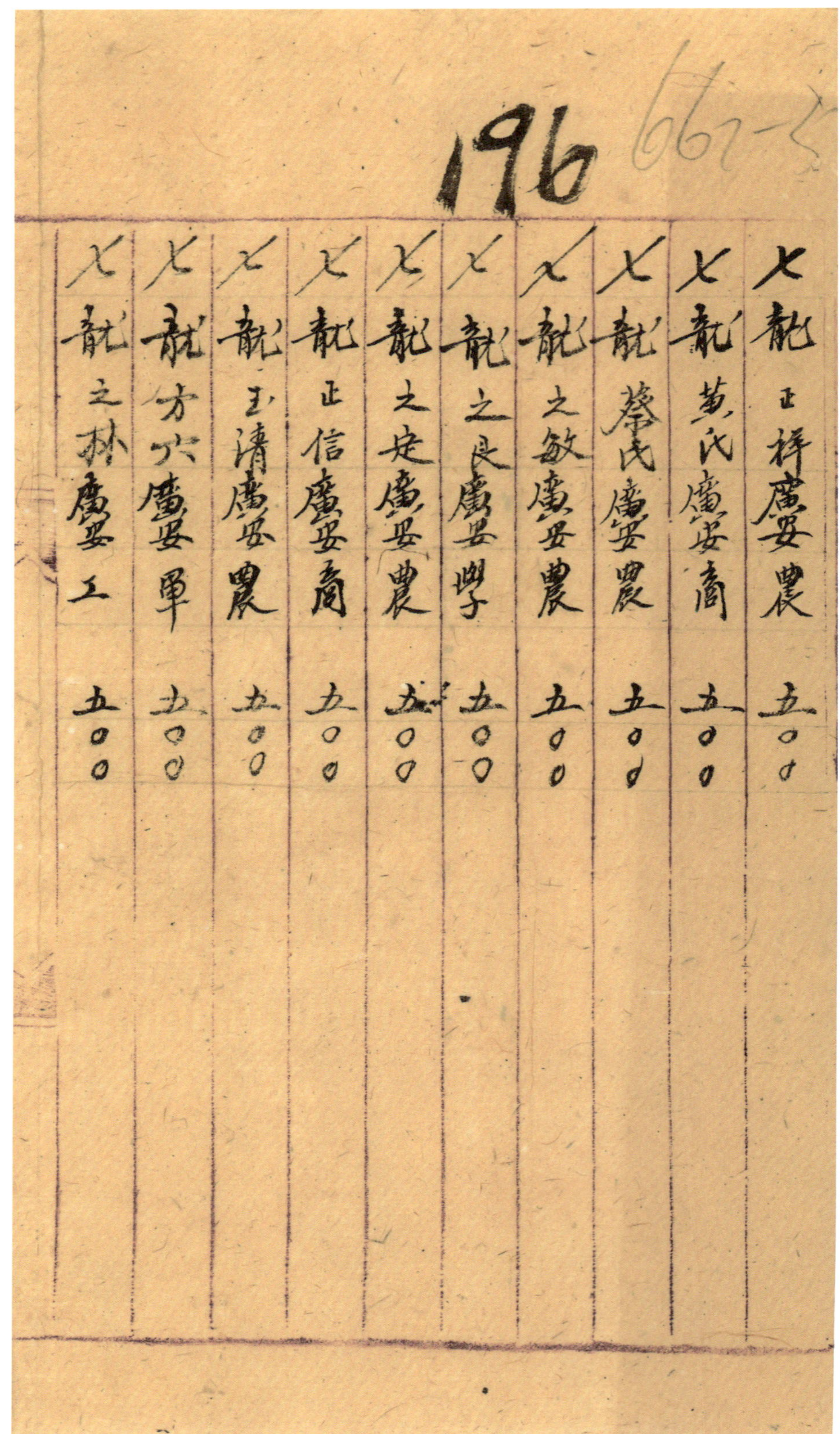

196　661-5

七龍	正祥	廣安	農	五〇〇
七龍	黄氏	廣安	商	五〇〇
七龍	蔡氏	廣安	農	五〇〇
七龍	之敏	廣安	農	五〇〇
七龍	之良	廣安	學	五〇〇
七龍	之定	廣安	農	五〇〇
七龍	正信	廣安	商	五〇〇
七龍	玉清	廣安	農	五〇〇
七龍	方六	廣安	軍	五〇〇
七龍	之林	廣安	工	五〇〇

662-59

七	歆议云	廣安	農	五〇〇
八	肖仿恩	廣安	商	四〇〇
八	邝玉川	廣安	學	五〇〇
八	張倚金	廣安	農	一〇〇〇
八	姜男文	廣安	工	七〇〇
八	蔣祥安	廣安	農	一〇〇〇
八	肖遠兴	廣安	單	五〇〇
八	姜万松	廣安	學	一〇〇〇
八	蔡明元	廣安	農	五〇〇
八	蔡張氏	廣安	農	四〇〇

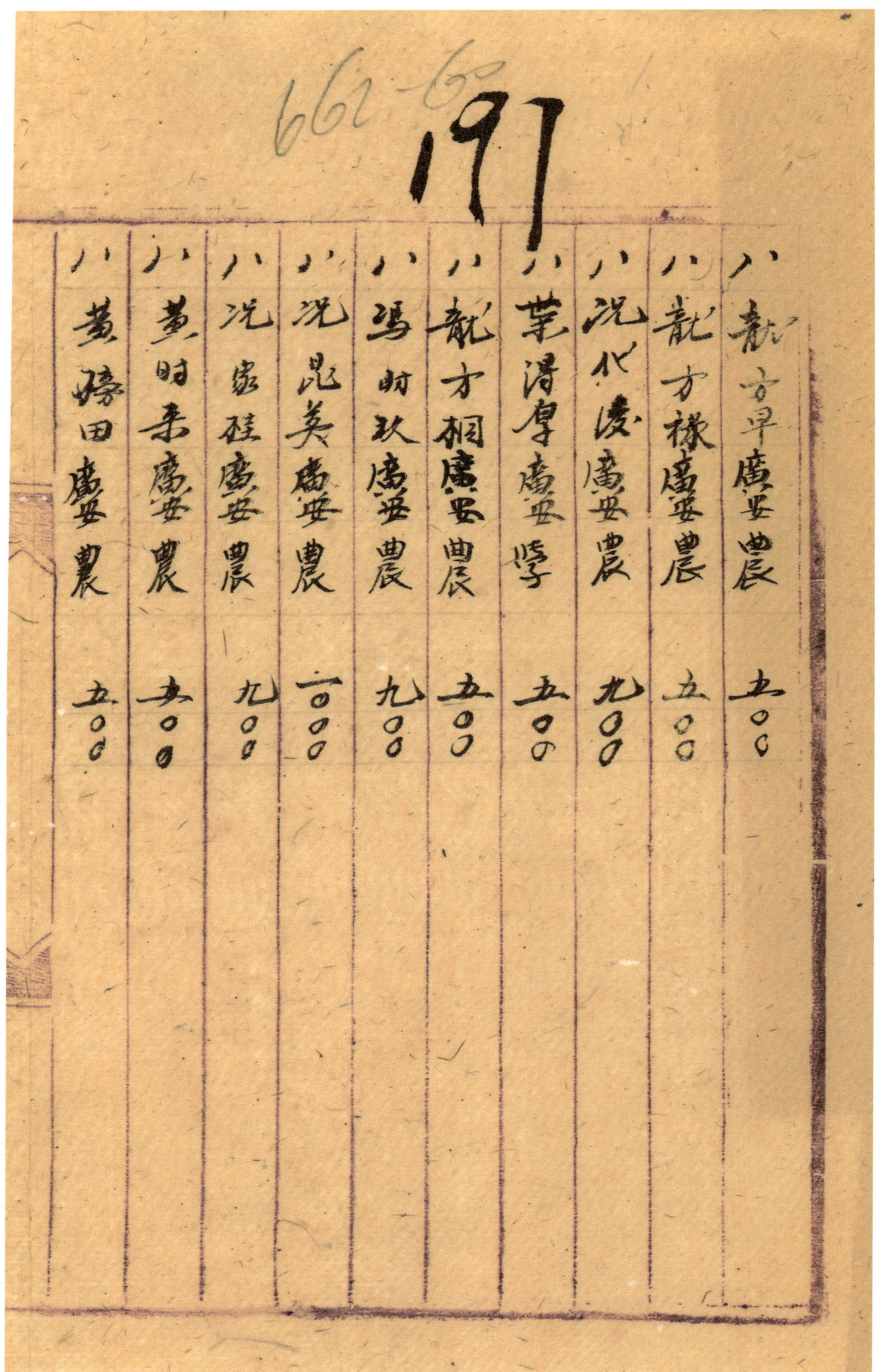

662-60

197

〃	龍方早	廣安	農	五〇〇
〃	龍方椽	廣安	農	五〇〇
〃	況代凌	廣安	農	九〇〇
〃	葉滑厚	廣安	學	五〇〇
〃	龍方桐	廣安	農	五〇〇
〃	馮时秋	廣安	農	九〇〇
〃	況昆美	廣安	農	一〇〇〇
〃	況雲桂	廣安	農	九〇〇
〃	黃时杰	廣安	農	五〇〇
〃	黃璘田	廣安	農	五〇〇

八 唐宗福 廣安 工 三〇〇

八 熊润甲 廣安 農 九〇〇

八 况家福 廣安 農 五〇〇

八 易三旺 廣安 農 九〇〇

八 熊润仕 廣安 農 五〇〇

八 刘承斌 廣安 農 五〇〇

八 刘兴全 廣安 農 五〇〇

八 文况民 廣安 工 五〇〇

八 刘太平 廣安 農 一〇〇〇

八 唐润友 廣安 農 四〇〇

198

662-62

九	顧紹才	廣安	農	五〇〇
九	顧到	廣安	商	五〇〇
九	文遠榮	廣安	農	五〇〇
九	文和道	廣安	農	一〇〇
九	楊文教	廣安	學	一〇〇
九	顧先源	廣安	農	五〇〇
九	欣銘盤	廣安	農	一〇〇
九	彭心修	廣安	農	五〇〇
九	顧紹楷	廣安	農	五〇〇
九	顧紹禮	廣安	學	五〇〇

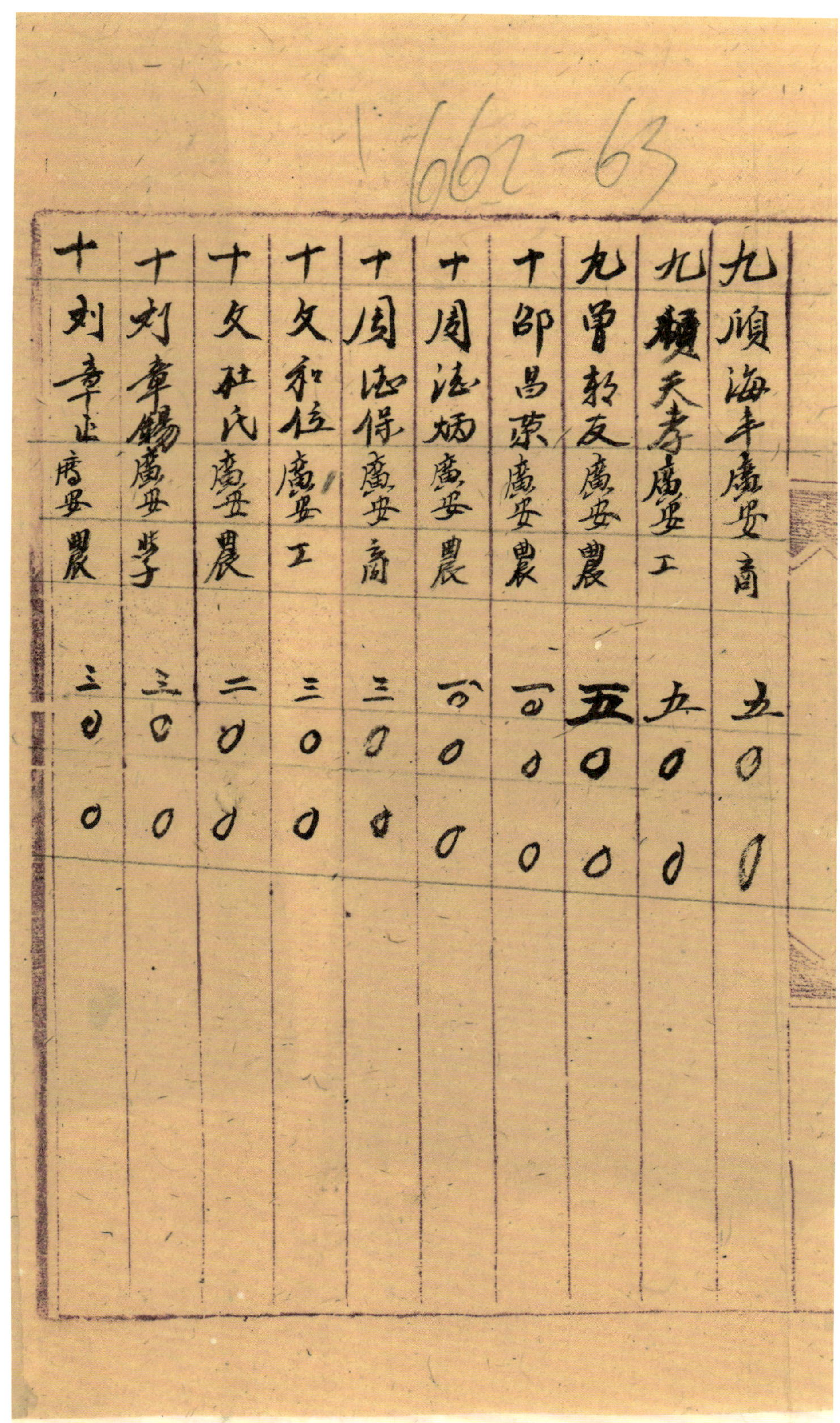
662-63

九 顺海丰 广安 商 五〇〇
九 顾天寿 广安 工 五〇〇
九 曾新友 广安 農 五〇〇
十 邵昌荣 广安 農 一〇〇
十 周法炳 广安 農 一〇〇
十 周德保 广安 商 三〇〇
十 文和位 广安 工 三〇〇
十 文杜氏 广安 農 二〇〇
十 刘章锡 广安 学 三〇〇
十 刘章正 广安 農 三〇〇

199

66-64

十	文人潮	廣安	農	五〇〇
十	彭道林	廣安	農	一〇〇〇
十	黄金益甫	廣安	商	一〇〇〇
十	胡銘云	廣安	軍	一〇〇〇
十	文人周	廣安	農	五〇〇
十	鄧德裕	廣安	工	五〇〇
十	鄧德坤	廣安	商	五〇〇
十	文人延	廣安	農	五〇〇
十	文和品	廣安	農	五〇〇
十	文自斌	廣安	農	五〇〇

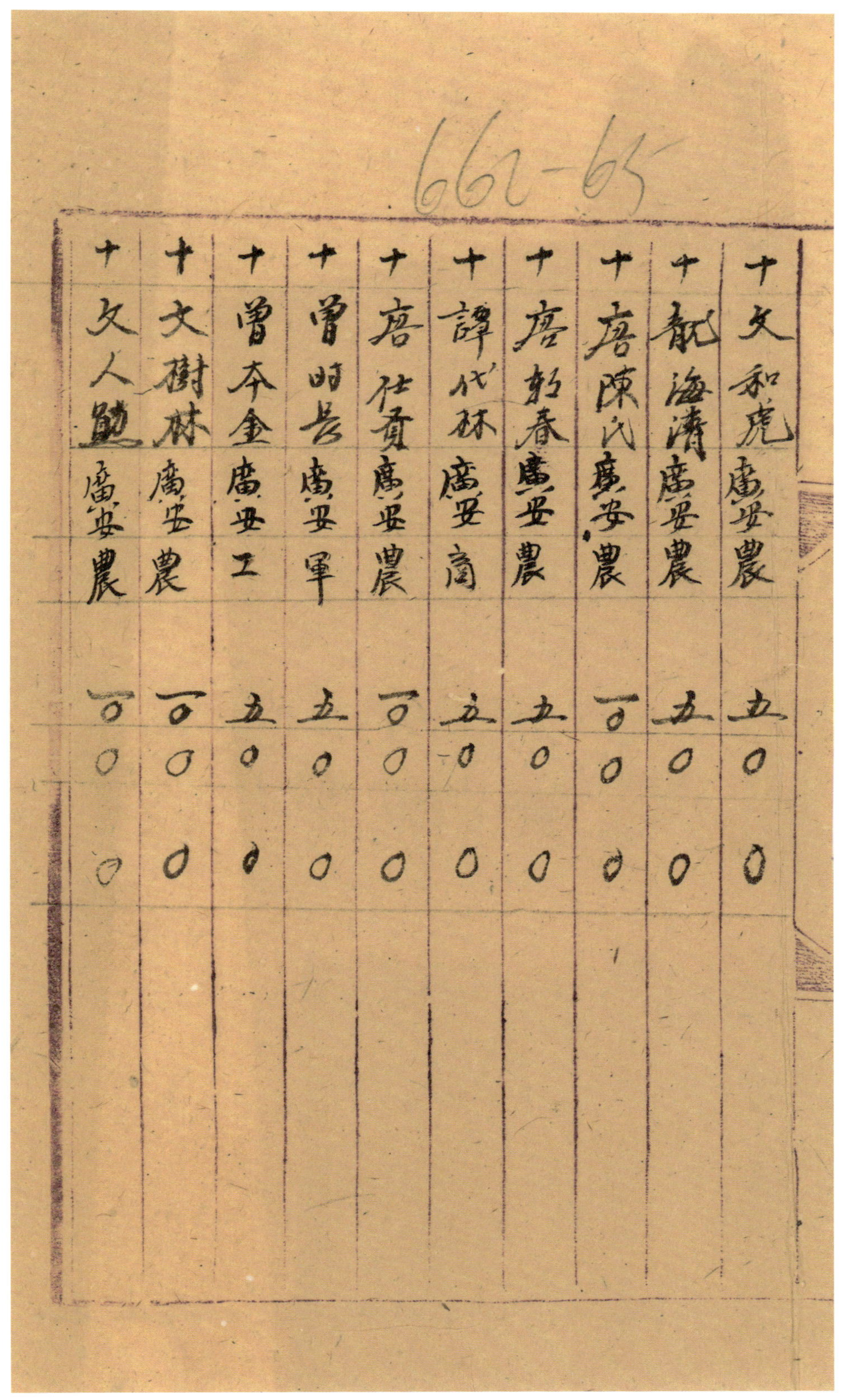

662-65

十	文和虎	廣安	農	五〇〇
十	龍海清	廣安	農	五〇〇
十	唐陳氏	廣安	農	一〇〇
十	唐炳春	廣安	農	五〇〇
十	譚代林	廣安	商	五〇〇
十	唐仕貴	廣安	農	一〇〇
十	曾昭長	廣安	軍	五〇〇
十	曾本金	廣安	工	五〇〇
十	文樹林	廣安	農	一〇〇
十	文人魁	廣安	農	一〇〇

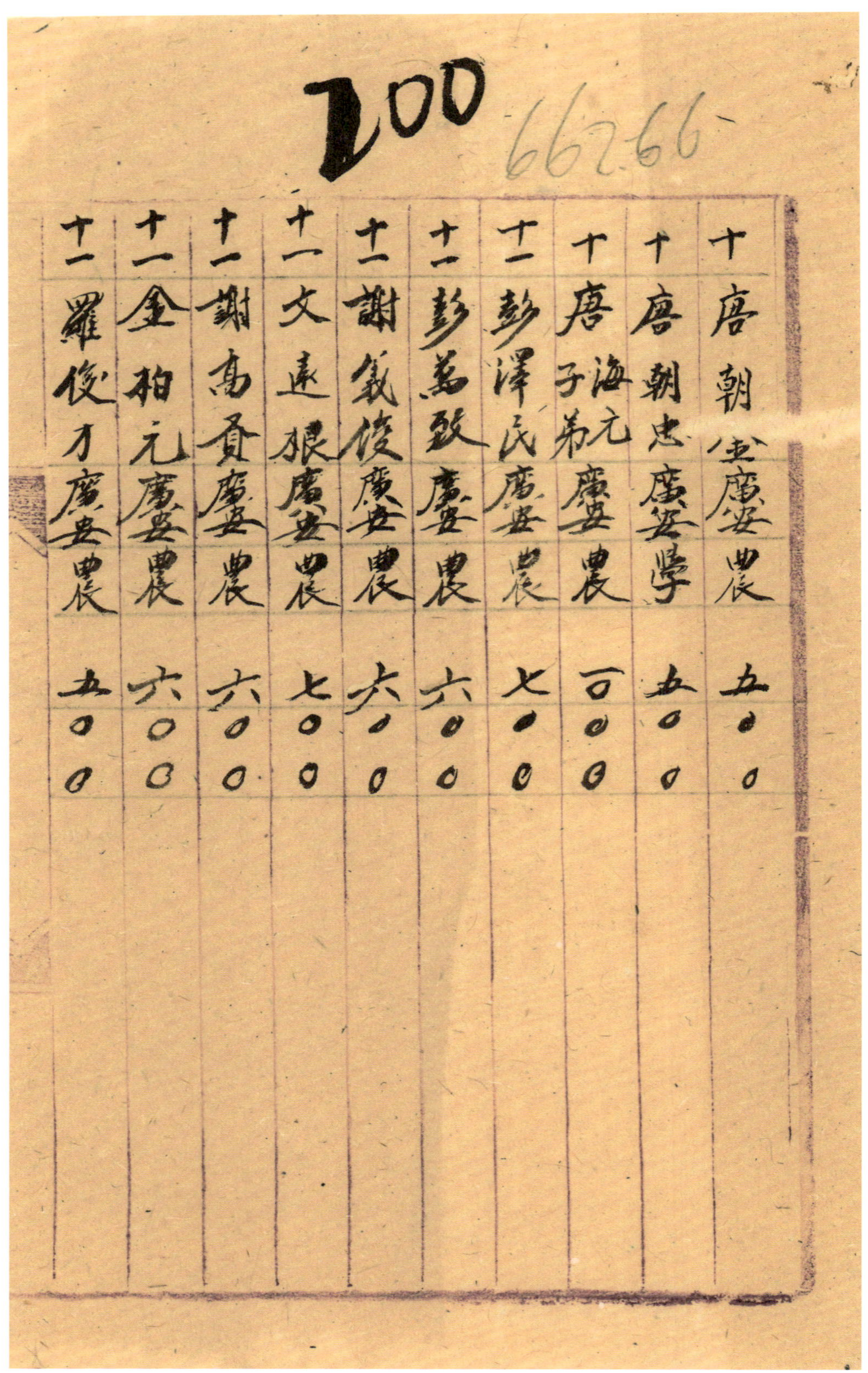

200

662.66

十	唐朝金	廣安	農	五〇〇
十	唐朝忠	廣安	學	五〇〇
十	唐海元子弟	廣安	農	一〇〇
十一	彭澤民	廣安	農	七〇〇
十一	彭萬致	廣安	農	六〇〇
十一	謝義俊	廣安	農	六〇〇
十一	文遠根	廣安	農	七〇〇
十一	謝高貴	廣安	農	六〇〇
十一	金柏元	廣安	農	六〇〇
十一	羅俊才	廣安	農	五〇〇

十一 呂東三 廣安 農 一〇〇
十一 金達德 廣安 農 四〇〇
十一 周吉慶 廣安 農 七〇〇
十一 鄧奇家 廣安 農 六〇〇
十一 鄧泉國 廣安 農 六〇〇
十一 鄧炳林 廣安 農 七〇〇
十一 鄧德元 廣安 農 六〇〇
十一 鄧三美 廣安 農 六〇〇
十一 鄧奇澤 廣安 農 七〇〇
十一 鄧式益 廣安 農 六〇〇

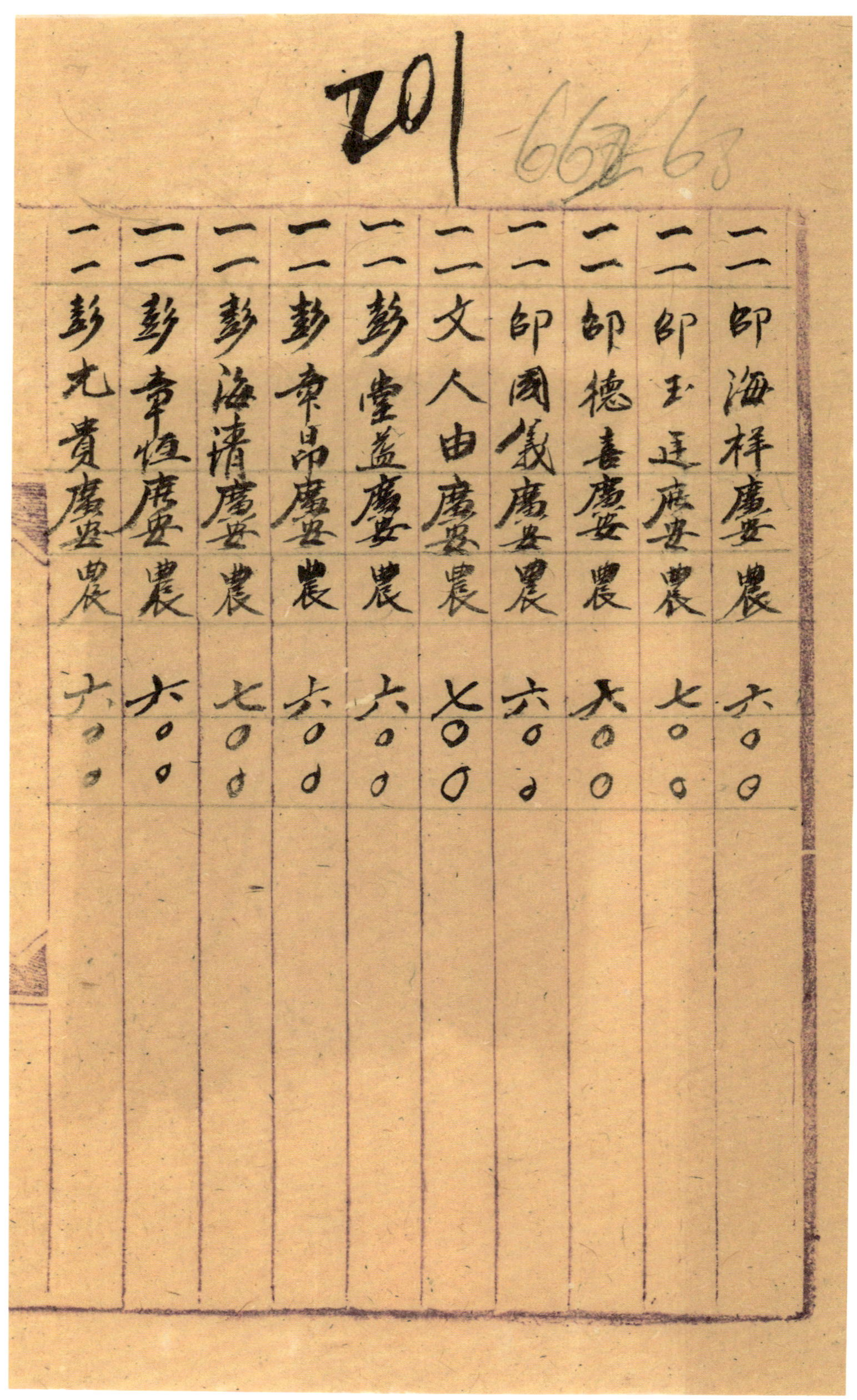

201

Age	Name	Native place	Occupation	Amount
二一	邱海祥	廣安	農	六〇〇
二一	邱玉廷	廣安	農	七〇〇
二一	邱德春	廣安	農	六〇〇
二一	邱國義	廣安	農	六〇〇
二一	文人由	廣安	農	七〇〇
二一	彭堂益	廣安	農	六〇〇
二一	彭東昂	廣安	農	六〇〇
二一	彭海清	廣安	農	七〇〇
二一	彭章恆	廣安	農	六〇〇
二一	彭光貴	廣安	農	六〇〇

662-69

二一	彭賁彬	廣安	農	九〇〇
二一	彭卿軒	廣安	農	一〇〇
一二	彭遠廷	廣安	農	五〇〇
一二	彭世代	廣安	工	五〇〇
一二	彭世元	廣安	農	五〇〇
一二	彭振氏	廣安	農	五〇〇
一二	彭遠初	廣安	農	五〇〇
一二	馬巨卿	廣安	農	二五〇〇
一二	馬閒模	廣安	農	五〇〇
一二	彭道純	廣安	農	五〇〇

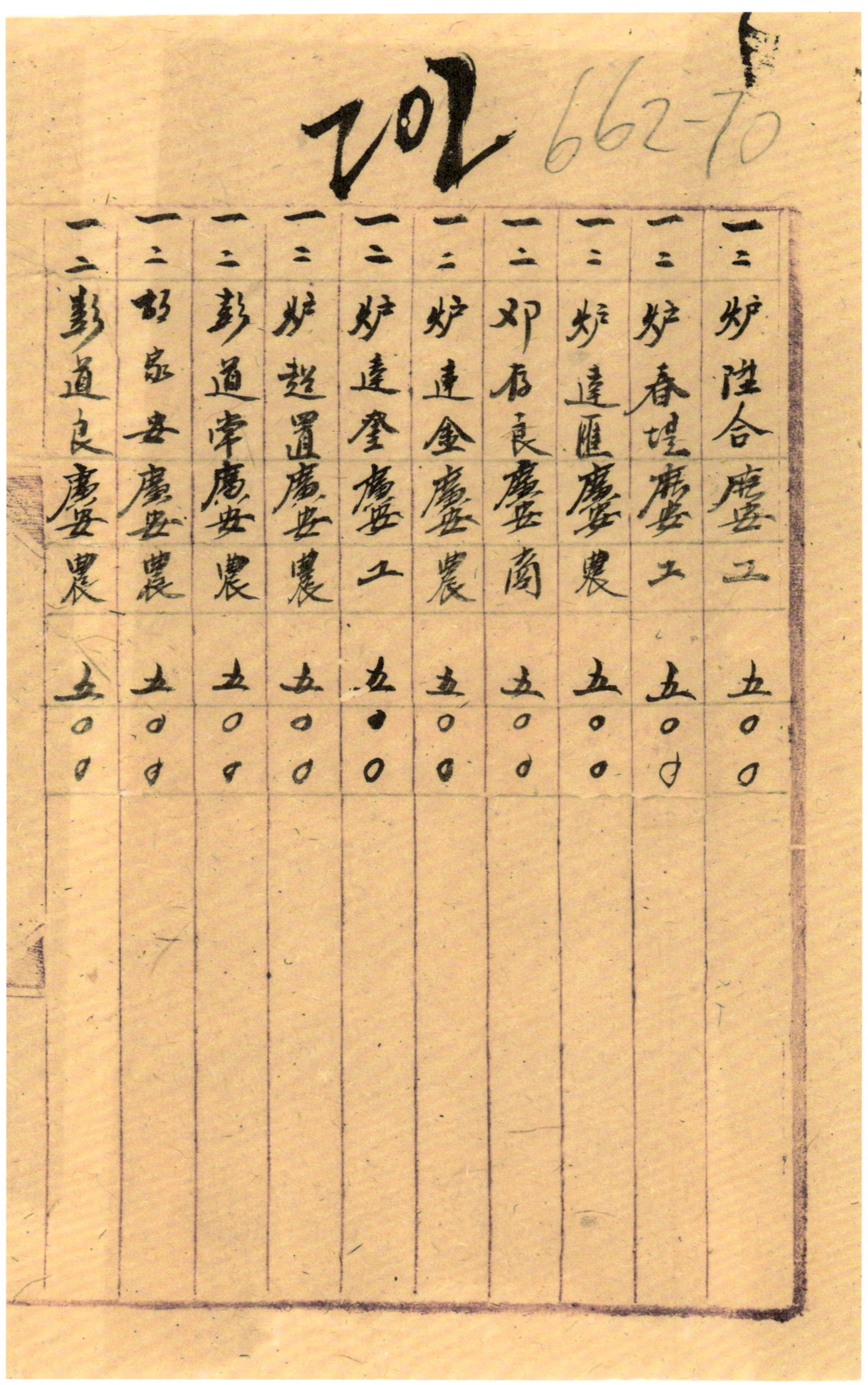

202　662-70

一二	炉陞合	廣安	工	五〇〇
一二	炉春堤	廣安	工	五〇〇
一二	炉達匯	廣安	農	五〇〇
一二	邓存良	廣安	商	五〇〇
一二	炉連金	廣安	農	五〇〇
一二	炉達奎	廣安	工	五〇〇
一二	炉趙置	廣安	農	五〇〇
一二	彭道常	廣安	農	五〇〇
一二	郭家安	廣安	農	五〇〇
一二	彭道良	廣安	農	五〇〇

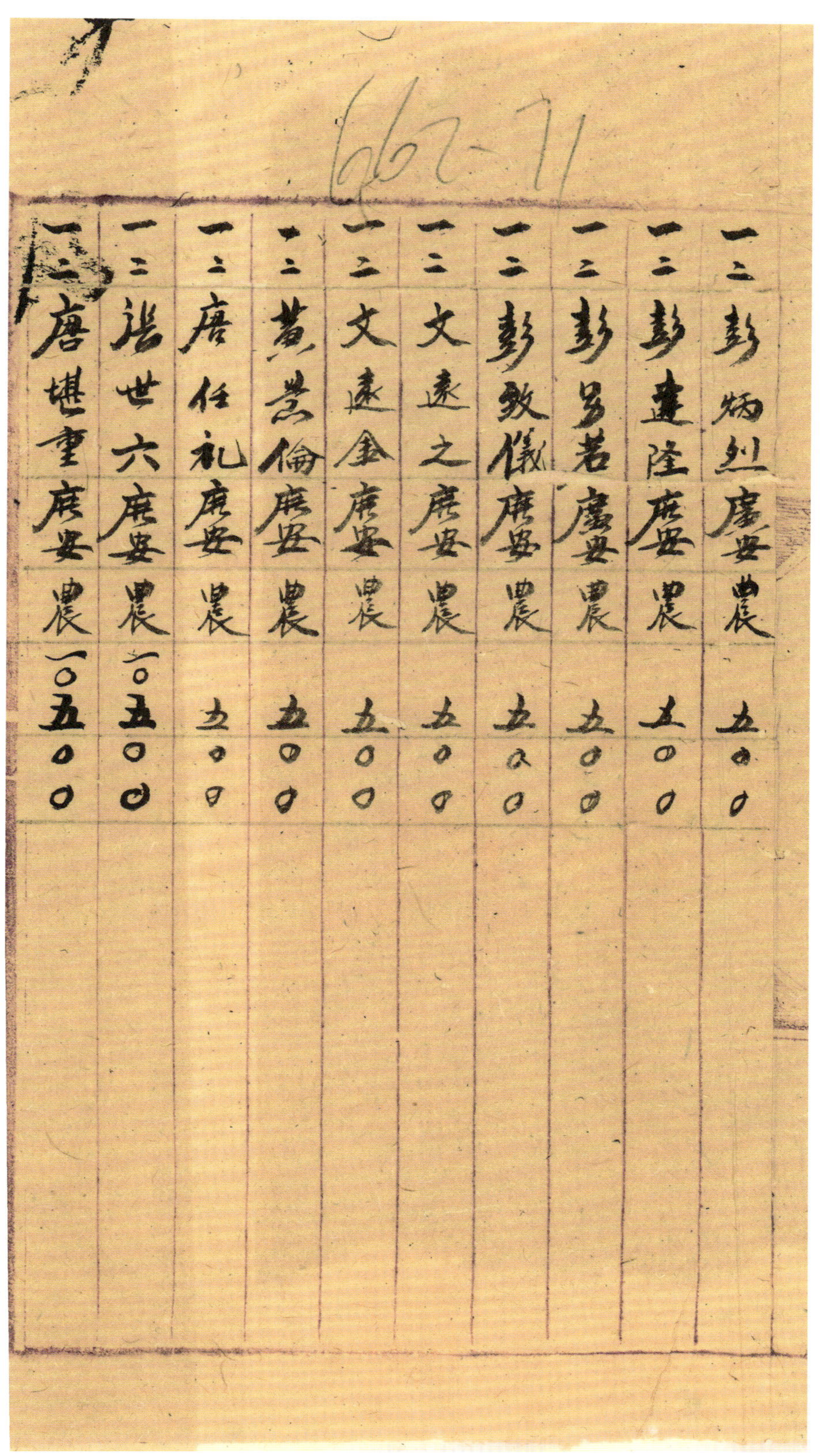

一二	彭炳烈	慶安	農	五〇〇
一二	彭達隆	慶安	農	五〇〇
一二	彭多若	慶安	農	五〇〇
一二	彭致儀	慶安	農	五〇〇
一二	文遠之	慶安	農	五〇〇
一二	文遠金	慶安	農	五〇〇
一二	黃崇倫	慶安	農	五〇〇
一二	唐任礼	慶安	農	五〇〇
一二	張世六	慶安	農	一〇五〇〇
一二	唐堪重	慶安	農	一〇五〇〇

一二	唐任贵	广安	农	一〇五〇〇
一三	吴秋扬	广安	农	七〇〇
一三	曾廷瑞	广安	农	五〇〇
一三	曾朝贵	广安	农	九〇〇
一三	唐银三	广安	农	四〇〇
一三	周朝成	广安	农	九〇〇
一三	杨元礼	广安	农	九〇〇
一三	吴官富	广安	农	五〇〇
一三	凤崇礼	广安	农	五〇〇
一三	彭高遐	广安	农	九〇〇

一三	邝超仁	广安 农	九〇〇
一四	陈禹定	广安 农	九〇〇
一四	吴官清	广安 农	九〇〇
一四	陈启德	广安 农	九〇〇
一四	陈启禾	广安 农	九〇〇
一四	文人同	广安 农	九〇〇
一四	文人琥	广安 农	九〇〇
一四	文人通	广安 农	九〇〇
一四	李有滋	广安 农	九〇〇
一四	文人伟	广安 农	九〇〇

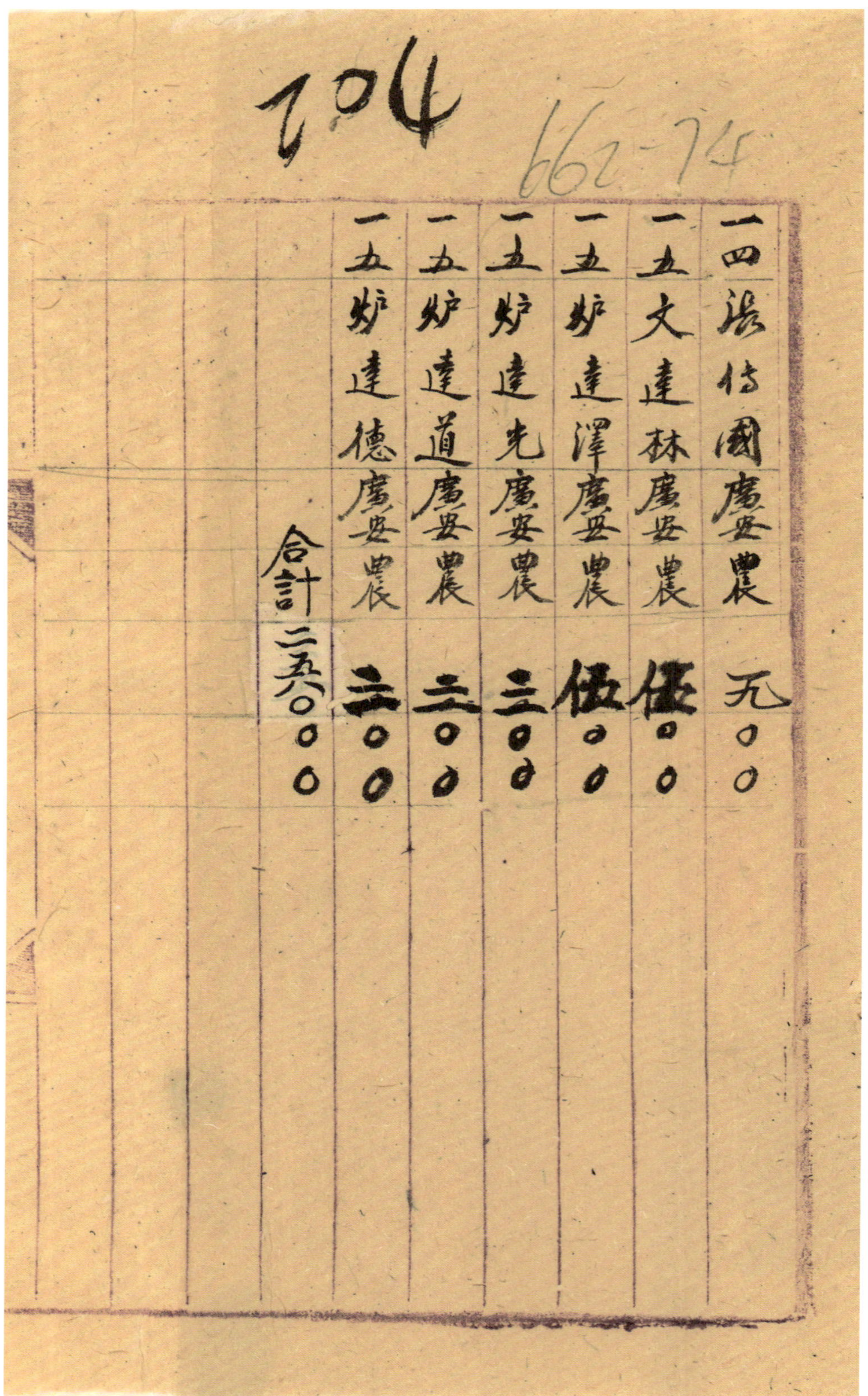

204

662-74

一四	張倚國	廣安	農	九〇〇
一五	文達林	廣安	農	伍〇〇
一五	炉達澤	廣安	農	伍〇〇
一五	炉達光	廣安	農	三〇〇
一五	炉達道	廣安	農	三〇〇
一五	炉達德	廣安	農	三〇〇
合計				二五六〇〇〇

四川省政府关于奉令遵照办理「一县一机运动」捐款事宜致广安县政府的训令（一九四三年十一月）

四川省政府训令　社一字第7869號

事由：奉行政院令飭協辦一縣一機運動一案，轉令遵照由

令廣安縣政府

案奉

行政院三十二年六月二十九日仁貳字第一四七二七號訓令開：「查中國抗空建設協會總會於本年『八一四』空軍節發起一縣一機運動，所有勸募辦法業經本院核准備案。凡我各級政府務必努力協助，以期早觀厥成。」除分令外，合行令仰遵照，並飭屬遵照。此令。

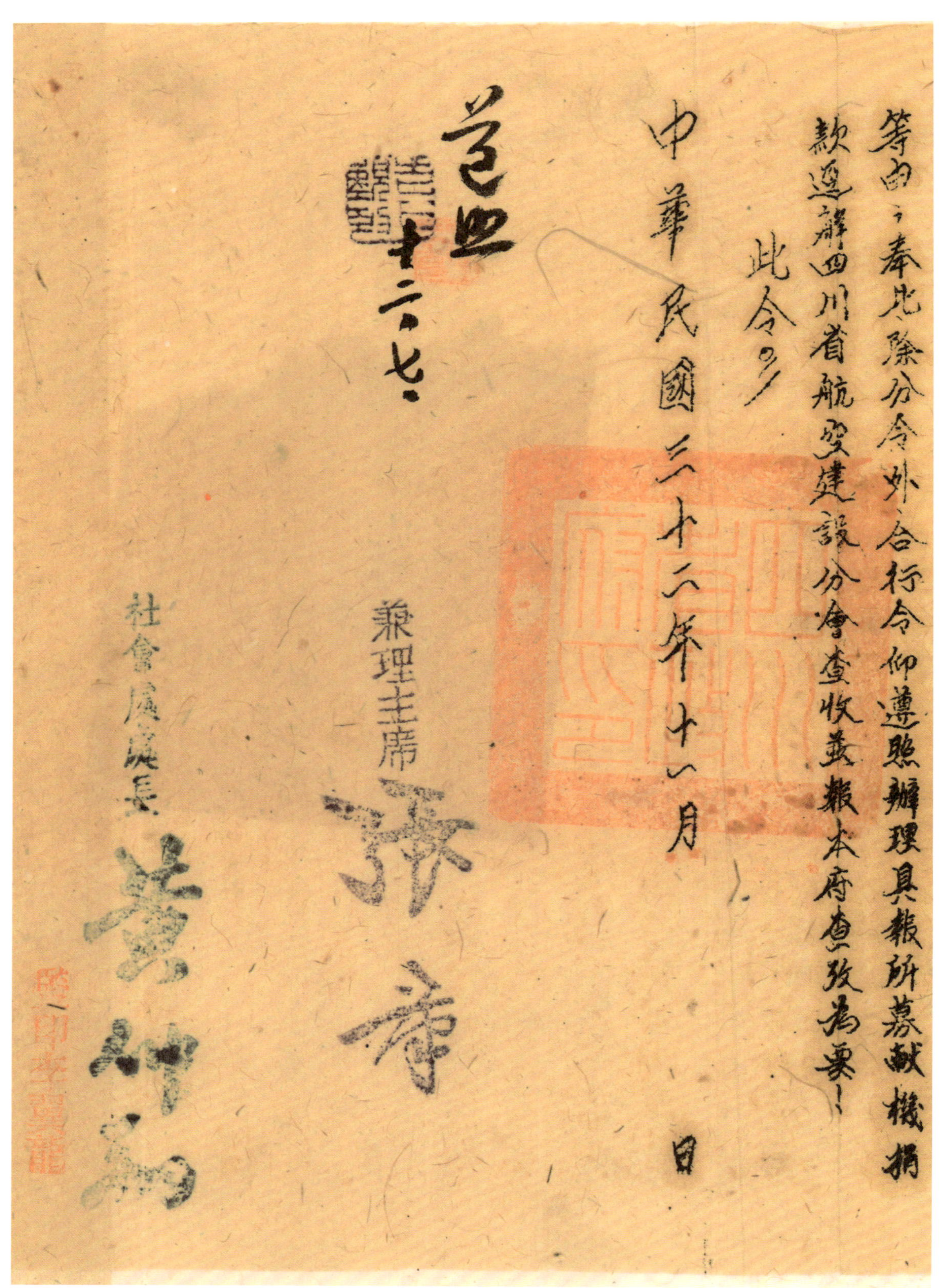
等由，奉此，除分令外，合行令仰遵照办理具报所募献机捐款，迳解四川省航空建设分会查收，并报本府查考为要！

此令。

中华民国三十二年十二月　日

兼理主席　张群

社会处处长　黄仲翔

四川省政府、四川省第十区行政督察专员兼保安司令公署与广安县政府等关于改善士兵待遇献粮献金事宜的一组文书（一九四五年五月至十月）

四川省政府致广安县政府的代电（一九四五年五月二十二日）

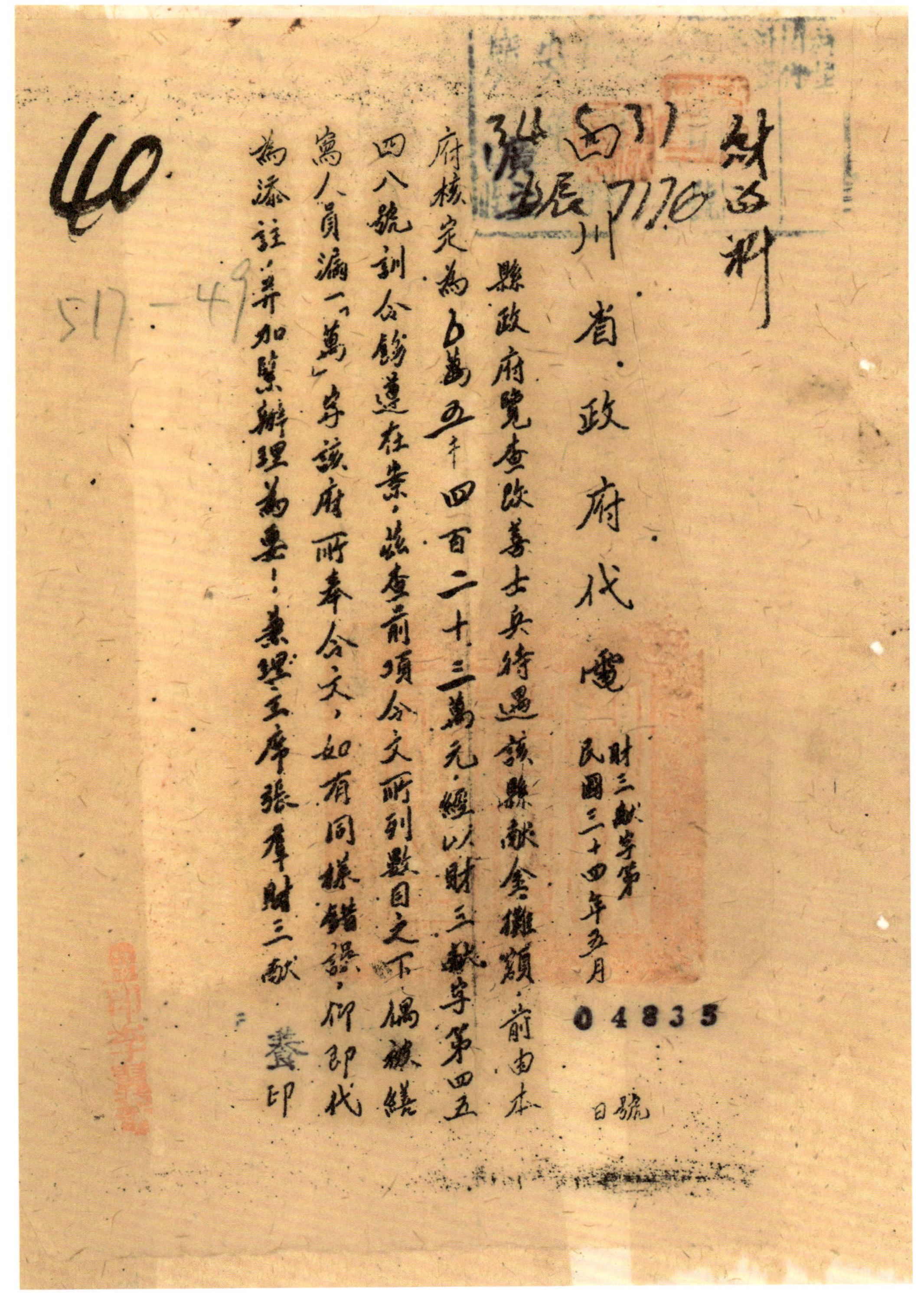

四川省政府代電

財三献字第　號

民國三十四年五月　日

04835

縣政府覽：查改善士兵待遇，該縣献金攤額，前由本府核定為乙萬五千四百二十三萬元，經以財三献字第四五四八號訓令飭遵在案。茲查前項令文所列數目之下，偶被繕寫人員漏一「萬」字，該府所奉令文，如有同樣錯誤，仰即代為添註，并加緊辦理為要！

兼理主席張群　財三献　養印

四川省第十区行政督察专员兼保安司令公署致广安县政府的训令并附广安县献金数额单（一九四五年六月六日）

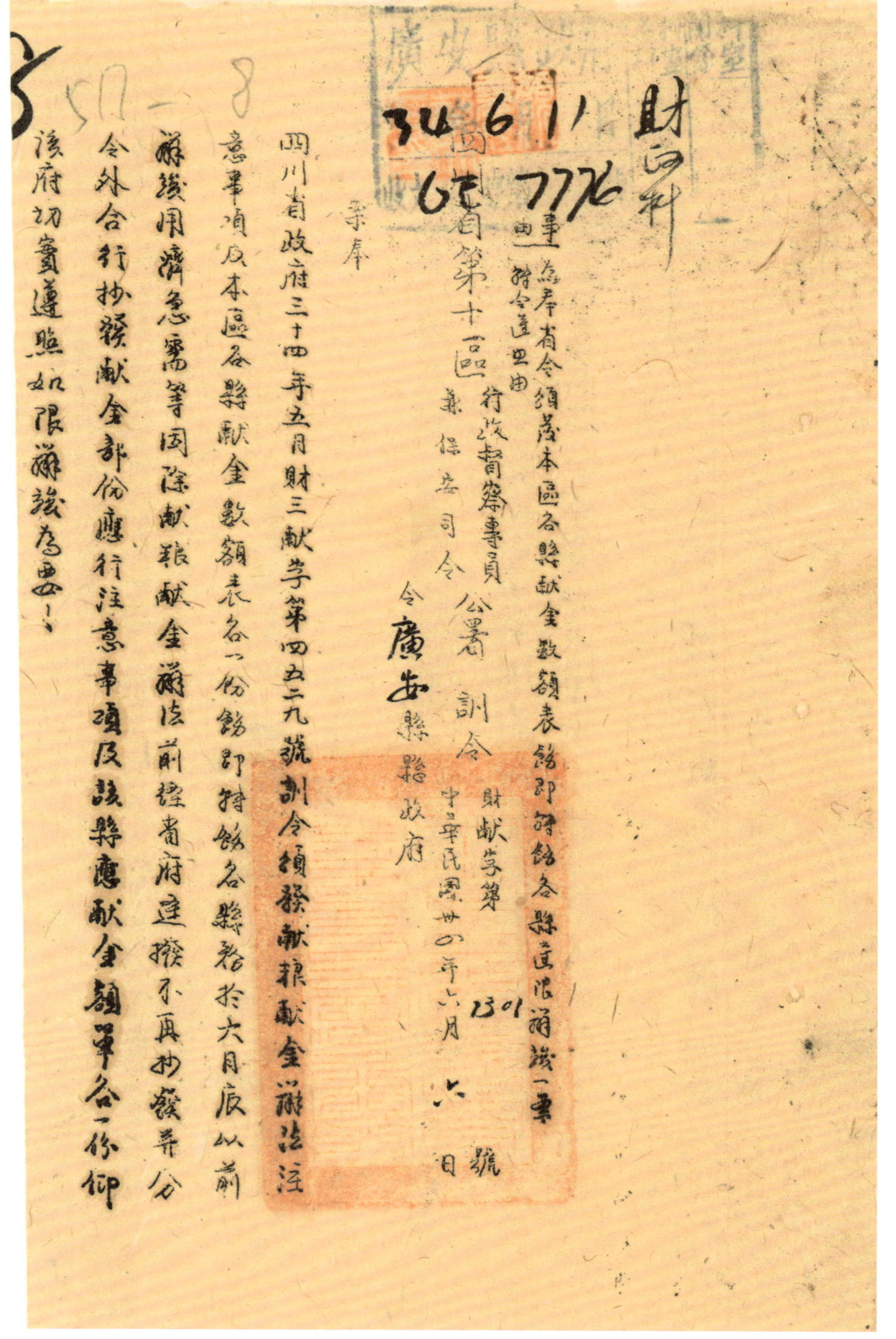

事由：為奉省令頒發本區各縣獻金數額表飭即轉飭各縣遵限解繳一案特令遵照由

四川省第十區行政督察專員兼保安司令公署訓令 財獻字第 2301 號

中華民國卅四年六月六日

令廣安縣縣政府

案奉

四川省政府三十四年五月財三獻字第四五二九號訓令頒發獻糧獻金辦法注意事項及本區各縣獻金數額表各一份飭即轉飭各縣務於六月底以前解繳用濟急需等因除獻糧獻金辦法前經省府逕撥不再抄發并分令外合行抄發獻金部份應行注意事項及該縣應獻金額單各一份仰該府切實遵照如限解繳為要！

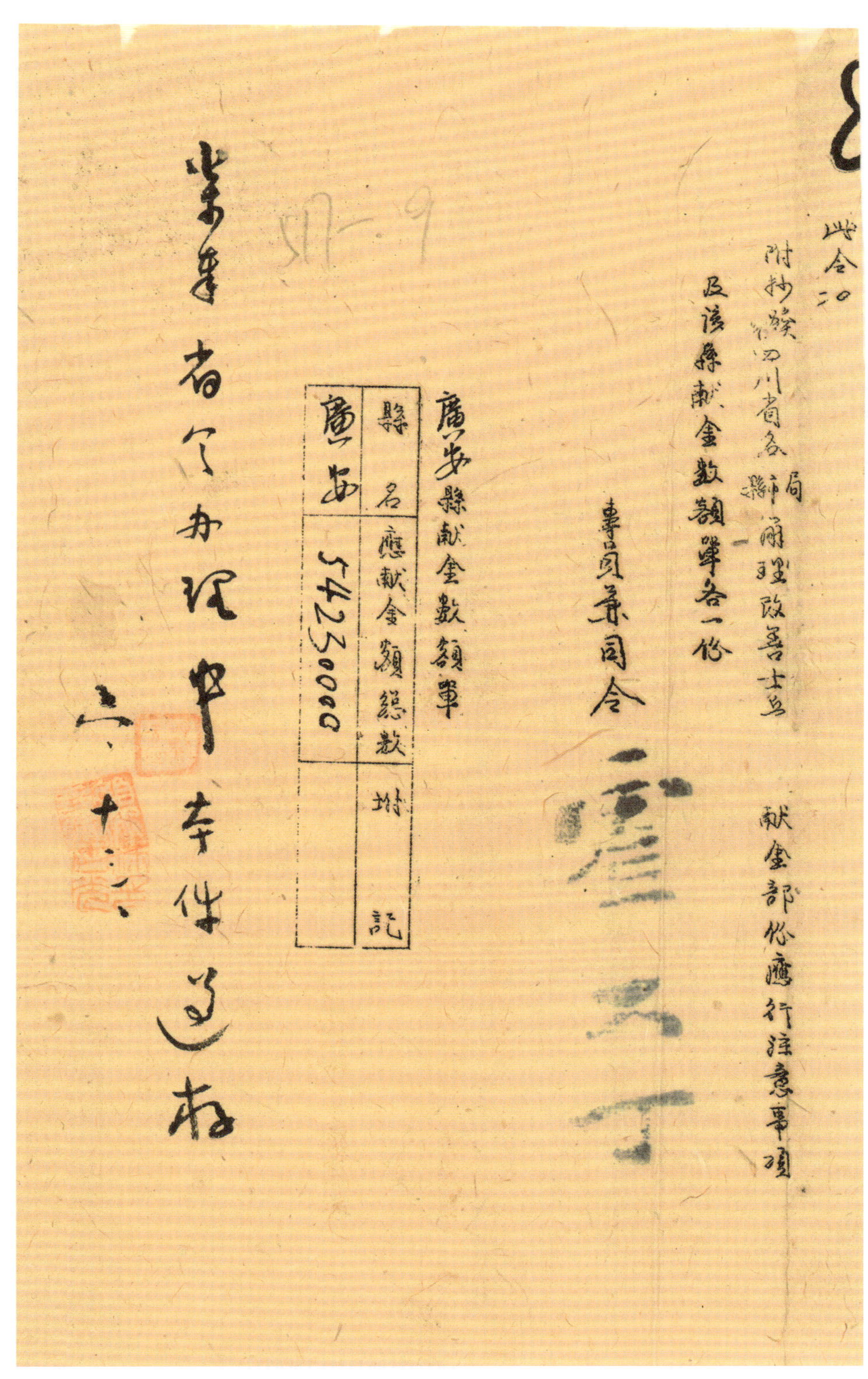
8

卅令20

附抄發四川省各縣市局辦理改善士兵

及該縣獻金數額單各一份

專員兼司令

獻金部份應行注意事項

廣安縣獻金數額單

縣名	應獻金額總數	附記
廣安	5423000	

業者令办理中李件送林

六、十三、六

广安县政府致县结收处的训令（一九四五年六月十五日）

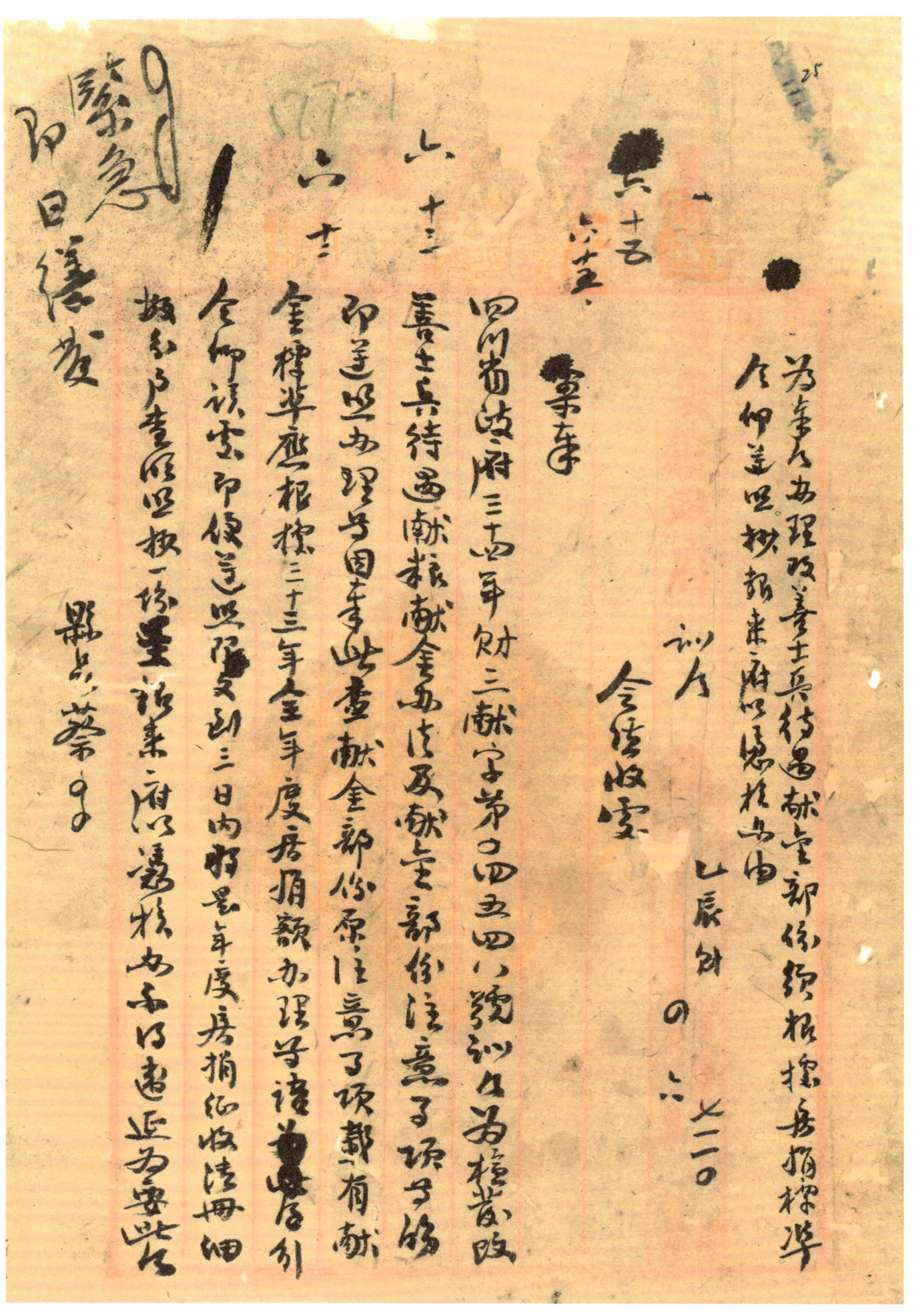

为案令办理改善士兵待遇献金部份须根据户捐标准令仰遵照拟报来府以凭核办由

训令 巳辰财 四 六 七二〇

令结收处

案奉

四川省政府三十四年财三献字第一四五四八号训令为检发改善士兵待遇献粮献金办法及献金部份注意事项等饬即遵照办理等因奉此查献金部份原注意事项载有献金标准应根据三十三年全年度户捐额办理等语兹为

令仰该处即便遵照限文到三日内将是年度户捐征收清册细数分户查明照抄一份呈府以凭核办勿得迟延为要此令

县长 蔡××

紧急

即日缮发

广安县献粮献金审议会议第一次会议记录（一九四五年六月十六日）

廣安縣獻糧獻金審議會議第一次會議紀錄

時間：卅四年六月十六日午前九時

地點：縣政府會議室

出席人

葉濟 夏永澤 張岳鍾 周香池 李居賓（未到）

楊紹忠（未到） 蔡天石

主席 縣長蔡天石

紀錄 科員谷克讓

主席報告開會理由（詞長從略）

討論事項

一、（原四、五献粮、献金两案合为一案）献粮捐法如何决定案 一次决议案

决议：照拟具献粮办法呈报，呈省府备查（办法钞发）

二、献金等级如何决定案

决议：分特甲乙丙丁戊己柒个等级

特等 拾万元及自由捐献在拾万元以上者

甲等 五万元

乙等 四万元

丙等 叁万元

丁等 贰万元

戊等 壹万元

已号　五仟元

三、確定各鄉鎮獻金户數案

決議　各鄉鎮獻金户數分為六等

五百户以上者為特等　計兩鄉鎮

三百户以上者為甲等（五千）　計五鄉鎮

貳百户以上者為乙等（四千）　計僅三鄉鎮

壹百五十户以上者為丙等　計七鄉鎮

壹百户以上者為丁等　計卌七鄉鎮

五十户以上者為戊等　計一鄉

總計壹萬零九百户　計六十五鄉鎮鄉鎮等級詳另表

广安县临时参议会致县政府的公函（一九四五年六月三十日）

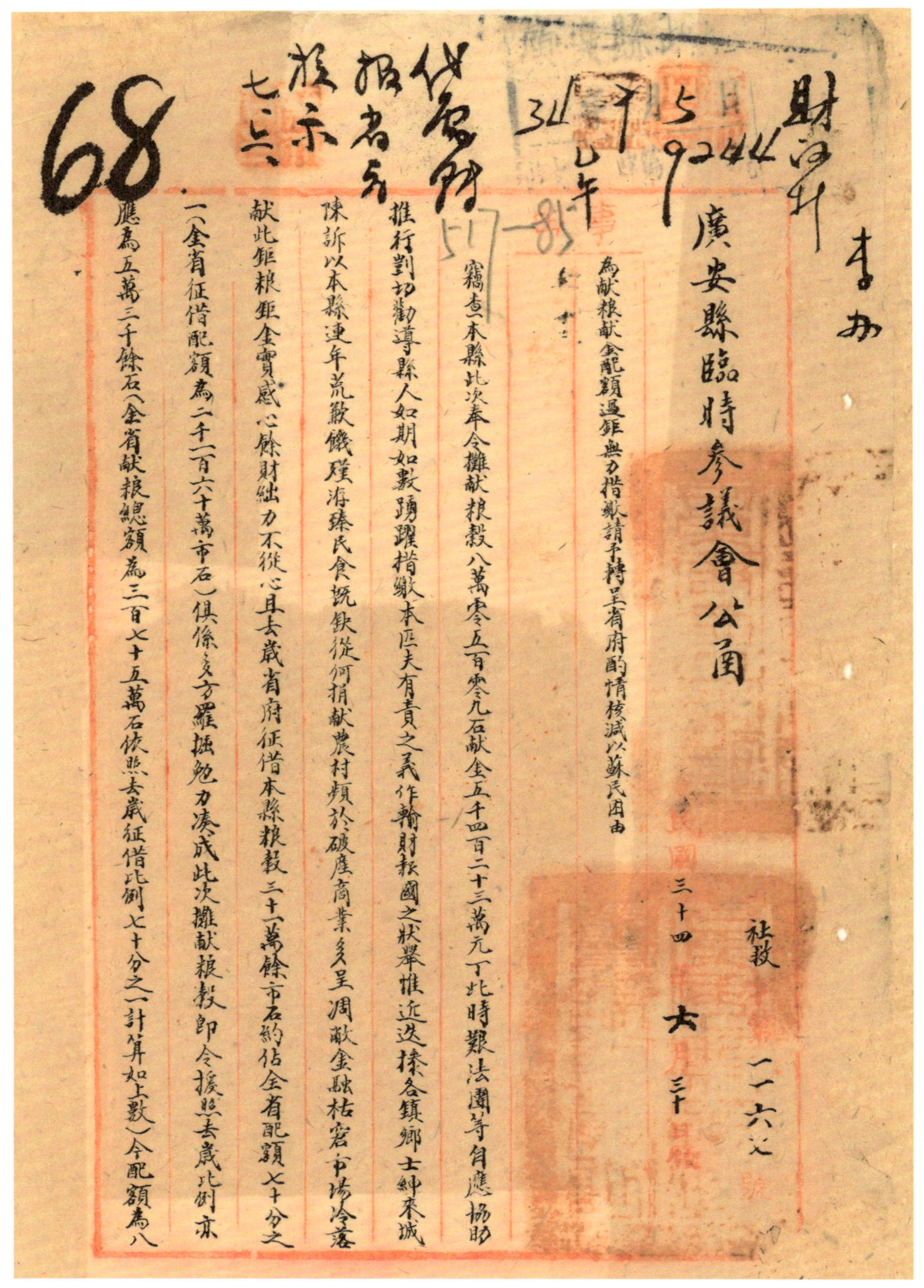

廣安縣臨時參議會公函

社發 一一六七

三十四 六 三十

為獻糧獻金配額過鉅無力措繳請予轉呈省府酌情核減以蘇民困由

竊查本縣此次奉令攤獻糧穀八萬零五百零九石獻金五千四百二十三萬元丁此時艱法團等自應協助推行剴切勸導縣人如期如數踴躍措繳本匹夫有責之義作輸財報國之狀舉惟近迭據各鎮鄉士紳來城陳訴以本縣連年荒歉饑饉洊臻民食既缺從何捐獻農村頻於破產商業多呈凋敝金融枯窘市場冷落獻此鉅糧鉅金實感心餘財絀力不從心且去歲省府征借本縣糧穀三十一萬餘市石約佔全省配額七十分之一（全省征借配額為二千一百六十萬市石）俱係多方羅掘勉力湊成此次攤獻糧穀即令援照去歲比例亦應為五萬三千餘石（全省獻糧總額為三百七十五萬石依照去歲征借比例七十分之一計算如上數）今配額為八

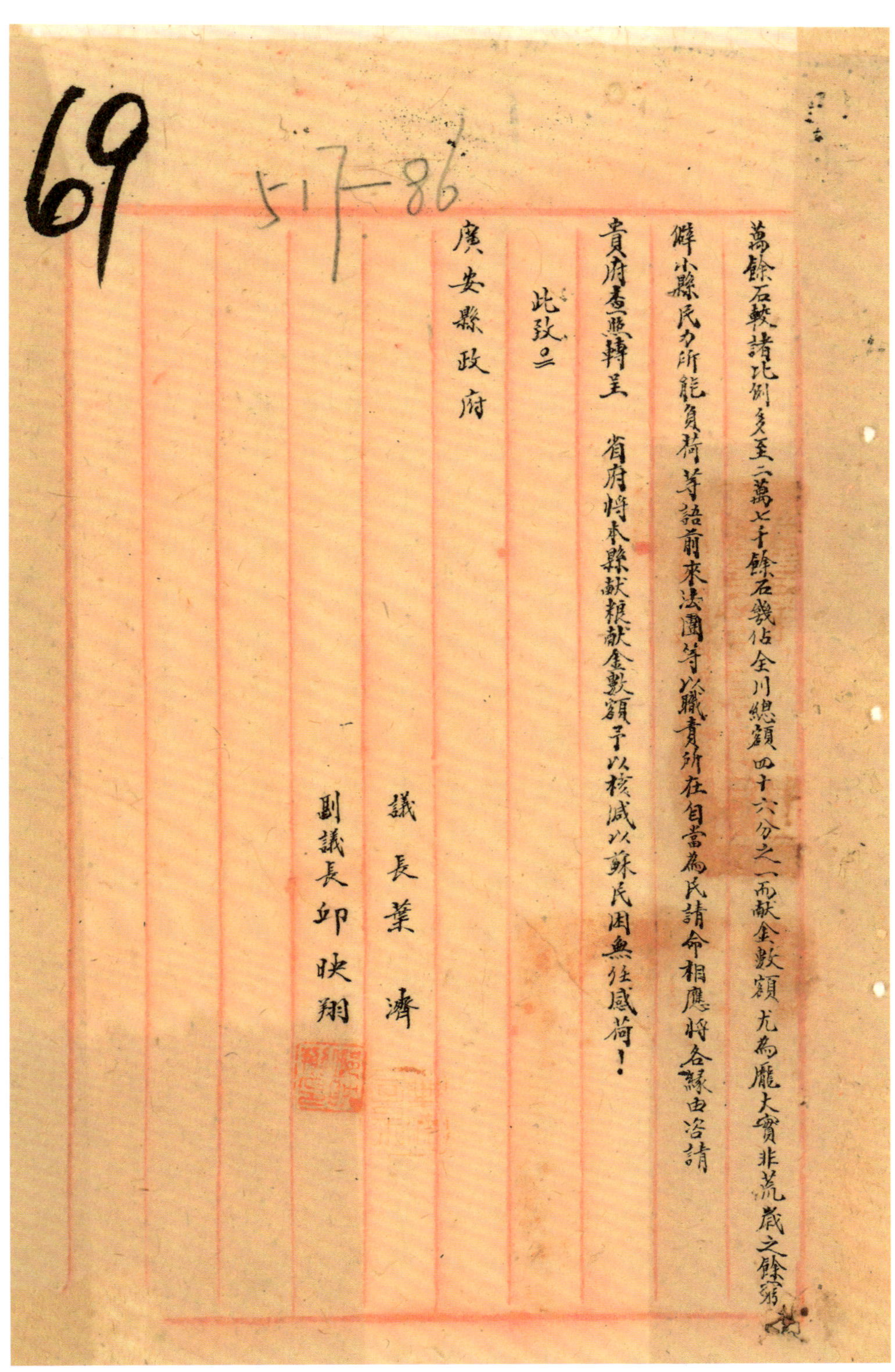

69

517-86

萬餘石，較諸比例多至二萬七千餘石，幾佔全川總額四十六分之一，而獻金數額尤爲龐大，實非荒歲之餘窮僻小縣民力所能負荷」等語前來。法團等以職責所在，自當爲民請命，相應將各緣由咨請

貴府查照轉呈　省府將本縣獻糧獻金數額予以核減，以蘇民困，無任感荷！

此致

廣安縣政府

議　長　葉　濟

副議長　卯映翔

广安县政府致各区指导员的训令（一九四五年七月九日）

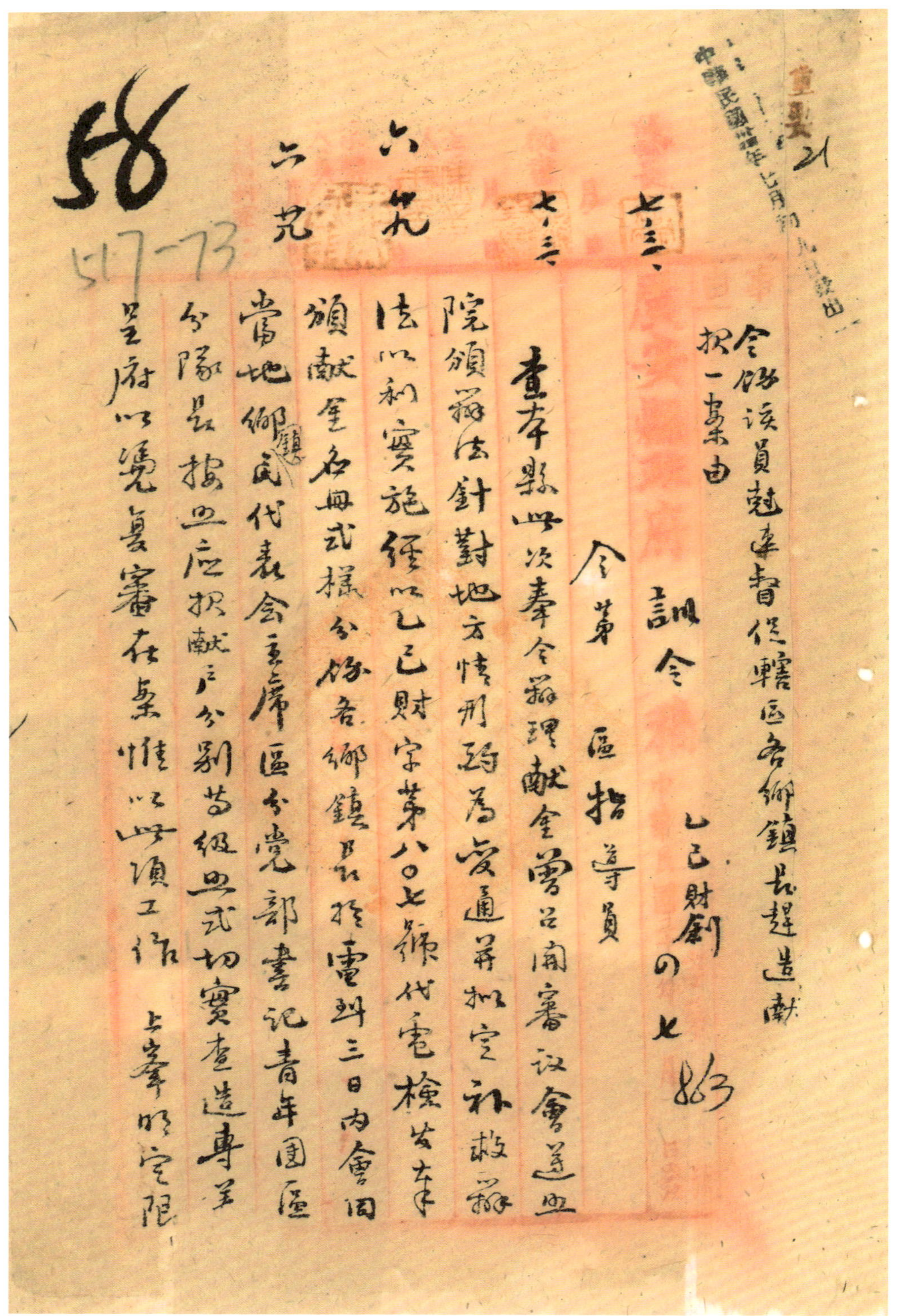

令饬该员督率管区各乡镇长提造献捐一案由

训令　巳财创の七 863

令第　区指导员

查本县此次奉令办理献金曾召开审议会并照院颁办法针对地方情形酌为变通并拟定补救办法以利实施径以巳财字第八〇七号代电检发本颁献金名册式样令饬各乡镇长於电到三日内会同当地乡民代表会主席区分党部书记青年团区分队长按照应捐献户分别等级照式切实查造专呈呈府以凭复审在案惟以此项工作上峰明定限

59

517-74

期至爲切迫，深恐各鄉鎮長藉延造報，貽誤要糧，爲積極

發動督促推進，以期依限完成。茲見特抄發造報辦法

一份，令仰該員即便遵照，迅赴轄區各鄉鎮公所，並指派該

鄉獻金户紀額，嚴爲督促編報造冊，以憑核辦（不得少報户數），除分

令外，合行令仰遵照，切遵爲要。

此令

抄發省通獻金辦法及鄉鎮獻金等級户數

附清冊一份

縣長 蔡

附（一）献金造报办法

60.517-75

献金造报办法

一、富户献金等级 凡有谷田一千五百挑以上或有活动资金六百万元以上者为特等，谷田一千二百挑以上或有活动资金五百万元以上者为甲等，谷田一千挑以上或活动资金四百万元以上者为乙等，谷田八百挑或活动资金三百万元以上者为丙等，谷田六百挑以上或活动资金二百万元以上者为丁等，谷田四百挑以上或活动资金一百五十万元以上者为戊等，谷田二百挑或活动资金一百万元以上者为己等。

二、乡镇富力等级 凡献金户五百户以上者为特等，三百五十户以上者为甲等，二百五十户以上者为乙等，一百五十户以上者为丙等，一百户以上者为丁等，五十户以上者为戊等。

三、自由献金者则不分等级，惟该日多寡并得照陆续献金办法第十九条之规定办理之。

献金補充辦法

一、查這次鄉鎮富户各由原以查各富户在本鄉之富户，經會審核以為訂定攤獻數目之依據，應採房地，但確知居住人民之房田，從數而散在他鄉者亦得保列著，在備考欄內註明籍貫予考。

二、房田在二百挑及不動產在百萬元以下者，得予列入，應註其實有數，不必註明等級，以備審核。查其有不動產為房屋者，以現值估計價值，為每畝挑作為應攤獻金之户數，經審核金額決定，得准更改。

附（三）各乡镇献金等级及户额表

各乡镇献金等级及户额表

区别	乡镇别	献金等级	献金户数	区别	乡镇别	献金等级	献金户数
第一区	南城	特	五〇〇	第二区	大兴	丁	一〇〇
〃	北城	特	六〇〇	〃	彭家	丁	一〇〇
〃	广福	丁	一〇〇	〃	悦来	丁	一〇〇
〃	广罗	丁	一〇〇	〃	马堪	丁	一〇〇
〃	枣山	丁	一〇〇	〃	崇望	丁	一〇〇
〃	西溪	丁	一〇〇	〃	万麻	丁	一〇〇
〃	广门	丁	一〇〇	〃	太山	丙	一五〇
〃	龙安	丁	一〇〇	〃	协兴	丙	一五〇
〃	浓溪	丁	一〇〇	〃	义兴	丁	一〇〇

〃	保安	丁	一〇〇
〃	化龍	丁	一〇〇
〃	官盛	丁	一〇〇
〃	朝陽	丁	一〇〇
第三區	恒昇	丙	一五〇
〃	古城	丙	一五〇
〃	石笋	乙	二五〇
〃	龍盤	乙	二五〇
〃	東岳	丙	一五〇
〃	花橋	甲	三五〇

〃	太平	丁	一〇〇
〃	溶興	丁	一〇〇
〃	鎮遠	丁	一〇〇
〃	井溪	丁	一〇〇
第三區	河溪	乙	二五〇
〃	大有	乙	二五〇
〃	龍台	甲	三五〇
〃	惠育	甲	三五〇
〃	胄溪	乙	二五〇
〃	龍鳳	乙	二五〇

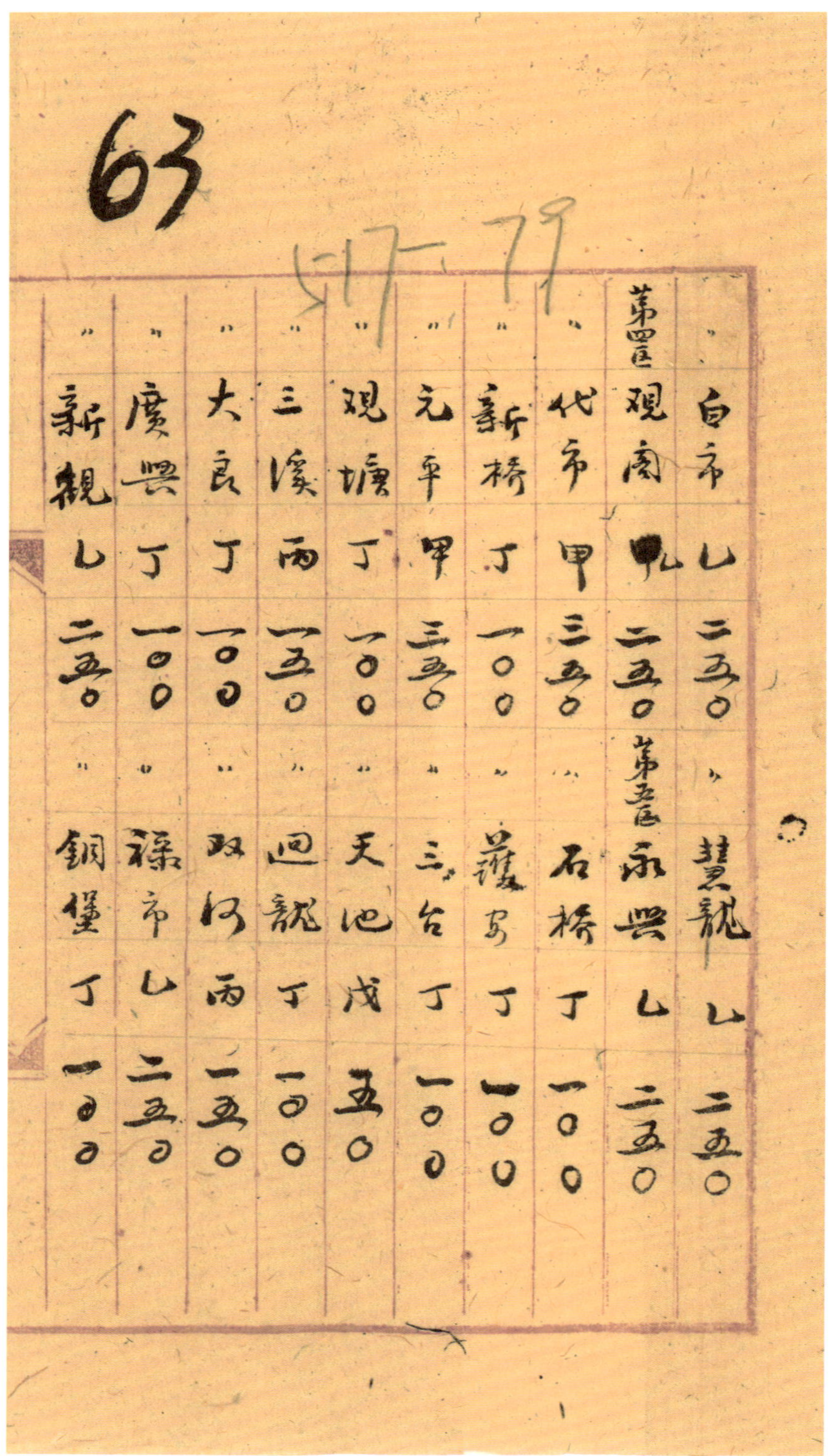

63

517—79

〃	白市	乙	二五〇	〃	慧龍	乙	二五〇
第四区	观南	乙	二五〇	第五区	永興	乙	二五〇
〃	代市	甲	三五〇	〃	石桥	丁	一〇〇
〃	新桥	丁	一〇〇	〃	護安	丁	一〇〇
〃	元平	甲	三五〇	〃	三台	丁	一〇〇
〃	观塘	丁	一〇〇	〃	天池	戊	五〇
〃	三溪	丙	一五〇	〃	迴龍	丁	一〇〇
〃	大良	丁	一〇〇	〃	双河	丙	一五〇
〃	廣興	丁	一〇〇	〃	禄市	乙	二五〇
〃	新觀	乙	二五〇	〃	銅堡	丁	一〇〇

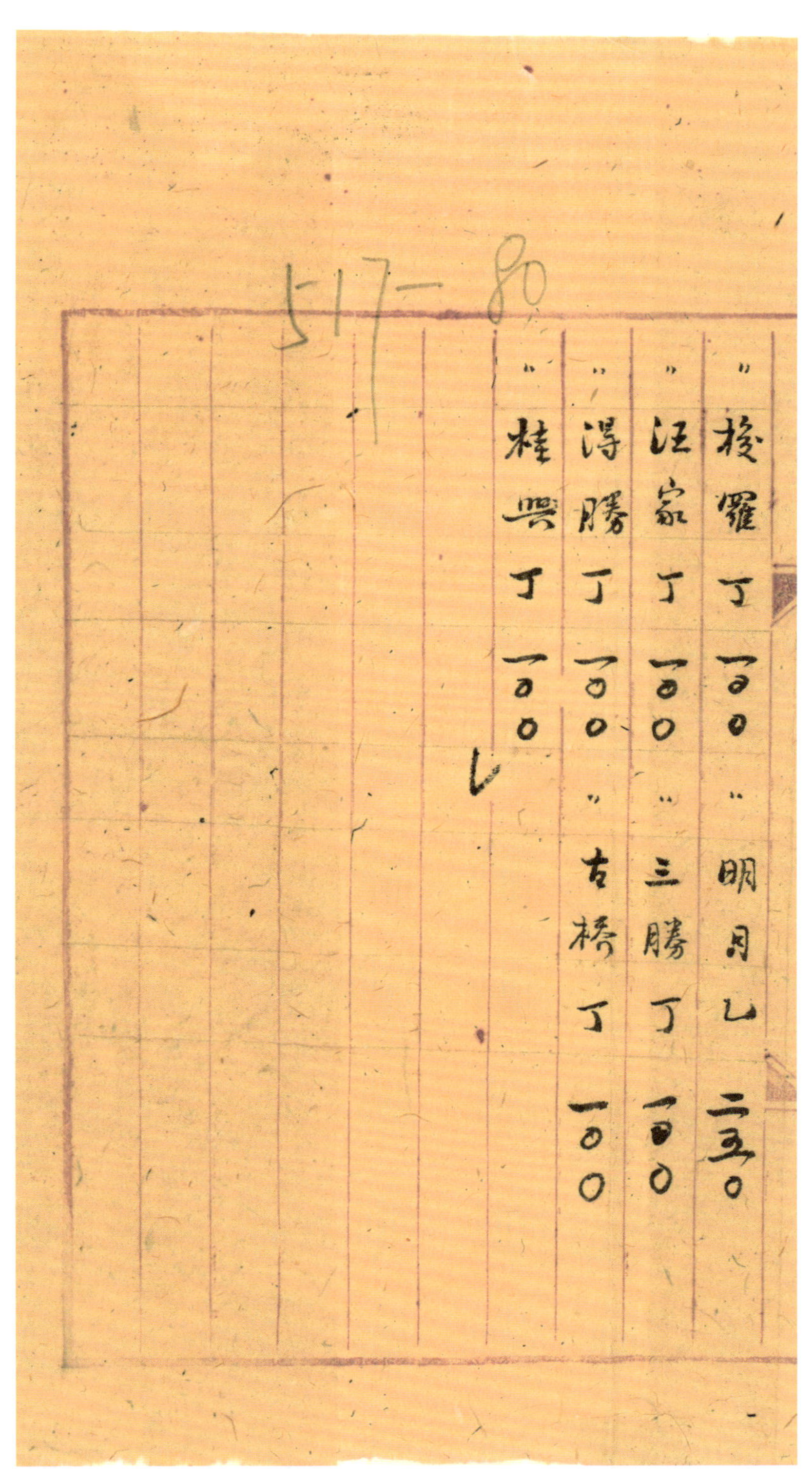

517—80

〃梭羅丁一百〇 〃明月山二百五〇
〃汪家丁一百〇 〃三勝丁一百〇
〃淂勝丁一百〇 〃古椿丁一百〇
〃桂興丁一百〇

广安县政府致四川省政府、四川省第十区行政督察专员兼保安司令公署的呈（一九四五年十月二十日）

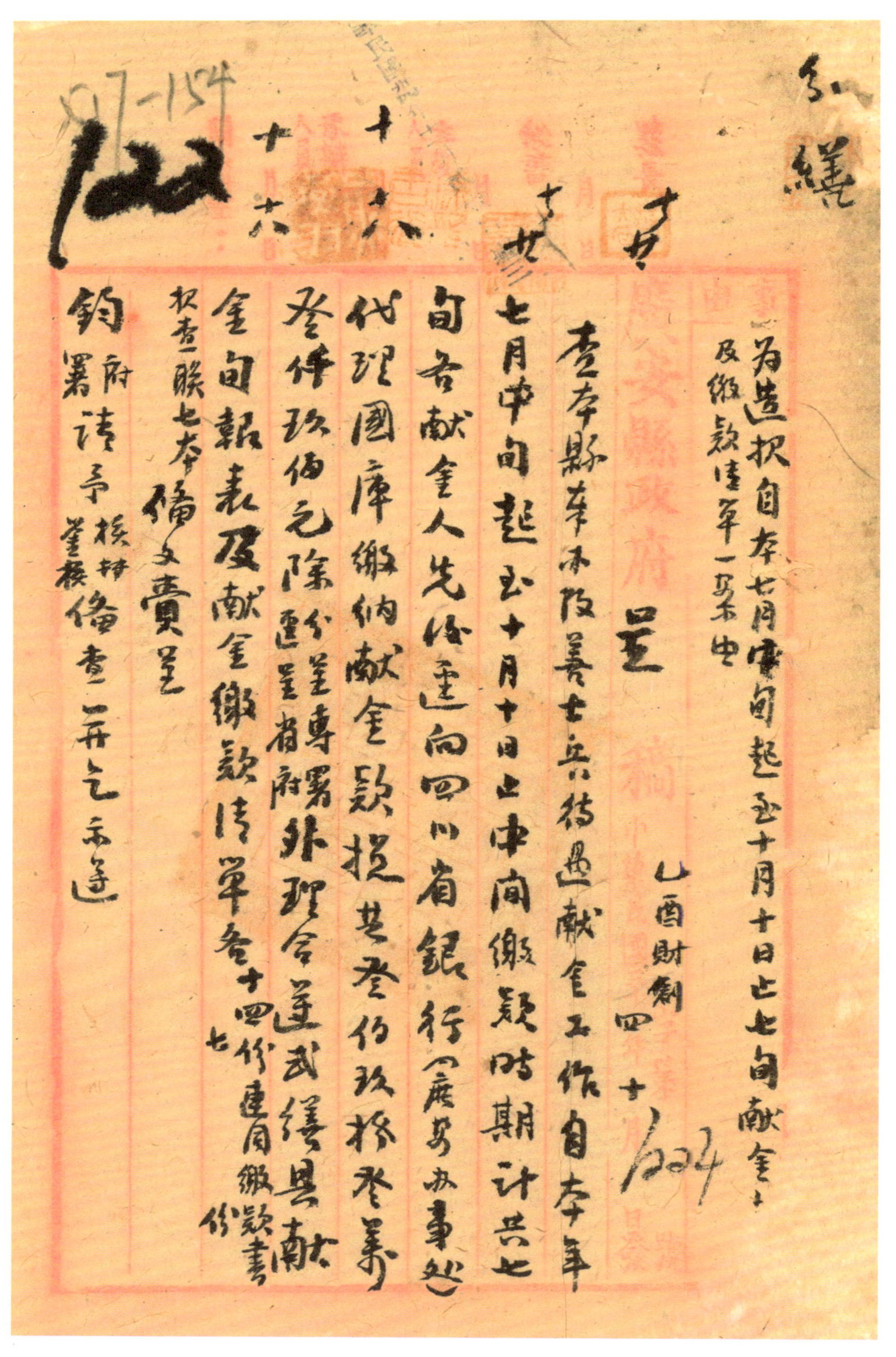

为造报自本年七月中旬起至十月十日止七旬献金人及缴款清单一并呈由

呈

查本县本次优待士兵转恳献金工作自本年七月中旬起至十月十日止中间缴款时期计共七旬，各献金人先后径迳向四川省银行（广安办事处）代理国库缴纳献金款，提其登记仍移登录登件政治之除分呈专署外，理合造具献金旬报表及献金缴款清单各十四份连同缴款书七份，拟查一联七本备文赍呈

钧府署 请予核转鉴核备查一并示遵

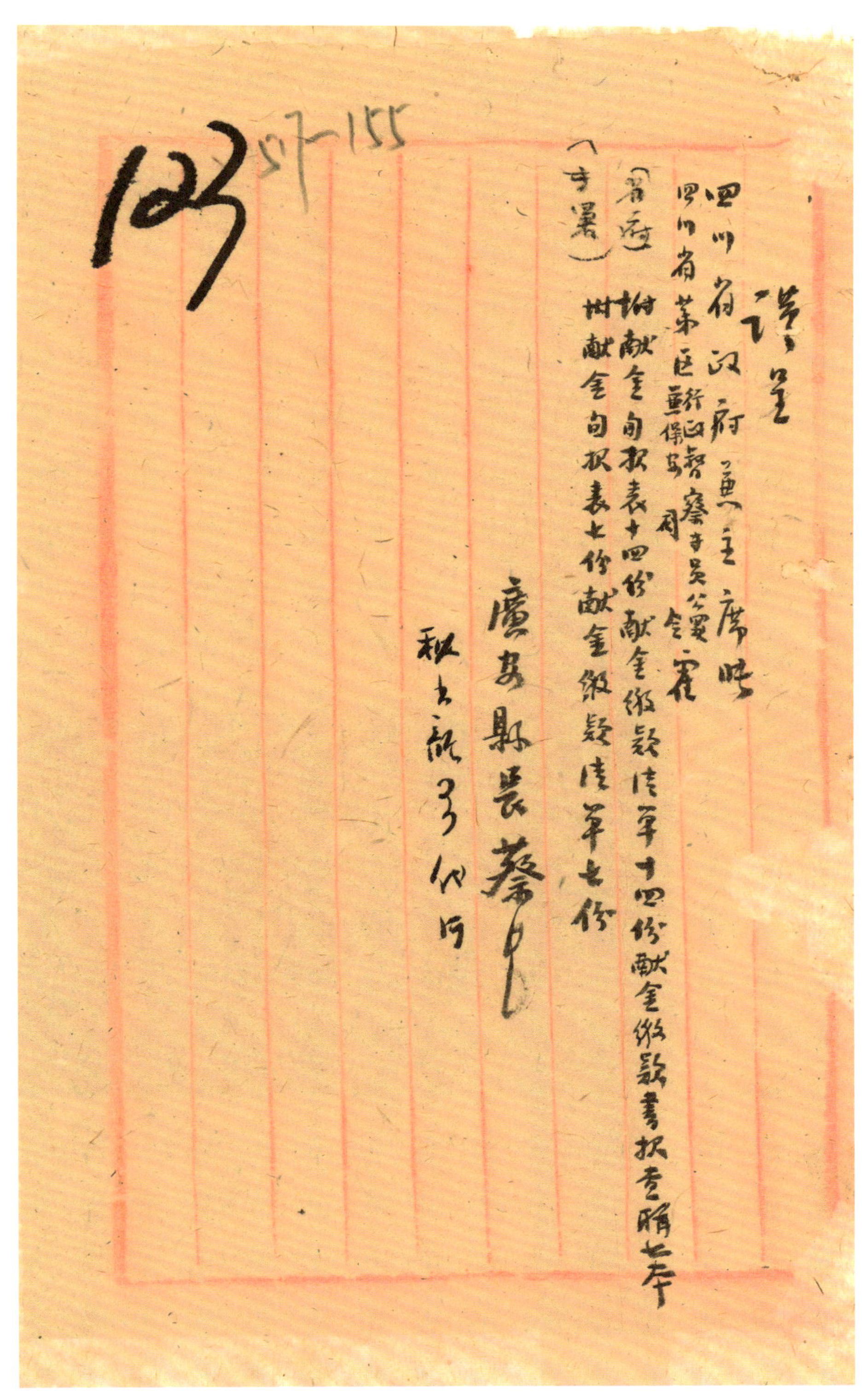

123 57-155

謹呈

四川省政府王主席暨

四川省第十區行政督察專員兼保安司令吳公寰

（省府）附獻金旬報表十四份獻金繳款清單十四份獻金繳款書報查聯七本

（專署）附獻金旬報表七份獻金繳款清單七份

廣安縣長蔡[illegible]

秘書[illegible]代行

广安县政府致四川省政府、四川省第十区行政督察专员兼保安司令公署的呈（一九四五年十月二十五日）

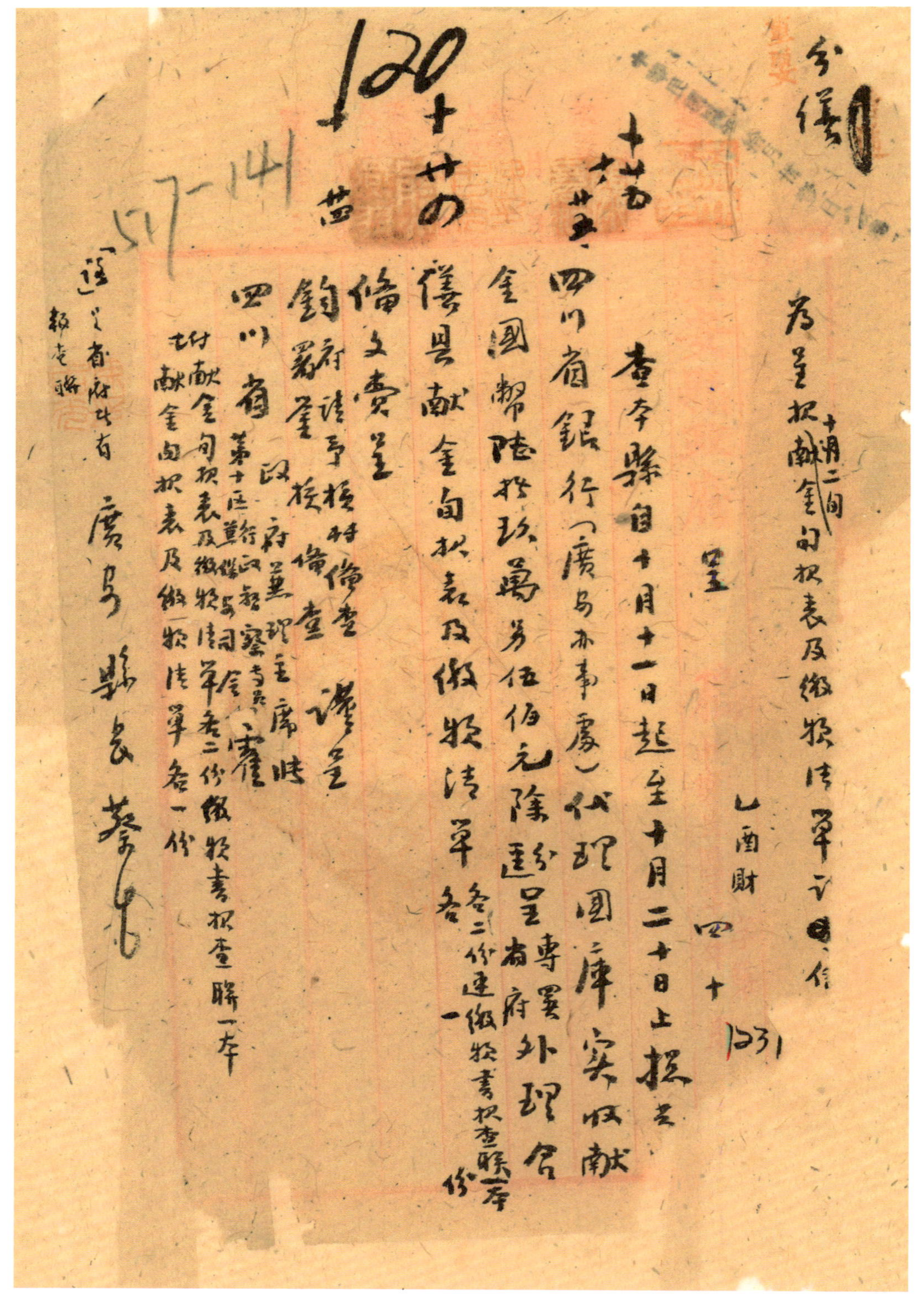

為呈報獻金旬報表及繳款清單祈鑒核由

呈

酉財 四十

查本縣自十月十一日起至十月二十日止據送四川省銀行（廣安辦事處）代理國庫實收獻金國幣陸拾玖萬肆仟伍佰元，除逕分呈專署外，理合備具獻金旬報表及繳款清單各二份連繳款書報查聯一份，備文賫呈

鈞府鑒核備查

鈞署鑒核備查。謹呈

四川省政府主席 張

四川省第十區行政督察專員兼保安司令 霍

附獻金旬報表及繳款清單各二份繳款書報查聯一本

獻金旬報表及繳款清單各一份

廣安縣長 蔡

121

57-142

廣安縣政府經辦改善士兵待遇献金繳款清單

中華民國34年10月11日至10月20日

財政部 鉴照　　　　廣財國字第8號

献金人	四聯繳款書字號	收款日期	收款國庫或銀行部局名稱	金額（元）	備考
杜焕廷	502	10月11日	四川省銀行代理國庫	2000	
刘甫臣	586	〃	〃	3000	
徐　琴	587	〃	〃	4000	
周劍華	584	〃	〃	4000	
段礼之	585	〃	〃	5000	
范岳尸	588	〃	〃	5000	
戴順昌	589	〃	〃	4000	
戴学体	591	〃	〃	2000	
戴崇僖	590	〃	〃	2000	
盧[illegible]山	593	〃	〃	4000	
顏[illegible]明	594	〃	〃	5000	
〃	595	〃	〃	4000	
〃	596	〃	〃	3000	
任以叙	582	〃	〃	3000	
任維鳳	583	〃	〃	2000	
杨荣堪	60[illegible]	〃	〃	12000	
孙子元	580	〃	〃	5000	
王福田	598	〃	〃	5000	
徐沃川	600	〃	〃	5000	
李明孝	599	〃	〃	5000	
戴桂乾	597	〃	〃	3000	
刘厚廷	607	12	〃	4000	
刘松元	611	〃	〃	4000	
刘恒宽	608	〃	〃	5000	
刘義合	612	〃	〃	10000	
刘吴氏	609	〃	〃	80	

(517-14)

廣安縣政府經辦改善士兵待遇獻金繳款清單

中華民國　年　月　日至　月　日

財政部　查照　　　　字第　號

143

獻金人	四聯繳款書字號	收款日期	收款國庫或銀行局名稱	金額（億千百十萬千百十元）	備考
[illegible]				191000	
顏　崇	527	〃	〃	10000	
袁正李	526	〃	〃	4000	
姚徽軒	620	〃	〃	5000	
肖芳信	621	15	〃	4000	
李運超	622	〃	〃	5000	
李義[illegible]	623	〃	〃	4000	
蘇義富	626	25	〃	5500	
蘇受之	625	〃	〃	5500	
〃〃〃	627	〃	〃	8000	
蘇廷操	624	〃	〃	5500	
李仲卿	635	〃	〃	5000	
周子厚	497	〃	〃	6000	
劉年富	496	〃	〃	6000	
向甫臣	629	〃	〃	5000	
劉海[illegible]	631	〃	〃	4000	
劉恒亮	630	〃	〃	5000	
〃〃〃	632	〃	〃	4600	
何用之	633	〃	〃	3000	
程代云	634	〃	〃	4600	
李大遠	636	〃	〃	17000	
馬玉合	628	〃	〃	2000	
蔣鍾祥	641	〃	〃	6000	
蕭文禮	1607	〃	〃	5000	
徐作[illegible]	1606	〃	〃	10000	
王瑞碧	608	〃	〃	5000	
伍俊竹	639	〃	〃	3000	
王德穎	640	〃	〃	3000	
唐希聖	643	〃	〃	10000	
王成五	1603	〃	〃	2000	
王緒[illegible]	1602	〃	〃	4000	
林之獻	1604	〃	〃	2000	
王修秦	1601	〃	〃	3000	
王瑞碧	1605	〃	〃	15000	
[illegible]		、	〃	1000	
[illegible]祥					

廣安縣政府經辦改善士兵待遇獻金繳款清單

中華民國　年　月　日至　月　日

財政部　查照　字第　號

獻金人	四聯繳款書字號	繳款日期	收款國庫或銀行部門名稱	金額	備考
				425500	
刘冰芸 绍冬伯	1608	〃	〃	5000	
華 [illegible]	642	〃	〃	32000	
代 [illegible] 禄	649	〃	〃	8000	
陳 俊 林	648	17	〃	30000	
唐 世 [illegible]	652	〃	〃	10000	
任 讓 益	534	18	〃	30000	
熊王安化	657	〃	〃	10000	
龔 鏡 志	581	〃	〃	5000	
王 安 [illegible]	658	〃	〃	6000	
唐 從 之	1610	〃	〃	3000	
雷 錫 [illegible]	664	〃	〃	3000	
代 炯 海	663	〃	〃	3000	
李 文 煥	1611	〃	〃	2000	
王 [illegible] 康	662	〃	〃	2000	
王 [illegible] 志	661	〃	〃	2000	
李 麗 [illegible]	660	〃	〃	8000	
李麗葉 [illegible]	659	〃	〃	8000	
杜 先 舟	654	〃	〃	5000	
杜 作 林	653	〃	〃	5000	
杜 千 城	655	〃	〃	7000	
杜 四 賢	656	〃	〃	5000	
賀 克 明	1612	〃	〃	4000	
萬 云 [illegible]	1614	〃	〃	4000	
歐 國 楨	1615	〃	〃	2000	
何 文 [illegible]	1616	〃	〃	4000	
唐 蔚 如	665	〃	〃	5000	
李 玉 堂	666	17	〃	8000	
文 鳴 氏	668	〃	〃	6000	
[illegible] 達 志	669	20	〃	9000	
代 [illegible] 賢	670	〃	〃	8000	
龔 貴 軒	673	〃	〃	6000	
〃 〃 〃	672	〃	〃	6000	
冉 像 璠	674	〃	〃	4000	
陈 晟 才	675	〃	〃	4000	
陈 克 仁	676	〃	〃	4000	
唐 培 良	677	〃	〃	9000	
龔 樹 森	678	〃	〃	9000	
王 蔣 氏	671	〃	〃	3000	
陈 宗 权	679	〃	〃	4000	

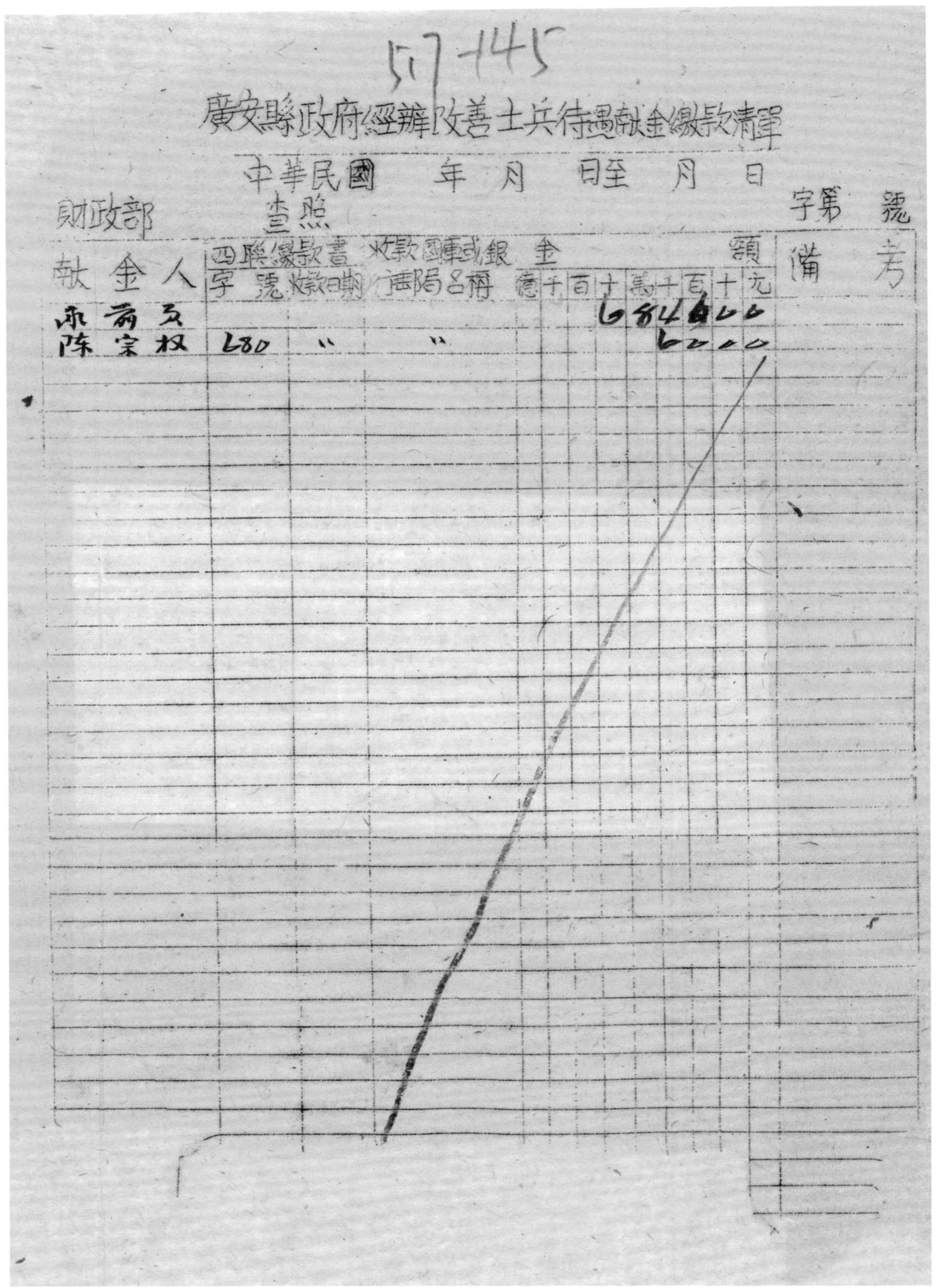

517-145

广安县政府经办改善士兵待遇献金缴款清单

中华民国　年　月　日至　月　日

财政部　　查照　　　　　　字第　号

献金人	四联缴款书字号	收款日期	收款国库或银行庄局名称	亿	千	百	十	万	千	百	十	元	备考
承前页							6	8	4	0	0	0	
陈宗权	680	〃	〃						6	2	0	0	

附（二）广安县政府经办改善士兵待遇献金收入旬报表（一九四五年十月二十三日）

517—146

廣安縣政府經辦改善士兵待遇獻金收入

34年10月2旬

中華民國34年10月23日

獻金類别及獻金人	收入 本旬收入	收入 歷旬累計	繳 本旬繳庫	繳 歷旬
房地産献金				
地産		3933900		
杜焕廷	7000		7000	
刘甫臣	3000		3000	
徐琴	4000		4000	
周創業	4000		4000	
段礼荣	5000		5000	
范岳中	5000		5000	
戴联芳	4000		4000	
戴学济	2000		2000	
戴学治	3000		2000	
唐金山	4000		4000	
顾子明	5000		5000	
〃 〃	4000		400	
〃 〃	3000			
任以和				

廣安縣政府經辦改善士兵待遇獻金收入旬報表

年　月　旬

中華民國　年　月　日　字　號

獻金類别及獻金人	收入		繳庫		備攷
	本旬收入	歷旬累計	本旬繳庫	歷旬累計	
	億千百十万千百十元	億千百十万千百十元	億千百十万千百十元	億千百十万千百十元	
承前頁	74000	4007910	74000 74000	4007910	
孙子元	5000		5000 5000		
王福田	5000		5000 5000		
徐次川	5000		5000 5000		
李以孝	5000		5000 5000		
戴桂泉	2000		2000 2000		
刘厚廷	4000		4000 4000		
刘極光	4000		[illegible] 4000		
[illegible]	[illegible]		5000		

517-148

廣安縣政府經辦改善士兵待遇獻金收入旬報表

年　月　旬

中華民國　年　月　日　　字　號

獻金類別及獻金人	收入：本旬收入	收入：歷旬累計	繳：本旬繳庫	繳：歷旬繳庫累計	備考
承前頁	160000	4093900	160000	4093900	
王祝明	4000		4000		
段四清	8000		8000		
王明直	4000		4000		
戴君致	2000		2000		
王炳林	4000		4000		
王憲章	5000		5000		
陈德元	4000		4000		

廣安縣政府經辦改善士兵待遇獻金收入旬報表

年　月　旬

中華民國　年　月　日　字　號

獻金類別及獻金人	收入 本旬收入	收入 歷旬累計	繳庫 本旬繳庫	繳庫 歷旬累計	備考
承前頁	2117500	4181400	2117500	4181400	
袁仲卿	5000		5000		
周子厚	6000		6000		
刘年富	6000		6000		
向甫臣	5000		5000		
刘海陆	16000		16000		
刘恒亮	5000		5000		
〃　〃	3000		3000		

127—159

□府經辦改善士兵待遇獻金收入旬報表

年　月　旬

中華民國　年　月　日　字　號

獻金類別及獻金人	收入 本旬收入	收入 歷旬累計	繳庫 本旬繳庫	繳庫 歷旬累計	備考
邱蘭香	340500 340500	4274400	340500	4274400	
唐希圣	10000 10000		10000		
王國玉	2000 2000		2000		
王俊明	4000 4000		4000		
林之猷	3000 3000		3000		
王修秦	3000 3000		3000		
邓元昭	4000 4000		4000		
王瑞碧	15000 15000		15000		
陳瑞祥	10000 10000		10000		
陳光禹	15000 15000		15000		

57—151

廣安縣政府經辦改善士兵待遇獻金收入旬報表

年　月　旬

中華民國　年　月　日　　字　號

獻金類別及獻金人	收入		繳庫		備攷
	本旬收入	歷旬累計	本旬繳庫	歷旬累計	
承前頁	506500	4440400	506500	4440400	
任運萱	3000		3000		
鍾王宣純	10000		10000		
龔鍾志	5000		5000		
王宣績	6000		6000		
唐澤之	3000		3000		
			3000		

87-152

廣安縣政府經辦改善士兵待遇獻金收入旬報表

年　月　旬

中華民國　年　月　日　字　號

獻金類別及獻金人	收入：本旬收入	收入：歷旬累計	繳庫：本旬繳庫	繳庫：歷旬累計	備考
	億千百十万千百十元	億千百十万千百十元	億千百十万千百十元	億千百十万千百十元	
永前至	587500	4521400	587500	4521400	
禹之亞	4000		4000		
歐國禎	2000		2000		
何文氏	4000		4000		
唐慶興	5300		5000		
李玉堂	8000		8000		

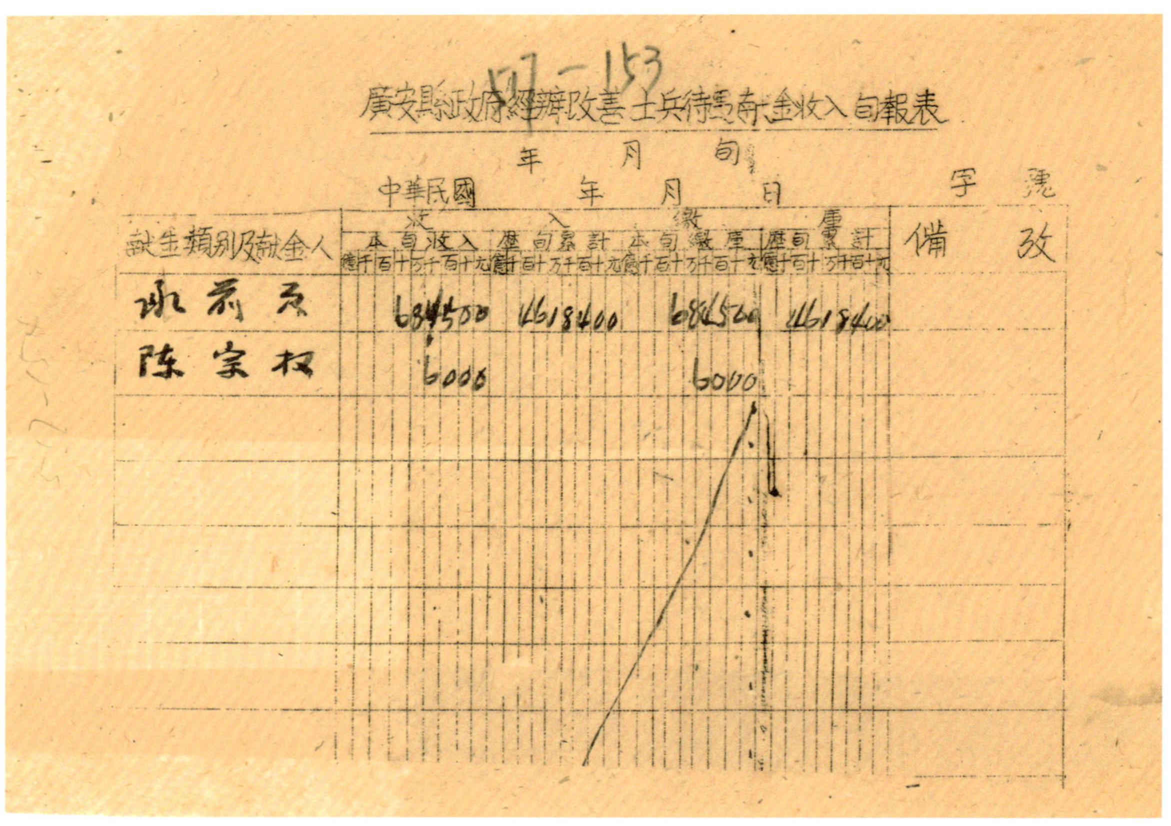

517—153

廣安縣政府經辦改善士兵待遇獻金收入旬報表

年　月　旬

中華民國　年　月　日　字　號

獻金類別及獻金人	收入		繳庫		備考
	本旬收入 億千百十万千百十元	歷旬累計 億千百十万千百十元	本旬繳庫 億千百十万千百十元	歷旬累計 億千百十万千百十元	
[illegible]	684500	4618400	684500	4618400	
陈宗权	6000		6000		

四川省政府关于抓紧办理献金事宜致广安县政府的指令（一九四五年七月十二日）

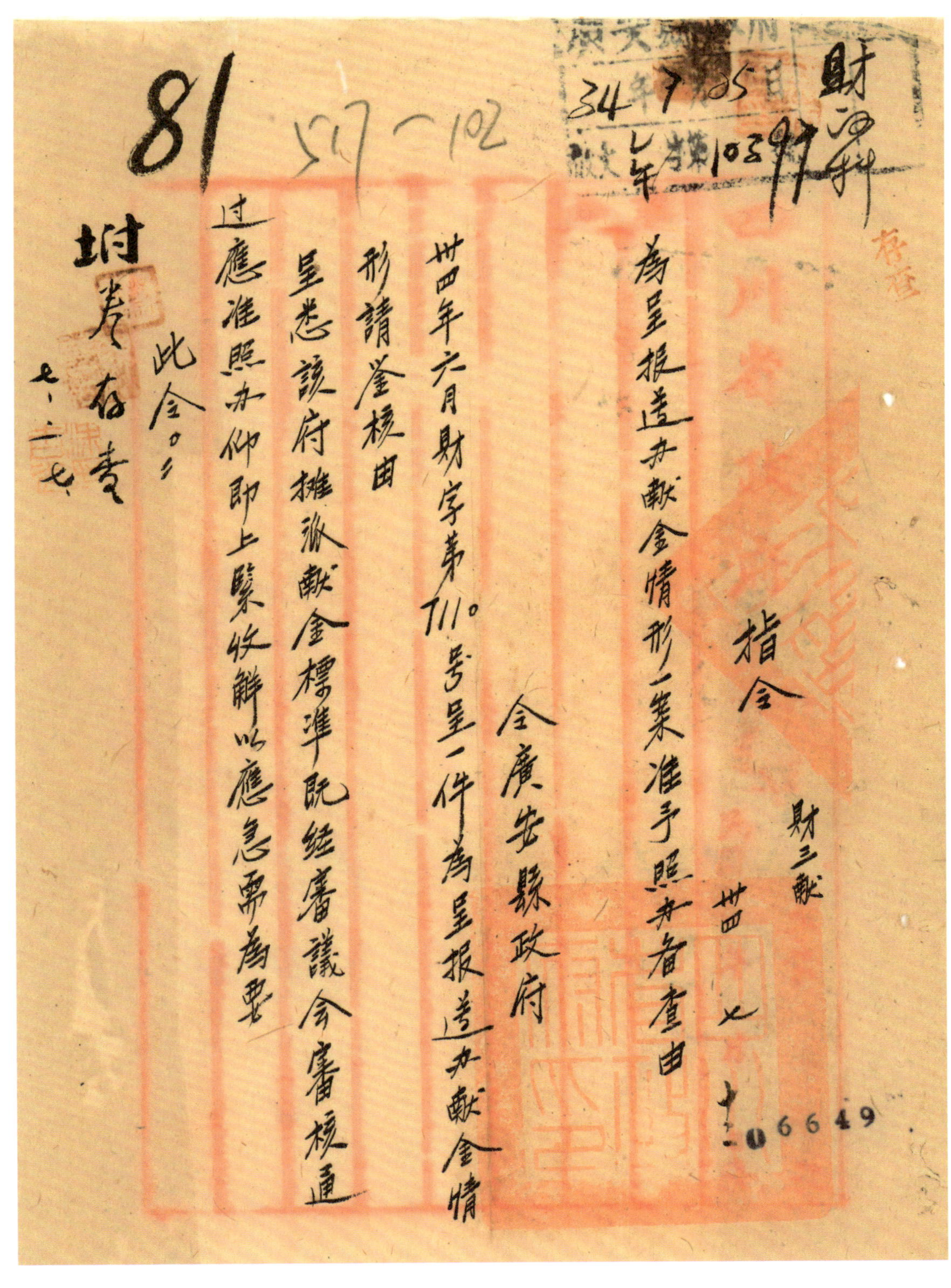

81

財三獻

指令

卅四 七 十二

為呈報遵办獻金情形一案准予照办备查由

令廣安縣政府

卅四年六月財字第7110号呈一件為呈報遵办獻金情形請鑒核由

呈悉。該府攤派獻金標準既經審議會審核通過，應准照办，仰即上緊收解，以應急需為要。

此令。

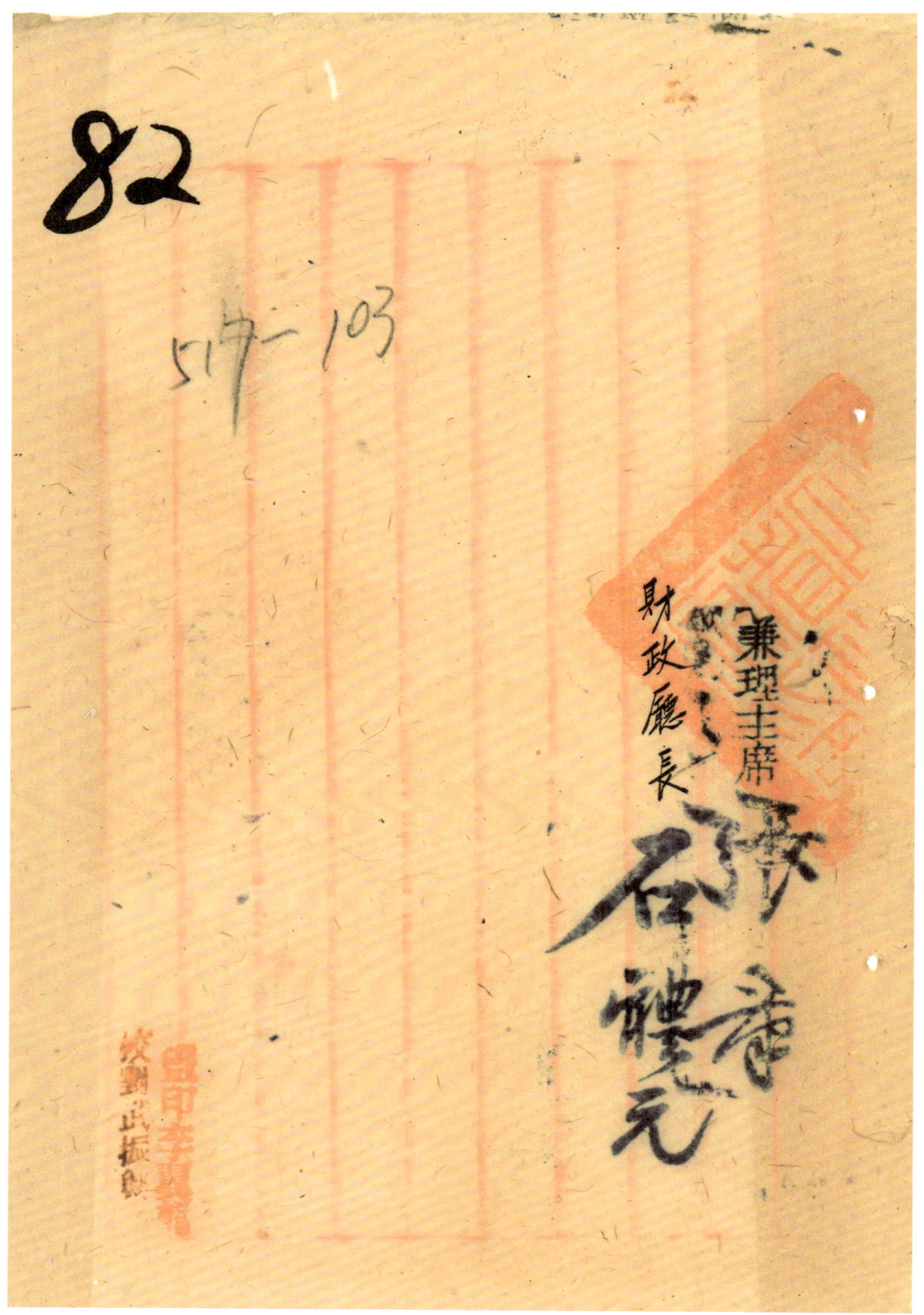

82

517-103

兼理主席 蔣[illegible]

財政廳長 石體元

校對武振

監印李[illegible]

四川省广安县知识青年志愿从军征集委员会捐册（时间不详）

44

668-44

四川省廣安縣知識青年志願從軍徵集委員會捐册

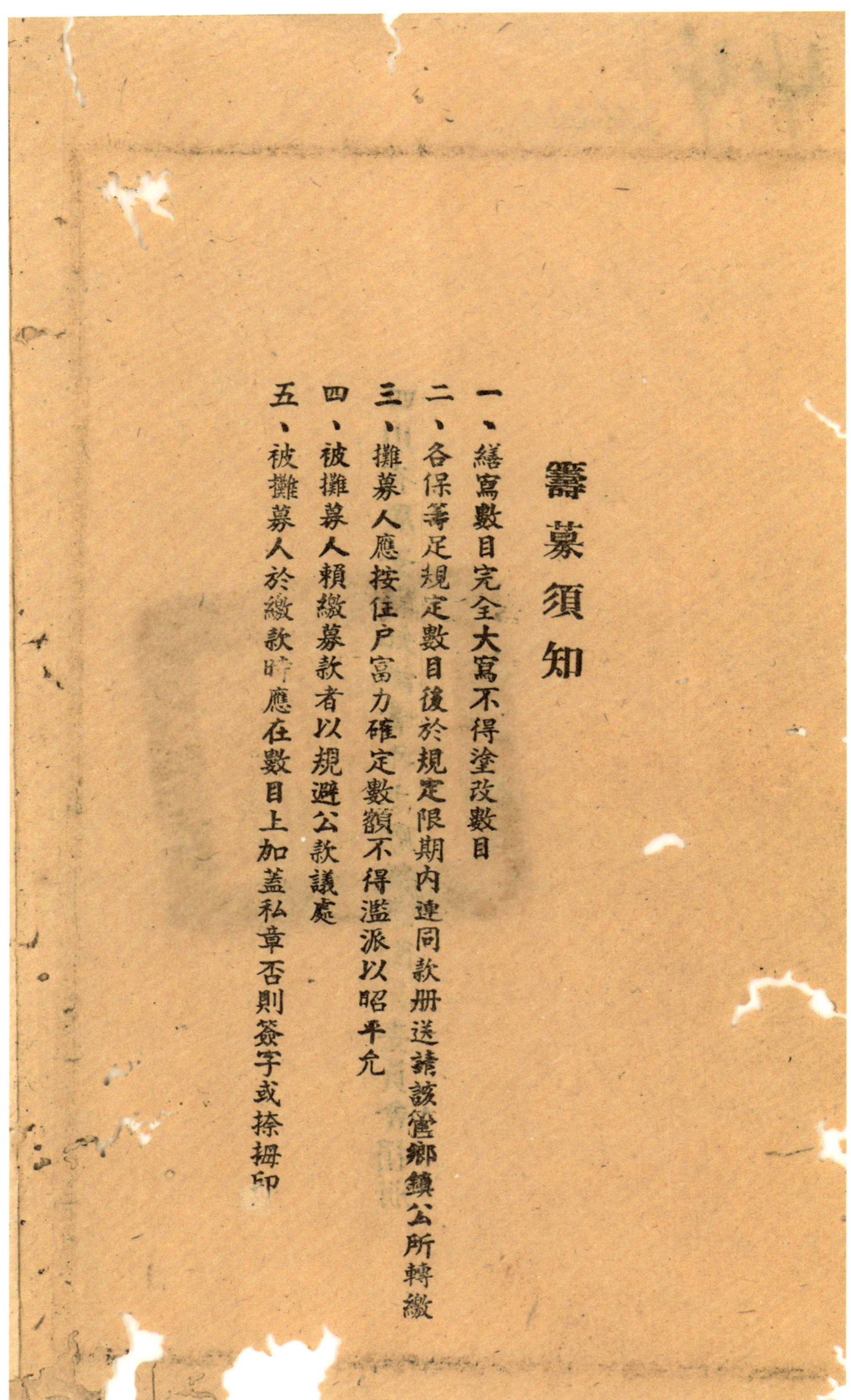

籌募須知

一、繕寫數目完全大寫不得塗改數目

二、各保籌足規定數目後於規定限期内連同款册送請該管鄉鎮公所轉繳

三、攤募人應按住户富力確定數額不得濫派以昭平允

四、被攤募人賴繳募款者以規避公款議處

五、被攤募人於繳款時應在數目上加蓋私章否則簽字或捺拇印

45 668-45

石向氏　捐洋壹百元

石萬才　捐洋肆拾元

王開同　捐洋陸拾元

陳正权　捐洋叁拾元正

唐學正　捐洋伍拾元

唐學安　捐洋弍拾伍元

石高德　捐洋弍拾伍元

石玉茂　捐洋弍拾伍元

邓芝軒　捐洋弍拾伍元

邓照輝　捐洋弍拾伍元

肖定根　损洋贰拾伍元

肖心传　损洋伍拾元正

肖定珍　损洋壹百元

李友明　损洋壹百元

邓本瑶　损洋壹百元

邓烈鼎　损洋壹百元

蒋明达　损洋柒拾元

陈茂才　损洋柒拾元

龙汉全　损洋壹百元

李友国　损洋柒拾元

46 668-46

邓洪發　捐洋壹百元
江大漢　捐洋柒拾元
江大玉　捐洋柒拾元
唐運安　捐洋壹百元
邓海泉　捐洋壹百元
唐光掌　捐洋伍拾元
唐象祥　捐洋柒拾元
唐光忠　捐洋壹百元
石連德　捐洋叁拾元
肖楊氏　捐洋壹百元

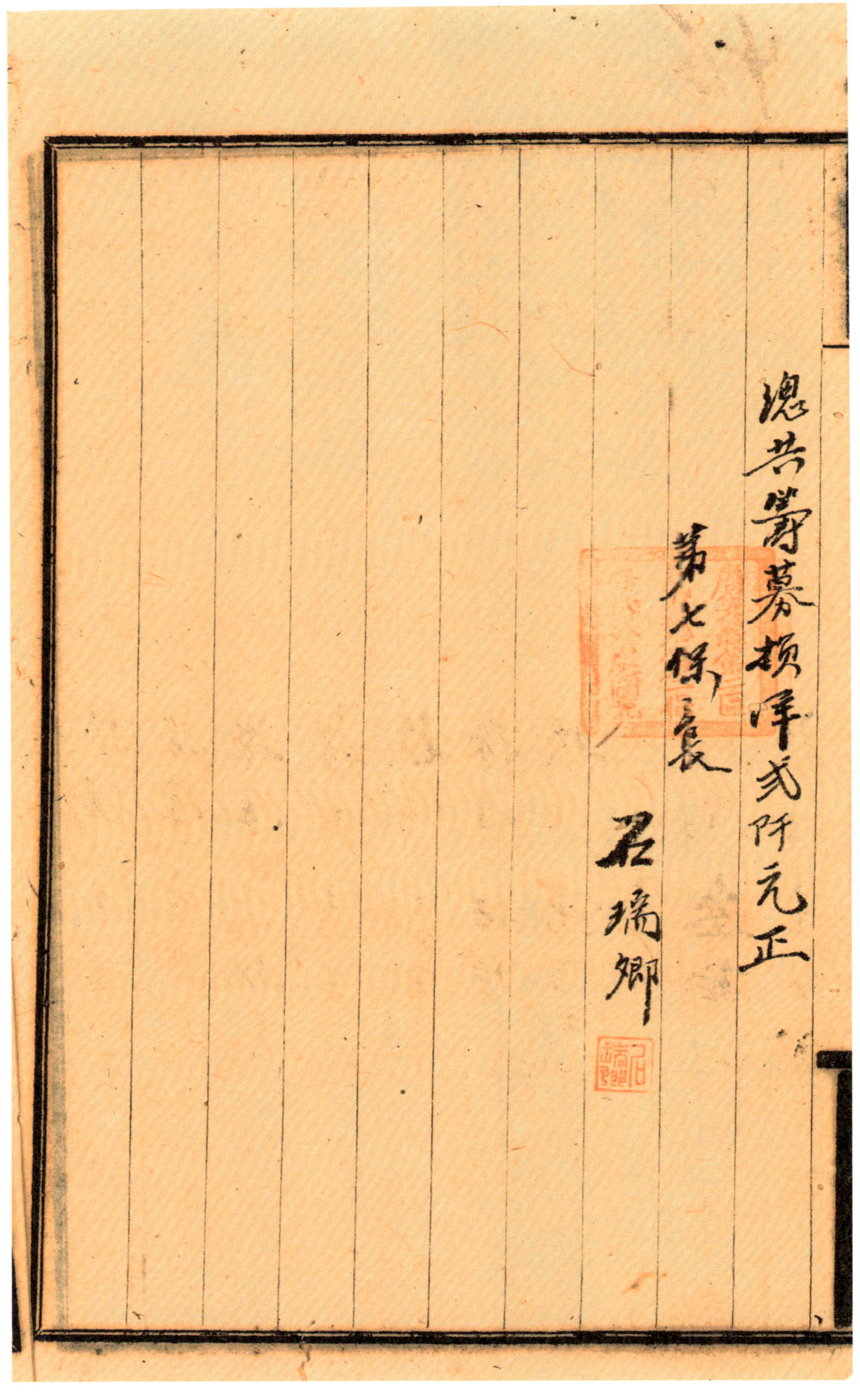

总共劝募捐洋贰仟元正
第七保保长
石瑞卿

二、修建公路

广安县筑路委员会、广安县政府关于修筑川鄂公路广安段事宜致崇望乡联保办公处的训令、命令（一九三八年三月至九月）

广安县筑路委员会致崇望乡联保办公处的训令（一九三八年三月二十八日）

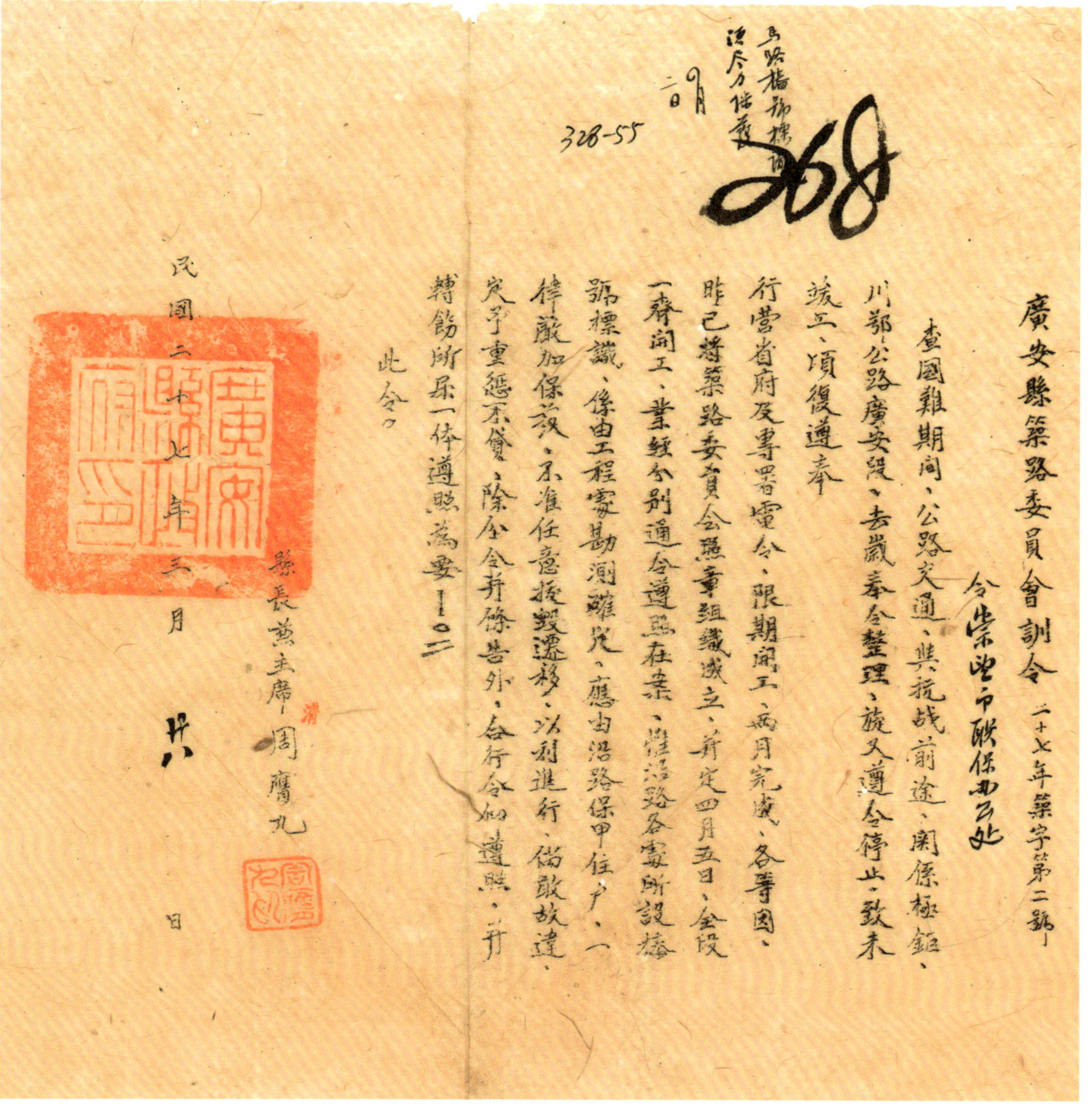

廣安縣築路委員會訓令　二十七年築字第二號

令崇望鄉聯保辦公處

查國難期間，公路交通，與抗戰前途，關係極鉅，川鄂公路廣安段，去歲奉令整理，旋又遵令停止，致未竣工，頃復遵奉

行營省府及專署電令，限期開工，兩月完成，各等因，昨已將築路委員會照章組織成立，并定四月五日，全段一齊開工，業經分別通令遵照在案，惟沿路各處所設樁號標識，係由工程處勘測離定，應由沿路保甲住戶，一律嚴加保護，不准任意拔毀遷移，以利進行，倘敢故違，定予重懲不貸，除分令并佈告外，合行令仰遵照，并轉飭所屬一体遵照為要！此令。

縣長兼主席 周膺九

民國二十七年三月廿八日

广安县政府、广安县筑路委员会致崇望乡联保办公处的训令（一九三八年四月二日）

廣安縣縣政府
築路委員會 訓令 廿七年四月築字第9號

令崇望鄉聯保辦公處

查川鄂公路廣安段，此次奉令義務征工整理，限期兩月完成。時間極爲迫切。第一期自四月五日起至五月五日止，每保應徵民工二十名；第二期自五月六日起至六月六日止，每保應征民工一名，民工及隊長等所需口食費用，前經會議決定，凡距路較遠，或採購維艱之各鄉，得向自給押角，按保將一二期口食費用照規定籌足，但保有貧富不等，須以鄉爲單位，各保得打通計算，以昭公允。惟關於徵派民工，籌集口食，製發臨時收據，分配口食，以及收支報銷等事，責任重大，事

269

民工口食折算以鄉爲單位

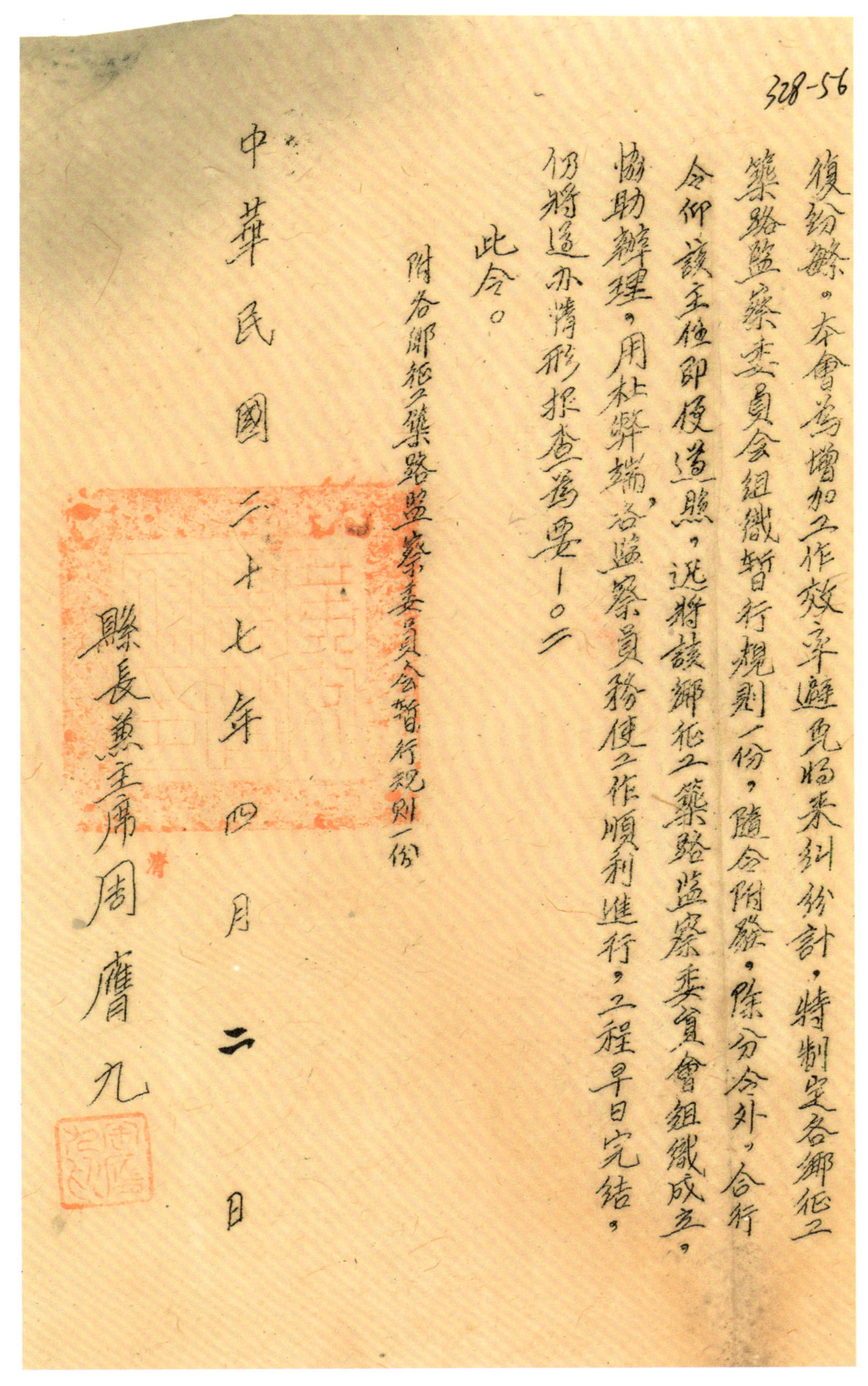
328-56

復紛繁。本會為增加工作效率，避免將來糾紛計，特制定各鄉征工築路監察委員會組織暫行規則一份，隨令附發。除分令外，合行令仰該主任即便遵照，迅將該鄉征工築路監察委員會組織成立，協助辦理，用杜弊端，各監察員務使工作順利進行，工程早日完結，仍將遵辦情形報查為要！一〇二

此令。

附各鄉征工築路監察委員會暫行規則一份

中華民國二十七年四月二日

縣長兼主席周膺九

广安县县长周膺九致崇望乡联队长谭巨林的命令（一九三八年四月十三日）

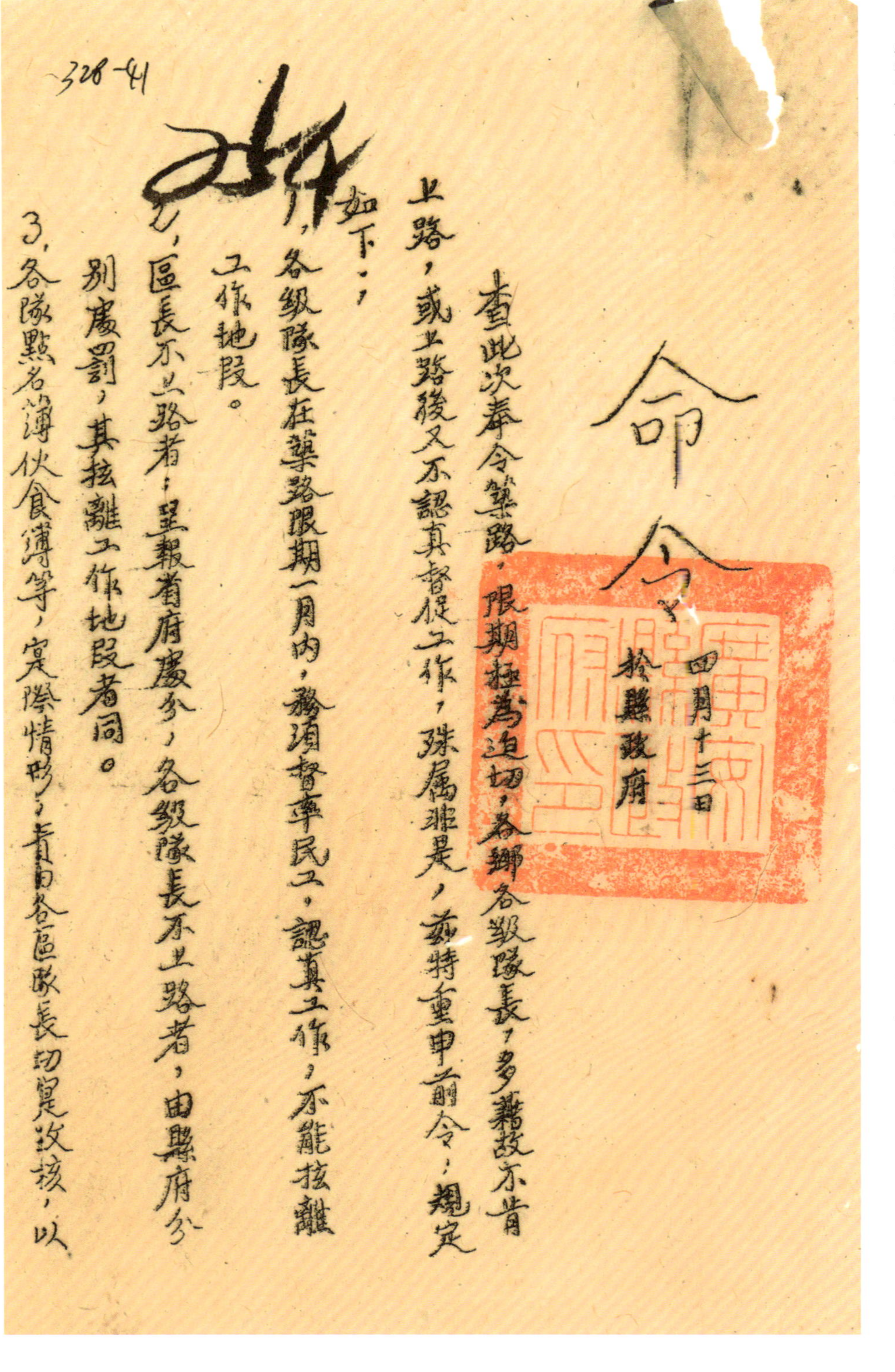

328-41

命令

查此次奉令築路，限期極為迫切，各鄉各級隊長，多藉故不肯上路，或上路後又不認真督促工作，殊屬非是，兹特重申前令，規定如下：

1，各級隊長在築路限期一月內，務須督率民工，認真工作，不能擅離工作地段。

2，區長不上路者，呈報省府處分，各級隊長不上路者，由縣府分別處罰，其擅離工作地段者同。

3，各隊點名簿伙食簿等，実際情形，責由各區隊長切実考核，以

四月十三日 於縣政府

免侵蝕缺曠，及剋扣民工食米諸弊，并得隨時分别懲奬。

4，縣府及築委會隨時派員上路督促考核，如有工作努力或怠玩貽誤者，得分别報請奬懲。

5，築路期間，不能展限，凡逾期尚未完工者，其損失，决定責由各級隊長賠償不貸。

以上五條，除分令各區鄉及各區联隊長外，仰即遵照，并轉令所屬各級隊長一体凛遵，勿誤千〔要〕為要——二

此令

崇臯鄉聯隊長譚巨林

縣長兼總隊長周膺九

广安县政府、广安县筑路委员会致崇望乡联保办公处的训令（一九三八年四月十八日）

廣安縣縣政府
築路委員會
訓令 廿七年四月築字第14號

令崇望鄉聯保主任譚巨林

本年四月十三日案准廣安縣政府廿七年民字第五四一号公函開：案奉

四川省第十區保安司令部參字第四八六號訓令開：案奉 四川全省保安司令部

二十七年三月保字第一四二五号訓令開：案奉 軍事委員長行營一八一五號渝電開：

查各軍區域有時須征民工協助工作，在一般人民不明大義，或有規避情事，而軍隊不知

愛護時有加以苛待，最易滋生隔閡，嗣後務仰通令所屬各部隊對于民工務勿加

各軍征工協助工作勿加苛待

四月廿二日

328-36

240

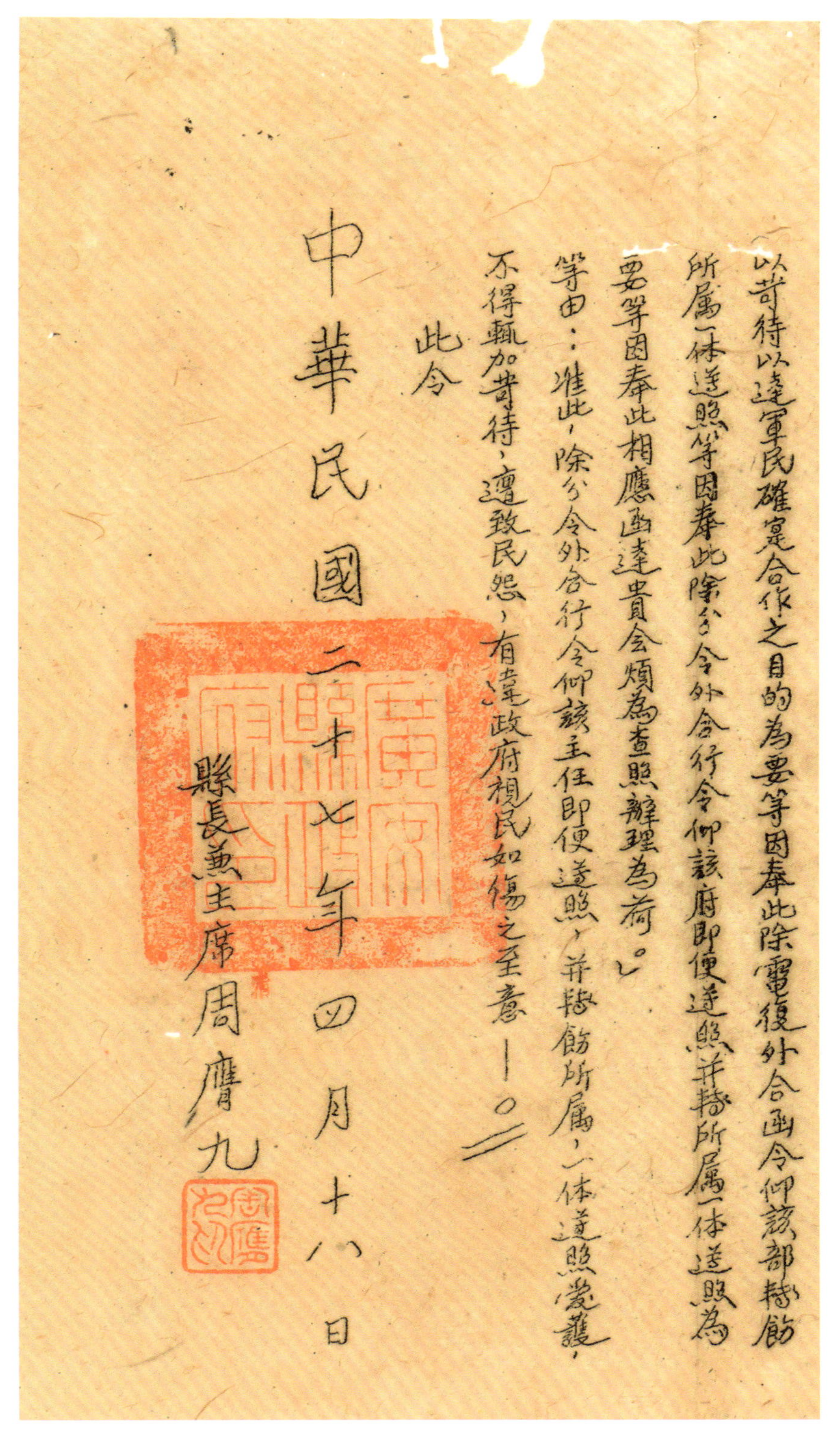

以苛待，以達軍民確寔合作之目的為要等因，奉此，除電復外，合函令仰該部轉飭所屬一体遵照等因，奉此，除分令外，合行令仰該府即便遵照，并轉所屬一体遵照為要等因，奉此，相應函達貴会，煩為查照辦理為荷。」

等由；准此，除分令外，合行令仰該主任即便遵照，并轉飭所屬一体遵照愛護，不得輒加苛待，遭致民怨，有違政府視民如傷之至意。一〇二

此令

中華民國二十七年四月十八日

縣長兼主席周賡九

广安县政府、广安县筑路委员会致崇望乡联保办公处的训令（一九三八年四月十九日）

廣安縣政府
廣安縣築路委員會 訓令

廿七年四月築字第15號

令崇望鄉聯保主任譚巨林

查此次奉令築路，各區鄉各級隊長，均應上路督工，早經釐定各項實施辦法，通令飭遵。并一再嚴飭認真督促工作，依限完成，否則責令賠償各在案。乃言之諄諄，听之藐藐。近查各鄉隊長，多未遂令到路，或到路而不負責監督者。各小隊長等，亦间有不遂令工作。甚或嫖賭酗酒，竊挪公款，不得已而虐待民工，剋扣食米，致民工不能果腹，怨氣載道，因而怠玩工作者。凡此種種，寔屬恣不畏法，藐玩已

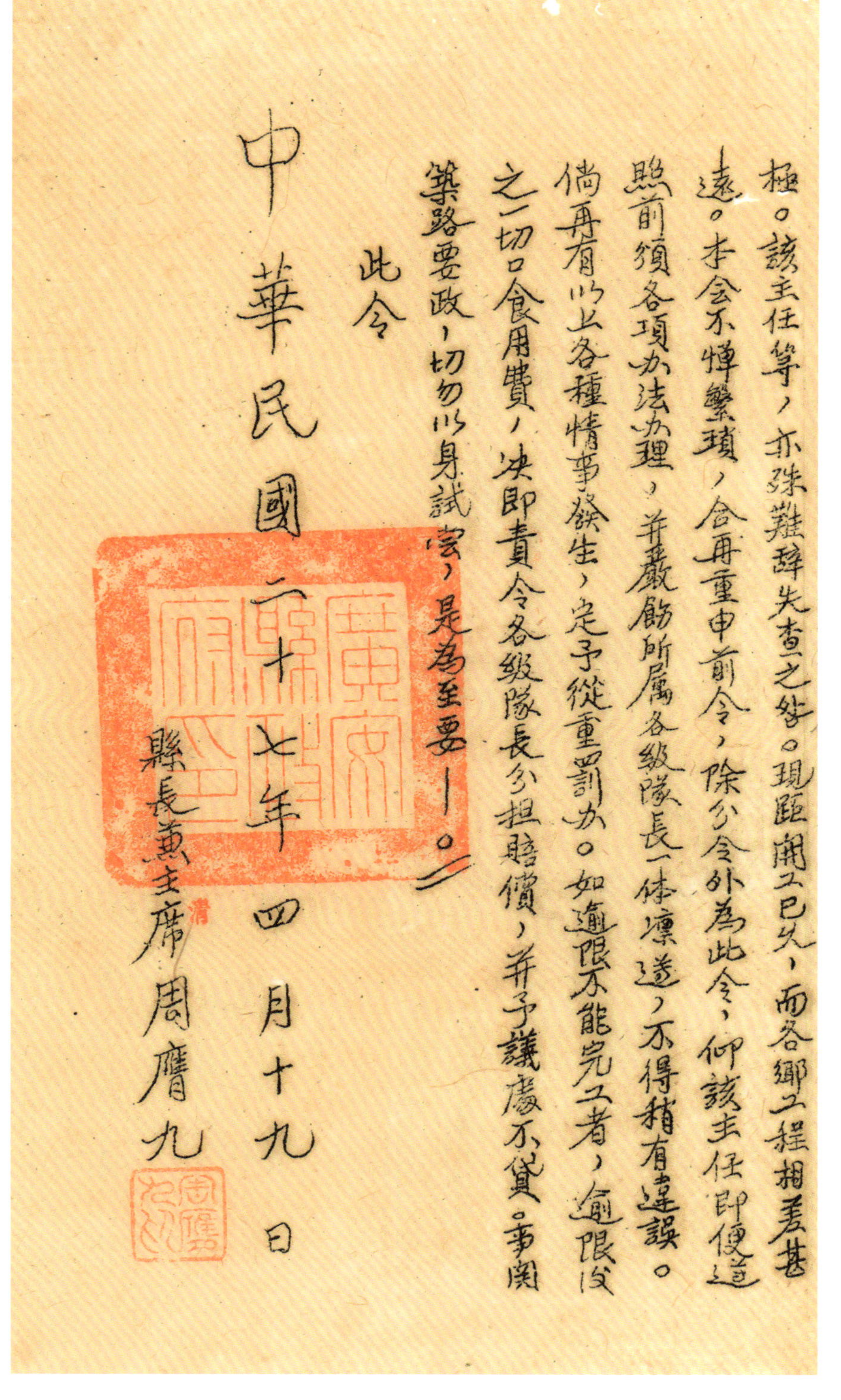

極。該主任等，亦殊難辭失查之咎。現距開工已久，而各鄉工程相差甚遠。本会不憚繁瑣，合再重申前令，除分令外，為此令，仰該主任即便遵照前頒各項办法办理，并嚴飭所屬各級隊長一体凜遵，不得稍有違誤。倘再有以上各種情事發生，定予從重罰办。如逾限不能完工者，逾限內之一切口食用費，決即責令各級隊長分担賠償，并予議處不貸。事關築路要政，切勿以身試宪，是為至要！。

此令

中華民國二十七年四月十九日

縣長兼主席 周膺九

广安县政府、广安县筑路委员会致崇望乡联保办公处的训令（一九三八年四月十九日）

328-38

廣安縣政府
廣安縣築路委員會 訓令 廿七年四月築字第16號

令崇望鄉联保主任譚巨林

本月十六日案准

四川公路局蓬渠工程段駐廣安辦事處第二號公函開：

「逕啟者查本縣民工築路工程開工已經旬日經本月十四日查勘結果其工作努力可依限完竣者僅極少數鄉其餘大半工作均極疲玩茲特分述於左：

（1）各鄉照額定應征石工相差甚多致使民工無石可運亟應從速補充以利進行

（2）城廂廣福廣門護安官盛等鄉工作尤屬遲緩開工雖已經旬而其效率僅達百分之十左右以規定完工時間計算非從速增加大量工人決難如期竣工應嚴令各該鄉联保主任漏夜督趕並規定如到期誤工之處分（或令其

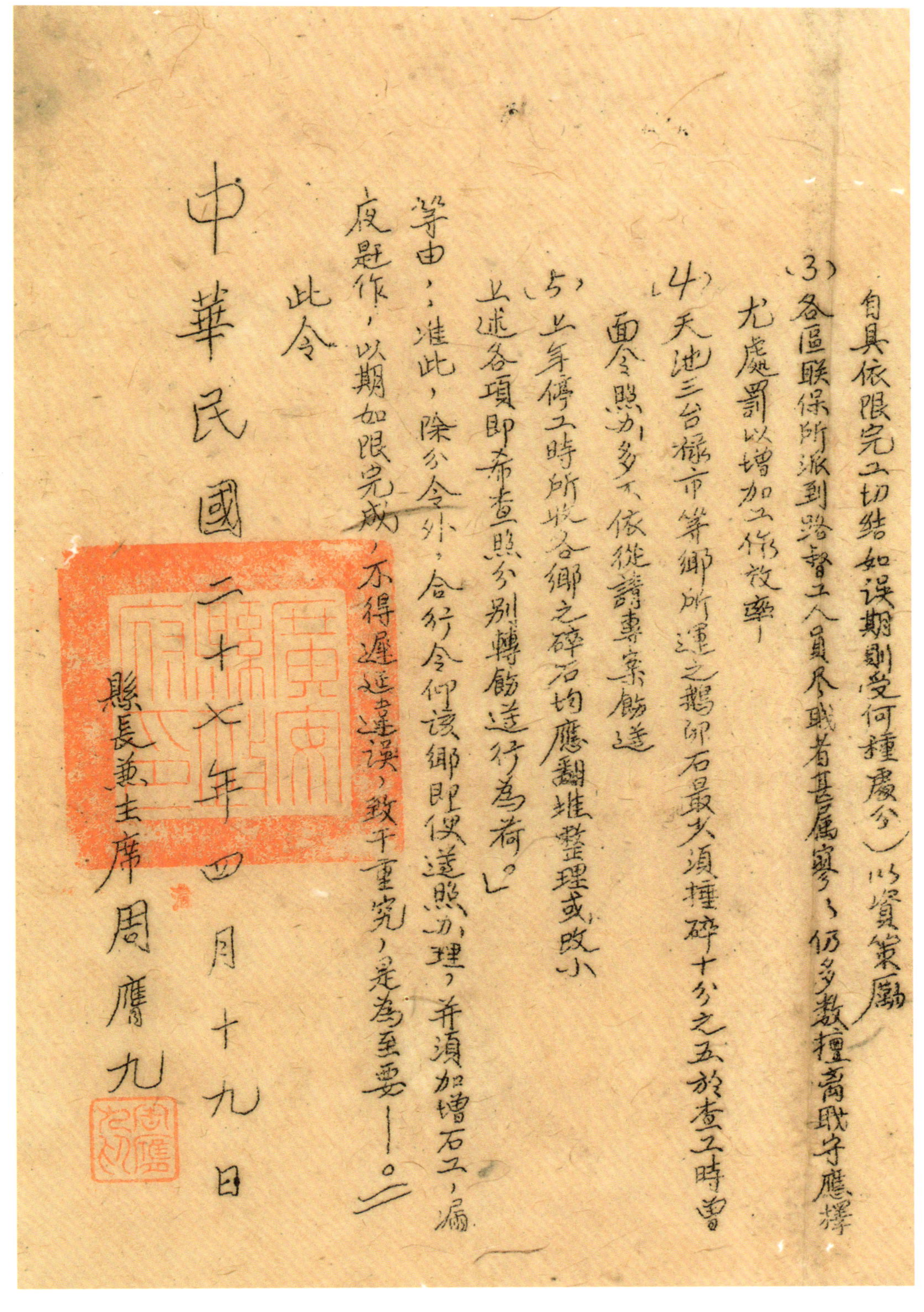
自具依限完工切結，如誤期則受何種處分），以資策勵
（3）各區聯保所派到路督工人員，盡職者甚屬寥寥，仍多數擅離職守，應擇
尤處罰，以增加工作效率。
（4）天池、三台、縣市等鄉所運之鵝卵石最大，須捶碎十分之五，於查工時曾
面令照辦，多不依從，請專案飭遵。
（5）上年停工時，所收各鄉之碎石均應翻堆整理，或改小。
上述各項，即希查照，分別轉飭遵行為荷。
等由。准此，除分令外，合行令仰該鄉即便遵照辦理，并須加增石工，漏
夜趕作，以期如限完成，不得遲延違誤，致干重究，是為至要。一一○二
此令
中華民國二十七年四月十九日
縣長兼主席　周膺九

广安县政府、广安县筑路委员会致崇望乡联保办公处的训令（一九三八年四月二十一日）

328-26

廣安縣政府
築路委員會 訓令 廿七年四月築字第19號

令崇望聯隊長

四月二十日案據第一區區長吳嘉華呈稱：

四月十八日案據職區太山鄉萬蕙聯隊長陳俊良報告稱：竊職鄉擔任整修公路之工程路段為公勝橋碑搬運砂石方工程，已於四月十八日限刻完成，請派陳監工員驗收清楚，民工亦於同日奉領回鄉遣散，理合具報，懇請鈞署俯查。等情前來，經職查勘，屬實。該鄉第一段工程為時僅及半月，即已告成，足見[illegible]方克能[illegible]謀協力，不辭勞瘁，于限期內竣，其他各鄉先期繳工，并經驗收合格，實為難能，應請鈞府予該鄉監修委員及各級民工隊長協助監督，卓著勤勞，一律傳諭嘉

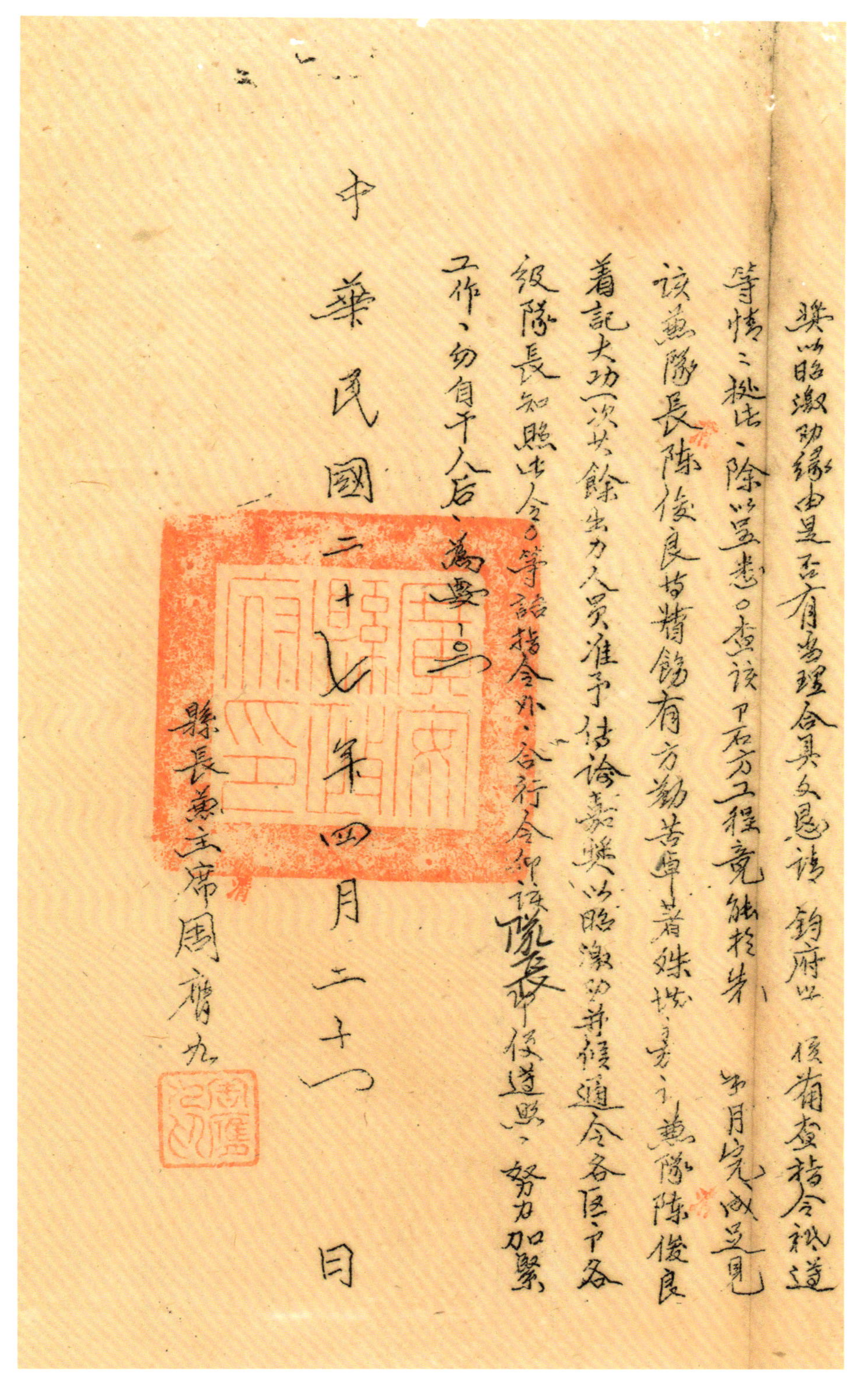

獎以昭激勸緣由，是否有當，理合具文懇請鈞府以俯賜查核指令祗遵

等情。據此，除以呈悉。查該下石方工程竟能於未半月完成，足見

該兼隊長陳俊良督飭有方，勤苦卓著，殊堪嘉許。兼隊陳俊良

着記大功一次，其餘出力人員准予傳諭嘉獎，以昭激勸，並候通令各區、鄉各

級隊長知照。此令。等語，指令外，合行令仰該隊長即便遵照，努力加緊

工作，切勿自甘人後，爲要。此令。

中華民國二十七年四月二十一日

縣長兼主席周膺九

广安县政府、广安县筑路委员会致崇望乡联保办公处的训令（一九三八年四月二十六日）

廣安縣政府
縣築路委員會 訓令 廿七年四月築字第22號

令崇望鄉聯保主任 傅日林

四川省政府本年四月二十一日案准

四川公路局遂渠段長鄧才名渠字第八〇號公函開：

「案奉 四川公路局局長親副局長何文工代電開奉 四川省政府

代主席鄧馬省建代電爲據本局呈報川鄂路各段已飭依限開工一案開

川鄂路各縣應需民工人數仰仍遵照前電分別遵飭各該縣政府遵照並呈

報本府備查一面督促趕辦爲要等因奉此除分令外仰該段遵即將各縣

需征民工人數列表函送各縣就近催促從速征調民工並路工作并將各縣

應征人數及現時到段人數，分別詳細列表呈局，以憑核辦，勿延為要」等因，查各縣應征民工人數，早經本段各駐縣工務員分別派定在案，除呈復并分函外，相應函請貴府，請即增加民工，嚴厲督促，俾得早日完成，不誤期限，寔為公便。」

等由；准此，除分令各區鄉外，合行令仰該主任即便遵照，迅速將該鄉應征民工人數，及已路民工人數，列表逕報來府，以憑核報，并督促趕工，如限完成，是為至要——！

此令

中華民國二十七年四月二十八日

縣長兼主席周贋九

广安县政府、广安县筑路委员会致崇望乡联保办公处的训令（一九三八年五月二十一日）

廣安縣縣政府
築路委員會　訓令　廿七年五月築字第28號

令崇望鄉聯保主任譚巨林

本月十九日案准

四川公路局蓬渠工程段駐廣安辦事處第六號公函開：

「逕啟者查本縣舖庒路面工程現奉段長暨行營駐工程師面諭改為黄泥灌漿搭砌法以資堅固所有各組民工前曾規定每保征調一个半人茲因改變舖砌法則原訂征調民工不敷分配用特函請貴會請予每保改征足精壯民工二人工作期限每組每日規定舖庒一百五十公尺計算至六月二十五日完成相應函請貴会查照。」

等由；准此，除分令外合行令仰該主任即便遵照限文到二日内按保再補半名以足

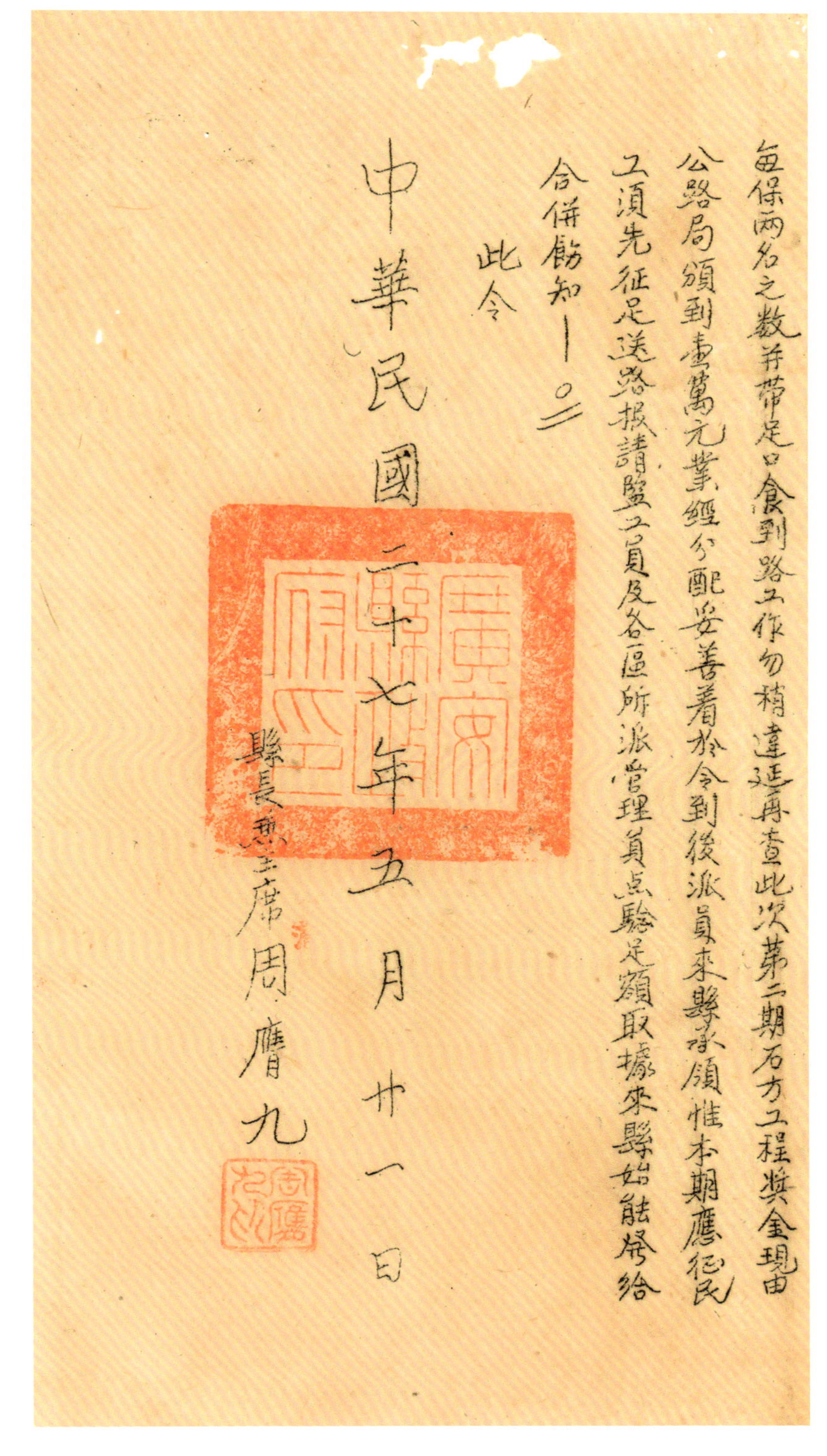

每保兩名之數并帶足口食到路工作勿稍違延再查此次第二期石方工程獎金現由公路局頒到壹萬元業經分配妥善着於令到後派員來縣承領惟本期應征民工須先征足送路報請監工員及各區所派管理員点驗足額取據來縣始能發給合併飭知

此令

中華民國二十七年五月廿一日

縣長兼主席周膺九

广安县政府致崇望乡联保办公处的训令（一九三八年五月二十七日）

廣安縣縣政府訓令 廿七年五月築字第2308號

令崇望鄉保長聯合辦公處

查此次築路二期石方工作竟於限期完成，足見各該主任及各級隊長等熱心努力，殊堪嘉尚。惟本期鋪壓開始，各鄉主任多未注意，民工既未征調足額，口食工具亦未如數帶齊，以致半月以來工作毫無進展，甚有因口食不濟，民工自行回家者，似此功虧一簣，實屬有碍路政。除面諭各區區長於本月二十七日前往各該路段躬臨監督，坐守点驗外，本縣長決於本月三十一日出巡查勘，如再違延不遵規定辦理者，定予拘押究辦不貸。切切！此令。

中華民國二十七年五月廿七日

縣長周膺九

广安县政府、广安县筑路委员会致崇望乡联保办公处的训令（一九三八年五月三十一日）

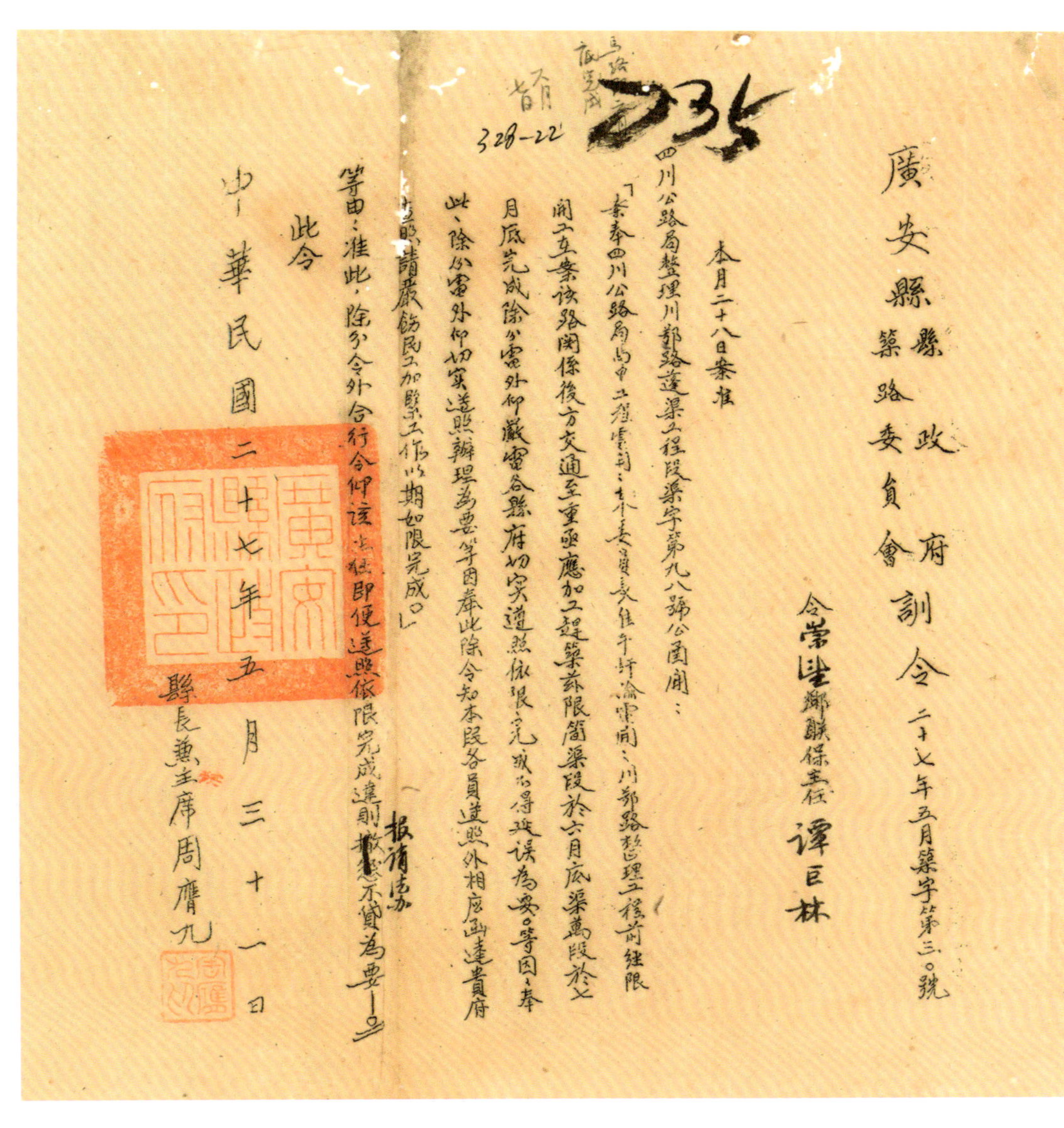

廣安縣縣政府
築路委員會 訓令 二十七年五月築字第三〇號

令崇望鄉聯保主任譚巨林

本月二十八日案准

四川公路局整理川鄂路蓬渠工程段渠字第九八號公函開：

「案奉四川公路局局中工程處寄：蔣委員長佳午府渝電開：川鄂路整理工程前經限期開工在案，該路關係後方交通至重，亟應加工趕築，茲限簡渠段於六月底、渠萬段於七月底完成，除分電外，仰嚴電各縣府切實遵照，依限完成，不得延誤為要。等因，奉此，除分電外，仰切實遵照辦理為要。等因，奉此，除令知本段各員遵照外，相應函達貴府查照，請嚴飭民工加緊工作，以期如限完成。」

等由；准此，除分令外，合行令仰該主任即便遵照依限完成，違則撤懲不貸為要！

報請速辦

此令

中華民國二十七年五月三十一日

縣長兼主席周賡九

广安县政府、广安县筑路委员会致崇望乡联保办公处的训令（一九三八年六月十三日）

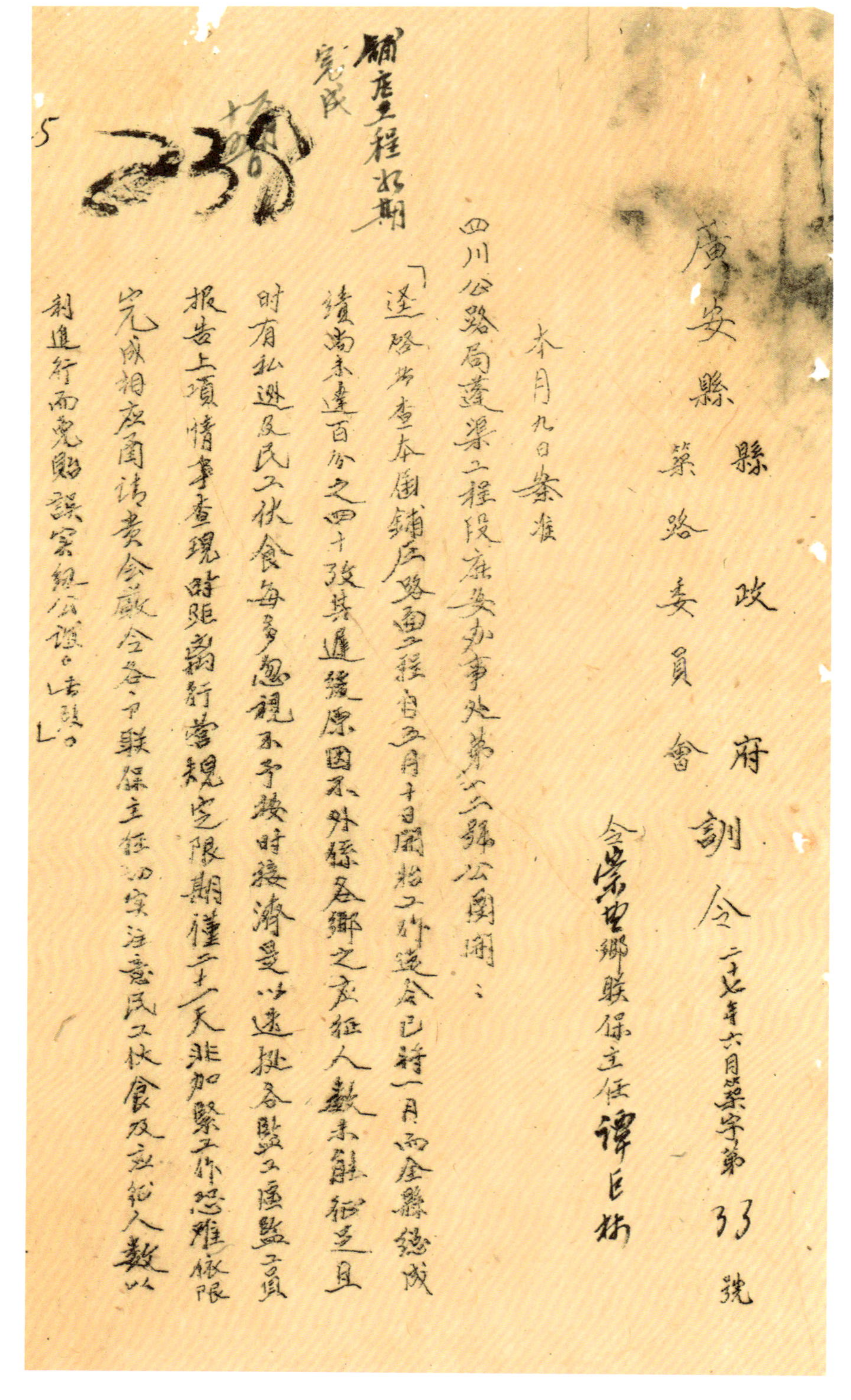

廣安縣政府
縣築路委員會 訓令 二十七年六月築字第33號

令崇望鄉联保主任譚巨林

本月九日案准

四川公路局遂渠工程段廣安辦事處第六二號公函開：

「遂路本處查本屬鋪庄路面工程自五月十日開始工作迄今已將一月，而全縣總成績尚未達百分之四十，考其遲緩原因，不外係各鄉之應征人數未能徵足，且时有私逃及民工伙食每多忽視，不予按时接濟，是以遂據各監工區監工員報告上項情事，查現時距離行營規定限期僅二十一天，非加緊工作恐難依限完成，相應函請貴會嚴令各鄉联保主任切實注意民工伙食及應征人數，以利進行而免貽誤，案紉公誼」等由。

鋪庄工程如期完成

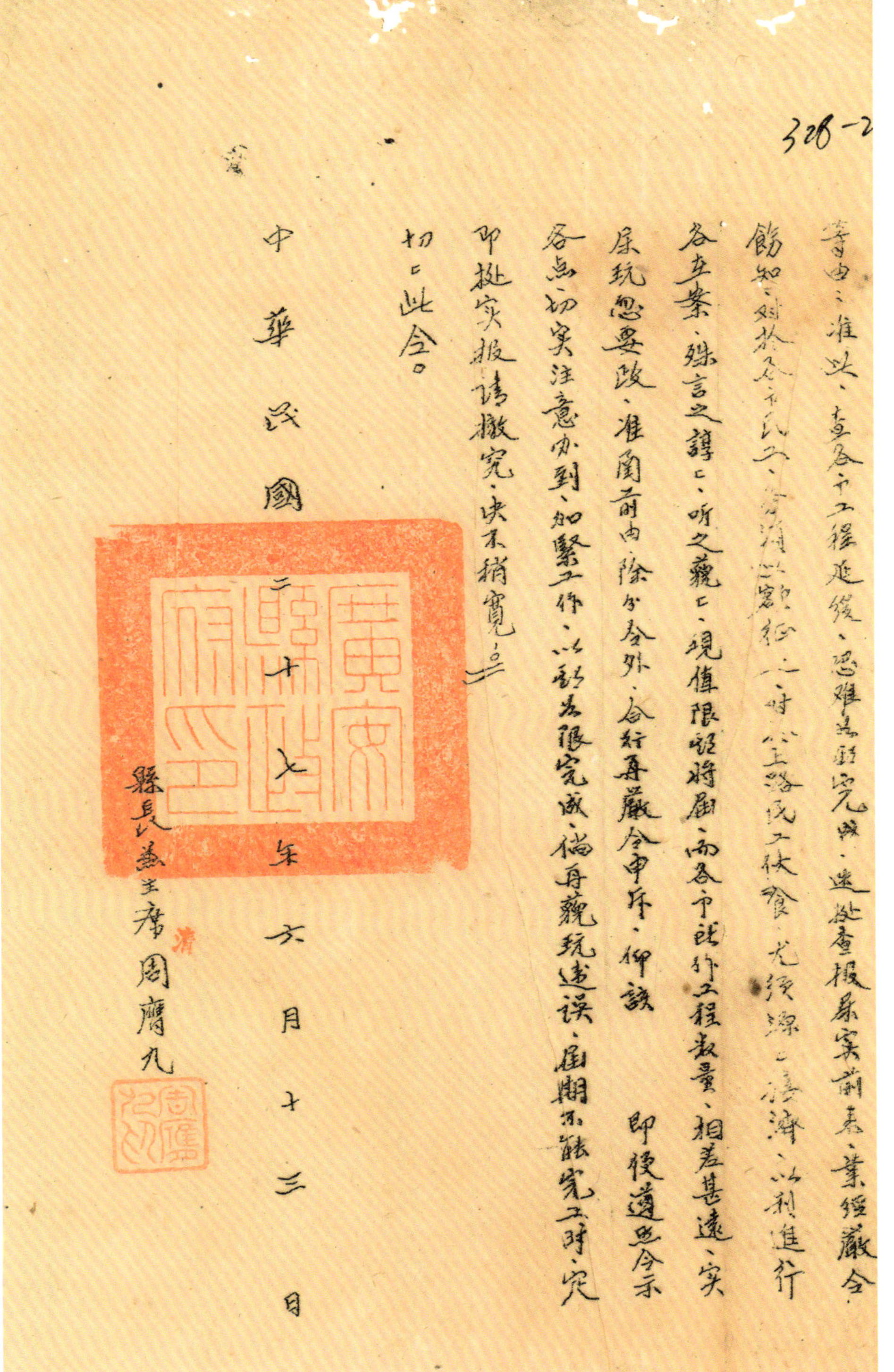

328-2

等由；准此，查各市工程延缓，恐难如期完成，迭经查报属实前来，业经严令饬知，对于各市民工，务须设法征工，对于上路民工伙食，尤须源源接济，以利进行各在案。殊言之谆谆，听之藐藐，现值限期将届，而各市已行工程数量，相差甚远，实属玩忽要政，准闻前由，除分令外，合行再严令申斥，仰该各点切实注意办到，加紧工作，以期如限完成，倘再藐玩迟误，届期不能完工时，定即拟实报请撤究，决不稍宽。切切此令。

中華民國二十七年六月十三日

縣長兼主席 周膺九

广安县政府、广安县筑路委员会致崇望乡联保办公处的训令（一九三八年六月二十一日）

328-20

333

廣安縣政府
築路委員會 訓令 廿七年六月築字第 號

令崇望鄉聯保主任譚臣林

查本期征工築路，各鄉應領之石砂方獎金，前已發給四賠在案。其餘六賠尾數，頃由蓬渠工程段轉發來會，並待發放。除分令外，合行令仰該主任即便遵照本府會廿七年築字第一號訓令附表內所規定之獎金數目，連同前發四賠數，備具總印領一張，來會領用，并制手回前出臨時收據，以憑核發轉報，用清手續。

此令

附印領關長式樣式幅

一〇二

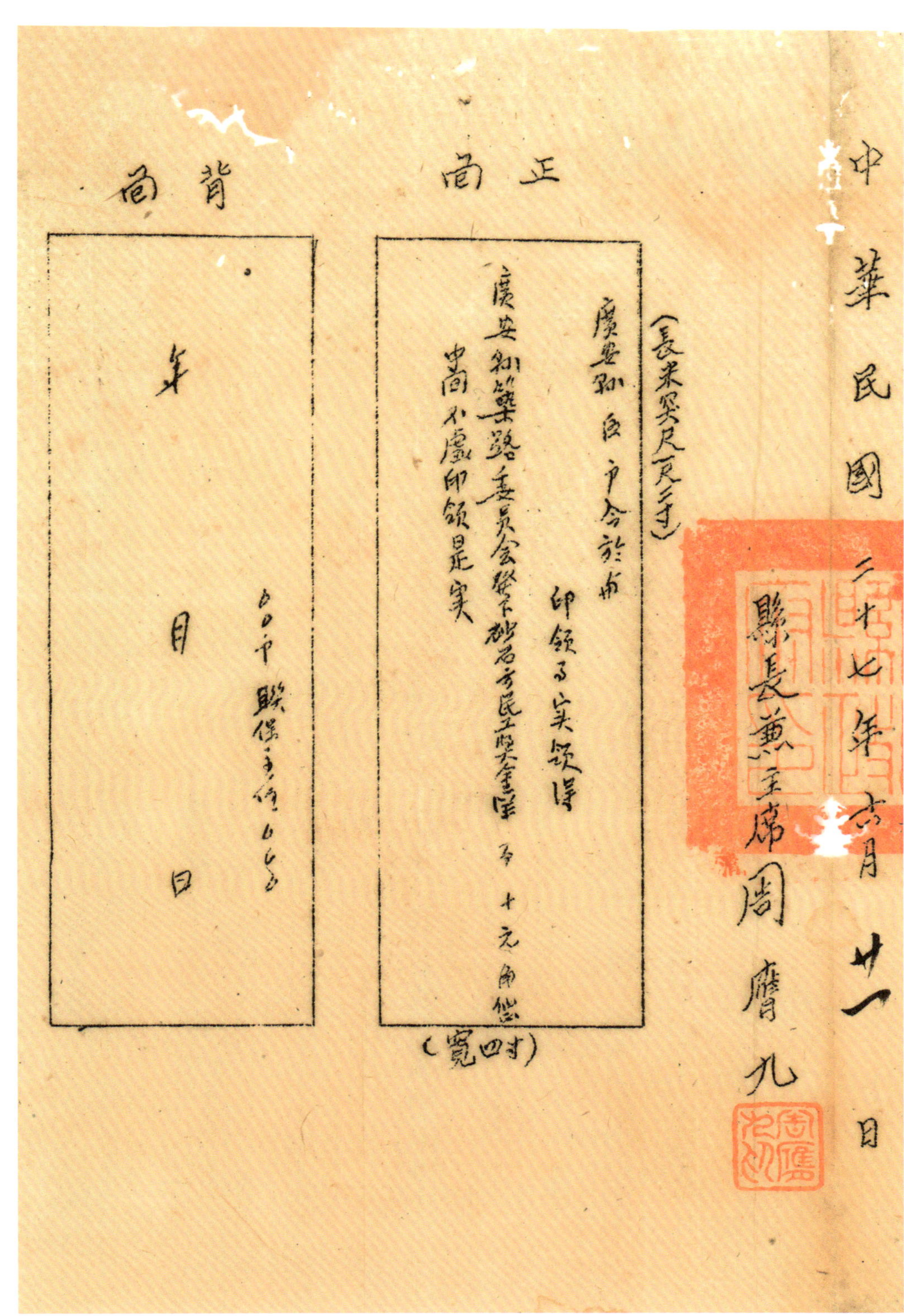

中華民國二十七年六月廿一日

縣長兼主席周膺九

正面

（長米突尺一尺二寸）

廣安縣　區　戶今於

印領到　實領得

廣安縣築路委員會發下砂石方民工股本金洋　百　十　元　角　整

中間不虛印領是實

（寬四寸）

背面

○○甲　聯保主任○○○

年　　月　　日

广安县政府致崇望乡联保办公处的训令（一九三八年六月二十三日）

廣安縣政府訓令　民字第　　號

令崇望鄉保長聯合辦公處

案奉

四川省政府民字第一六二七七號訓令開：

「案奉　委員長行營行道字第一四一三號訓令開：現值非常時期，後方公路交通，在在關係前方軍事，必須在最短期間內迅速完成，方能應付事勢需要。惟欲達到是項目的，舍征工築路而外，實無其他方法可行。本行營此次征用民工修築川康、川滇及整理川湘、川鄂等路，使吾民倍受力役之苦，誠屬萬不得已。各級工務人員及地方團体，宜能仰体斯旨，不避艱辛，協力完成此種偉大任務。第查以往修築各路，地方區保甲長往往對於征收款項，浮收濫報，甚或假借征工名義，在外訛詐勒索，每致民怨沸騰，訟案累累。如不嚴予禁絕，將何以維護民衆，俾有生機。自此次通令以後，凡征工築路征收款項均應切實依照收支代工金暫行規則辦理，如再有區保甲長及其他人員假借征工名義訛詐勒索，或浮收濫報者，並由專署縣府查究嚴懲，除分令外，合行令仰該省政府通飭并布告一体遵照辦理，并仰該省府多派人員前往各路嚴密查察，如有專員縣長奉辦不力者，應連帶處分，仍將遵辦情形具報為要等因，奉此，除呈復并分令外，合行令仰該府即便遵照。等因，奉此，除分令外，合行令仰該主任即便遵照，嗣後凡征工築路征收款項務須恪遵收支代工金暫行規則辦理，如再有利用機會私飽病民情事，一經查覺，定予嚴辦不貸。此令。

中華民國二十七年六月　日

縣長　周膺九

广安县政府、广安县筑路委员会致崇望乡联保办公处的训令（一九三八年八月九日）

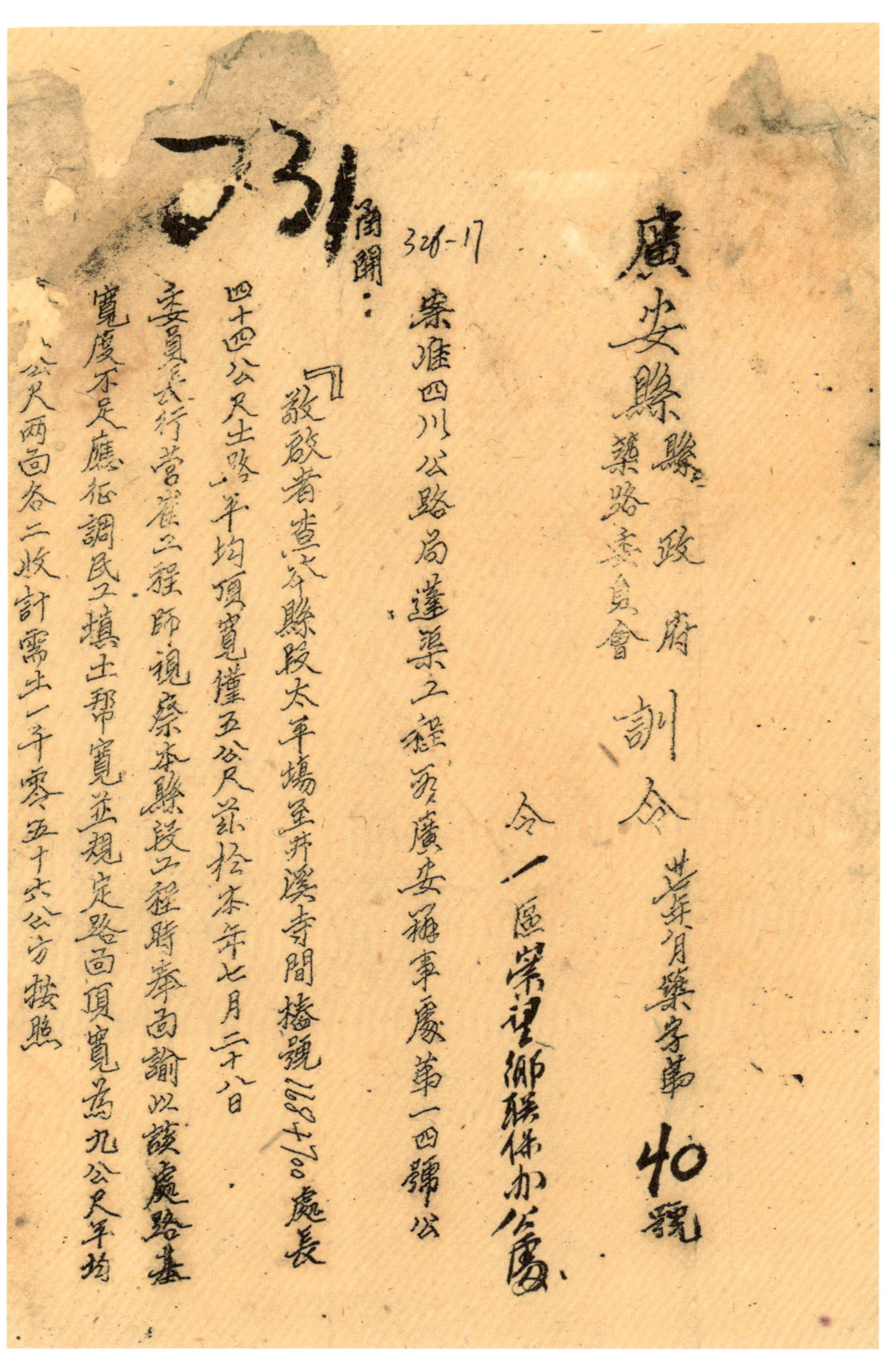
328-17

廣安縣縣政府
築路委員會　訓令　廿七年八月築字第40號

令一區崇望鄉聯保辦公處

案准四川公路局蓬渠工程處廣安籌事處第一四號公函開：『敬啟者查本縣段太平場至井溪寺間樁號168+700處長四十四公尺土路，平均須寬僅五公尺，茲於本年七月二十八日委員會行營崔工程師視察本縣段工程時，奉面諭以該處路基寬度不足，應征調民工填土幫寬，並規定路面須寬為九公尺，平均公尺兩面各二收，計需土一千零五十六公方，按照

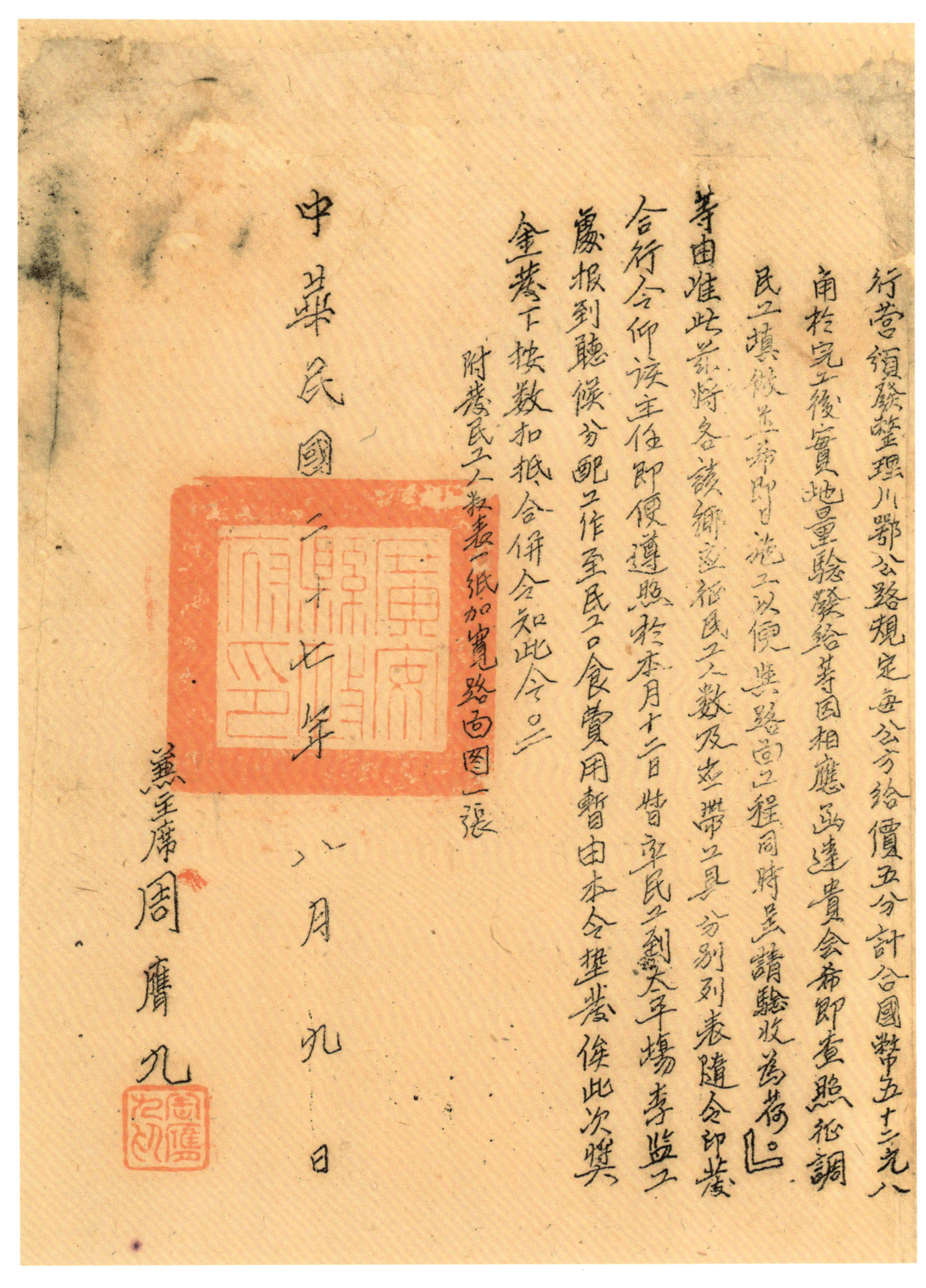

行營領發整理川鄂公路規定每公方給價五分計合國幣五十二元八角於完工後實地量驗發給等因相應函達貴會希即查照徵調民工填繳並希即日施工以便與路面工程同時呈請驗收為荷」

等由准此茲將各該鄉應徵民工人數及應帶工具分別列表隨令印發合行令仰該主任即便遵照於本月十二日督率民工到太平場李監工處報到聽候分配工作至民工口食費用暫由本會墊發俟此次獎金發下按數扣抵合併令知此令。

附發民工人數表一紙加寬路面圖一張

中華民國二十七年八月九日

兼主席周膺九

附：加宽路面图、应征民工人数及带工具表

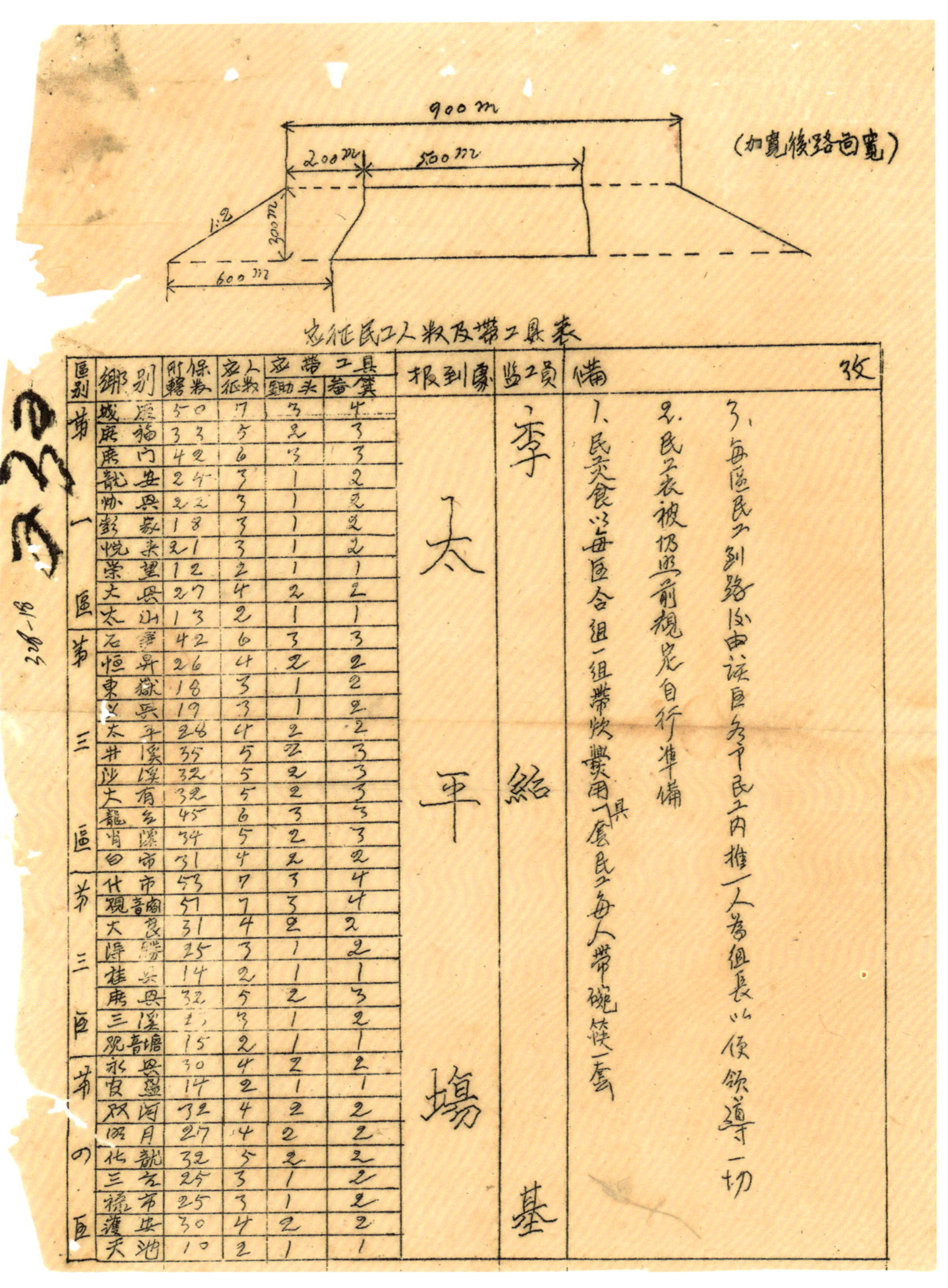

应征民工人数及带工具表

区别	乡别	所辖保数	应征人数	应带工具 锄头	应带工具 畚箕	报到处	监工员	備攷
第一区	城厢	50	7	3	4	太平塲	李紹基	1、民工食以每区合组一组带炊爨用具，每民工每人带碗筷一套 2、民工衣被仍照前规定自行準備 3、每区民工到路后由该区各乡民工内推一人为组长以便领導一切
	廣福	33	5	2	3			
	廣门	42	6	3	3			
	龍安	24	3	1	2			
	协興	22	3	1	2			
	彭家	18	3	1	2			
	悦来	21	3	1	2			
	崇望	12	2	1	1			
	大安	27	4	2	2			
	太山	13	2	1	1			

区别	乡别	所辖保数	应征人数	锄头	畚箕
第三区	石笋	42	6	3	3
	恒昇	26	4	2	2
	東嶽	18	3	1	2
	义興	19	3	1	2
	太平	28	4	2	2
	井溪	35	5	2	3
	沙溪	32	5	2	3
	大有	32	5	2	3
	龍台	45	6	3	3
	肖溪	34	5	2	3
	白市	31	4	2	2

区别	乡别	所辖保数	应征人数	锄头	畚箕
第三区	代市	53	7	3	4
	觀音阁	51	7	3	4
	大良	31	4	2	2
	浓洄	25	3	1	2
	桂興	14	2	1	1
	唐興	32	5	2	3
	三溪	[illegible]	3	1	2
	观音塘	15	2	1	1
第四区	永興	30	4	2	2
	安盛	14	2	1	1
	双河	32	4	2	2
	明月	27	4	2	2
	化龍	32	5	2	2
	三古	25	3	1	2
	禄市	25	3	1	2
	護安	30	4	2	2
	天池	10	2	1	1

广安县政府致崇望乡联保办公处的训令（一九三八年九月二日）

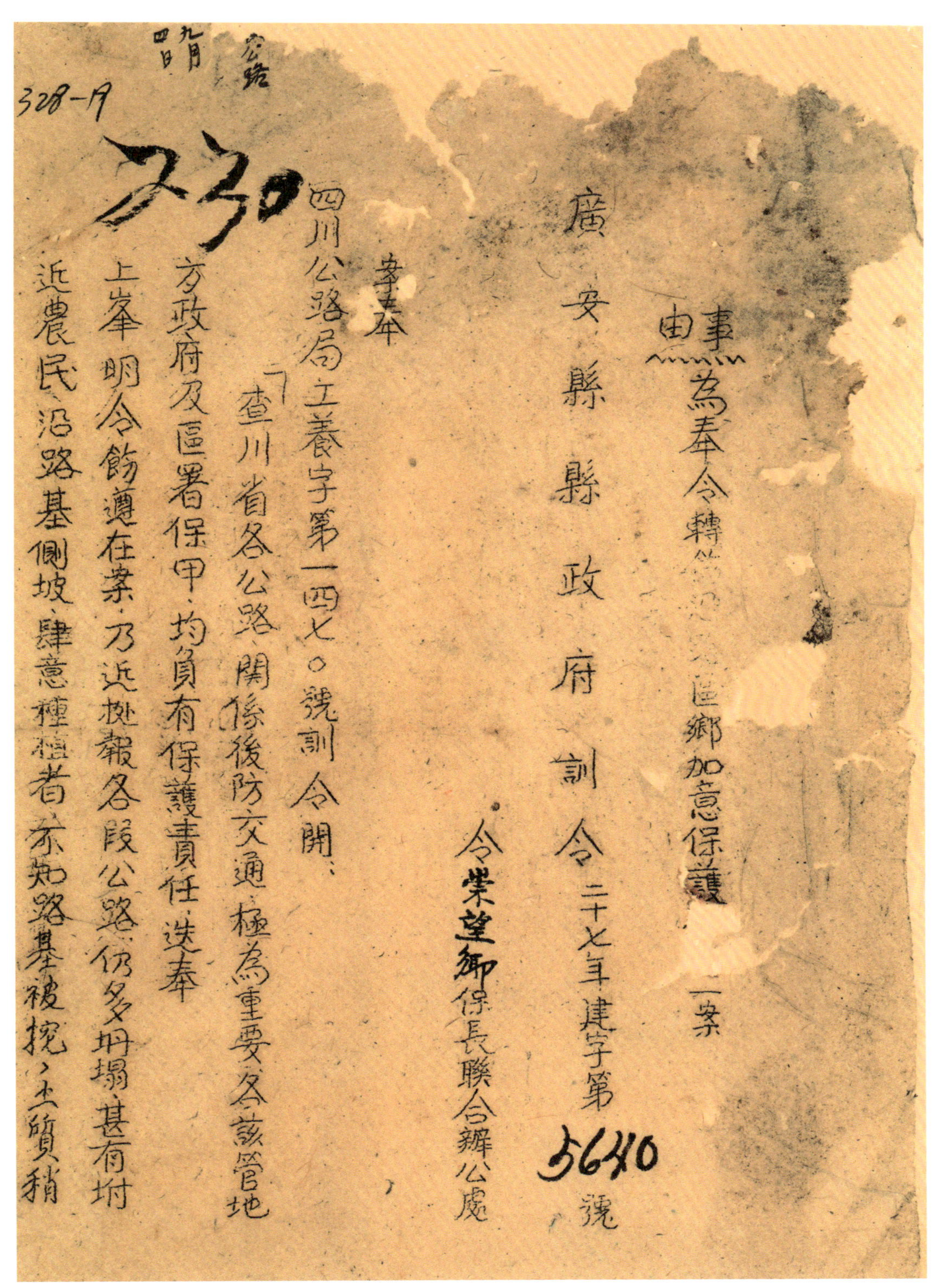

事由 為奉令轉[illegible]區鄉加意保護[illegible]一案

廣安縣縣政府訓令 二十七年建字第5640號

令崇望鄉保長聯合辦公處

案奉

四川公路局工養字第一四七〇號訓令開：

「查川省各公路關係後防交通，極為重要，各該管地方政府及區署保甲，均負有保護責任，迭奉上峯明令飭遵在案，乃近據報各段公路，仍多坍塌，甚有坍近農民沿路基側坡，肆意種植者，亦知路基被撓，土質稍

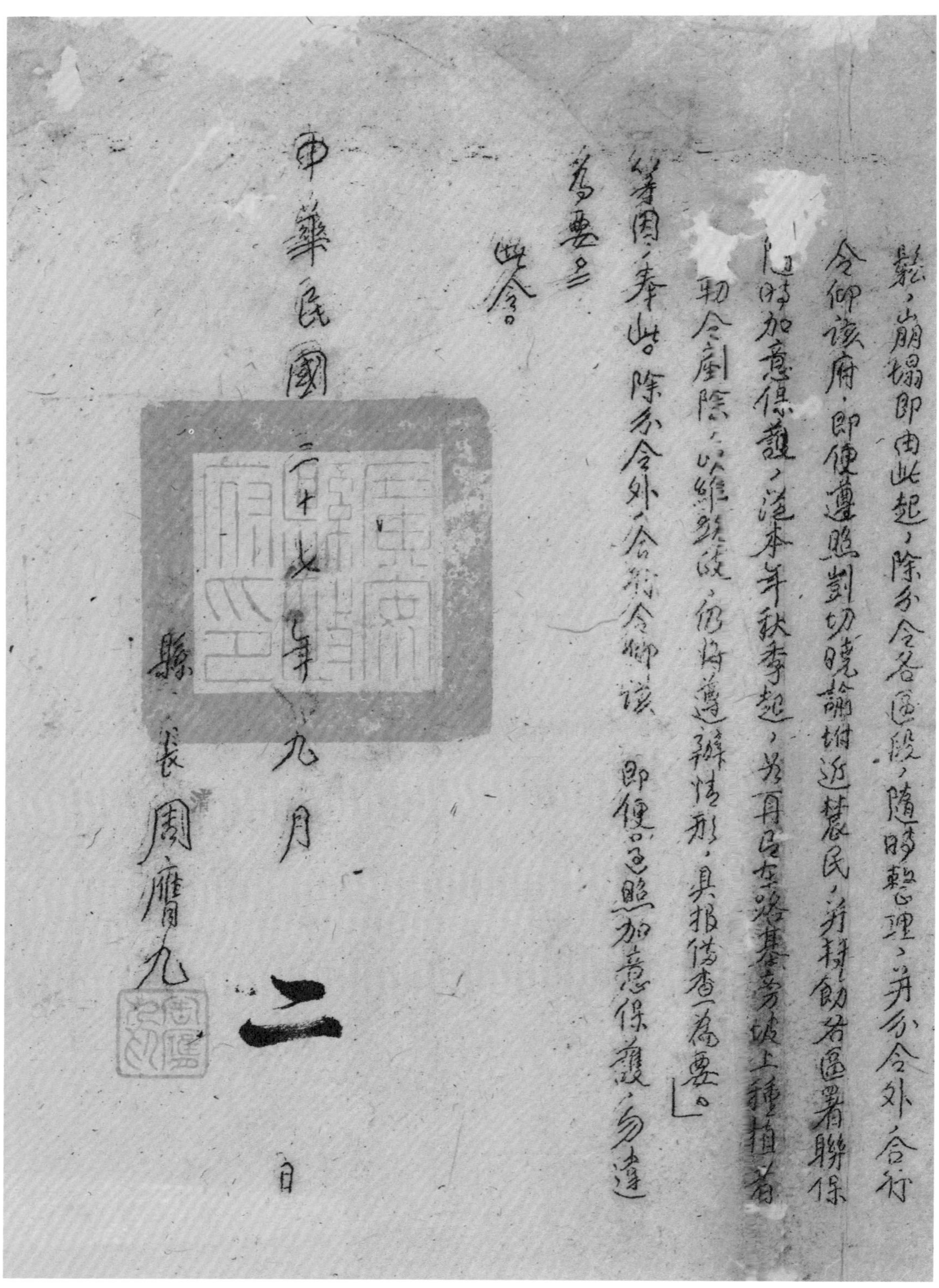

鬆，山崩塌即由此起，除分令各區段，隨時整理，并分令外，合行令仰該府，即便遵照剴切曉諭附近農民，并轉飭各區署聯保隨時加意保護，從本年秋季起，并責令各路基旁坡上種植著飭令剴陳，以維路政，仍將遵辦情形，具報備查，為要。」等因，奉此，除分令外，合行令仰該　即便遵照加意保護，勿違為要。

此令。

中華民國二十七年九月　日

縣長　周膺九

四川省第十区行政督察专员公署致广安县政府的电（一九三九年八月十二日）

29

42

538-58

廣安縣鄉村電話管理處電信箋

發信號数 44	8	電文字数 91
發信地点	大竹	受信地点
年 8 月 12 日 15 点 30 分		備註

廣安縣縣長現
漢渝路工程
處在大竹設
臨时办事處
為便於分配
工段起見急
需各縣详細
地圖各縣各
聯保人口數
目及此次征
工各聯保應
征人工數目
務於開会时
帶來以便与
工程處人員
協商勿誤為
要李貢張則
讓齊建殷工
印

四川省第十区行政督察专员公署致广安县政府的训令（一九三九年十一月十七日）

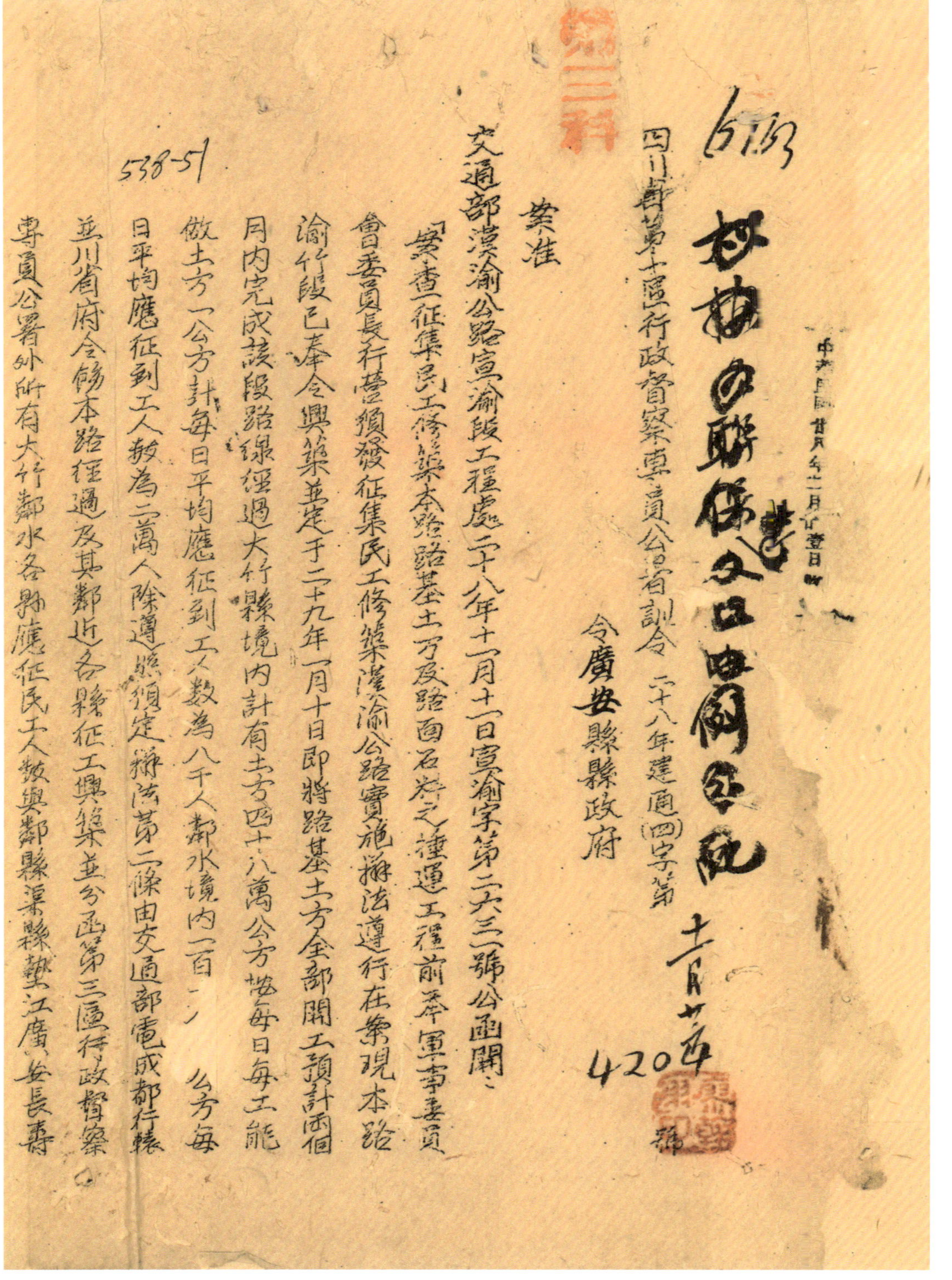
第三科

61.13

中華民國廿八年十一月廿壹日收

四川省第十區行政督察專員公署訓令　二十八年建通(四)字第　　號

令廣安縣縣政府

420

538-51

案准

交通部漢渝公路宣渝段工程處二十八年十一月十一日宣渝字第二六三一號公函開：

「案查征集民工修築本路路基土方及路面石料之運送工程，前奉軍事委員會委員長行營頒發征集民工修築漢渝公路實施辦法遵行在案。現本路渝竹段已奉令興築，並定于二十九年一月十日即將路基土方全部開工，預計兩個月內完成。該段路線經過大竹縣境內計有土方四十八萬公方，按每日每工能做土方一公方計，每日平均應征到工人數為八千人；鄰水境內一百[illegible]公方，每日平均應征到工人數為二萬人。除遵照頒定辦法第二條由交通部電成都行轅並川省府令飭本路經過及其鄰近各縣征工興築並分函第三區行政督察專員公署外，所有大竹、鄰水各縣應征民工人數與鄰縣渠縣、墊江、廣安、長壽等縣協助征調民工人數應如何支配，相應檢具草圖，函請貴署查照，本路與各該縣交通情形及人口數目，支配確定，轉飭應征各縣一体迅速籌備，以便如期開工，並請見復為級公誼」等由，附路線草圖一紙，准此。查該縣已由本署擬定分配，每日征調民工[illegible]名修築漢渝公路鄰水境內一段，除函復分令并將工程分配情形電請省府核示外，合行令仰該府知照，并預為準備為要。此令。

中華民國二十八年十一月十七日

專員孫[illegible]讓

查表一份擬訂詳細辦法候核定行知
上年十二月請示[illegible]士廿三
已飭應造[illegible]
辦理核辦[illegible]請示

四川省第十区行政督察专员公署致广安县政府的训令（一九三九年十二月四日）

4595

事由：准函為各縣應組織築路委員會其與協助各縣倘能合設聯合办事處則工事以密切聯絡而便推進等由轉令酌情办理由

四川省第十區行政督察專員公署訓令　建通(四)字第4532號

令廣安縣政府

案查前准

交通部漢渝公路宣渝段工程處廿八年宣渝字第二六三一號公函為即分配漢渝公路土方工程等由，當經函復並令飭各在案。茲准函節開：

「案准貴署二十八年十一月十七日建通(四)字第四二〇三號公函節開：『現由本署擬定大竹每月征調民工五千名，渠縣每月征調三千名修築漢渝公路大竹境一段，鄰水每月征調民工一萬名，廣安每月征調四千名，長壽、墊江各每月征調三千名修築漢渝公路鄰水境內一段除分令並將工程分配情形電請　省府核示外相應函復請煩查照再令各鄰縣征工協助築路是否應依照規定由各該縣組設縣築路委員會辦理征工事宜之處仍希見復為荷」等由。准此，查前奉頒

委員長行營征工修築本路辦法第三條之規定，征工各縣均應組織築路委員會辦理一切事宜。再本路路綫經過縣份，倘能各與其協助之鄰縣分別設立聯合辦事處，以收聯絡督導之便利，則於工事更易推進。准函前由，除呈請

交通部公路總管理處備案外，相應復請查照辦理為荷」等由。准此。除分令外，合行令仰該府考察地方情形，酌為辦理。此令。

中華民國二十八年十二月四日

專員　孫炳讓

急

[illegible]

广安县政府致各乡镇联保办公处的密令（一九三九年十二月）

廣安縣政府密令　字第4690號

令［illegible］鄉聯保辦公處

查漢渝路［illegible］民工四千名修築［illegible］渝竹段奉令於二十九年一月十日開工本縣應派［illegible］字第四六二三號密令［illegible］鄰水境内一段各區每日征調民工数目經奉［illegible］民工修築漢渝路實［illegible］令飭遵其奉頒軍委會委員長行營征集［illegible］飭遵各在案現離開工時［illegible］施辦法亦經以建字第四六八號密［illegible］發［illegible］製就本縣各聯保征調民［illegible］時期甚近亟應充分準備待命集中［illegible］附發除分令外仰即遵照［illegible］工数目一覽表暨提示事項各一份隨［illegible］之聯隊長及各保之小隊長毋［illegible］工須實施辦法迅速辦理並將各聯保［illegible］彙轉來府以憑呈報專署毋得［illegible］名造册限文到二日内報由區署［illegible］延誤為要。

此令。

附發各聯保征工數目一覽表及提示事項各一份。

中華民國二十八年十二月　日

縣長鄔繩武
秘書林炳煌　代行

提示事項

一、遵照實施辦法第七條之規定即日開會派工。
一、遵照實施辦法第八條之規定收納代工金。
一、遵照實施辦法第九條之規定統籌火食。
一、遵照實施辦法第十條之規定各級迅速組隊並製旗識別（白底黑字長四尺直三尺）。
一、遵照實施辦法第十一條之規定平均分配工具（鐵鋤扁担土箕繩索）並飭民工準備自己用器（被服雨器）。
一、其他應辦事項詳閱實施辦法全文。

附（二）广安县修筑汉渝公路各联保征调民工数目一览表

538-83

廣安縣修築漢渝公路各聯保征調民工數目一覽表

區別	聯保名稱	小隊數目	民工數目
1.	城廂	六	一八四
	廣門	六	一八八
	廣福	五	一五二
	協興	四	一〇四
	彭家	二	六〇
	悦來	三	九六
	龍安	三	八八
	崇望	二	五二
	大興	四	一三八
	泰山	二	五六
2	恒昇	三	一〇〇
	石筍	五	一五六
	東岳	二	六四
	義興	二	五二
	太平	三	九二
	井溪	四	一三四
	沙溪	四	一一六
	大有	四	一一六
	龍台	六	一七二
	肖溪	五	一四八
	白市	四	一二〇
3	代市	七	二〇四
	觀音塘	二	四四
	三溪	三	八〇
	大良	四	一二〇
	觀鎮	七	二〇〇
	廣興	四	一〇八
	得勝	三	八八
	桂興	一	三[illegible]
4	永興	四	一二二
	双河	四	一一六
	天池	一	二四
	祿市	三	八四
	三台	三	八四
	護安	四	一〇〇
	官盛	二	五二
	化龍	四	一〇四
	明月	三	八〇

138

附（二）广安县修筑汉渝公路渝竹段民工编配表

538-89

廣安縣修築漢渝公路渝竹段民工編配表

區隊別	聯隊別	民工數目	小隊數目	小隊人數目	小隊編號
1	城廂聯隊	一八四	六	(1)30 (2)30 (3)30 (4)30 (5)32 (6)32	(1)(2)(3)(4)(5)(6)
1	廣門聯隊	一八八	六	(7)31 (8)31 (9)31 (10)31 (11)32 (12)32	(7)(8)(9)(10)(11)(12)
1	廣福聯隊	一五二	五	(13)30 (14)30 (15)30 (16)31 (17)31	(13)(14)(15)(16)(17)
1	協興聯隊	一〇四	四	(18)26 (19)26 (20)26 (21)26	(18)(19)(20)(21)
1	彭家聯隊	六〇	二	(22)30 (23)30	(22)(23)
1	悦來聯隊	九六	三	(24)32 (25)32 (26)32	(24)(25)(26)
1	龍安聯隊	八八	三	(27)30 (28)30 (29)28	(27)(28)(29)
1	崇望聯隊	五二	二	(30)26 (31)26	(30)(31)
1	大興聯隊	一二八	四	(32)32 (33)32 (33)32 (35)32	(32)(33)(34)(35)
1	泰山聯隊	五六	二	(36)28 (37)28	(36)(37)
2	恒昇聯隊	一〇〇	三	(38)33 (39)33 (40)34	(38)(39)(40)
2	石篙聯隊	一五六	五	(41)31 (42)31 (43)31 (44)31 (45)32	(41)(42)(43)(44)(45)
2	東岳聯隊	六四	二	(46)32 (47)32	(46)(47)
2	義興聯隊	五二	二	(48)26 (49)26	(48)(49)
2	太平聯隊	九二	三	(50)31 (51)31 (52)30	(50)(51)(52)
2	井溪聯隊	一二四	四	(53)31 (54)31 (55)31 (56)31	(53)(54)(55)(56)
2	沙溪聯隊	一一六	四	(57)30 (58)30 (59)30 (60)26	(57)(58)(59)(60)
2	大有聯隊	一一六	四	(61)30 (62)30 (63)30 (64)26	(61)(62)(63)(64)

558-90

4	4	4	4	4	4	4	4	4	3	3	3	3	3	3	3	3	2	2	2
明月聯隊	化龍聯隊	官盛聯隊	護安聯隊	三台聯隊	祿市聯隊	天池聯隊	双河聯隊	永興聯隊	桂興聯隊	得勝聯隊	廣興聯隊	観鎮聯隊	大良聯隊	三溪聯隊	観書塘聯隊	戴市聯隊	白市聯隊	肖溪聯隊	龍台聯隊
八〇	一〇四	五二	一〇〇	八四	八四	二四	一一六	一一二	三二	八八	一〇八	二〇〇	一三〇	六〇	四四	二〇四	一二〇	一四八	一七二
三	四	二	四	三	三	一	四	四	一	三	四	七	四	三	二	七	四	五	六
136 27 137 27 138 26	132 24 133 24 134 23 135 23	130 26 131 26	126 25 127 25 128 25 129 25	123 23 124 23 125 23	120 23 121 23 122 23	119 24	115 29 116 29 117 23 118 23	111 23 112 23 113 23 114 23	110 32	107 29 108 29 109 30	103 27 104 27 105 27 106 27	96 27 97 29 98 29 99 29 100 28 101 28 102 28	92 30 93 30 94 30 95 30	89 27 90 27 91 23	87 22 88 22	80 30 81 29 82 29 83 29 84 29 85 29 86 29	76 30 77 30 78 30 79 30	71 30 72 30 73 30 74 30 75 23	65 29 66 29 67 29 68 29 69 23 70 23
136 137 138	132 133 134 135	130 131	126 127 128 129	123 124 125	120 121 122	119	115 116 117 118	111 112 113 114	110	107 108 109	103 104 105 106	96 97 98 99 100 101 102	92 93 94 95	89 90 91	87 88	80 81 82 83 84 85 86	76 77 78 79	71 72 73 74 75	70 65 66 67 68 69

附（三）广安县修筑汉渝公路民工伙食费筹集数目表

廣安縣修築漢渝公路民工火食費筹集數目表

聯隊名稱	聯隊長數	小隊長數	民工人數	聯隊長火食任費	小隊長火食任費	民工火食任費	任費總計
城廂聯隊	一	六	一八四	三〇	一〇八	三三一二	三四五〇
廣門聯隊	一	六	一八八	三〇	一〇八	三三八四	三五二二
永福聯隊	一	五	一三二	三〇	九〇	二七三六	二八五六
協興聯隊	一	四	一〇四	三〇	七二	一八七二	一九七四
彭家聯隊	一	二	六〇	三〇	三六	一〇八〇	一一四六
悅來聯隊	一	三	九六	三〇	五四	一七二八	一八一二
龍安聯隊	一	三	八八	三〇	五四	一五八四	一六六八
棠璧聯隊	一	二	五二	三〇	三六	九三六	一〇〇二

大兴队联	泰山队联	恒升队联	石岩队联	東安队联	義兴队联	太平队联	井溪队联	沙溪队联	大有队联
一	一	一	一	一	一	一	一	一	一
四	二	三	三	二	二	三	四	四	四
一二八	五六	一〇〇	一五六	六四	五二	九二	一二四	一一六	一一六
三〇	三〇	三〇	三〇	三〇	三〇	三〇	三〇	三〇	三〇
七二	三六	五四	九〇	三六	三六	五四	七二	七二	七二
二三〇四	一〇〇八	一八〇〇	二八〇八	一一五二	九三六	一六五六	二二三二	二〇八八	二〇八八
二四〇六	一〇七四	一八八四	二九二八	一二一八	一〇〇二	一七四〇	二三三四	二一九〇	二一九〇
			一						

538-103

龍台隊职	育溪隊职	白市隊职	戴市隊职	欢塘隊职	三溪隊职	大良隊职	欢鎮隊职	康兴隊职	陽勝隊职
1	1	1	1	1	1	1	1	1	1
六	五	四	七	二	三	四	七	四	三
一七二	一四八	一二〇	二〇四	四四	八〇	一二〇	二〇〇	一〇八	八八
三〇	三〇	三〇	三〇	三〇	三〇	三〇	三〇	三〇	三〇
一〇八	九〇	七二	一二六	三六	五四	七二	一二六	七二	五四
三〇九六	二六六四	二一六〇	三六七二	七九二	一四四〇	二一六〇	三六〇〇	一九四四	一五八四
三二三四	二七八四	二二六二	三八二八	八五八	一五二四	二二六二	三七五六	二〇四六	一六六八

桂兴队部	一	一	三三	三〇	一八	五七六	六二四
永兴队部	一	四	一一二	三〇	七二	二〇一六	二二一八
双河队部	一	四	一一六	三〇	七二	二〇八八	二一九〇
天池队部	一	一	二四	三〇	一八	四三二	四八〇
禄市队部	一	三	八四	三〇	五四	一五一二	一五九六
三台队部	一	三	八四	三〇	五四	一五一二	一五九六
广安队部	一	四	一〇〇	三〇	七二	一八〇〇	一九〇二
官盛队部	一	二	五二	三〇	三六	九三六	一〇〇二
代市队部	一	四	一〇四	三〇	七二	一八七二	一九七四
明月队部	一	三	八〇	三〇	五四	一四四〇	一五二四

廣安縣修築漢渝公路渝竹段征調民工辦法

甲、築委會及民工隊組織

一、廿八年十二月各公法團推定下列人員為本縣築路委員會委員

黃守仁　陳篤周　廖翰翔　朱韻秀　張坤　吴瑾懷

蒲耀遠　羅有江　曾旣划

二、縣長兼築委會主席

三、推定黃守仁廖翰翔羅有江三人為築委會常務委員

四、築委會分三股並推定股長如下

1、總務股股長廖翰翔

2、財務股股長黃守仁

3、工務股股長羅有江

五、各股設股員數人由各股長在各機關職員中調選為義務職得酌給津貼詳細辦法另定

六、全縣民工編為一大隊大隊長由縣長兼任設大隊附一人由工務股股長兼任。

七、各區民工編為一區隊區隊長由區長兼任設區隊附一人由區長就區署職員中選調一人充任呈報築委會核委

八、各聯保民工編為一聯隊聯隊長由聯保主任兼任設聯隊附一人由聯保主任就聯保辦公處職員中選調充任分報區署及

[illegible]

築委會備查。

九、各聯保民工約三十名左右編為一小隊小隊長人選由聯保主任就各保長中選定充任分報區署及築委會備查。

乙、民工火食費籌集及辦理辦法。

一、廿六年十二月卅一日全縣各區長各聯保主任會議決定民工火食費每人每日三角每民工工作為六十日合計十八元往返行程以遠近決定日数途程以八十華里為一日計算每日每人祇給四角二角其行程遠近及口食費数目由各聯保主任決定之。

二、各聯保籌集民工火食費應按照縣府分配各聯保征調民工数目以各聯保之粮額主七客三比例攤派之（公學田粮額除外出征軍人家屬照優待條例辦理。

三、各聯保籌集民工火食費除依照前條規定外應召集各保甲長議定公允辦法收款時應填給加盖縣印之正式收據交出款人執存。

四、各聯保應成立築路分會委員人數為三人或五人除聯保主任為當然委員外其餘委員由當地公正士紳充任呈報築委會核委其職權為協助聯保主任辦理征工及監察款項收支事宜。

五、各聯保築路分會得酌支公費三十元其經費由上年民工奬金項下支付如有不足由各聯保自籌。

538-88

六、民工火食由各小隊按照人数逐日向聯隊領取每名三角派民工輪流自辦但每小隊加徵民工二人每小隊火食如有贏餘應逐日攤給民工火食賬目亦應逐日登記由小隊長盖章保存以備各聯隊長及區隊長隨時抽查。

七、各小隊長之火食每人津貼旅費共給十八元由聯保自籌。

八、各聯隊民工築路完竣應將民工火食收支数目造具清册檢同單據聯根報會核銷並就地榜示周知

九、各聯隊長或聯隊附之火食津貼旅費等月共給十五元以兩月計算由各聯保自籌。

十、各區隊長或區隊附之火食津貼旅費等月共給十五元以兩月計算由築委會發給。

十一、各聯保服役民工三十日掉換一次各民工不能親身到工者繳代工金三角由代工人收領。

丙、民工工作器具及被服等携帶辦法

一、民工三人携鋤一畚箕四扁担一根搭鈎一付

二、被服二人共一付由民工自備。

三、炊爨器具由各聯隊設法借用

丁、築委會職員火食津貼辦法

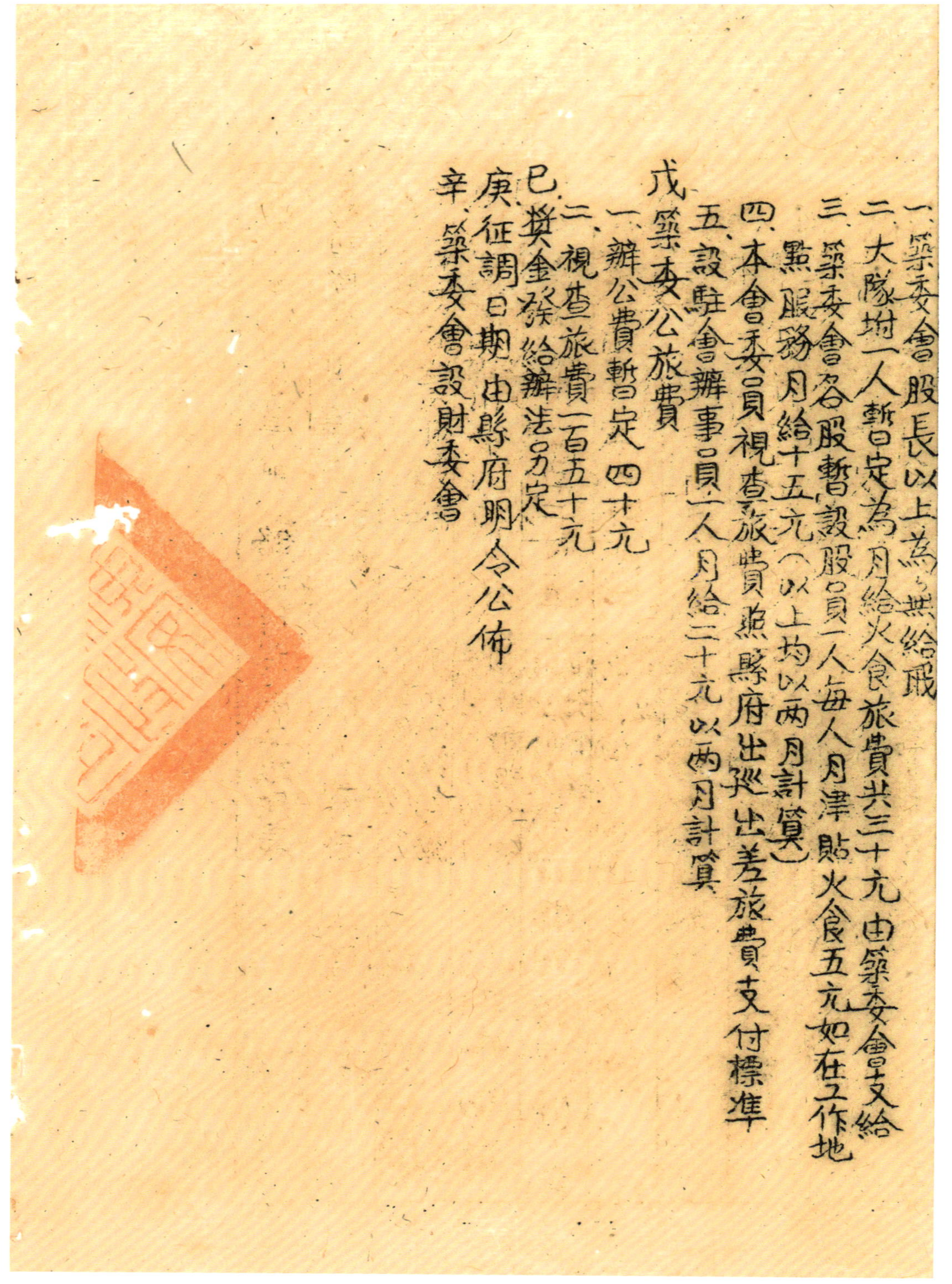

一、築委會股長以上為無給職

二、大隊附一人暫定為月給火食旅費共三十元由築委會支給

三、築委會各股暫設股員一人每人月津貼火食五元如在工作地點服務月給十五元（以上均以兩月計算）

四、本會委員視查旅費照縣府出巡出差旅費支付標準

五、設駐會辦事員一人月給二十元以兩月計算

戊、築委公旅費

一、辦公費暫定四十元

二、視查旅費一百五十元

巳、獎金發給辦法另定

庚、征調日期由縣府明令公佈

辛、築委會設財委會

四川省政府关于抄发战时公路征料办法致广安县政府的训令（一九三九年十一月）

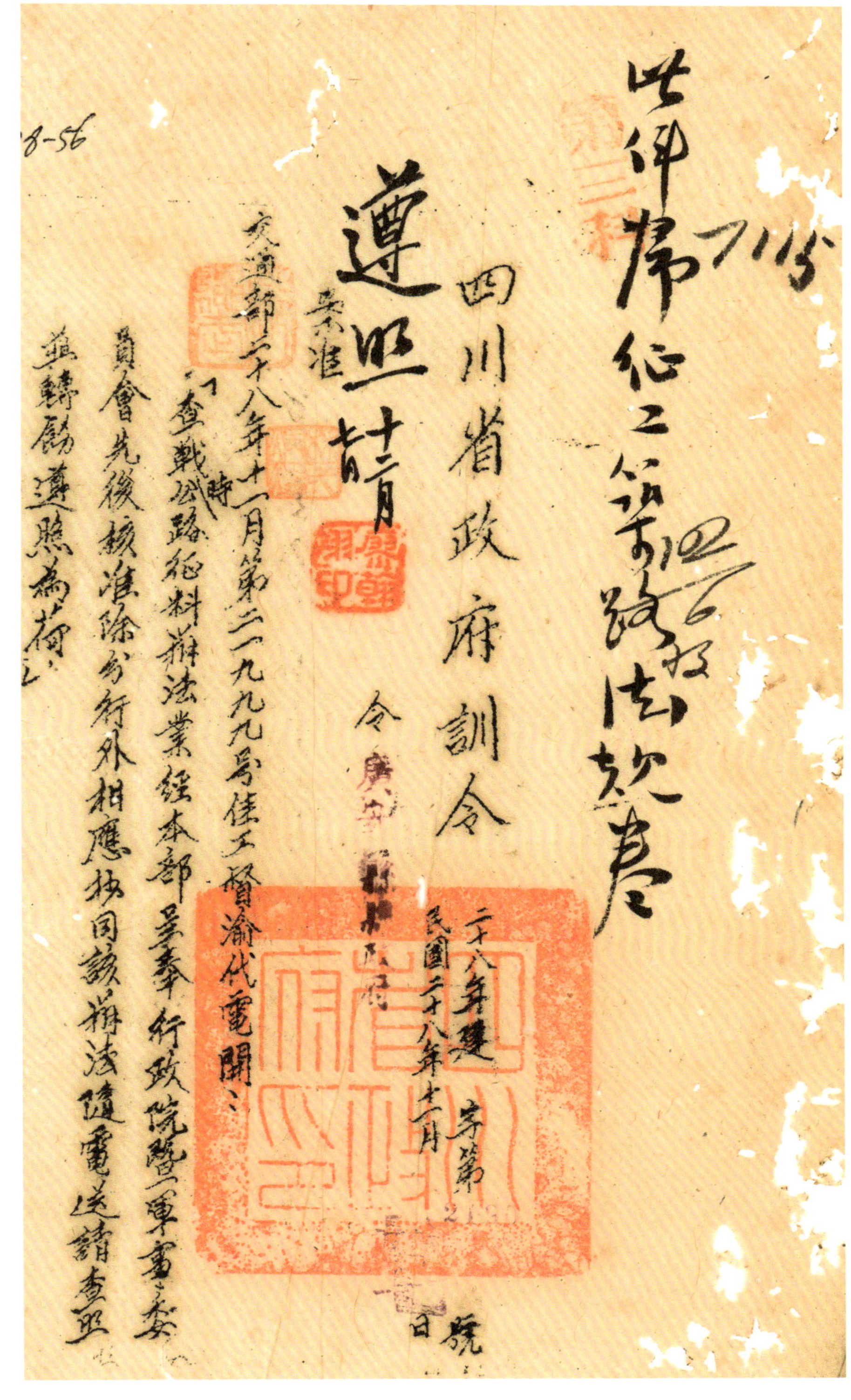
四川省政府訓令　　二十八年建字第　　號

令廣安縣政府

案准

交通部二十八年十一月第二一九九九號佳工督渝代電開：「查戰時公路征料辦法業經本部呈奉行政院暨軍事委員會先後核准，除分行外，相應抄同該辦法隨電送請查照，並轉飭遵照為荷。」

民國二十八年十一月　　日

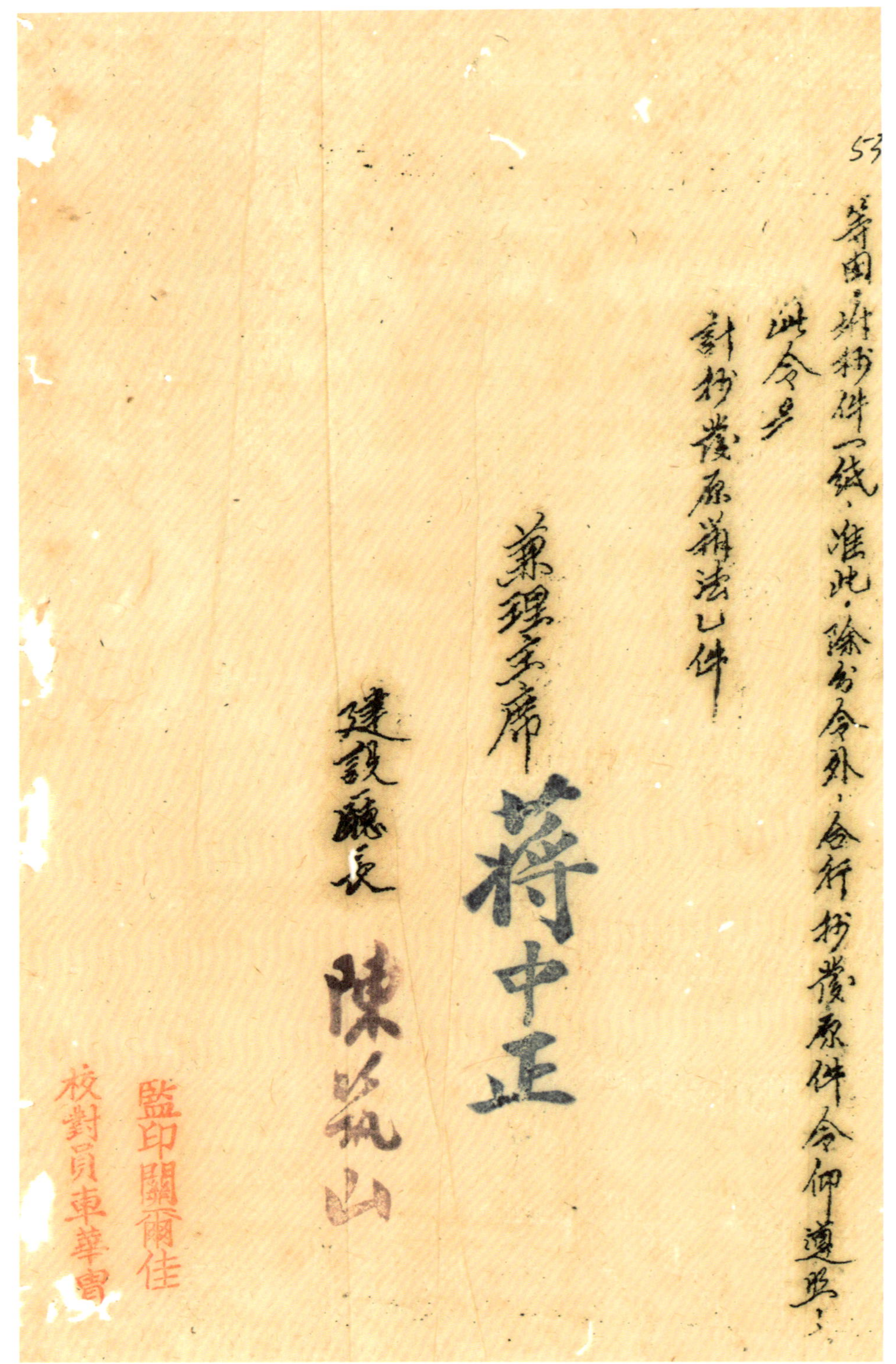
53

等因，计附件一纸，准此，除分令外，合行抄发原件，令仰遵照。

此令。

计抄发原补法一件

兼理主席　蒋中正

建设厅长　陈筑山

监印　关尔佳

校对员　车华曾

戰時主要公路征購材料辦法

二十八年十月十六日行政院呂字第一二七七三號令暨十月廿九日軍事委員會渝辦四參字第七九三二號指令核准

一、總則　為保養主要公路便利國防運輸起見公路機關得請地方政府協助征購材料

二、征料時期　分為經常征取及農隙時間大量征取兩種但遇必要時得由征料機關述明理由請地方政府隨時舉辦

三、征購材料方法　征購材料方法分為二種

甲、征料機關應將公路各段每月經常需用砂石材料種類數量列成詳表請各地方機關督飭區保鄉長組織採砂隊經常供給養路砂石并運送指定地段

乙、每年於冬季農隙時期利用農民勞動服役一次征集大量養路材料以作春夏雨季養路搶修之用

四、材料標準及數量　材料標準及數量由征料機關詳細規定各縣主管民工人員應督責民工遵從規定辦法及公路技術人員之指、

導辦理

五、工具供給　普通工具由民工自備特殊工具由征料機關置備交地方政府、分發用畢由地方政府收集繳還如有遺失應令賠補

六、給價　給價依材料種類由征料機關與地方政府體察就地情形洽、定單位給價辦法但最高不得超過當地正常價值

七、管理費用　征工必需之管理費用由征料機關津貼之其津貼數額則由征用機關與地方政府商洽規定但此項管理費用最高不得超過所征料價百分之十

八、撫卹　在工作中之民工如有傷病情事由征料機關酌為醫治如因工作受傷而致殘廢或死亡者依照公路主管機關撫卹條例或各省政府已頒佈之征調民工傷死撫卹辦法給予之

九、征料辦法　施行征料時之詳細辦法由征料機關與地方政府臨時商訂公佈之

三、防空通讯线路建设、维护及管理

广安县政府与交通部广安电报局、广安县各乡联保办公处及各区署、四川省政府关于修设川东北防空电报线路的一组文书（一九三九年一月至一九四〇年五月）

广安县井溪乡联保办公处致县政府的呈（一九三九年一月二十一日）

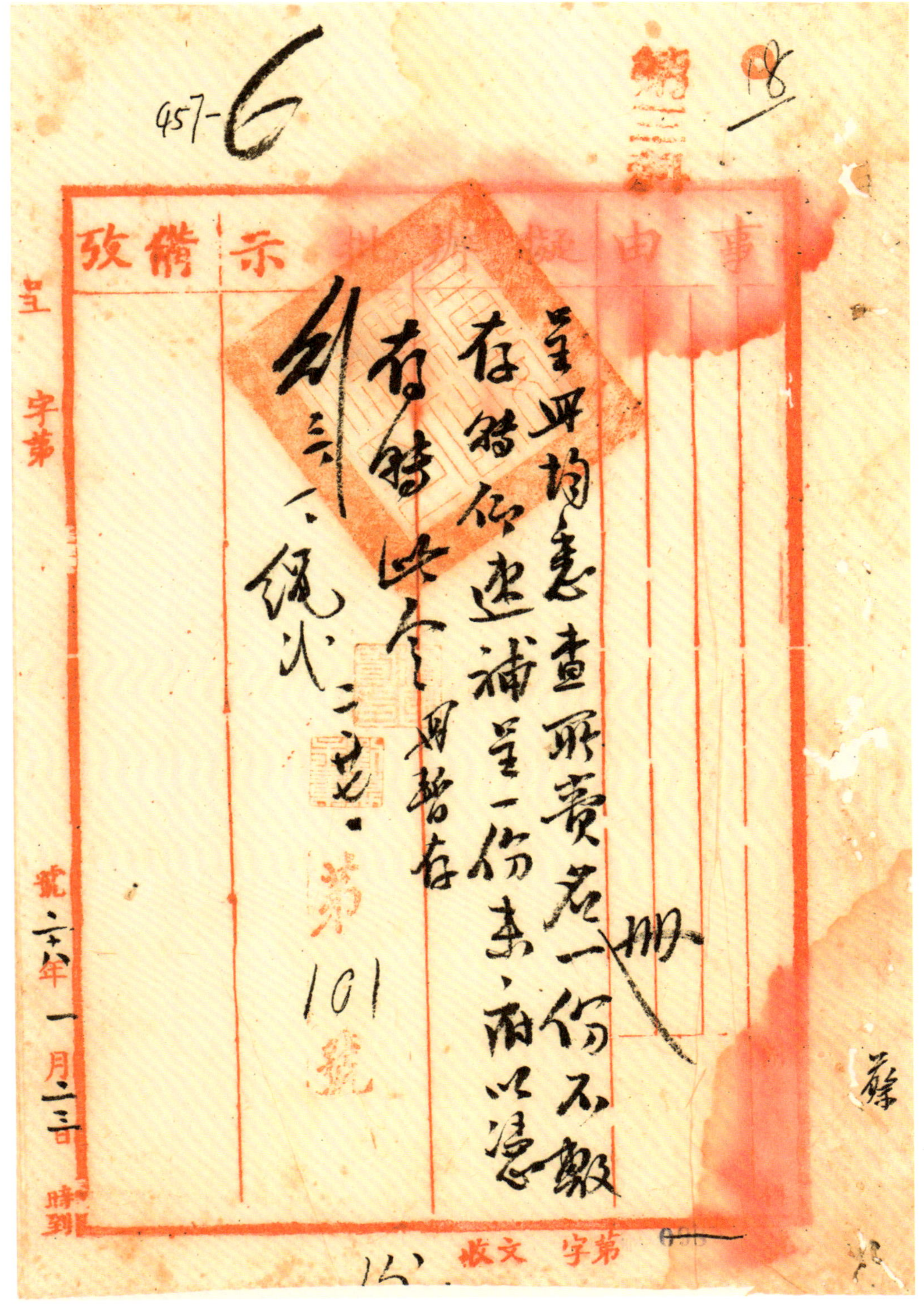

事由　擬辦　批示　簽稿

呈　字第　號

貳十八年　一月　二三日　到時

收文　字第

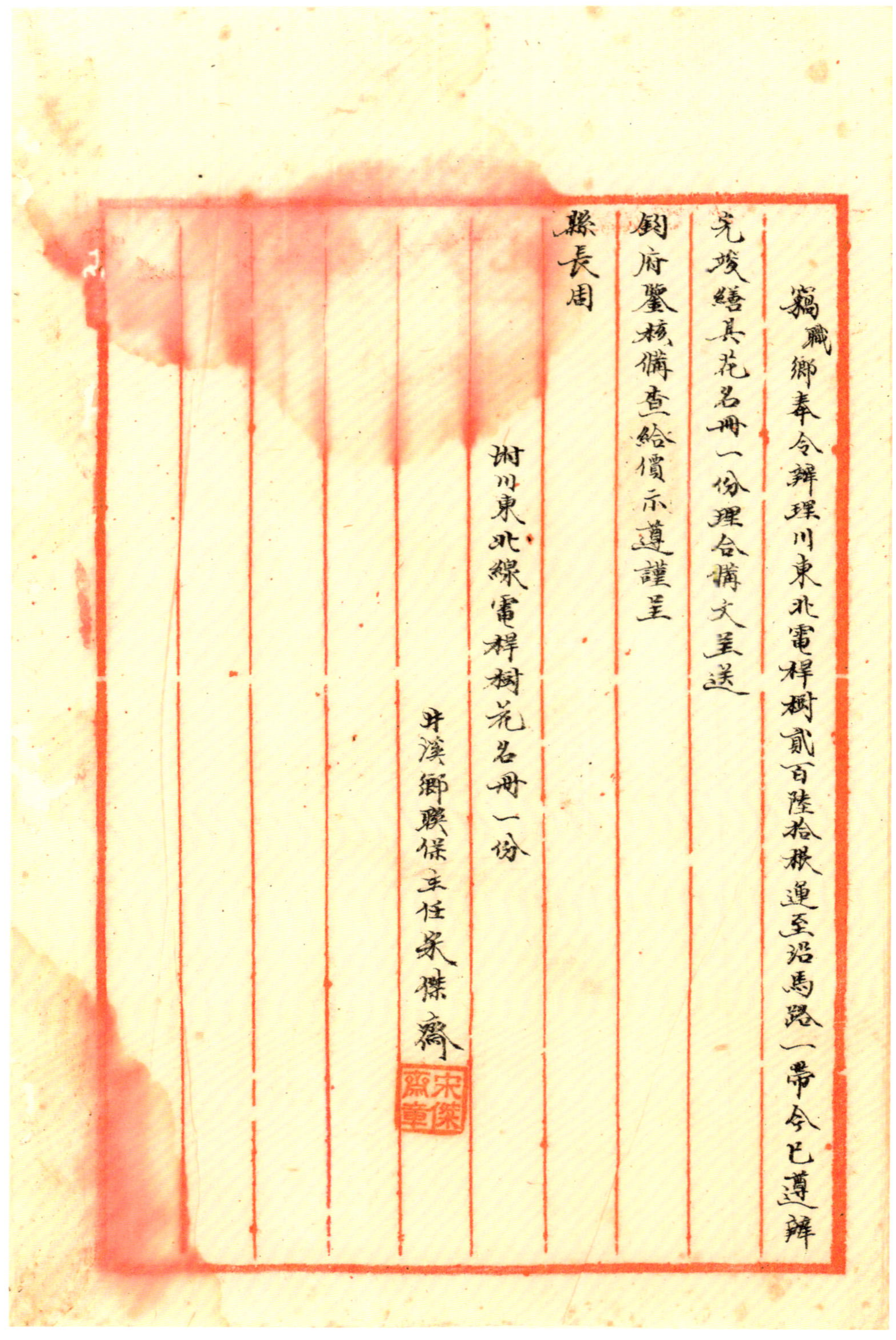

竊職鄉奉令辦理川東北電桿樹貳百陸拾根運至沿馬路一帶今已遵辦完竣繕具花名冊一份理合備文呈送

鈞府鑒核備查給價示遵謹呈

縣長周

附川東北線電桿樹花名冊一份

井溪鄉聯保主任宋傑齋

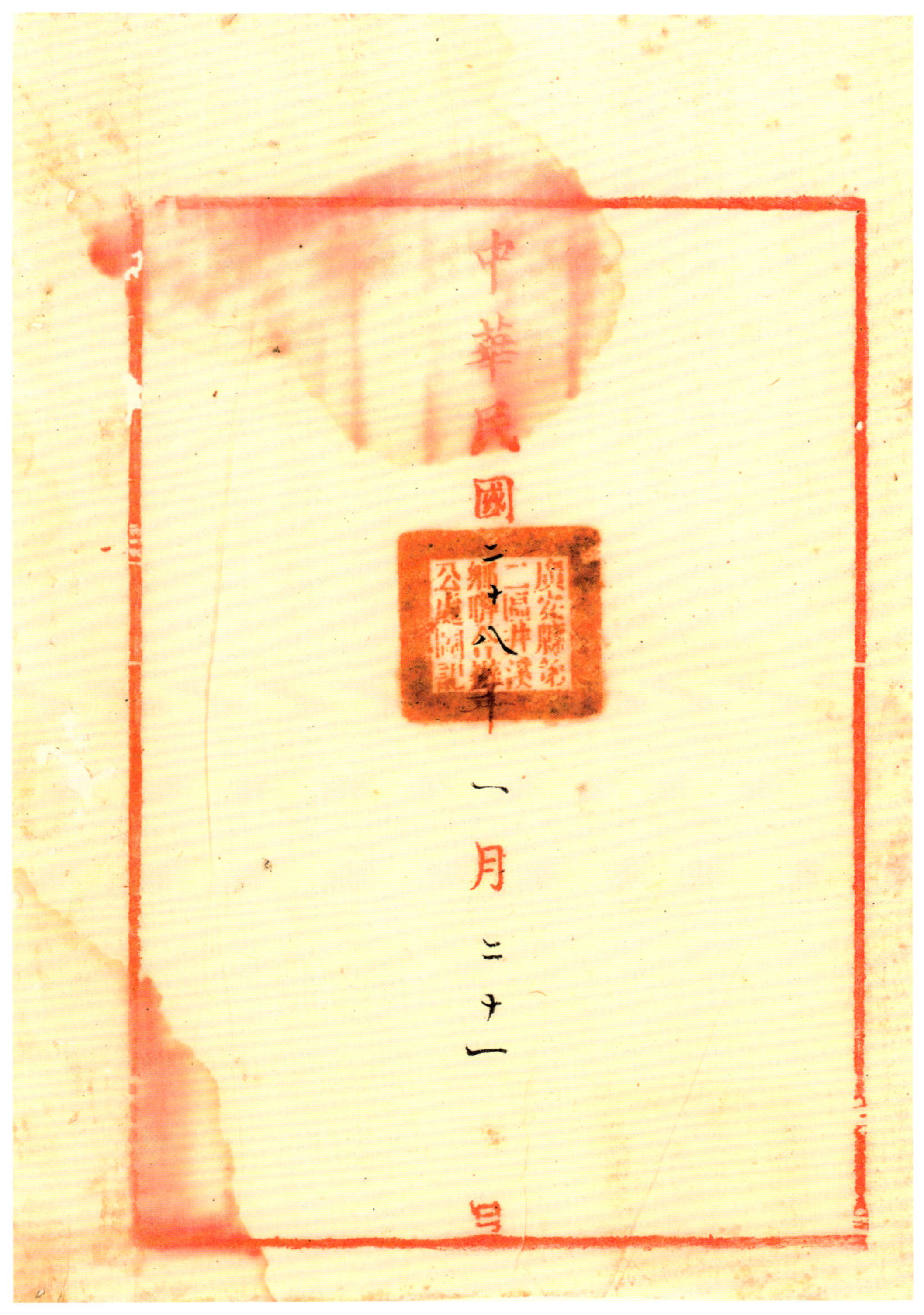

中華民國二十八年一月二十一日

廣安縣第二區井溪鄉聯合辦公處圖記

附：广安县政府第二区井溪乡造呈川东北电杆树花名册（一九三九年一月十日）

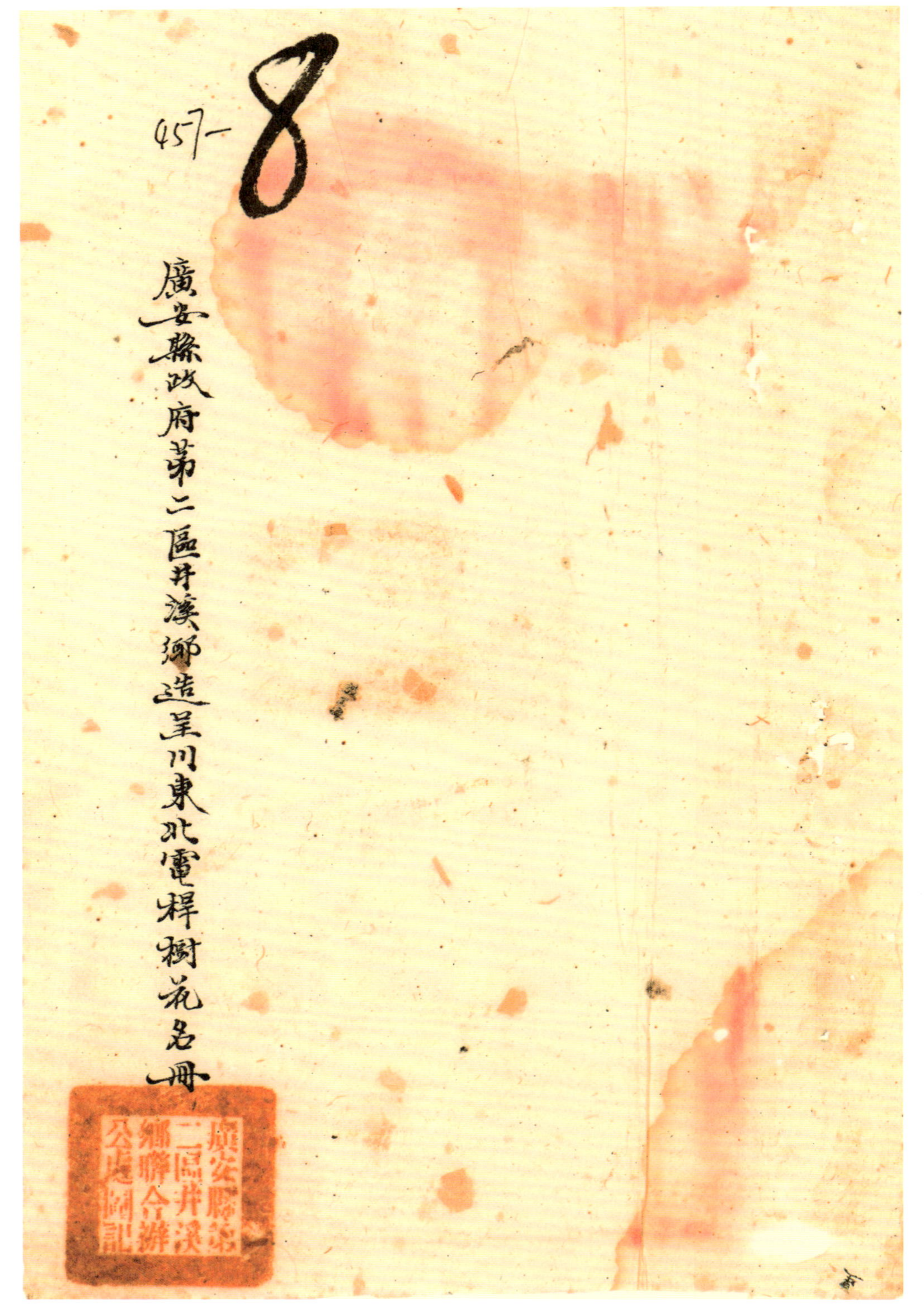

457-8

廣安縣政府第二區井溪鄉造呈川東北電桿樹花名冊

廣安縣第二區井溪鄉聯合辦公處鈐記

457-9

廣安縣政府第二區井溪鄉造呈川東北電桿樹苑名冊

二十八年一月十日　聯保主任宋傑齋

保别	姓名	電桿數目	應領桿價數目	備考
二八保	唐崇銘	一	二〇〇〇	
	宋岐山	一	二〇〇〇	
	伍繼右	一	二〇〇〇	
	伍清利	一	二〇〇〇	
	宋景松	一	二〇〇〇	
	唐國禎	一	二〇〇〇	
	唐清明	一	二〇〇〇	
	文代江	一	二〇〇〇	

一二保	蔣昌貴	一	二〇〇〇
	蔣大禮	一	二〇〇〇
	蔣炳林	一	二〇〇〇
	鄧承文	一	二〇〇〇
	蔣欽古	一	二〇〇〇
	蔣及豐	一	二〇〇〇
	蔣孝成	一	二〇〇〇
	鄧承古	一	二〇〇〇
一三保	李顯親	一	二〇〇〇
	李明弟	一	二〇〇〇

457-10

雷宗喜 一 二〇〇〇

雷作才 一 二〇〇〇

姜啟周 一 二〇〇〇

蔣厚生 一 二〇〇〇

雷揚義 一 二〇〇〇

蔣大珍 一 二〇〇〇

四保鄧海東 一 二〇〇〇

文永祥 一 二〇〇〇

曾美賢 一 二〇〇〇

黃榮富 一 二〇〇〇

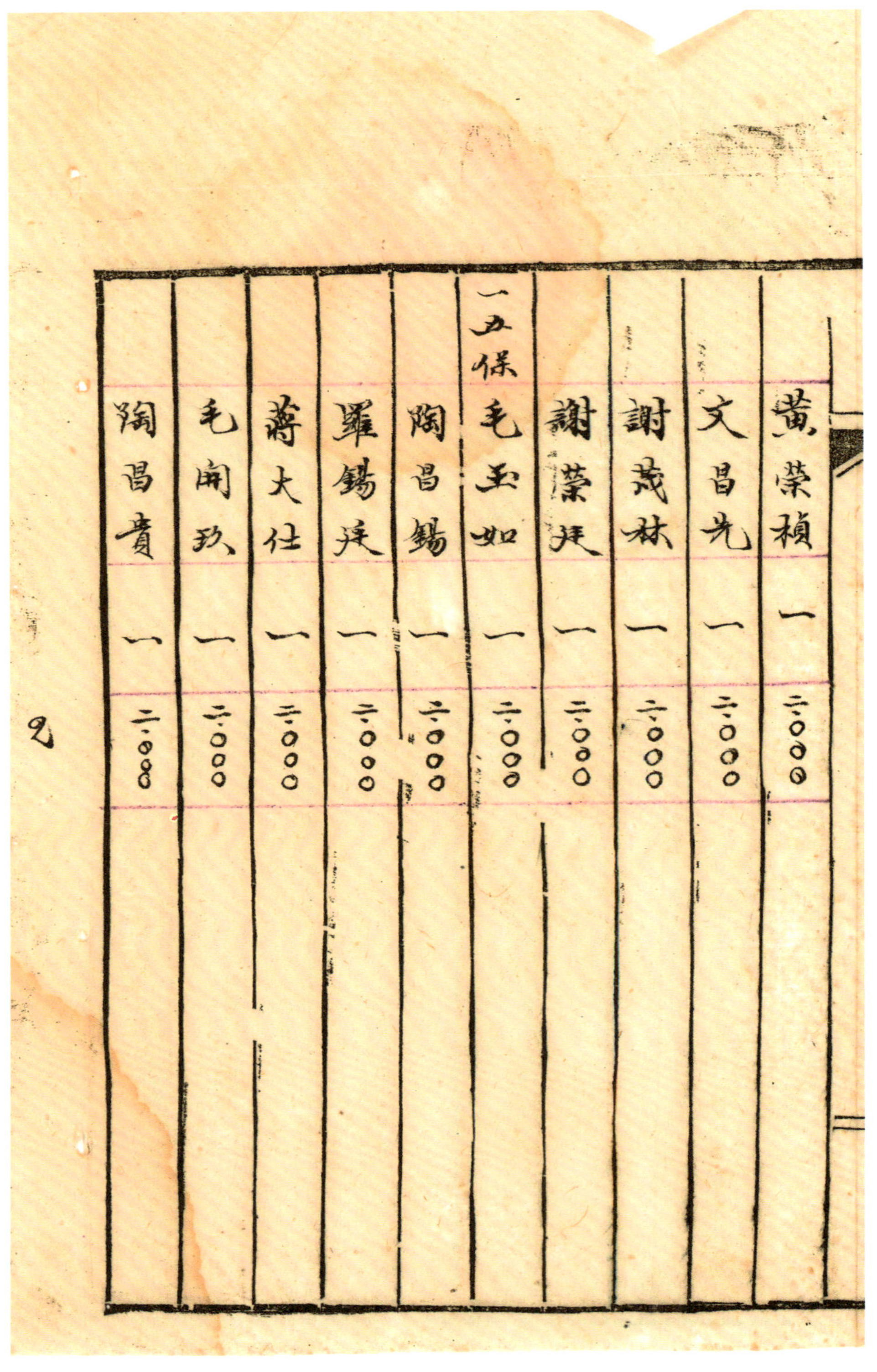

保	姓名		
	黄榮楨	一	二〇〇〇
	文昌先	一	二〇〇〇
	謝茂林	一	二〇〇〇
	謝榮廷	一	二〇〇〇
一五保	毛玉如	一	二〇〇〇
	陶昌錫	一	二〇〇〇
	羅錫廷	一	二〇〇〇
	蔣大仕	一	二〇〇〇
	毛開玖	一	二〇〇〇
	陶昌貴	一	二〇〇〇

乙

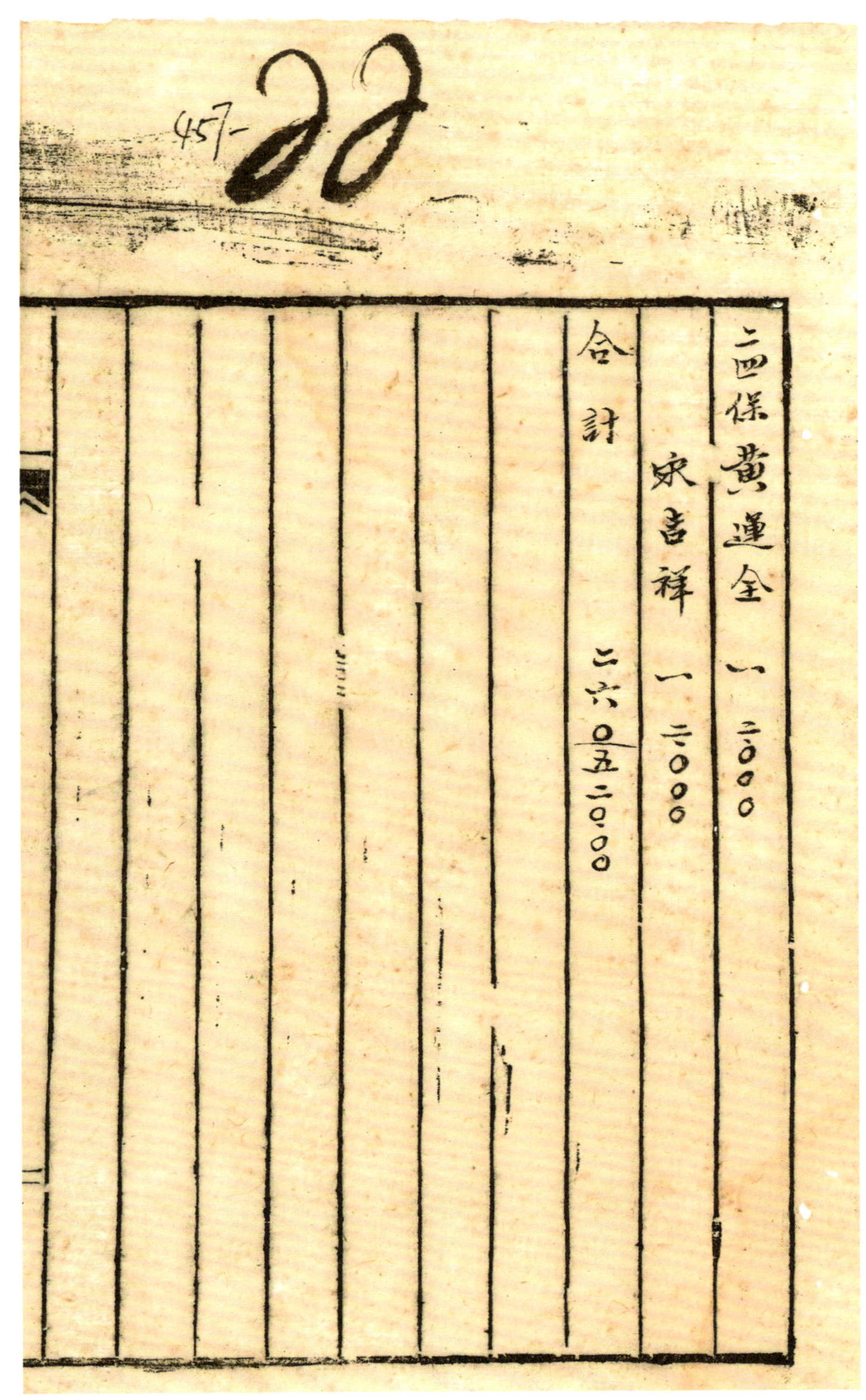
457-22

二四保黃運全　一二〇〇

宋吉祥　一二〇〇

合計　二六〇五二〇〇

中華民國二十八年一月　　日

广安县广门乡联保办公处致县政府的呈（一九三九年四月九日）

457-36

請示 四十六

事由	呈為形勢艱窘迫請作主破格驗收否祈令飭徵補一由
第 號	732
擬辦	呈悉。查此種電杆關係國防交通甚鉅，並係昨年曾奉飭辦之件，該主任務須深体時艱，限期辦妥，勿稍延忽為要此令 四、十一
批示	
備攷	
附件	

中華民國廿八年肆月拾日收到

呈 字第 號 年 月 日 時到

收文 字第 1096 號

竊查國難危急之際傳遞消息極關重要架設電話通信靈敏亦為急務職
處遵伐電桿未敢稍懈昨已嚴督保甲認真照辦一再挑換今僅驗收四十八根依照
攤數下欠八十二根本應努力補辦齊全惟因職鄉既無大山森林復又接壤城廂建
築街房多半取材吾鄉兼路當孔道公路電桿專通電桿以及廣岳廣羅電話電
桿重重征伐幾無餘樹此次奉辦電桿遍尋鄉村坡坎園場始湊足數且以重
價貳元幾叁元贖買并用人力六人或八人搬運勞民傷財莫甚於斯乃來員驗
收不但不降格驗收反而加放寬長以致不敷攤數而必欲株株垂直無疵實難照辦
以上所有艱窘各緣由理合呈報
鈞府俯賜鑒核賞准破格驗收或飭他鄉征補不勝沾感之至
謹呈

457-37

縣長鄒

盧門鄉聯保主任劉慎先

中華民國二十八年四月九日

（印：廣安縣第一區廣門鄉保長聯合辦公處圖記）

广安县大有乡联保办公处致县政府的呈（一九三九年四月十日）

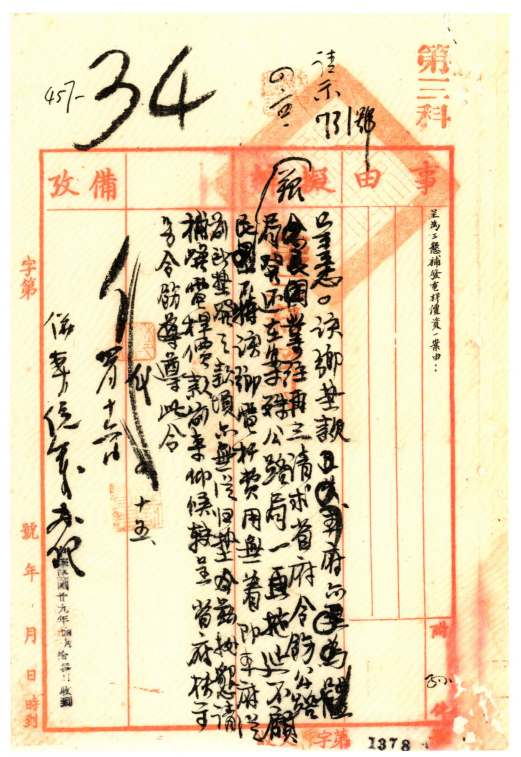

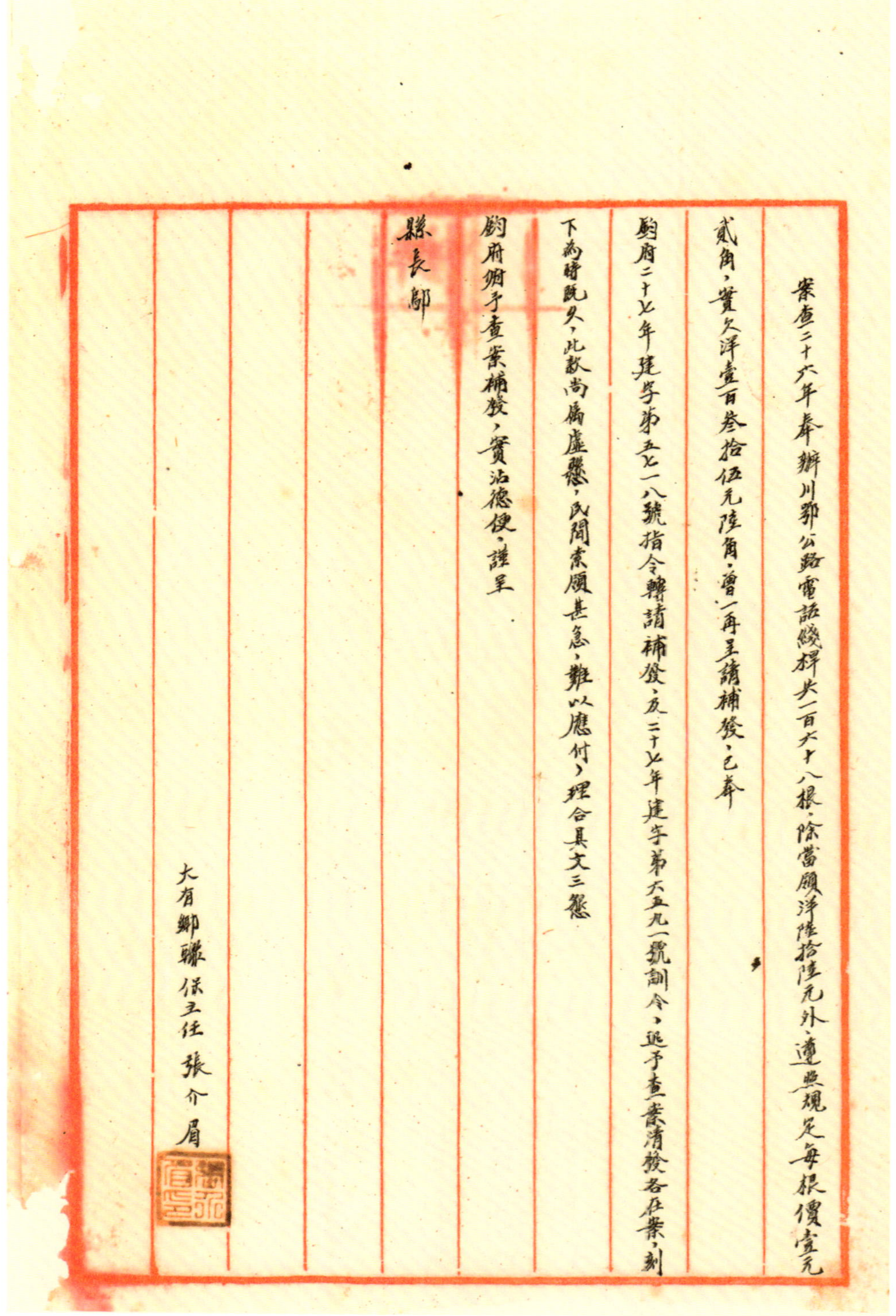
案查二十六年奉辦川鄂公路電話綫桿共一百六十八根，除當領洋陸拾陸元外，遵照規定每根價壹元貳角，實欠洋壹百叁拾伍元陸角，曾一再呈請補發，已奉

鈞府二十七年建字第五七一八號指令轉請補發，及二十七年建字第六五九一號訓令，飭予查案清發各在案，刻下為時既久，此款尚屬虛懸，民間索領甚急，難以應付，理合具文呈懇

鈞府俯予查案補發，實沾德便。謹呈

縣長鄭

大有鄉聯保主任 張介眉

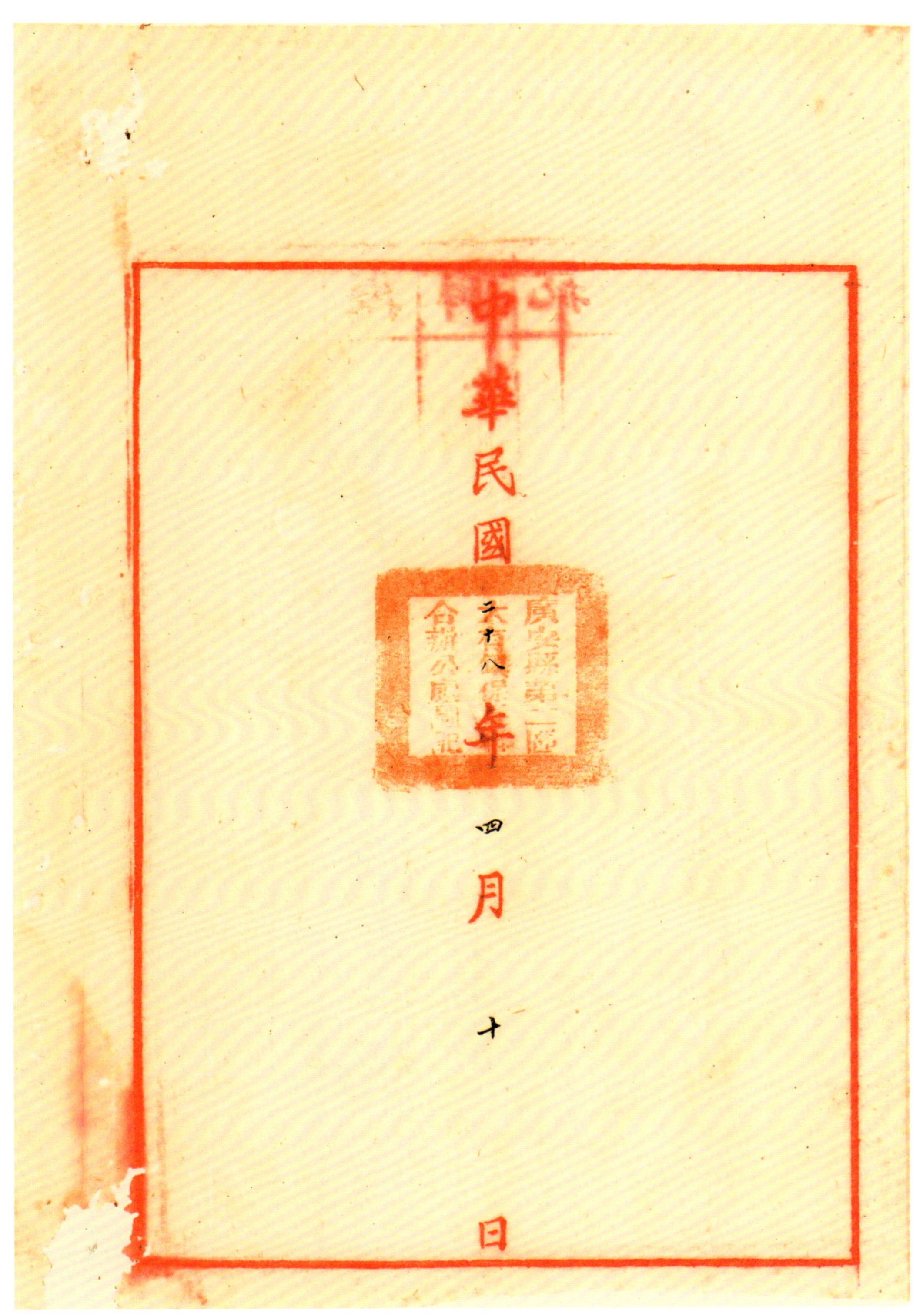
中華民國二十八年四月十日
廣安縣第二區合辦公處圖記

广安县第一区区署致县政府的呈（一九三九年四月十二日收）

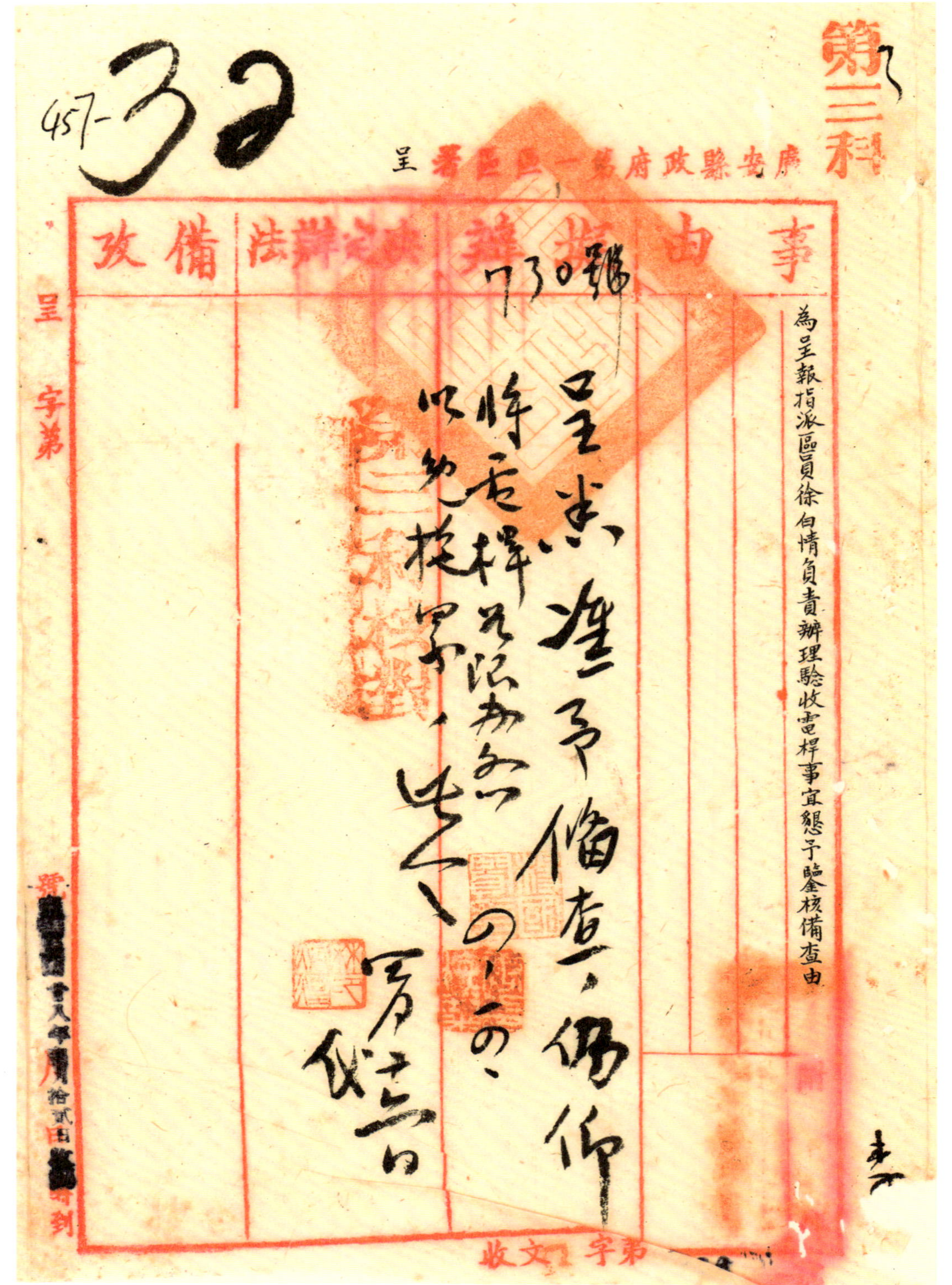
第三科

广安县政府第一区区署呈

事由	拟办	批示	办法	备考
為呈報指派區員徐伯情負責辦理驗收電桿事宜懇予鑒核備查由				

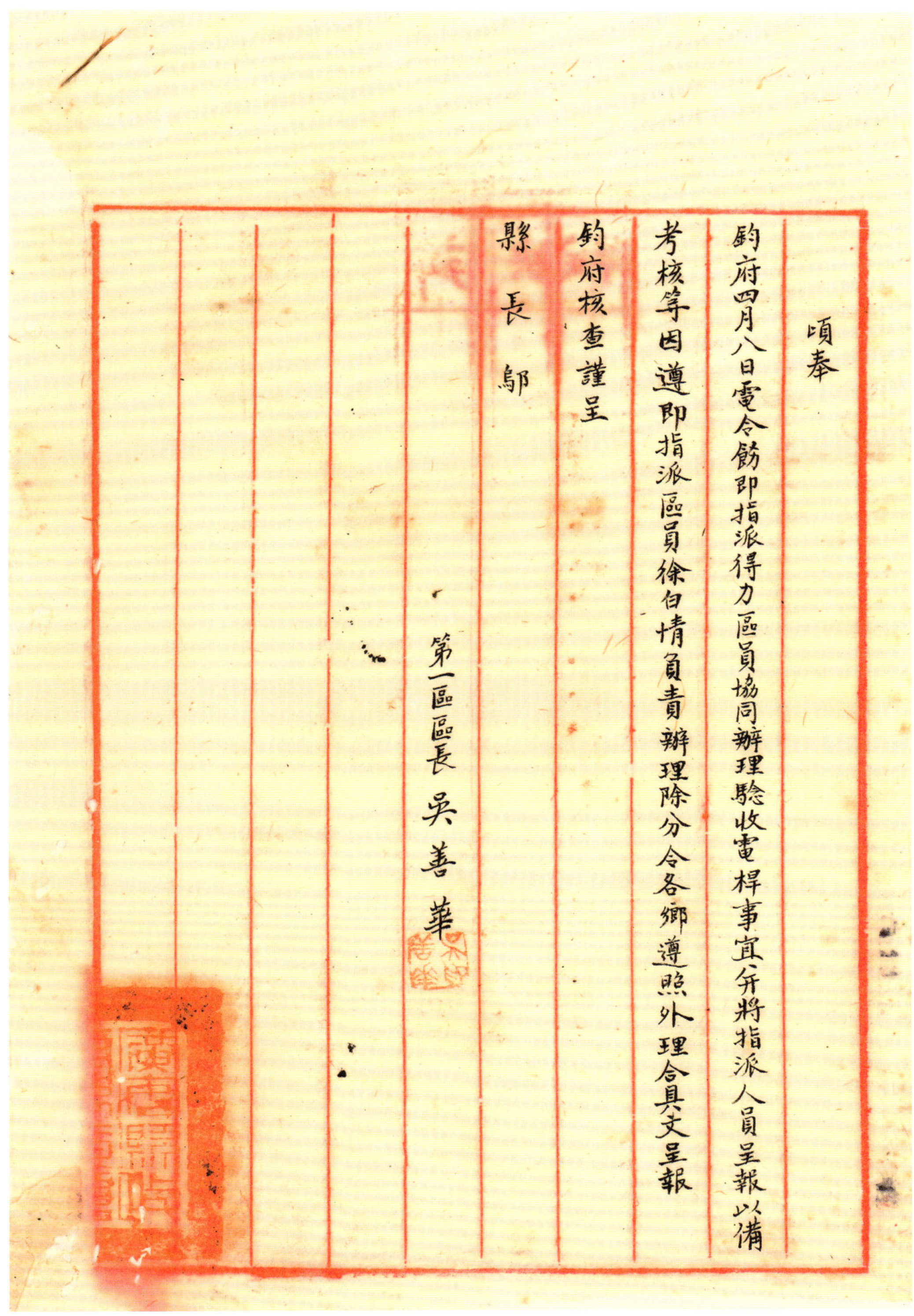

頃奉

鈞府四月八日電令飭即指派得力區員協同辦理驗收電桿事宜，并將指派人員呈報，以備

考核等因，遵即指派區員徐白情負責辦理，除分令各鄉遵照外，理合具文呈報

鈞府核查。謹呈

縣長鄔

第一區區長 吴善華

中華民國二十八年四月

广安县第二区区署致县政府的呈（一九三九年四月二十日收）

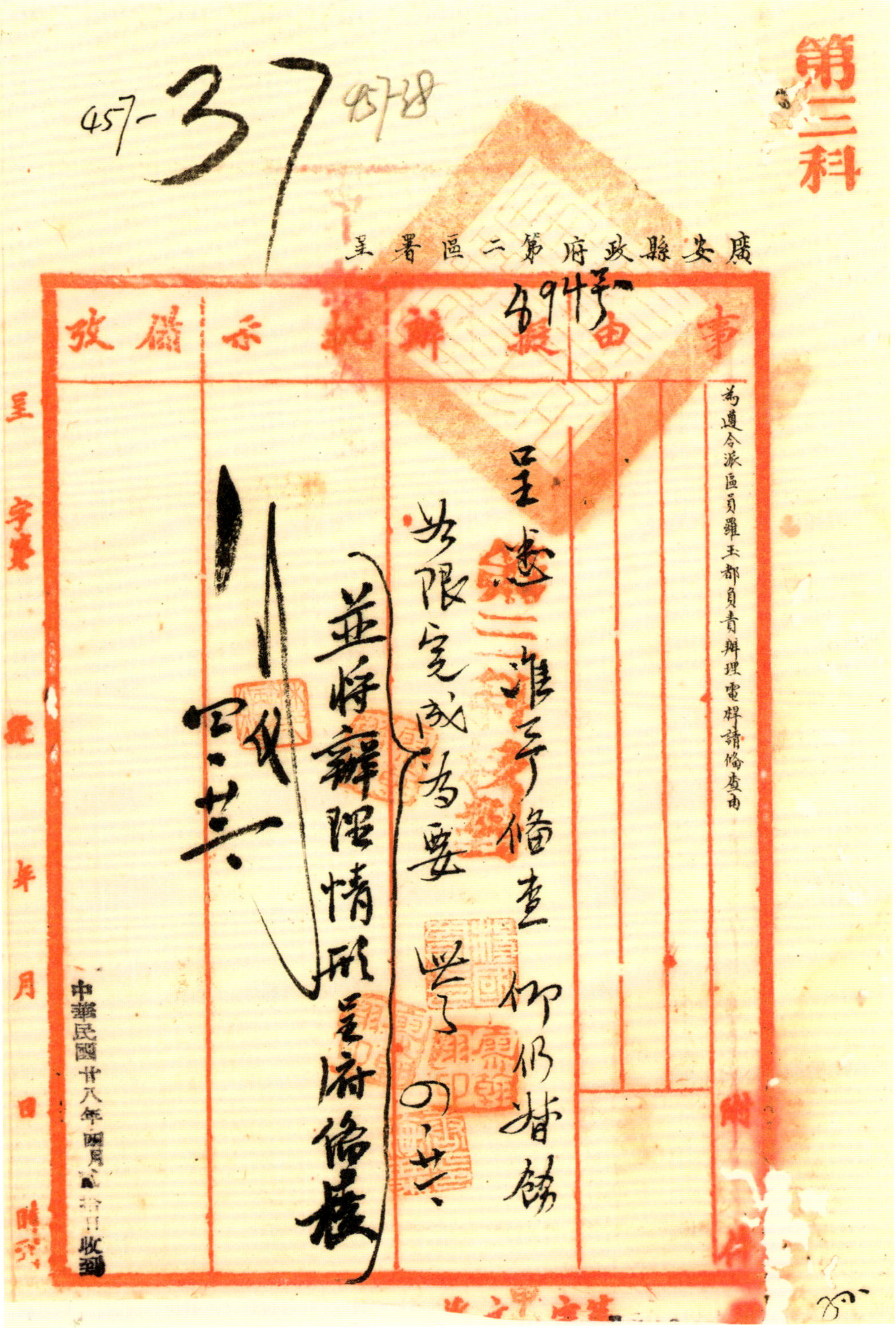

第三科

广安县政府第二区署呈

事由	拟办	批示	发文
为遵令派区员罗玉部负责办理电杆请备查由	呈悉。准予备查。仰仍督饬如限完成为要。四、廿六	并将办理情形呈府备核	四、廿六

呈　字第　号　年　月　日　时

中华民国廿八年肆月贰拾日收到

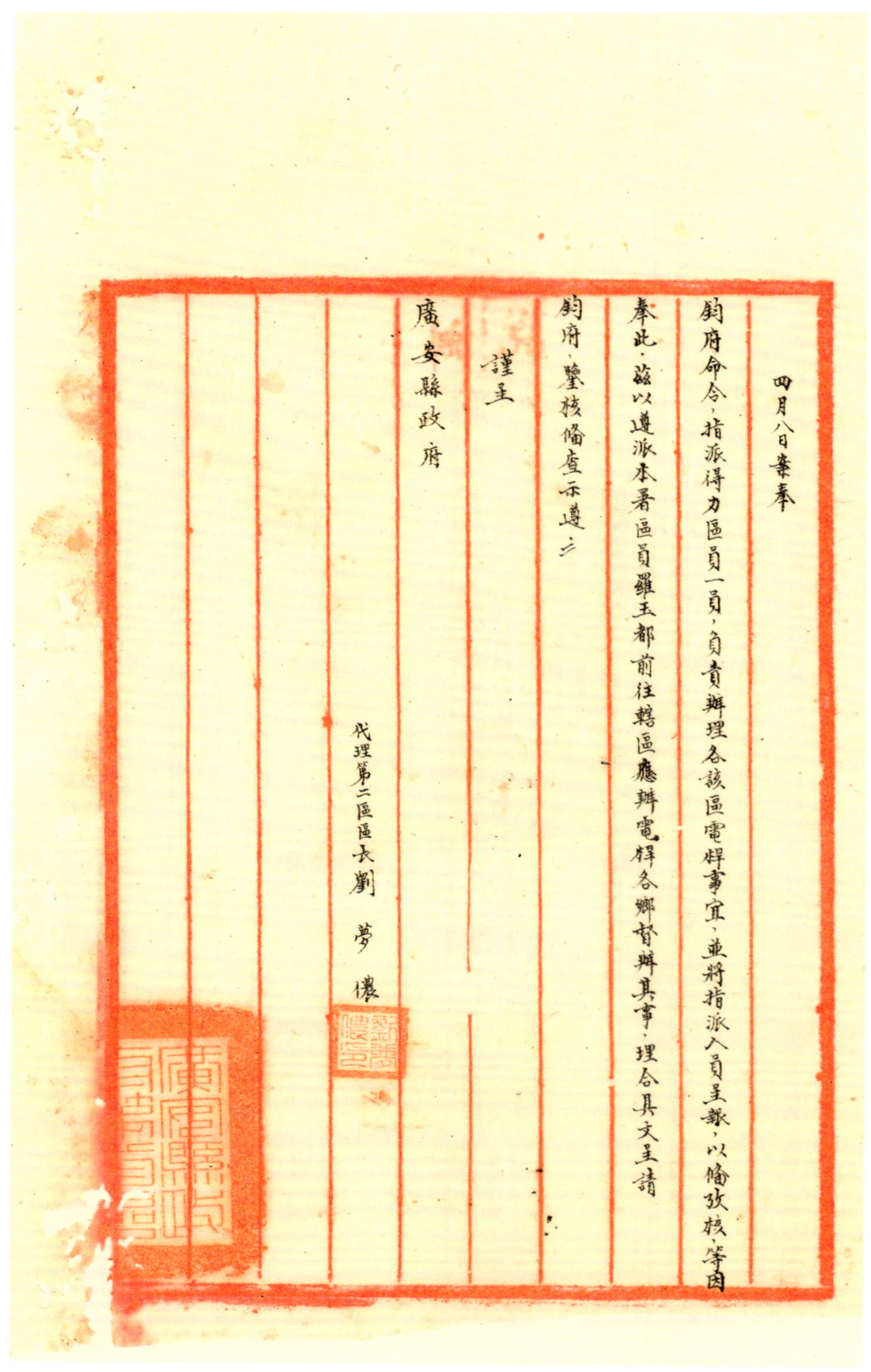

四月八日案奉

鈞府命令，指派得力區員一員，負責辦理各該區電桿事宜，並將指派人員呈報，以備攷核，等因

奉此。茲以遴派本署區員羅玉都前往轄區應辦電桿各鄉督辦其事，理合具文呈請

鈞府鑒核備查示遵。

謹呈

廣安縣政府

代理第二區區長劉夢懷

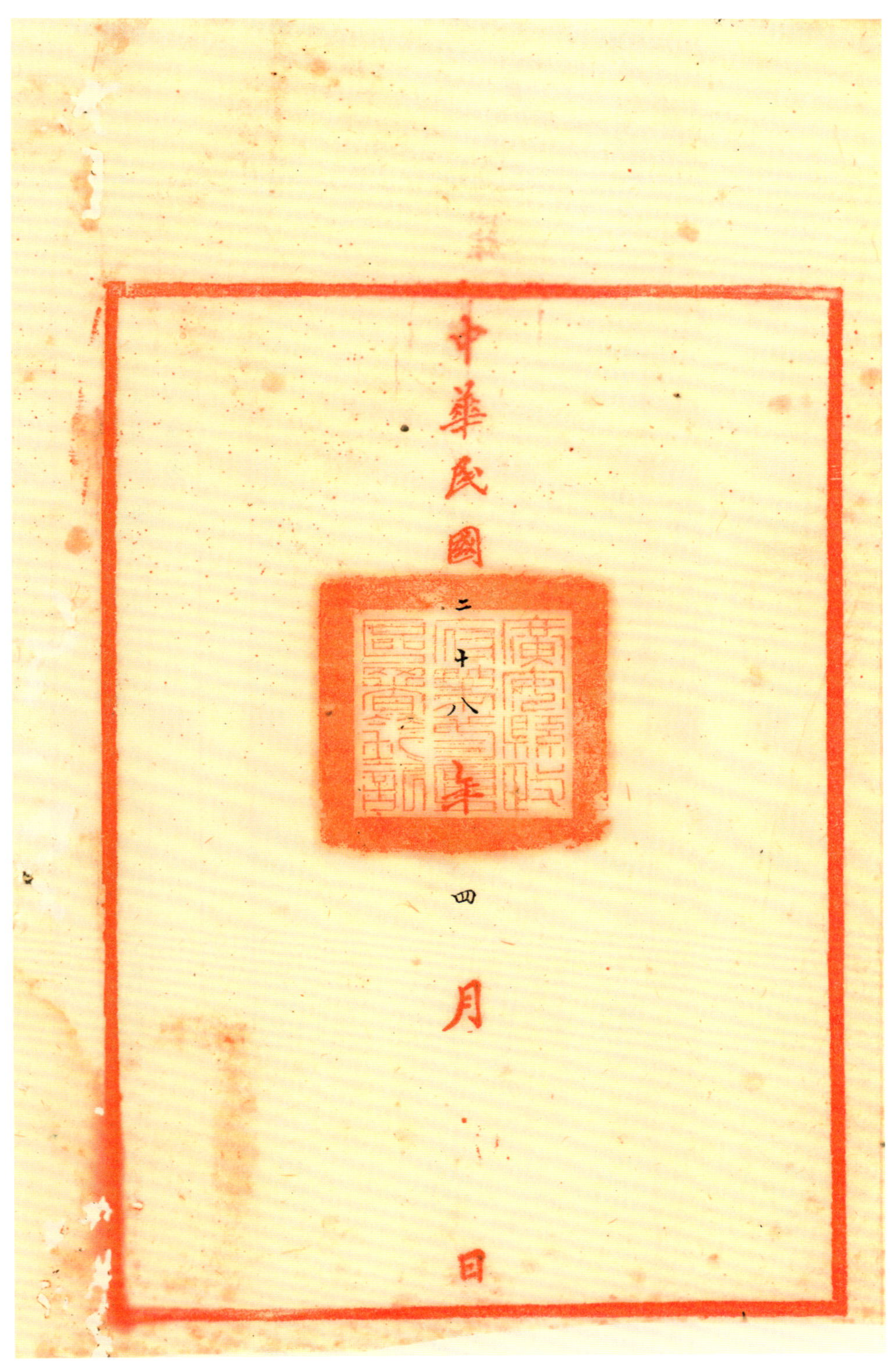
中華民國二十八年四月　日

交通部广安电报局致广安县政府的公函（一九三九年五月三十一日）

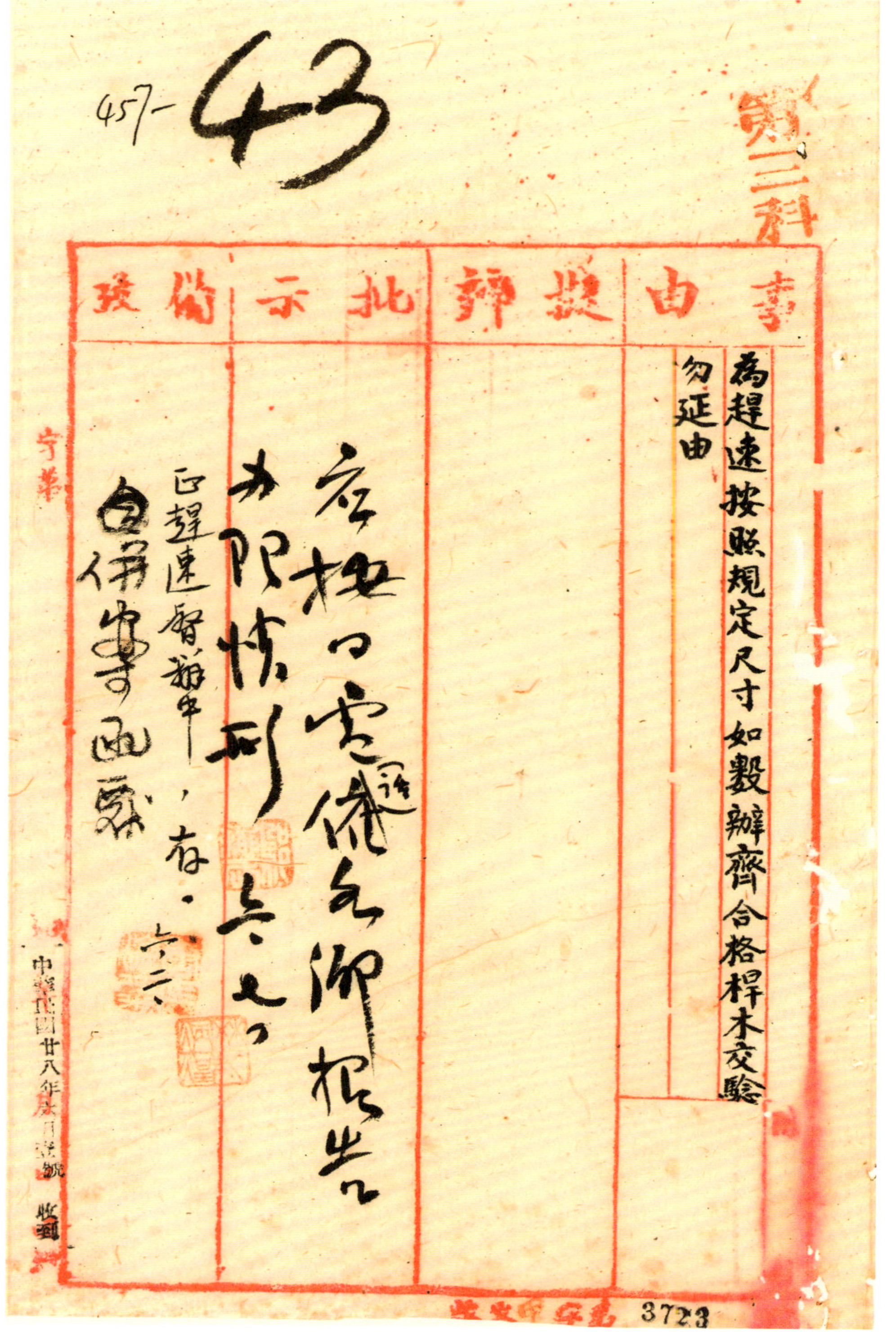

457-43

第三科

事由	拟办	批示	備考
為趕速按照規定尺寸如數辦齊合格桿木交驗勿延由		交秘口電催各鄉報告办理情形具覆	已趕速督辦中

交通部廣安電報局公函　業字第卅號

逕啓者案奉川康藏電政管理局敬工電開奉

部電以川東北第一期工程關係防空情報極爲

重要飭即催桿運料趕速開工等因查合渠段

需桿(4000)根現僅驗收(1173)根仰即就近嚴催合廣岳

渠等縣府趕速辦齊交驗以備即日開工爲要等

因奉此請

貴縣政府趕速按照規定尺寸如數辦齊合格桿

木交驗勿延爲荷此致

廣安縣政府

457-44

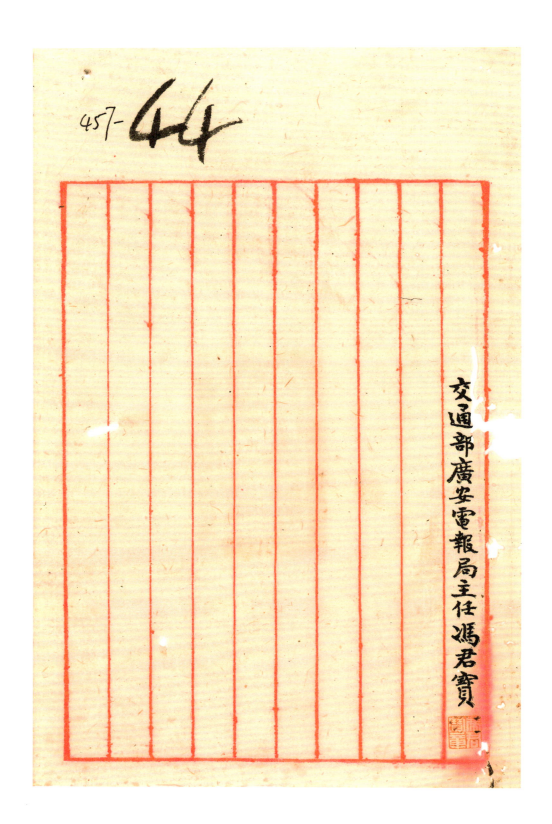

交通部廣安電報局主任馮君實

中華民國二十八年五月三十一日

交通部广安电报局致广安县政府的公函（一九三九年六月五日）

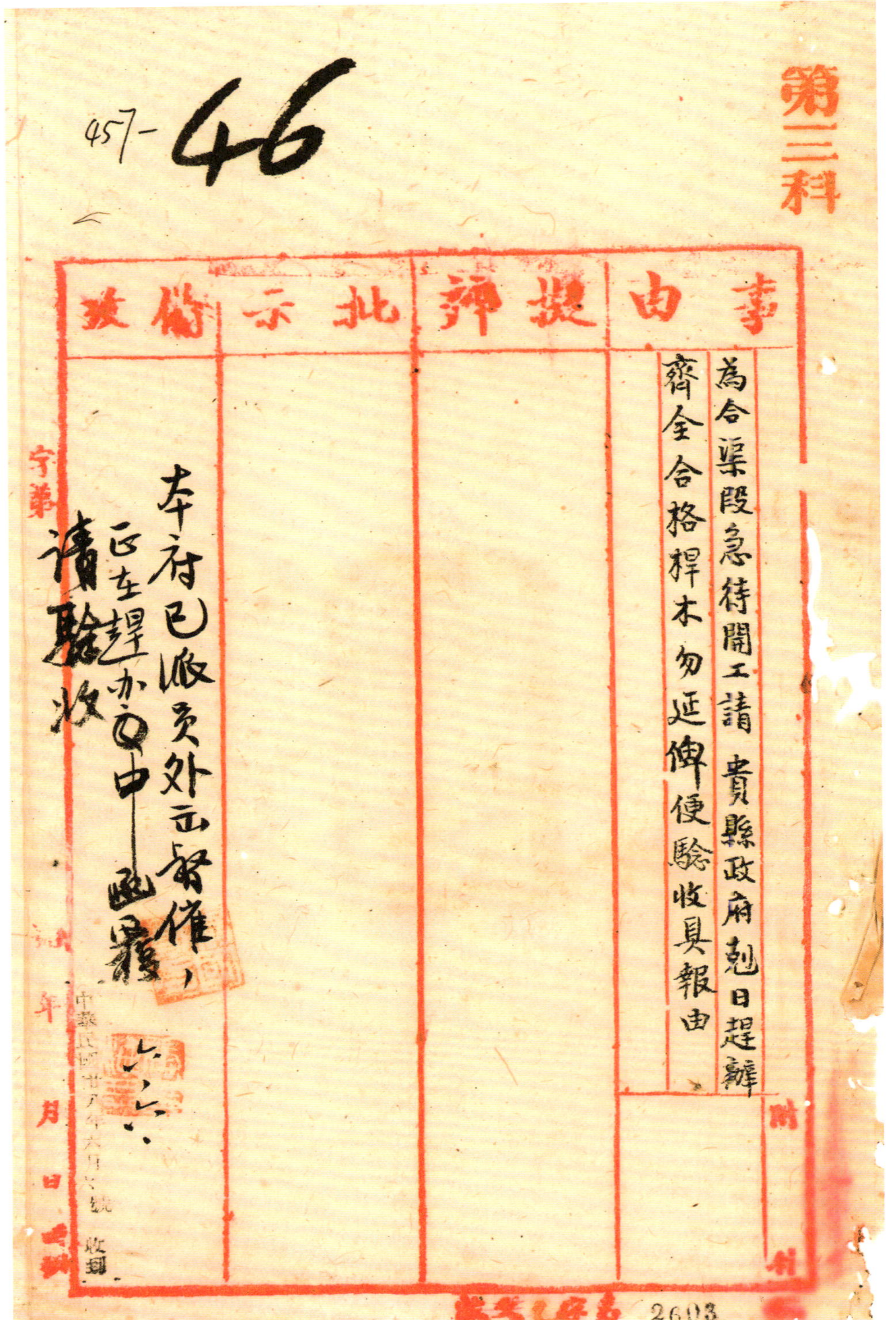
457-46

第三科

事由	拟办	批示	备考
为合渠段急待开工请贵县政府尅日赶办齐全合格杆木勿延俾便验收具报由			本府已派员外出督催，正在赶办中，函复请验收

中华民国廿八年六月六日收到

2603

交通部廣安電報局公函　　業字第46號

逕啓者案奉川康藏電政管理局冬工线電開

查合渠段急待開工該段木桿究已驗收若干

根迄未據報殊屬不合仰速查復并轉催各縣

府趕辦勿延等因奉此請

貴縣政府剋日趕辦齊全合格桿木勿延俾便

驗收具報爲荷此致

廣安縣政府

交通部廣安電報局主任馮君實

中華民國二十八年六月五日

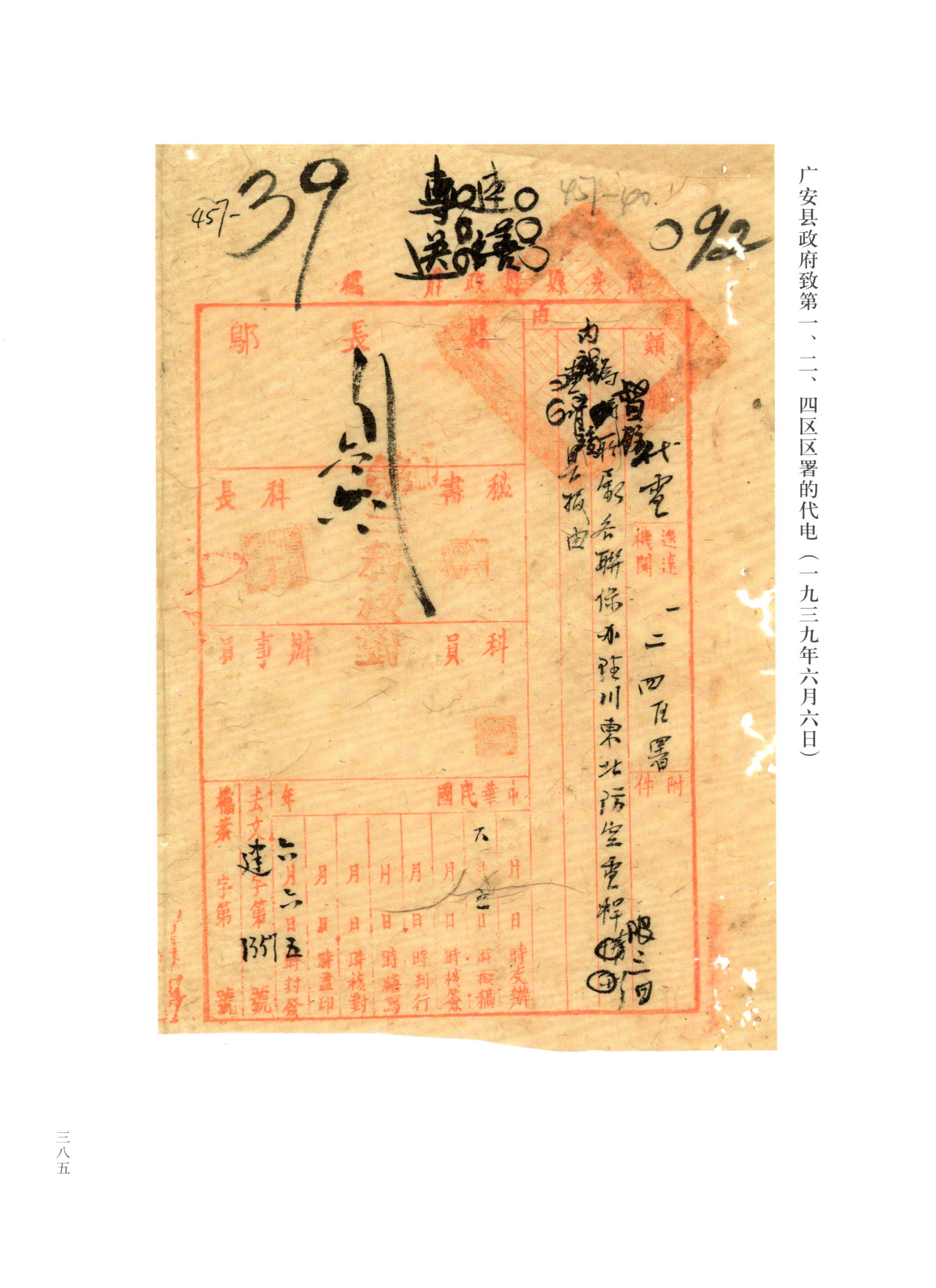

广安县政府致第一、二、四区区署的代电（一九三九年六月六日）

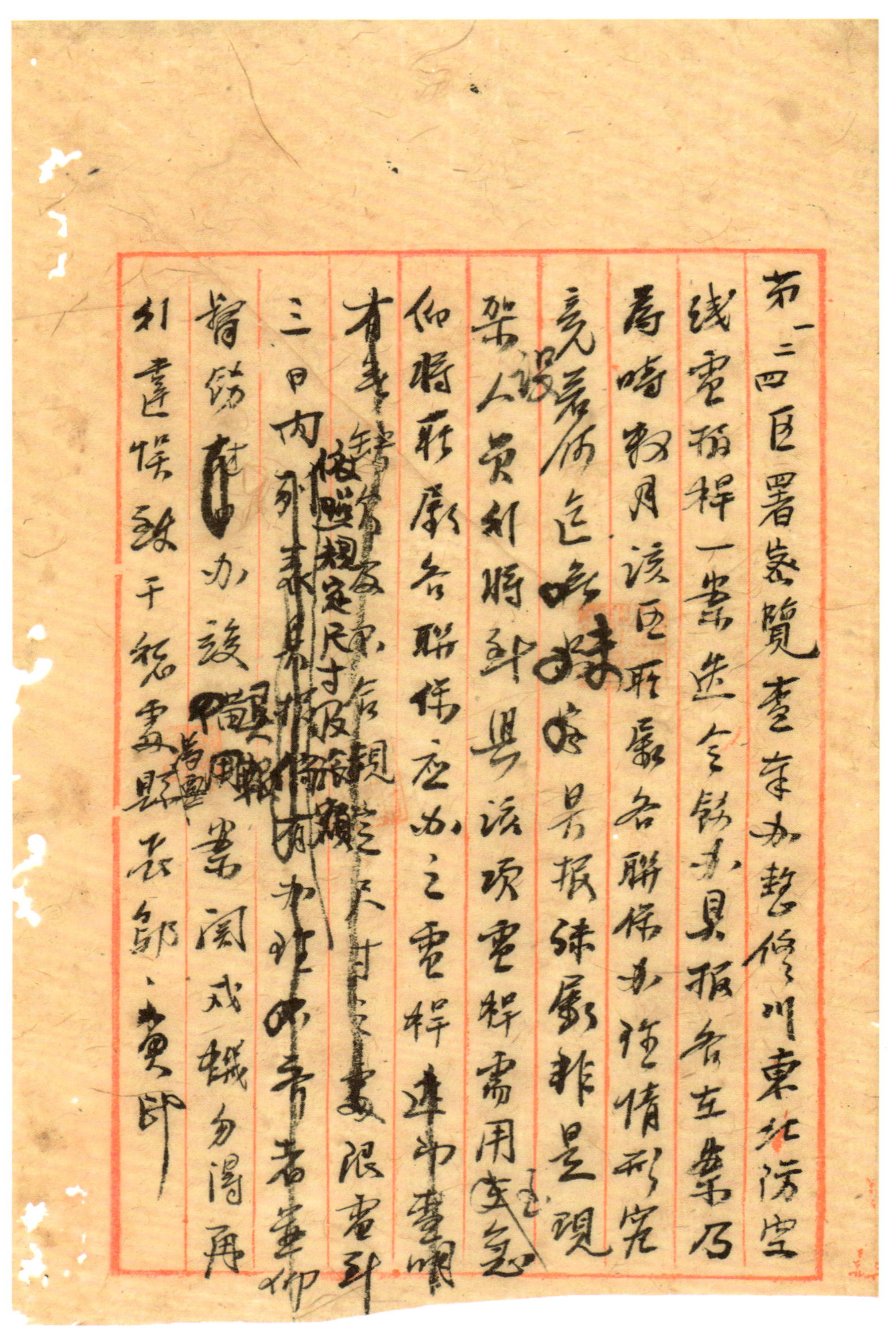
第一二四区署览：查本办整修川东北防空线电杆一案，迭令饬办具报在案。乃为时数月，该区所属各联保办理情形究竟若何，迄未据呈报，殊属非是。现架设人员行将到县，该项电杆需用甚急，仰将所属各联保应办之电杆迅即查明，有无依照规定尺寸设立，限电到三日内列表具报。倘有办理不善者，并仰督饬赶办，设因贻误国防要案，关戒机务，渴再切违误，致干纪处。县长郎、黄即

四川省政府致广安县政府的密电（一九三九年六月三十日）

48

四川省政府快郵代電

建貳字第13666號

事由　密

急

廣安縣政府覽：案奉委員長蔣二十八年六月虞巳令一亨渝代電，以據交通部微電工渝代電略稱，川北電报線正在積極修設，令川經廣安至渠縣線料已一部份抵全[illegible]部份正自渝運送，但所需木桿四千根，據報僅已驗[illegible][illegible]千五百根，其餘迭經洽催，仍未交到，擬請鈞會轉飭[illegible][illegible]限期嚴催各縣趕辦，以應急需等情，飭即遵照辦理等因。奉此，查各縣欠辦木桿，迭經嚴令依限辦屯完竣有案。茲奉前因，除分電外，合行電仰遵照，先令電令火速赶

中華民國　年　月　日發

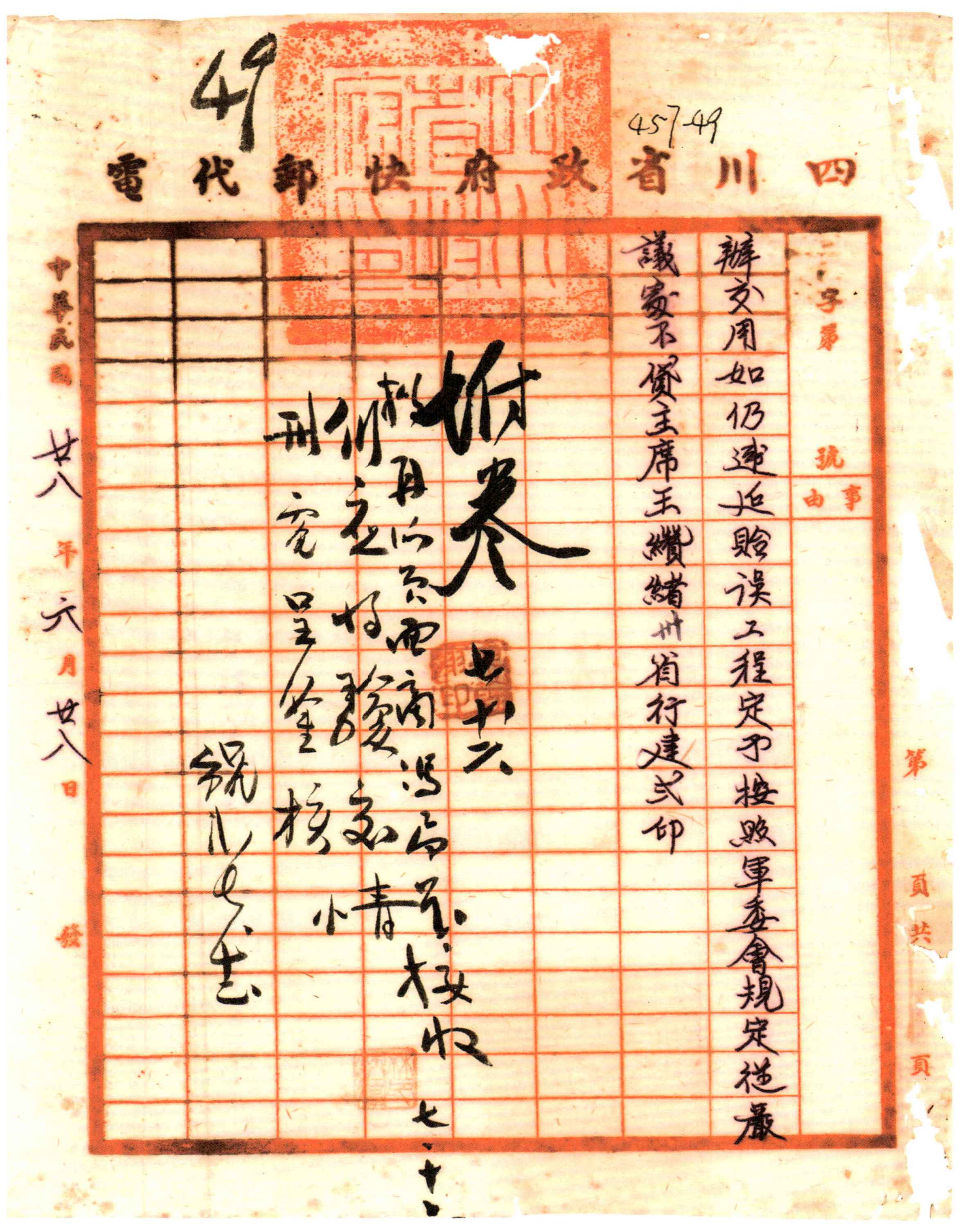

49

457-49

四川省政府快郵代電

字第　號

事由

辦交用如仍遲延貽誤工程定予按照軍委會規定從嚴議處不貸主席王纘緒卅省行建式印

附卷　廿六

中華民國廿八年六月廿八日發

第　頁　共　頁

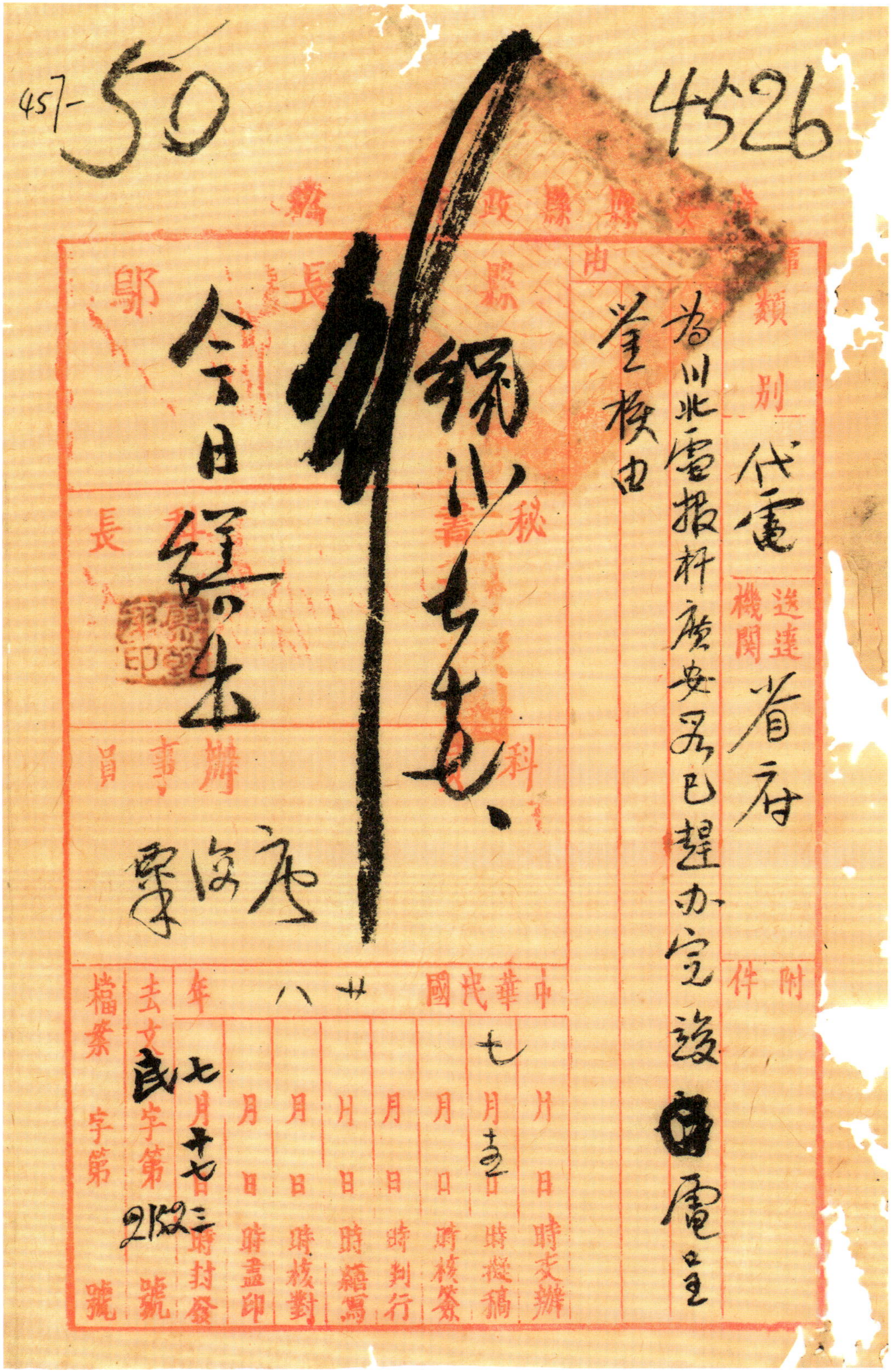

广安县政府致四川省政府的代电（一九三九年七月十七日）

457-50

4526

代電

省府

為川北電報杆廣安另已提办完竣

呈核由

成都四川省政府主席王钧鉴：七月十一日奉
建二字第一三六六号代电：务将欠办电杆火速赶
办交用，等因。奉此，本府当于奉令之日即电各该
区乡星夜赶办，并派员督促，务使如限完成，以
符功令。理合
电呈
鉴核示遵。广安县长郭 印
旋据各该区乡呈称如限办理竣事，当经本
府派员查验，并由本府转广安电报局派员
会同验讫，兹电
前因

交通部川省电政局验收员冯
四川省政府建设厅验收员

广安县第四区区署致县政府的呈（一九三九年七月二十八日）

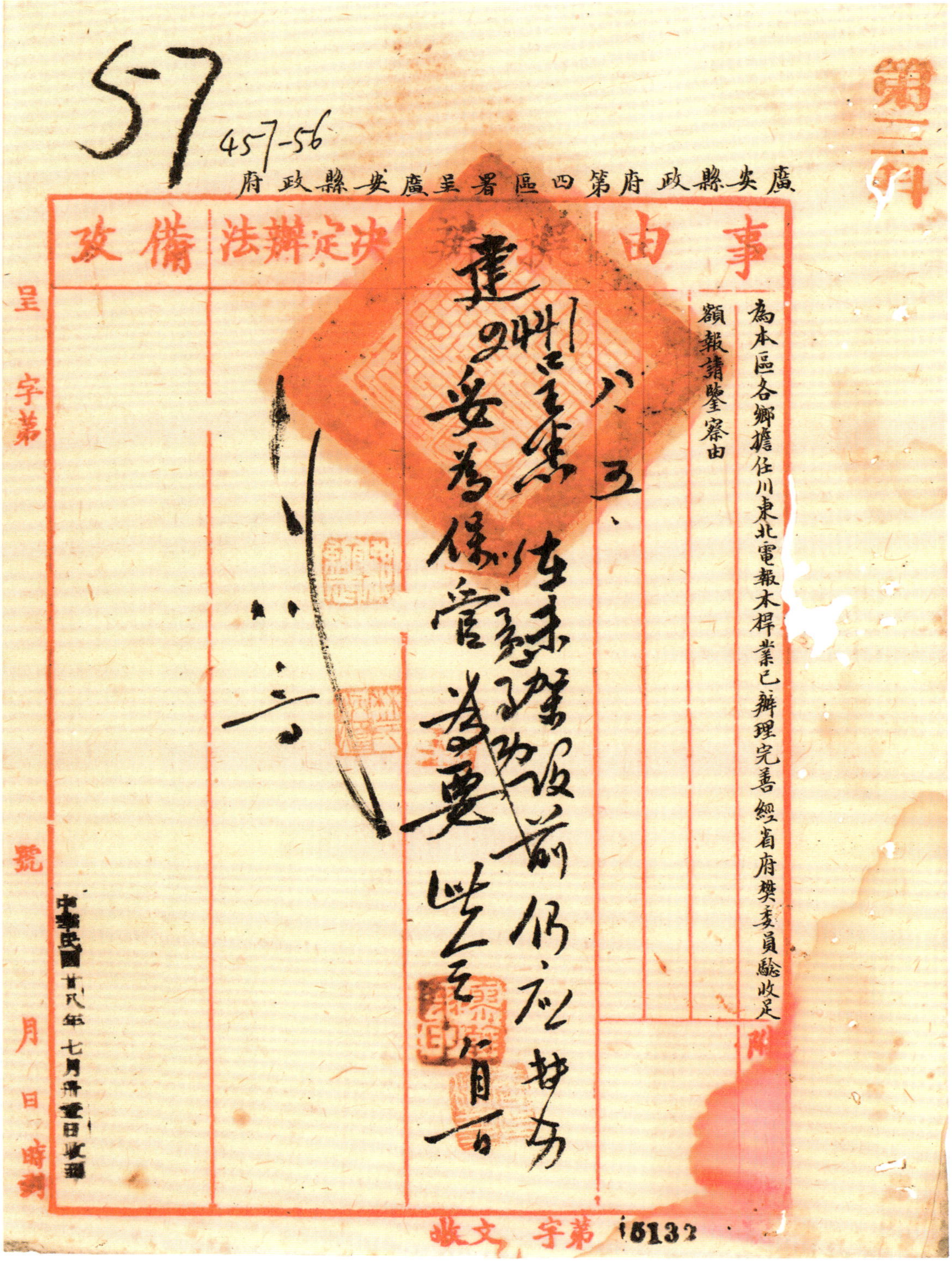

第三件

57

457-56

廣安縣政府第四區署呈廣安縣政府

事由	擬辦	決定辦法	備考
為本區各鄉擔任川東北電報木桿業已辦理完善經省府樊委員驗收足額報請鑒察由	八、三、		

呈 字第 號 月 日 時到

中華民國廿八年七月卅壹日收到

收文 字第 15132

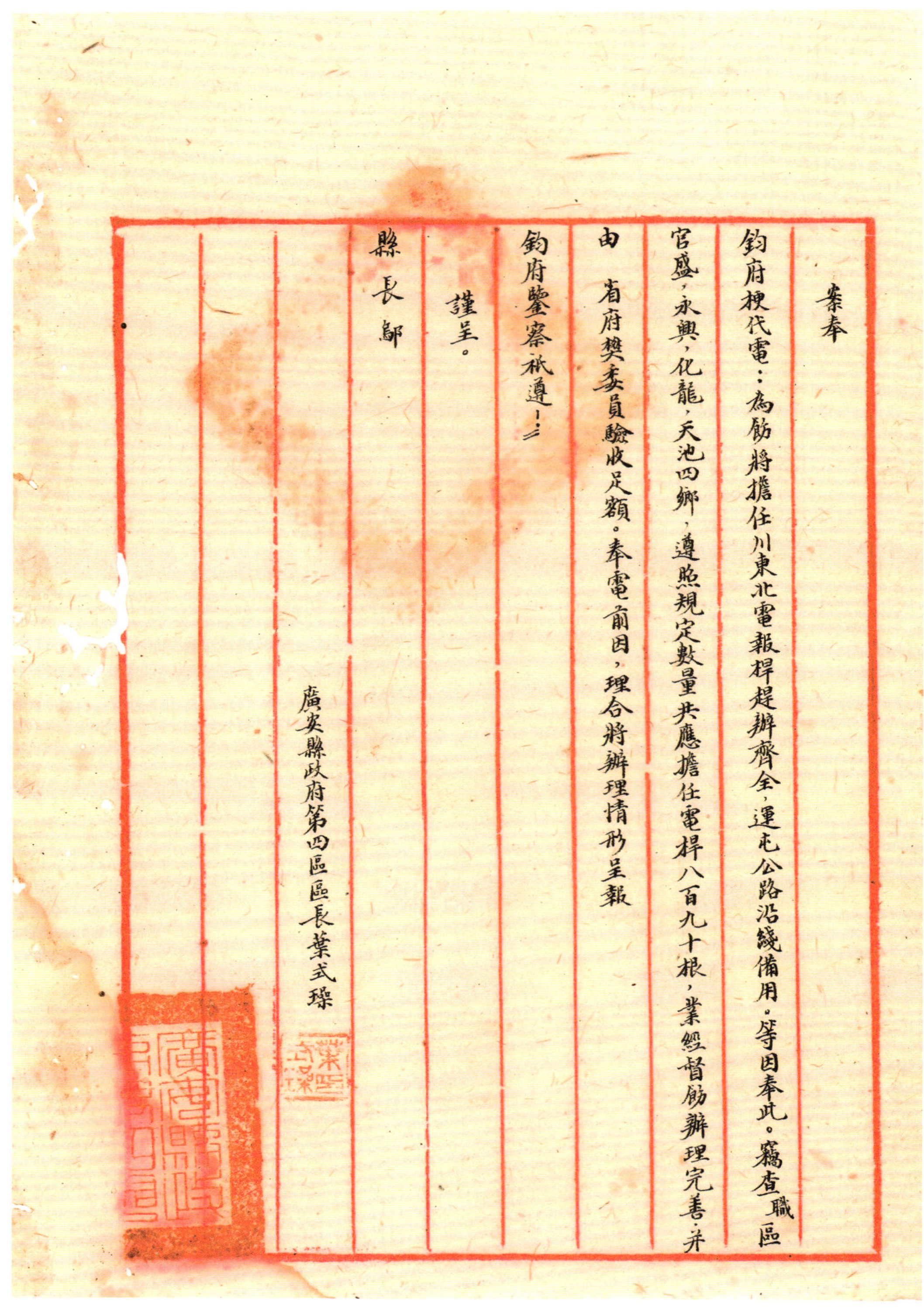

案奉

鈞府梗代電：為飭將擔任川東北電報桿趕辦齊全，運屯公路沿綫備用。等因奉此。竊查職區官盛、永興、化龍、天池四鄉，遵照規定數量共應擔任電桿八百九十根，業經督飭辦理完善，并由省府樊委員驗收足額。奉電前因，理合將辦理情形呈報

鈞府鑒察祇遵！！

謹呈。

縣長鄔

廣安縣政府第四區區長葉式璪

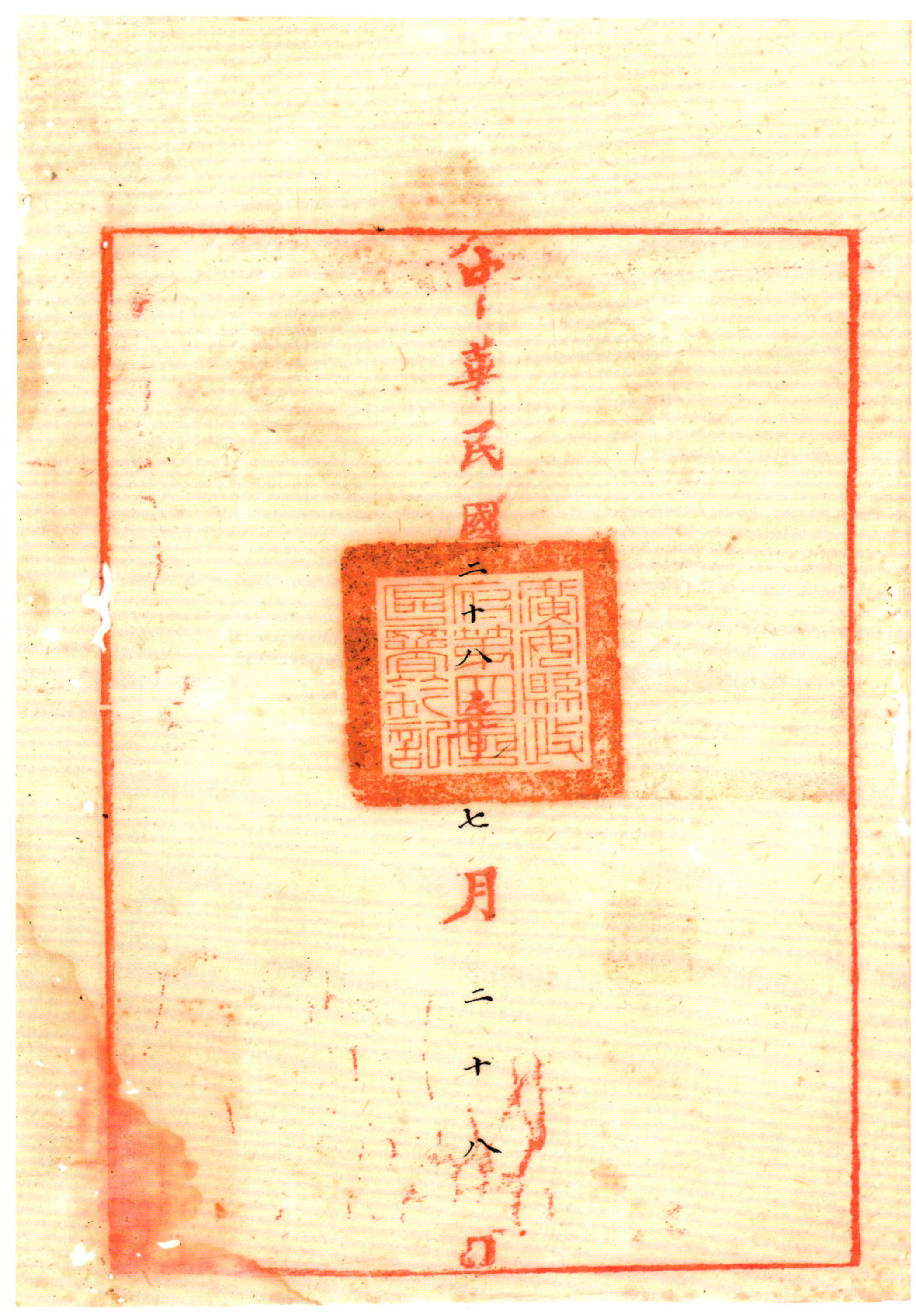

中華民國二十八［年］七月二十八日

广安县城厢镇联保办公处致县政府的呈（一九三九年八月二十三日）

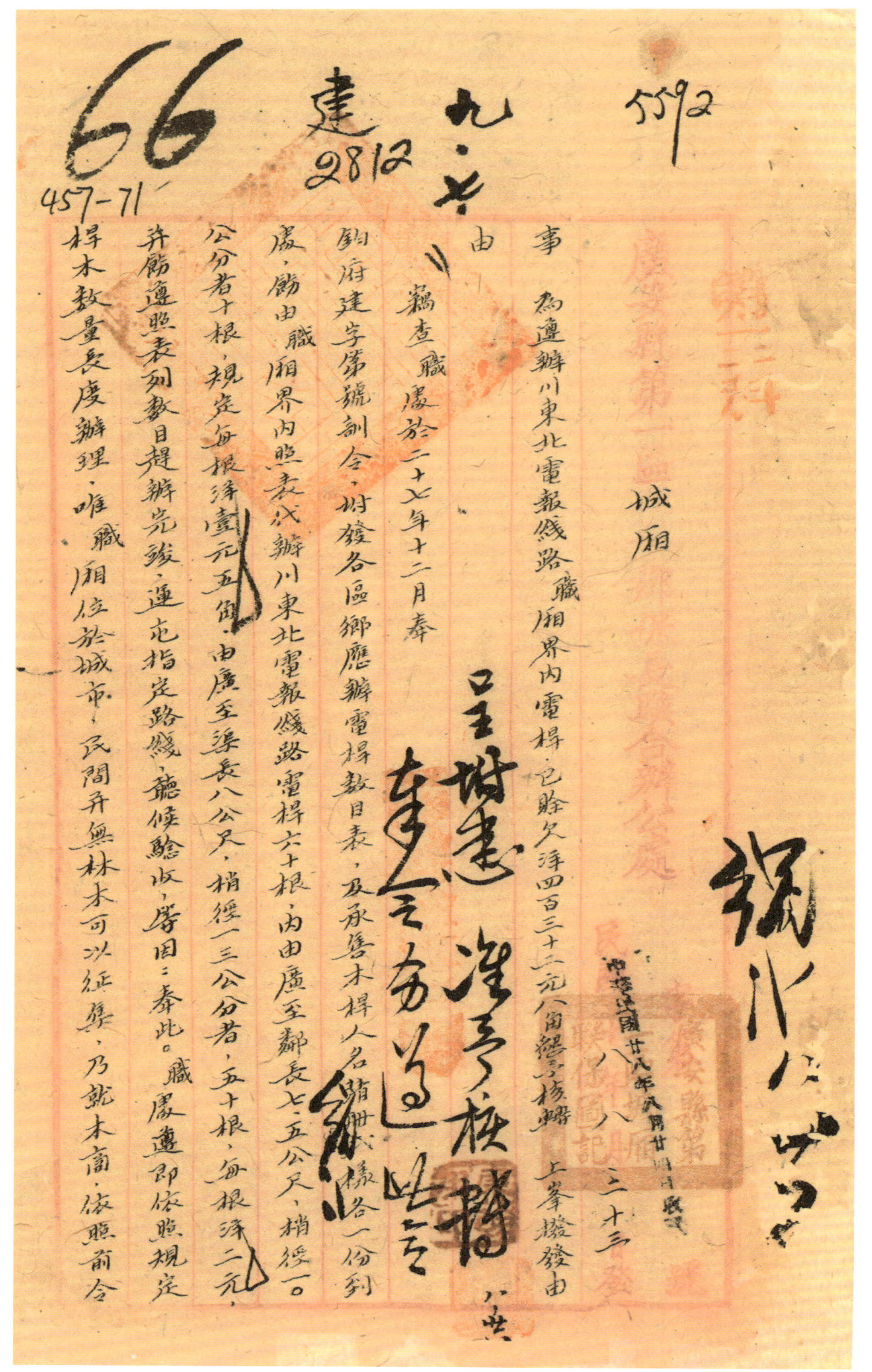
城厢

事由　为遵办川东北电报线路职厢界内电杆已照欠洋四百三十二元八角经[illegible]核转上峰拨发由

窃查职处于二十七年十二月奉
钧府建字第　号训令，饬发各区乡应办电杆数目表，及承售木杆人名、贴册、线路一份到
处，饬由职厢界内照表代办川东北电报线路电杆六十根，内由广至邻长七五公尺，梢径一〇
公分者十根，规定每根洋壹元五角；由广至渠长八公尺，梢径一三公分者，五十根，每根洋二元，
并饬遵照表列数目赶办完竣，运屯指定路线，听候验收，等因。奉此。职处遵即依照规定
杆木数量长度办理，唯职厢位于城市，民间并无林木可以征集，乃就木商，依照前令

中华民国廿八年八月廿三日

規定數量長度購辦完竣，乃隨即運至指定路綫，及至本年七月交通部渠廣路長途電話工程隊到達職廂驗收架設，以

鈞府周前縣長任內，於職廂所定桿木數量過少，不敷架設，并綫路經過市場，所有電桿，須架出街房之上數尺，預定桿木尺度既短且小，不適於用，於是由廣至渠，在職廂界內，由五十根增用至一百一十六根，桿木數量既增加六十六根，并一百一十六根中長八公尺者，僅用三十根，作為附桿，計每根職處購買法洋四元，又用九公尺者五十根，每根法洋六元，又用十公尺者三十六根，每根六元八角，原因去今兩年，渝城附近修造過多，影響本縣木料價值特別高昂，綜計三種桿木，共去洋六百六十四元八角正，除職廂界內由廣至鄰所備桿木尚未架設，此項桿款亦未領用，職廂界內由廣至渠實架用桿木一百一十六根，已在

鈞府具領洋二百三十二元外，（照規定每根兩元）職處因居於市場，無林木可以徵集，所

457-73

68

有桿木，悉向木商購買，已賠欠洋四百三十二元八角，無法籌措，除驗收及使用實數，証明單已面繳鈞府第三科外，理合繕具承售木桿人名清册一份呈懇鈞府鑒核，懇予轉呈省府，將職廂此次所辦桿木墊款洋四百三十二元八角，如數撥發承領，至沾公便。

再城廂界内由廣至鄰，所備桿木十根，因未架設，所有桿款，未列入上數，俟架設後，再行具領，有無墊欵，再行呈報，合併陳明。

謹呈

縣長鄒

計呈四川省整理川東北電報綫路廣安縣第一區城廂承售木桿人姓名清册

城廂聯保主任杜希哲

广安县太平乡联保办公处致县政府的呈（一九三九年九月十二日收）

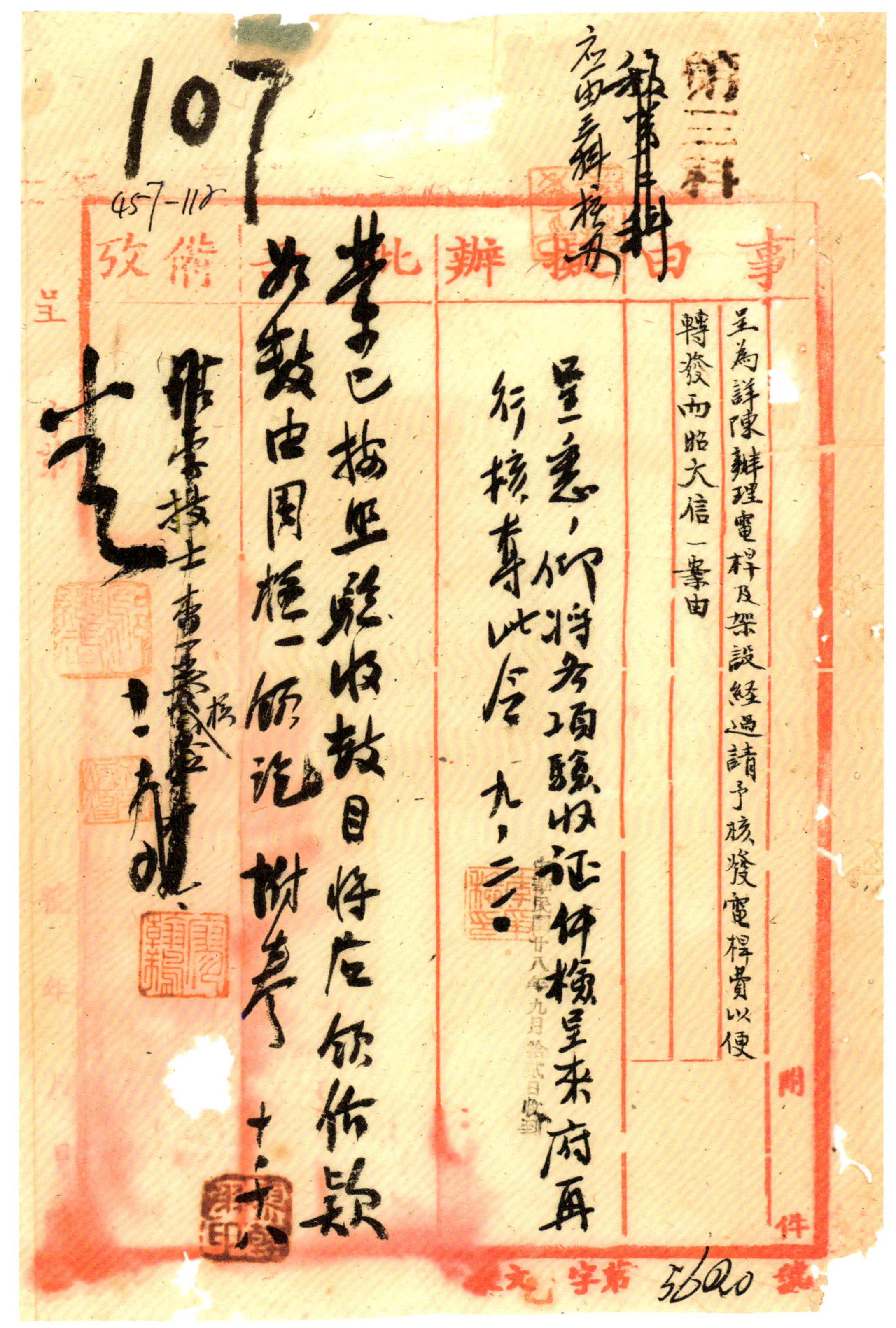

107

457-118

事由：呈為詳陳辦理電桿及架設經過請予核發電桿費以便轉發而昭大信一案由

擬辦：呈悉。仰將各項驗收証件檢呈來府再行核奪。此令 九、二

民國廿八年九月拾貳日收到

批示：業已按照縣收數目將店欠給款如數由周樵[illegible]領訖 [illegible] 十、十八

十一、[illegible]

字第5620號

八月十日 案奉

鈞府二十八年建字第2477號訓令飭將此次架設川東防空電話桿本鄉使用實數依照價款須蓋正副印領並造具領款花名冊連同驗收及使用實數証明單前來領款仰遵照勾違為要此令等因附印領格式一張奉此查本鄉該項電桿係奉

鈞府快電辦理柒拾根嗣經驗收委員暨工程隊分別驗收架設因不敷用除由本鄉再添辦三根外尚在義興鄉借貸二十八根總共驗收并實用架設爲壹伯零壹根彼時

主任因顧元亨業在縣由代理人戶籍員黃仁俊向該工程隊索討實用數單據該隊堅稱由該隊負責彙報

鈞府核發堅不肯給（電閱隣鄉亦然）單據既無法檢呈而該工程隊究竟彙報與否亦無法探知致使本鄉電桿費迄今分文無法承領領款糧户滋鬧不堪茲奉前因

108

457-113

理合將本鄉奉 令辦理電桿架設實用數及未索得單據原委詳陳

鈞府鑒核備查今主任已辭職沐恩批准奉令交代竣事此項電桿費究應如何具備

手續方能承領伏乞迅予令遵以便承領轉發用息糾紛而昭大信當否仍候令遵□

謹呈

縣長鄔

太平鄉前任聯保主任周柱一

中華民國二十八年九月

廣安縣第二區大有鄉保長聯合辦公處圖記

广安县彭家乡联保办公处致县政府的呈（一九三九年九月二十一日收）

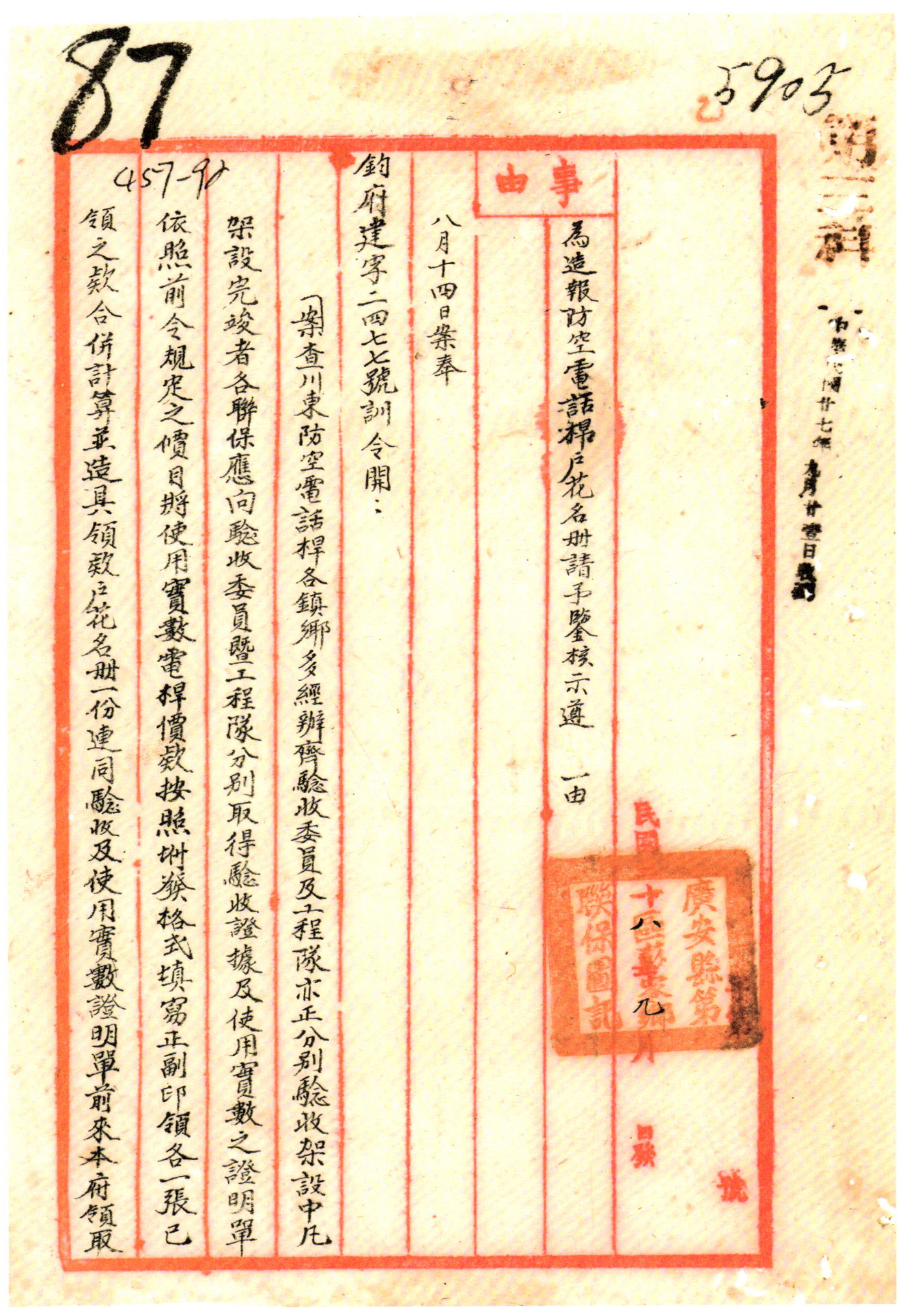

事由　為造報防空電話桿工花名册請予鑒核示遵　由

八月十四日案奉

鈞府建字二四七七號訓令開：

案查川東防空電話桿各鎮鄉多經辦齊驗收委員及工程隊亦正分別驗收架設中凡架設完竣者各聯保應向驗收委員暨工程隊分別取得驗收證據及使用實數之證明單依照前令規定之價目將使用實數電桿價款按照册發格式填寫正副印領各一張已領之款合併計算並造具領款工花名册一份連同驗收及使用實數證明單前來本府領取

未發之款合行檢同印領格式令仰遵照勿違爲要此令」

等因，奉此職處遵即清理前後奉辦之電桿共計壹百零一根已驗收者七十三根未驗收者二十八根實用伍拾伍根驗收未用者一十八根合計下剩桿子四十六根前驗用時職處曾向驗委及工程隊領取證明單僉云只能出驗用證明總單與縣府存查不能出證與各鄉鎮故職處未能領得驗用證合併聲明其有桿價曾領洋三十元照實用電桿伍十伍根計下補領洋八十元正而驗收未用電桿十八根及未驗收電桿二十八根合計剩桿四十六根就應如何處理桿價如何支給職處無法辦理是以具文隨表呈請

鈞府鑒核靜候指令祇遵！

謹呈

廣安縣縣長鄔

廣安縣第一區彭家鄉聯保主任向作徵

向作徵印

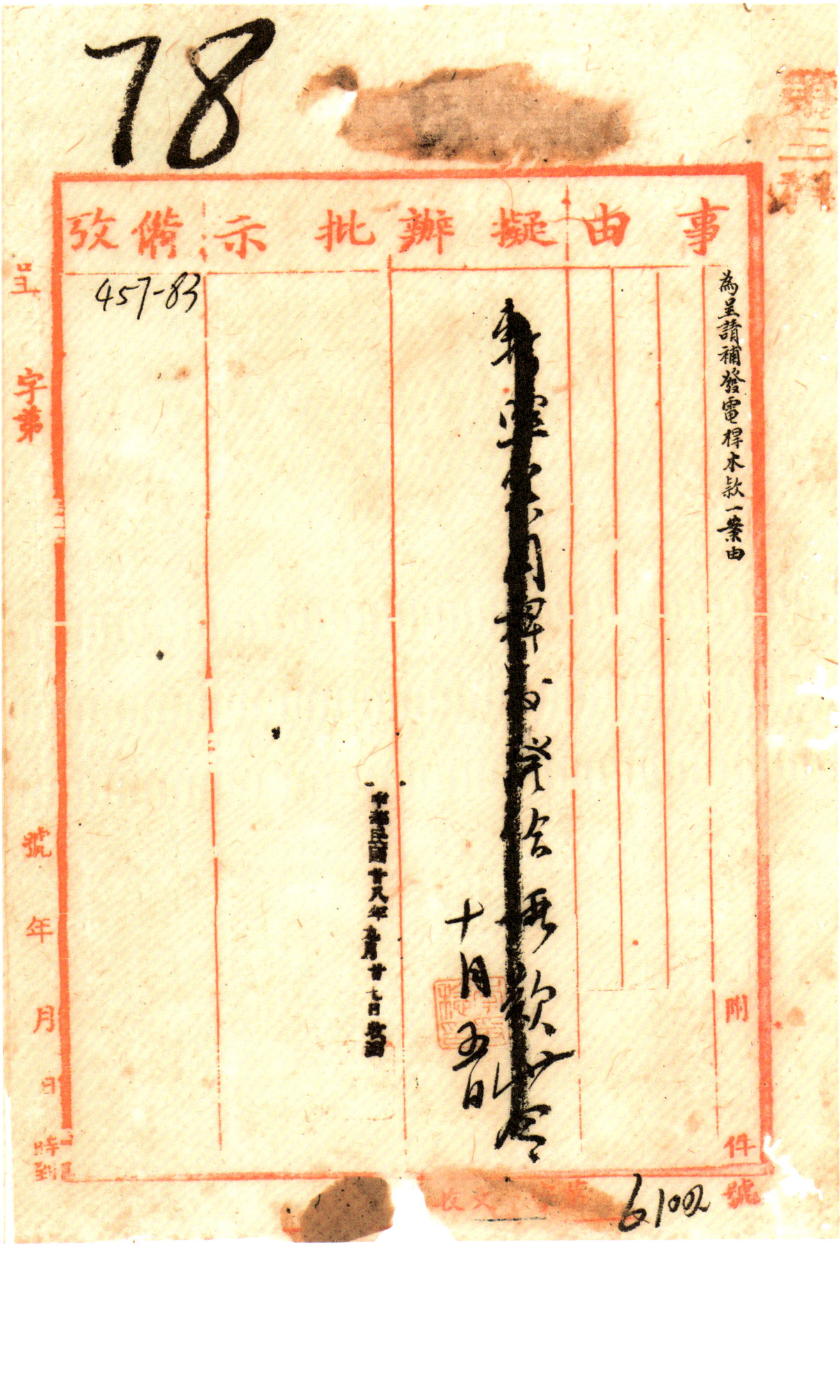

广安县协兴乡联保办公处致县政府的呈（一九三九年九月二十七日收）

78

事由	擬辦	批示	備攷
為呈請補發電桿木款一案由	十月五日	中華民國廿八年九月廿七日收到	457-83

呈　字第　號　年　月　日　時到

附件

6102

案奉

鈞府二十八年建字第二四七一號訓令節開：

凡經驗收及架設完竣者，各聯保應向驗收委員暨工程隊，分別取得驗收証據，及使用實數之証明單，依照前令規定之價目，將使用實數電桿價款，按照附發格式，填寫正副印領各一張，已領之款合併計算，並造具領款戶花名冊一份，連同驗收及使用實數証明單，前來本府領取。

等因；奉此。查本處於二十七年十二月，奉令趕辦川東北防空電話桿二百二十五根，領得半價洋二百二十五元，業已遵照規定辦足，當沐交通部川康藏電政管理局驗收員馮君實驗收一百八十根。旋於本年八月，經交通部合渠工程隊，窖去木桿（椿號八〇號起三三二號止）正桿一百五十三根，副桿五根，共用一百五十八根，尚存未用木桿二十二根，合計一百八十根，（計木價洋三百六十元，本處已領二百二十五元，下存一百三十五元。）理合造具領款收據、領款戶花名冊、連同驗收員收據，隨文呈請

79

457-84

鈞府，俯賜鑒核，准予補發電桿洋一百三十五元，以便轉給承領，至工程隊使用實數之証明單，業已一再催發，尚未領得，據該負責人稱，以縣為單位，給一總收據，各鄉不能出據等語，合併呈明，是否有當，伏候令遵！

謹呈

縣長鄔

附領款收據，領款户花名册，驗收員收據各一份

協興鄉聯保主任陳樹勛

中華民國二十八年九月 日

廣安縣第二區協興鄉聯保圖記

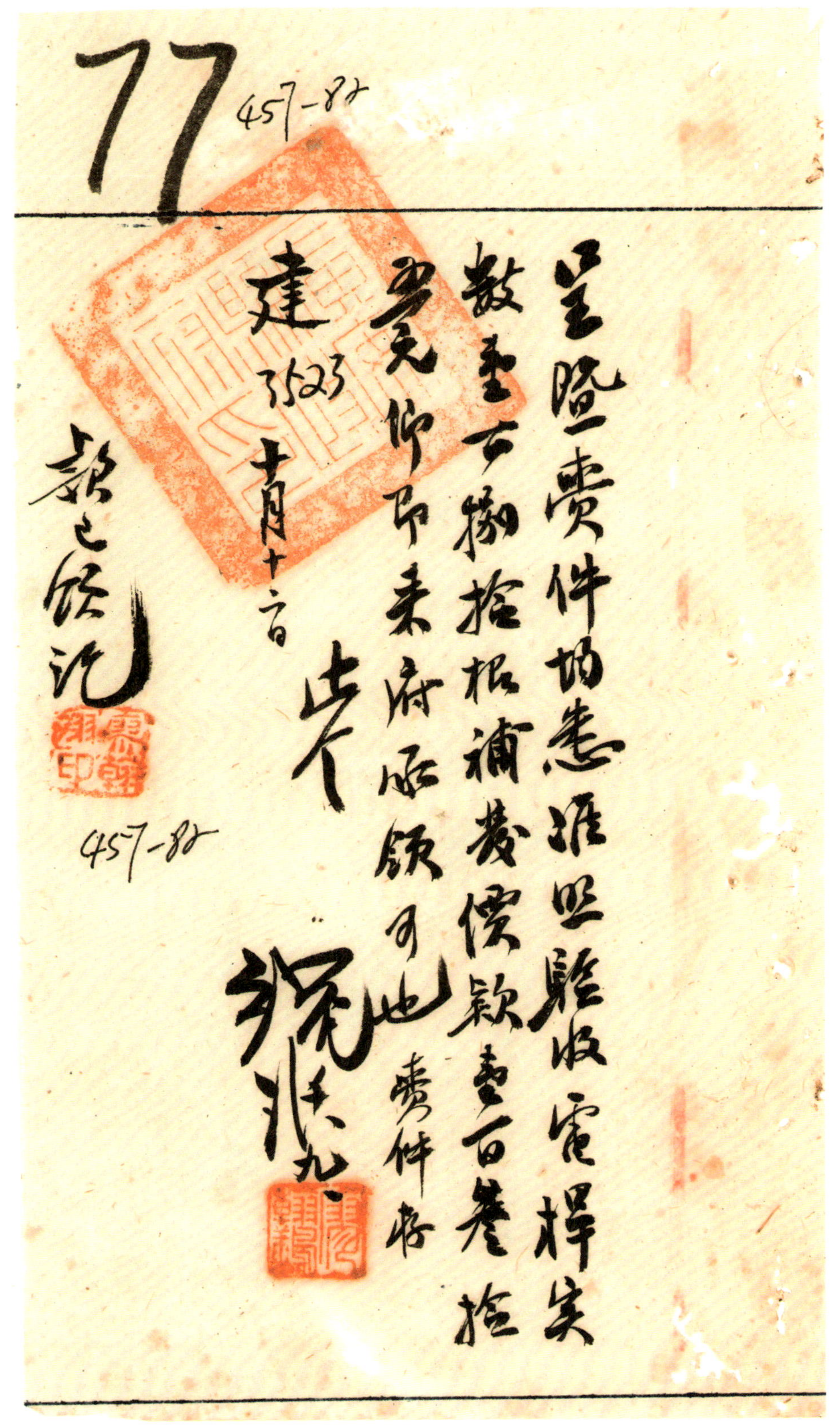
77

457-82

呈验贵件均悉，准照验收電桿实数壹万捌拾根，补发价款壹百叁拾叁元，仰即来府承领可也。

此令

贵件存

建 3523 十二月十二日

款已领讫

457-82

附（二）验收员收据（一九三九年九月十二日）

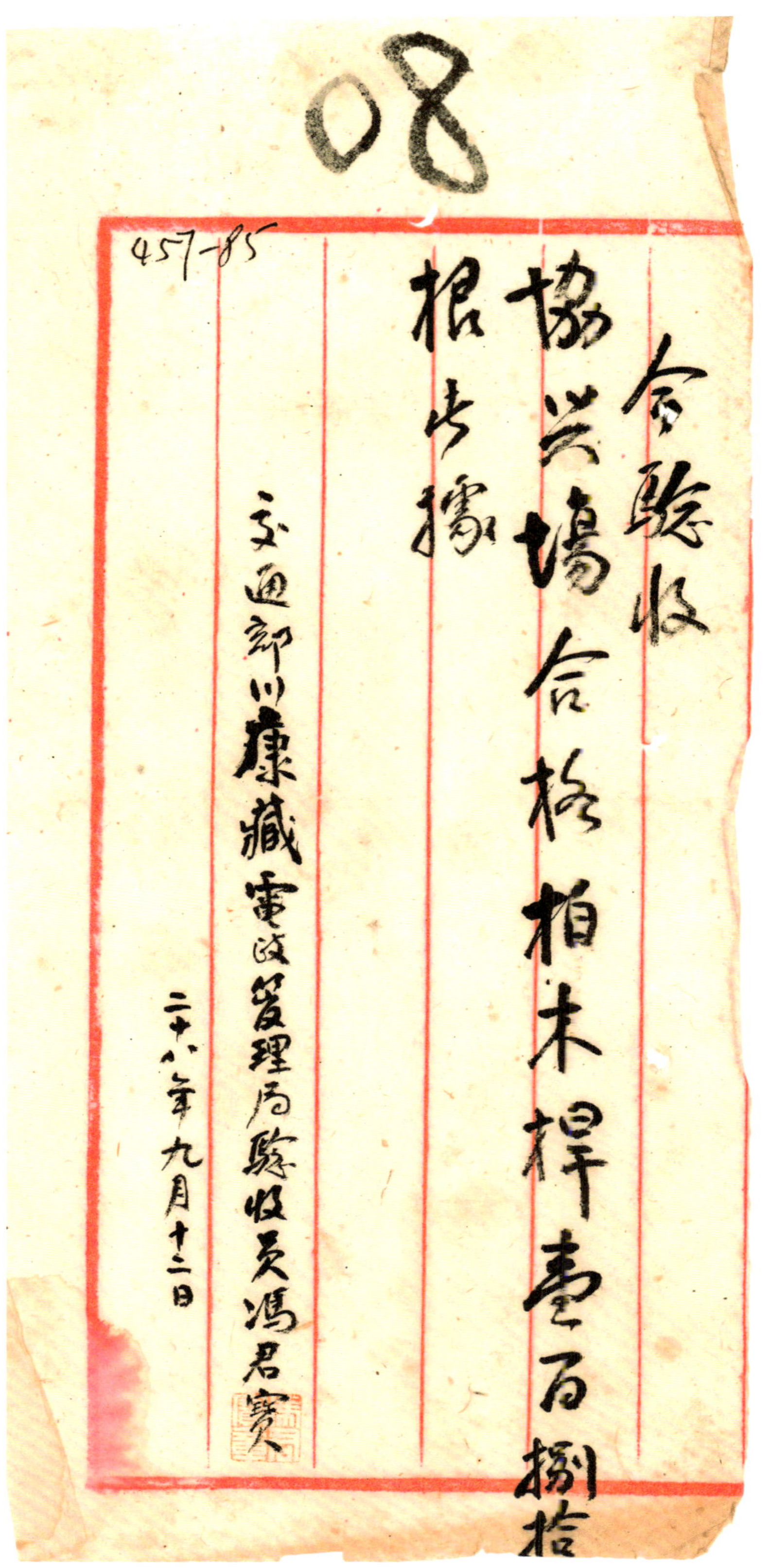

08

457-85

今验收
协兴场合格柏木桿壹百捌拾
根此据

交通部川康藏电政管理局验收员冯君实

二十八年九月十二日

广安县政府致交通部广安电报局的公函（一九三九年十月十一日）

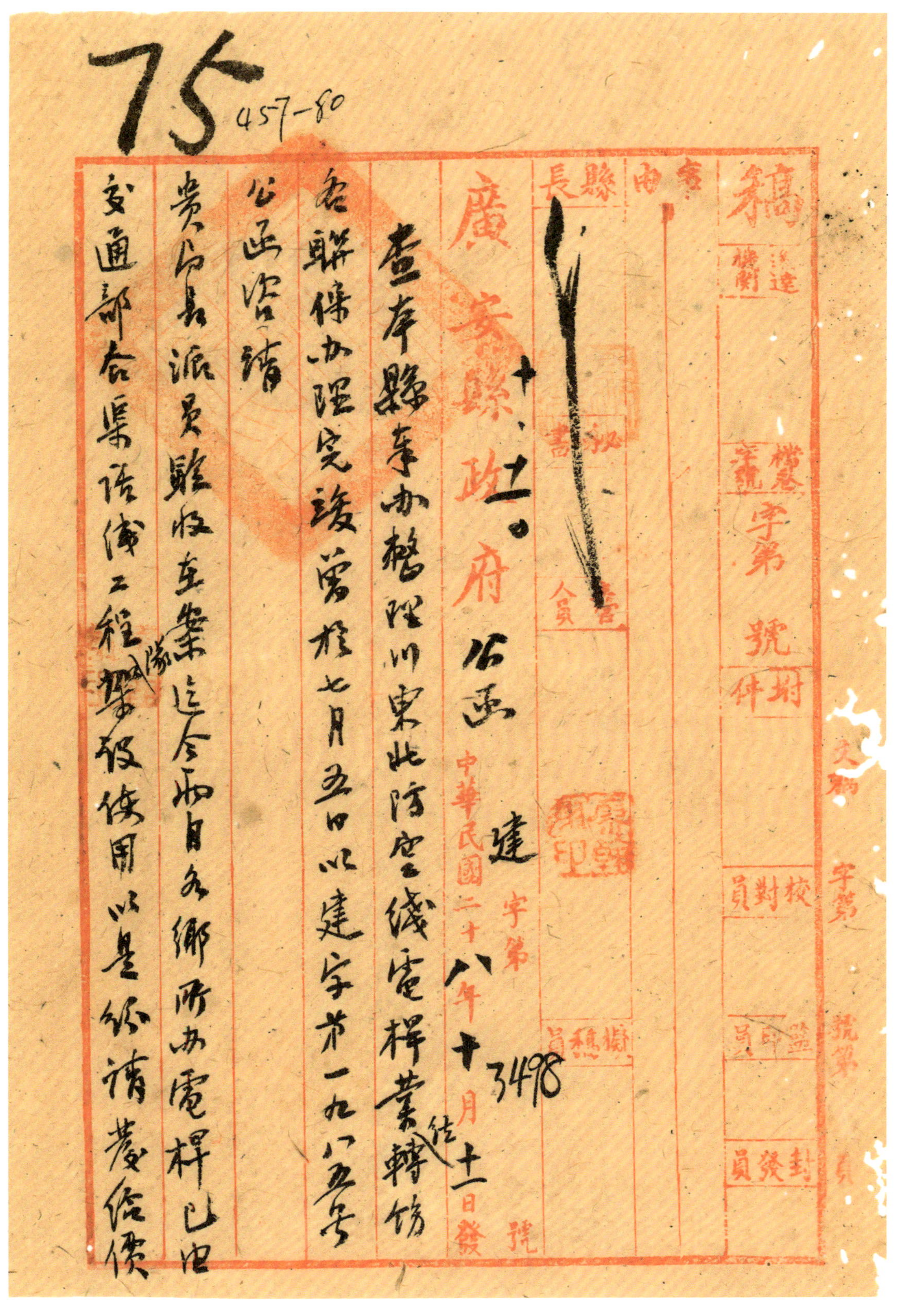

75 457-80

廣安縣政府公函　建字第3498號

中華民國二十八年十月十一日發

查本縣奉辦整理川東北防空綫電桿，業經轉飭各聯保辦理完竣，曾於七月五日以建字第一九八五號公函咨請

貴局長派員驗收在案。迄今兩月，各鄉所辦電桿已由交通部合渠話綫工程處架設使用，以是綜請發給價

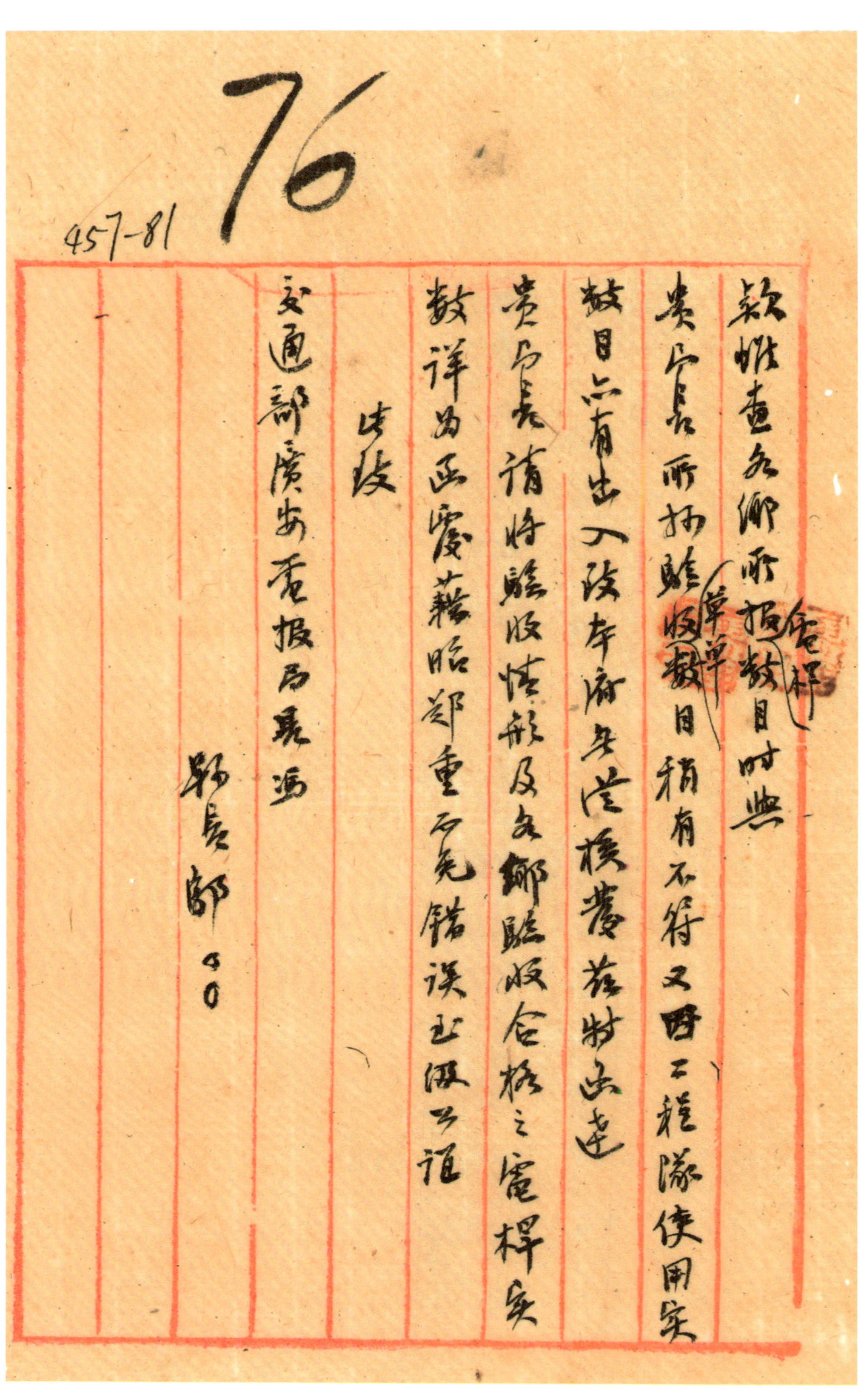

敝县查各乡所报仓秤数目时与
贵局长所拟县收草单数目稍有不符，又因工程浩使用实
数目亦有出入，该本府无从核发，兹特函达
贵局长，请将县收情形及各乡县收合格之仓秤实
数详为函覆，藉昭郑重而免错误，至纫公谊。
此致
交通部广安电报局长冯
县长邹〇〇

中華民國廿八年十月十一日

交通部广安电报局致广安县政府的公函（一九三九年十月十四日）

交通部廣安電報局公函　業字第59號

逕啓者准

貴縣政府建字第(3498)號公函開查本縣奉辦整理川東北防空线電桿業經轉飭各聯保辦理完竣曾於七月五日以建字第(1985)號公函咨請貴局長派員驗收在案迄今兩月各鄉所辦電桿已由交通部合渠話线工程隊架設使用以是紛請發給價欵惟查各鄉所報電桿數目時與貴局長所抄驗收草單數目稍有不符又因工程隊使用㝎數目亦有出入致本府

無從核發茲特函達貴局長將驗收情
形及各鄉驗收合格之電桿實數詳為函
覆藉昭鄭重而免錯誤等由准此查驗
收木桿係會同省府所派樊委員既明及
貴縣政府所派徐洪謙楊澤普第一區所派徐
區員第二區所派王區員並各聯保主任所派
人員領導驗收各地屯放所辦木桿合格者
於木桿上書一毛字編列號數茲將驗收各
鄉合格之木桿實數另單詳開隨函送請
貴縣政府查核為荷此致

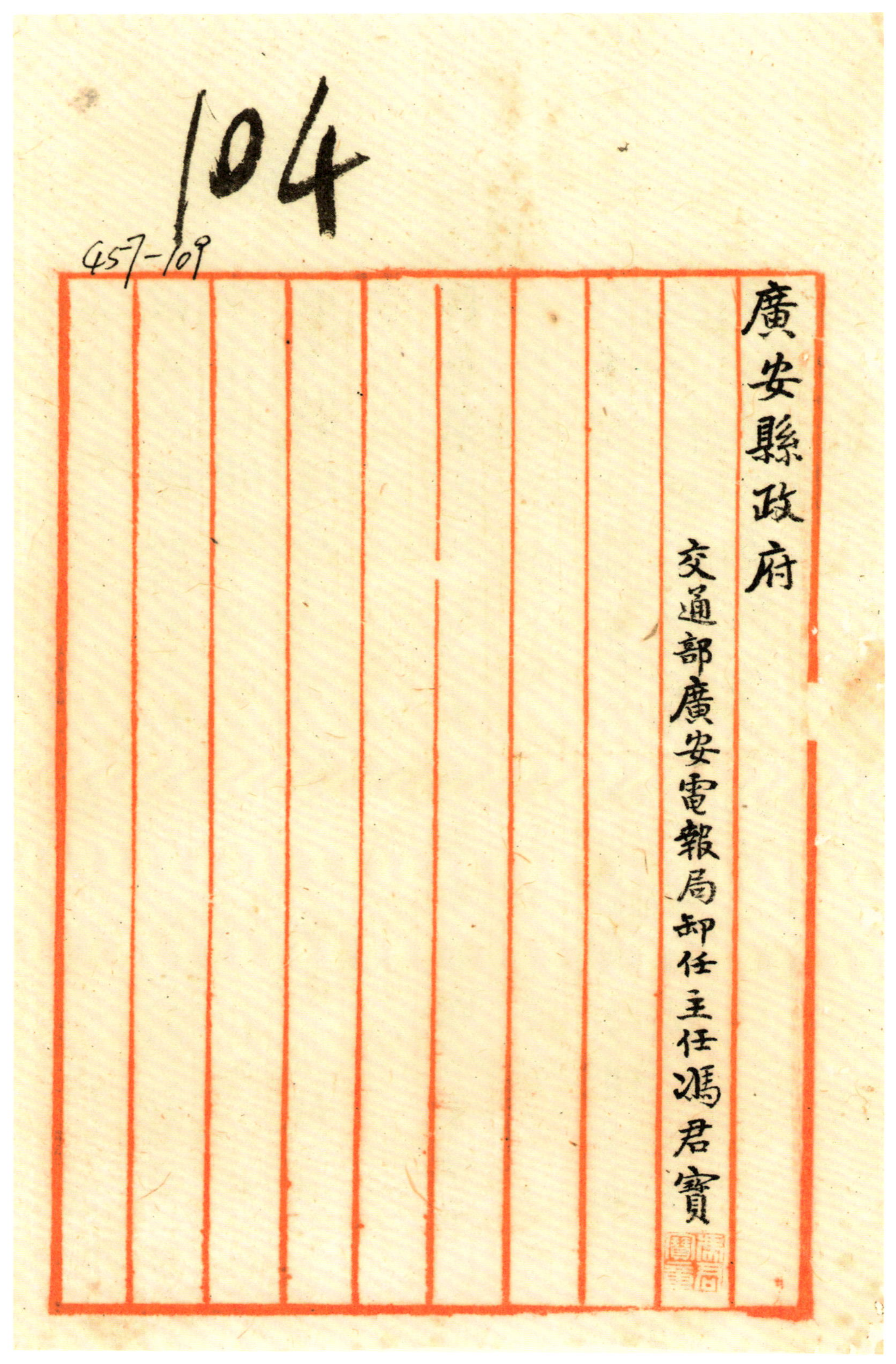
104

457-109

廣安縣政府

交通部廣安電報局卸任主任馮君實

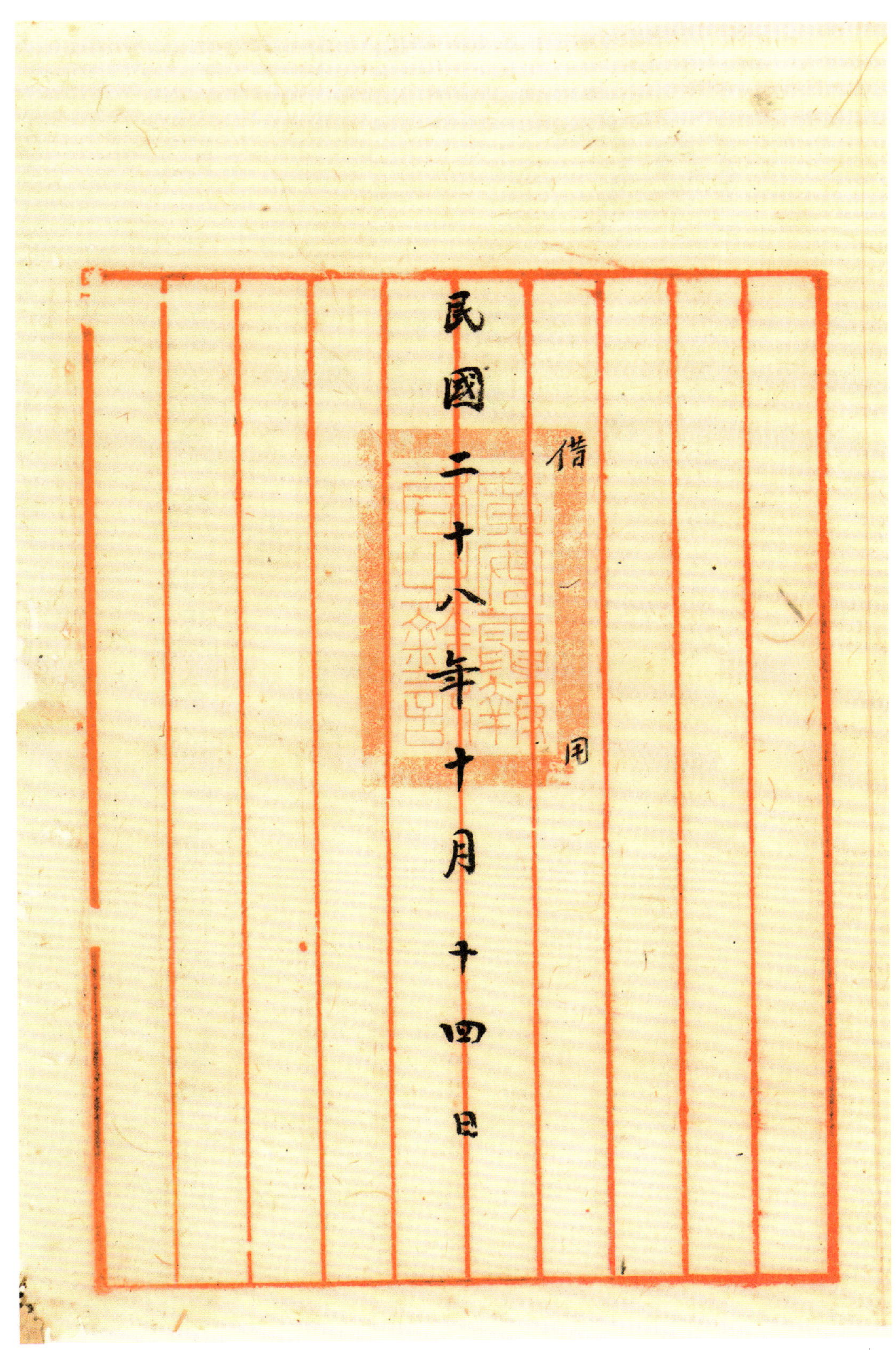
借用

民國二十八年十月十四日

附：各乡验收合格之电杆实数表（一九三九年十月十三日）

105

兹将各乡验收合格之電桿實數開列於後

計開

廣合段廣安轄境

化龍鄉六十四根

廣福鄉一百六十一根

廣門鄉九十三根

共計三百一十八根

廣鄰段廣安轄境

天池鄉三百八十根

廣門鄉二十根

廣福鄉六十根
城厢十根
甘溪場二百七十根
官溪鄉一百六十根
共計九百根
廣渠段廣安轄境
城厢一百一十六根
協興場一百八十根
彭家場四十根
太平場三十九根

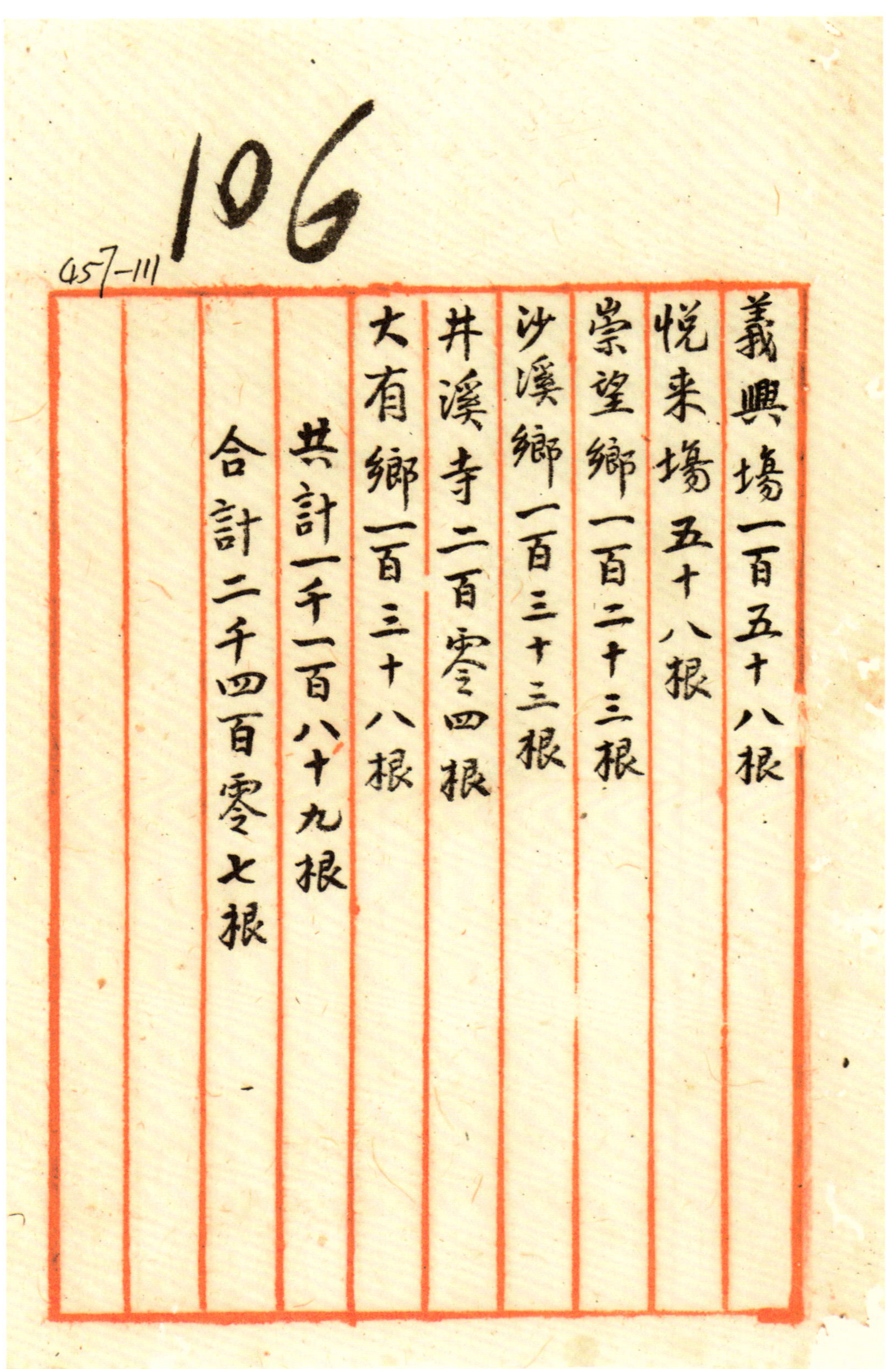
106
457-111

義興場一百五十八根
悦来場五十八根
崇望鄉一百二十三根
沙溪鄉一百三十三根
井溪寺二百零四根
大有鄉一百三十八根
共計一千一百八十九根
合計二千四百零七根

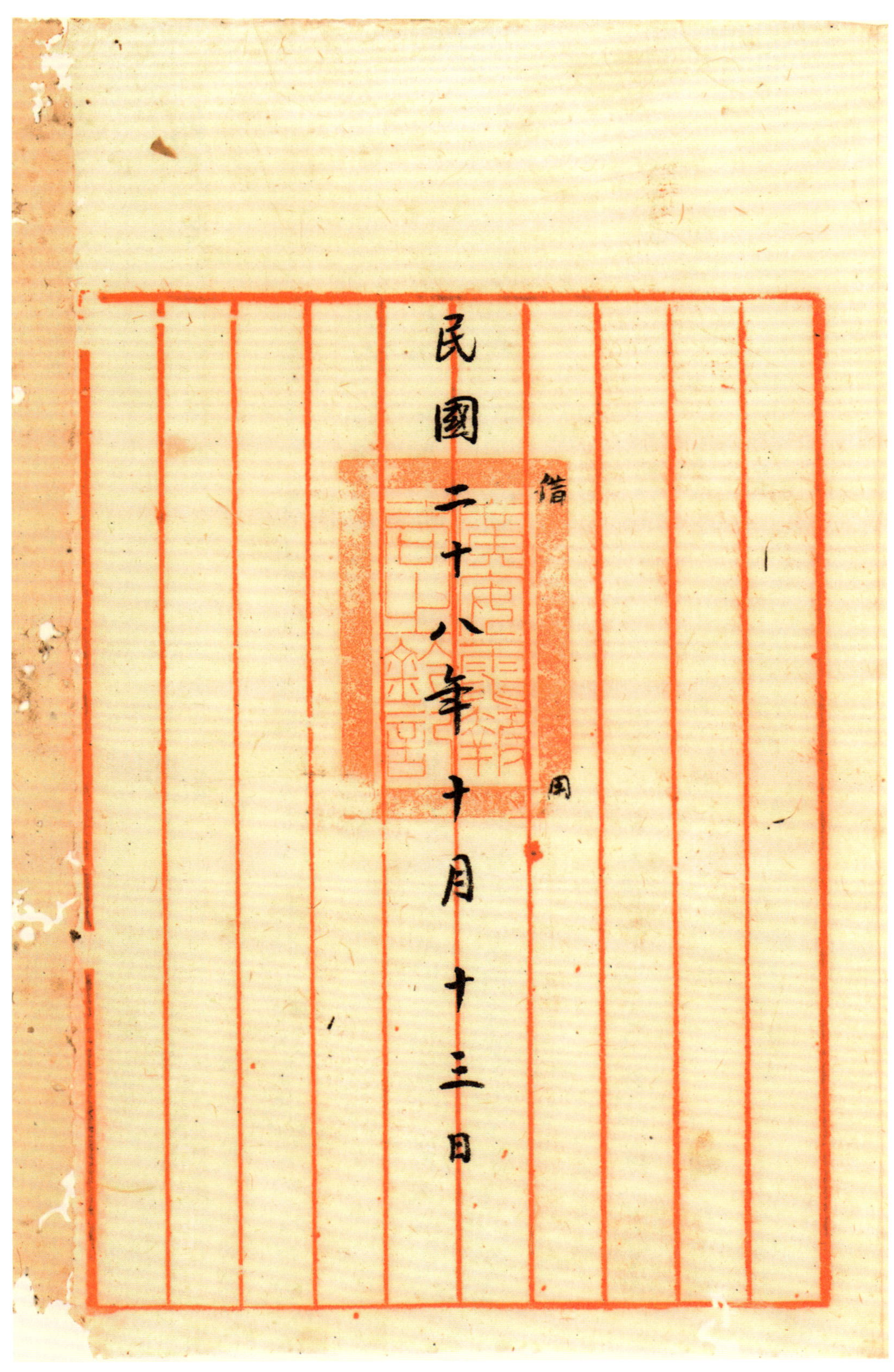

民國二十八年十月十三日

广安县城厢联保办公处致县政府的呈（一九四〇年一月十五日）

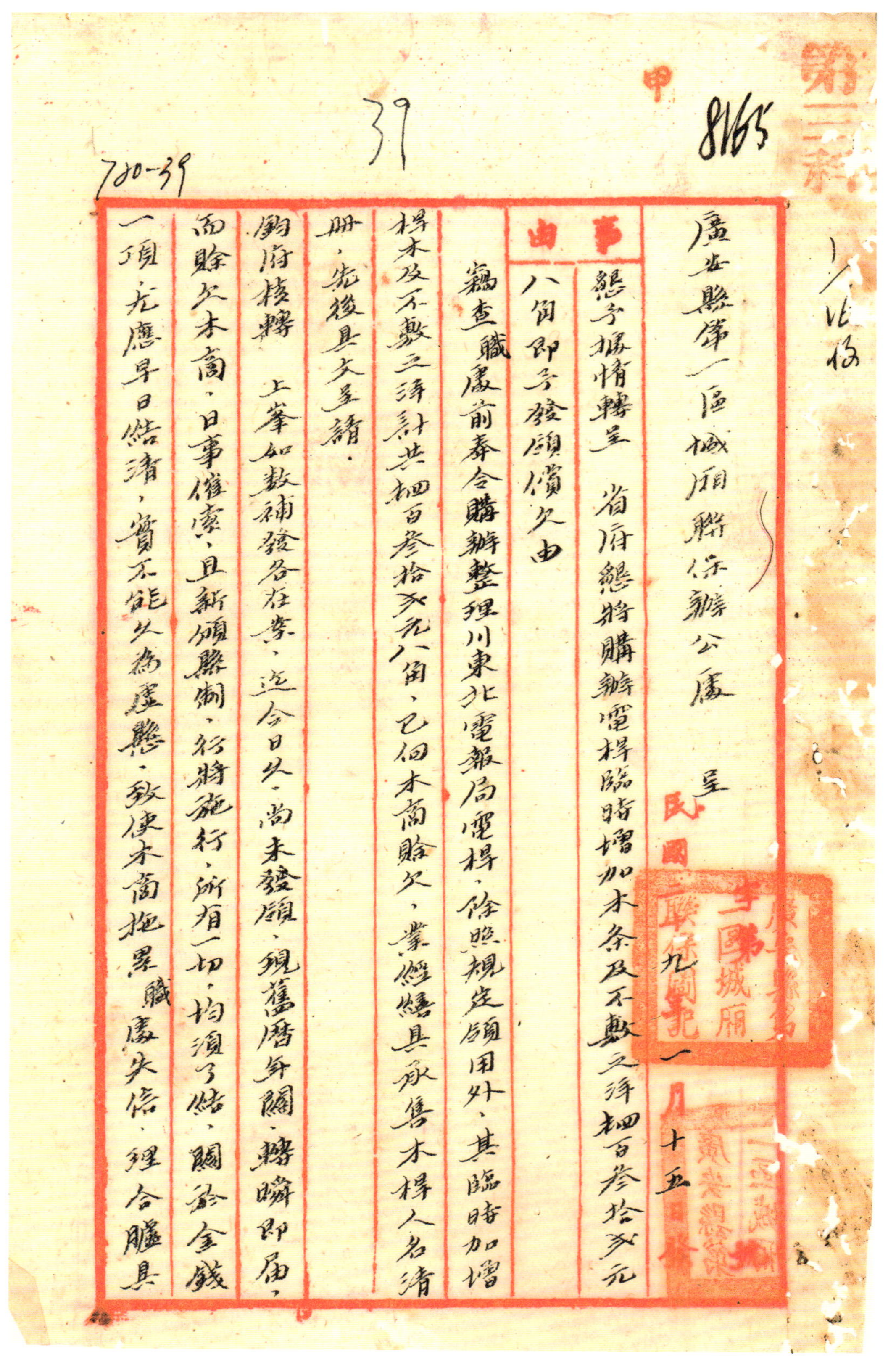
廣安縣第一區城廂聯保辦公處　呈

民國二十九年一月十五日

事由：懇予據情轉呈　省府總將購辦電桿臨時增加木条及不敷之洋捌百叁拾叁元八角即予發領償欠由

竊查職處前奉令購辦整理川東北電報局電桿，除照規定領用外，其臨時加增桿木及不敷之洋計共捌百叁拾叁元八角，已佃木商賒欠，業經繕具承售木桿人名清册，先後具文呈請

鈞府核轉　上峯如數補發各在案，迄今日久，尚未發領，現舊曆年關，轉瞬即届，而賒欠木商，日事催索，且新頒縣制，行將施行，所有一切，均須了結，關於金錢一項，尤應早日結清，實不能久為虛懸，致使木商拖累職處失信，理合臚具

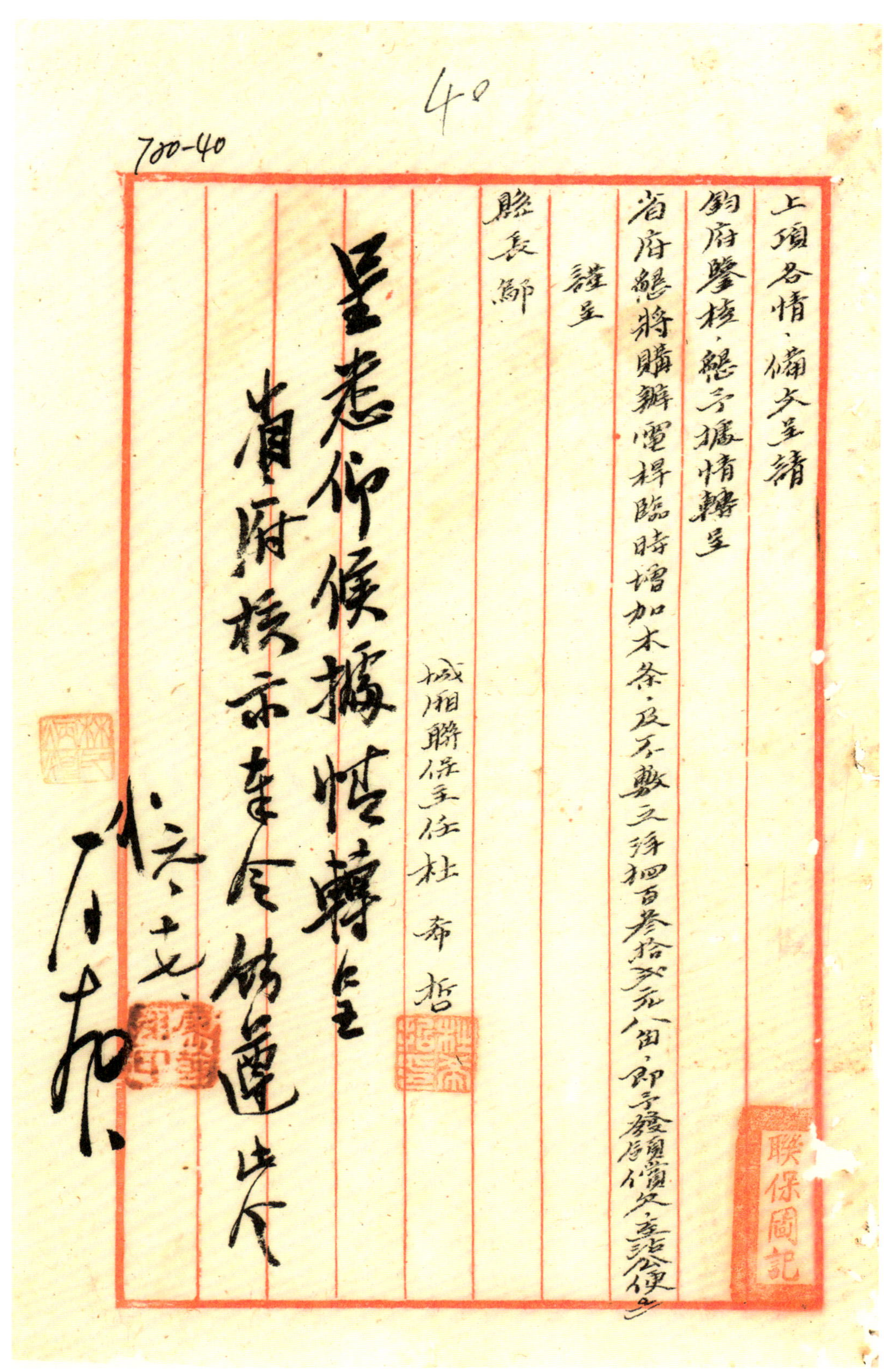

40

720-40

上項各情，備文呈請
鈞府鑒核，懇予據情轉呈
省府懇將購辦電桿臨時增加木条，及不敷三千四百叁拾弍元八角，即予發還，俾作償欠，實沾公便。
謹呈
縣長鄒

城厢聯保主任杜希哲

聯保圖記

呈悉，仰候據情轉呈
省府核示，奉令飭遵，此令
六、十七、
何柳

广安县彭家乡联保办公处致县政府的呈（一九四〇年三月）

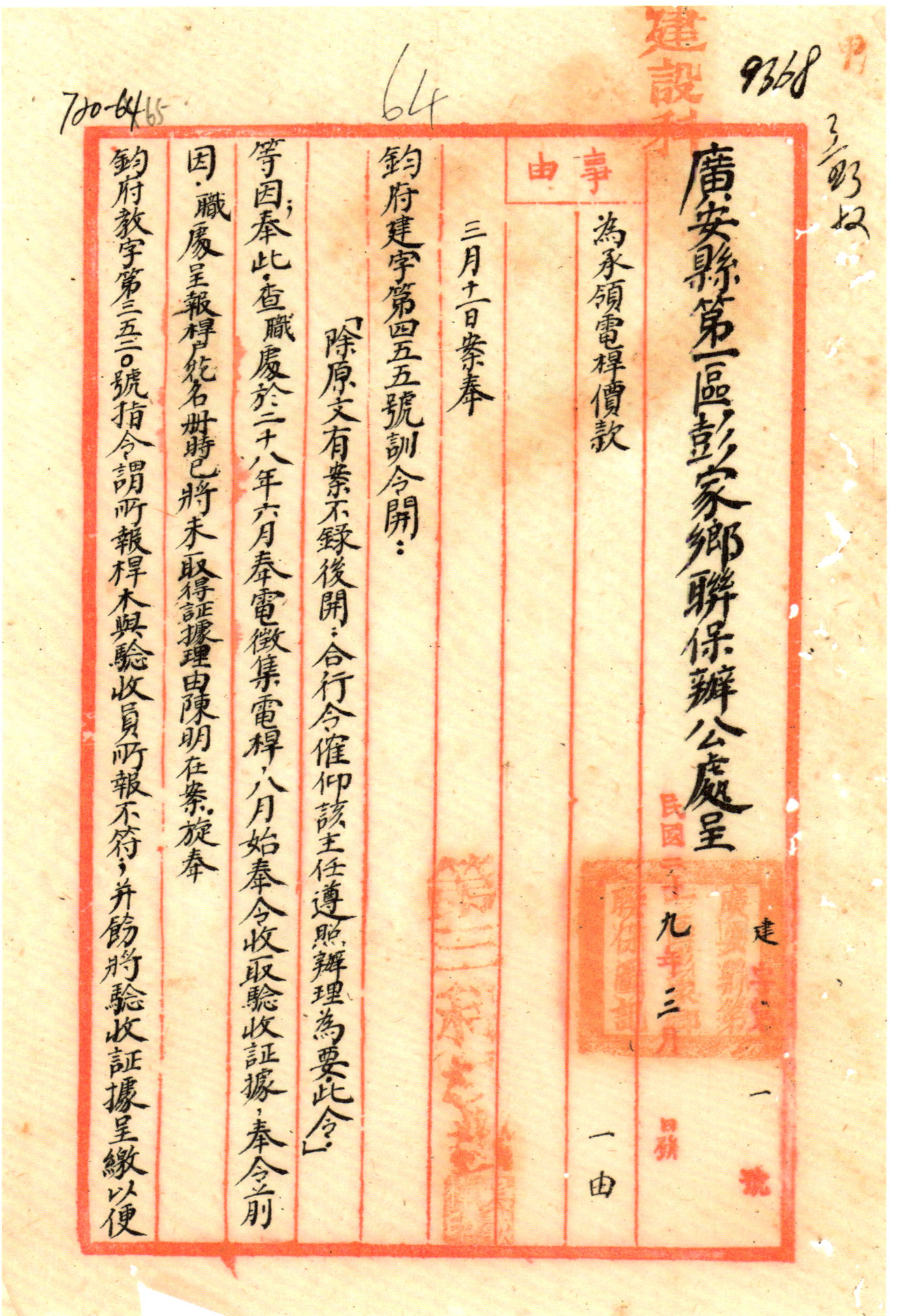

廣安縣第一區彭家鄉聯保辦公處呈

事由：為承領電桿價款

民國二十九年三月 日 建字第 號

三月十一日案奉

鈞府建字第四五五號訓令開：

「除原文有案不錄後開：合行令催，仰該主任遵照辦理為要。此令」

等因；奉此。查職處於二十八年六月奉電徵集電桿，八月始奉令收取驗收證據，奉令前因。職處呈報桿戶姓名冊時已將未取得證據理由陳明在案。旋奉

鈞府教字第三五三〇號指令，謂所報桿木與驗收員所報不符，并飭將驗收證據呈繳以便

720-6566

65

發給價款，但事時業已過去，實無法可以取得桿尸，累次索討價款，又乏術以應付。

鈞府既謂所報與驗收員所報不符，究不知驗收員所報數目爲若干？茲特呈請

鈞府俯予照數發給，以便轉發，毋任翹企待命之至。

謹呈

廣安縣縣長鄔

彭家鄉聯保主任　向作徵

呈悉。查該鄉桿經驗收電話桿未列於根應發價款內，除令補責正副所領承領轉鄉外，仰即遵照。此令。

三月廿五

广安县政府致城厢、化龙等乡镇联保办公处的训令（一九四〇年五月二十日）

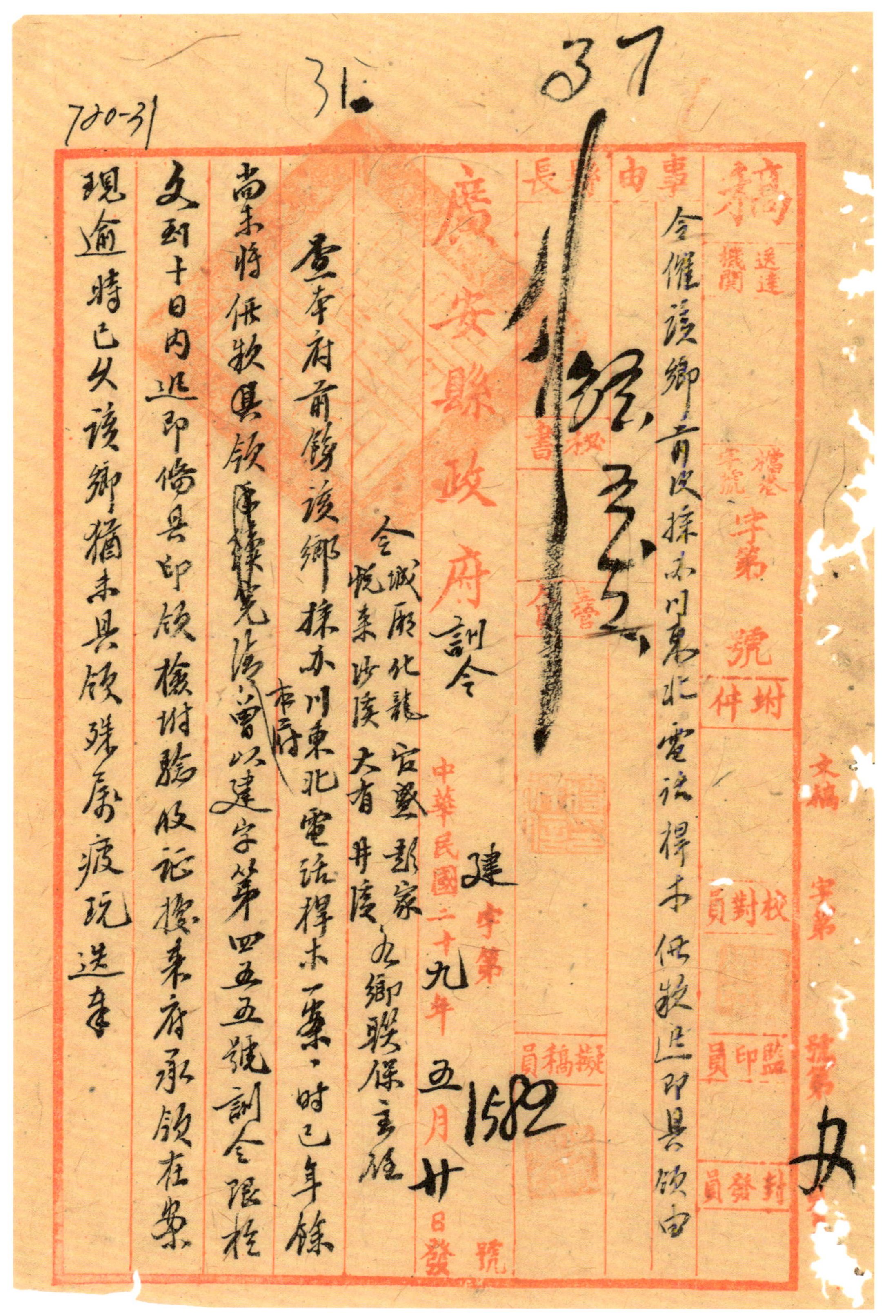

事由：令催该乡前次採办川东北电话桿手续迅即具领由

广安县政府训令　建字第1582号

令城厢、化龙、官盛、彭家、悦来、沙溪、大有、井溪九乡联保主任

查本府前饬该乡採办川东北电话桿木一案，时已年余，尚未将价款具领，曾以建字第四五五号训令限於文到十日内迅即备具印领，检附验收证据来府承领在案。现逾时已久，该乡犹未具领，殊属疲玩，迨奉

中华民国二十九年五月廿日发

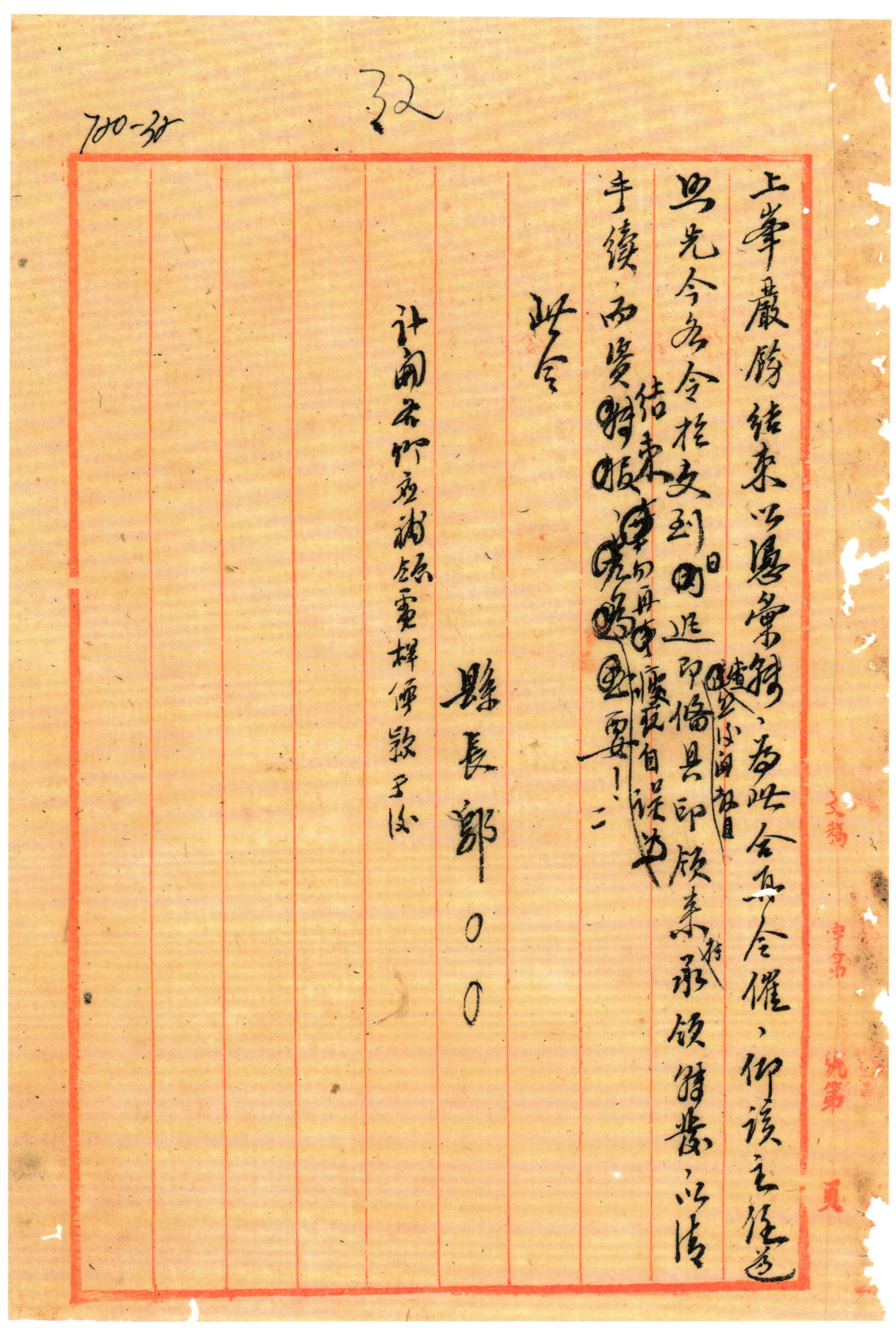

720-38　32

上峯嚴飭結束，以憑彙轉，奉此，合再令催，仰該主任遵照先今各令，於文到日迅即備具印領來承領犒獎，以清手續，而資結束，毋再延誤自誤為要！

此令

縣長鄧〇〇

計開各鄉應補領重擇價款于後

广安县各乡联保办公处、广安县乡村电话管理处与广安县政府等关于维护整修川东北防空电报线路的一组文书（一九三九年八月至一九四〇年九月）

广安县广福乡联保办公处致县政府的呈（一九三九年八月七日收）

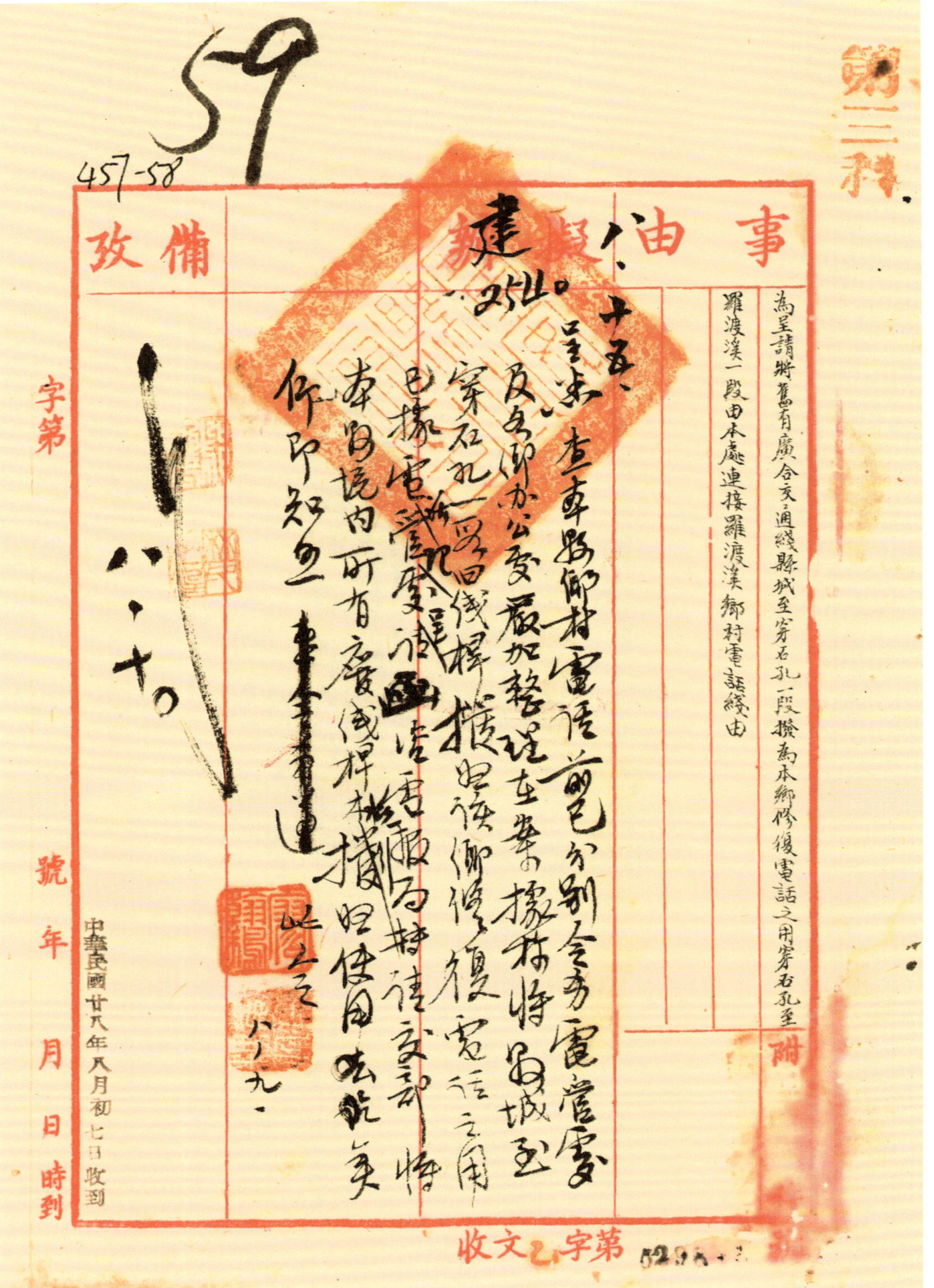
第二科

事由

為呈請將舊有廣合交通綫縣城至穿石孔一段撥為本鄉修復電話之用穿石孔至羅渡溪一段由本處連接羅渡溪鄉村電話綫由

附

擬辦

備致

字第　號

中華民國廿八年八月初七日收到

年　月　日　時到

第　字　收文

竊查此次交通部工程隊架設長途電話綫對於舊有廣合綫完全廢棄無用在穿石孔至羅渡溪一段擬由本處電話綫接羅渡溪鄉村電話綫在穿石孔至縣城一段撥為本鄉修復原有電話綫之用是特列舉理由呈請

鈞府鑒核施行(1)本鄉僻處岳縣西南濶與岳池匪區羅渡溪石埡場接壤實為縣城之門戶過去數年土匪滿地莫不受其絕大影响每次在邊境聯合勦匪因感消息不靈動作不能一致此擊彼竄彼擊此竄故匪患終難肅清如由本處將電話綫接連羅渡溪以後邊境發生匪警而消息靈通步武自然整齊土匪自易剿除(2)岳池所屬之鄉場除羅渡溪而外尚有湯和場高店子黎梓街大石橋石埡場洪安橋苟角場等均與本縣雙河明月化龍廣門龍安悅來等鄉各相接壤若本鄉電話綫直達羅渡溪以上各鄉均可遞相通話兩縣消息既如此靈通所有邊境一帶以後絕難藏匿奸宄且也因新綫架設而舊有廣合交通綫已成廢物由本處至羅渡溪一段畧加修理所費無多即化無用為有用(3)因交通部架設新綫將本鄉電話綫

60

457-59

多所拆毀現已殘缺不完不能通話如欲修復本鄉財力極形支絀如不修復消息梗塞防碍殊深在公咨
孔亟縣城一段之舊有交通綫既成無用如撥為本鄉陸續修復電話綫之用於公無損於事有濟以上所
請是否有當理合具文呈
鈞府俯予鑒核指令祇遵
謹呈
縣長鄒
廣福鄉聯保主任李大奎

中華民國二十八年八月日

四川省政府致广安县政府的训令（一九四〇年一月一日）

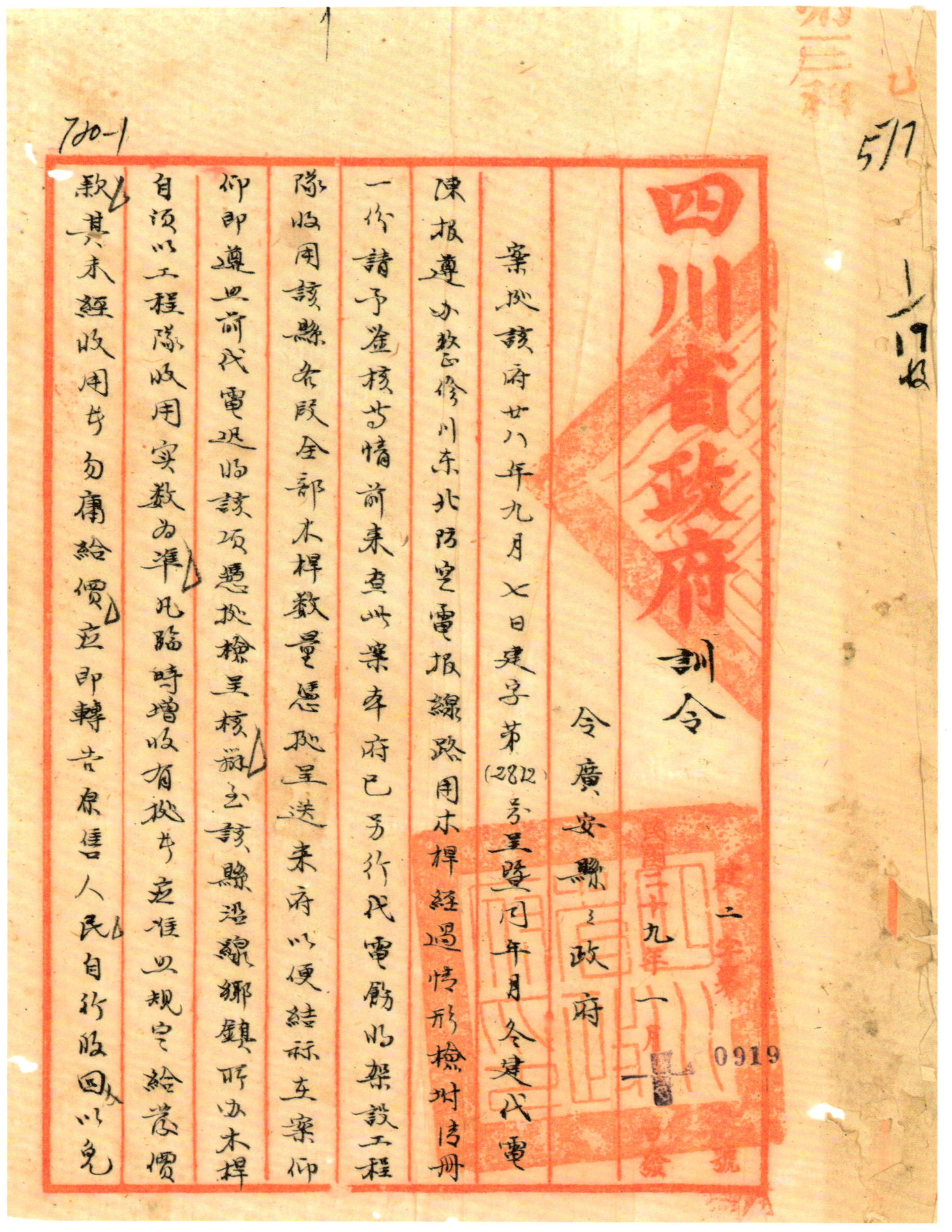

四川省政府訓令

令廣安縣政府

二九 一 一

0919

案據該府廿八年九月七日建字第(2812)號呈暨同年月冬建代電陳報遵辦整修川東北防空電報線路用木桿經過情形檢附清冊一份請予准核等情前來查此案本府已另行代電飭將架設工程隊收用該縣各段全部木桿數量憑據呈送來府以便結束在案仰即遵照前代電迅將該項憑據檢呈核辦至該縣沿線鄉鎮所辦木桿自應以工程隊收用實數為準凡臨時增收有據者應准照規定給發價款其未經收用者勿庸給價應即轉告原售人民自行收回以免

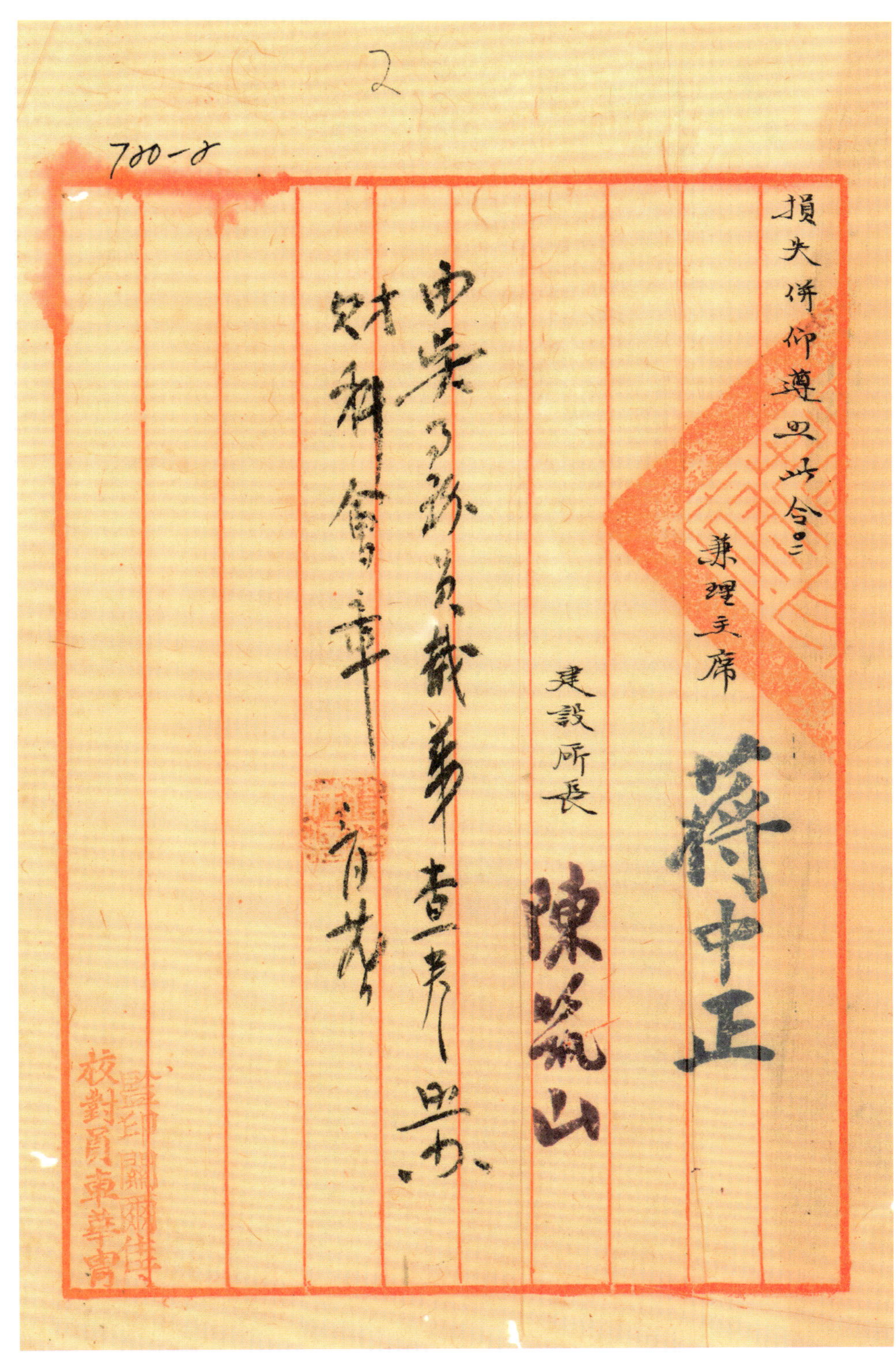

2

700-8

損失併仰遵照此令。

兼理主席 蔣中正

建設所長 陳藹山

由吳乃錫兄載等查考照办

財科會章 十月[illegible]

校對員東華審

广安县观音镇联保办公处致县政府的呈（一九四〇年四月九日收）

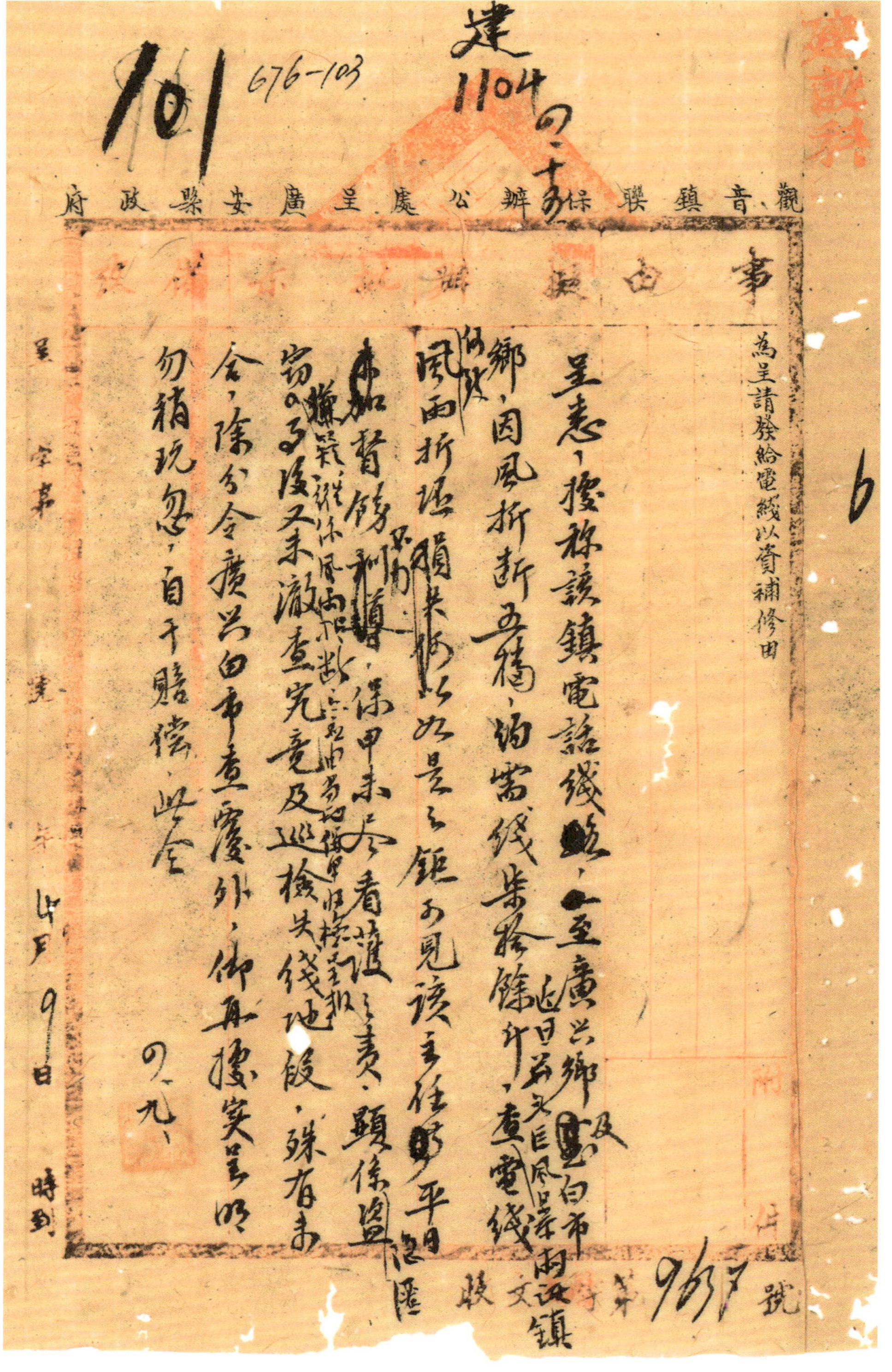

觀音鎮聯保辦公處呈廣安縣政府

為呈請發給電綫以資補修由

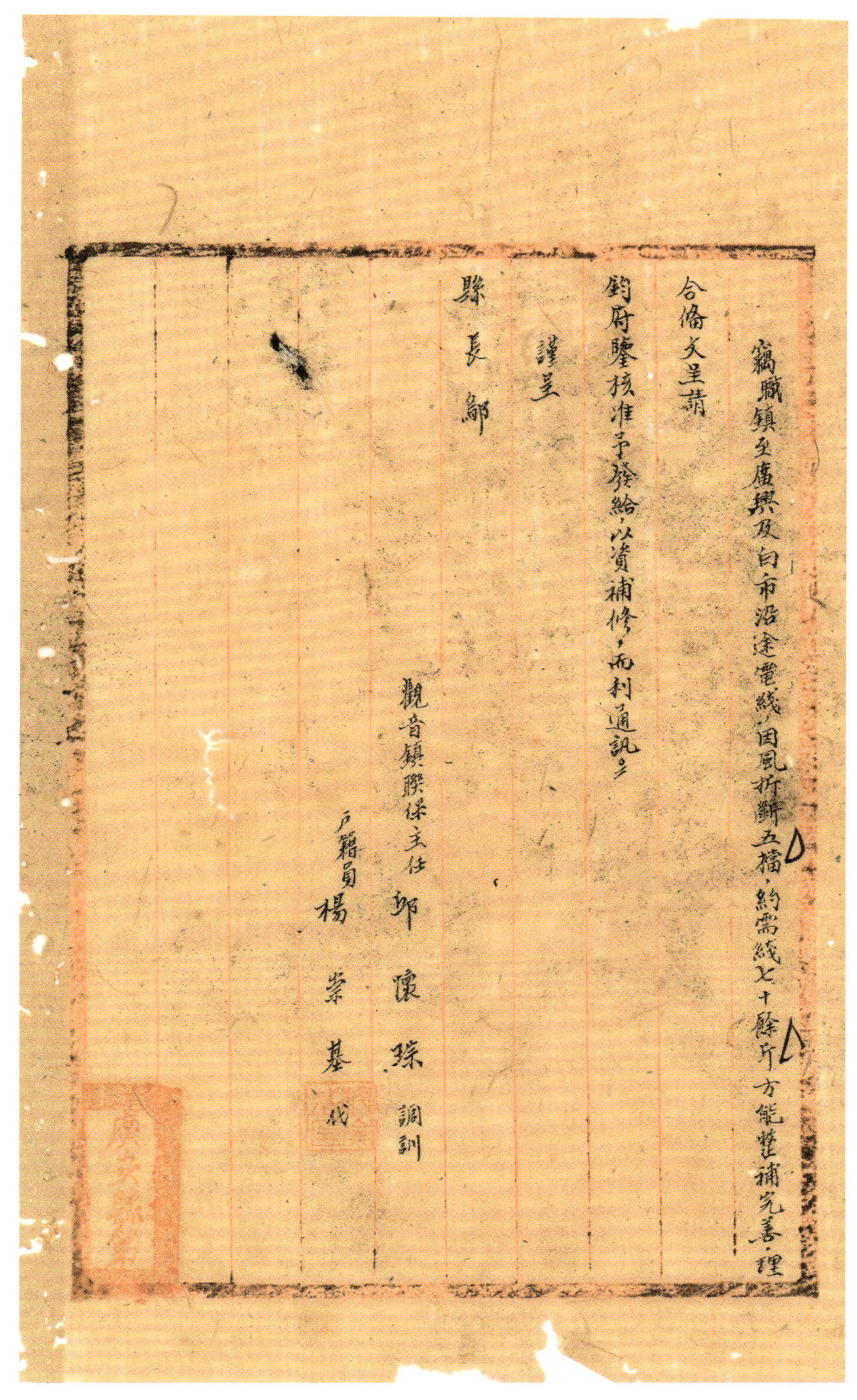

竊職鎮至廣興及白市沿途電線，因風折斷五檔，約需線七十餘斤，方能整補完善。理

合備文呈請

鈞府鑒核准予發給，以資補修，而利通訊。

謹呈

縣長鄒

觀音鎮聯保主任鄧懷琛 調訓

戶籍員楊崇基 代

中華民國二十九年四月 日

廣安縣乡村电话管理处致县政府的呈（一九四〇年四月二十一日）

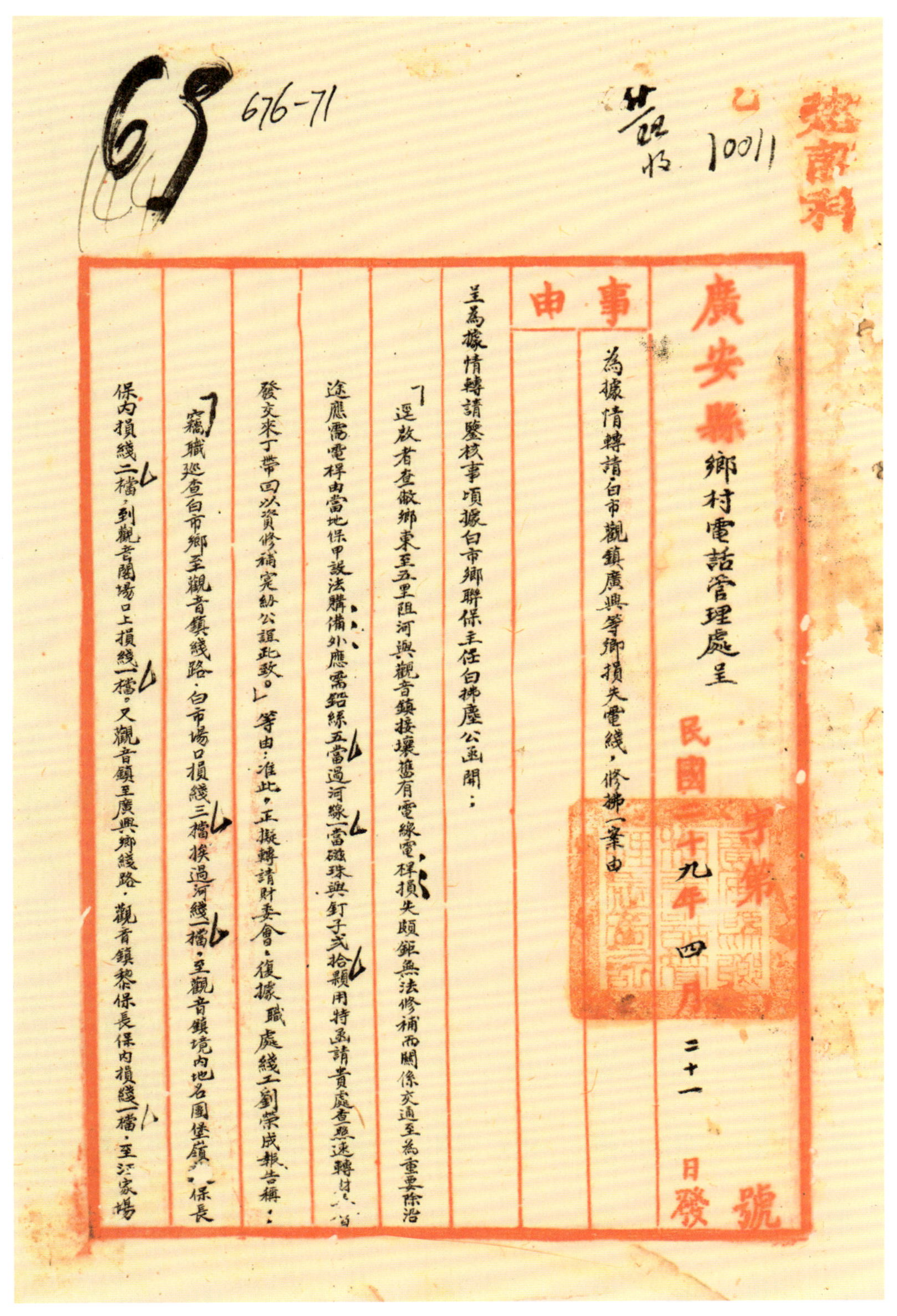

廣安縣鄉村電話管理處呈　字第　號

民國二十九年四月二十一日發

事由：為據情轉請白市、觀鎮、廣興等鄉損失電綫，修補一案由

呈為據情轉請鑒核事。頃據白市鄉聯保主任白拂塵公函開：

「逕啟者，查敝鄉東至五里阻河與觀音鎮接壤，舊有電綫電桿損失頗鉅，無法修補，而關係交通至為重要，除沿途應需電桿由當地保甲設法購備外，應需鉛綫五當、過河綫一當、磁珠與釘子弍拾顆，用特函請貴處查照，速轉[illegible]發交來丁帶回，以資修補，實紉公誼。此致。」等由；准此，正擬轉請財委會，復據職處綫工劉榮成報告稱：

「竊職巡查白市鄉至觀音鎮綫路，白市場口損綫三檔，換過河綫一檔，至觀音鎮境內地名團堡嶺[illegible]保長保內損綫二檔，到觀音閣場口上損綫一檔。又觀音鎮至廣興鄉綫路，觀音鎮黎保長保內損綫一檔，至江家場

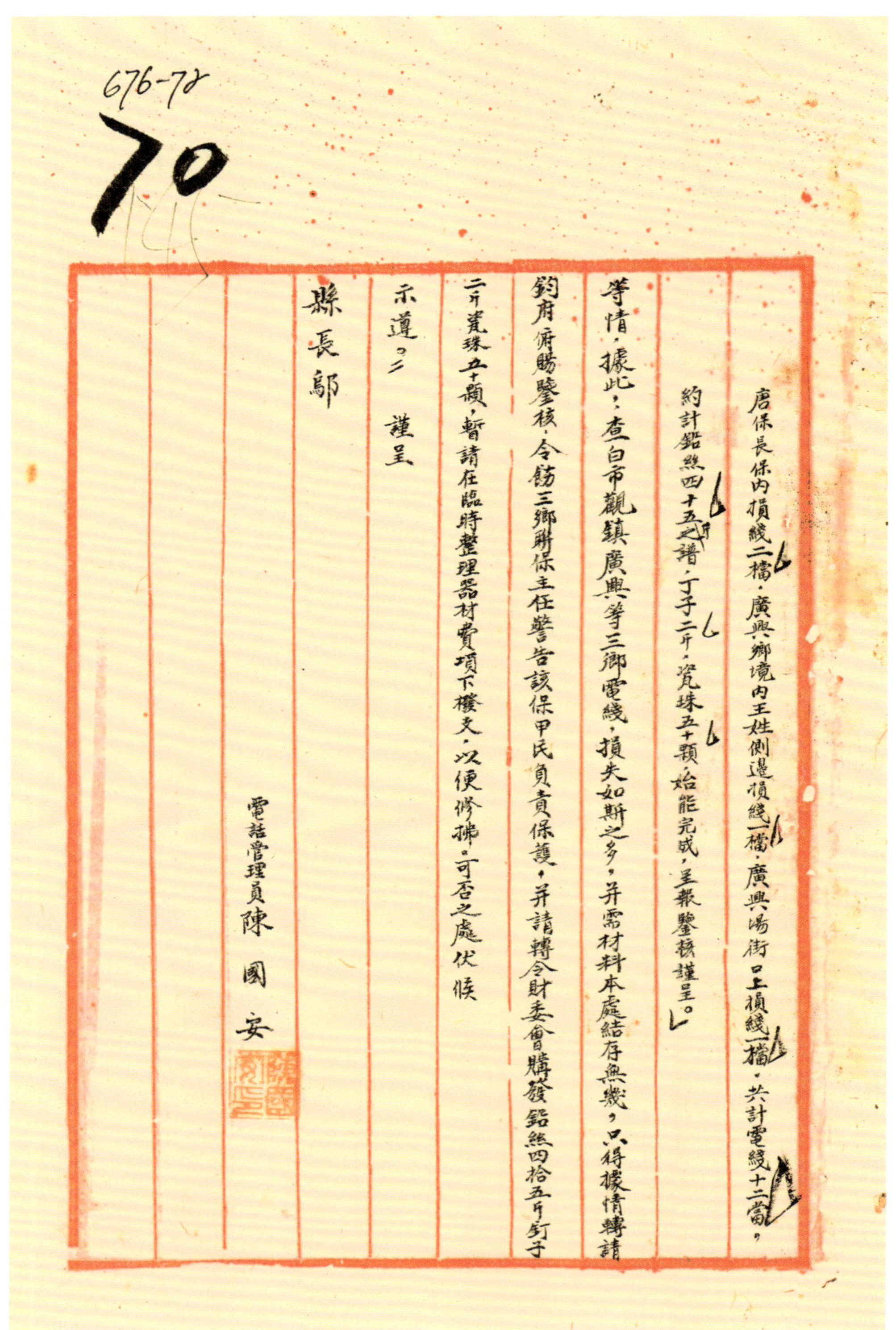

676-78

70

唐保長保内損綫二檔，廣興鄉境内王姓側邊損綫一檔，廣興場街口上損綫一檔，共計電綫十二當，約計鉛絲四十五斤之譜，丁子二斤，瓷珠五十顆，始能完成，呈報鑒核謹呈。

等情，據此，查白市觀鎮廣興等三鄉電綫，損失如斯之多，并需材料本處結存無幾，只得據情轉請

鈞府俯賜鑒核，令飭三鄉聯保主任警告該保甲民負責保護，并請轉令財委會購發鉛絲四拾五斤，釘子二斤，瓷珠五十顆，暫請在臨時整理器材費項下撥支，以便修補。可否之處，伏候

示遵。謹呈

縣長鄔

電話管理員陳國安

广安县政府致县乡村电话管理员的指令（一九四〇年五月二十五日）

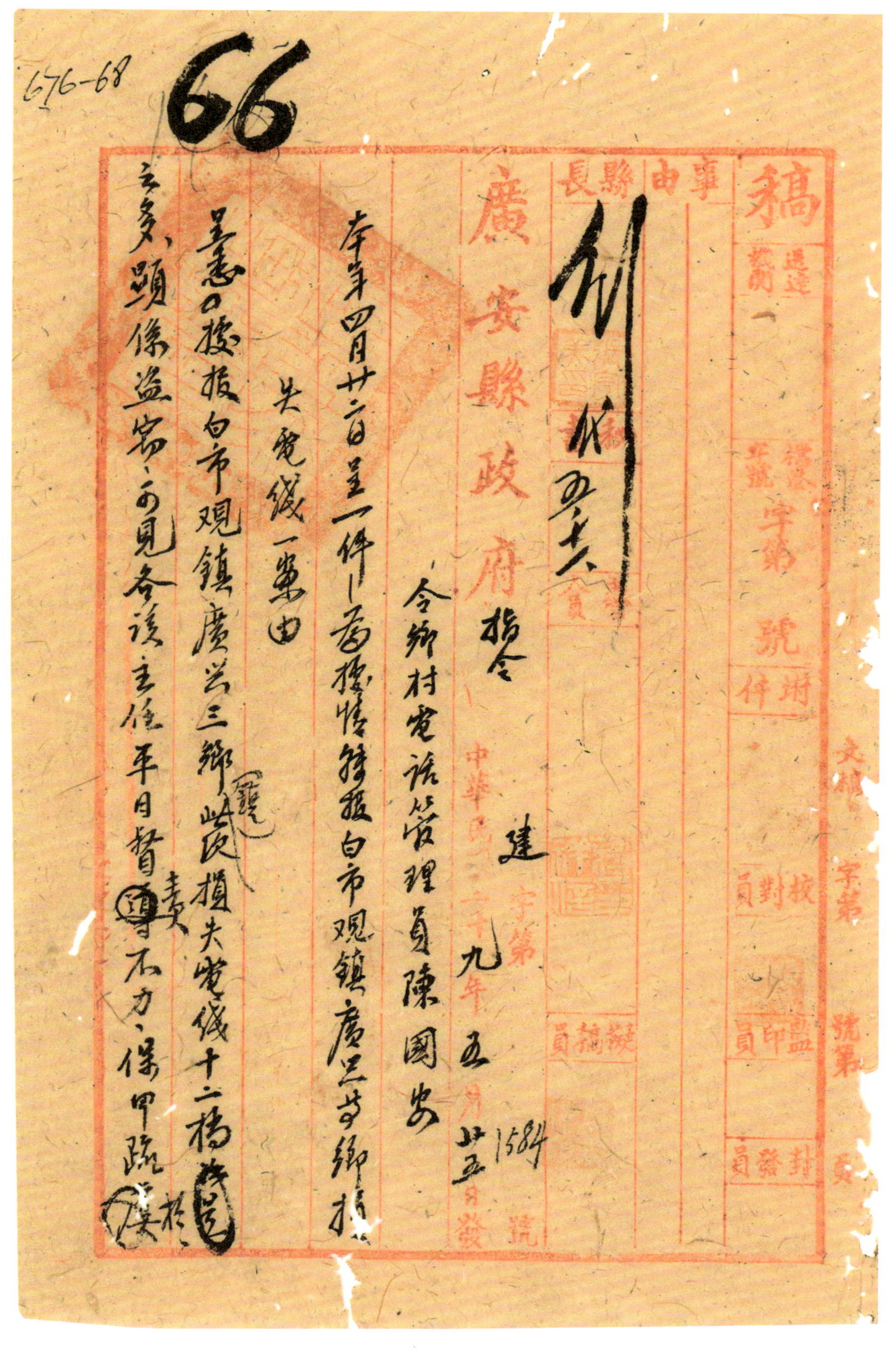

廣安縣政府指令　建字第　號

中華民國二十九年五月廿五日發　1584

令鄉村電話管理員陳國安

本年四月廿二日呈一件，爲據情轉報白市觀鎮、廣興等鄉損失電線一案由

呈悉。該白市觀鎮、廣興三鄉（鎮）此次損失電線十二標之多，顯係盜竊，可見各該主任平日督導不力，保甲疏於[illegible]

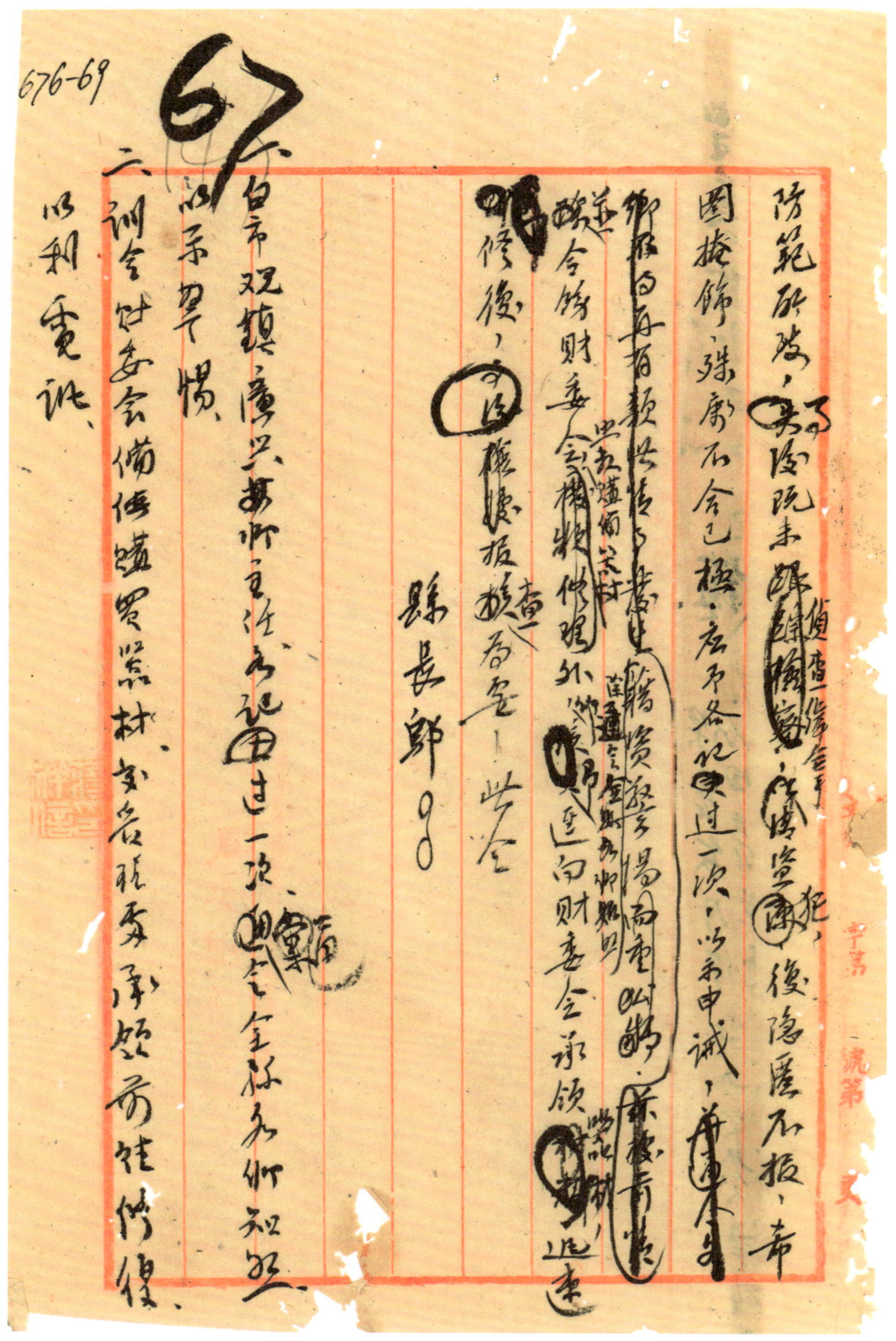

附：维修线路材料收据（一九四〇年五月三十一日）

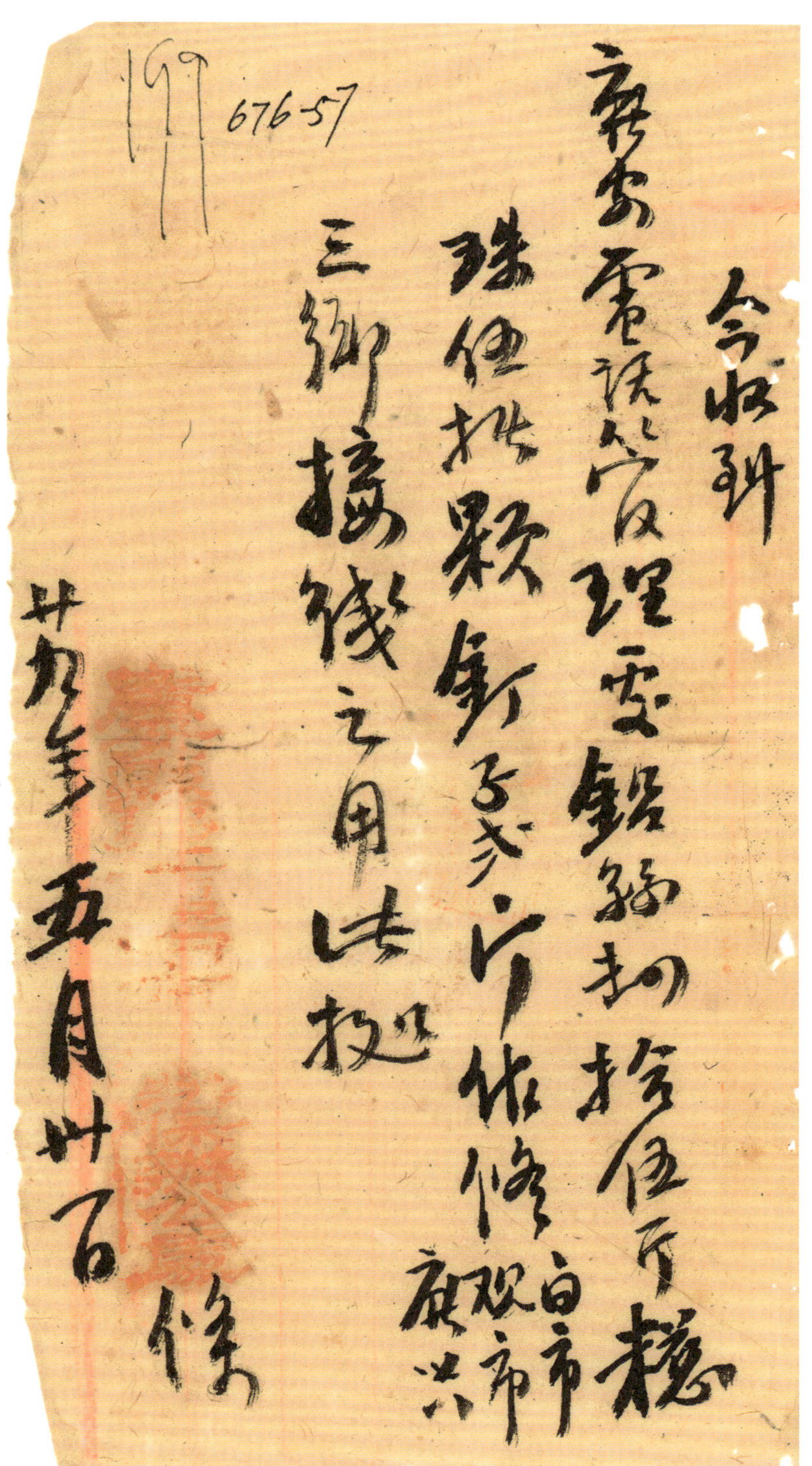

今收到

新會電話管理處鉛綫捌拾伍斤樁

珠伍拾顆針子叁斤作修白市、雙市、康洪

三鄉接綫之用此據

廿九年五月卅日

條

广安县观音乡联保办公处致县政府的呈（一九四〇年六月三日收）

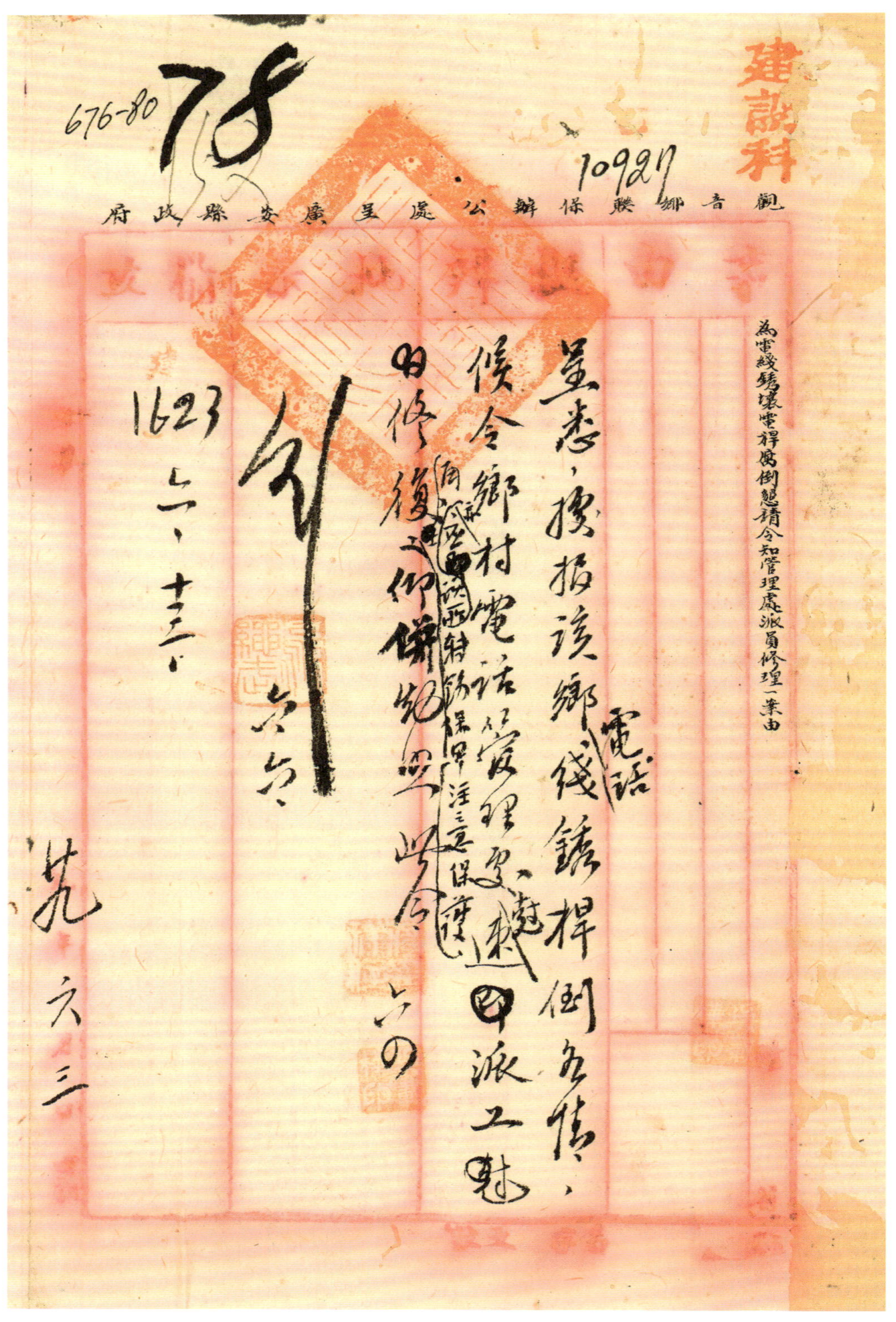

觀音鄉聯保辦公處呈廣安縣政府

為電線鏽壞電桿倒懇請令知管理處派員修理一案由

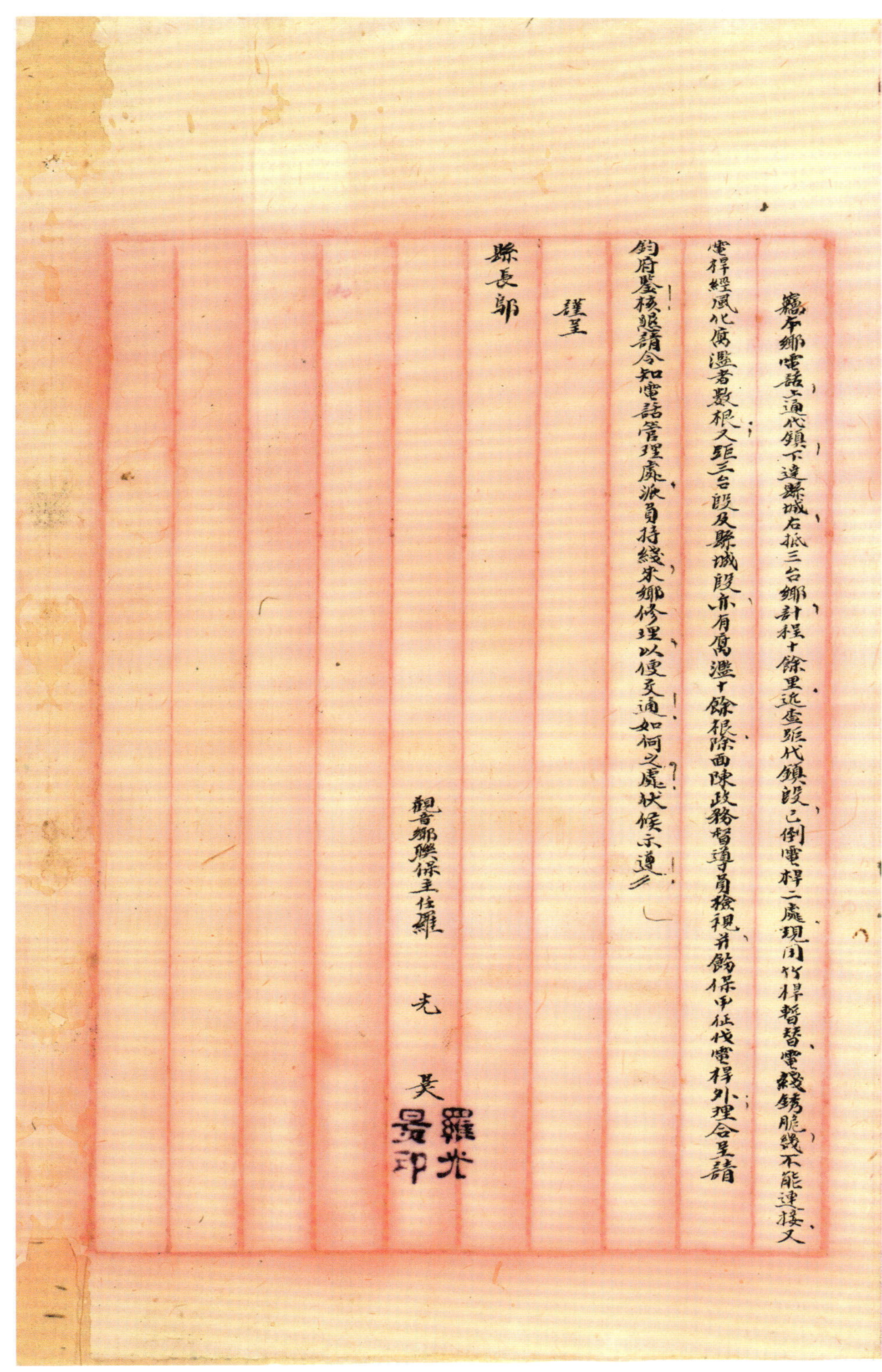

竊本鄉電話上通代鎮下達縣城右抵三台鄉計程十餘里近查距代鎮段已倒電桿二處現用竹桿暫替電線銹脆幾不能連接又電桿經風化腐爛者數根又距三台段及縣城段亦有腐爛十餘根除函陳政務督導員檢視并飭保甲征伐電桿外理合呈請

鈞府鑒核懇請令知電話管理處派員持綫來鄉修理以便交通如何之處伏候示遵

謹呈

縣長鄧

觀音鄉聯保主任羅　光　旻

羅光旻印

中華民國二十九年五月
廣安縣第三區觀音鄉聯保圖記

广安县观阁镇镇长、广兴乡乡长致县长的签呈（一九四〇年六月二十四日）

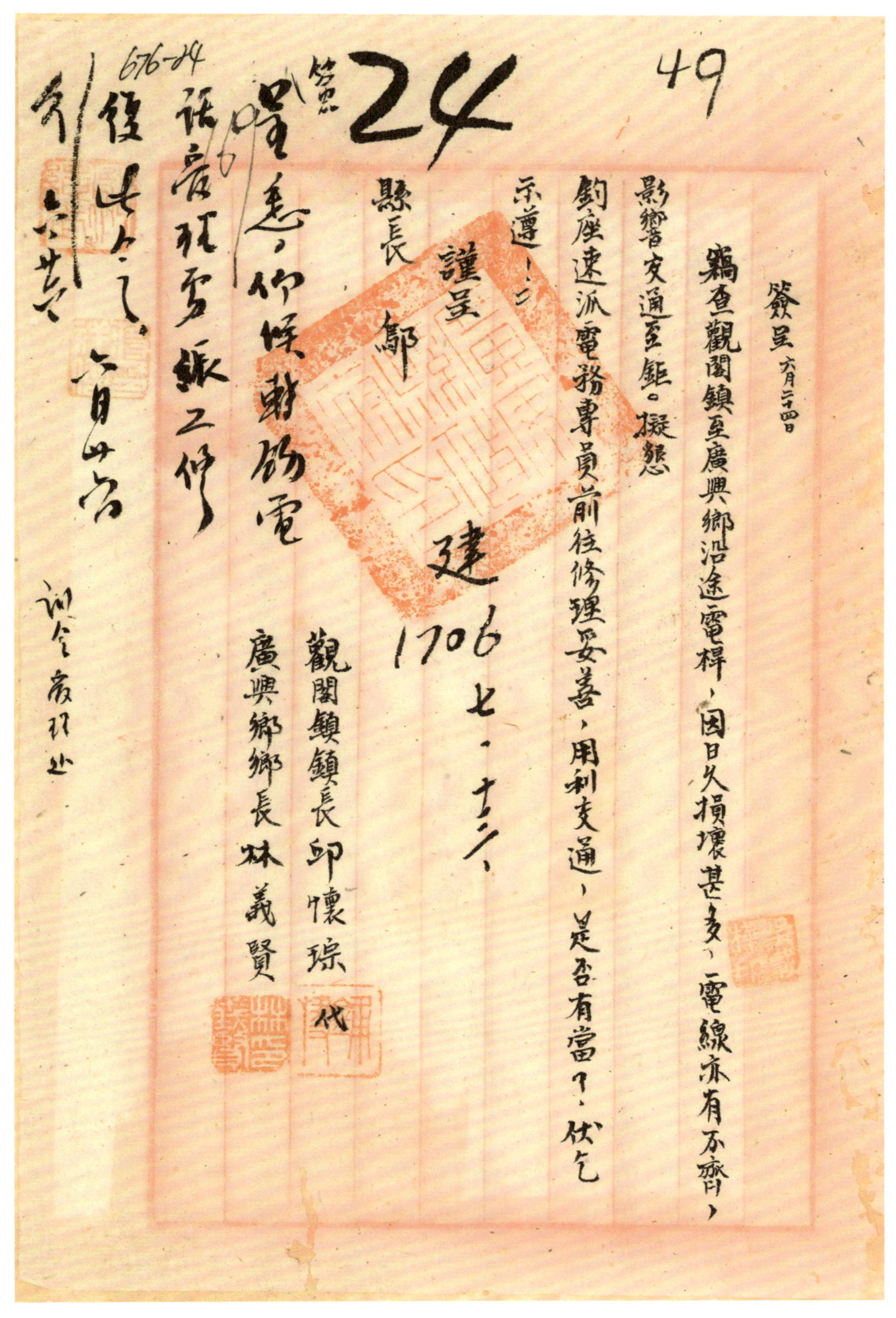

簽呈　六月二十四日

竊查觀閣鎮至廣興鄉沿途電桿，因日久損壞甚多，電線亦有不齊，影響交通至鉅。擬懇

鈞座速派電務專員前往修理妥善，用利交通，是否有當？伏乞

示遵！

謹呈

縣長　鄒

觀閣鎮鎮長　邱懷琮

廣興鄉鄉長　林義賢　代

广安县财务委员会致县政府的呈（一九四〇年七月二日）

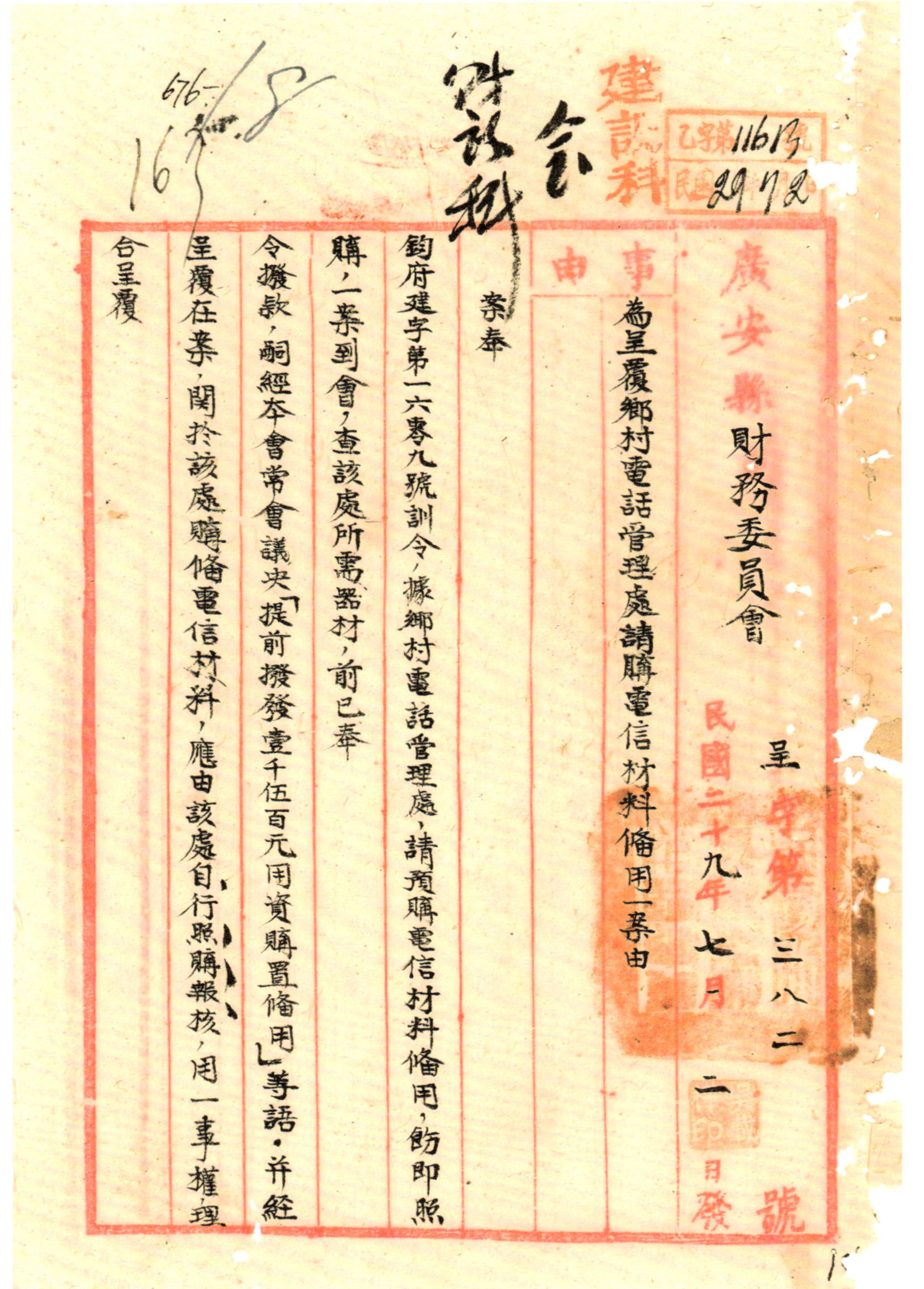

广安县财务委员会呈 字第三八二号

民国二十九年七月二日发

事由：为呈覆乡村电话管理处请购电信材料备用一案由

案奉

钧府建字第一六零九号训令，据乡村电话管理处，请预购电信材料备用，饬即照购一案到会，查该处所需器材，前已奉令拨款，嗣经本会常会议决「提前拨发壹千伍百元用资购置备用」等语，并经呈覆在案，关于该处购备电信材料，应由该处自行照购报核，用一事权，理合呈覆

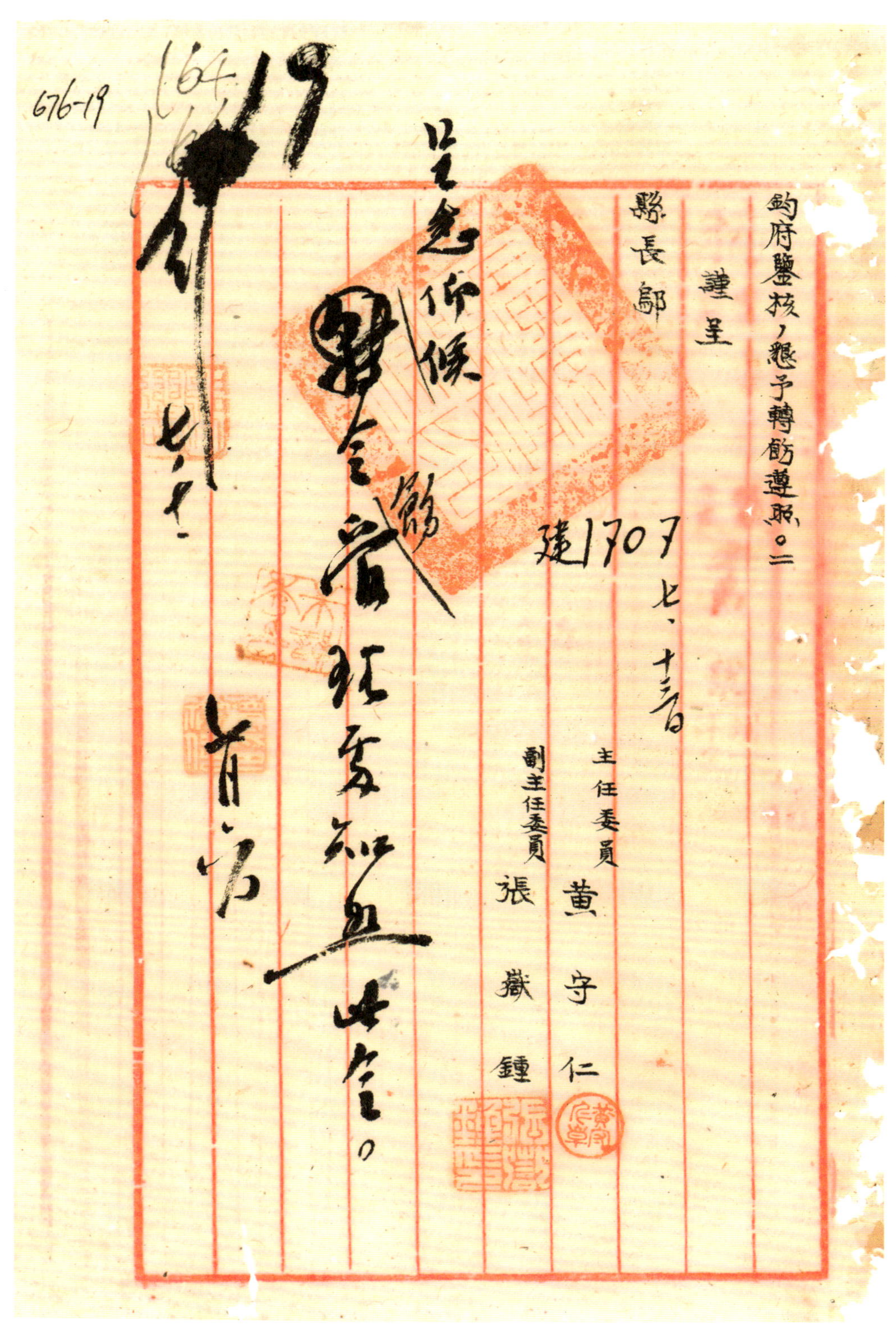

鈞府鑒核，懇予轉飭遵照。二

謹呈

縣長鄔

建1707

七、十三

主任委員　黄守仁

副主任委員　張嶽鍾

呈悉，仰候令飭警察知照。此令。

七、十七

676-19

广安县政府致县乡村电话管理处的训令（一九四〇年七月十三日）

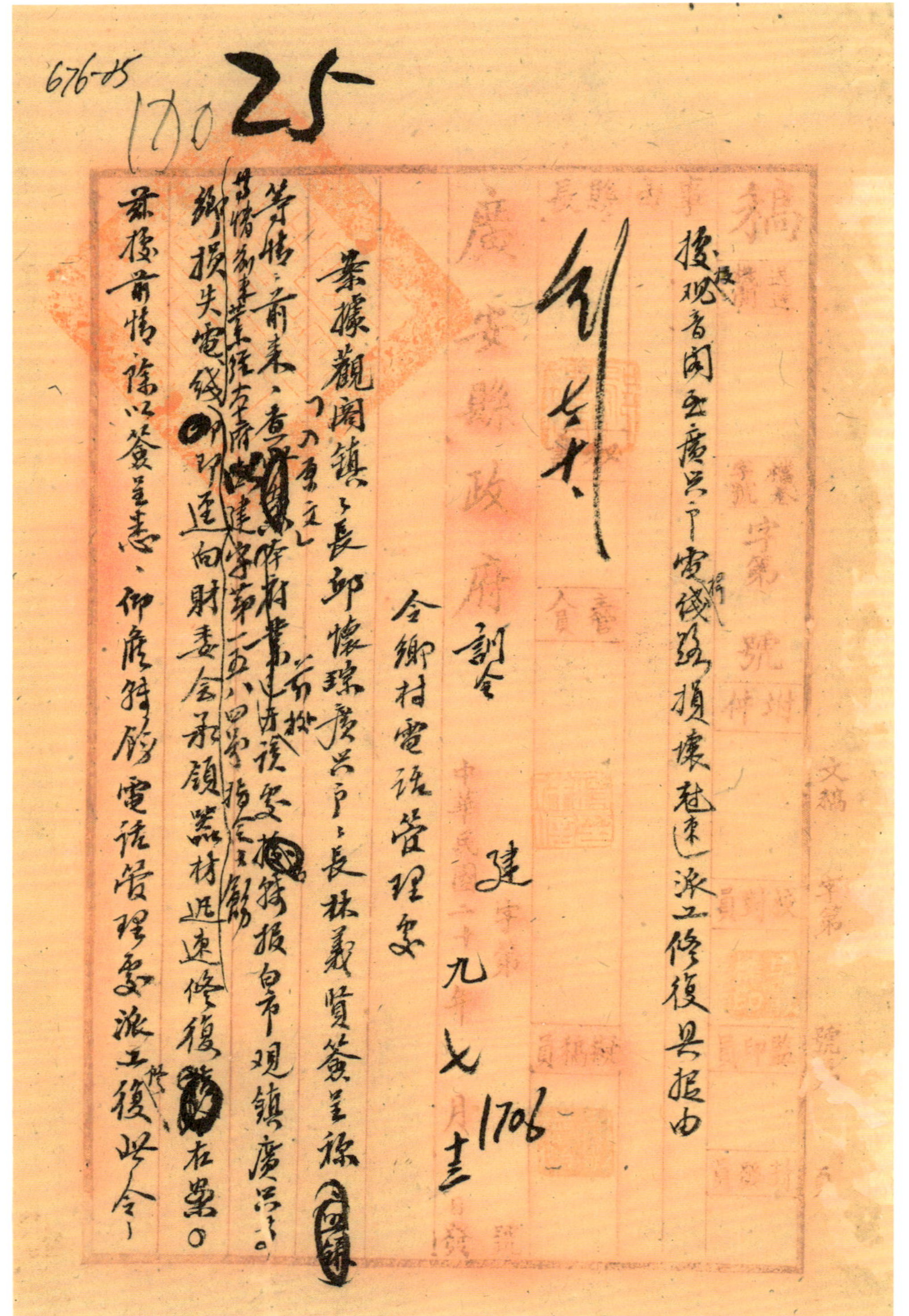
广安县政府 训令 建 字第 1706 号
中华民国二十九年七月十三日

令乡村电话管理处

案据观阁镇镇长邹怀琮、广兴乡乡长林义贤签呈称：“（见原呈）”等情，前来。查

（中略）

案据前情，除以签呈悉，仰饬电话管理处派工复此，令。

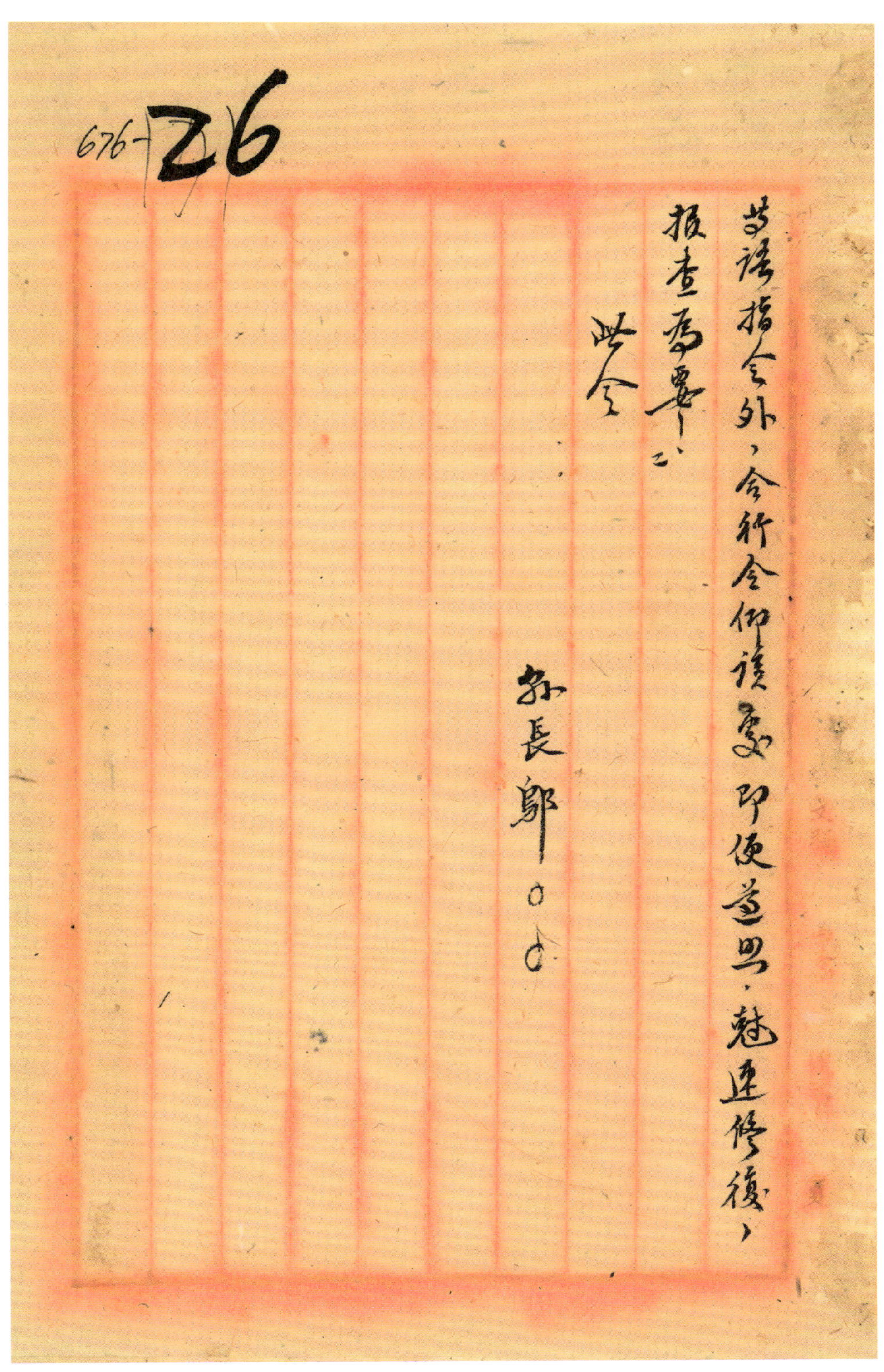
676-26

並請指令外，合行令仰該處即便遵照，迅速修復，

報查為要。此令

部長鄭〇〇

广安县政府致县乡村电话管理处的训令（一九四〇年七月十三日）

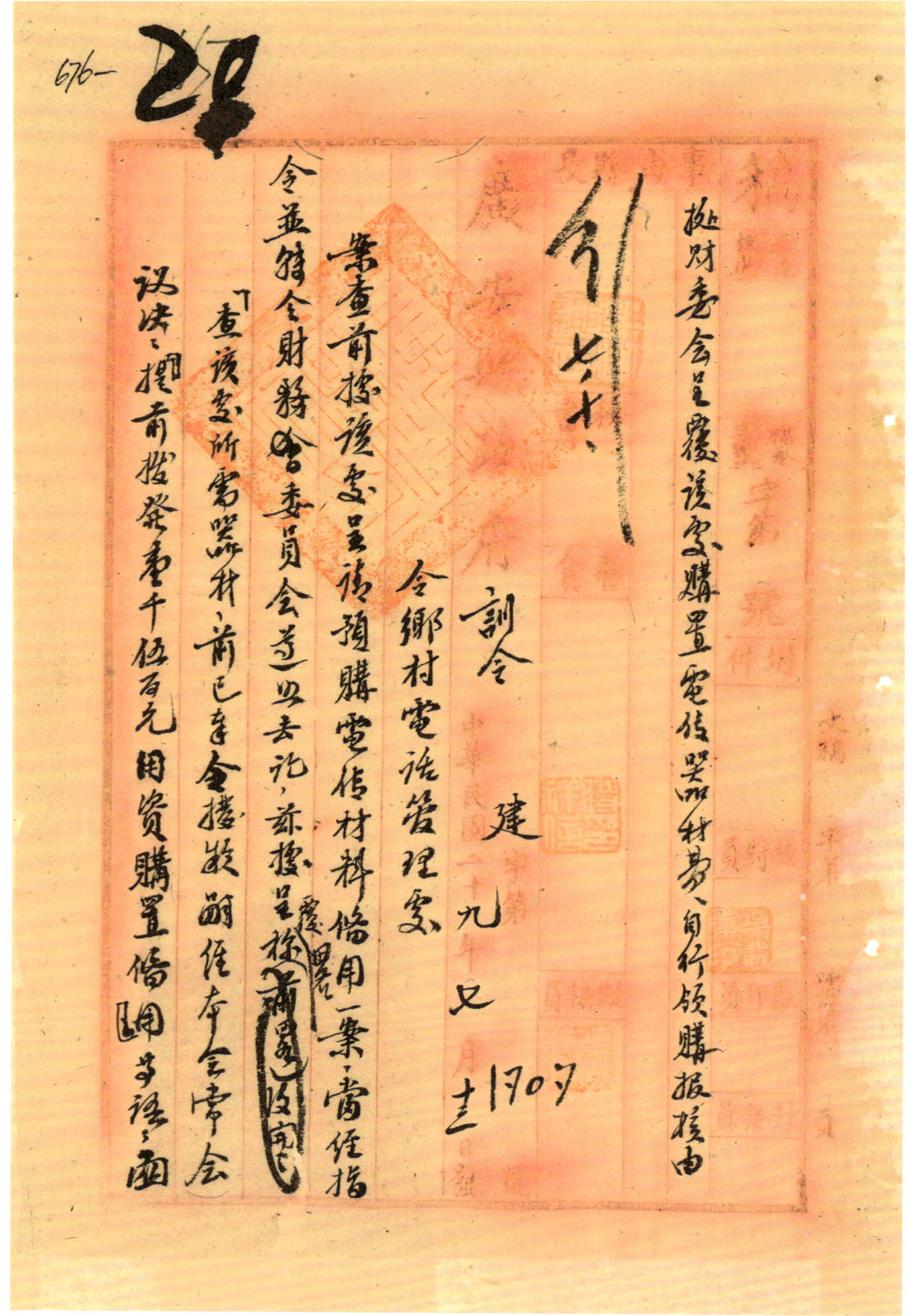

据财委会呈复该处购置电话器材费，自行领购报核由

训令 建九又 1707

令乡村电话管理处

案查前据该处呈请预购电话材料备用一案，当经指令并转令财务委员会遵照去讫。兹据呈称：「查该处所需器材，前已奉令拨款，兹经本会常会议决，拟前拨发壹千伍百元用资购置备用等语，函

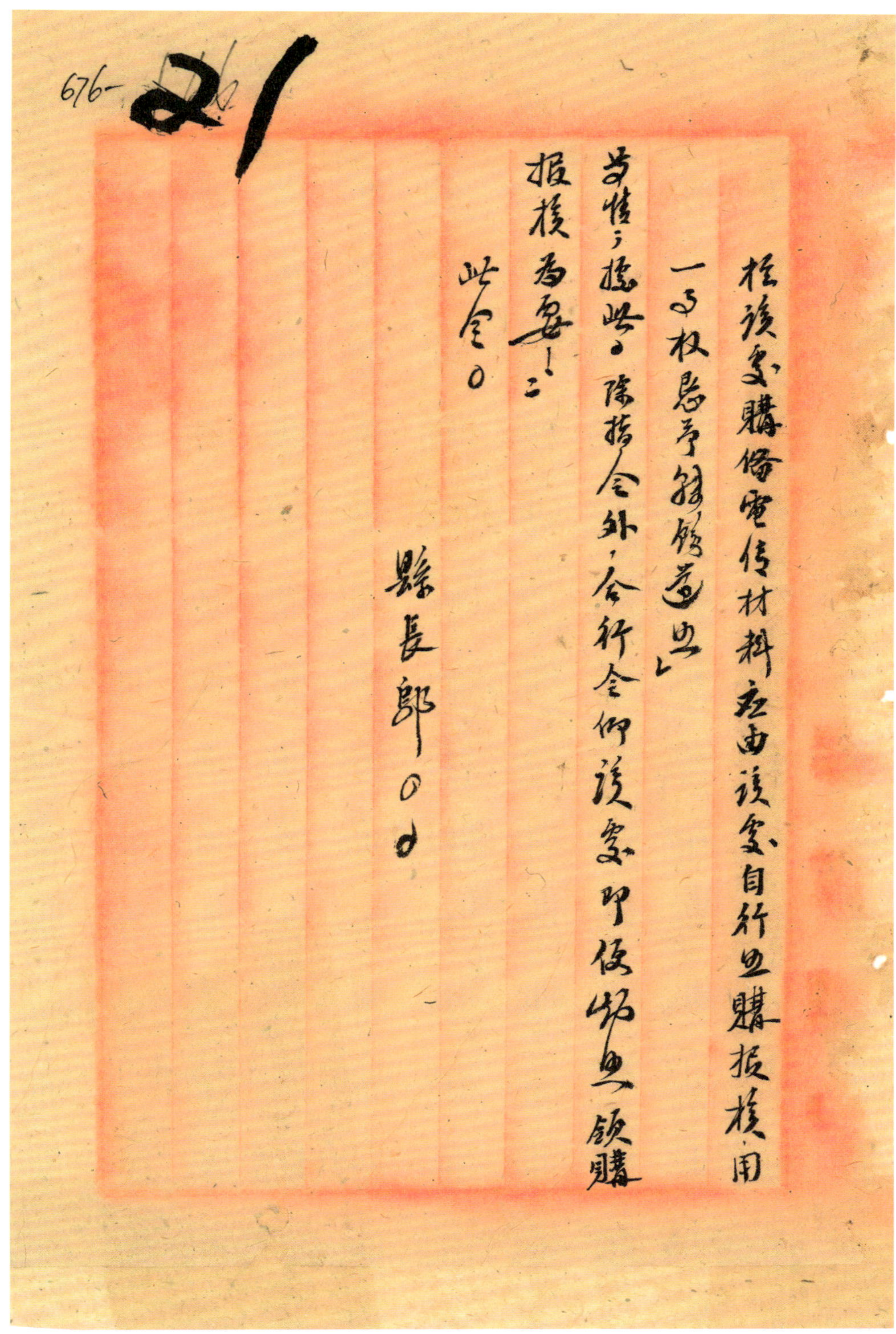

676-21

据该处购备电信材料应由该处自行出资报核用

一节，权应予转饬遵照，

并据情，据此，除指令外，合行令仰该处即便将出资购

报核为要！

此令。

县长郎〇〇

广安县政府致县财务委员会的训令（一九四〇年七月）

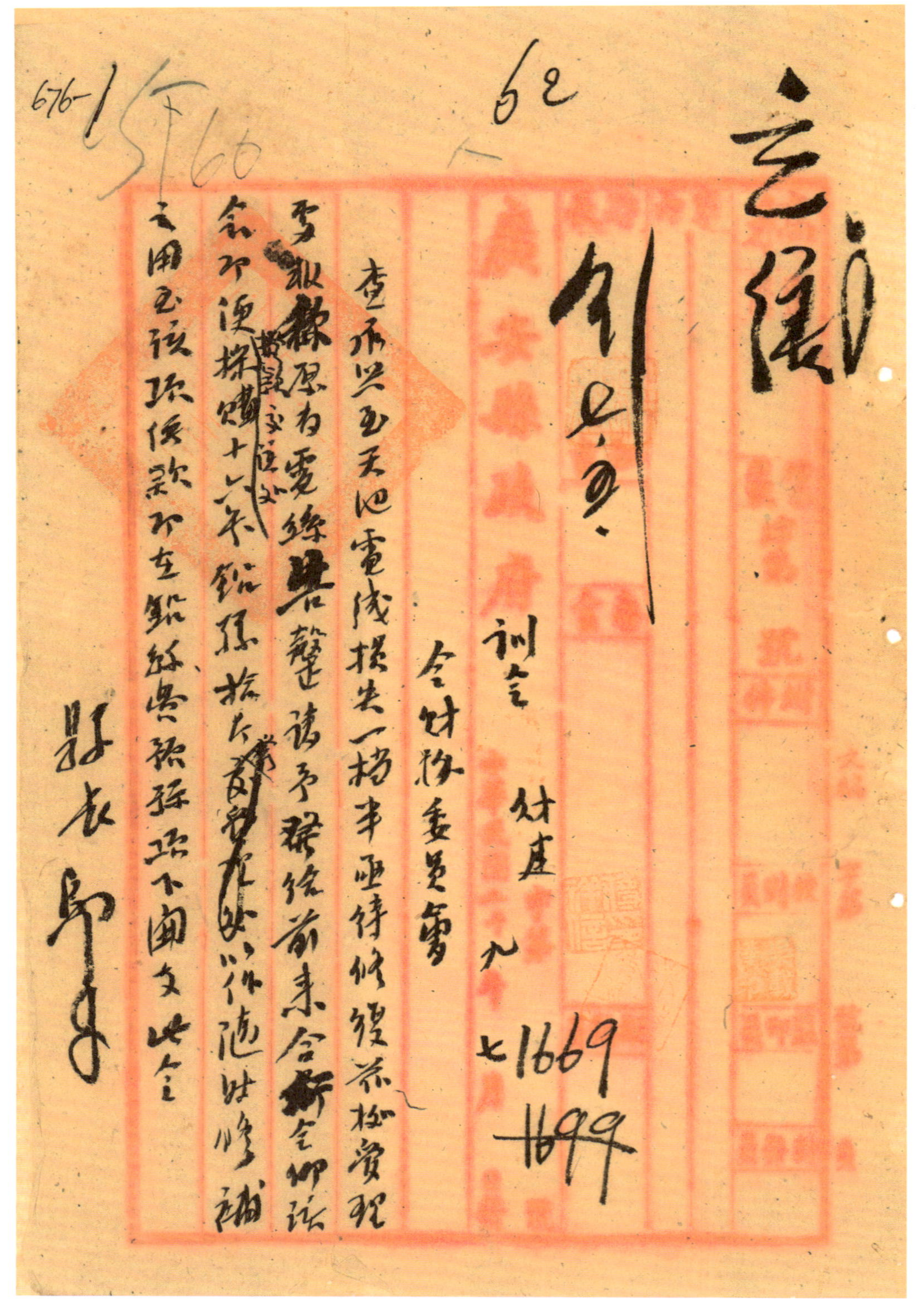

广安县广兴乡乡长林义贤致县政府的呈（一九四〇年七月）

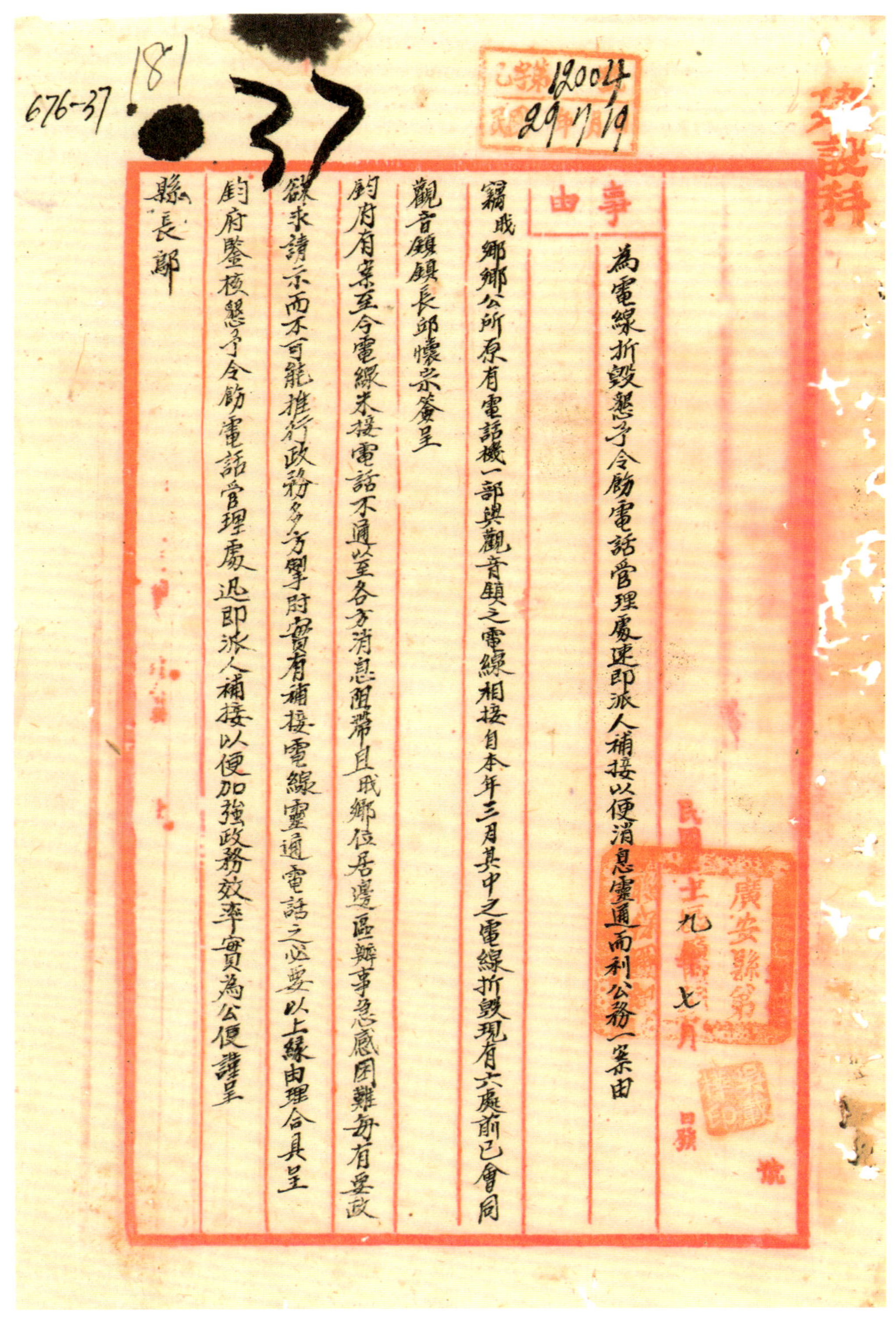

676-37 181 37

事由 为电线折毁恳予令饬电话管理处速即派人补接以便消息灵通而利公务一案由

窃职乡乡公所原有电话机一部与观音镇之电线相接自本年三月其中之电线折毁现有六处前已会同观音镇镇长邱怀宗签呈钧府有案至今电线未接电话不通致各方消息阻滞且职乡位居边区办事急感困难每有要政录求请示而不可能推行政务多方掣肘实有补接电线灵通电话之必要以上缘由理合具呈钧府鉴核恳予令饬电话管理处迅即派人补接以便加强政务效率实为公便谨呈

县长郎

民国二十九年七月 日

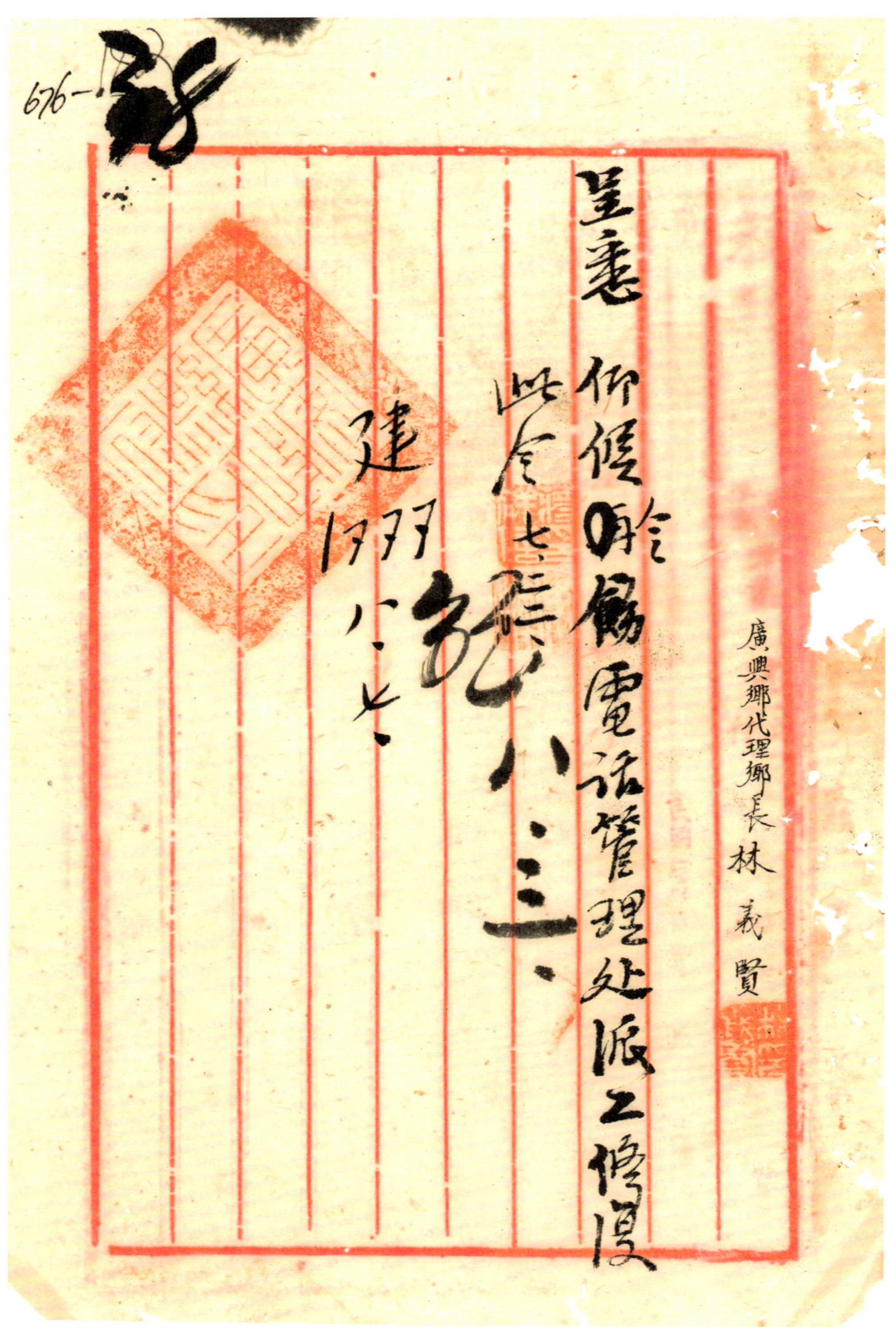

呈悉。仰候呈电话管理处派工修复。

此令。七、廿八、三。

建 廿八、七。

广兴乡代理乡长 林义贤

广安县政府致县乡村电话管理处的训令（一九四〇年八月七日）

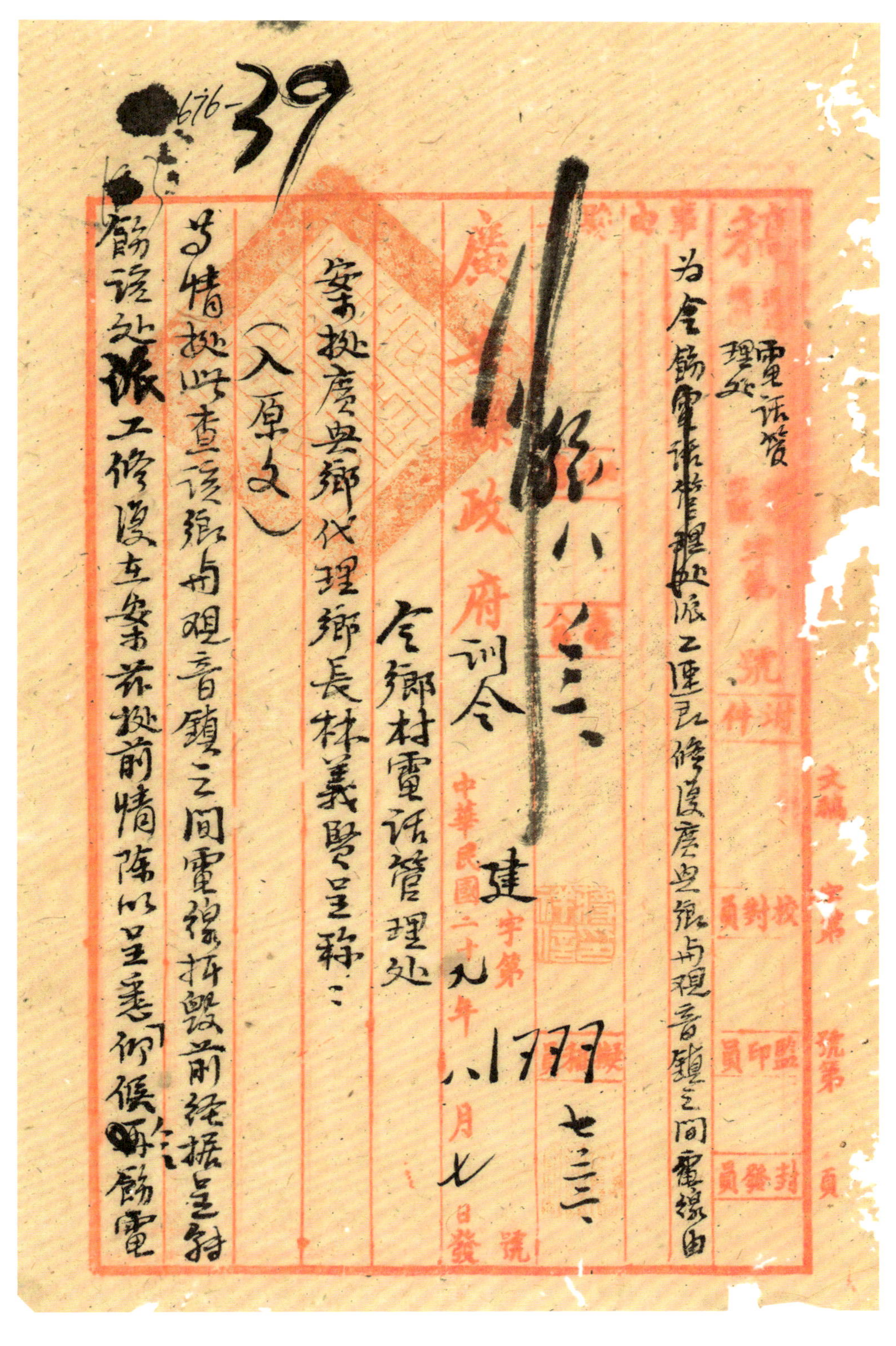

676-39

電話管理處

為令飭電話管理處派工匯已修復廣興鎮與觀音鎮之間電線由

廣安縣政府訓令

中華民國二十九年八月七日發　建字第1777號

令鄉村電話管理處

案據廣興鄉代理鄉長林義賢呈稱：「（入原文）」等情。據此，查該觀音鎮之間電線拆毀，前經據呈，飭該處派工修復在案。茲據前情，除以呈悉，仰候再飭電

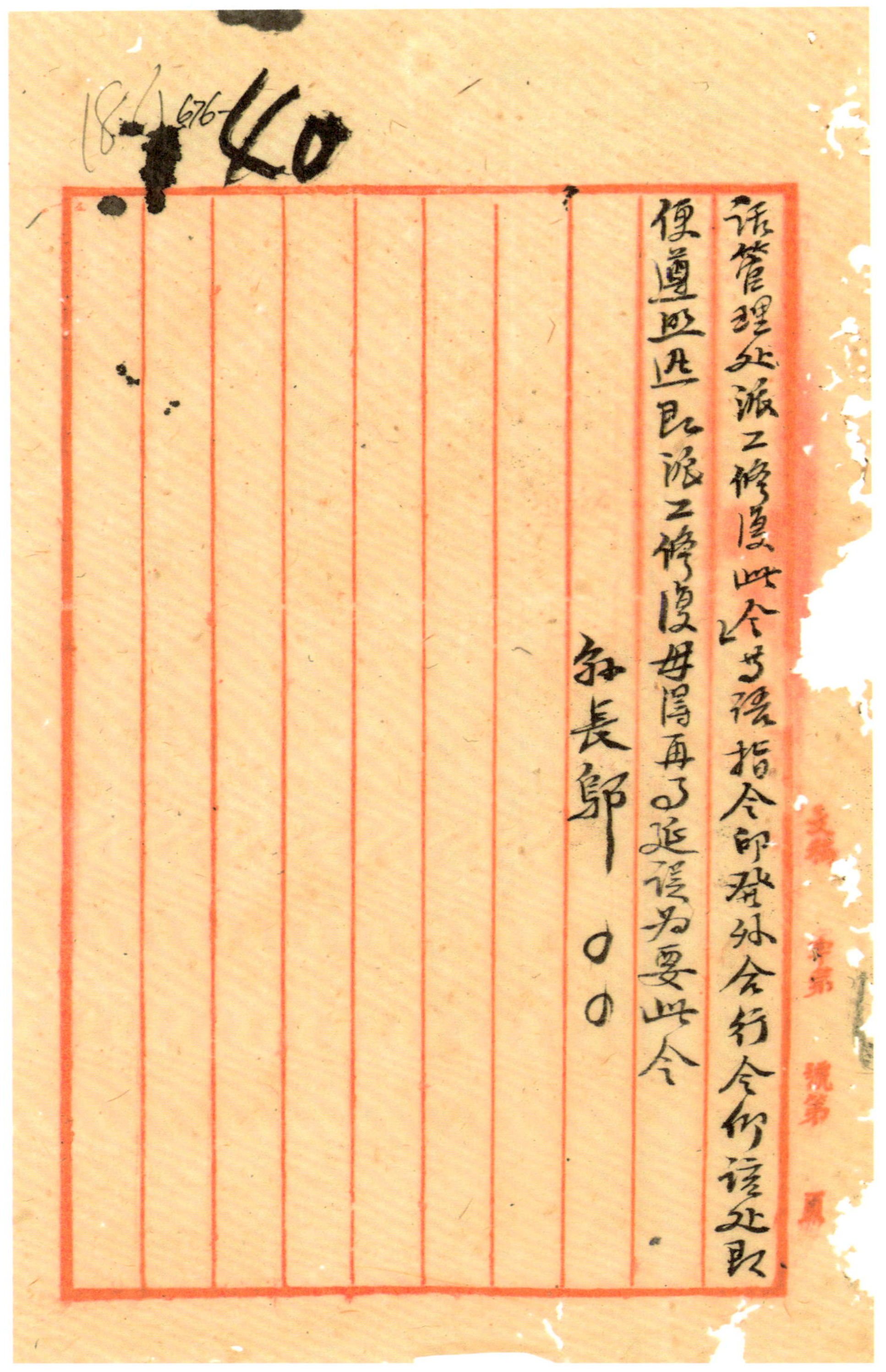

該管理處派工修復此令等語指令印發外合行令仰該處即

便遵照迅即派工修復毋得再事延誤為要此令

縣長郭〇〇

广安县乡村电话管理处致县政府的呈（一九四〇年八月三十日）

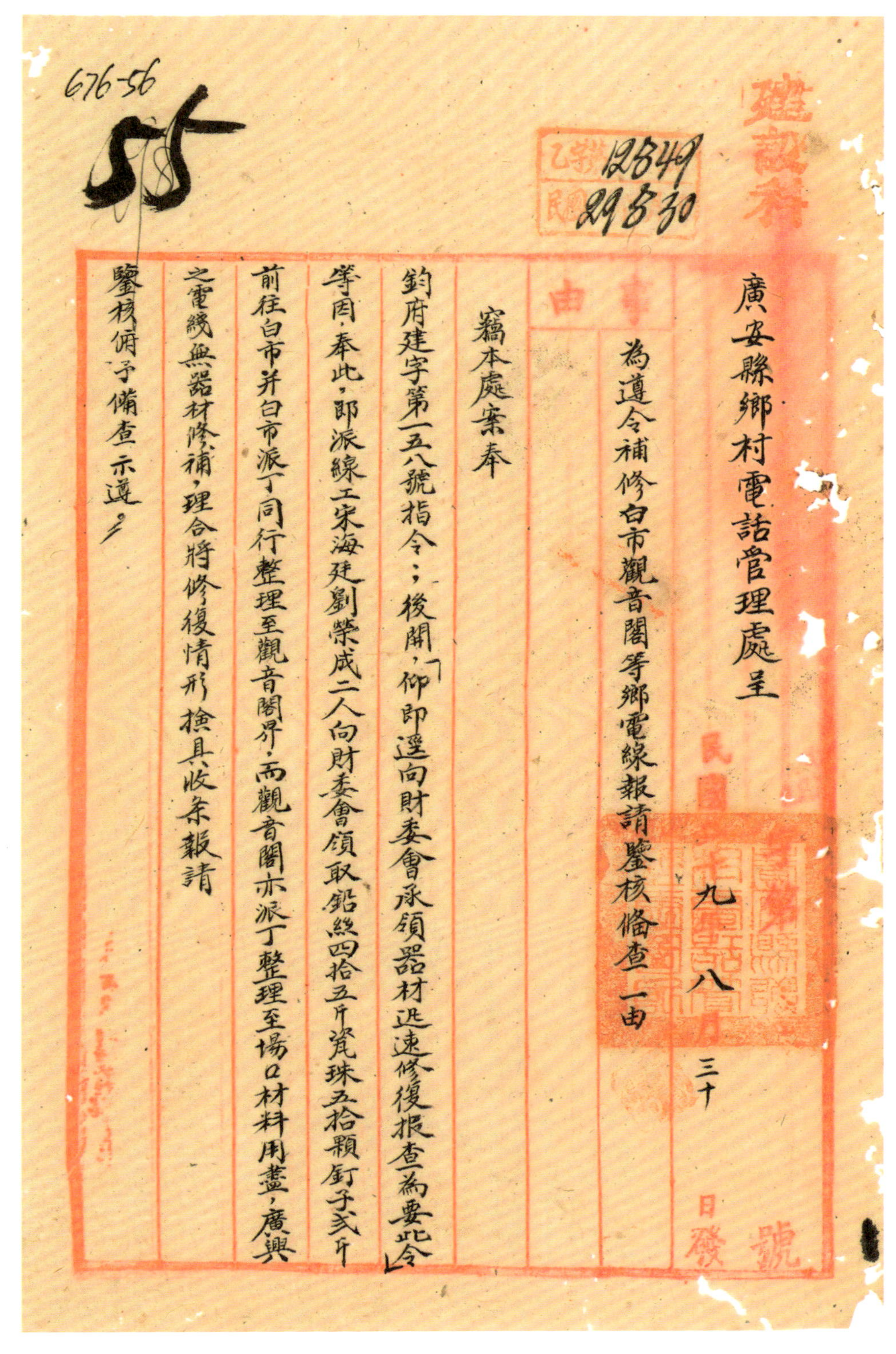
676-56
55
乙字 12849
民国 29 8 30

廣安縣鄉村電話管理處呈

事由：為遵令補修白市觀音閣等鄉電線報請鑒核備查一由

九 八 三十 日發

竊本處案奉

鈞府建字第一五八號指令：「……後開，仰即逕向財委會承領器材迅速修復報查為要。此令」等因。奉此，即派線工宋海廷、劉榮成二人向財委會領取鉛絲四拾五斤、瓷珠五拾顆、釘子弍斤前往白市，并白市派丁同行整理至觀音閣界，而觀音閣亦派丁整理至場口材料用盡，廣興之電綫無器材修補，理合將修復情形檢具收條報請

鑒核備予備查示遵。

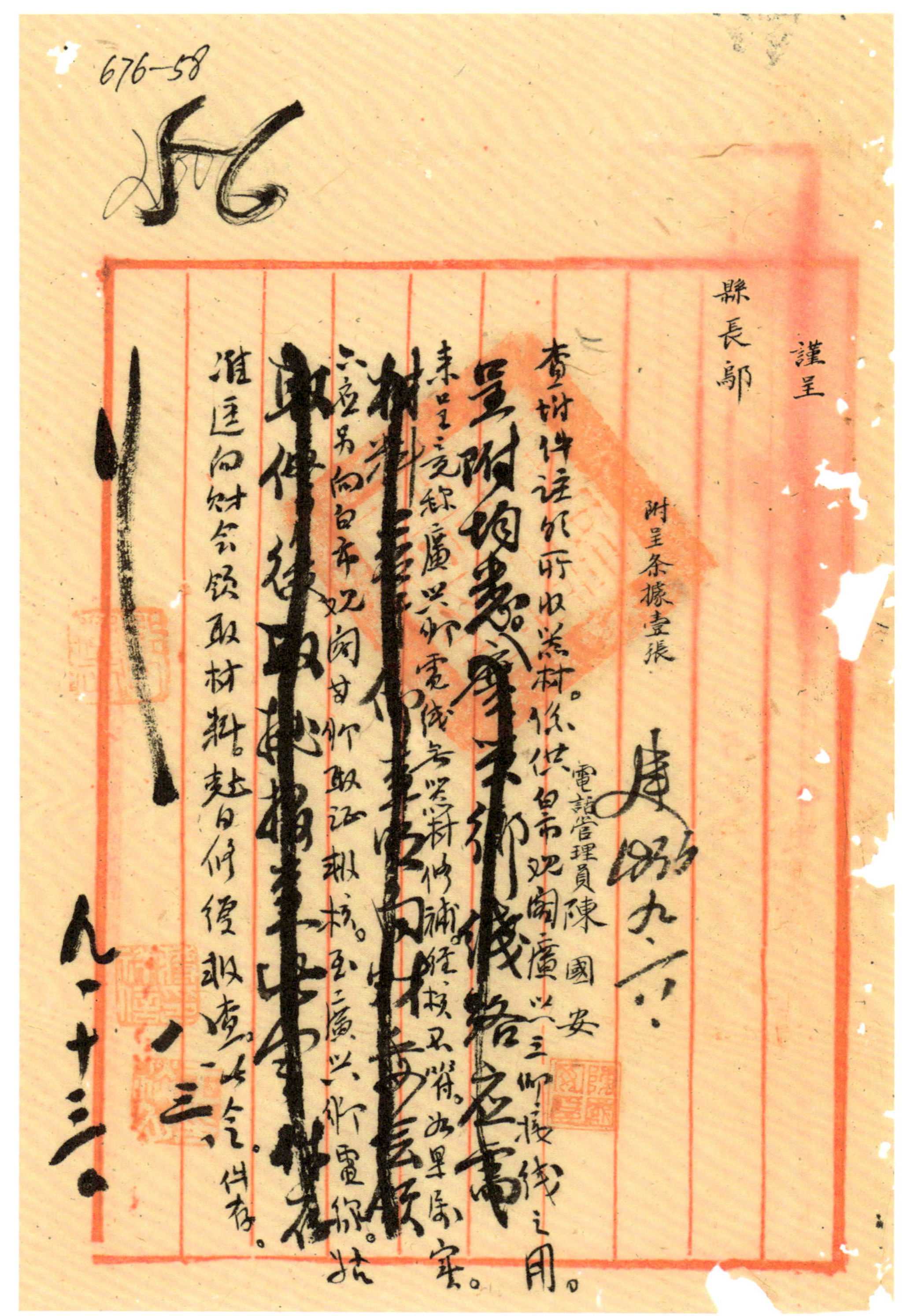
676-58

456

謹呈

縣長鄔

附呈条據壹張

電話管理員陳國安

查此件證明所收器材，係供白市、双閣、廣兴三鄉接綫之用。

來呈竟欲廣兴鄉電綫各器材修補，經核不符，如果屬實。

六區另向白市、双閣、甘鄉取証拟核。至二廣兴、鄉電綫

准逕向財会領取材料，趕日修復拟查此令。件存。

广安县政府致县电报局的公函（一九四〇年九月十八日）

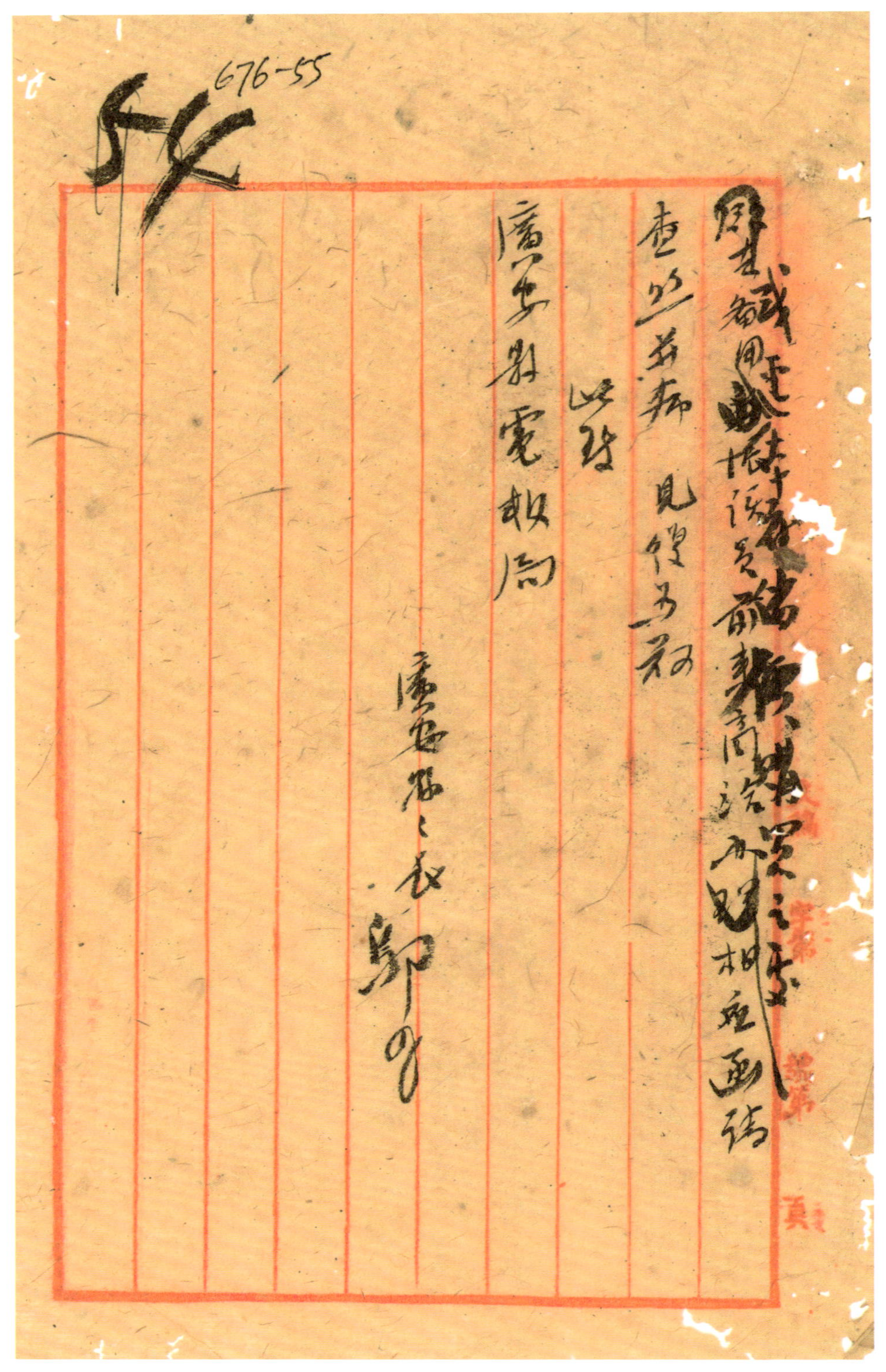

676-55

56

[illegible]相应函请

查照并希 见复为荷

此致

广安县电报局

广安县县长 郑[illegible]

广安县政府致各乡镇公所、乡村电话管理处的训令（一九四〇年九月二十一日）

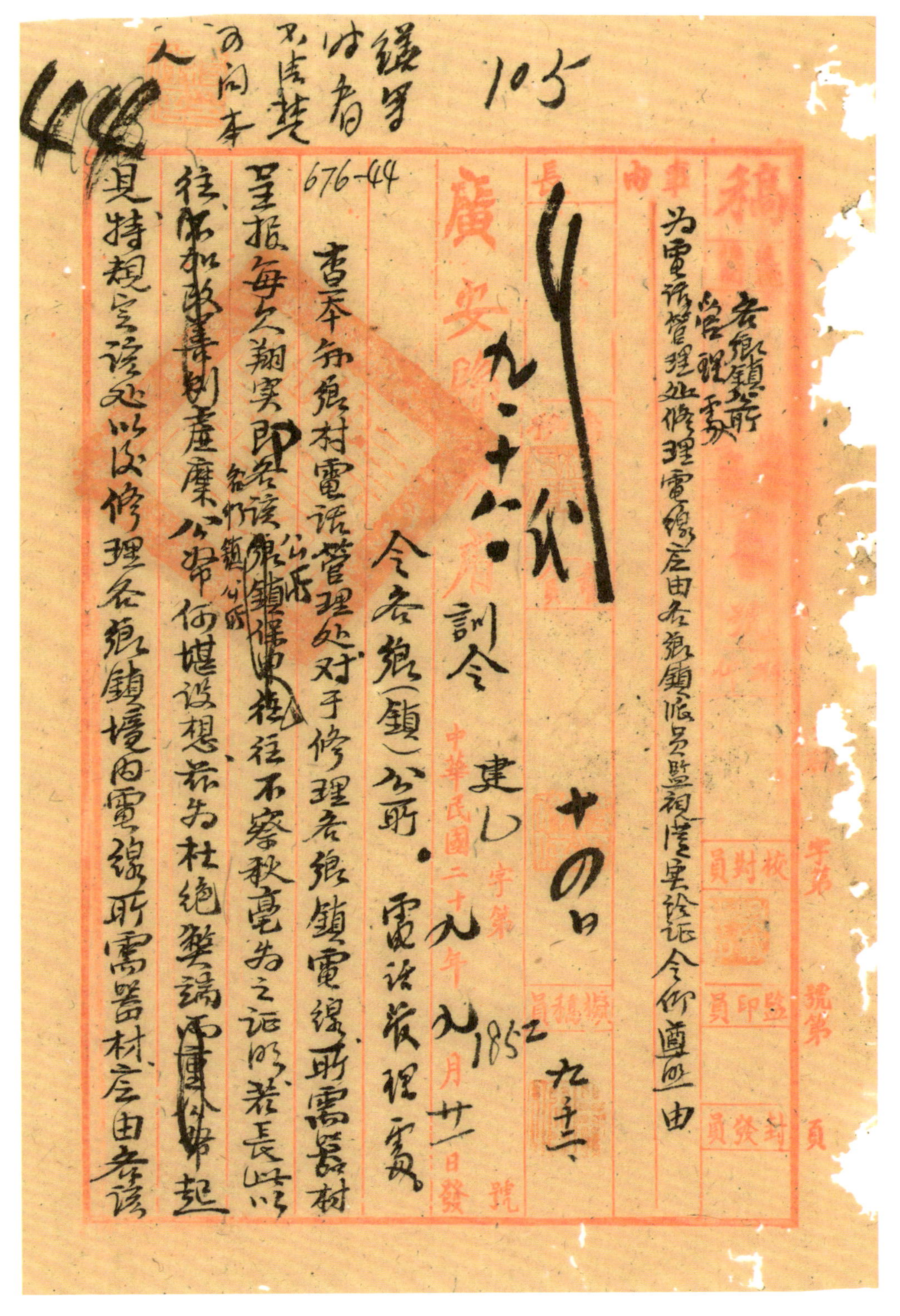

为电话管理处修理电线应由各乡镇派员监视并出具证明令仰遵照由

令各乡（镇）公所、电话管理处

查本县乡村电话管理处对于修理各乡镇电线所需器材，呈报每多不翔实，即各该乡镇保甲往往不察，秋毫为之证明。若长此以往，非但糜费公帑，何堪设想。兹为杜绝弊端而重公帑起见，特规定该处以后修理各乡镇境内电线所需器材，应由各该

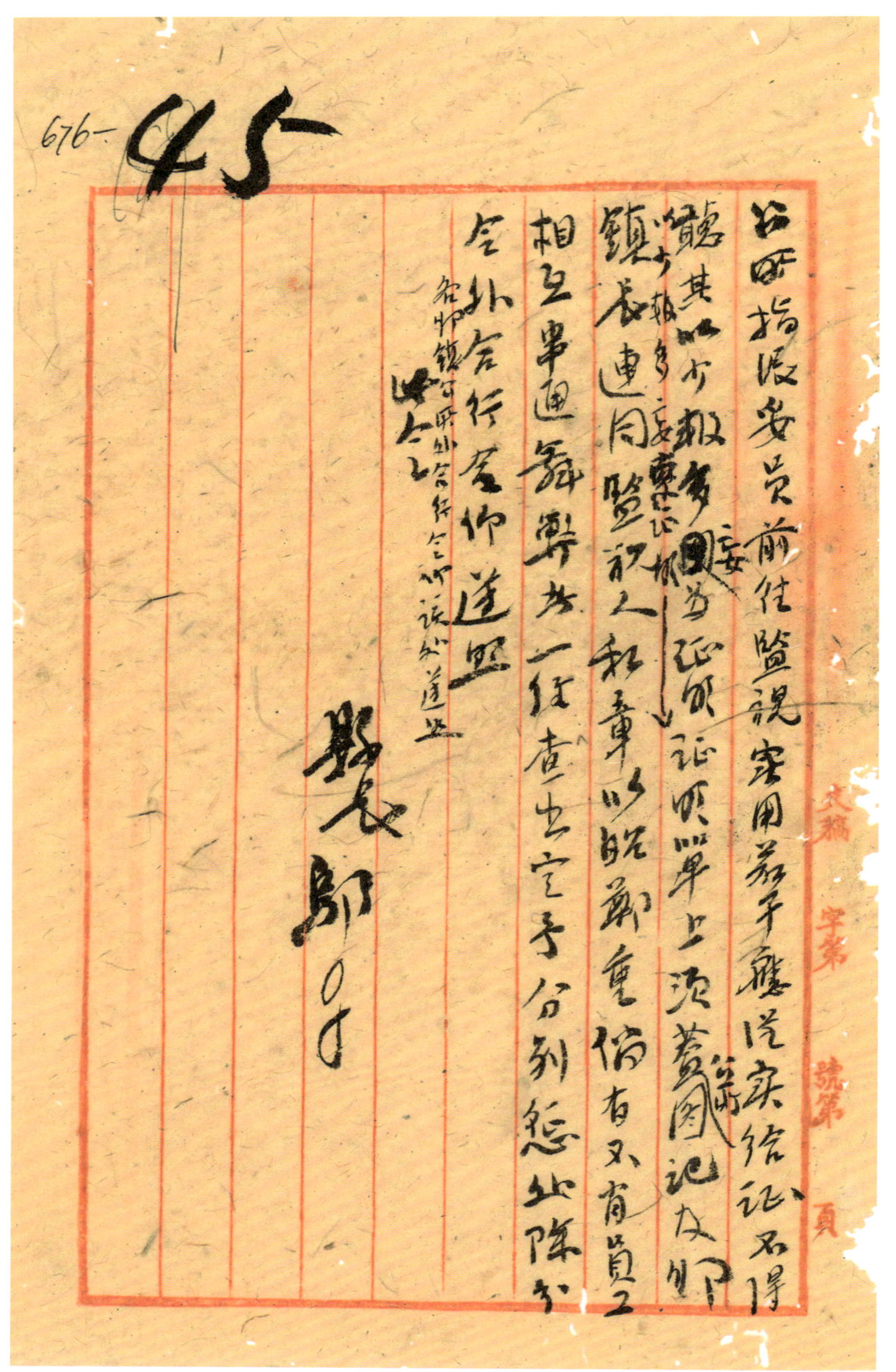
676-45

公所指派委员前往监视，实用蔡千应览实给证，不得……其以少报多，……安镇长连同监视人私章以昭郑重。倘有不肖员工相互串通舞弊者，一经查出，定予分别惩处，除分令外，合行令仰遵照。

县长 郑○○

广安县协兴、井溪、泰山乡联保办公处关于呈报电话守机人姓名册致县政府的呈（一九四〇年三月至五月）

广安县协兴乡联保办公处致县政府的呈（一九四〇年三月）

廣安縣第一區協興鄉聯保辦公處 呈

事由

為呈報電話守機人姓名冊懇予備查一案由

案奉

鈞府建字第四五六號訓令後開：

「除指令准予通令各鄉指定一人守機冊報本府備案以專責成外合行令仰該主任即便遵照具報為要此令」

等因；奉此，本處遵即指定胡明堂，專守電話機，理合造具該丁姓名年齡冊，隨文賚呈

鈞府，俯予備查示遵！

謹呈

呈件均悉，准予備查，此令！件存

三廿五

676-95
93

縣長鄔

附守電話人姓名册一份

協興鄉聯保主任 陳樹勛

附：广安县第一区协兴乡造呈现守电话机人姓名册（一九四〇年三月）

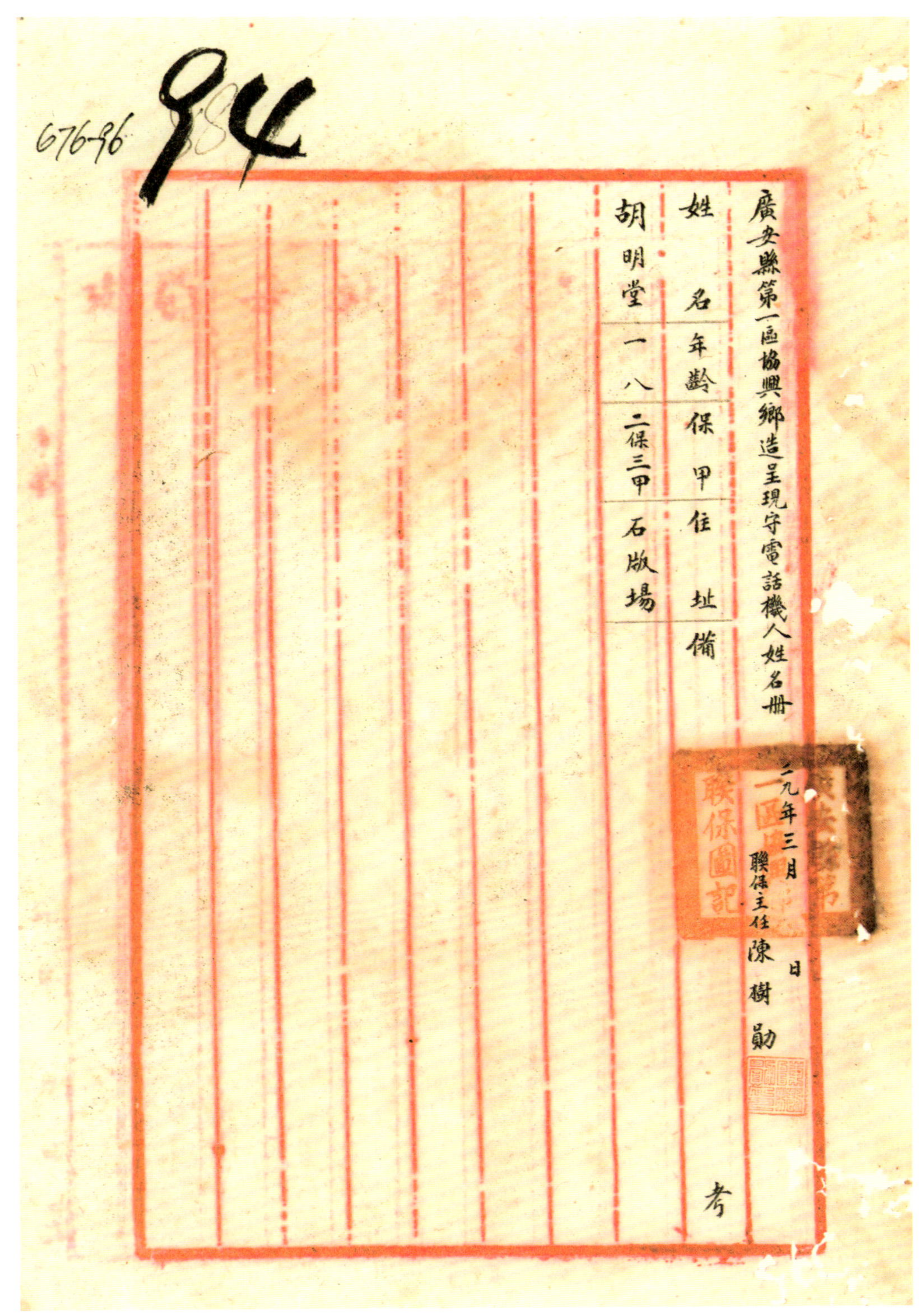
676-96 884 984

廣安縣第一區協興鄉造呈現守電話機人姓名册

姓名	年齡	保甲	住址	備考
胡明堂	一八	二保三甲	石厰場	

廿九年三月　日
聯保主任陳樹勛

广安县井溪乡联保办公处致县政府的呈（一九四〇年四月）

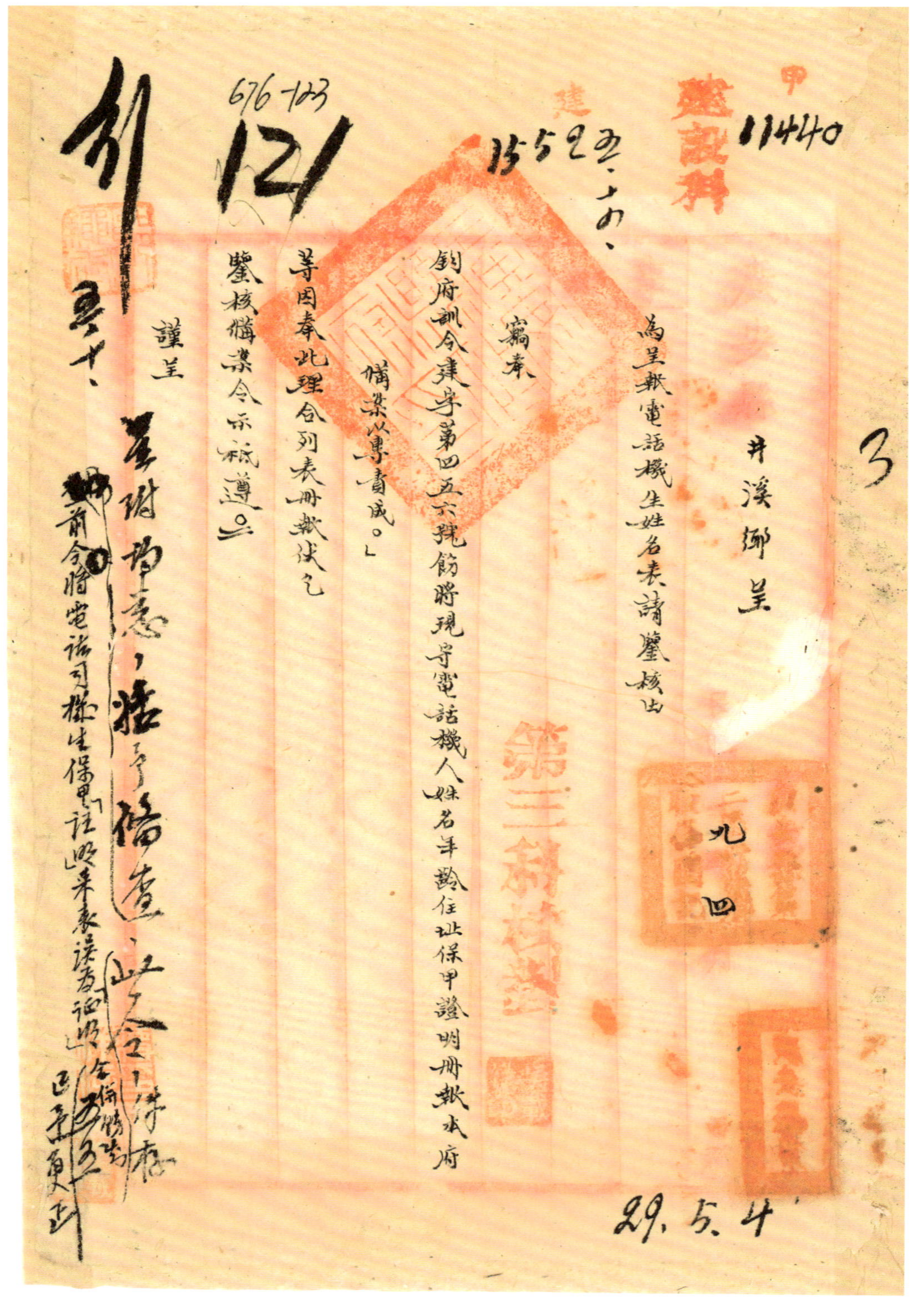

井溪鄉呈

為呈報電話機生姓名表請鑒核由

竊奉

鈞府訓令建字第四五六號飭將現守電話機人姓名年齡住址保甲證明冊報本府

備案以專責成。

等因奉此理合列表冊報伏乞

鑒核備案令示祇遵。

謹呈

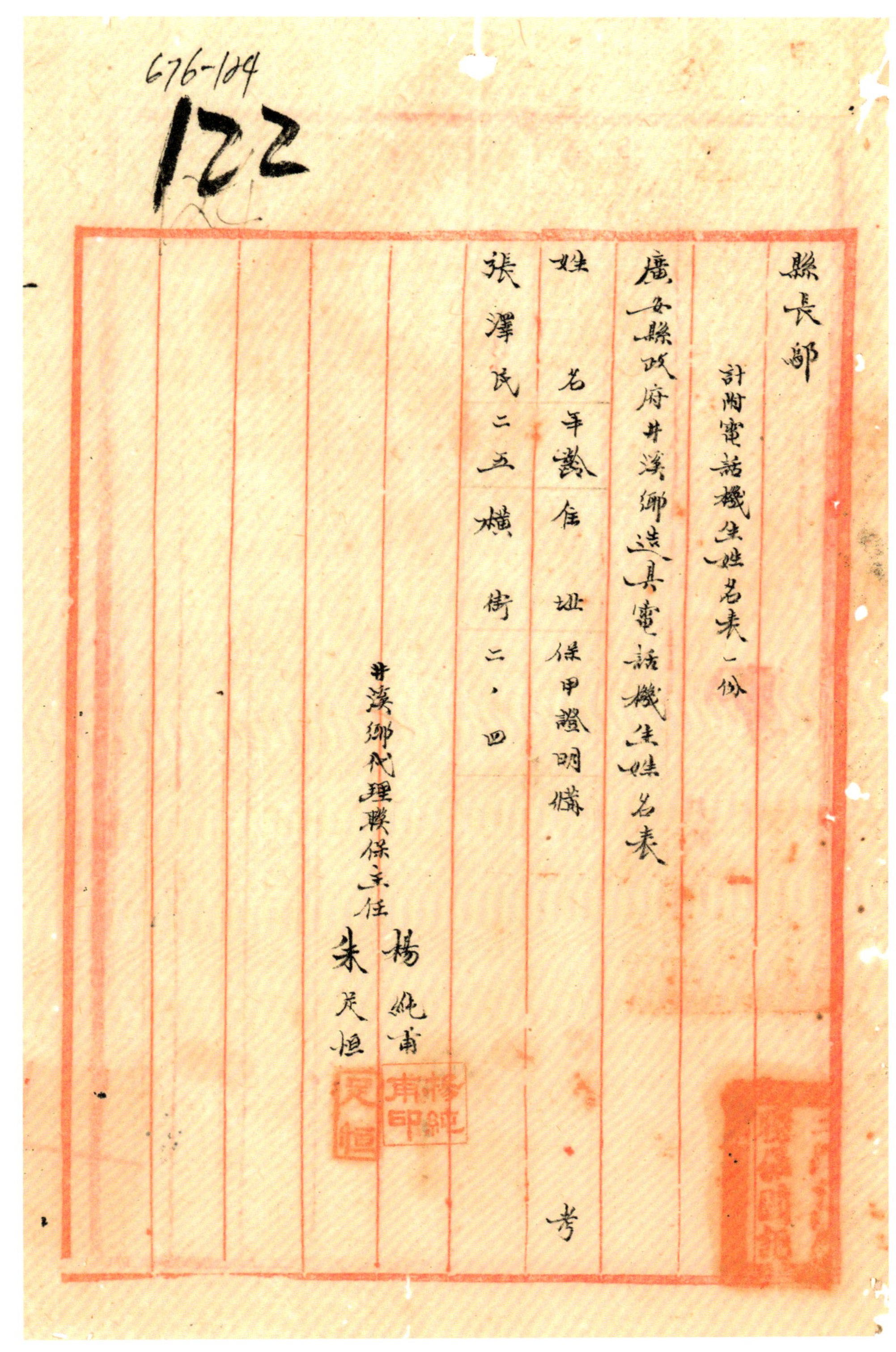
676-104
122

縣長鄒

計附電話機生姓名表一份

廣安縣政府井溪鄉造具電話機生姓名表

姓名	年齡	住址	保甲證明	備考
張澤民	二五	横街二、四		

井溪鄉代理聯保主任 楊純甫 朱尺恒

广安县泰山乡联保办公处致县政府的呈（一九四〇年五月）

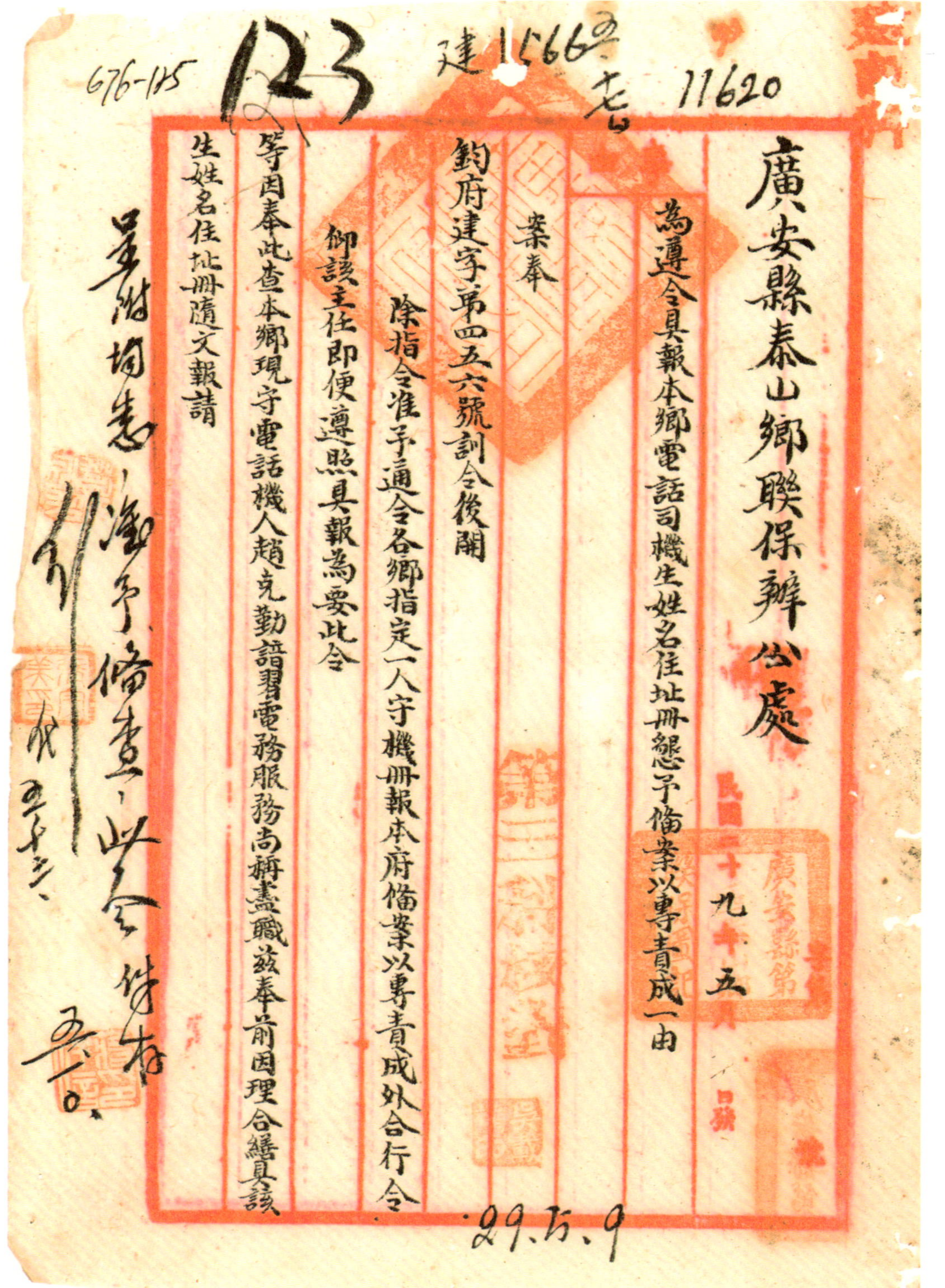
676-185 123 建1566 卷 11620

廣安縣泰山鄉聯保辦公處

為遵令具報本鄉電話司機生姓名住址冊懇予備案以專責成一由

民國二十九年五月　日

案奉

鈞府建字第四五六號訓令後開

除指令准予通令各鄉指定一人守機冊報本府備案以專責成外合行令

仰該主任即便遵照具報為要此令

等因奉此查本鄉現守電話機人趙克勤諳習電務服務尚稱盡職茲奉前因理合繕具該

生姓名住址冊隨文報請

29.5.9

676-126 124

鈞府俯予備查以專責成實為公便

謹呈

縣長鄔

附電話司機生姓名住址册一份

聯保主任陳岐山

附：泰山乡联保办公处造具电话司机生姓名住址册（一九四〇年五月十日）

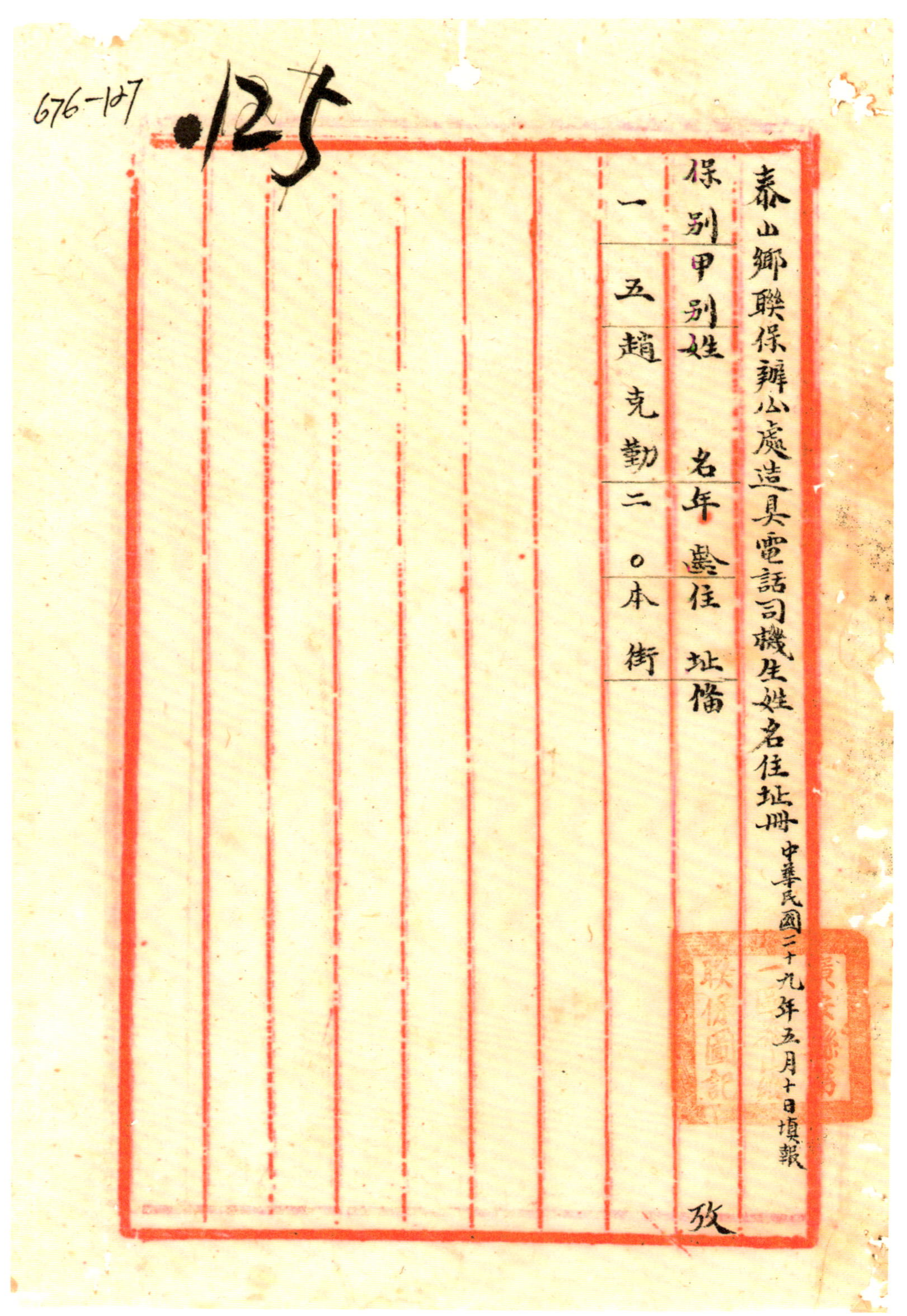

泰山鄉聯保辦公處造具電話司機生姓名住址册

中華民國二十九年五月十日填報

保別	甲別	姓名	年齡	住址	備攷
一	五	趙克勤	二〇	本街	

广安县政府关于奉电转发电讯管理人员应注意事项致县乡村电话管理处的训令（一九四〇年七月二十三日）

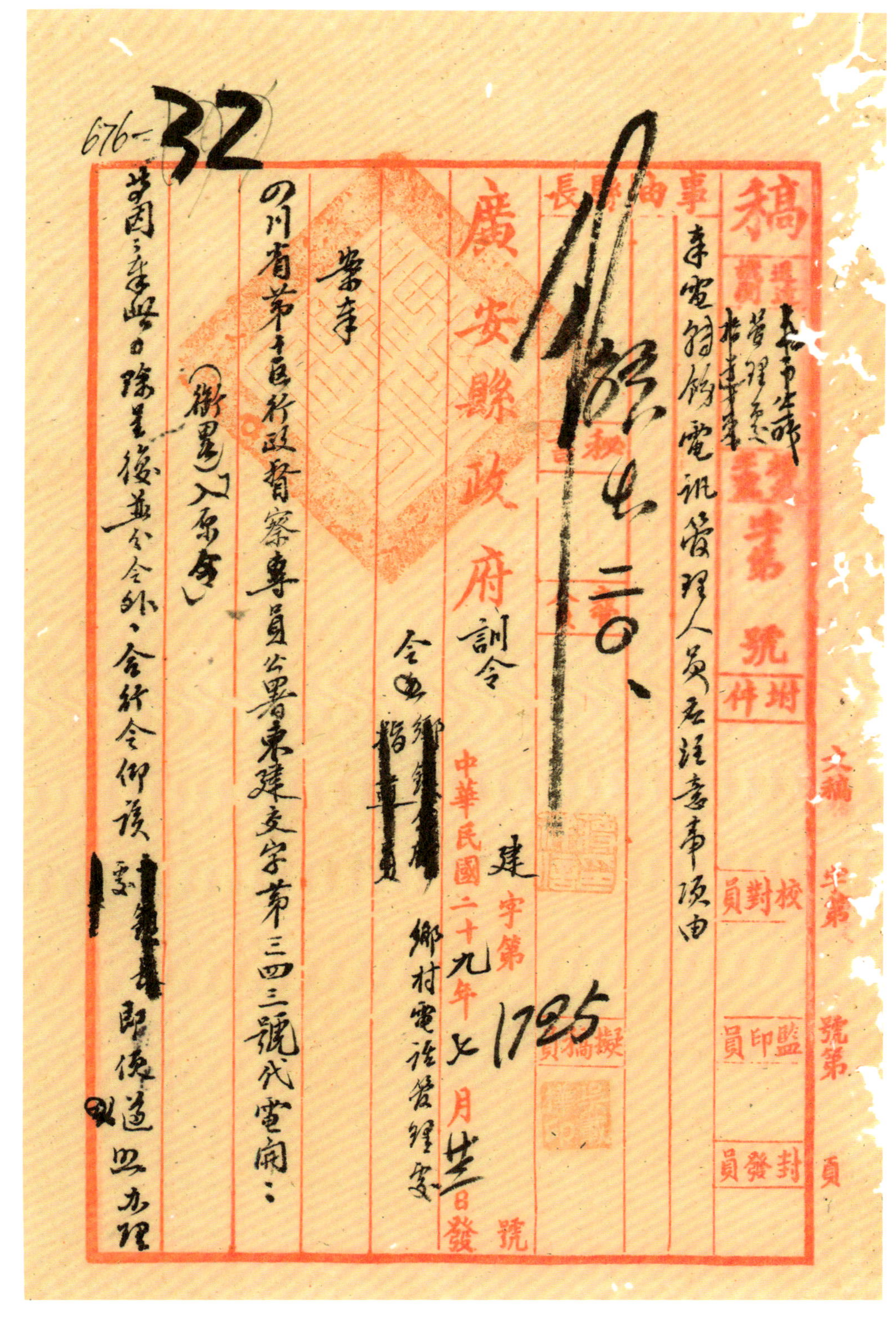

稿

事由：奉電飭飭電訊管理人員應注意事項由

廣安縣政府訓令　建字第1725號

中華民國二十九年七月廿三日發

令鄉村電話管理處

案奉

四川省第十一區行政督察專員公署東建交字第三四三號代電開：

（銜略）「入原令」

等因；奉此，除呈復並分令外，合行令仰該處即便遵照辦理

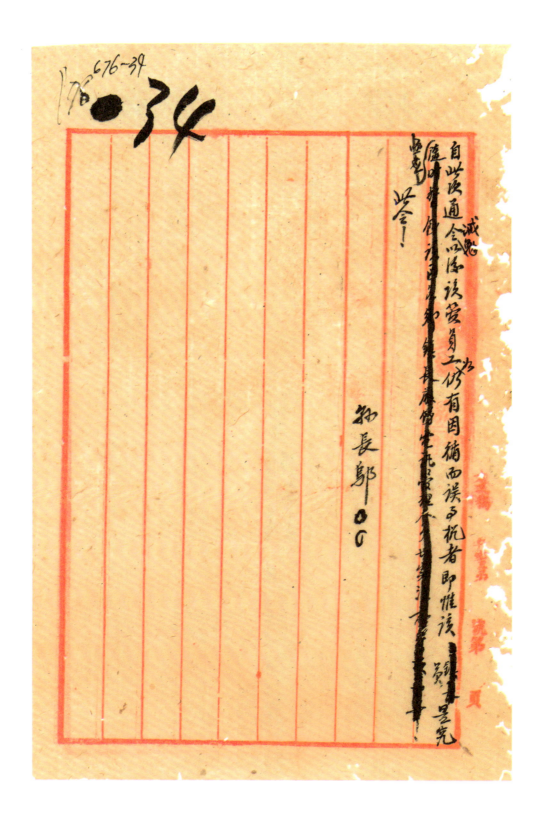

676-34

34

自此次通令以后，该委员工役有因猜疑误会而抗者，即惟该……是究，此令！

部长郑○○

四川省第十区行政督察专员公署关于奉电诫勉电讯管理人员及电务生薪饷问题等致广安县政府的指令（一九四〇年八月五日）

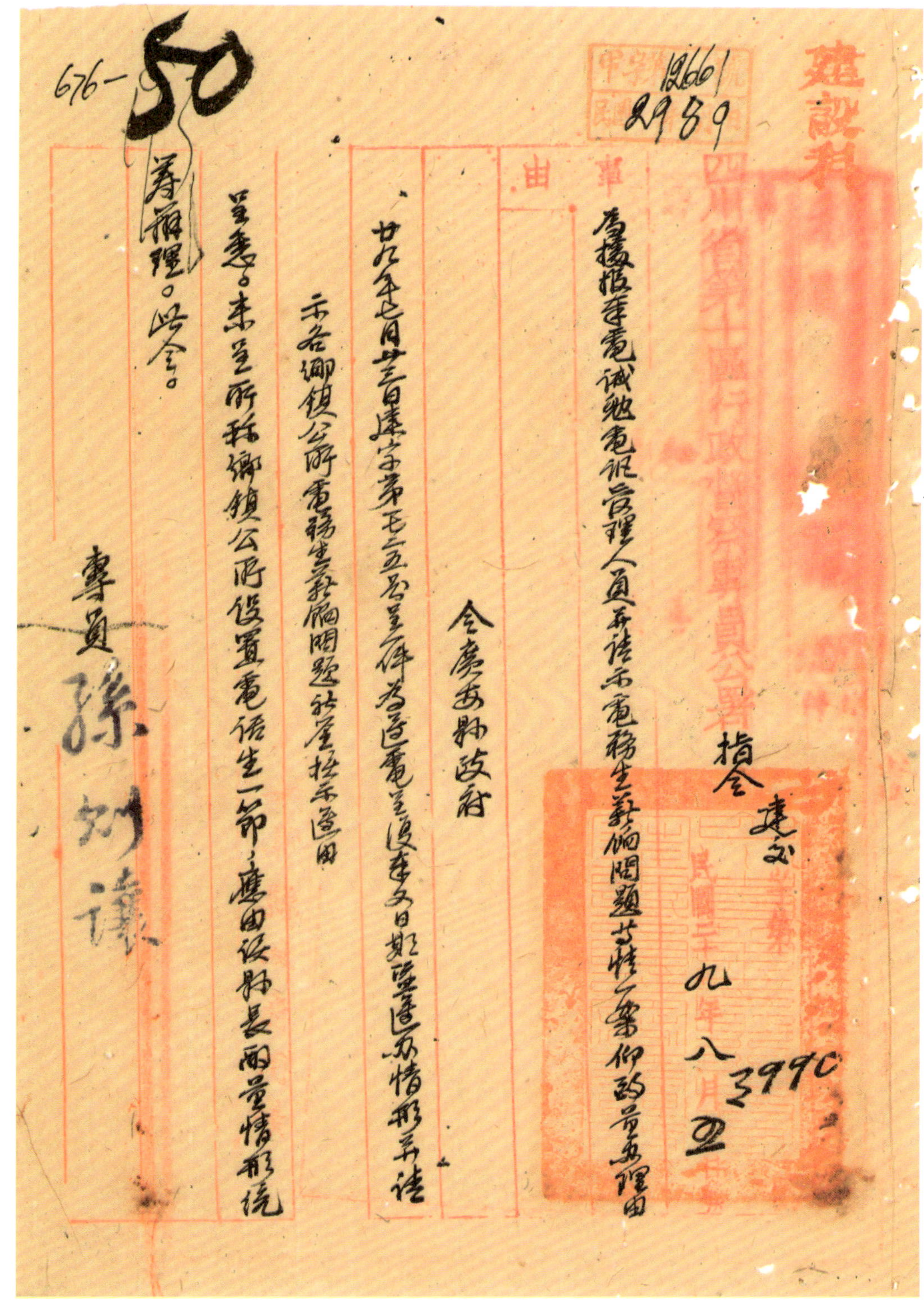

建設科

四川省第十區行政督察專員公署

事由：為據報奉電誡勉電訊管理人員并請示電務生薪餉問題一案仰即另案辦理由

指令 建字 第　號 民國二十九年八月五日

令廣安縣政府

廿九年七月廿三日建字第七二五號呈一件為呈復奉令日期遵辦情形并請示各鄉鎮公所電務生薪餉問題轉呈核示遵由

呈悉。本呈所稱鄉鎮公所設置電話生一節，應由該縣長酌量情形統籌辦理。此令。

專員 孫[illegible]

四、轰炸损失

四川省政府关于查报广安县一九四〇年八月二日遭空袭损失详情并妥办善后抚恤伤亡致广安县政府的快邮代电（一九四〇年八月二十二日）

社會科

四川省政府快郵代電

秘壹字第12291號

廣安縣政府鄔縣長慶代電悉本月二日敵機在該縣境內濫施轟炸軫念殊深已據情轉陳行政院鑒核并爲省振濟會按照規定標準撥款救濟仰速查明損失傷亡詳情遵照行政院頒發表式及填表須知分別查填呈報一面妥辦善後撫卹傷亡勿任失所爲要四川省政府楨養

秘一印

广安地方法院及该院检察处关于该院检察官王善祥在渝遭空袭请求救济事的一组文书（一九四〇年八月至十二月）

广安地方法院检察处致广安地方法院的公函（一九四〇年八月二十八日）

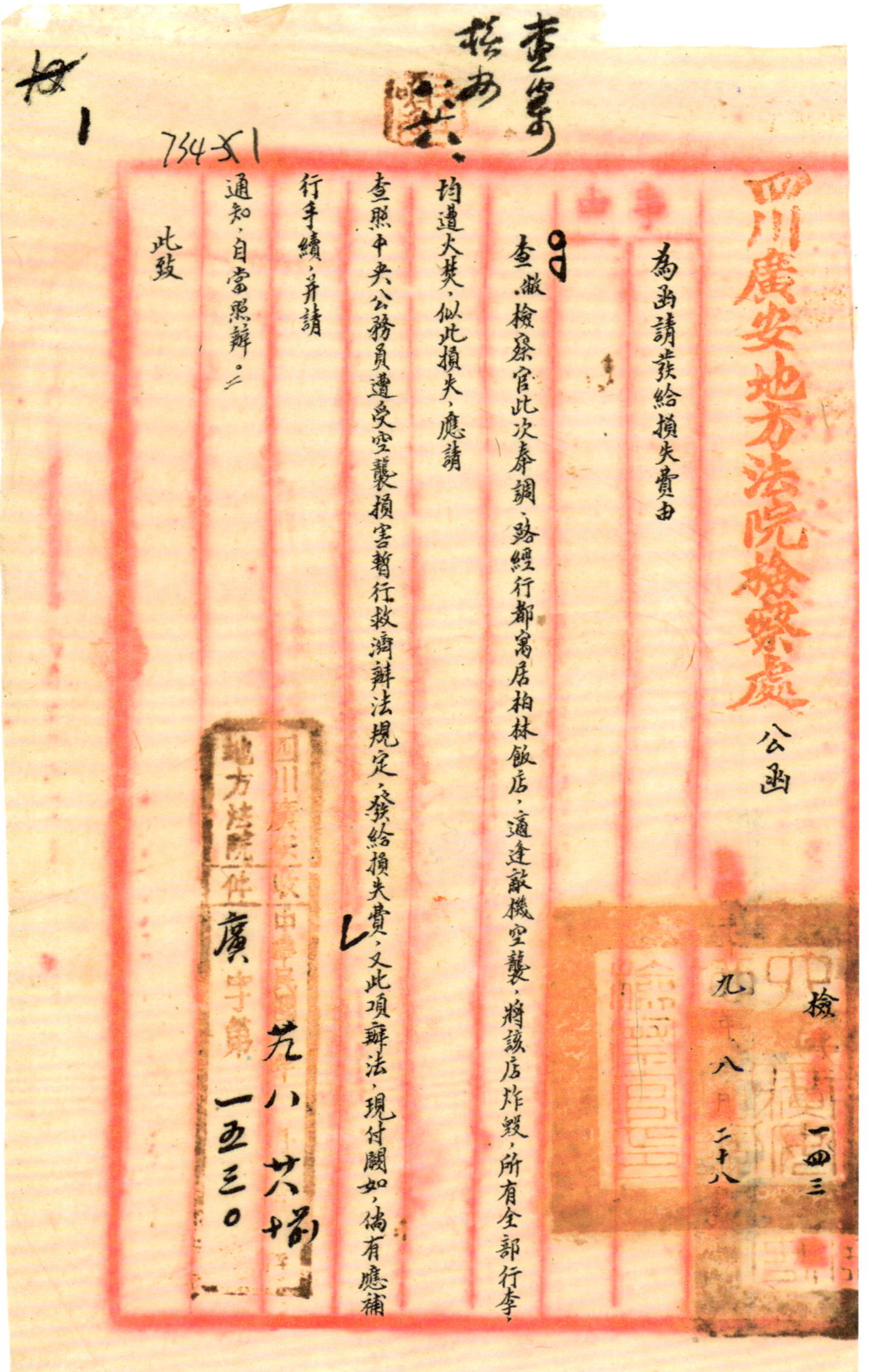

四川广安地方法院检察处公函

检字第一四三号

九年八月二十八

为函请发给损失费由

查敝检察官此次奉调，路经行都寓居柏林饭店，适逢敌机空袭，将该店炸毁，所有全部行李均遭火焚，似此损失，应请查照中央公务员遭受空袭损害暂行救济办法规定，发给损失费，又此项办法现付阙如，倘有应补行手续，并请通知，自当照办。

此致

四川广安地方法院收件 广字第一五三〇

查案拟办

本院院長趙
檢察官王善祥
監印 校對 傅以嚴

广安地方法院检察官王善祥致广安地方法院的公函（一九四〇年十月二十九日）

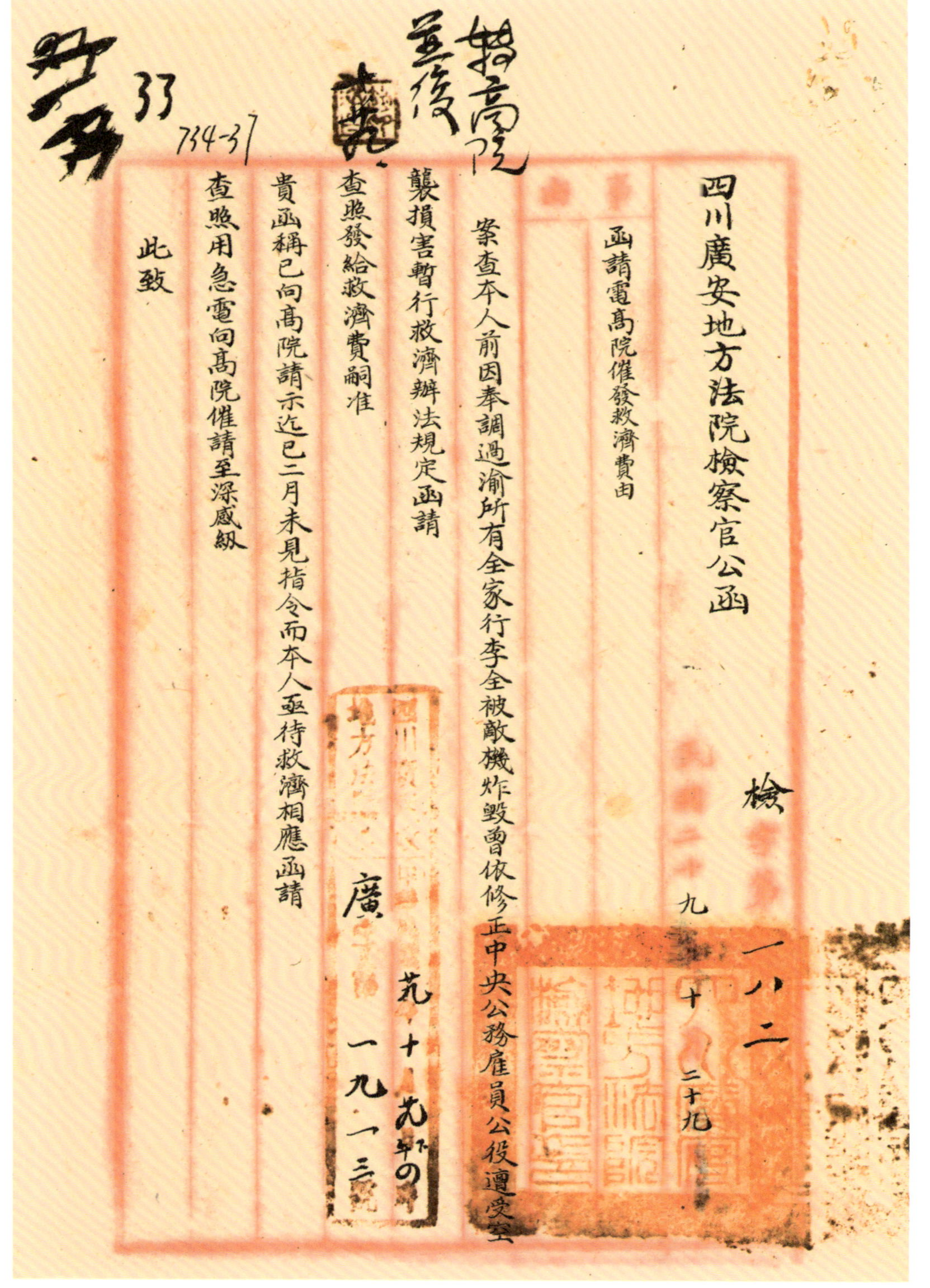

四川廣安地方法院檢察官公函

檢 一八二

九 十 二十九

函請電高院催發救濟費由

案查本人前因奉調過渝所有全家行李全被敵機炸毁曾依修正中央公務雇員公役遭受空襲損害暫行救濟辦法規定函請

貴院查照發給救濟費嗣准

貴函稱已向高院請示迄已二月未見指令而本人亟待救濟相應函請

查照用急電向高院催請至深感紉

此致

34
734-38

本院院長趙

檢察官王善祥

广安地方法院致四川高等法院的代电（一九四〇年十一月一日）

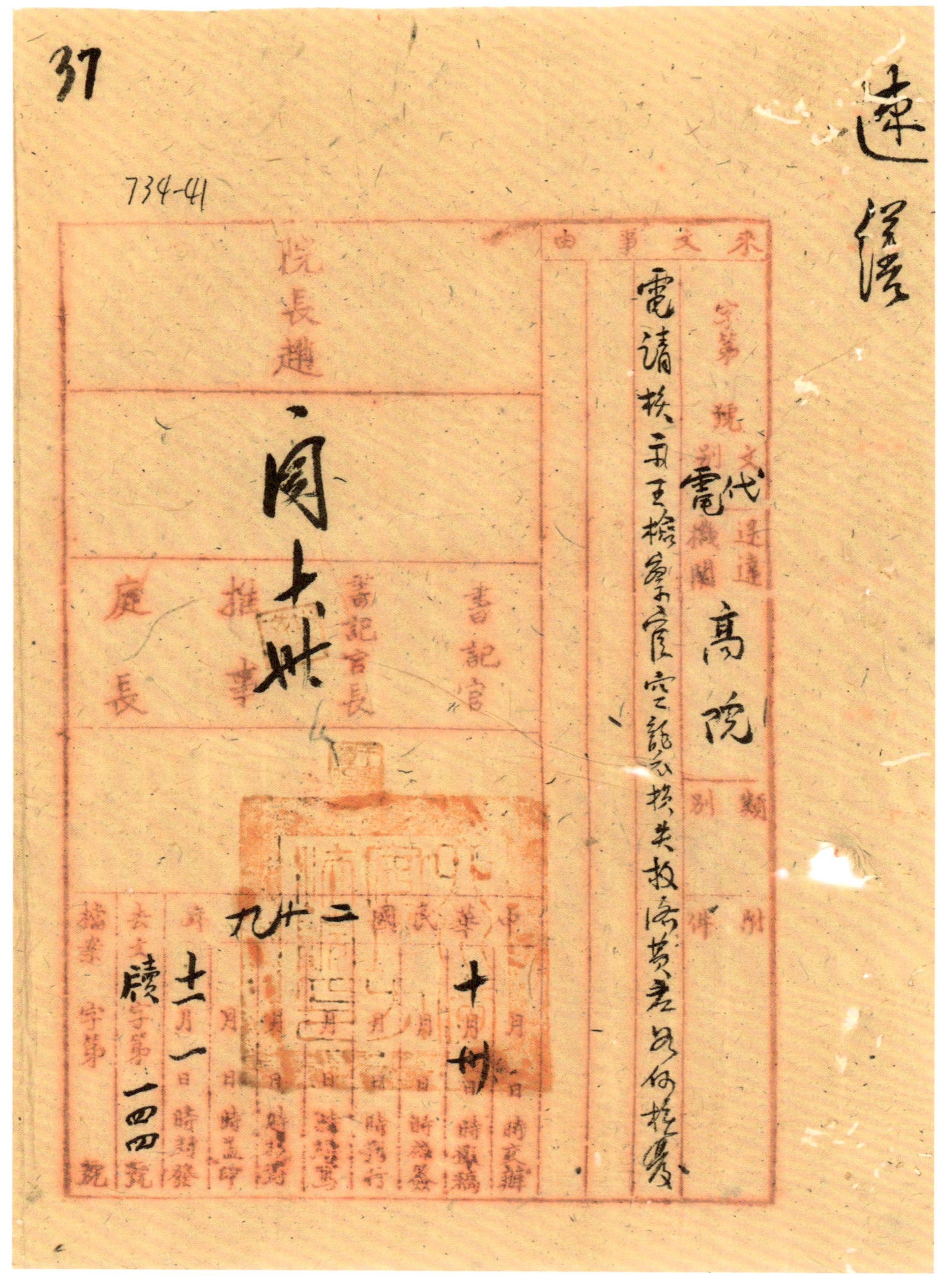
37

734-41

速発

來文事由	
字第號文別	代電
送達機關	高院
類別	
附件	

電請核示王檢察官定龍可否核失救濟費若何核發

院長趙

閱 十卅

庭長　推事　書記官長　書記官

收文十月卅日　擬稿　核稿　判行　繕寫　校對　蓋印　封發十一月一日

檔案去文牘字第一四四號

四川高等法院院長蔣鎔鑒：案准本院檢察官王善祥檢字第一八二号函開：“案查本人前因奉調過渝”云云，叙至“至深感紉”等由。准此。查前准本檢察官函請發給空襲損失費，曾經于九月初旬以陽代電呈請核示在案。准函前由，理合再肅電請，伏祈鑒賜查照前電，核示祗遵！職四川廣安地方法院院長趙洪〇叩。陷印

民29.28

广安地方法院致该院检察处的公函（一九四〇年十一月一日）

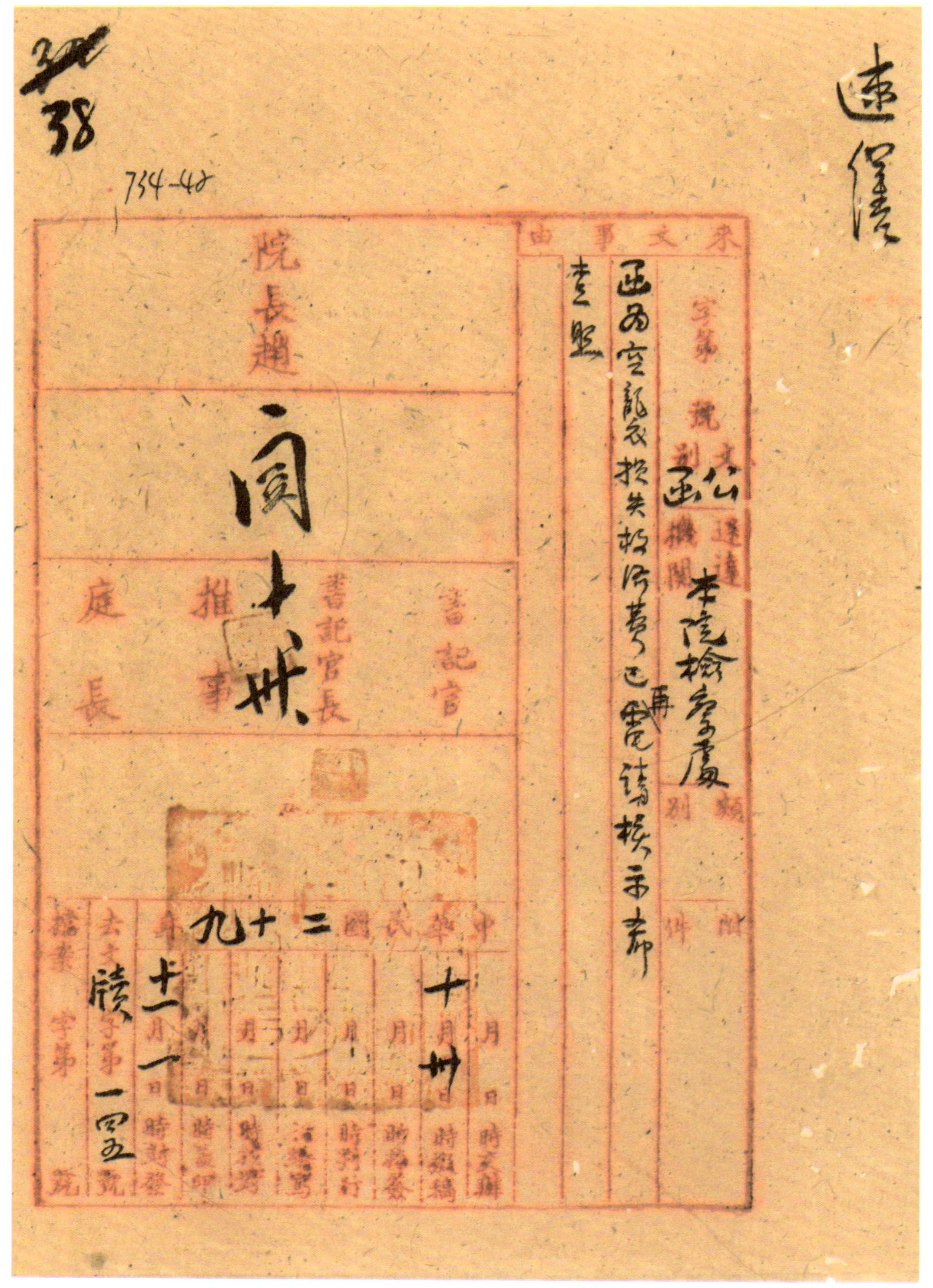

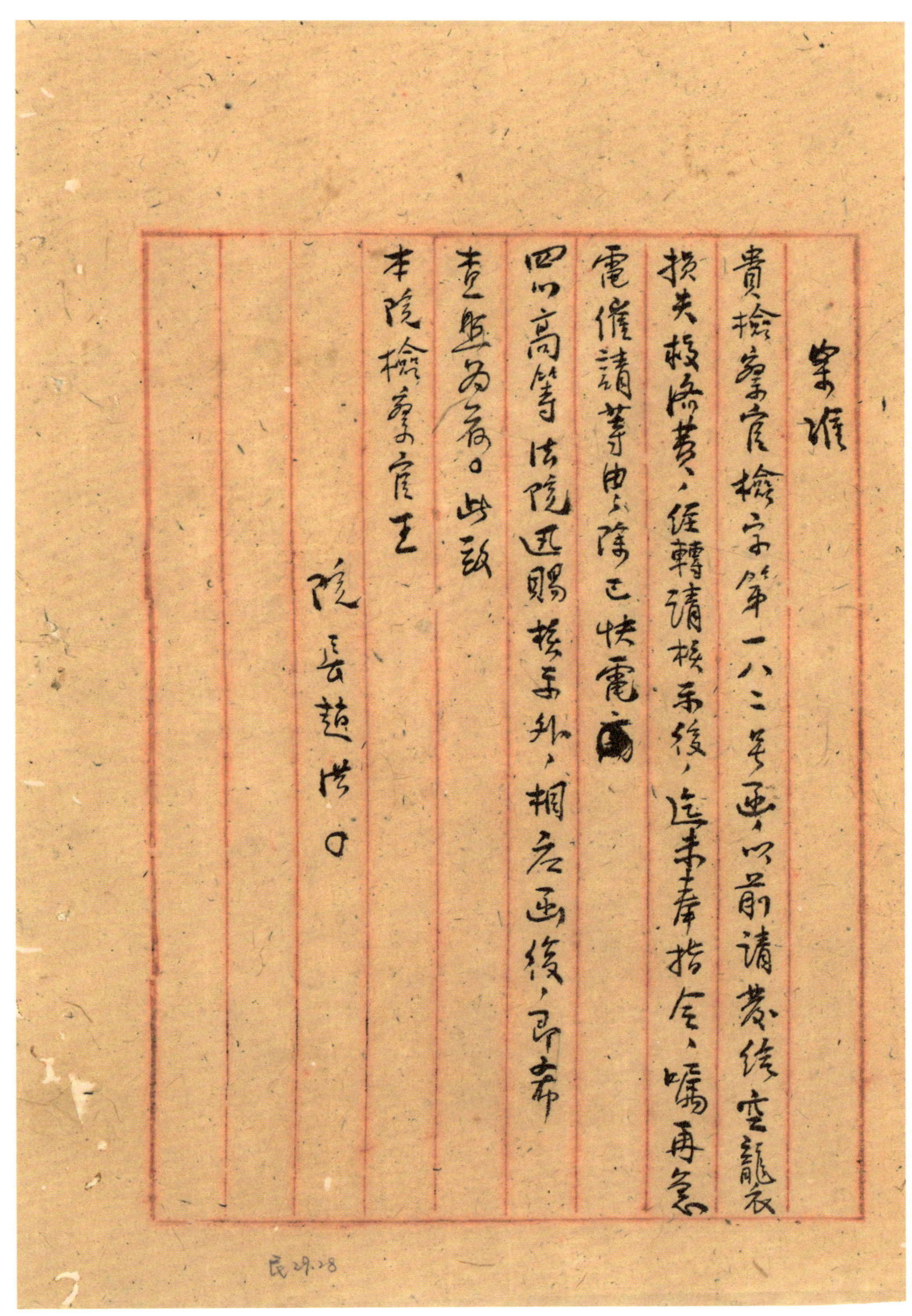

案准

貴檢察官檢字第一八三號函，以前請發給空襲損失救濟費，經轉請核示後，迄未奉指令，囑再急電催請等由。除已快電[illegible]四川高等法院迅賜核示外，相應函復，即希

查照為荷。此致

本院檢察官王

院長趙洪。

民29.28

广安地方法院致四川高等法院的呈（一九四〇年十二月九日）

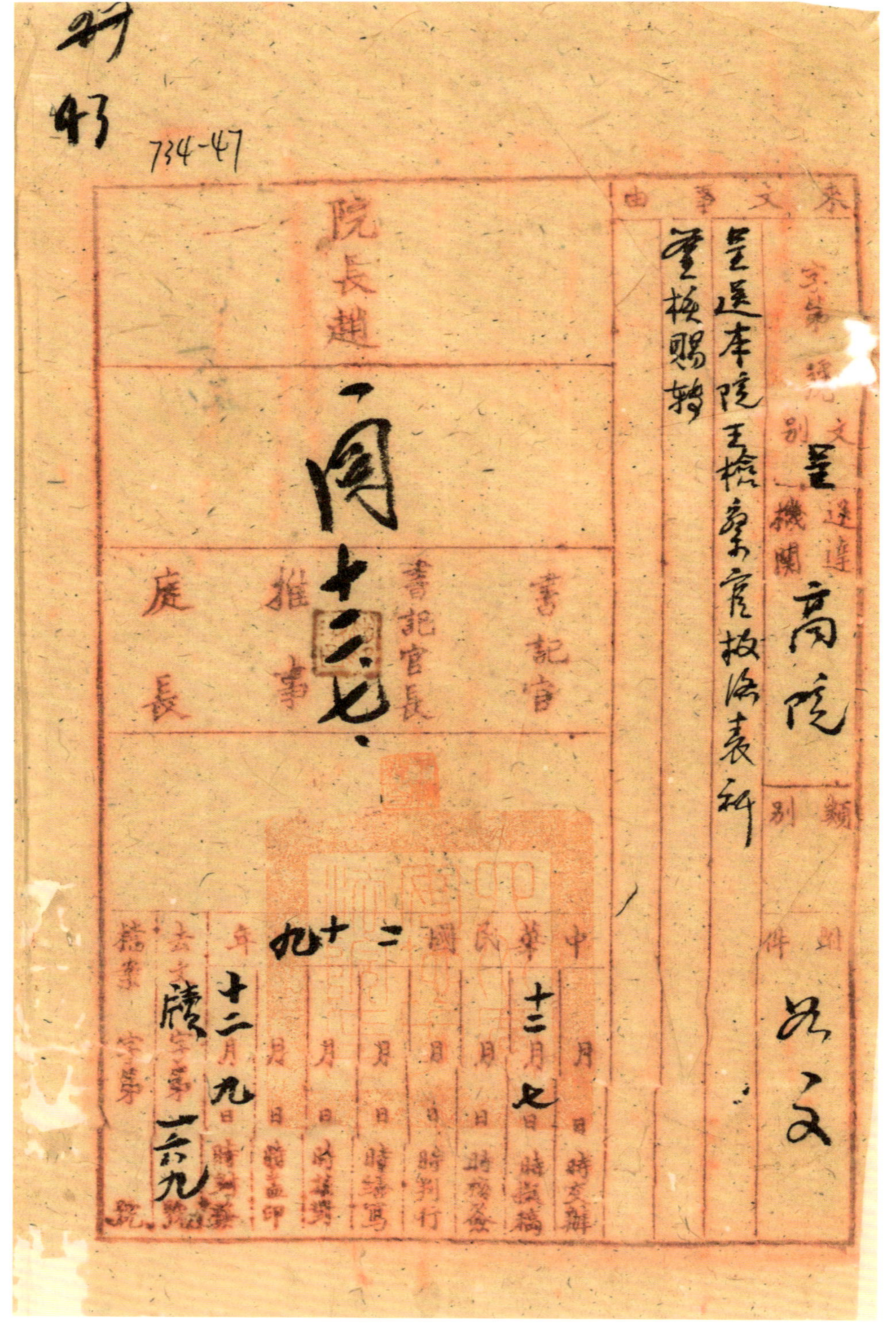
734-47

来文事由：呈送本院王检察官[illegible]表册暨[illegible]转

文别：呈

送达机关：高院

附件：如文

院长赵

一阅 十二、七

书记官　书记官长　推事　庭长

中华民国二十九年十二月七日拟稿

十二月九日发文

发文读字第一六九号

案准本院檢察官王蓁祥檢字第二一〇號公

函内開：

「查敝檢察官前遭受空襲損失，云云

敘至

轉請核發爲荷！」

等由，附送損失表三份，准此。查王檢察官在渝遭受

空襲損失，前准函知，即經轉請核發救濟費有案，

茲奉

鈞院儲字第八六七八號訓令，復經轉送王檢察

官遵辦，茲准函送救濟表呈院，理合具檢同

原表，具文呈送，伏祈

广安县政府关于召集被炸灾民听候放赈致护安乡公所的训令（一九四〇年十月二十三日）

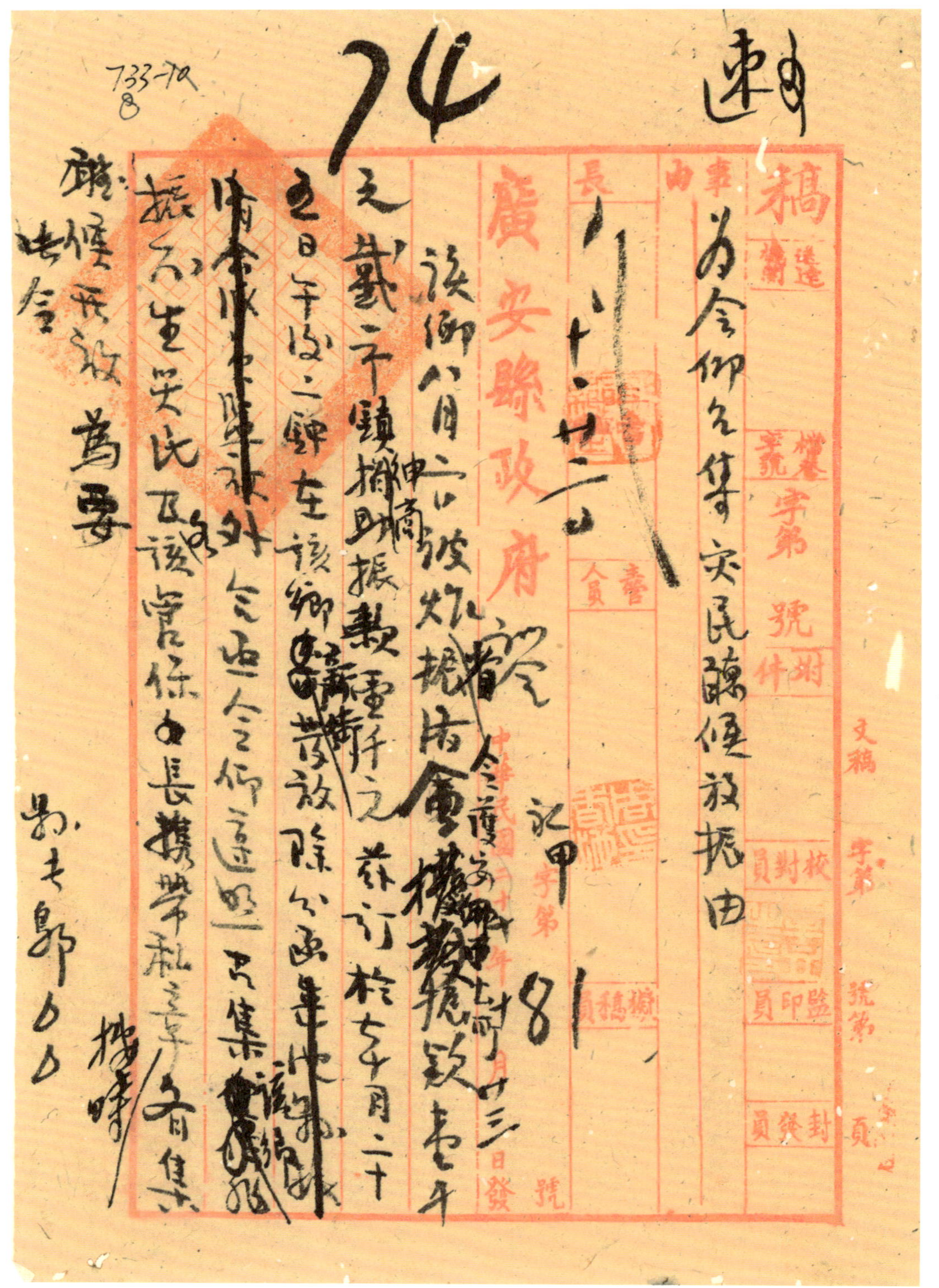
速
稿
事由：為令仰召集災民聽候放賑由
廣安縣政府
記甲字第181號
中華民國二十九年十月廿三日發

四川省赈济会关于广安县一九四〇年八月二日遭日机轰炸组织赈济的一组电令（一九四〇年八月至十二月）

四川省赈济会致广安县政府、县赈济会的训令（一九四〇年八月二十九日收）

四川省振濟會訓令　財字第477號

令廣安縣政府、振濟會

案查八月二日敵機窺川，竄入該縣投彈，受災慘重，至為軫念。所有被炸情形，業經轉請中振會撥款辦理緊急救濟在案。其有經緊急救濟後，尚有非振不生之赤貧無依災民，本會即撥款壹千元，辦理振濟，於[illegible]日由省銀行匯縣，並以慎字第　號財電飭知，仰於奉文後，從速查確非振不生之赤貧無依災民，迅具被災發振名冊，並遵照查字第七〇號訓令頒發之振票式樣，由縣自製，靜候派員蒞縣監放，事後迅具切結三份，連同冊票，彙齊呈核。至該縣收到炸災救濟款後，先行填具正副領款憑單報查，為要！

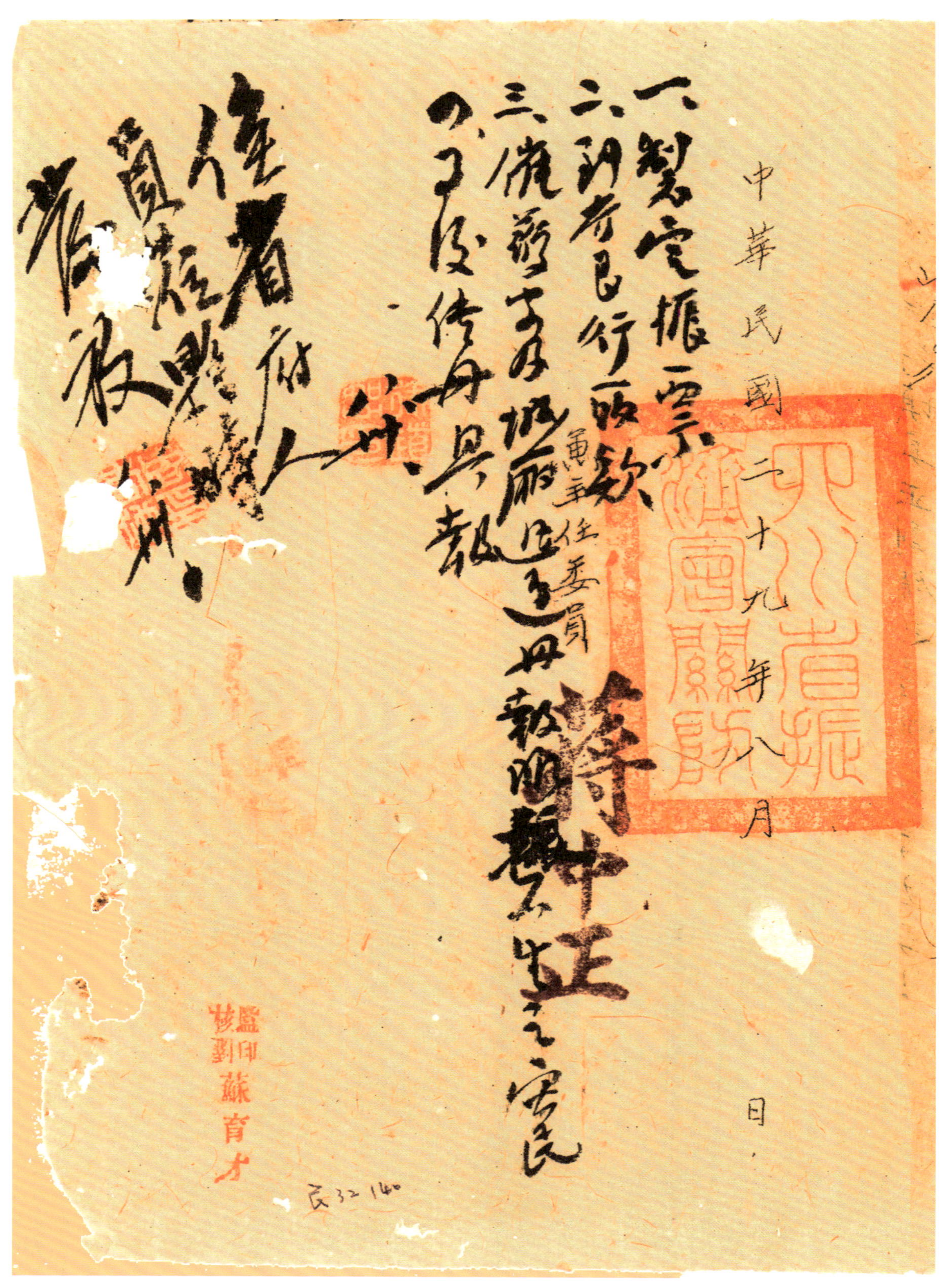

一、製定振票、

二、所有各區行政款、

三、備齊發放振冊逕呈兼主任委員蔣中正毋稍延誤為要

四、事後仰即具報

中華民國二十九年八月 日

四川省振濟會關防

監印 劉

校對 蘇育才

民32 140

四川省赈济会致广安县政府的快邮代电（一九四〇年九月）

四川省賑濟會快郵代電

救字第1218號

事由：批报該縣八月二日被炸懇予救濟一[illegible]令仰遵照一案

廣安縣縣長覽江代電悉該縣於八月二日被炸極爲軫念業經商同省府撥發振款壹千元救濟被炸經緊急救[illegible]非振不生之赤貧災民并令岳池縣振濟會派常委一人前[illegible]同監放並令知在案仰即會同縣振濟會救聯處妥辦於事後將會報審核爲要四川省振濟會戴馬救印

四川省赈济会致广安县政府的指令（一九四〇年十二月十三日）

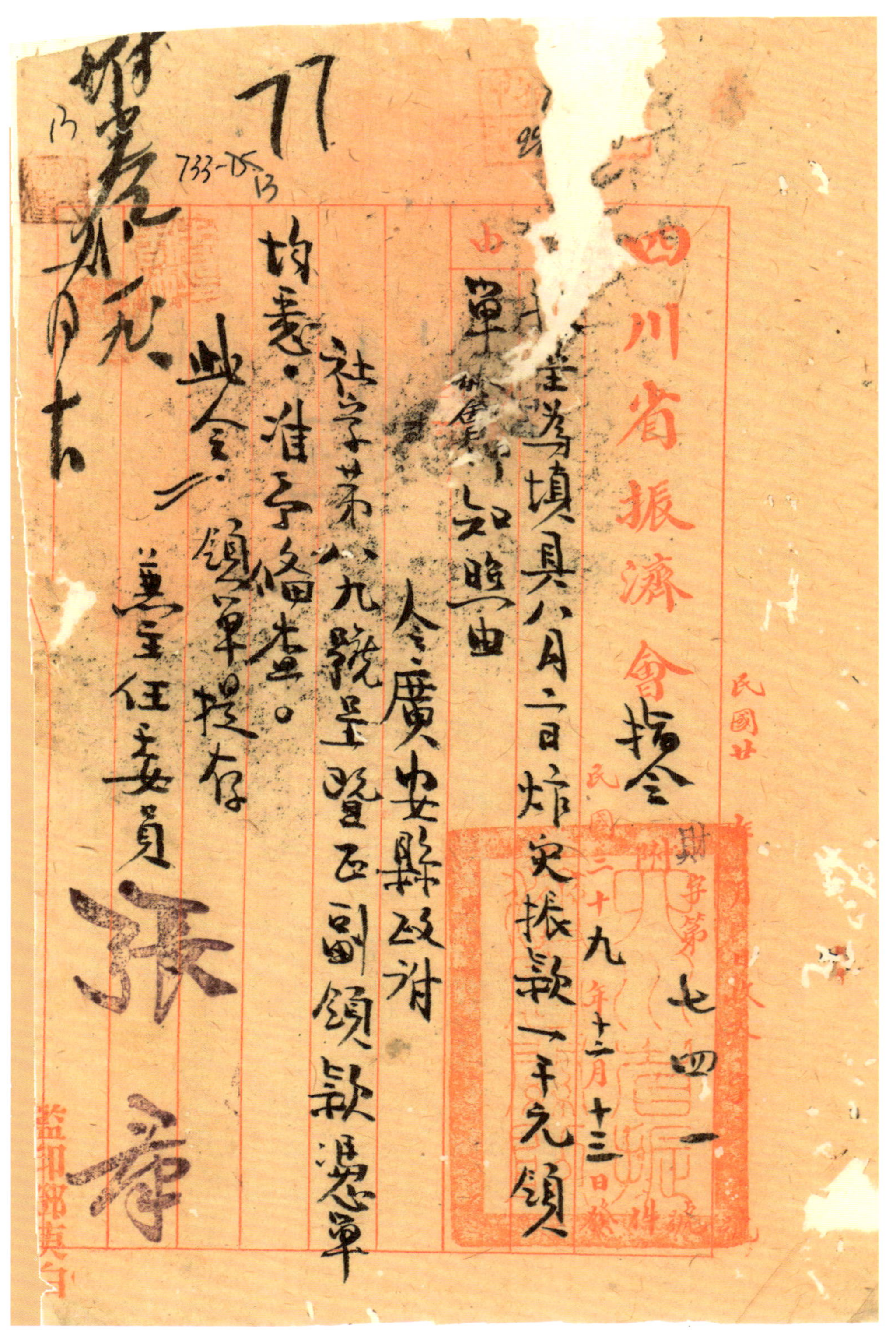

四川省振濟會指令 財字第七四一號

民國二十九年十二月十三日

呈為填具八月二日炸災振款一千元領單……知照由

令廣安縣政府

社字第八九號呈暨正副領款憑單均悉。准予備查。此令。領單提存。

兼主任委員 張群

广安县政府关于一九四〇年九月三日遭日机轰炸人员伤亡及财产损失的一组文书（一九四〇年九月至十一月）

广安县政府致四川省政府、四川省赈济会、重庆防空司令部等的电（一九四〇年九月三日）

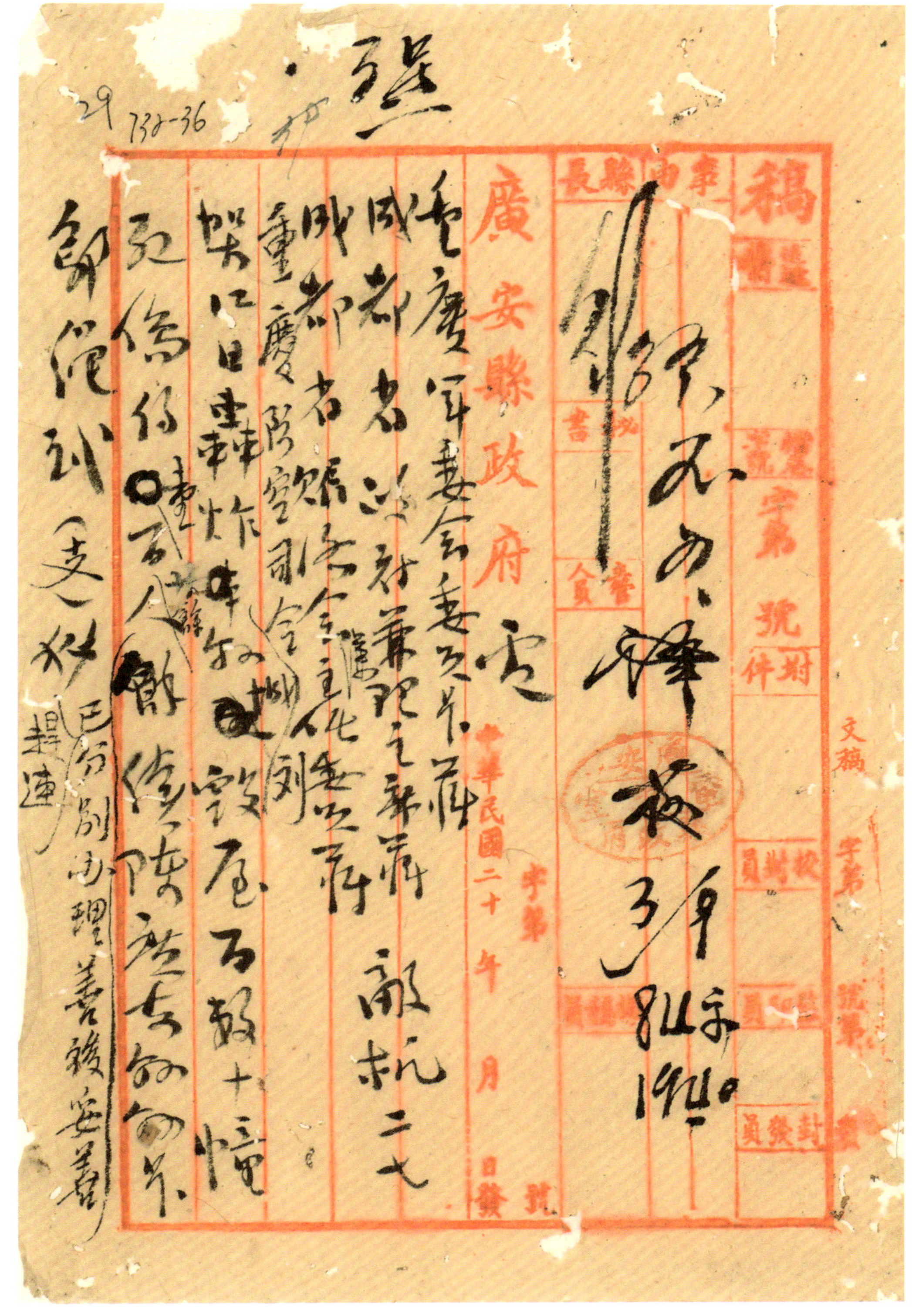

广安县政府致城厢镇公所的命令（一九四〇年九月六日）

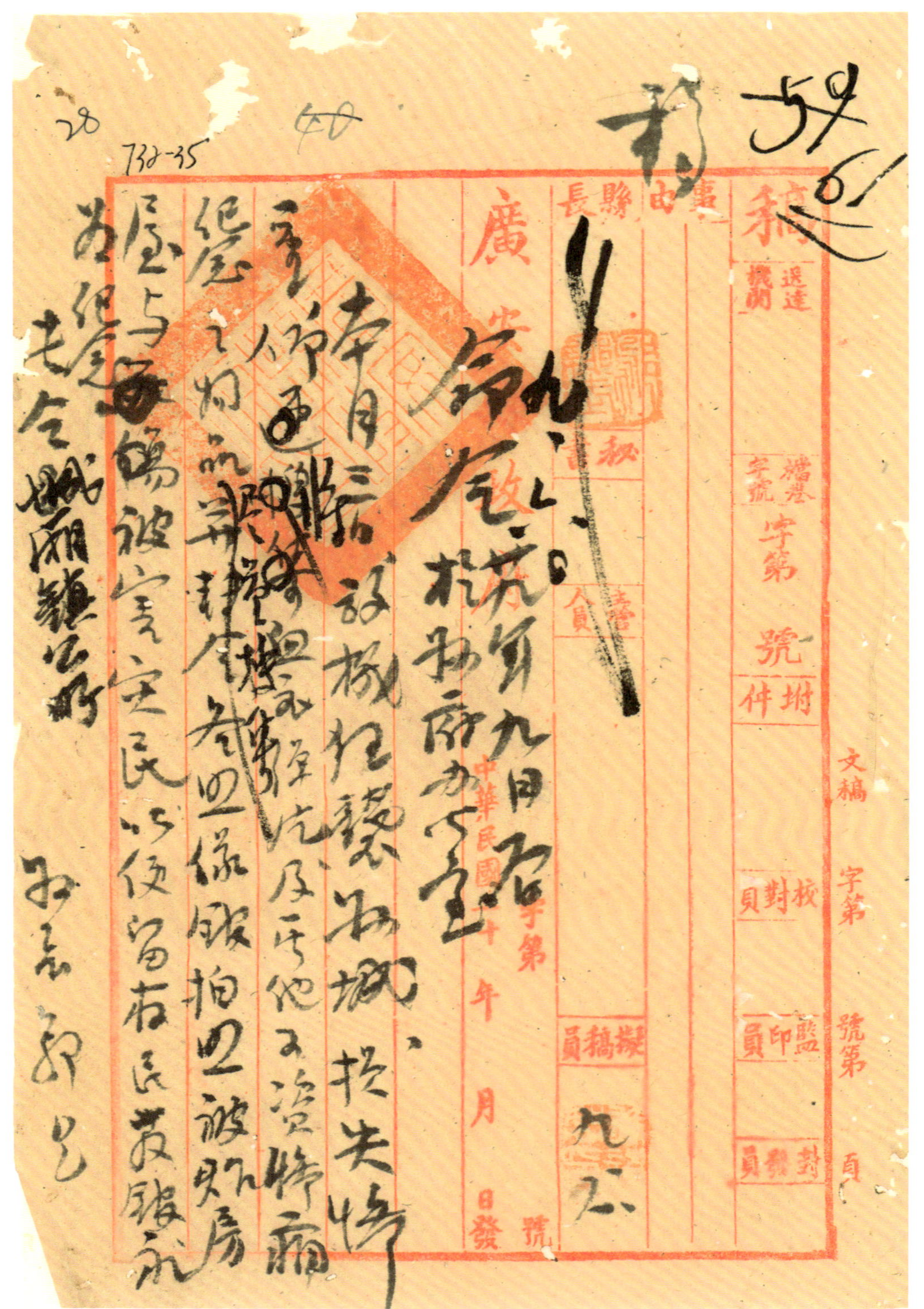

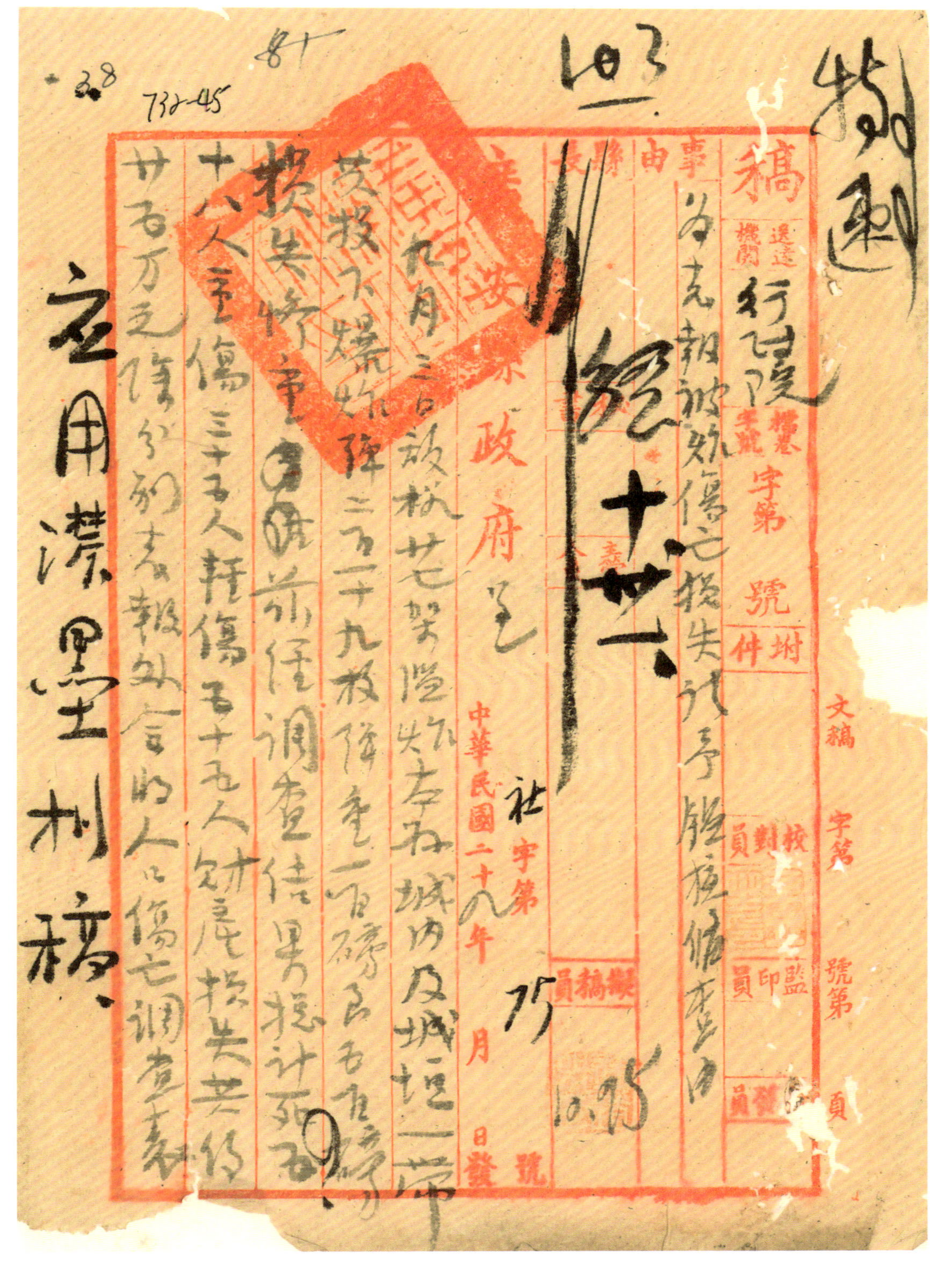

广安县政府致行政院的呈（一九四〇年十月三十一日）

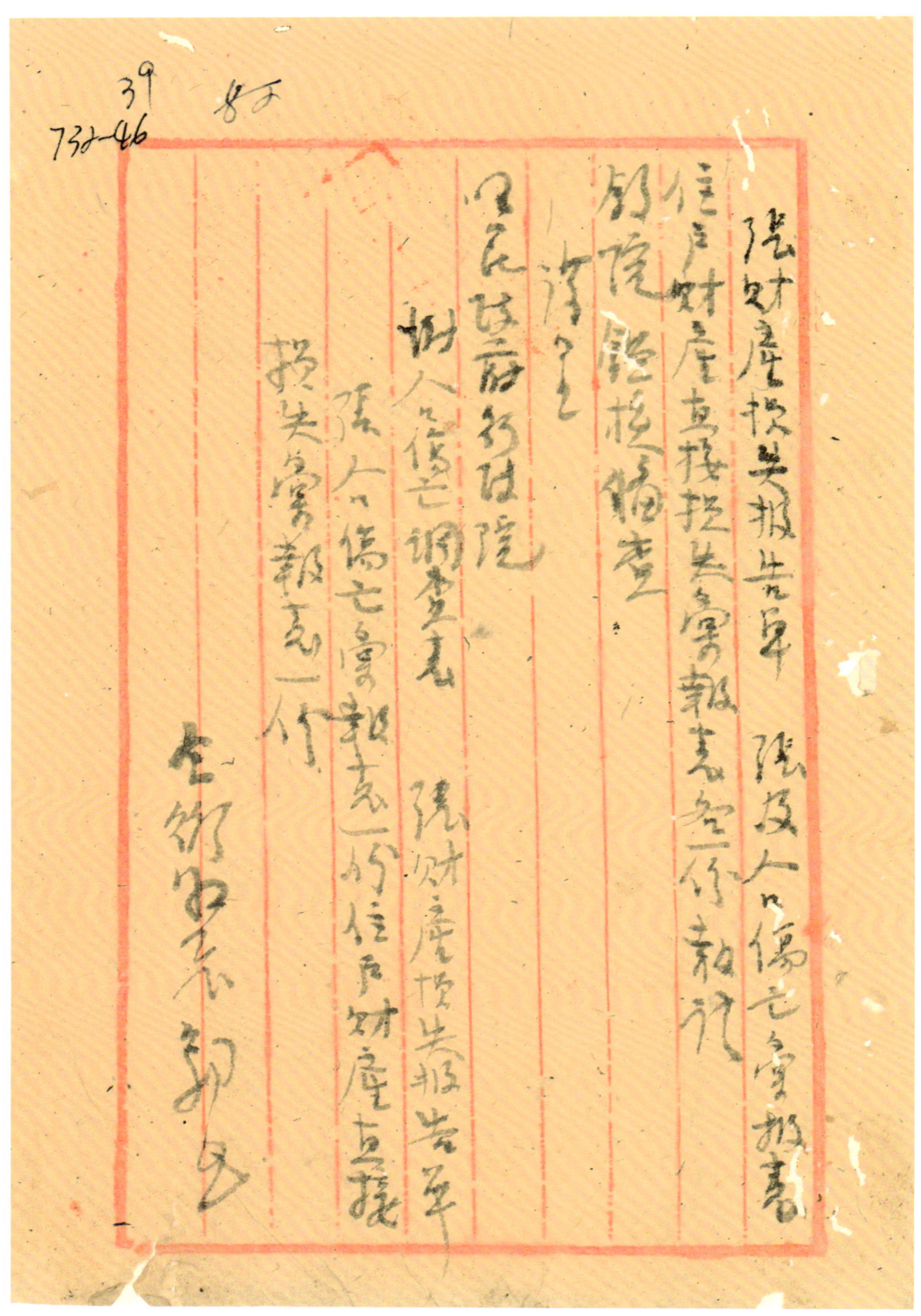

張財產損失報告單　張傷人口傷亡案報告
住戶財產直接損失案報告各一份敬祈
鈞院鑒核備查
謹呈
國民政府行政院
附人口傷亡調查表　張財產損失報告單
張人口傷亡案報告一份住戶財產直接
損失案報告一份
大竹縣長鄧[illegible]

广安县政府致四川省政府、四川省第十区行政督察专员公署的呈（一九四〇年十一月一日）

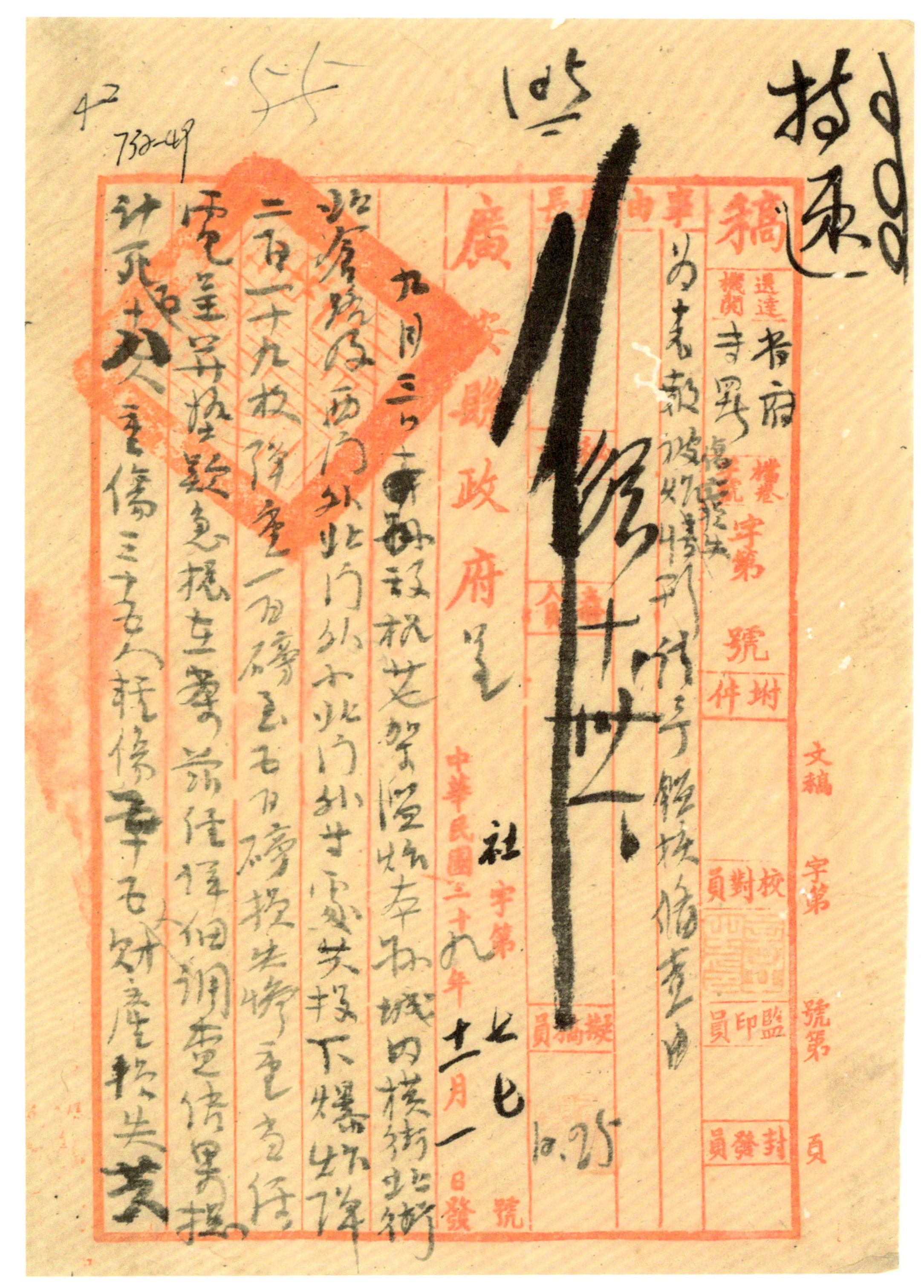

稿

事由：为表报被炸情形仰祈鉴核备查由

遥达机关：省府、专署

广安县政府呈

九月三日敌机空袭，经炸本县城内横街、北街、[illegible]、西门外、北门外、小北门外、[illegible]，共投下爆炸弹二百一十九枚，弹重一百磅至五百磅，损失惨重，当经电呈并将[illegible]急振在案。兹据[illegible]调查结果，计死[illegible]八人，重伤三十五人，轻伤[illegible]，财产损失[illegible]

中华民国二十九年十一月一日发

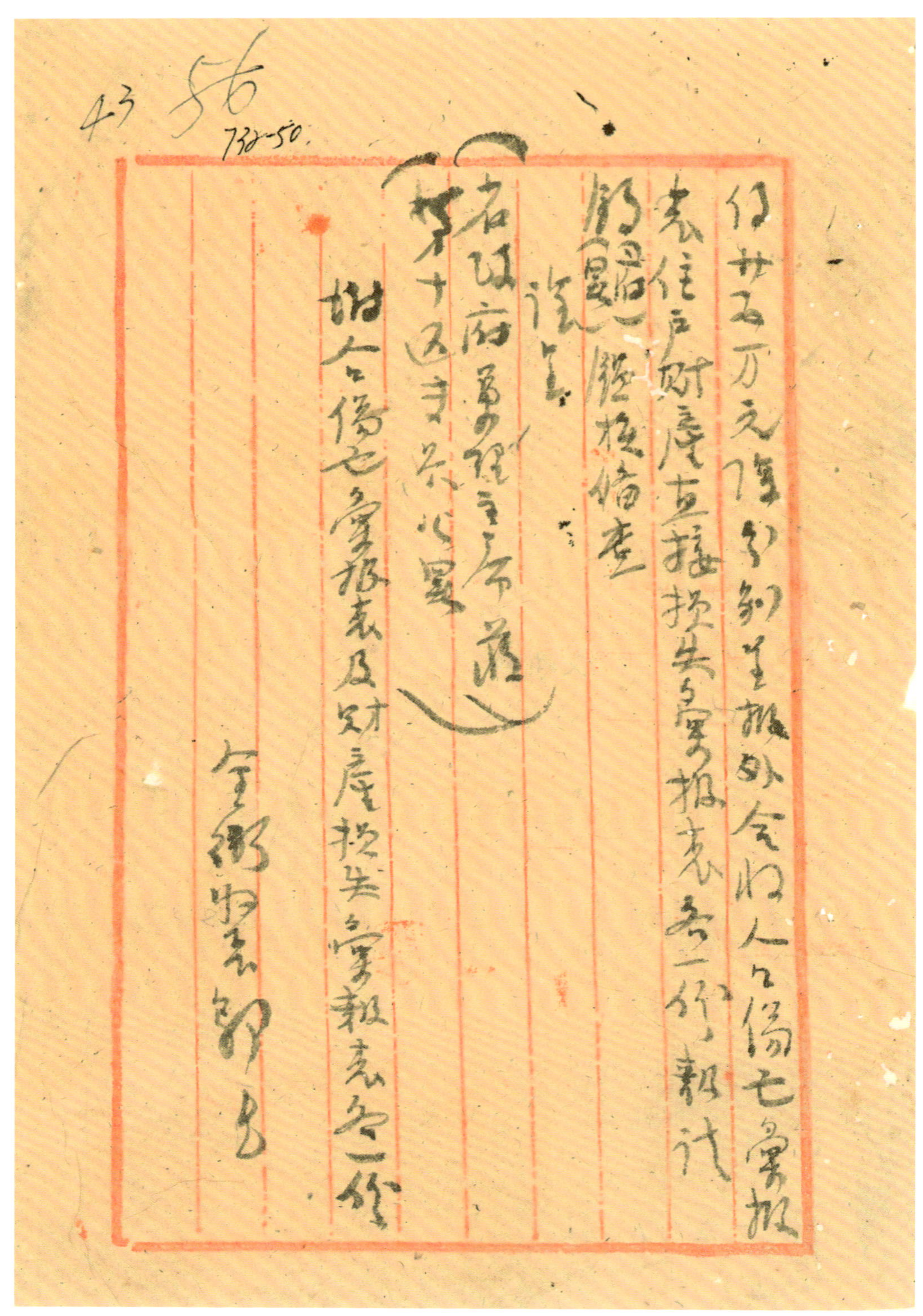

仍廿五万元，除分别呈报外，合将人口伤亡案报表、住户财产直接损失案报表各一份，报请钧鉴核备查。

谨呈

右呈县政府第四区区长 罗

第十区专员公署

附人口伤亡案报表及财产损失案报表各一份

金鹤乡乡长 邹光

广安地方法院代理警长及谢用臣妻谢严氏等关于法警谢用臣被日机轰炸身亡请求抚恤救济事的一组文书

（一九四〇年九月）

广安地方法院代理警长和熙旸致广安地方法院的报告（一九四〇年九月三日）

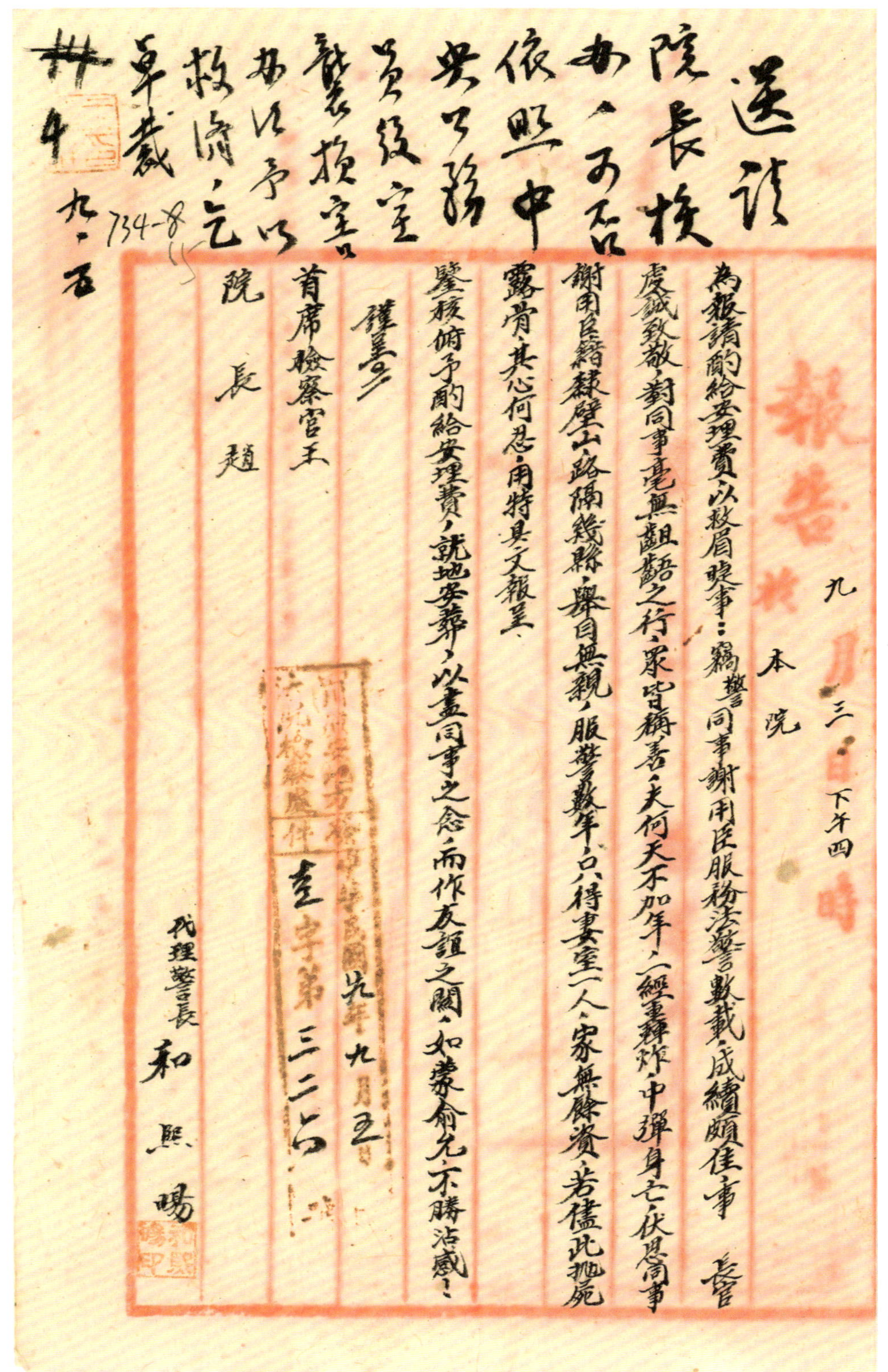

報告　九月三日下午四時　本院

為報請酌給安理費，以救眉睫事：竊警同事謝用臣服務法警數載，成績頗佳，事長官虔誠致敬，對同事毫無齟齬之行，眾皆稱善。夫何天不加年，一經重轟炸，中彈身亡。伏思同事謝用臣籍隸璧山，路隔幾縣，舉目無親，服警數年，只得妻室一人，家無餘資，若儘此拋屍露骨，其心何忍。用特具文報呈，鑒核，俯予酌給安理費，就地安葬，以盡同事之念，而作友誼之關。如蒙俞允，不勝沾感。

謹呈

首席檢察官王

院長趙

代理警長　和熙暘

广安地方法院法警谢用臣妻谢严氏致广安地方法院的呈（一九四〇年九月十七日收）

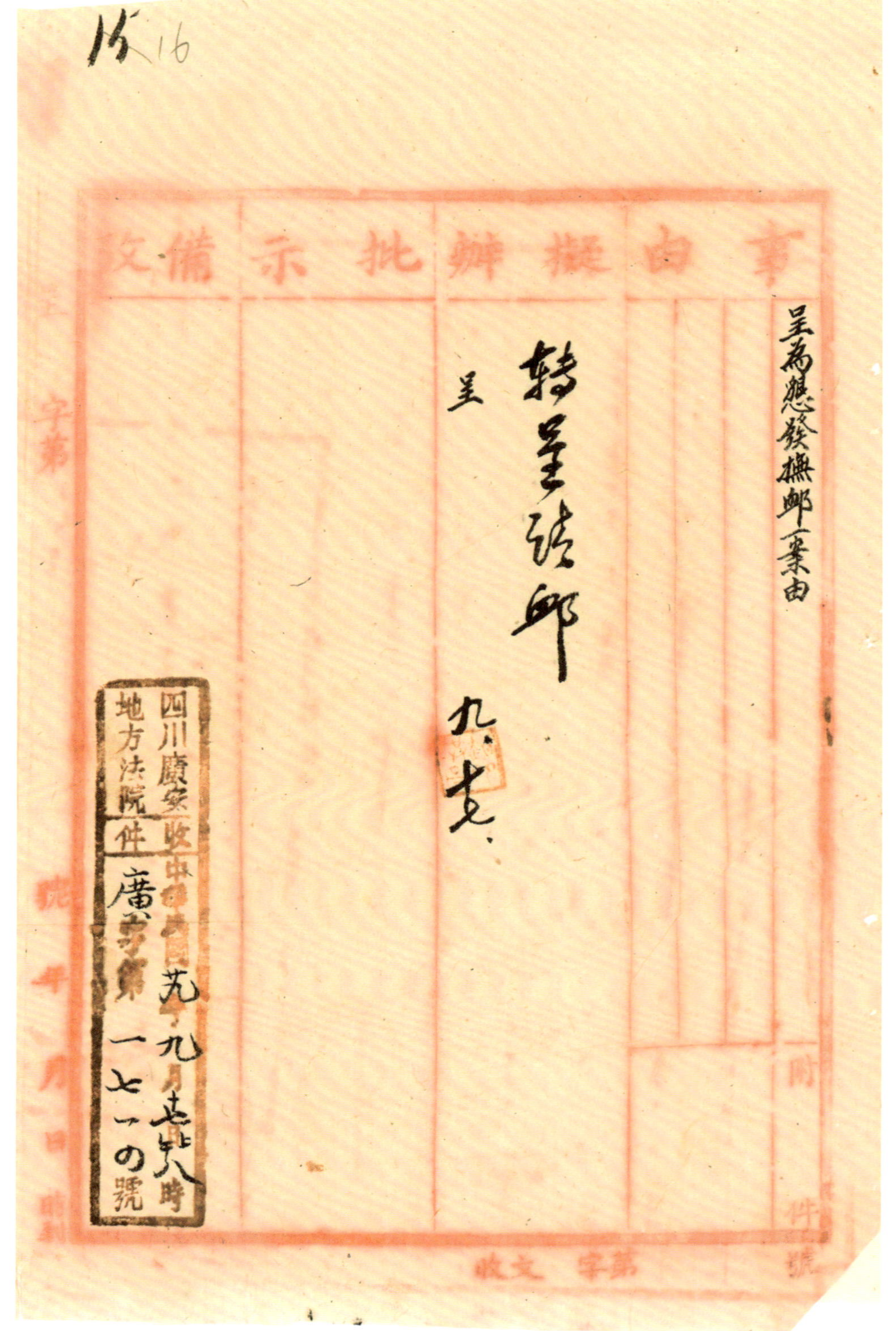

事由：呈为恳发抚恤一案由

拟办：转呈法部

批示：呈 九、十七

四川广安地方法院收件 中华民国廿九年九月十七日午八时 广字第一七一〇号

具呈人城廂小北門外謝嚴氏年二十八歲呈爲夫遭炸斃家景慘然俯予恳給撫
䘏金費以示体恤而維生活事竊氏夫謝用臣原籍璧山人氏在廣安縣府服
務六載嗣後改入
鈞院服務法警勤慎將事未嘗稍懈詎料今陰八月初二日日寇空
軍狂炸廣城可憐氏夫用臣炸斃氏亦腿受重傷至於家中動用衣物
等件概行損盡并無絲毫存留然氏已演成斷炊之象莫可言喻輾轉
思向外告貸奈身處異鄉舉目無親哭訴無門迫不獲已只得據情
前來伏乞
鈞院鑒核恳予發給撫䘏金以慰幽魂而維生者沾感謹呈
廣安地方法院院長　公鑒

具呈恳人谢严氏十

中華民國二十九年九月日

广安地方法院致四川高等法院的呈（一九四〇年九月二十三日）

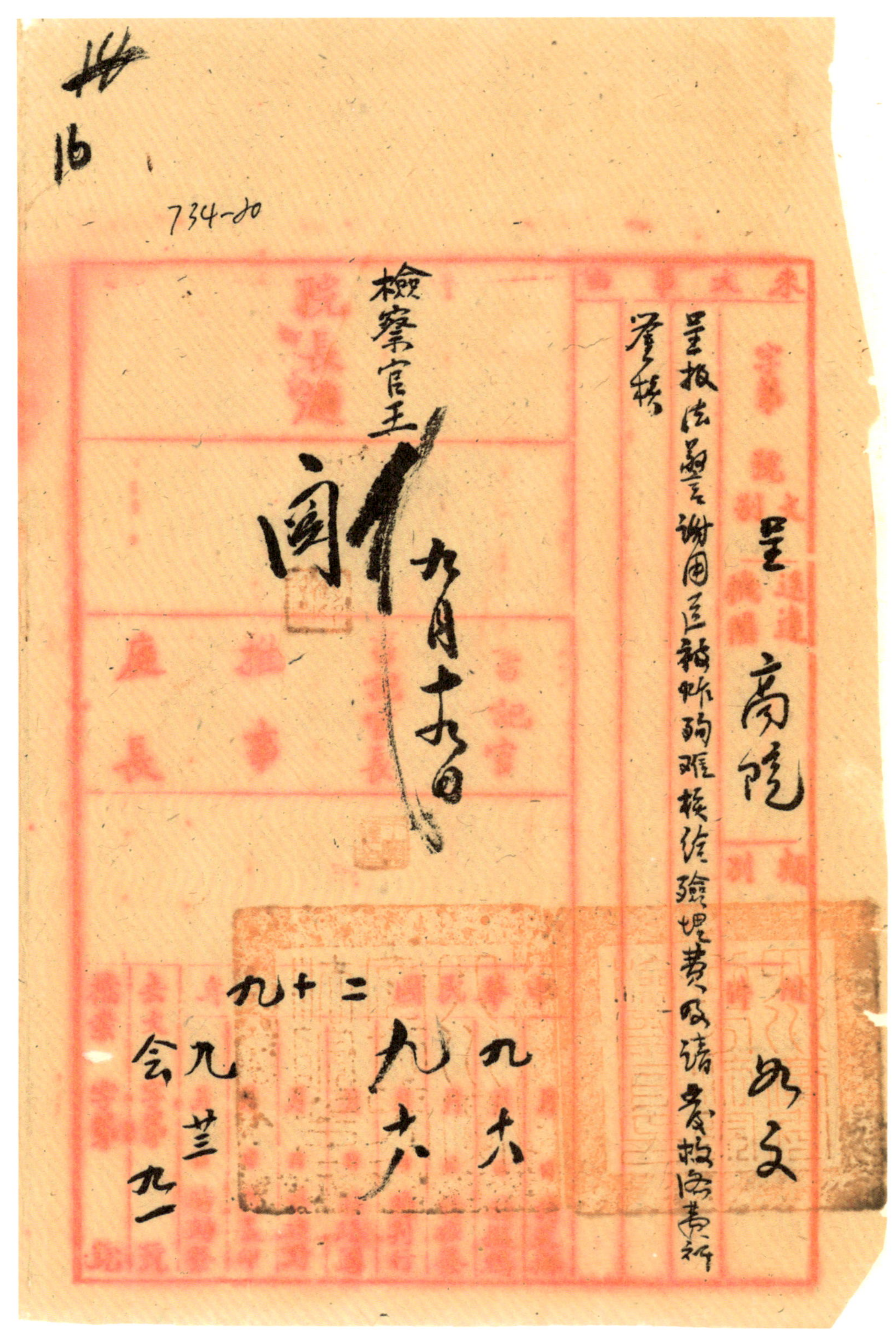

案據本院已故法警謝用臣之妻謝嚴氏呈，以氏夫謝用臣前在廣安縣司法處服務多年，嗣鈞院成立，接充法警，勤慎將事，未敢或懈，詎本年九月三日，敵機狂炸廣安，氏夫謝用臣被炸殉職，氏家亦同時被炸，屋宇衣物，盡毀無存，氏腿部並受重傷，遠處異地，舉目無親，糧盡炊斷，生活莫維，請予救濟等情前來，據查本月三日，敵機再度轟炸廣安，法院前面，落彈甚多，破片飛石，紛落院內，門窗桷瓦，震擊破壞，法警謝用臣被炸身死，曾以江代電呈報在案，此次該故法警謝用臣慘遭炸死，其住所亦同時被炸，一家財物盡遭損失，其妻謝周氏復受重傷，肩擊手心傷，狀至可憫，當依修正中央公務員役遭受空襲損害暫行救濟辦法第八條第十一條，在本院經常費節餘款內，核給該故警謝周氏殮埋費壹百元，並據前情，似應依照前項救濟辦法第九條第二款，核給救濟費二百元，以資矜恤，惟本院經費，原極支絀，核給該故警殮埋費一百元，已屬勉爲自支，續撥救濟費用，實屬異常困難，理合遵照救濟辦法第十一條但書規定，造具預算，連同核給殮埋費情形，一併具文呈賫，伏祈

鑒核，分别賜准撥發備案，實爲公便！

謹呈

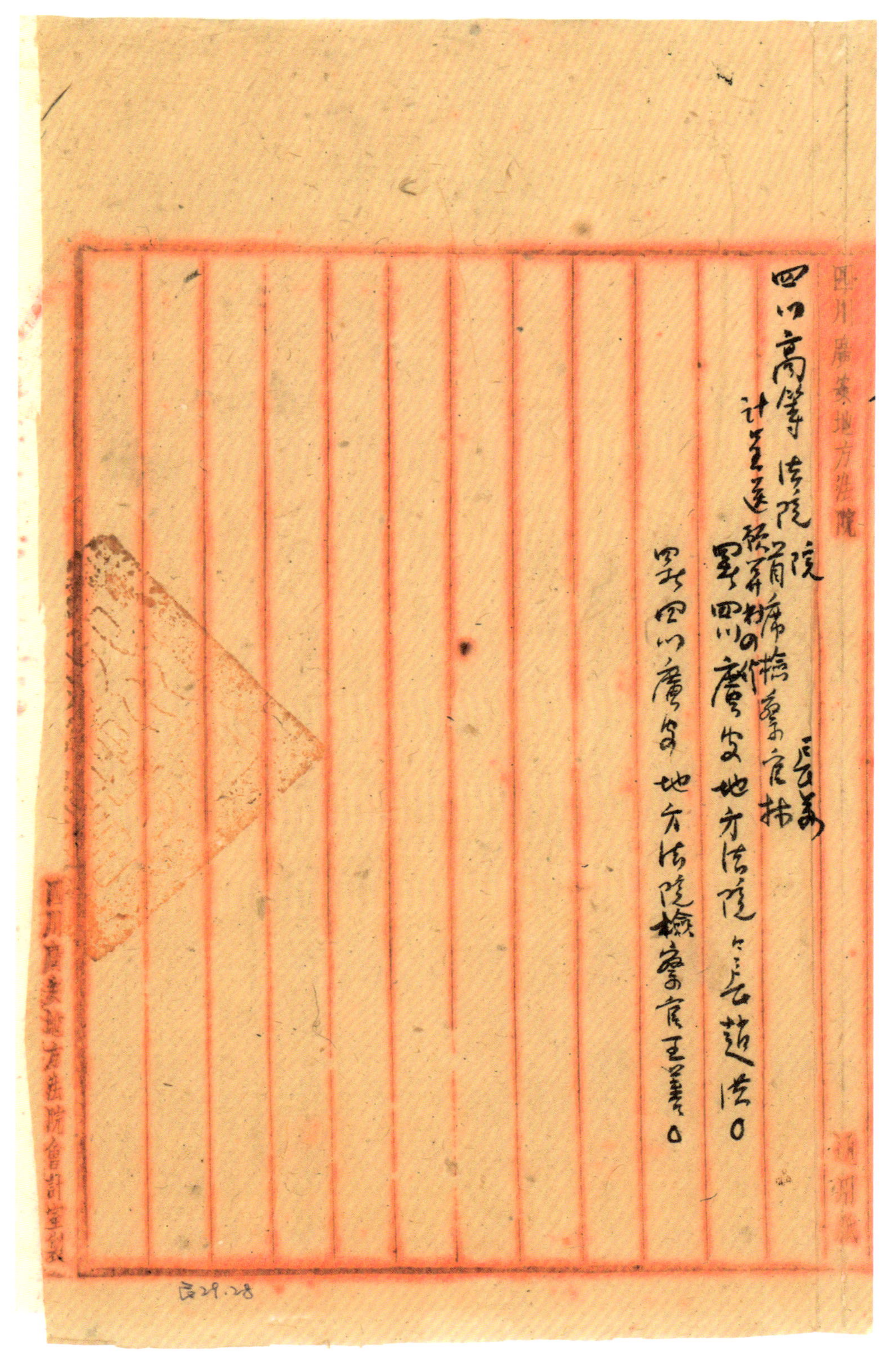

四川廣安地方法院

四川高等法院院長姜

計呈送前首席檢察官林

署四川廣安地方法院院長趙法○

署四川廣安地方法院檢察官王蕙○

通用紙

四川廣安地方法院會計室製

广安县管狱署关于九月三日监所被炸犯人脱逃、受伤及财产损失情形致广安县政府、广安地方法院的呈（一九四〇年九月）

广安县管狱署致县政府的呈（一九四〇年九月四日）

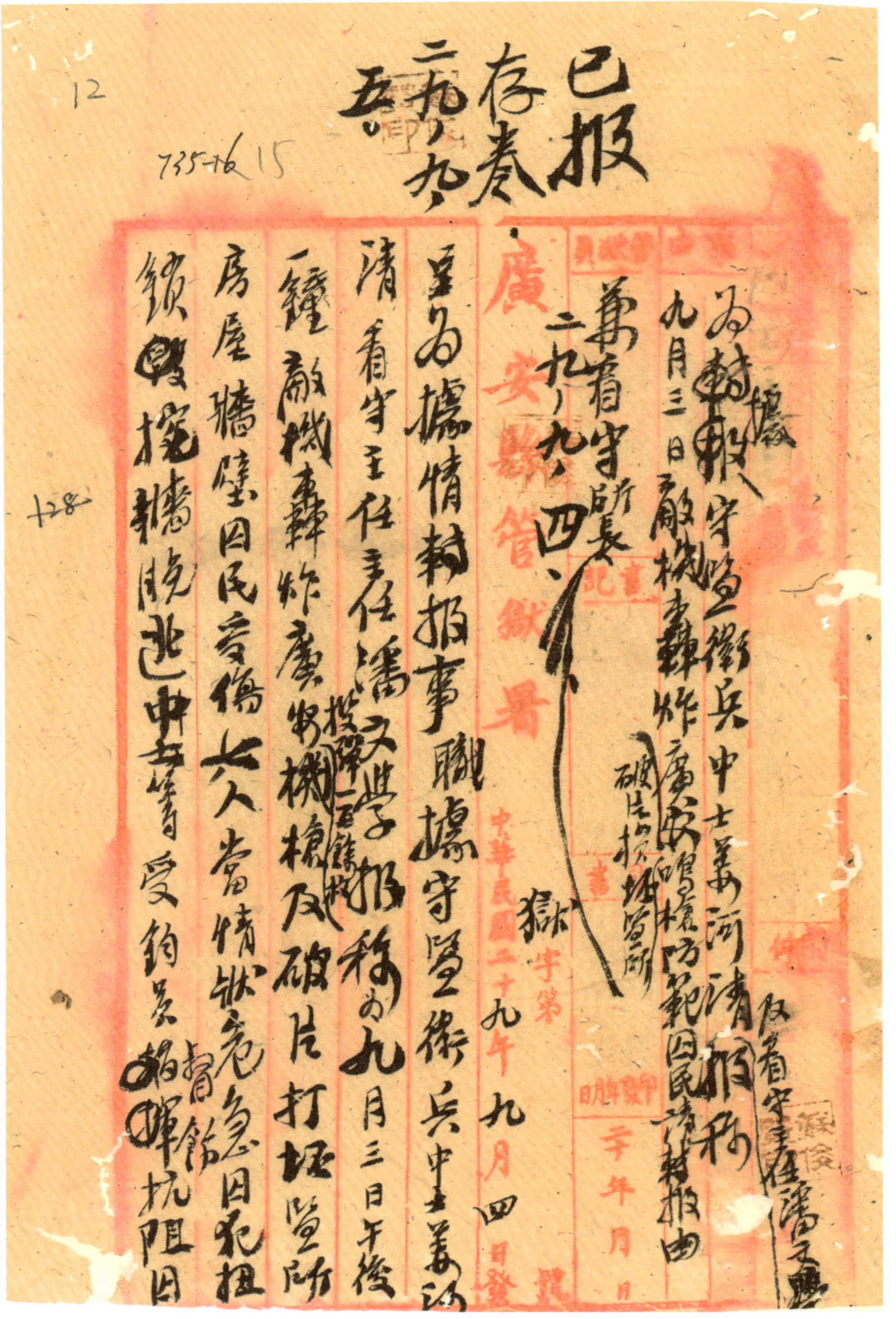

已報存卷 二九、九、五

廣安縣管獄署

中華民國二十九年九月四日發 獄字第 號

犯脫逃，書記職守因畏懼鳴標代二監看守主
任，鳴標十九監婚保因大部份阻回監所倉
房，請鈞長轉報縣府備查，此呈
等情前來，查守望衛兵及看守主任潘
文學並看守陳泰榮等，書記職責鳴標
隨日犯脫逃，殊屬失職，理應具文連同
報告單二份，一并呈報
鈞座鑒核備查，謹呈
縣長鄧
附報告單二份
廣寧縣監獄員兼看守所長蘇俊賢

广安县管狱署致县政府的呈（一九四〇年九月十日）

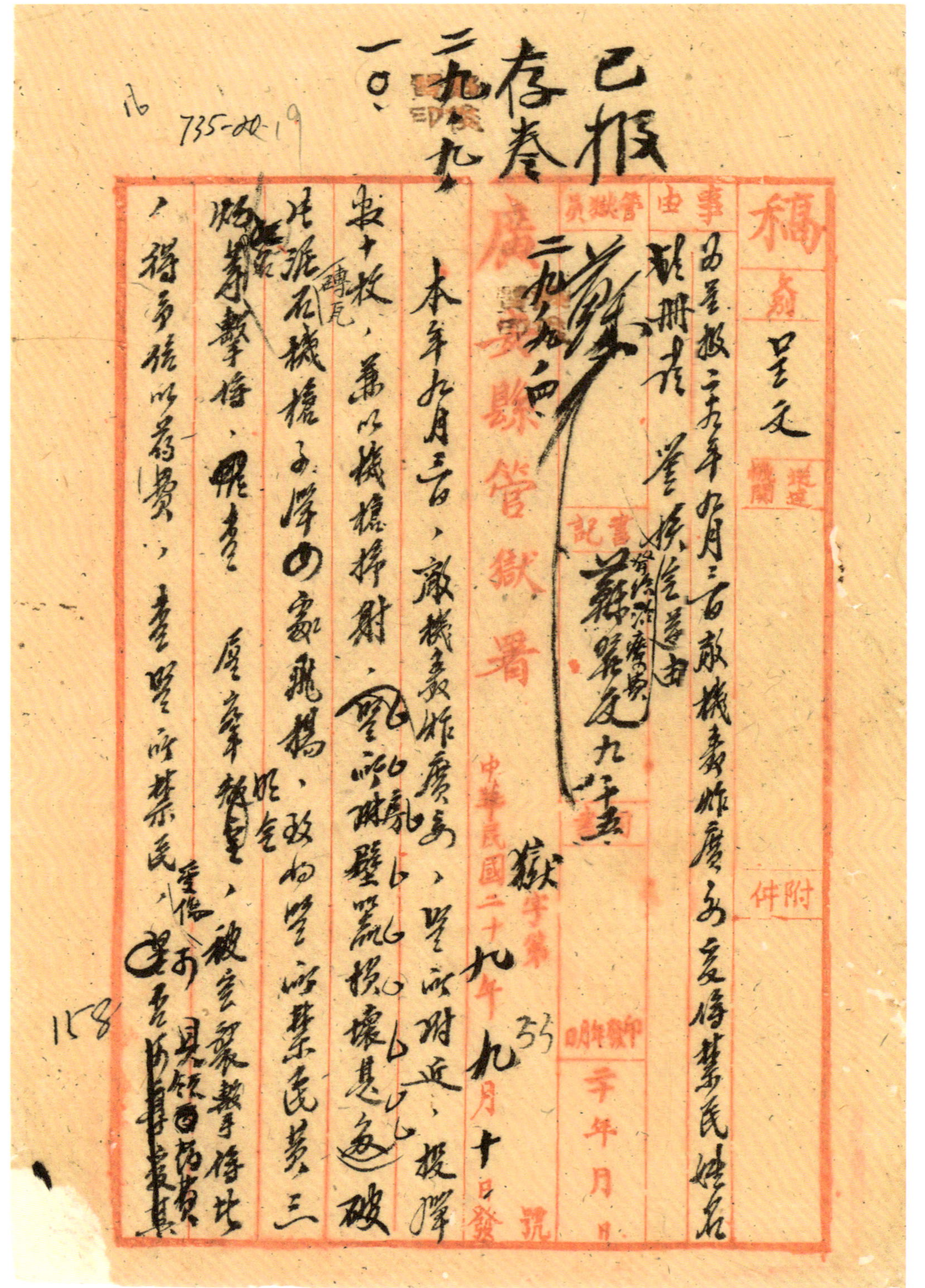
稿

類別：呈文

事由：為呈報二十九年九月三日敵機轟炸廣安，受傷禁民姓名，註冊存查，並懇撥給醫藥費由

管獄員：蘇[illegible]

書記：蘇[illegible]

中華民國二十九年九月十日發

獄字第　號

本年九月三日，敵機轟炸廣安，署所附近，投擲炸彈十枚，並以機槍掃射，署所圍牆震壞甚多，破片泥石、磚瓦、機槍子彈四處飛揚，致本署所禁民[illegible]

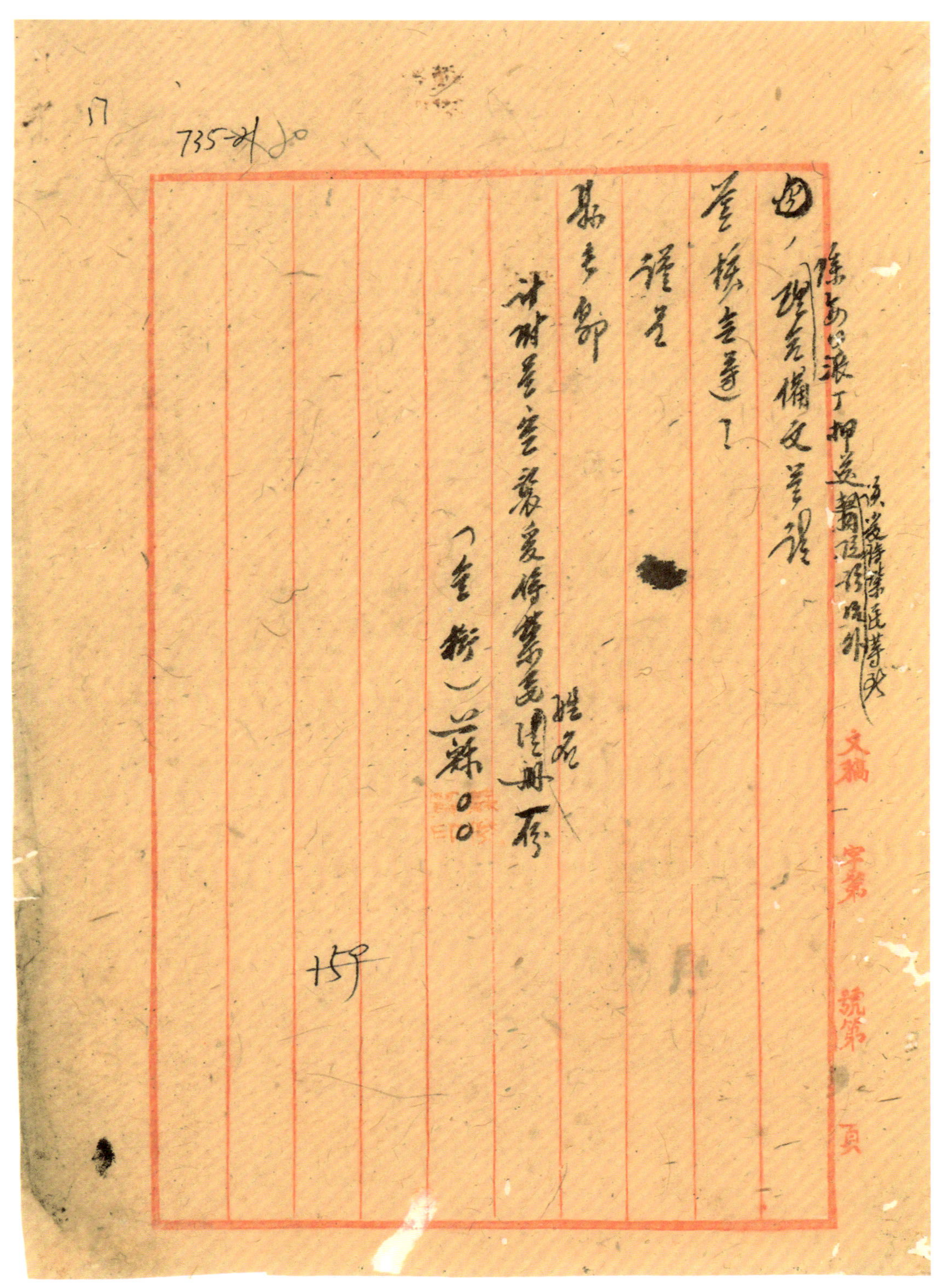

17

735-21-20

函，除分派丁押送鄂運司及皖省轉飭陝省外，理合備文呈請

鑒核，轉達。

謹呈

縣長鄧

計附呈寶豐縣修葺堤壩姓名清冊一份

（全銜）蘇○○

15

文稿　字第　號第　頁

广安县管狱署致广安地方法院的呈（一九四〇年九月）

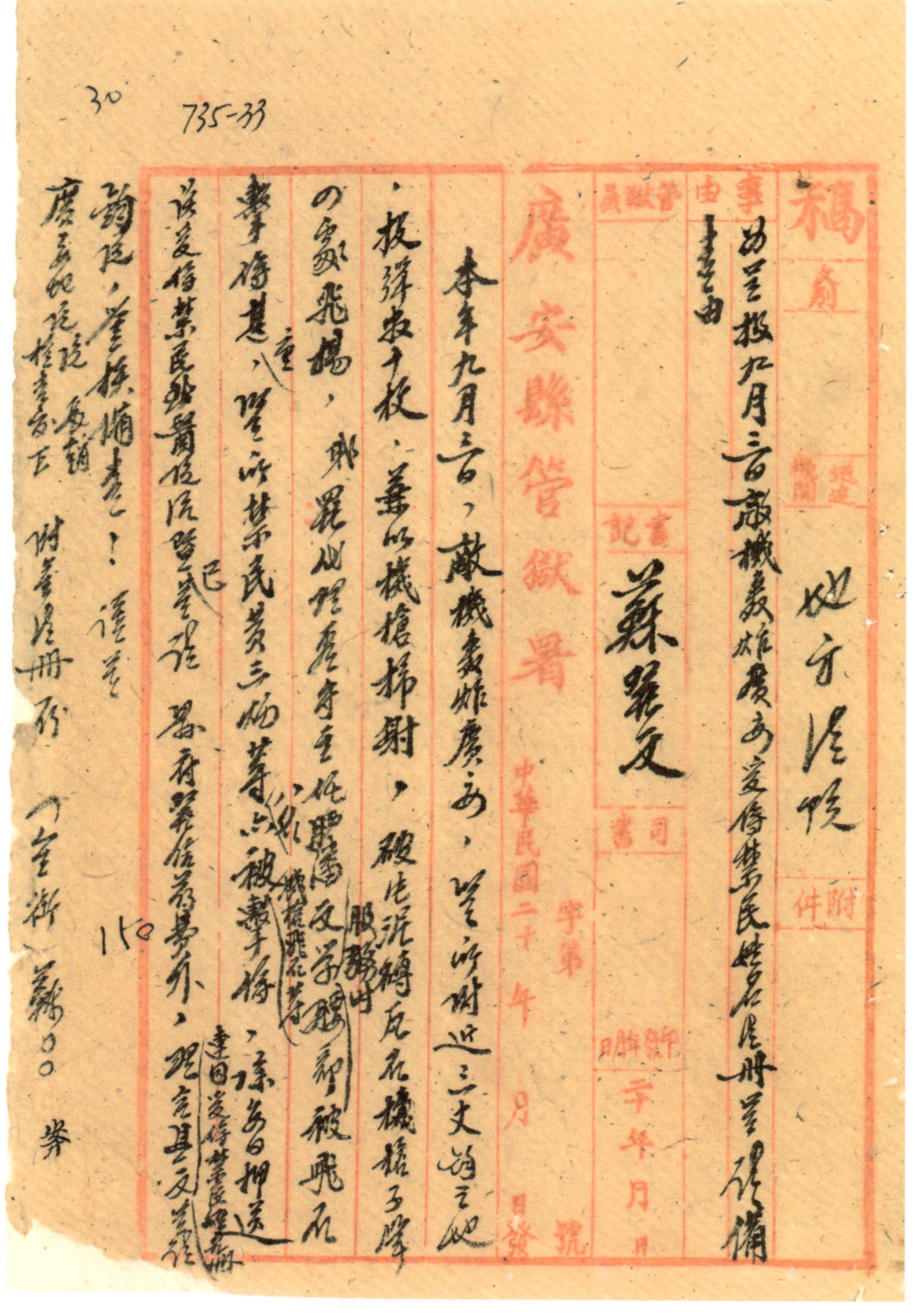
30　735-33

稿

事由：为呈报九月二十日敌机轰炸广安，受伤禁民姓名造册呈请鉴查由

地方法院

管狱员　书记　苏贤文

广安县管狱署

中华民国二十　年　月　日发　字第　号

本年九月二十日，敌机轰炸广安，署所附近二丈余之地，投弹数十枚，并以机枪扫射，致屯泥砖瓦石块、机枪子弹四处飞扬，[illegible]，署所禁民黄三娘等亦被击伤，除[illegible]押送该受伤禁民姓名造册[illegible]外，理合具文呈请

钧院，鉴核备查！谨呈

广安地方法院检察处首席检察官王

附呈清册一本

管狱员　苏○○

150

附：广安县管狱署造具一九四〇年九月三日敌机轰炸禁民受伤表

廣安縣典獄署造具二九年九月三日敵機轟炸禁民受傷表

姓名	年齡	何物打傷	受傷部份	傷
毛天倫	二六	飛片	双足	左重 右輕
李元武	三一	磚石	双足	左重 右輕
曾吉安	三一	飛尾打傷	足部	左重
朱興發	三九	磚石	足頸	左重
劉友和	四七	人擁跌傷	足頸	左重

一刑所看守 袁建芳代 陳秦業十

書記 毛飛鳴 呈

程楚材

准查明轉報

二九、九、五

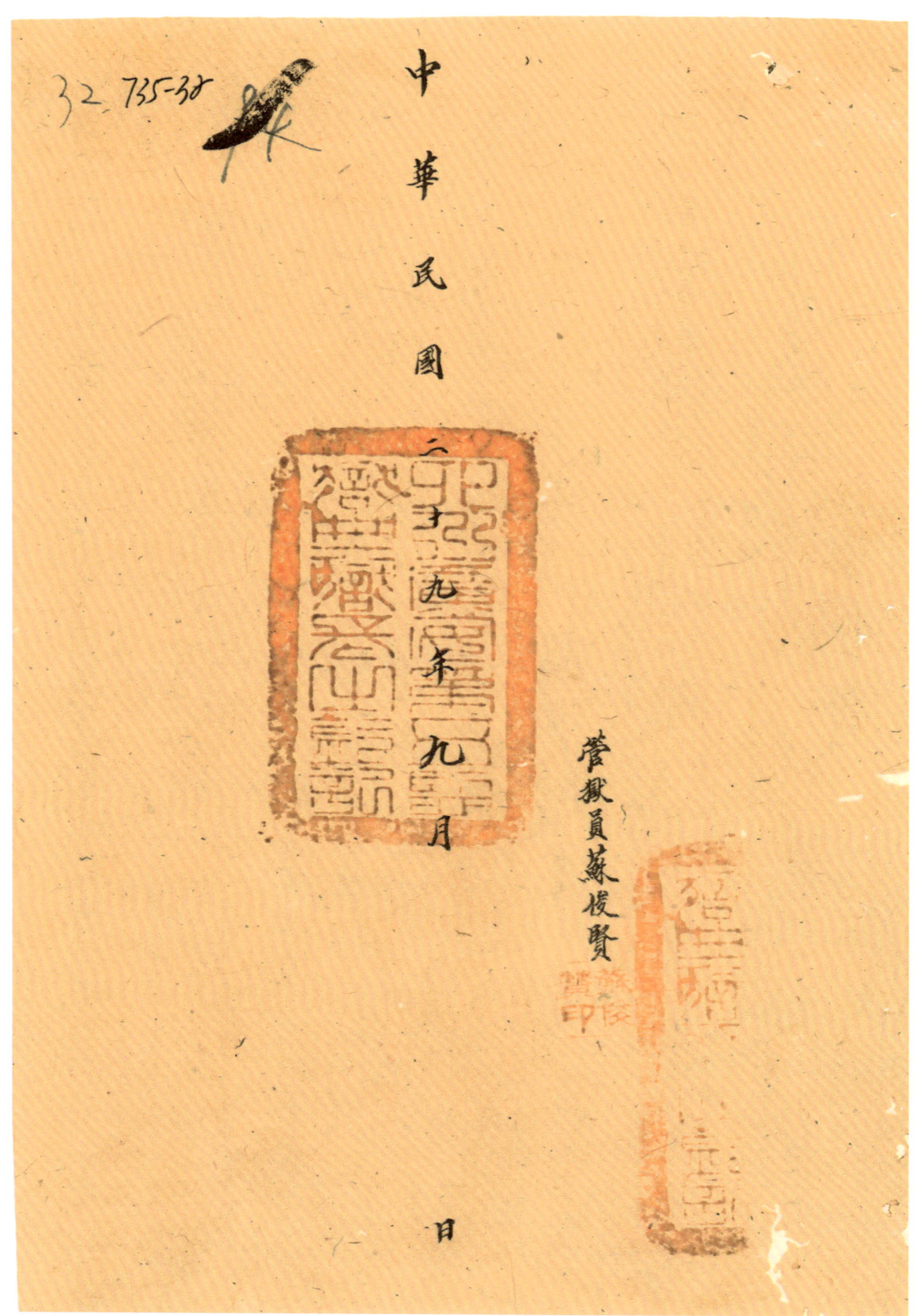

中華民國二十九年九月　日

管獄員蘇俊賢

广安县管狱署致县政府的呈（一九四〇年九月）

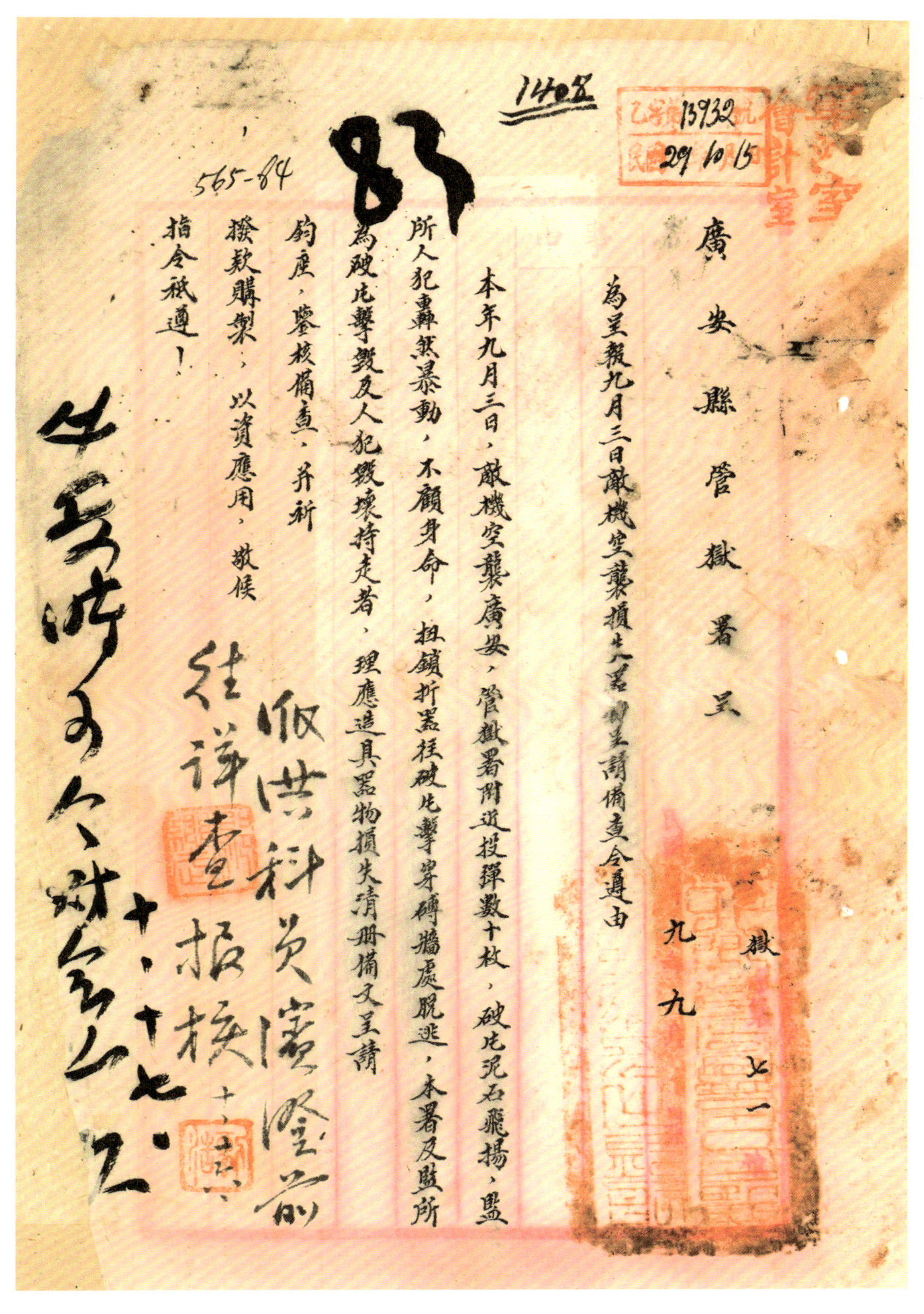

廣安縣管獄署呈　　獄　七一　九九

為呈報九月三日敵機空襲損失器物呈請備查令遵由

本年九月三日，敵機空襲廣安，管獄署附近投彈數十枚，破片泥石飛揚，監所人犯轟然暴動，不顧身命，扭鎖折器，往破片擊穿磚牆處脫逃，本署及監所為破片擊毀及人犯毀壞持走者，理應造具器物損失清冊備文呈請

鈞座，鑒核備查，并祈

撥款購製，以資應用，敬候

指令祇遵！

565-85

謹呈
縣長鄒
計呈清冊一份
廣安縣賞獄員蘇俊賢

附：广安县管狱署及监所九月三日敌机空袭器物损失清册

廣安縣管獄署及監所九月三日敵機空襲器物損失清册

品名	數量	備考
痰盂	五個	破片飛石擊毀
茶碗	四套	同
單方櫈	五張	人犯逃走時打壞持作武器携去
長板櫈	四張	同
木床	一架	同
方棹	一張	同
鑪缸	五口	破片飛石瓦擊毀 打濫三口 餘二口尚可應用
牛尾鎖	九把	人犯逃走時扭壞持作武器携去
腳鐐	二十九付	人犯逃走時毀壞持作武器携去
砝鐙	一個	人犯持作武器携去
吊燈	一盞	破片擊毀
玻燈	一盞	同

廣安縣管獄員蘇虔賢

565-77

78

广安县政府公务员役等关于一九四〇年九月三日被炸伤亡损失请求救济抚恤致县政府的一组文书（一九四〇年九月至十二月）

广安县政府军事科科员梁鲁珍致县政府的签呈（一九四〇年九月五日）

签呈 二十九年九月五日 于本府军事科

本年九月三日敌机袭县，城内北街曾投下两弹，职家住北街第九号，房壁多被震坍，屋桷多被碎片击毁，箱柜桌凳床椅等物，亦多遭损坏，谨此呈报钧座，恳予鉴察，转请发给损失费用资救济，

敬请

秘书林核转

县长鄔

军事科科员梁鲁珍

广安县平价会干事刘百先致县政府的签呈（一九四〇年九月六日）

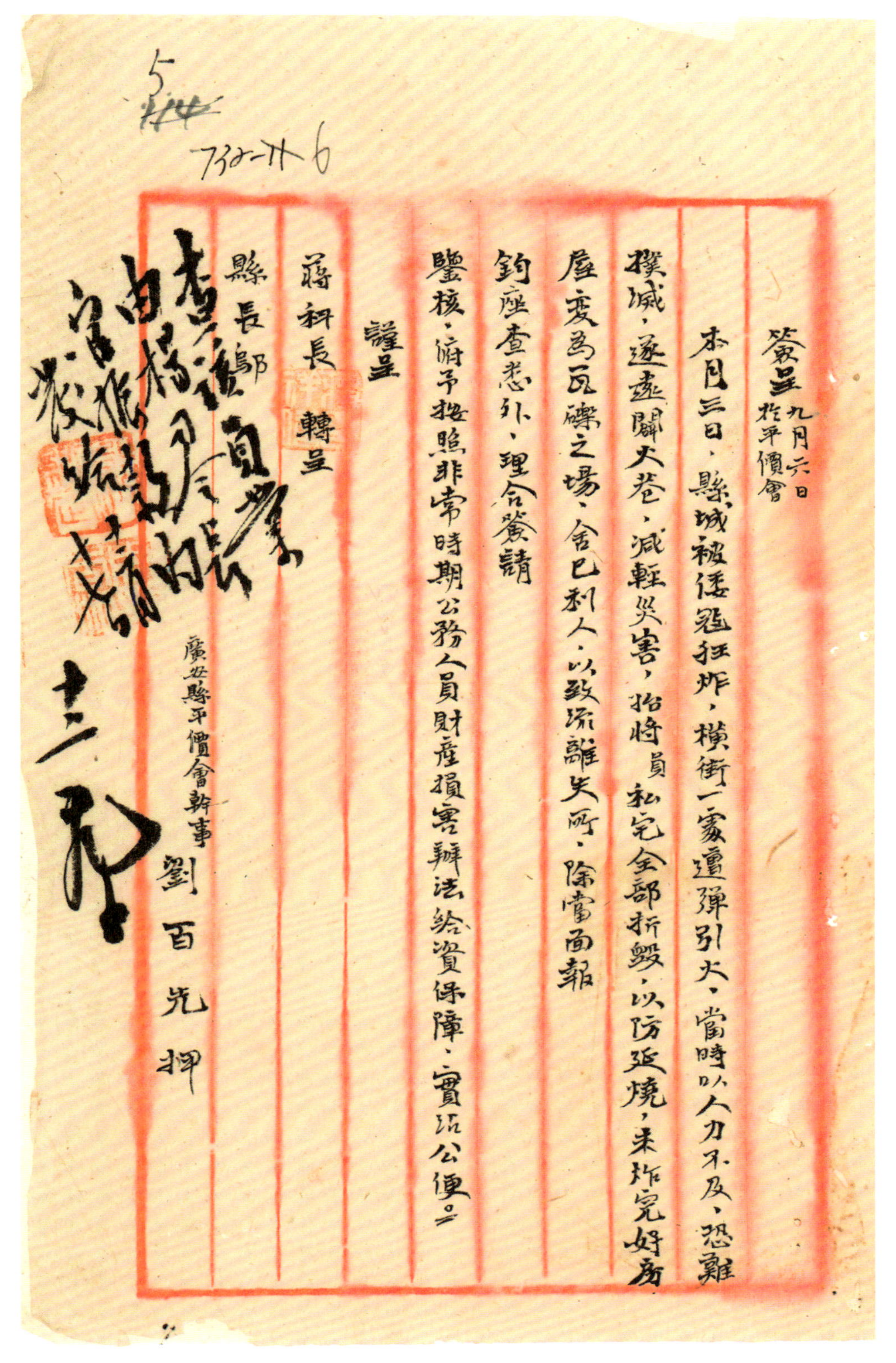

签呈 九月六日 於平價會

本月三日，縣城被倭寇狂炸，橫街一家遭彈引火，當時以人力不及，恐難撲滅，遂遠闢火巷，減輕災害，指將員私宅全部折毀，以防延燒，未炸完好房屋变為瓦礫之場，舍已利人，以致流離失所，除當面報

鈞座查悉外，理合簽請

鑒核，俯予按照非常時期公務人員財產損害辦法給資保障，實紀公便。

謹呈

蔣科長轉呈

縣長鄔

廣安縣平價會幹事 劉百先 押

广安县政府雇员张民膏致县政府的签呈（一九四〇年九月九日）

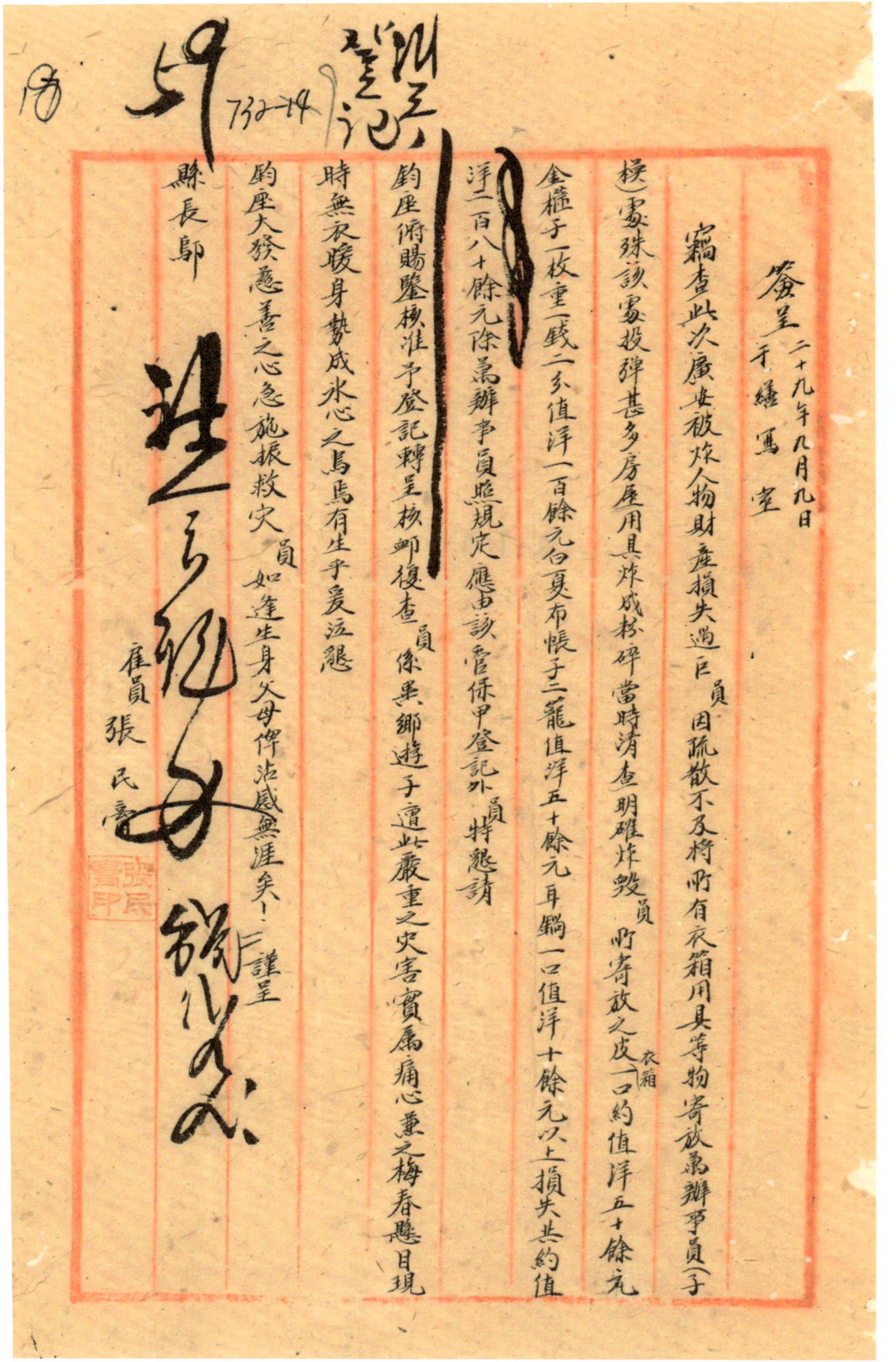

簽呈 二十九年九月九日 于繕寫室

竊查此次廣安被炸人物財產損失過巨 員因疏散不及將所有衣箱用具等物寄放區辦事員(子楨)處殊該處投彈甚多房屋用具炸成粉碎當時清查明確炸毀 員所寄放之皮衣箱一口約值洋五十餘元金檻子一枚重一錢二分值洋一百餘元白夏布帳子二籠值洋五十餘元耳鍋一口值洋十餘元以上損失共約值洋二百八十餘元除區辦事員照規定應由該管保甲登記外 員特懇請

鈞座俯賜鑒核准予登記轉呈核卹復查 員係異鄉遊子遭此嚴重之災害實屬痛心兼之梅春懸目現時無衣暖身勢成冰心之馬焉有生乎爰泣懇

鈞座大發慈善之心急施振救災 員如逢生身父母俾沾感無涯矣！謹呈

縣長鄔

雇員 張民膏

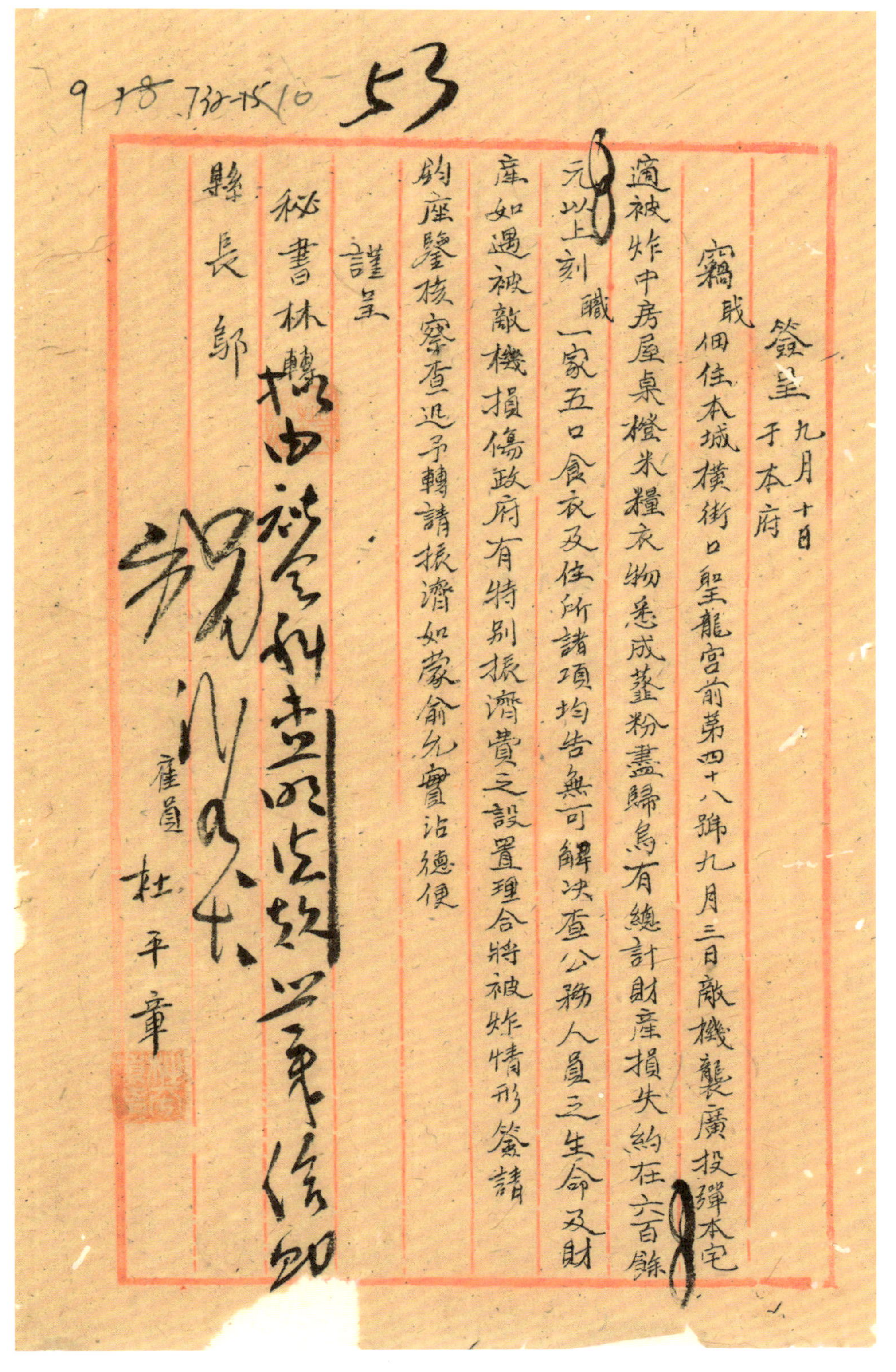

簽呈 九月十日 于本府

竊職佃住本城横街口聖龍宮前第四十八號九月三日敵機襲廣投彈本宅適被炸中房屋桌櫈米糧衣物悉成虀粉盡歸烏有總計財産損失約在六百餘元以上刻職一家五口食衣及住所諸項均告無可解决查公務人員之生命及財産如遇被敵機損傷政府有特别振濟費之設置理合將被炸情形簽請

鈞座鑒核察查迅予轉請振濟如蒙俞允實沾德便

謹呈

秘書林轉

縣長鄒

雇員 杜平章

广安县政府公役尹福致县政府的报告（一九四〇年九月十日）

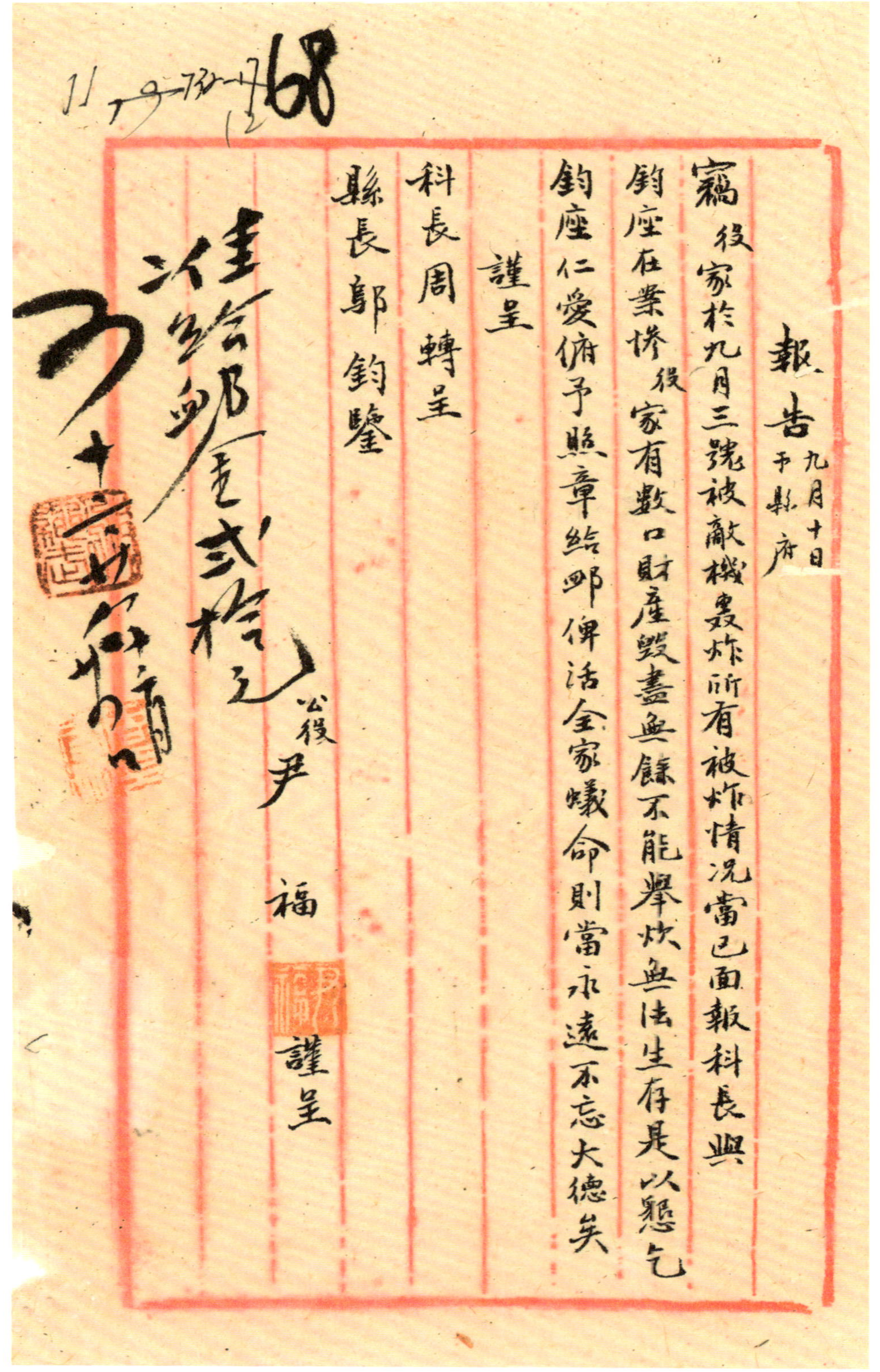
11-9-730-17
12
68

報告 九月十日 于縣府

竊役家於九月三號被敵機轟炸，所有被炸情况，當已面報科長與鈞座在案。惨役家有數口，財産毁盡無餘，不能舉炊，無法生存，是以懇乞鈞座仁愛，俯予照章給郵，俾活全家蟻命，則當永遠不忘大德矣。

謹呈

科長周 轉呈

縣長鄔 鈞鑒

公役尹福 謹呈

准給郵金式拾元
方 十二 廿八

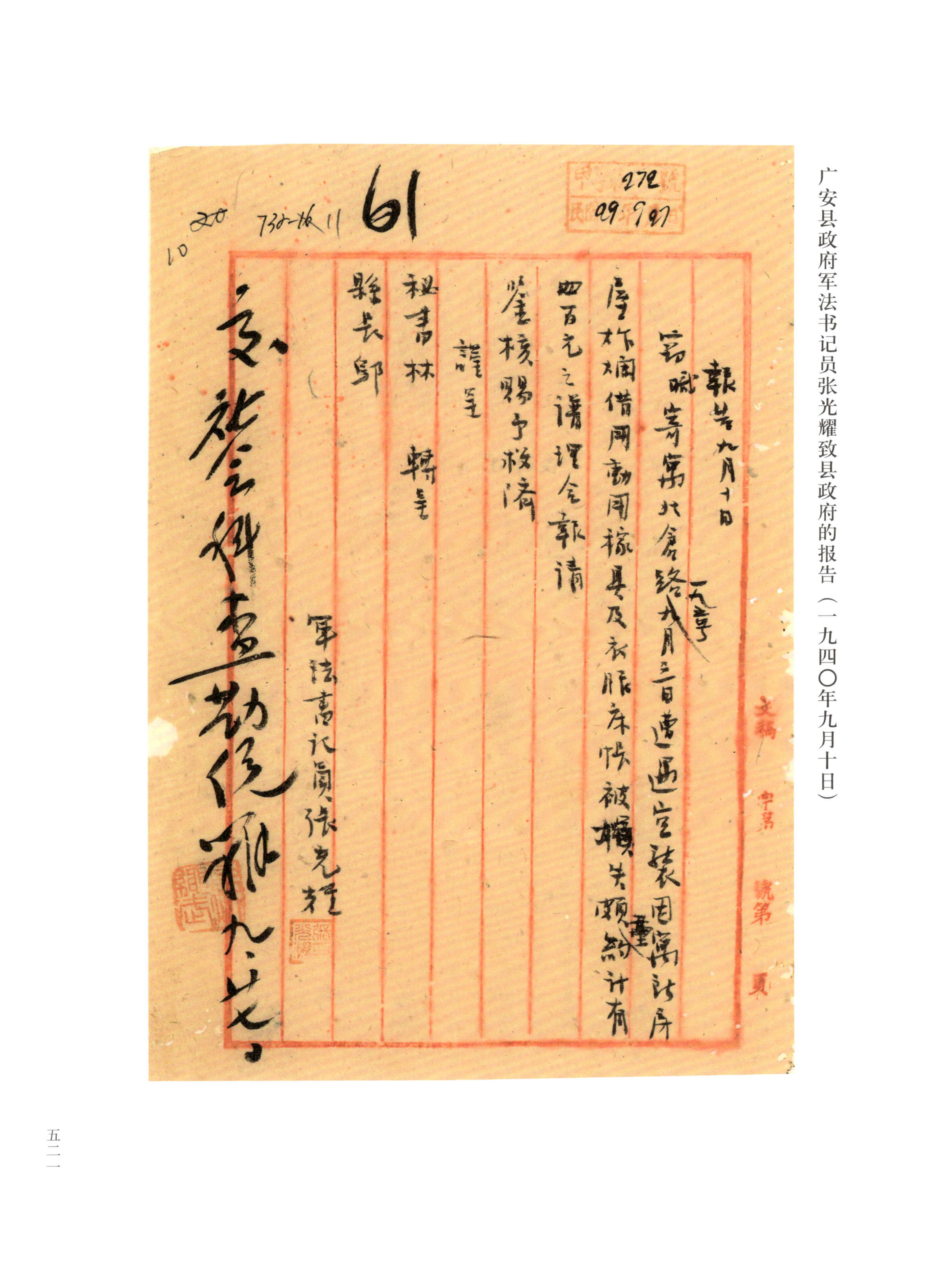

广安县政府军法书记员张光耀致县政府的报告（一九四〇年九月十日）

报告　九月十日

窃职寄寓北仓路，一九年九月二日遭遇空袭，因寓所房屋炸烟，借用动用家具及衣服床帐被褥失须约计有四百元之谱，理合报请

鉴核赐予救济

谨呈

秘书林　转呈

县长郑

军法书记员张光耀

广安县政府事务员郑慎徽致县政府的签呈（一九四〇年九月十二日）

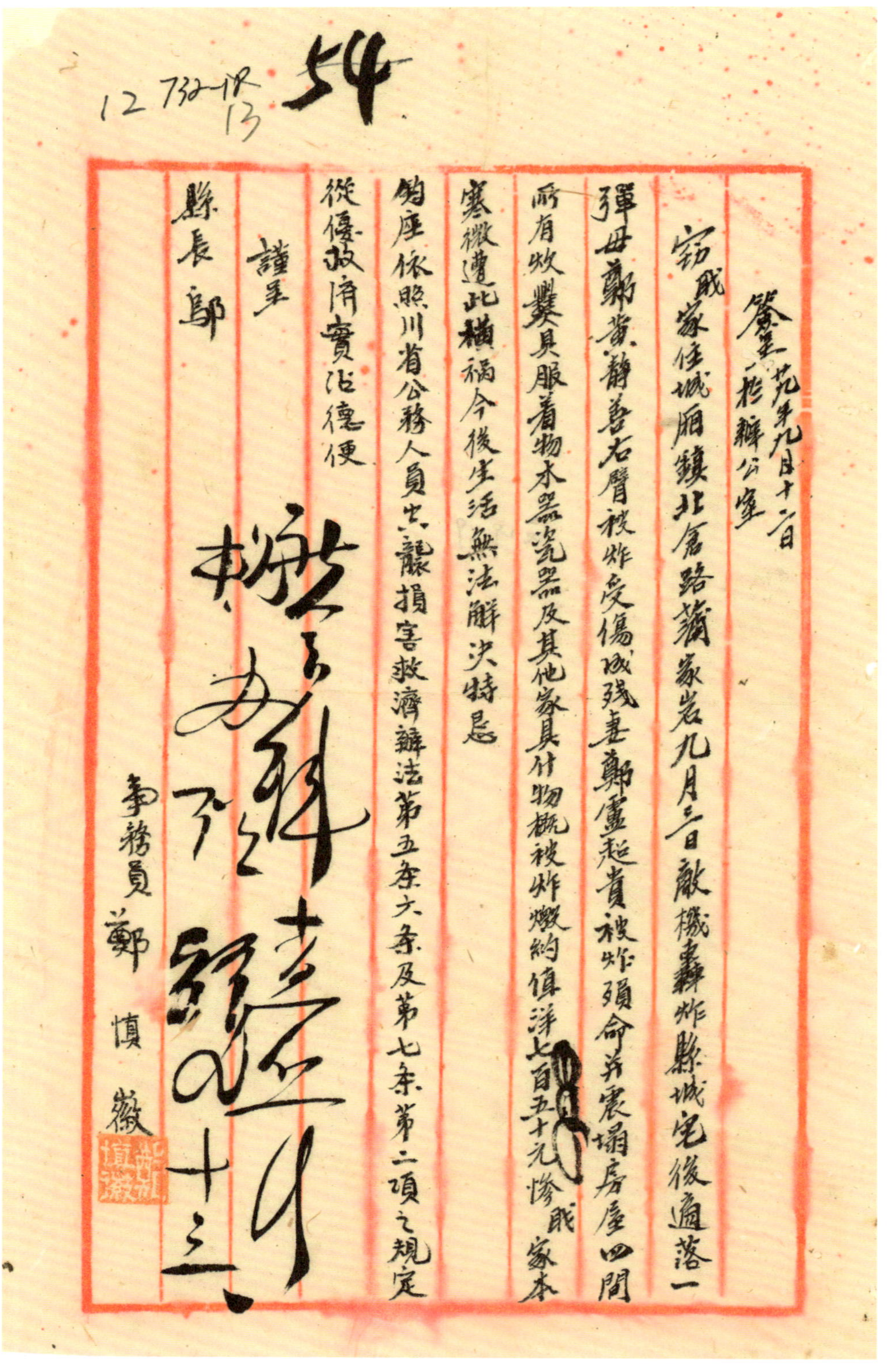

54

12 732-18 13

簽呈 廿九年九月十二日 於辦公室

竊職家住城厢鎮北倉路籍家巷九月三日敵機轟炸縣城宅後適落一彈母鄭黄静善右臂被炸受傷成殘妻鄭盧挺貴被炸殞命并震塌房屋四間所有收藏具服着物木器瓷器及其他家具什物概被炸燬約值洋七百五十元慘職家本寒微遭此横禍今後生活無法解决特懇

鈞座依照川省公務人員空襲損害救濟辦法第五条六条及第七条第二項之規定從優救濟實沾德便

謹呈

縣長鄭

事務員 鄭慎徽

广安县政府雇员李继白致县政府的签呈（一九四〇年九月十九日）

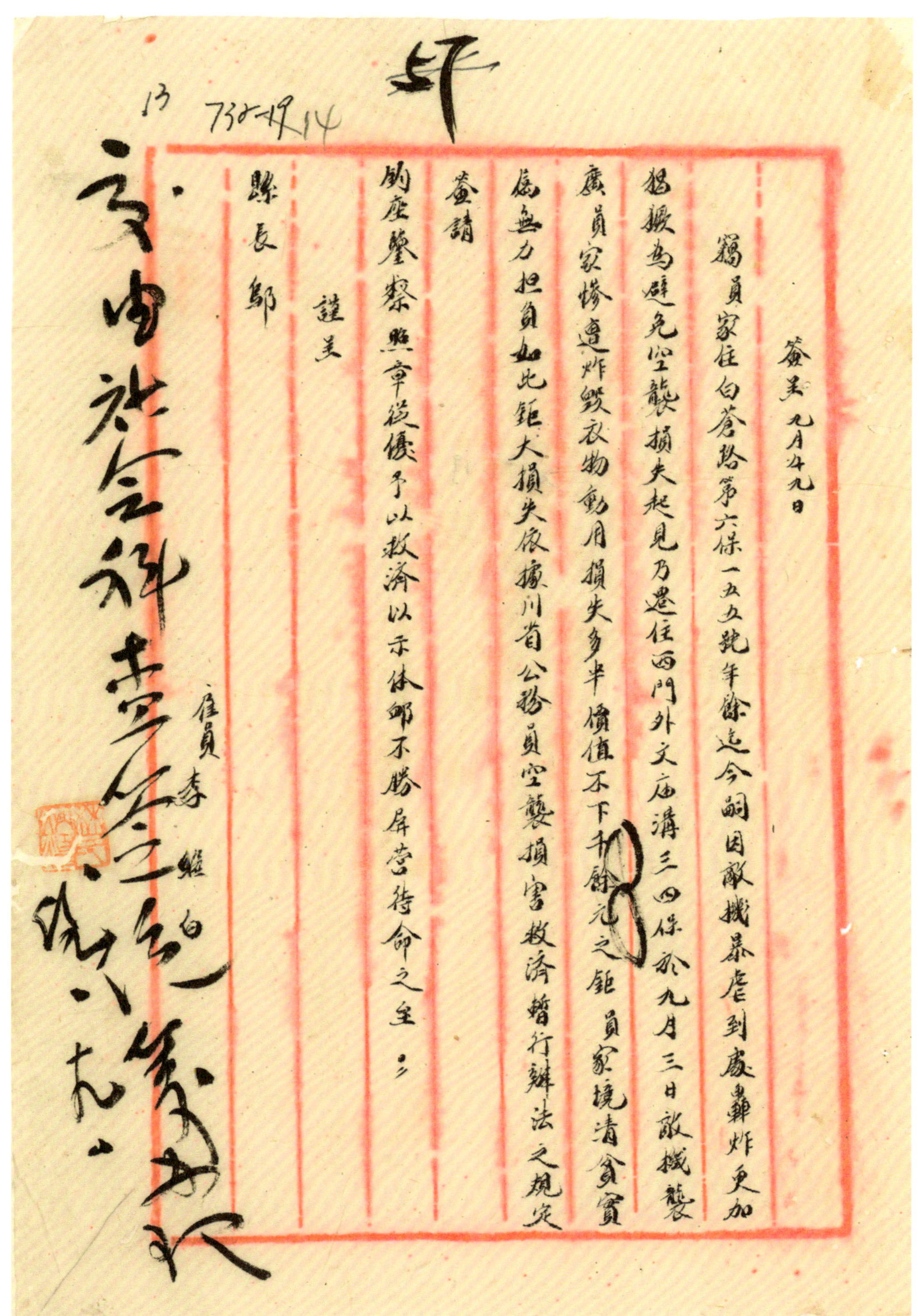

簽呈 九月十九日

竊員家住白蒼路第六保一五五號年餘迄今嗣因敵機暴虐到處轟炸更加猖獗為避免空襲損失起見乃遷住西門外文廟溝三四保於九月三日敵機襲廣員家慘遭炸毀衣物動用損失多半價值不下千餘元之鉅員家境清貧實屬無力担負如此鉅大損失依據川省公務員空襲損害救濟暫行辦法之規定

簽請

鈞座鑒察照章從優予以救濟以示体卹不勝屏營待命之至

謹呈

縣長鄭

雇員 李繼白

广安县政府事务员王传六致县政府的报告（一九四〇年九月二十一日）

14 62 730-20 15

報告 九月廿一日 時

於縣政府

竊員家住北倉溝，於九月三日，敵機轟炸，距落彈地相近，沙石頻飛，瓦桷擊落，損壞室內瓶鏡碗具等物，約值錢壹百六七十元，惟員薪薄物昂，兼又家計窘迫，受此損失，情實慘然，懇請

鈞座俯予救濟，以紓困難，謹呈

科長周 核轉

縣長鄔

事務員王傳六（王傳六章）

广安县政府公役黄义廷致县政府的报告（一九四〇年九月二十九日）

報告 九月二十九日

竊公役住居本城小北門外七保六甲，於本月三日被敵機轟炸，將役房屋損毁，并損壞菜鐔五個、水缸一口、方棹一張、板櫈三根、木箱二口、木櫃一個、米鐔一個、床一間及鍋碗土盃等類，現因物價高昂，無法購置，特懇轉報，如蒙撫卹，實感德便。謹呈

周科長轉呈

縣長郎鈞鑒

公役 黄義廷（印）

广安县政府政警阳圣德致县政府的报告（一九四〇年九月三十日）

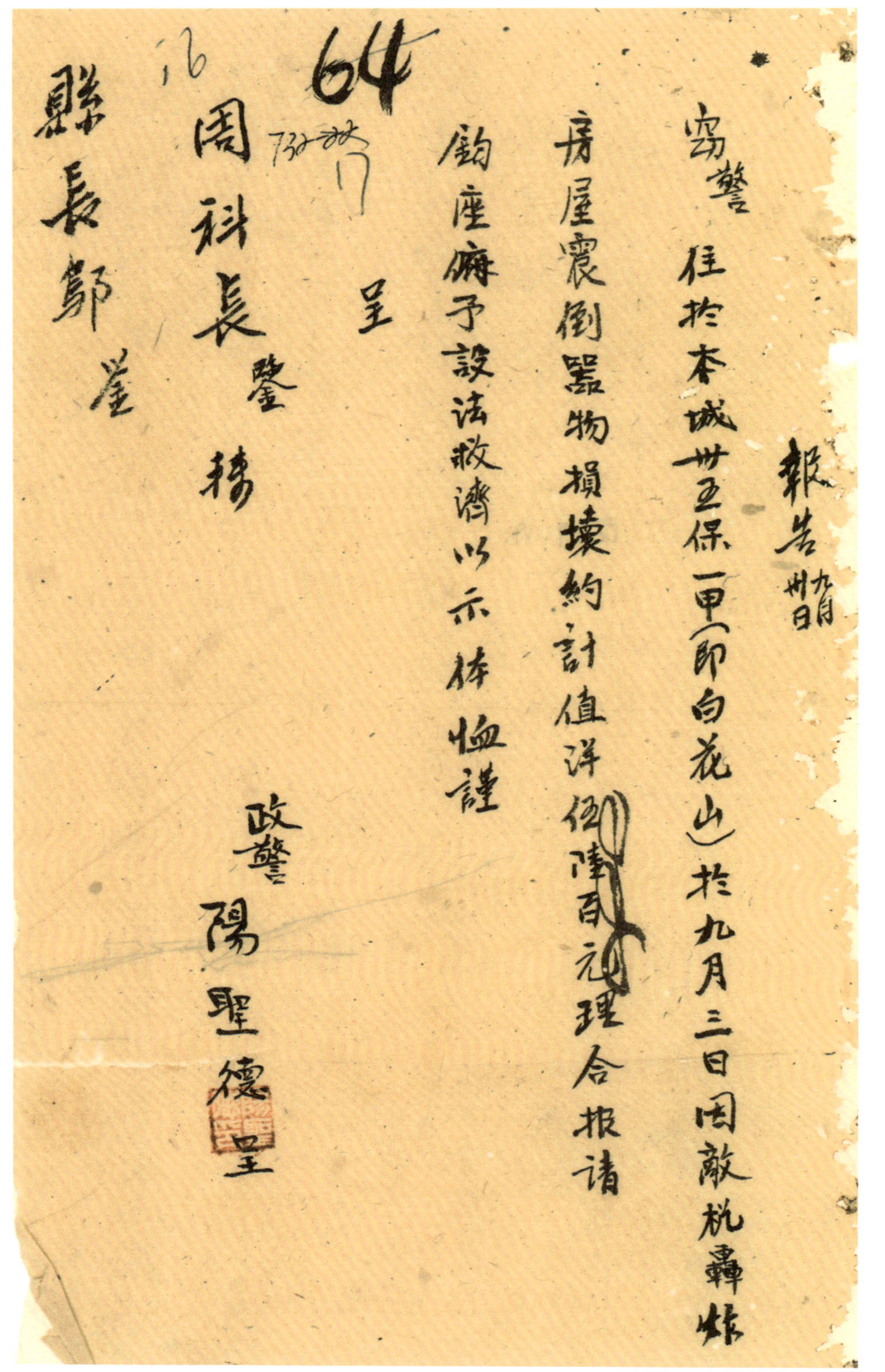

报告 九月卅日

窃警住于本城卅五保一甲（即白花山）于九月三日因敌机轰炸房屋震倒器物损坏约计值洋伍陆百元理合报请

钧座俯予设法救济以示体恤谨

呈

周科长鉴转

县长郑

政警 阳圣德 呈

广安县警察所所长王达三致县政府的呈（一九四〇年九月）

文呈請

察核，懇依照「警察人員遭受空襲損害暫行救濟辦法第四條之規定核給二百元以下之殮埋費，及同辦法第七條之規定，仍再依照非常時期獎卹警察暫行辦法第三條之規定核給一百元至一百五十元之卹金」，俾慰亡者而卹遺孤。

謹呈

縣長鄭

兼所長 王達三

广安县政府政警致县政府的呈（一九四〇年九月）

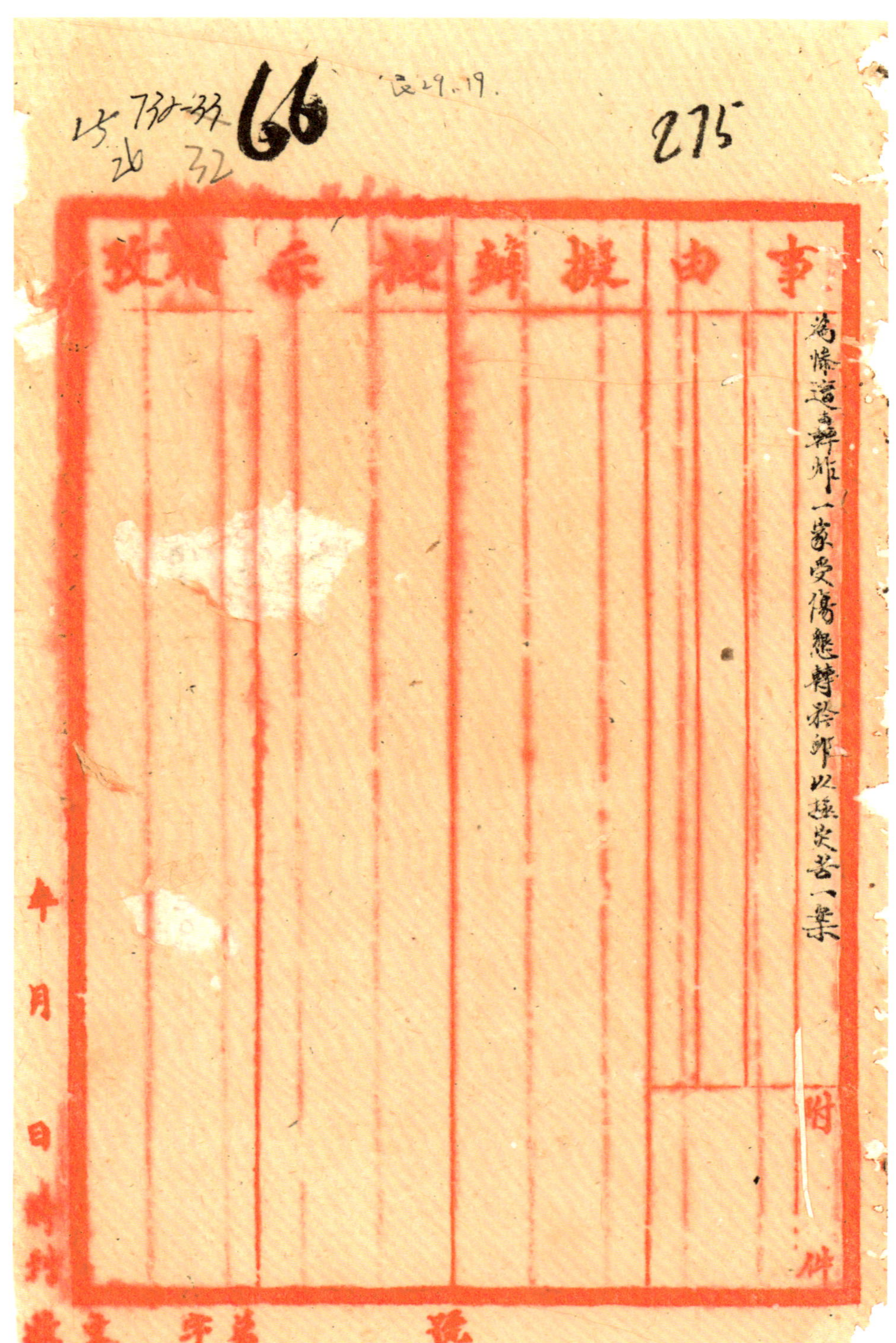

事由	擬辦	批示	備攷
為慘遭轟炸一家受傷懇轉務鄉以撫災苦一案			
附件			

年 月 日 時封發

案 字第 號

呈為慘遭轟炸、一家受傷、懇轉移恤、以拯災苦事。竊警原籍成都、曾在

鈞府服警務數年、現偕妻與子在縣城北倉路一七〇號住家、以便服役往來便

利、不幸九月三號、敵機炸縣、乃因事覊未能逃出、疏散不及、適與妻子在

家隱蔽、希倖免危險、不料瓦後竟被炸毀、不惟警之住房與衣物動

用、連帶受殃、其、破片飛來、將警之頭頂與妻子手足、俱炸傷幾折、子當

身亡、妻命亦不能受其危險、現在紅會醫治、尚未全愈、似此災危情實可

憫哉、　鈞座素體艱苦、必能矜憐警之隱情、故不憚冗繁、是以謹

將毀傷各由、據實呈請

鈞座鑒核、俯念被炸全家傷危、情殊堪憫、懇轉卹撫、以拯災黎、如

沐准行、實為德便、謹呈。

广安县政府政警周光全致县政府的报告（一九四〇年十月一日）

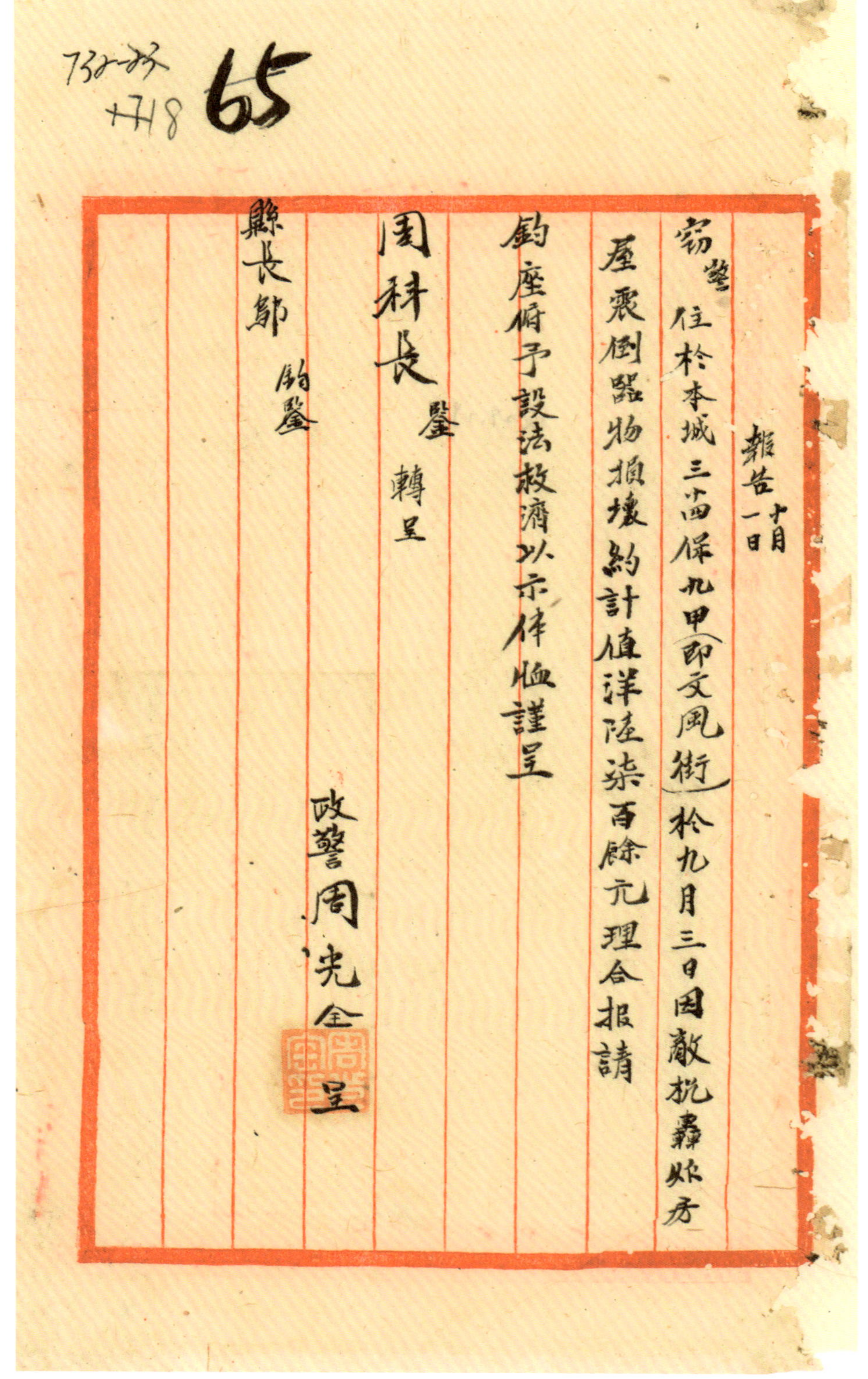

報告 十月一日

窃警住於本城三面保九甲（即文風街）於九月三日因敵机轟炸房屋震倒器物損壞約計值洋陸柒百餘元理合报請

鈞座俯予設法救濟以示体恤謹呈

周科長鑒轉呈

縣長鄒鈞鑒

政警周光全呈

55

732-34

卅27

竊職家被炸器物一空經呈
鈞座雖蒙迭令社會科速轉請補救無如公文往返緩不濟急職非中級職員無優厚薪給補助故目前之狀況不但債臺高築且無米為炊并過支月薪即以紅苕充飢均無力購買明為縣府職員而實已成餓殍矣思維再四進退維艱憂懼徬徨無所適從故不揣冒寐再呈
鈞座體察苦衷格外優遇俾職得以維持現時一線生機則永感不忘矣區區之私伏乞
垂察謹呈
縣長鄔 鈞鑒

職萬子模（印）謹呈

十月七日

交由社會科

广安县政府雇员张民膏致县政府的签呈（一九四〇年十月十四日）

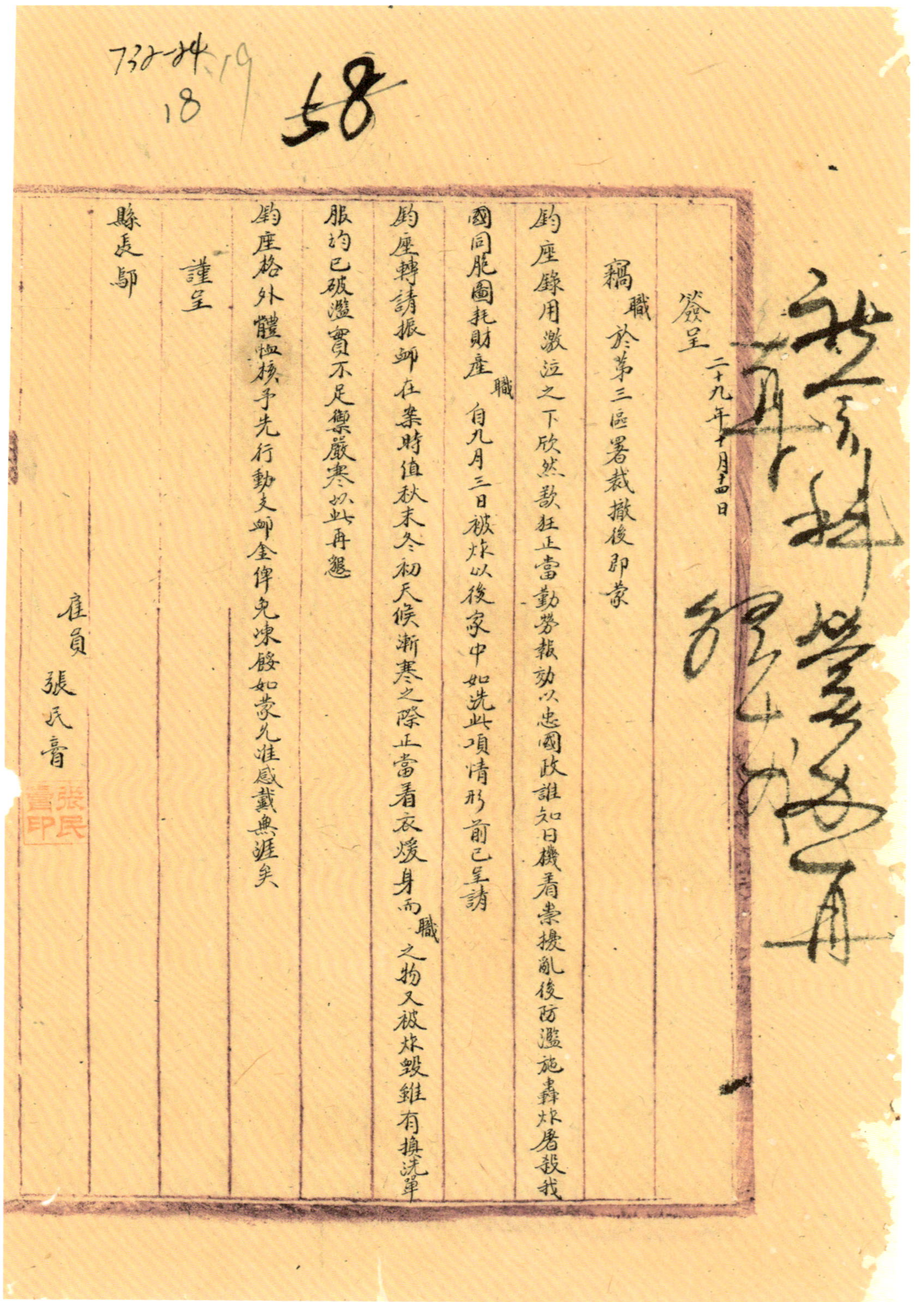

簽呈　二十九年十月十四日

竊職於第三區署裁撤後即蒙

鈞座錄用激泣之下欣然歡狂正當勤勞報効以忠國政詎知日機肴祟擾亂後防濫施轟炸屠殺我

國同胞圖耗財產職自九月三日被炸以後家中如洗此項情形前已呈請

鈞座轉請振邺在案時值秋末冬初天候漸寒之際正當着衣煖身而職之物又被炸毀雖有換洗單

服均已破濫實不足禦嚴寒以此再懇

鈞座格外體恤核予先行動支邺金俾免凍餒如蒙允准感戴無涯矣

謹呈

縣長鄔

雇員　張民膏（張民膏印）

广安县政府职员周香池致县政府的签呈（一九四〇年十二月十七日）

49 734-57 50

签呈 廿九年十二月十七日
于县府办公室

本府被炸员役政警共计十二人，根据伊等报告一一调查清楚，应照章予以振济。如左表是否有当，恳请

钧座鉴核示遵。

谨呈

县长邹

职 周香池 上

拟照办。
十二、廿五

文稿　字第　号第　页

附：十二名被炸员役政警损失及赈济清单

雇員 杜平章 損失六百餘元

雇員 李继白 損失千餘元

事務員 萬子模 損失四五百元

事務員 鄭慎徽 損失七百五十元并傷母死妻

以上四名准各給卹金八十元

雇員 張民膏 損失二百八十餘元

科員 梁魯珍 損失房屋器具

書記員 張光耀 損失四百元

以上三名准各給卹金四十元

事務員 王傳六 損失壹百七十元

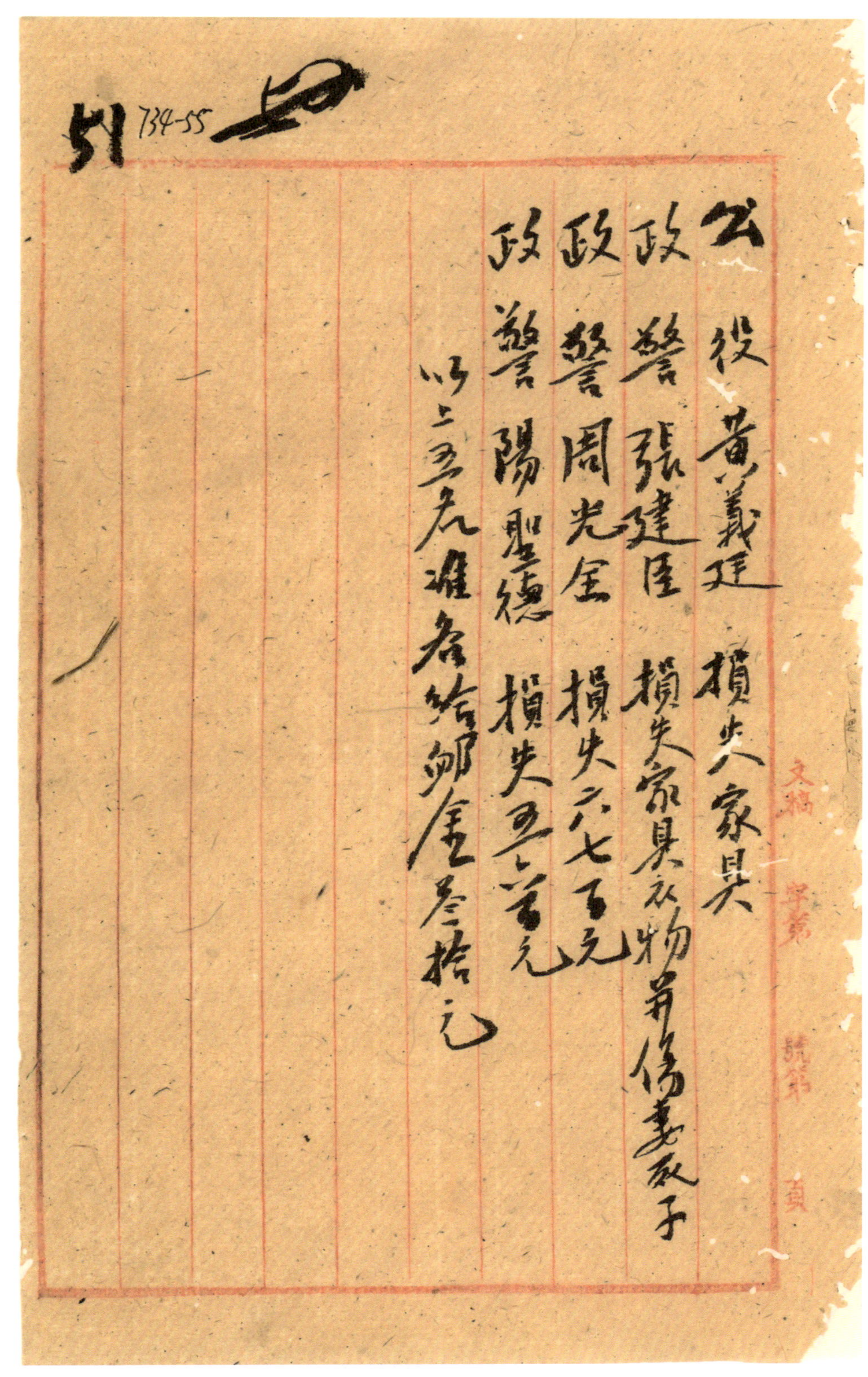
51 734-55

公役黄義廷　損失家具
政警張建匡　損失家具衣物并傷妻及子
政警周光全　損失六七百元
政警陽聖德　損失五六百元
以上五名准各給卹金叁拾元

文稿　字第　號第　頁

广安县政府公役刘世荣致县政府的报告（一九四〇年十二月二十六日）

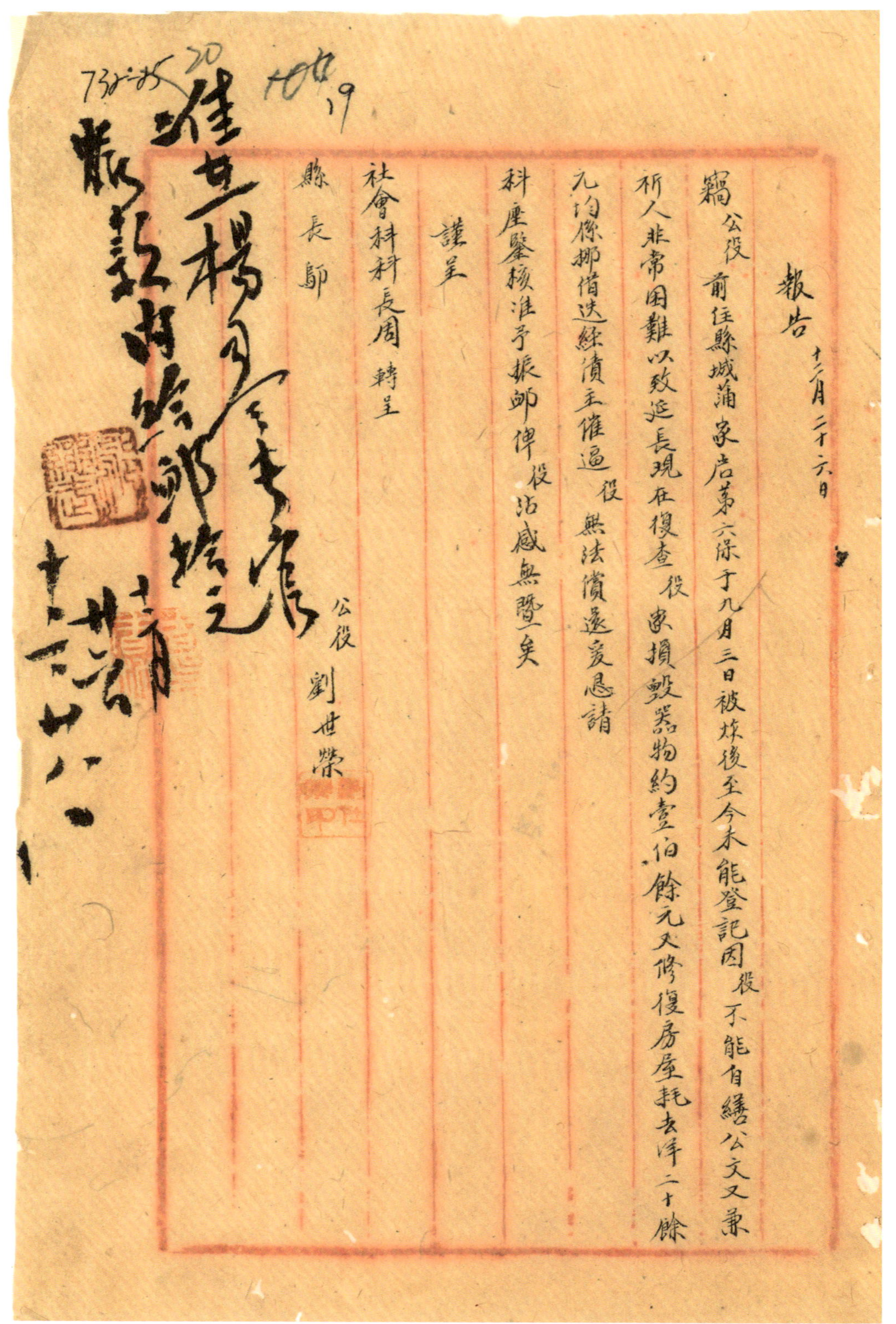

报告　十二月二十六日

竊公役前任縣城蒲家店第六保于九月三日被炸後至今未能登記因役不能自繕公文又兼析人非常困難以致延長現在復查役家損毀器物約壹伯餘元又修復房屋耗去洋二十餘元均係挪借送經債主催逼役無法償還爰懇請

科座鑒核准予振邺俾役沾感無暨矣

謹呈

社會科科長周　轉呈

縣長郁

公役　劉世榮

准廿元　楊[illegible]　賑款項內給卹核之

十二　廿六

陆军通信兵第三团第四营第十三连与广安县政府关于第十三连士兵被日军轰炸死亡及器物被毁的来往文书（一九四〇年九月）

陆军通信兵第三团第四营第十三连致广安县政府的函（一九四〇年九月五日）

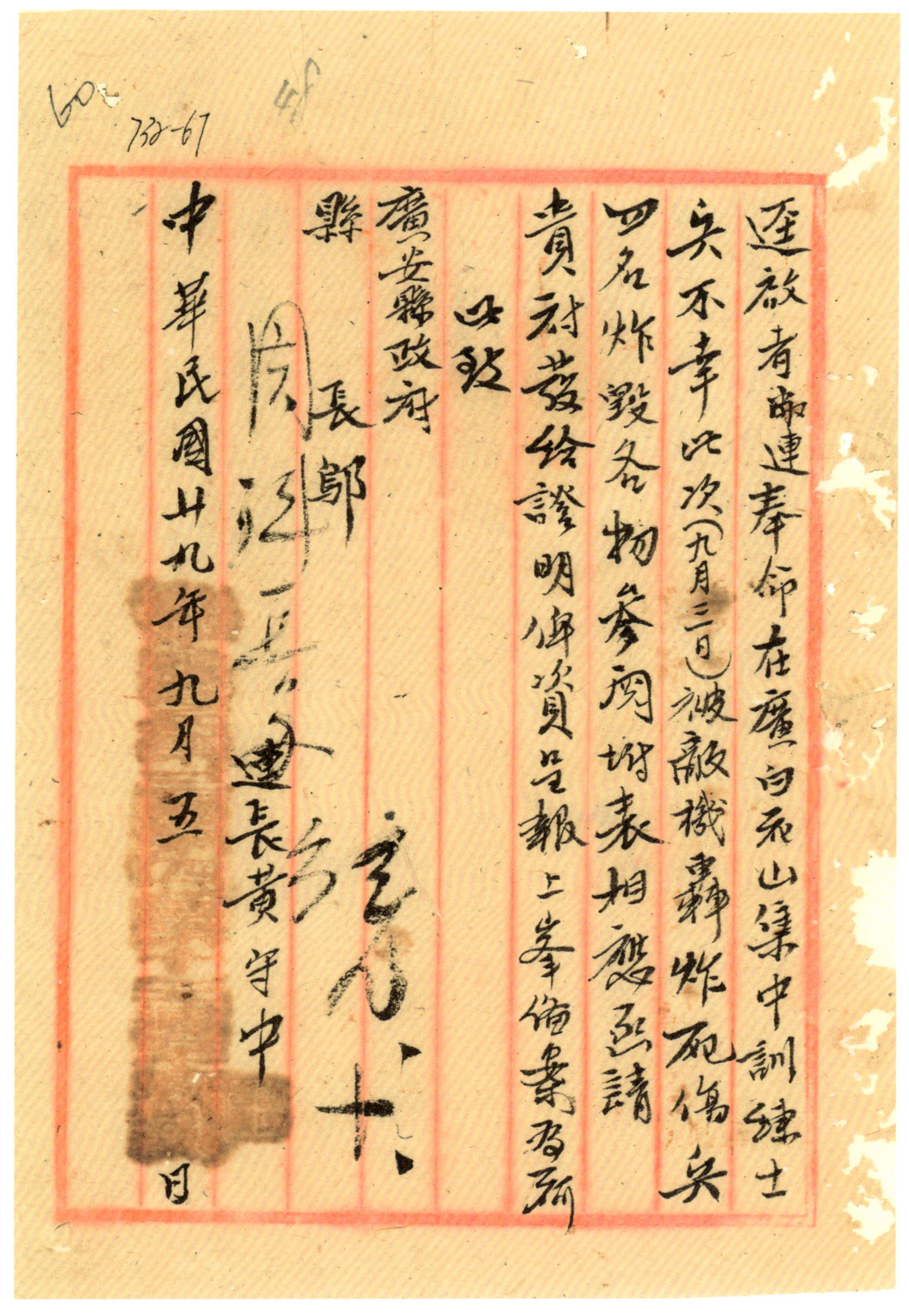

逕啟者：敝連奉命在廣安白市山集中訓練，士兵不幸此次（九月三日）被敵機轟炸死傷兵四名，炸毀各物參閱附表，相應函請貴府發給證明，俾資呈報上峯備案爲荷。

此致

廣安縣政府

縣長鄭

連長黃守中

中華民國廿九年九月五日

广安县政府致陆军通信兵第三团第四营第十三连的证明书（一九四〇年九月十三日）

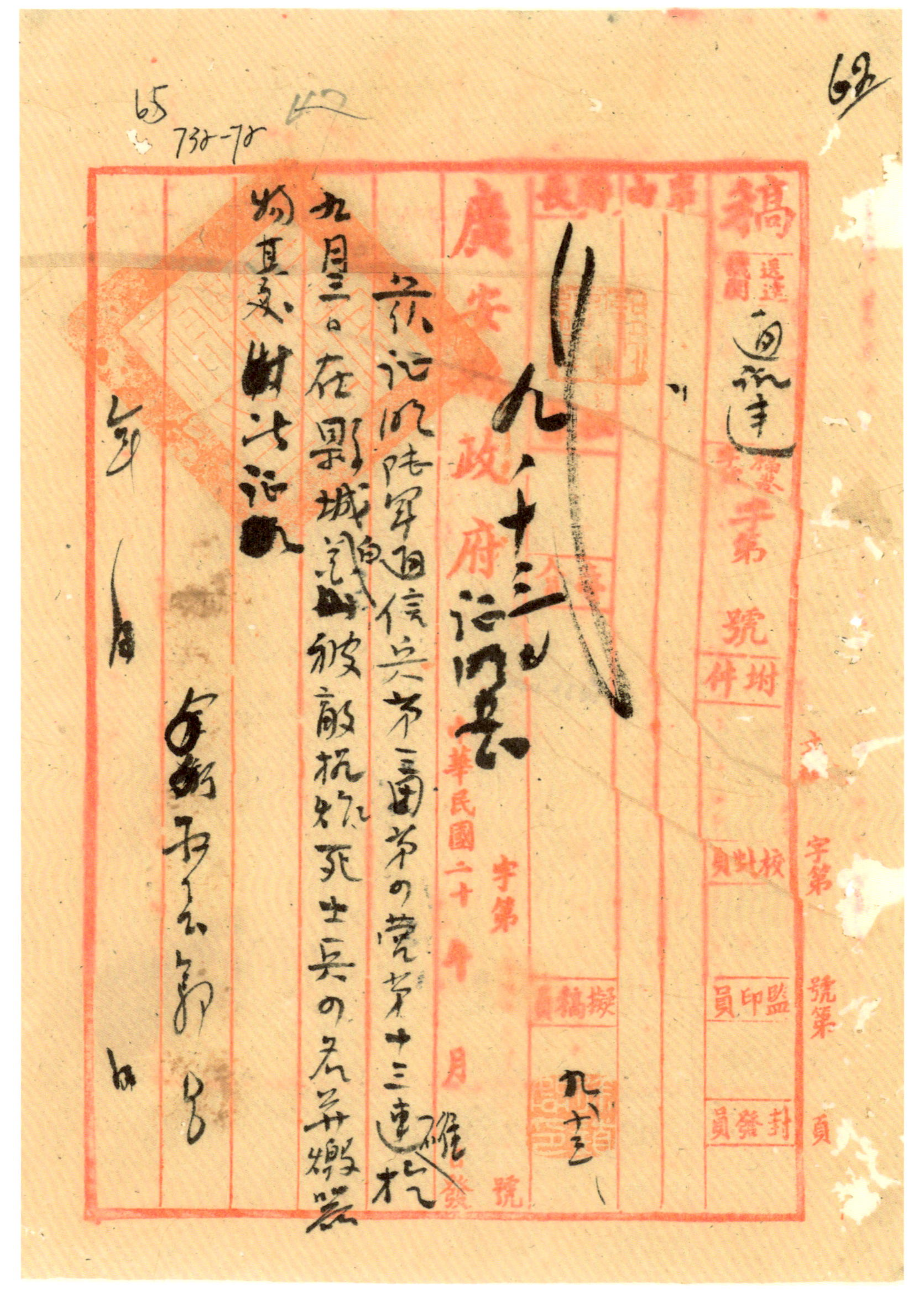

廣安縣政府

九、十三

证明书

兹证明陆军通信兵第三团第四营第十三连于九月三日在影城附近被敌机炸死士兵之名并办丧均真实，此证。

中華民國二十　年　月　日發

广安县政府与四川省赈济会、四川省政府等关于广安县一九四〇年九月三日被日机轰炸情形及拨款赈济事的来往文书（一九四〇年九月至十二月）

广安县政府致军事委员会、四川省政府等的呈（一九四〇年九月七日）

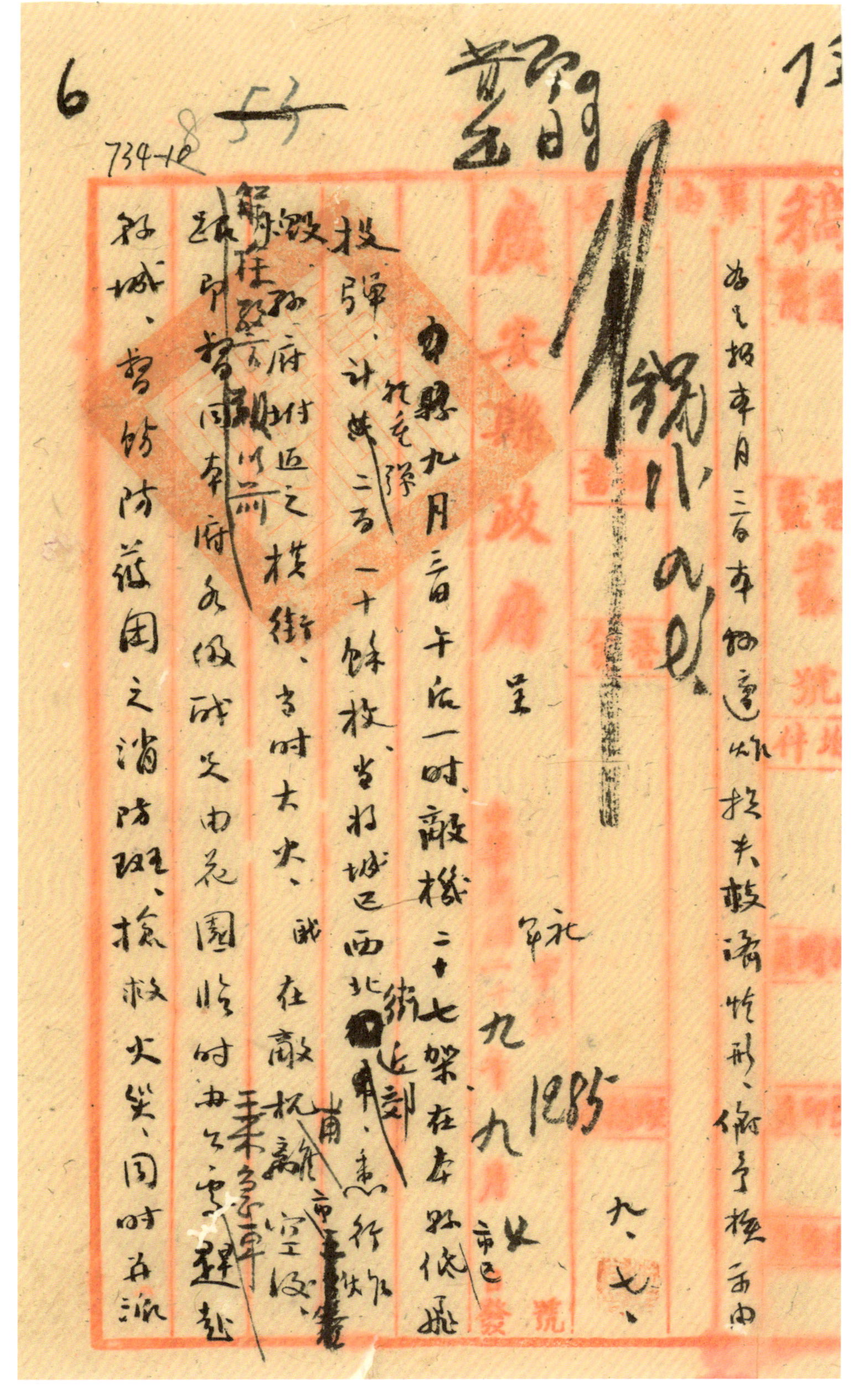
为呈报本月三日本县遭炸损失数额情形，併予拯济由

广安县政府 呈 秘字第1285号

九、七、

本县九月三日午后一时，敌机二十七架在本县市区低飞

投弹，计炸弹二百一十余枚，当将城区西北街近郊

毁，本府附近之横街，当时大火，职在敌机空后，

率监印督同本府及县政各花园临时办公室趕赴

县城、警防防护团之消防班，抢救火灾，同时并派

734-11

国民兵团自卫队、广安小学担架队将受伤民众抬赴医护救护班之临时医疗所，施以急救，所有房屋炸毁无家可归之民众，分别指送至县中校及西城小学两临时收容所住宿，并派员看护，由县政府办理饮食寝息事宜，且发动本府及各机关人员分别慰问，且拨借地款，派员日夜赶急放赈，筹资救济，并办理安置计划，救济伤亡难民，本县在空袭紧急救济联合办事处调查所得，计当场死亡一百一十一名，死七十名，重伤五十五名，轻伤八十六名，炸毁房屋二百四十栋，物资损失正调查中。

除分電並另案照規定表式填報外，理合將救災程度及救濟詳情，具文呈請，並懇設法再予救濟。

鈞府（部）備查鑒核。

謹呈

軍事委員會

四川省政府

振濟委員會

四川省振濟會

四川全省防空司令部

重慶防空司令部

四川省第十區行政督察專員兼保安司令

二區保安副司令 郭○○

广安县政府致四川省赈济会、行政院赈济委员会的电（一九四〇年九月十一日）

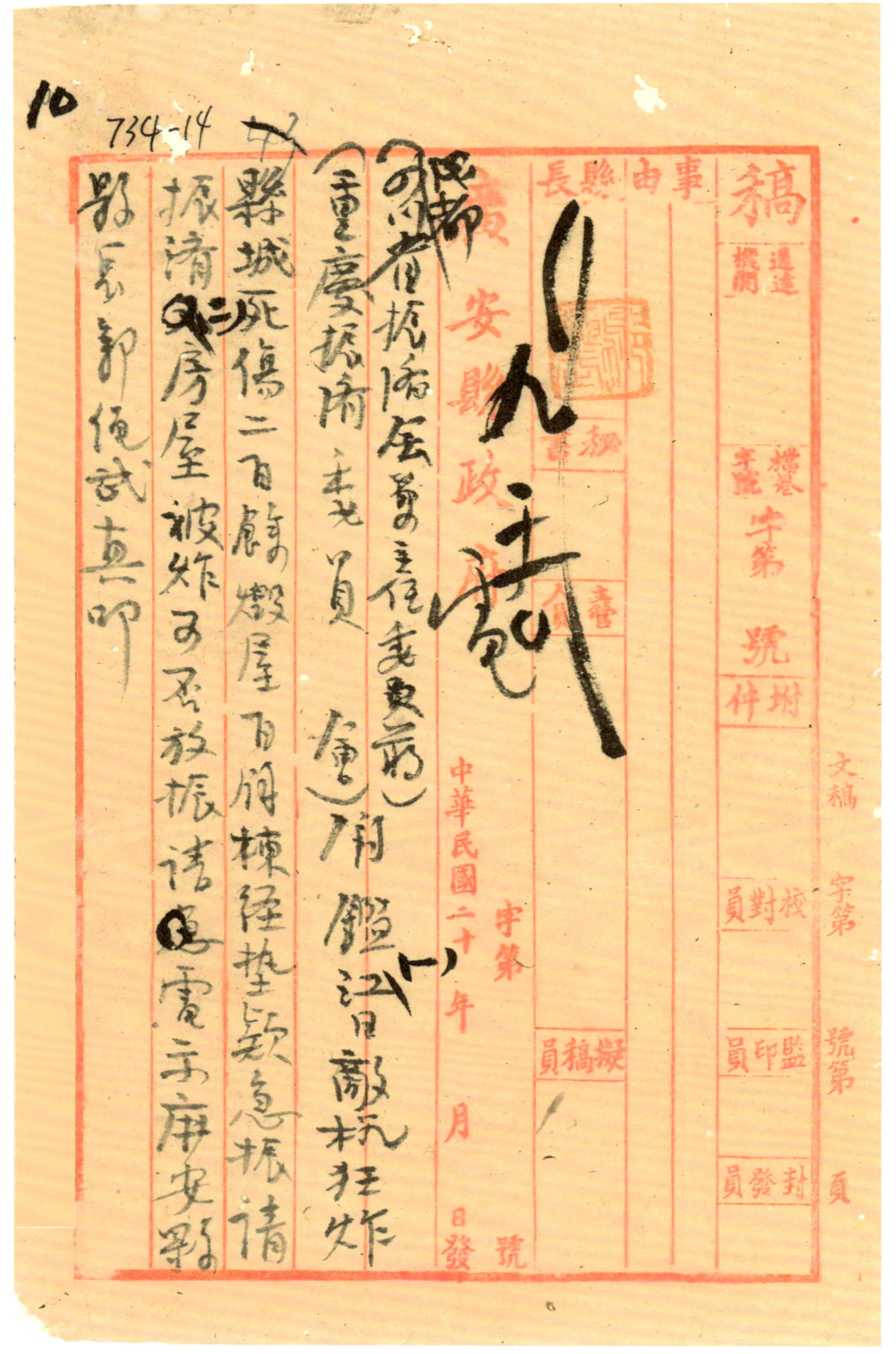

稿　事由　縣長　廣安縣政府

成都省振濟會暨主任委員賀（國光）
重慶振濟委員會（孔）鈞鑒：江日敵機狂炸
縣城，死傷二百餘人，毀屋百間棟，經墊款急振，請
振濟。房屋被炸，可否放振，請示電示。廣安
縣長郭佩武真叩

中華民國二十　年　月　日發　字第　號

四川省赈济会致广安县政府的快邮代电（一九四〇年九月二十四日）

四川省振濟會快郵代電

賑字第1240號

事由：為電呈江日被炸懇予振濟一案令仰知照由

廣安縣縣長覽：查前據該縣長江代電呈報冬日被炸情形到會，業經本會商同省府撥發振款壹千元，專作救濟被炸經緊急救濟後非振不生赤貧災民之用，不能救濟房屋被炸者。至房屋被炸可否放振，應遵中振會前頒之修正空襲緊急救濟辦法規定辦理。再來電所稱江日被炸，未據呈報有案，無從核振，仰即知照。四川省振濟會戴。敬。救印

四川省第十区行政督察专员公署致广安县政府的指令（一九四〇年九月二十五日收）

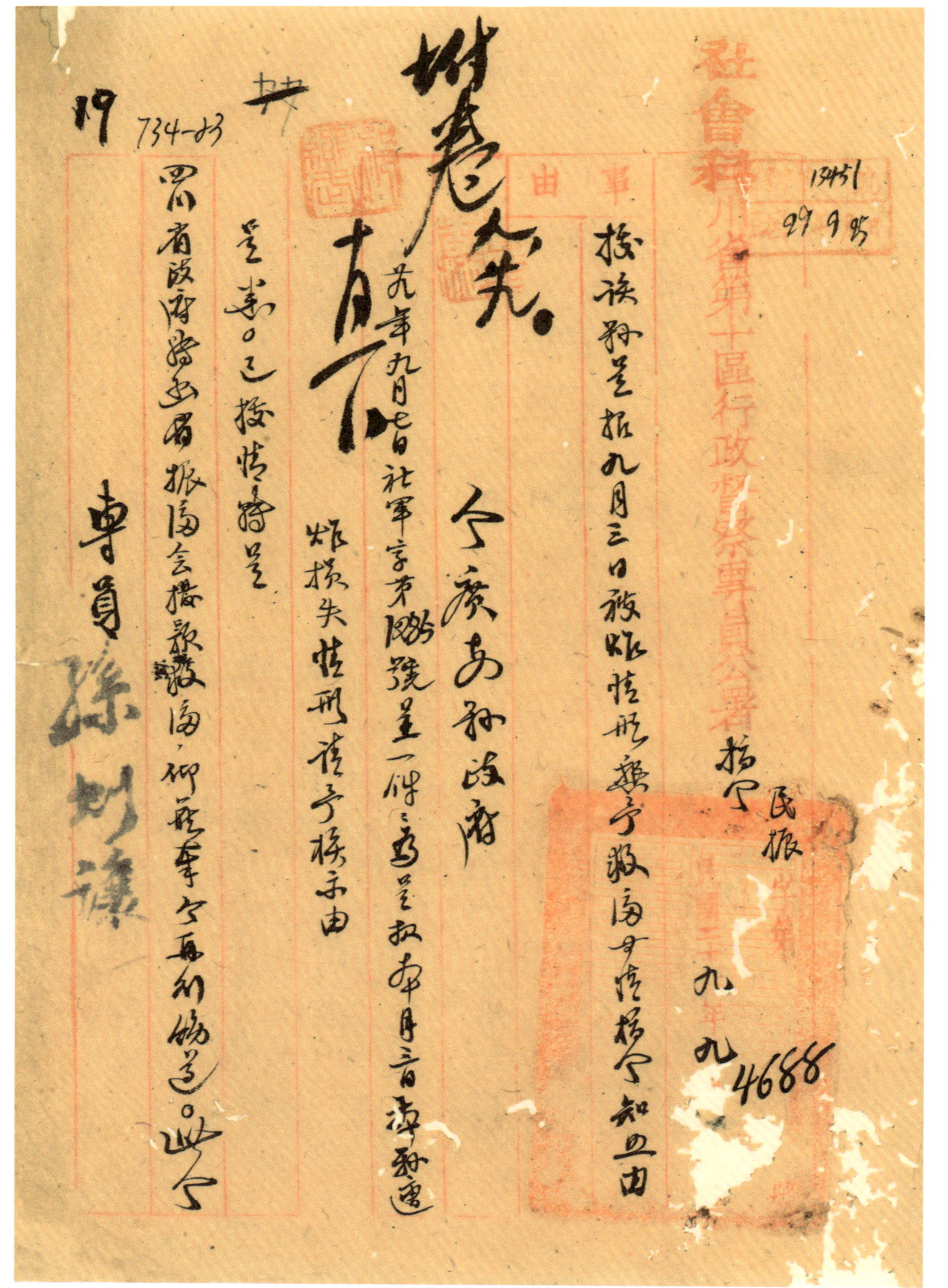
四川省第十區行政督察專員公署 指令 民振 字第 號
事由：據該府呈報九月三日被炸情形，請予救濟并請指令知照由
令廣安縣政府
本年九月十日社軍字第[illegible]號呈一件，為呈報本月三日該縣遭炸損失情形請予核示由
呈表均悉。已據情轉呈
四川省政府鑒核，并函省振濟會撥款救濟，仰候奉令再行飭遵。此令
專員 孫則讓
4688

四川省政府致广安县政府的指令（一九四〇年九月二十六日）

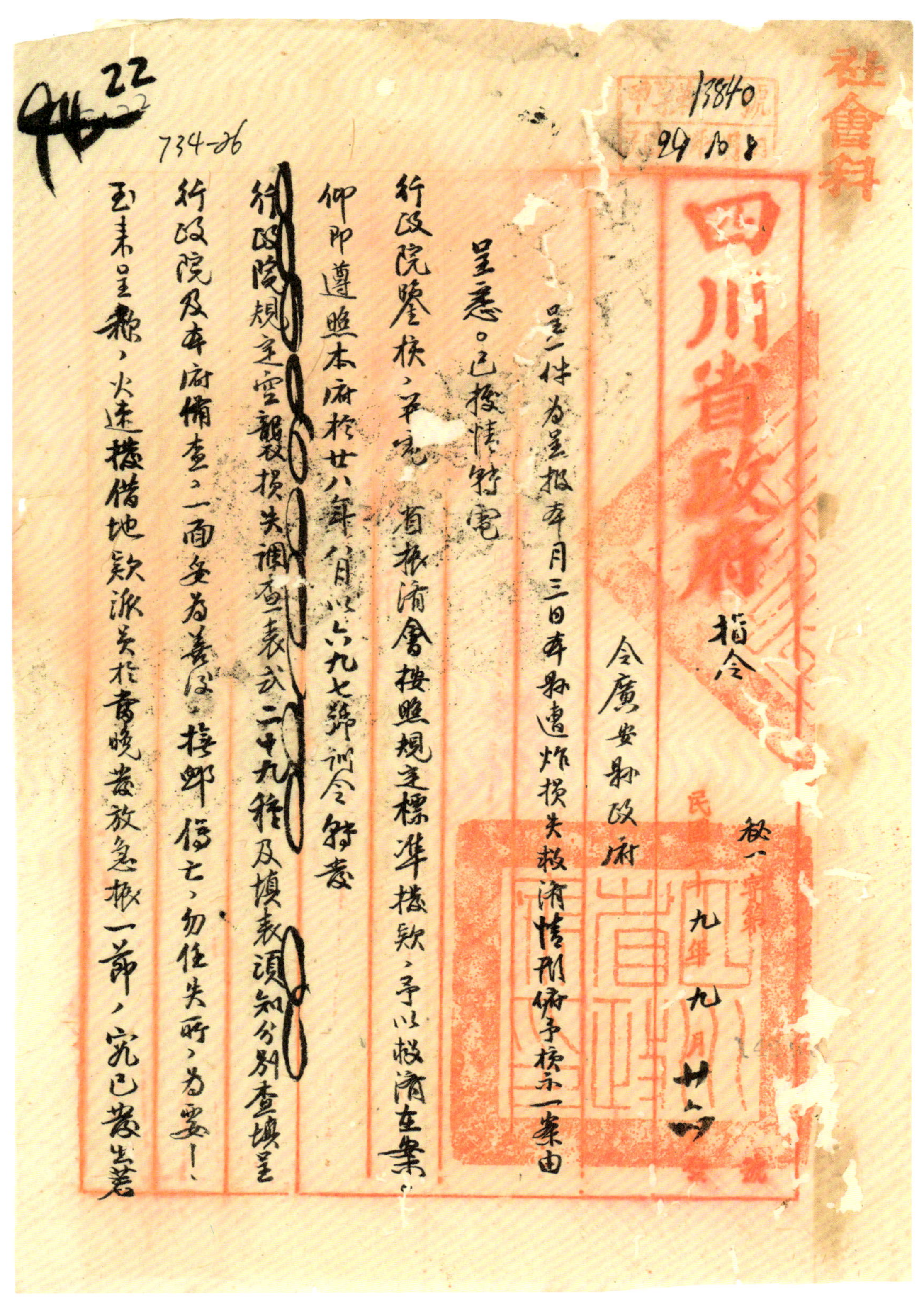
社會科

13840
29 10 8

四川省政府 指令

秘一字第　號

民國廿九年九月廿六日

令廣安縣政府

呈一件為呈報本年月三日本縣遭炸損失救濟情形備予核示一案由

呈悉。已按情轉電

行政院鑒核，並咨

賑濟會按照規定標準撥款，予以救濟在案。

仰即遵照本府於廿八年八月以六九七號訓令轉發

行政院規定空襲損失調查表式二十九種及填表須知，分別查填呈

行政院及本府備查，一面妥為善後，撫卹傷亡，勿任失所，為要！

至來呈稱，火速撥借地款，派員於當晚發放急振一節，究已發出若

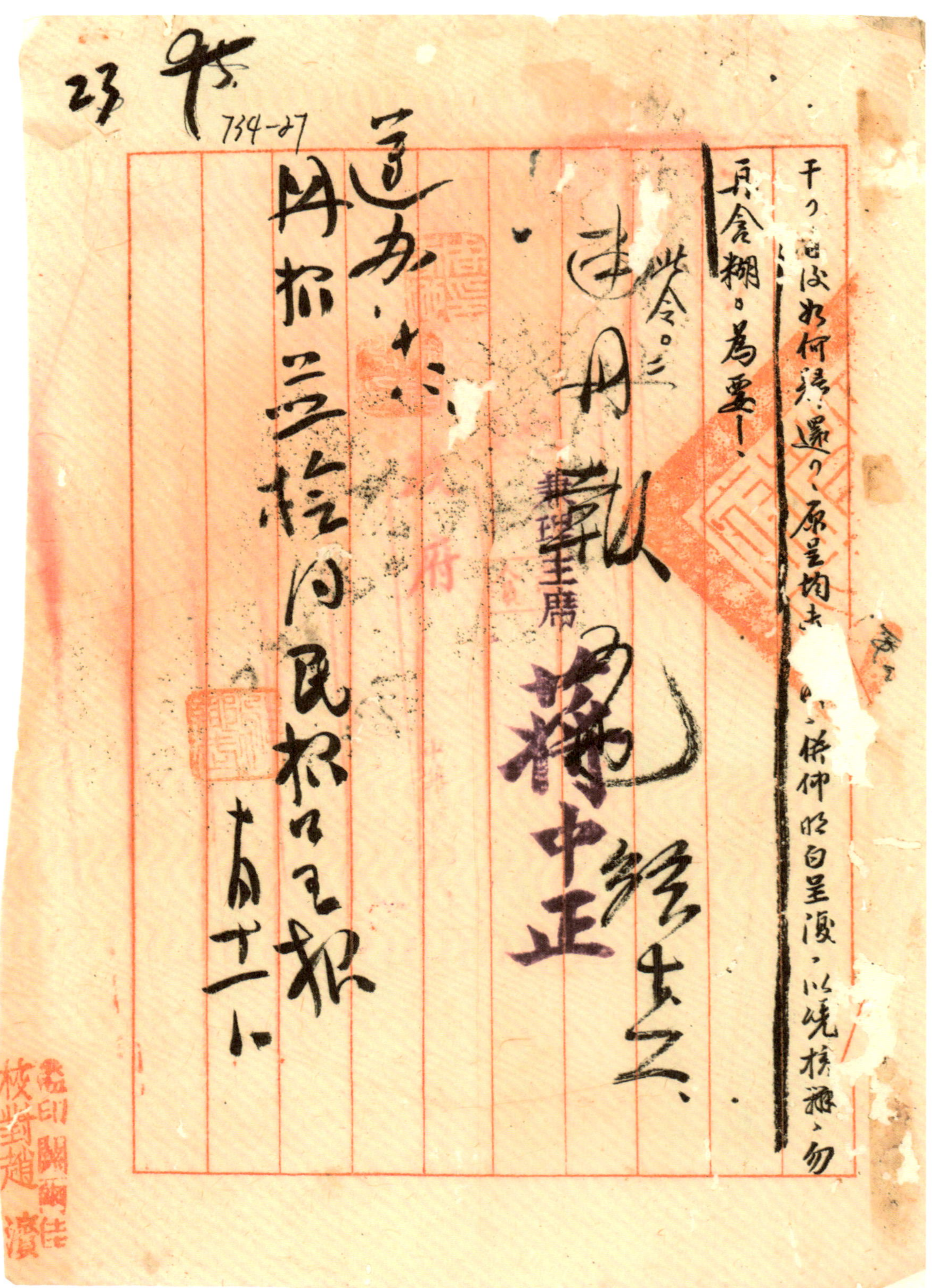
734-27

于□□收到何县遗□，原呈均悉。[illegible]依仰照自呈复，以凭核办，勿再含糊为要！

此令。

兼理主席 蒋中正

校對 趙濱 監印 關爾佳

四川全省防空司令部致广安县政府的训令（一九四〇年九月二十六日）

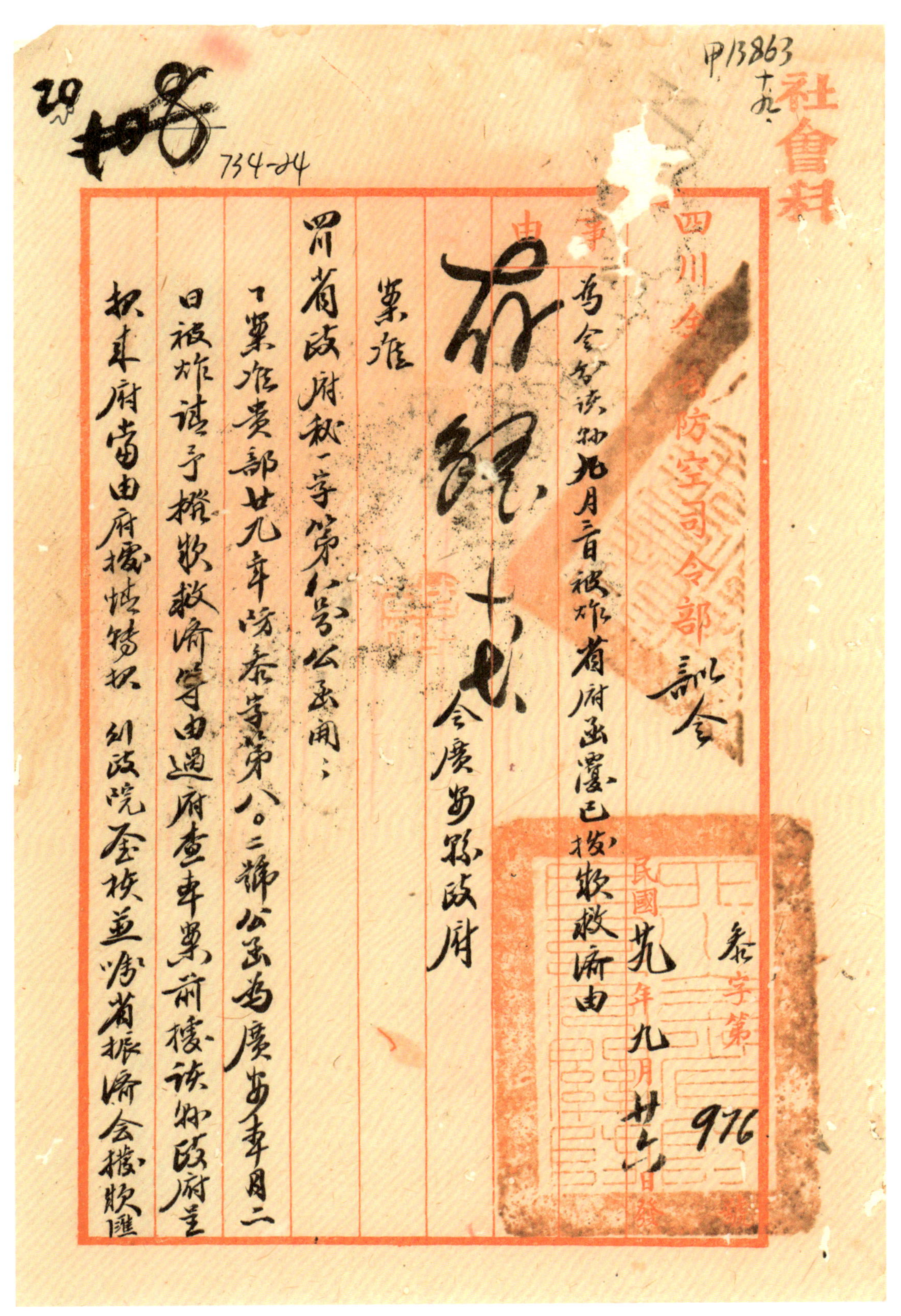

四川全省防空司令部訓令

參字第976號

事由：為令知該府九月二日被炸省府函覆已撥款救濟由

民國廿九年九月廿六日發

令廣安縣政府

案准

四川省政府秘一字第[illegible]號公函開：

「案准貴部廿九年防參字第八〇二號公函為廣安本月二日被炸，請予撥款救濟等由過府。查本案前據該縣政府呈報來府，當由府撥臨時特撥，

行政院簽核並咨省振濟會撥款匯

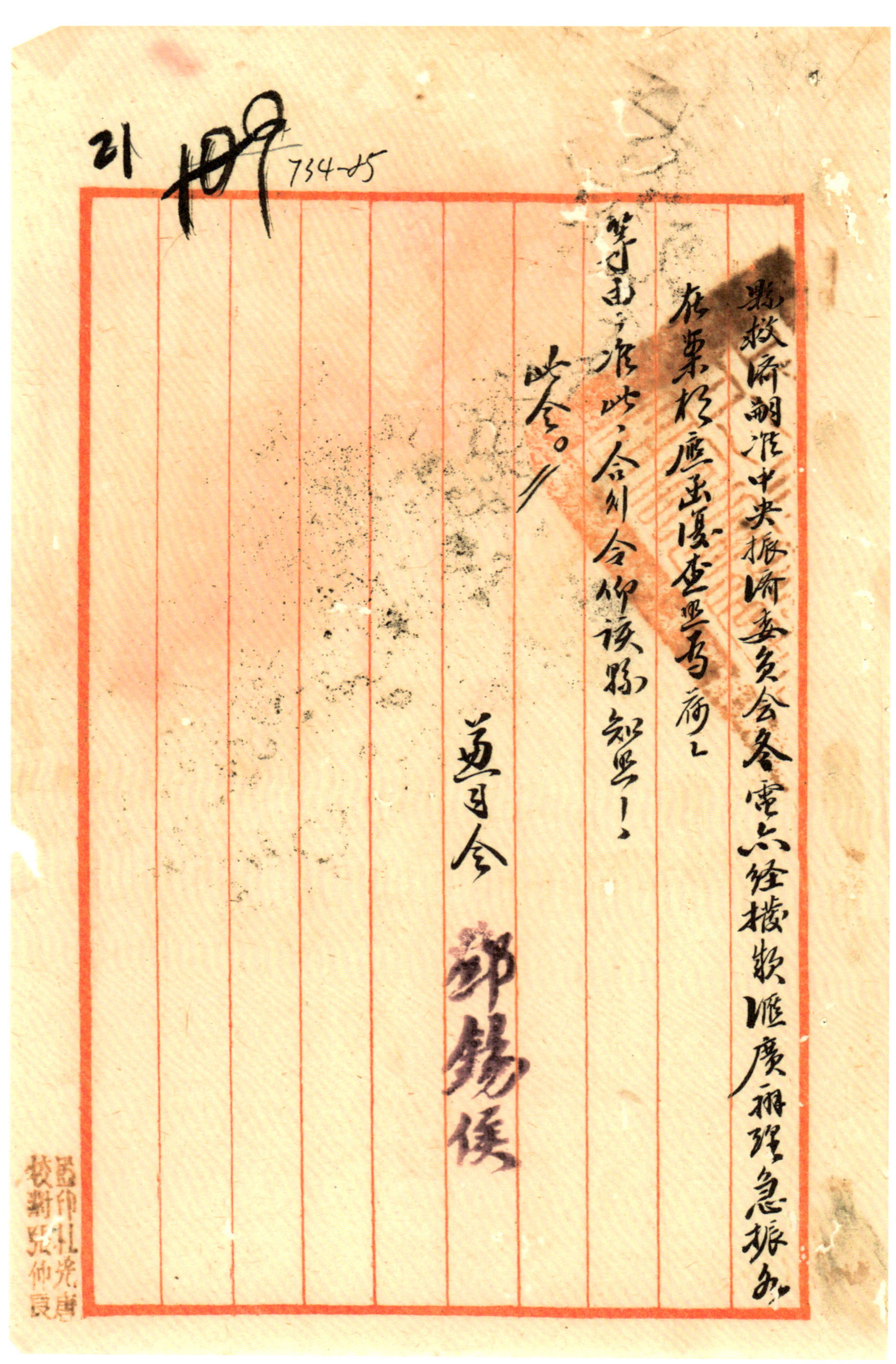
21 卅 734-85

賑救濟，嗣准中央振濟委員會各電，亦經撥款匯廣辦理急振務

在案。相應函達查照為荷。

等由。准此。合行令仰該縣知照！

此令。

兼司令 鄧錫侯

監印 杜光唐
校對 張仲良

四川省政府致广安县政府的指令（一九四〇年九月二十八日）

四川省政府 指令

秘一字第　　号

令广安县政府

呈一件为表报被炸损失请予鉴核备查并拨款振济一案由

呈件均悉。既据分呈，仰候
行政院核示。至关于救济一层，已据情转函
省振济会，拨款派员救济在案。仰即知照。附件存。

此令。

兼理主席 蒋中正

民国二十九年九月廿八日

广安县政府致重庆防空司令部的代电（一九四〇年十月九日）

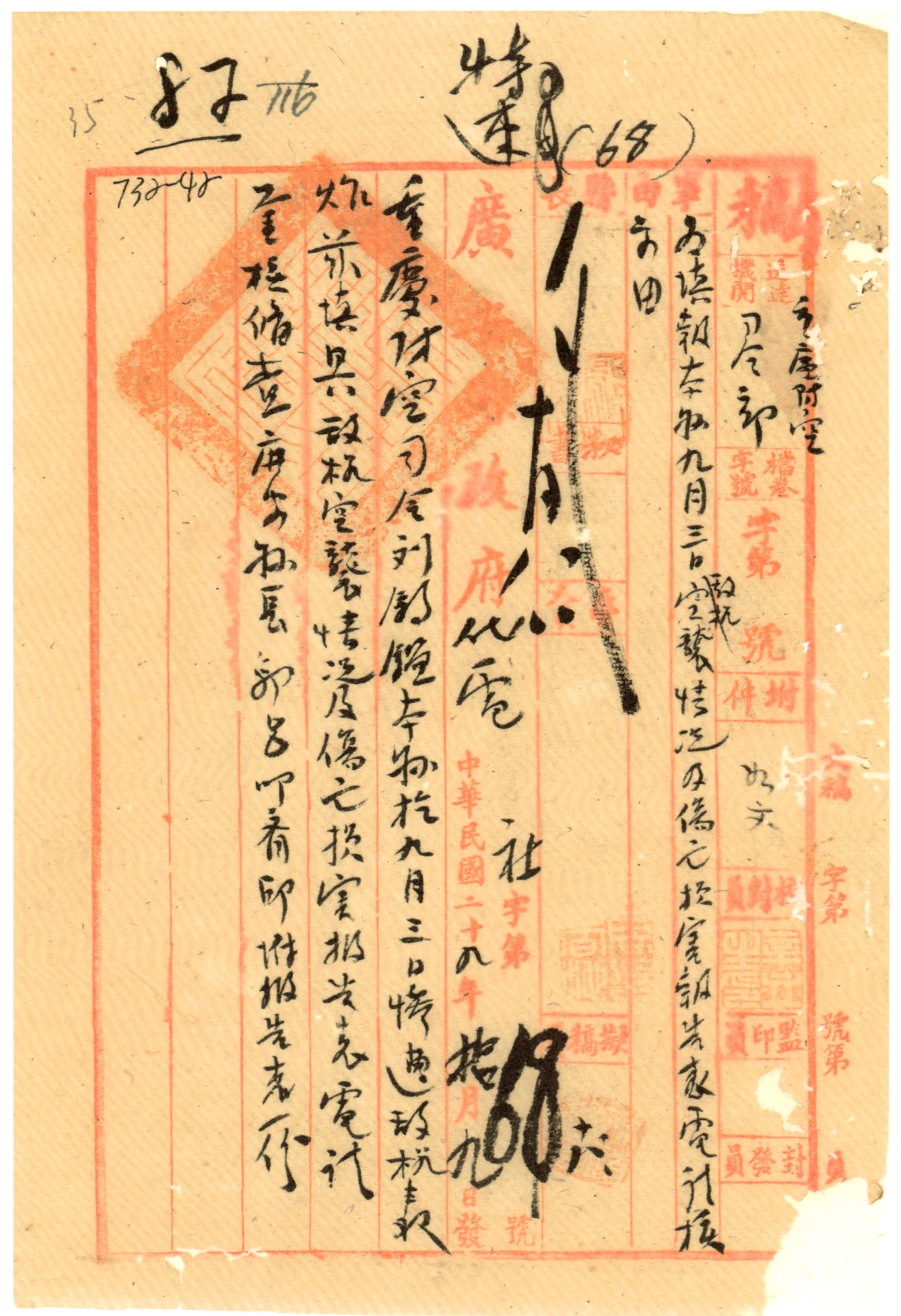

重庆防空司令部致广安县政府的指令（一九四〇年十月十四日收）

社會科

甲13962

事由	擬辦	批示
復已據情轉電振委會酌辦逕復由		

覆文時請註明本部發文字號

年　月　日　時收到

附件

重慶防空司令部指令

中華民國二十九年　月　日　時　辦字第2599號

令廣安縣長鄢繩武

二十九年九月七日呈一件，為呈報九月三日被炸損失救濟情形，呈請鑒核並懇設法再予救濟由

呈悉。所請救濟一節，已據情轉電賑濟委員會查照辦理逕復。仰於

字　號

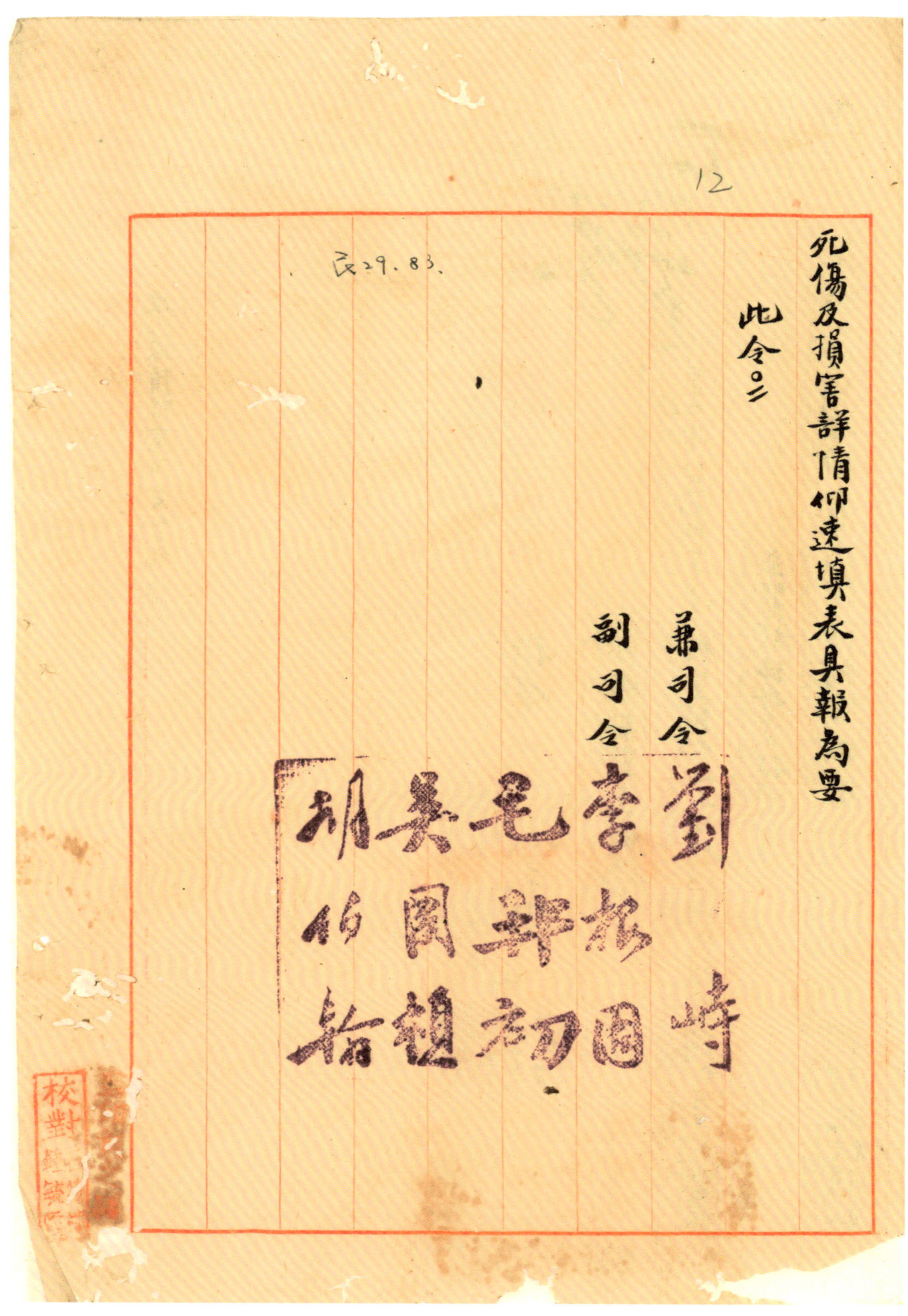

12

死傷及損害詳情仰速填表具報為要

此令。

兼司令 劉峙

副司令 李根固 毛邦初 吳國楨 胡伯翰

民29.8.3.

四川省赈济会致广安县政府的快邮代电（一九四〇年十月十五日）

四川省振濟會快郵代電

事由：為電飭查報該縣江日被炸情形詳查具報一案

振字第1341號

廣安縣長覽：准省府戴寢秘一代電開：擬該縣長呈報九月三日被炸，請予救濟等情到會。查該縣前於冬日被炸，曾經本會撥發振款壹千元救濟在案，惟該縣江日被炸，未據該縣長呈報有案，無從核振，仰將詳情查報，以憑核辦為要。四川省振濟會操刪救印

中華民國二十九年十月　日

四川省赈济会致广安县政府的指令（一九四〇年十二月七日）

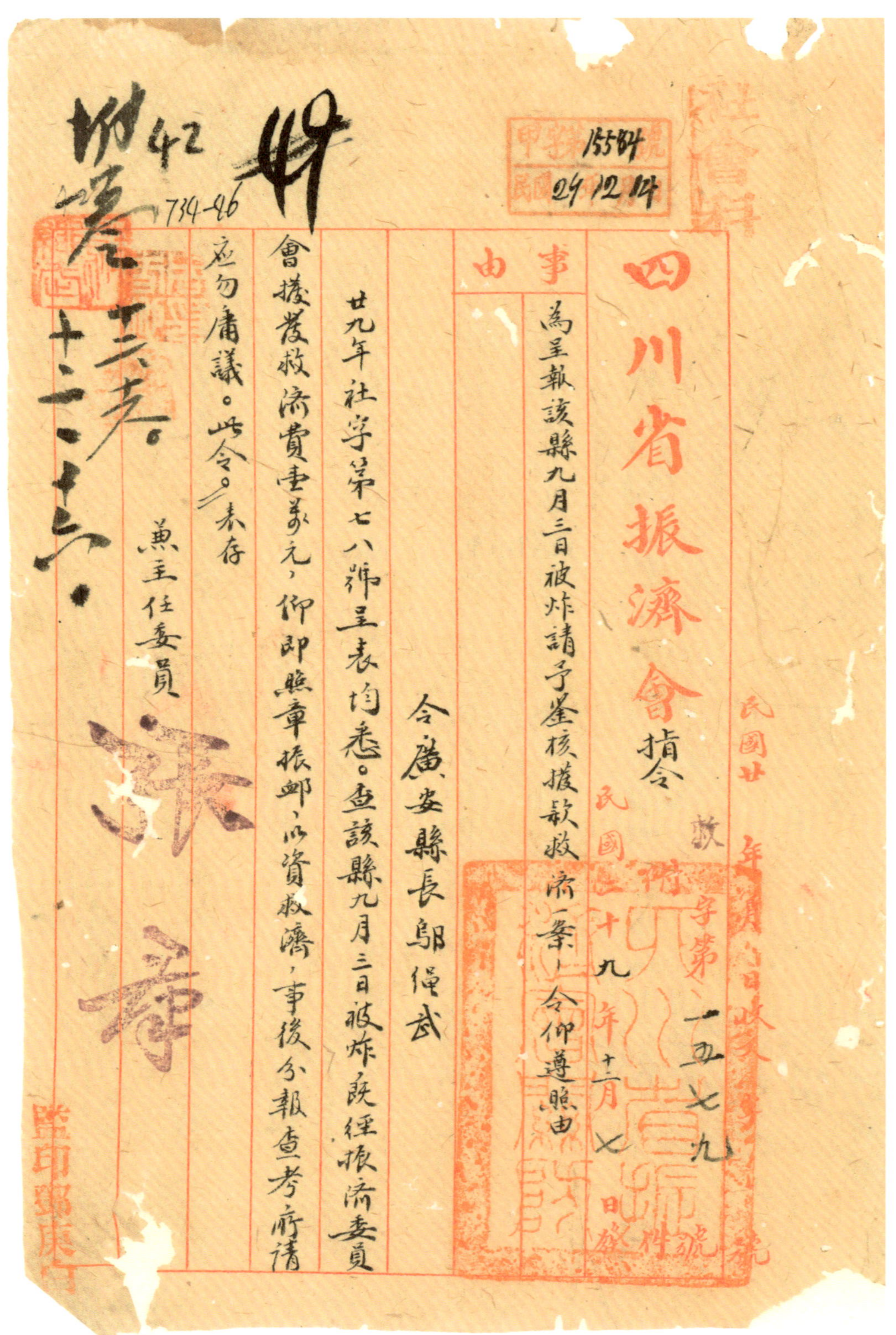
四川省振濟會指令　救字第一五七九號　民國廿九年十二月七日發

事由：為呈報該縣九月三日被炸請予鑒核撥款救濟一案，令仰遵照由

令廣安縣長鄔備武

廿九年社字第七八號呈表均悉。查該縣九月三日被炸，既經振濟委員會撥發救濟費壹萬元，仰即照章振卹，以資救濟，事後分報查考，所請應勿庸議。此令。

兼主任委員　張群

关于广安县立中学出纳干事周益兴被日机轰炸身亡并损失身带经费的一组文书（一九四〇年九月至十一月）

广安县立中学致县政府的呈（一九四〇年九月十日）

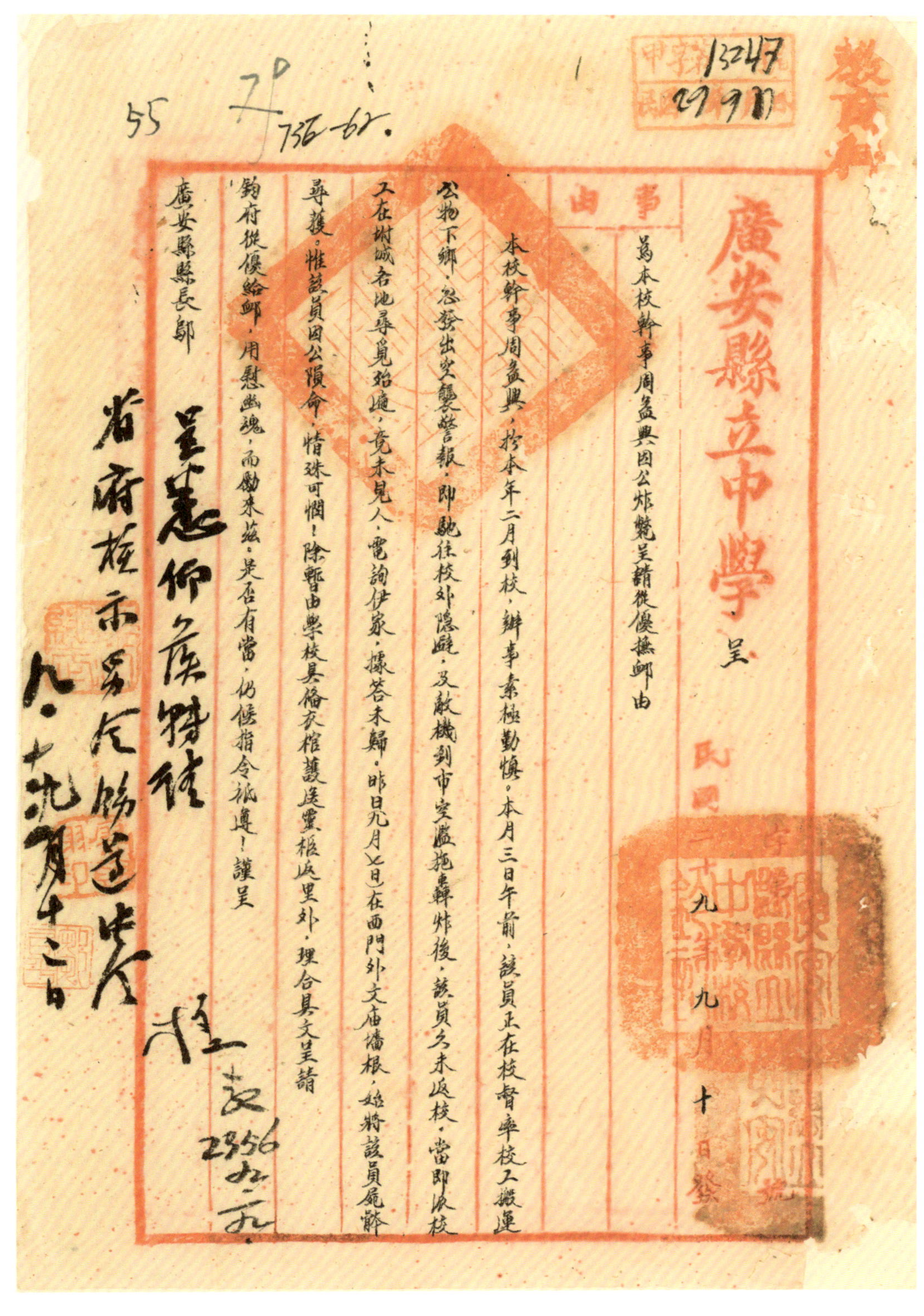
廣安縣立中學 呈

事由：爲本校幹事周益興因公炸斃呈請從優撫卹由

民國二十九年九月十日發

本校幹事周益興，於本年二月到校，辦事素極勤慎。本月三日午前，該員正在校督率校工搬運公物下鄉，忽發出空襲警報，即馳往校外隱避。及敵機到市空濫施轟炸後，該員久未返校，當即派校工在坿城各地尋覓殆遍，竟未見人，電詢伊家，據答未歸。昨日（九月七日）在西門外文廟牆根，始將該員屍骸尋獲。惟該員因公殞命，情殊可憫！除暫由學校具備衣棺護送靈柩返里外，理合具文呈請鈞府從優給卹，用慰幽魂，而勵來茲。是否有當，仍候指令祗遵！謹呈

廣安縣縣長鄔

呈悉。仰候轉請省府核示，另文飭遵。此令。

廿九，九月十二日

校長蔡人熙

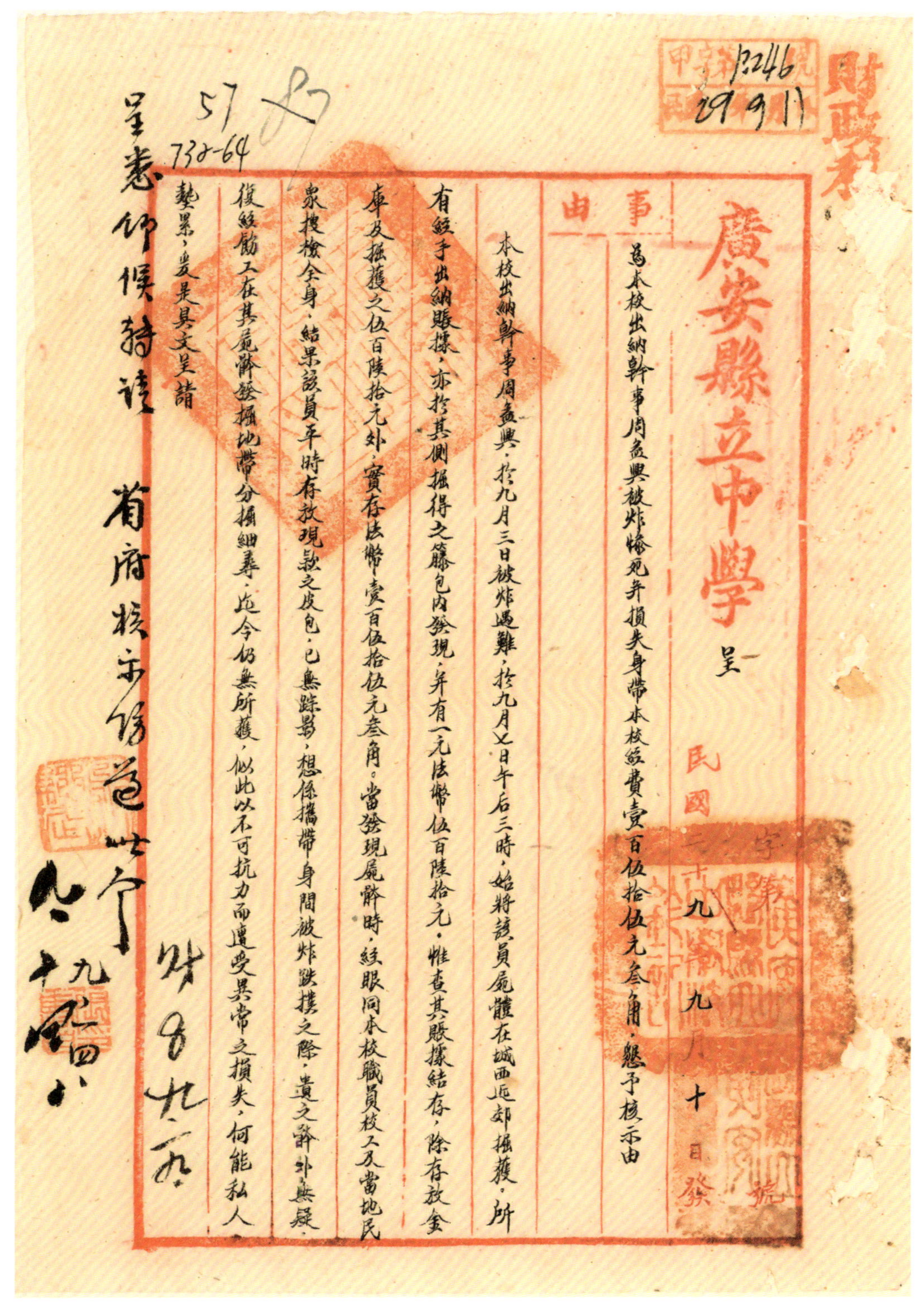
廣安縣立中學 呈

民國二十九年九月十日發 字第 號

事由：爲本校出納幹事周盈興被炸慘死并損失身帶本校經費壹百伍拾伍元叁角，懇予核示由

本校出納幹事周盈興，於九月三日被炸遇難，於九月七日午后三時，始將該員屍體在城西近郊掘獲，所有經手出納賬據，亦於其側掘得之籐包內發現，并有一元法幣伍百陸拾元。惟查其賬據結存，除存放金庫及掘獲之伍百陸拾元外，實存法幣壹百伍拾伍元叁角。當發現屍骸時，經眼同本校職員校工及當地民衆搜檢全身，結果該員平時存放現款之皮包，已無踪影，想係攜帶身間被炸跌撲之際，遺之骸外無疑。復經飭工在其屍骸發掘地帶分撮細尋，迄今仍無所獲，似此以不可抗力而遭受異常之損失，何能私人墊累，爰是具文呈請

呈悉。仰候轉請 省府核示飭遵

广安县立中学再致县政府的呈（一九四〇年九月十日）

四川省政府致广安县政府的指令（一九四〇年十一月四日）

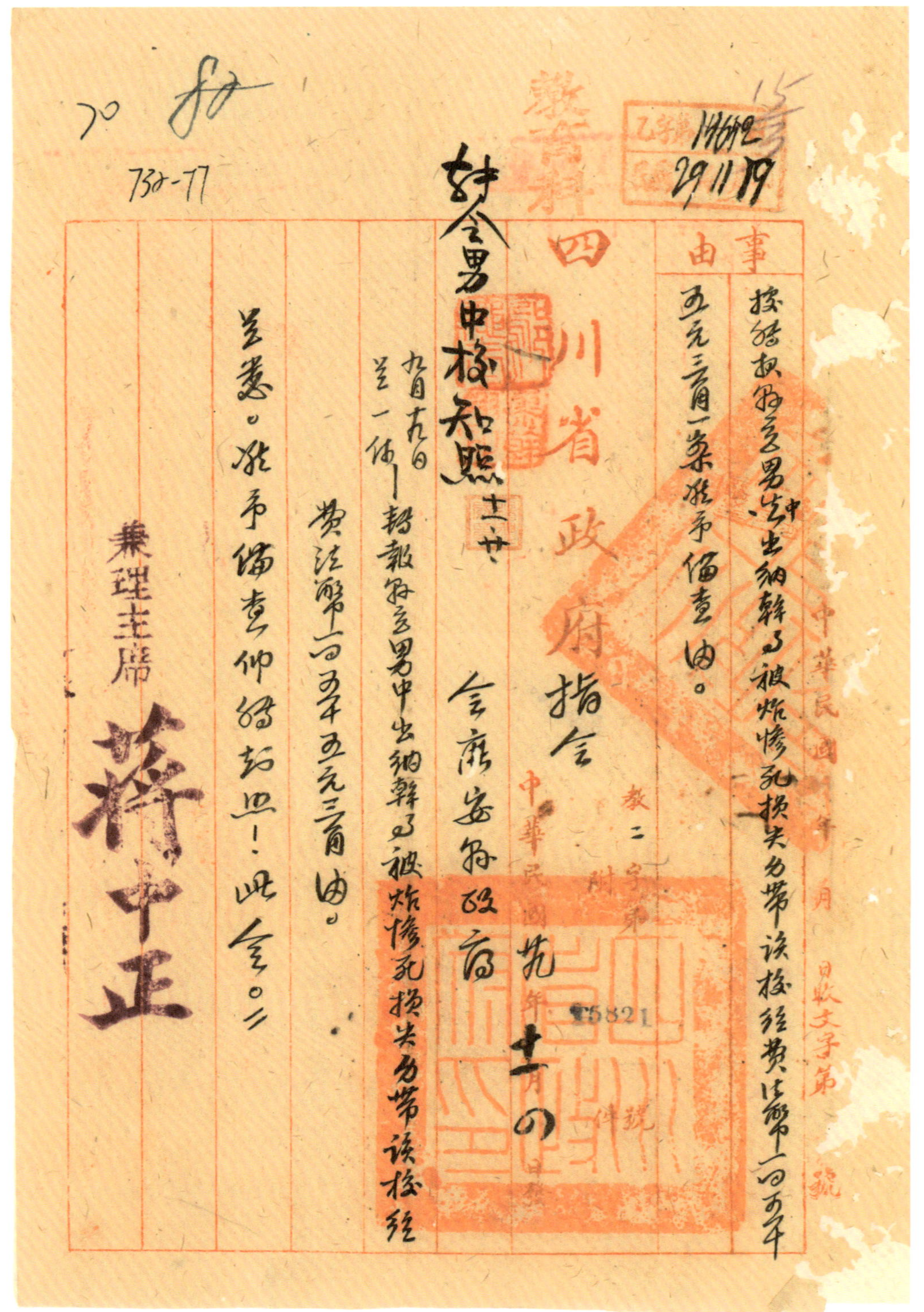

乙字第14612号 29 11 19

封 令男中校知照 十一廿

四川省政府指令 教二字第 号

事由：据报县男中出纳干事被炸惨死损失各物请核给费洋一百五十元三角一案准予备查由。

令广安县政府

九月十五日呈一件，据报该县男中出纳干事被炸惨死损失各物请核给费洋一百五十元三角由。

呈悉。准予备查，仰转饬知照！此令。

兼理主席 蒋中正

中华民国 年 十一月四日

教育廳長　郭有守

監印關爾佳

校對員劉

重庆防空司令部关于按规定格式填报空袭损失报告表及拨款赈济事致广安县政府的指令（一九四〇年九月十七日收）

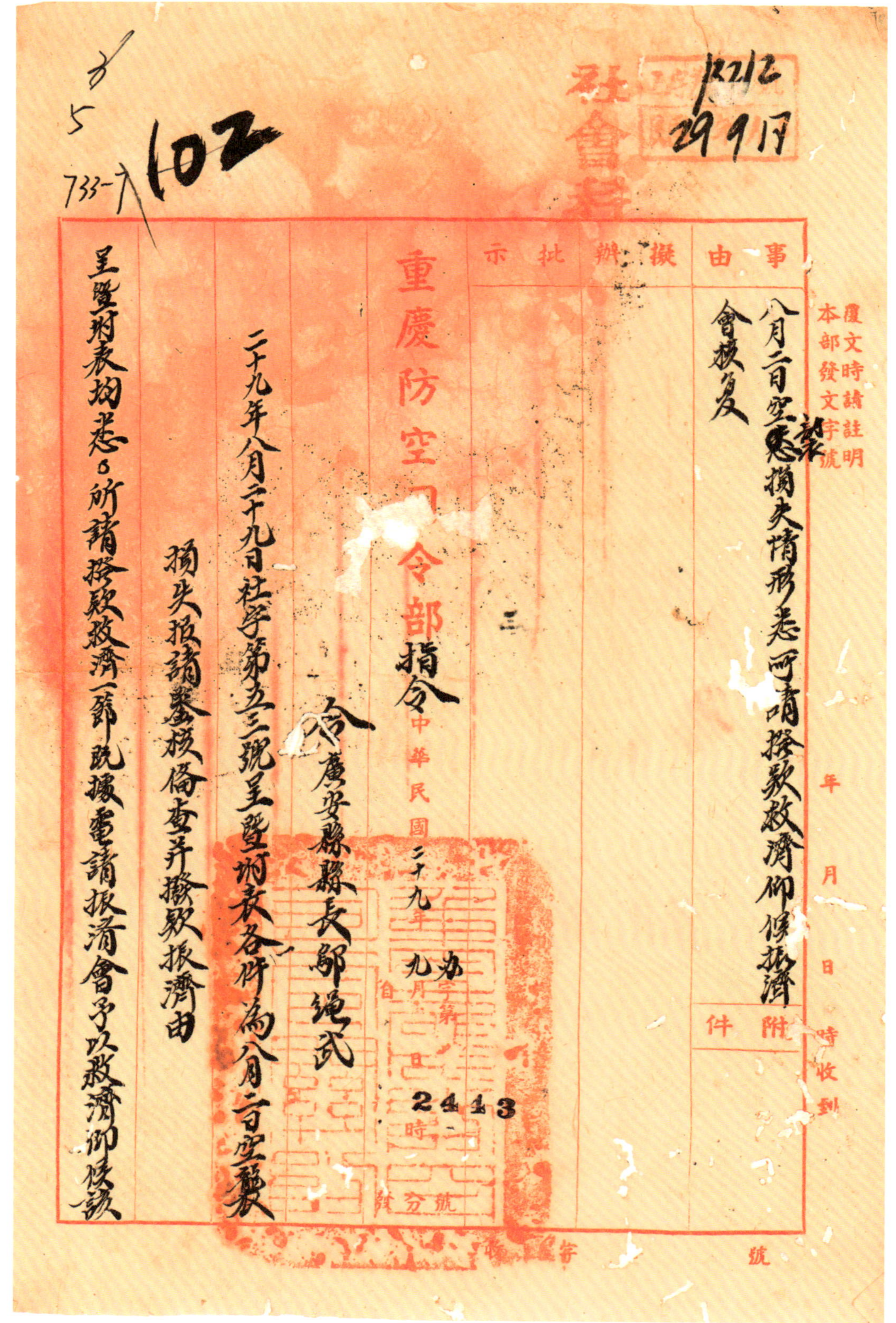

事由：八月二日空襲損失情形表呈請撥款救濟仰候核濟

擬辦：會核復

重慶防空司令部指令　中華民國二十九年九月　日　字第2413號

令廣安縣縣長鄒緒武

二十九年八月二十九日社字第五三號呈暨附表各件為八月二日空襲損失报請鑒核備查并撥款振濟由

呈暨附表均悉。所請撥款救濟一節，既據電請振濟會予以救濟，仰候該

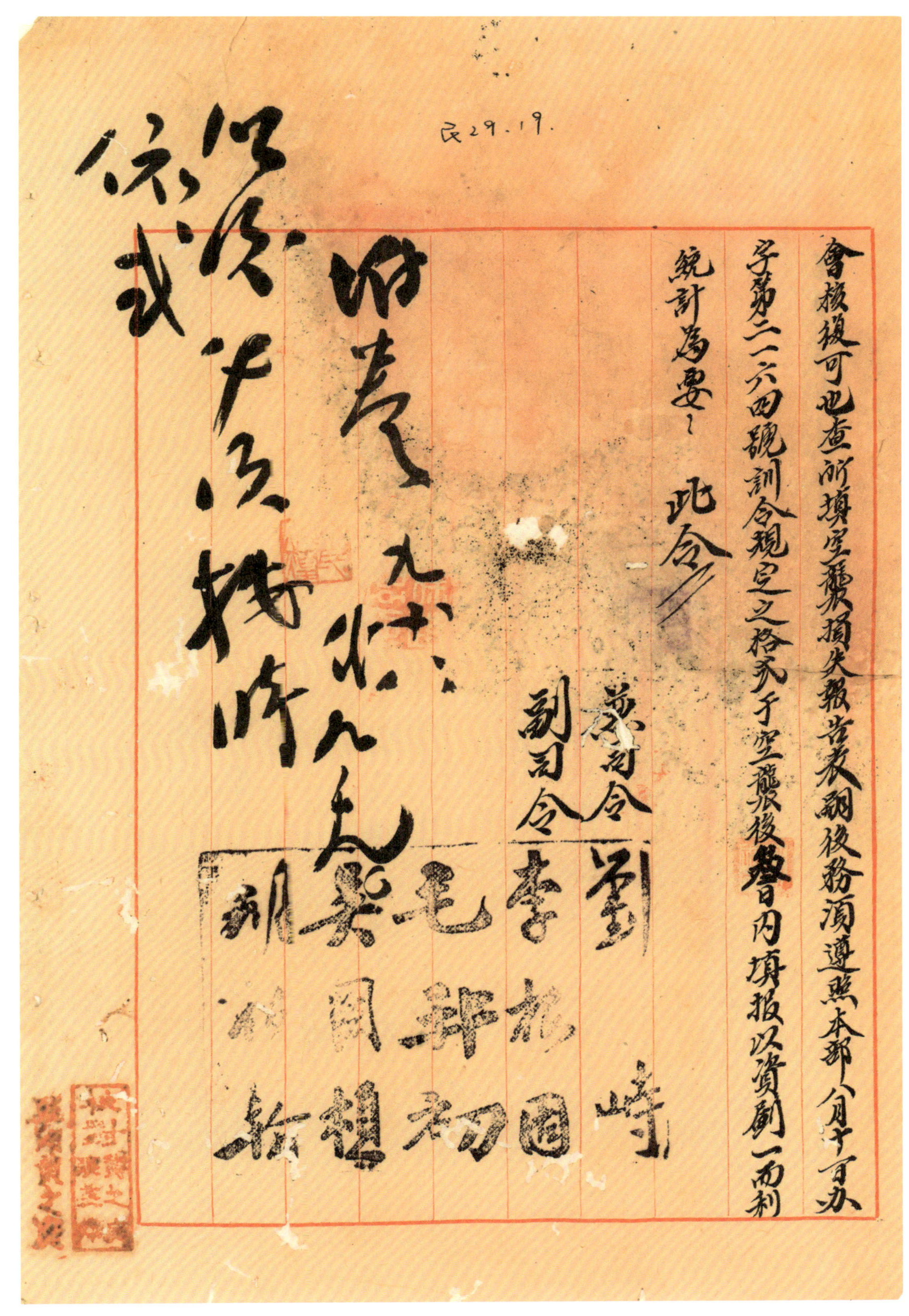

民29.19.

會核核可也查所填空襲損失報告表嗣後務須遵照本部八月十一日办字第二一六四號訓令規定之格式于空襲後叁日內填报以資劃一而利統計為要 此令

總司令 劉峙

副司令 李根固

毛邦初

吳國楨

胡[illegible]

四川省第十区行政督察专员公署关于被炸损失表报收悉并拨款赈济事致广安县政府的指令
（一九四〇年九月二十日）

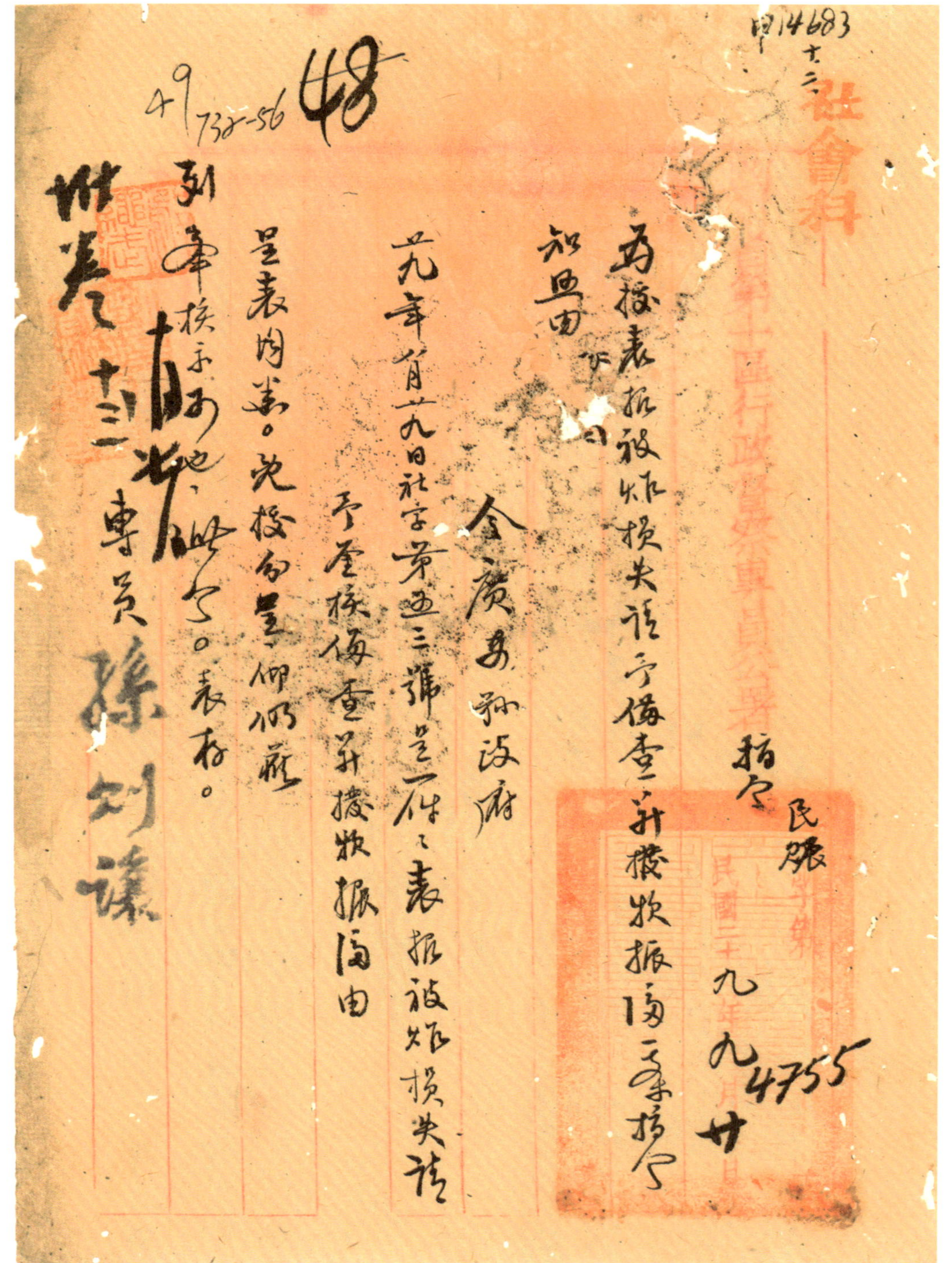

广安县私塾教员卢又森关于所办私塾校舍被日机炸毁请求拨款维修致县政府的呈（一九四〇年九月二十一日收）

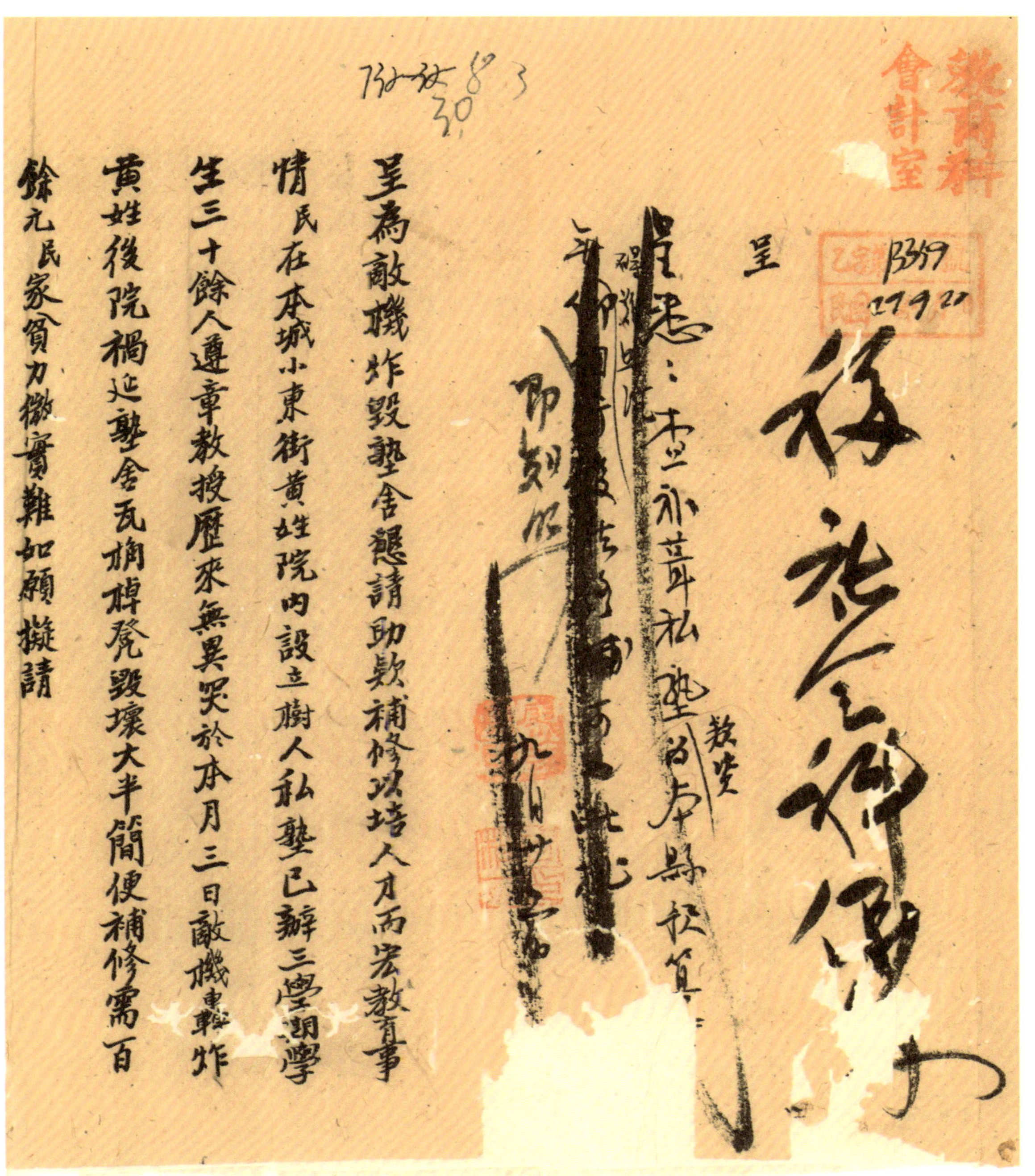

呈

呈為敵機炸毀塾舍懇請助款補修以培人才而宏教育事

情民在本城小東街黄姓院内設立廚人私塾已辦三學期學生三十餘人遵章教授歷來無異突於本月三日敵機轟炸黄姓後院禍延塾舍瓦桷椽凳毁壞大半簡便補修需百餘元民家貧力微實難如願擬請

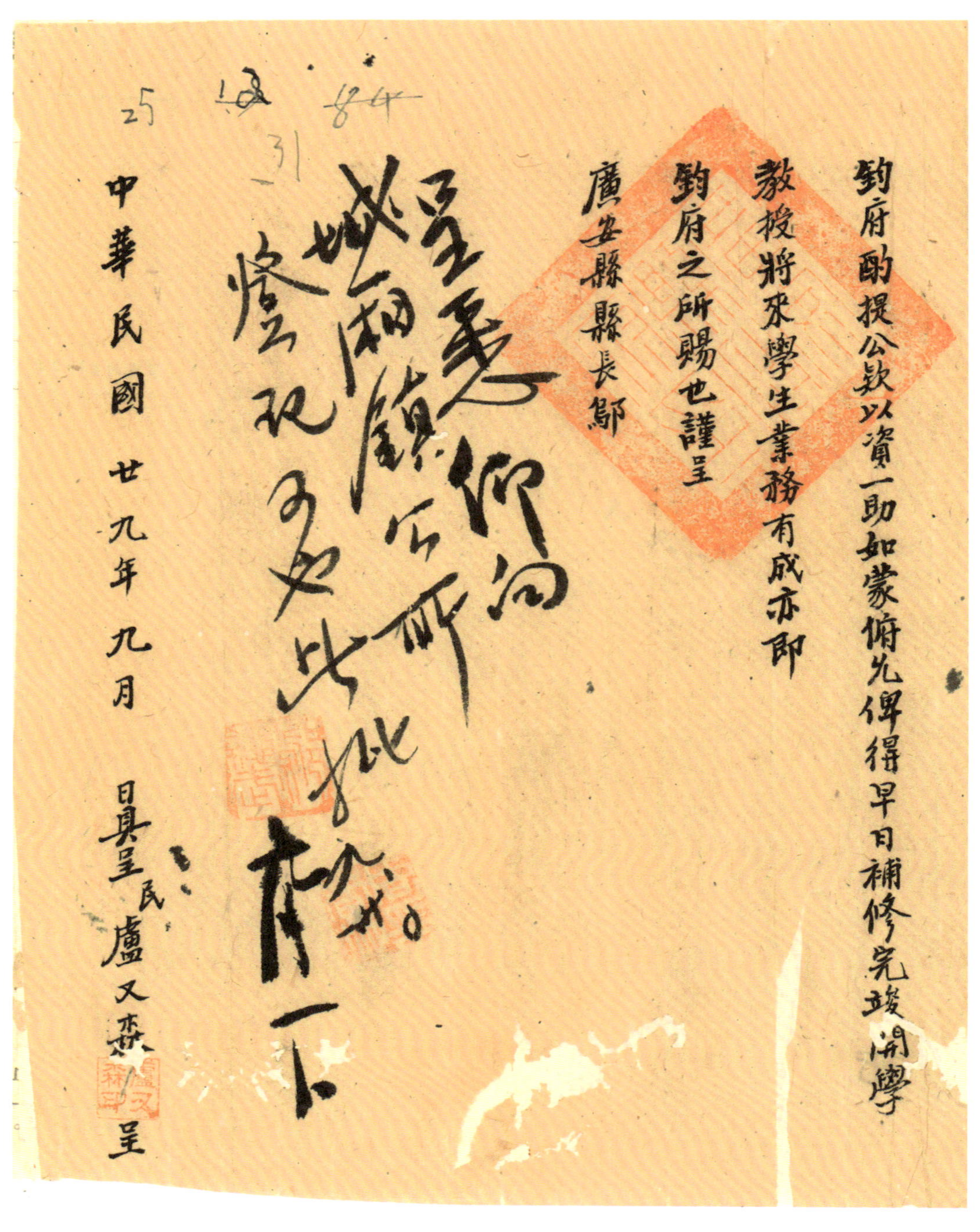

鈞府酌提公款以資一助，如蒙俯允，俾得早日補修完竣，開學教授，將來學生業務有成，亦即鈞府之所賜也。謹呈

廣安縣縣長鄔

呈悉，仰向城廂鎮公所洽領可也。此批。

中華民國廿九年九月　日具呈民盧又森呈

广安县财务委员会关于文风巷及北街图书馆街房遭炸毁损失情形致县政府的呈（一九四〇年九月二十七日）

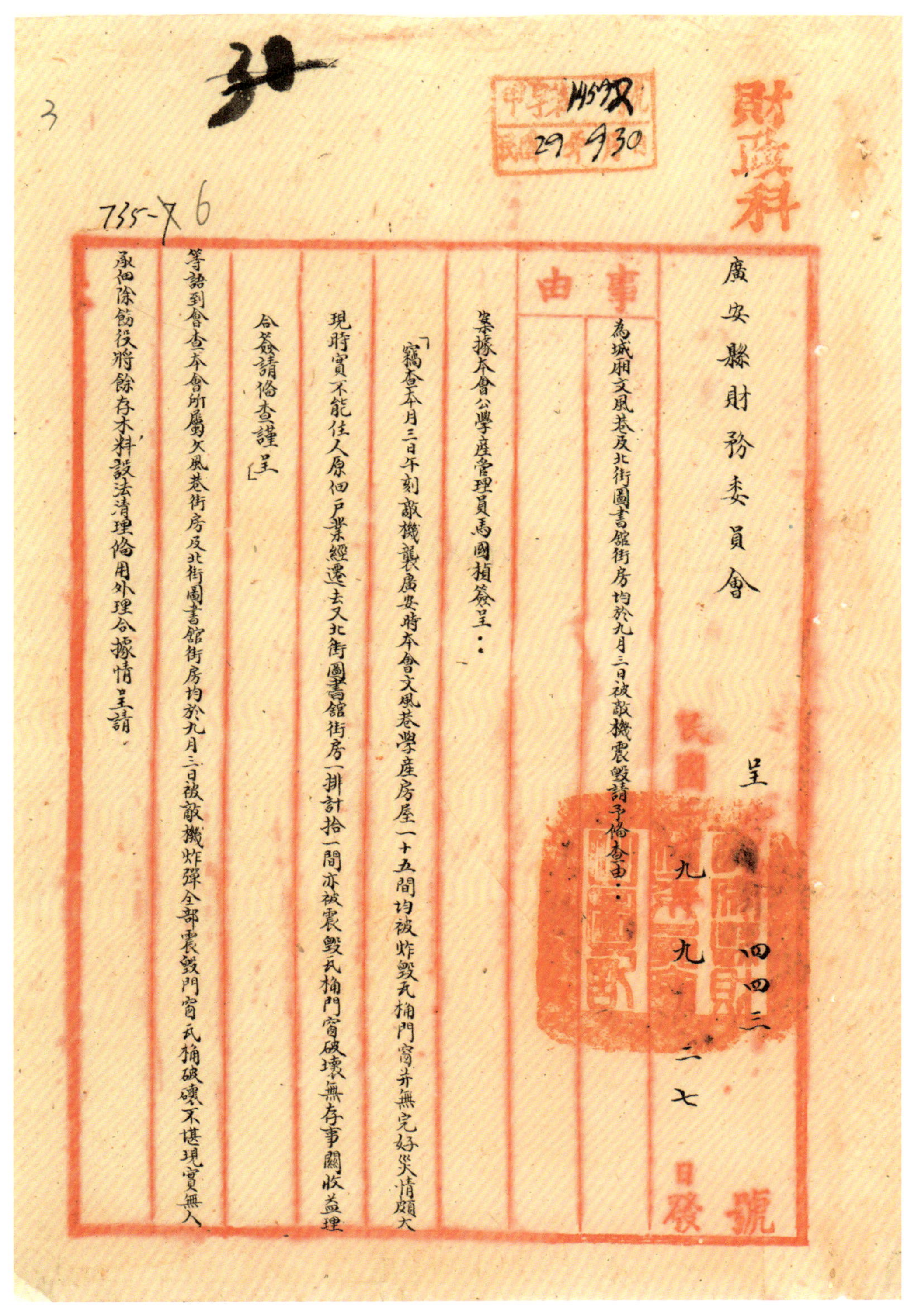

財政科

廣安縣財務委員會呈

九九四四三二七號

事由：為城厢文風巷及北街圖書館街房均於九月三日被敵機震毁請予備查由。

案據本會公學産管理員馬國楨簽呈：

「竊查本月三日午刻敵機襲廣安，將本會文風巷學産房屋一十五間均被炸毁，瓦桷門窗并無完好，災情頗大，現時實不能住人，原佃户業經遷去。又北街圖書館街房一排，計拾一間，亦被震毁，瓦桷門窗破壞無存。事關收益，理合簽請備查。謹呈」

等語到會。查本會所屬文風巷街房及北街圖書館街房均於九月三日被敵機炸彈全部震毁，門窗瓦桷破壞不堪，現實無人承佃，除飭役將餘存木料設法清理備用外，理合據情呈請

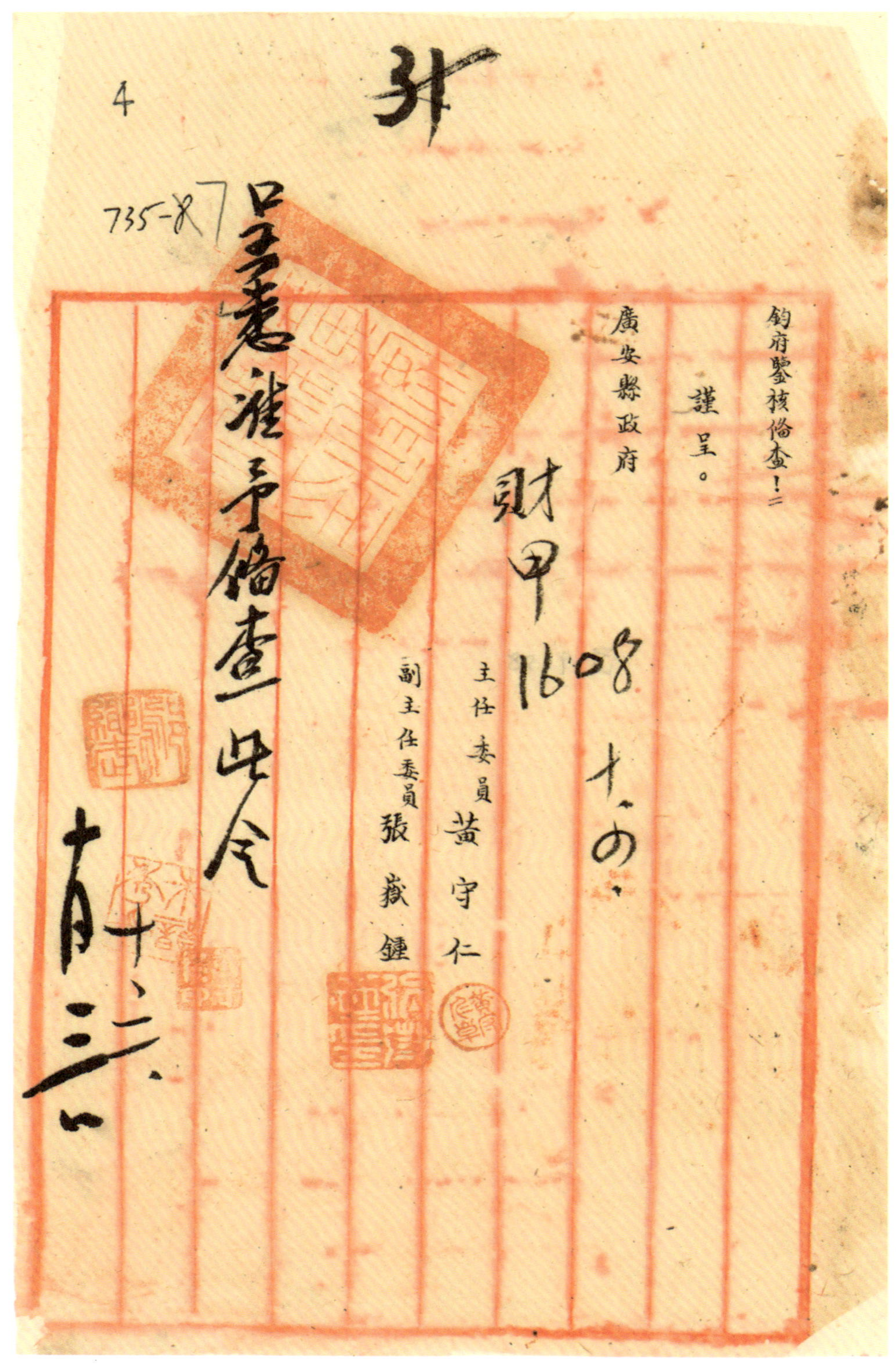
鈞府鑒核備查！
謹呈。
廣安縣政府
主任委員 黄守仁
副主任委員 張嶽鍾

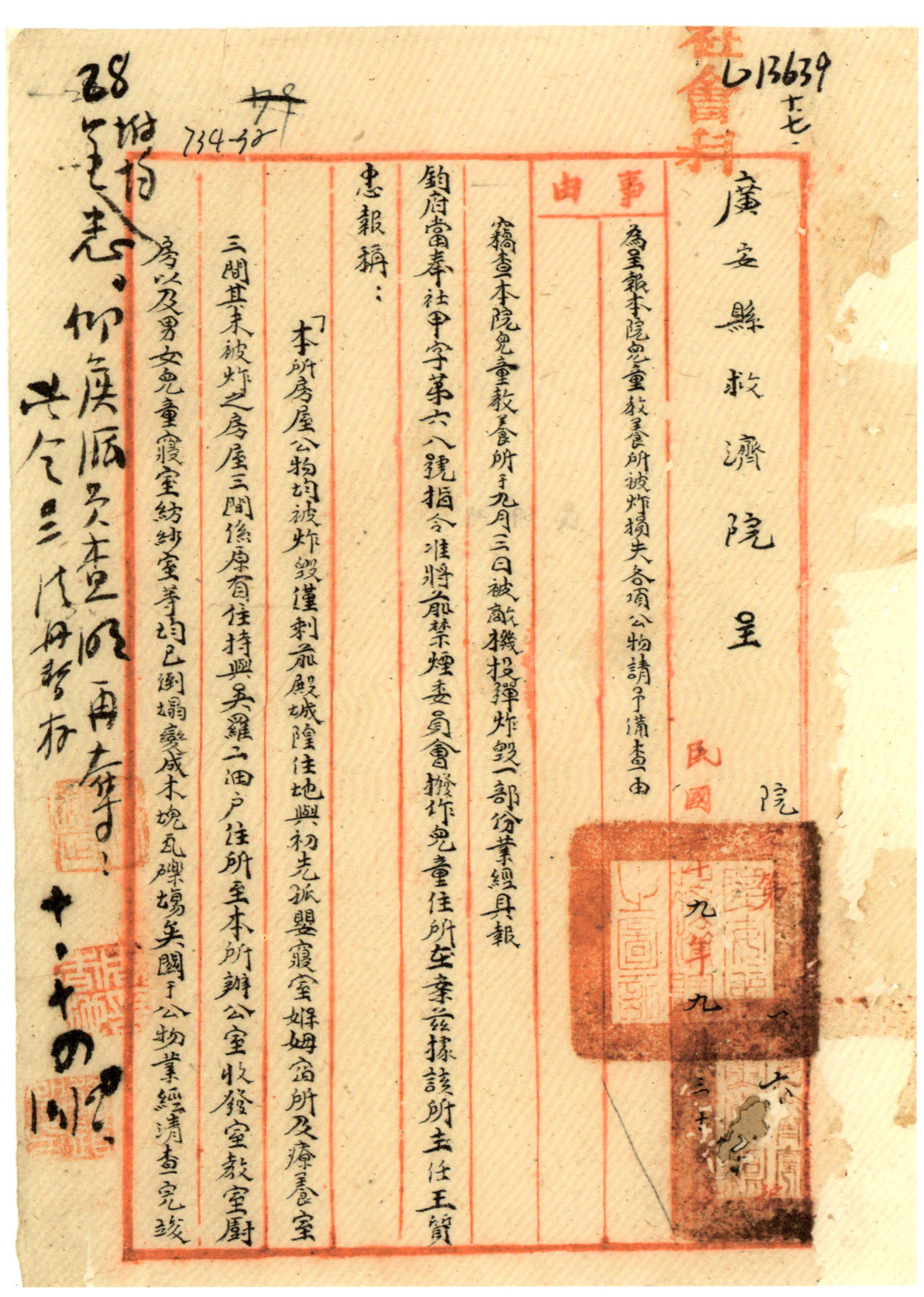
廣安縣救濟院　呈

事由：為呈報本院兒童教養所被炸損失各項公物請予備查由

竊查本院兒童教養所于九月三日被敵機投彈炸毀一部份，業經具報
鈞府，當奉社甲字第六八號指令准將前禁煙委員會撥作兒童住所在案。茲據該所主任王賀忠報稱：

「本所房屋公物均被炸毀，僅剩前殿城隍住地與初生孤嬰寢室、保姆宿所及療養室三間。其未被炸之房屋三間，係原有住持與吳、羅二佃戶住所。至本所辦公室、收發室、教室、廚房以及男女兒童寢室、紡紗室等，均已倒塌，變成木塊瓦礫場矣。關于公物業經清查完竣

民國二十九年九月三十日

广安县救济院关于该院儿童教养所被日机轰炸损毁情况致县政府的呈（一九四〇年九月三十日）

造具公物損失一覽表具本所前存之食鹽三十二斤及食米一卅斗亦已損失無存并損失草領料之原料竹麻五十玖兩穀草二十八個理合連同損失表具報鈞台請予查核轉報謹呈。」等語前來查該員所報損失各項公物及鹽米看驗屬實除以「准予轉報」等語令飭外理合檢同原表呈請

鈞府鑒核備查。至該所餘存木料業經清查完竣擬與財務委員會會同造報合併聲明。

謹呈

廣安縣政府

計附呈本院兒童教養所公物損失一覽表一份

院長王宣彝

广安地方法院验厂掩埋夫役陈兴发、刘兴发等关于验厂被日机炸毁请求救济致县政府、地方法院的呈（一九四〇年九月至十一月）

陈兴发、刘兴发等致广安县政府的呈（一九四〇年九月）

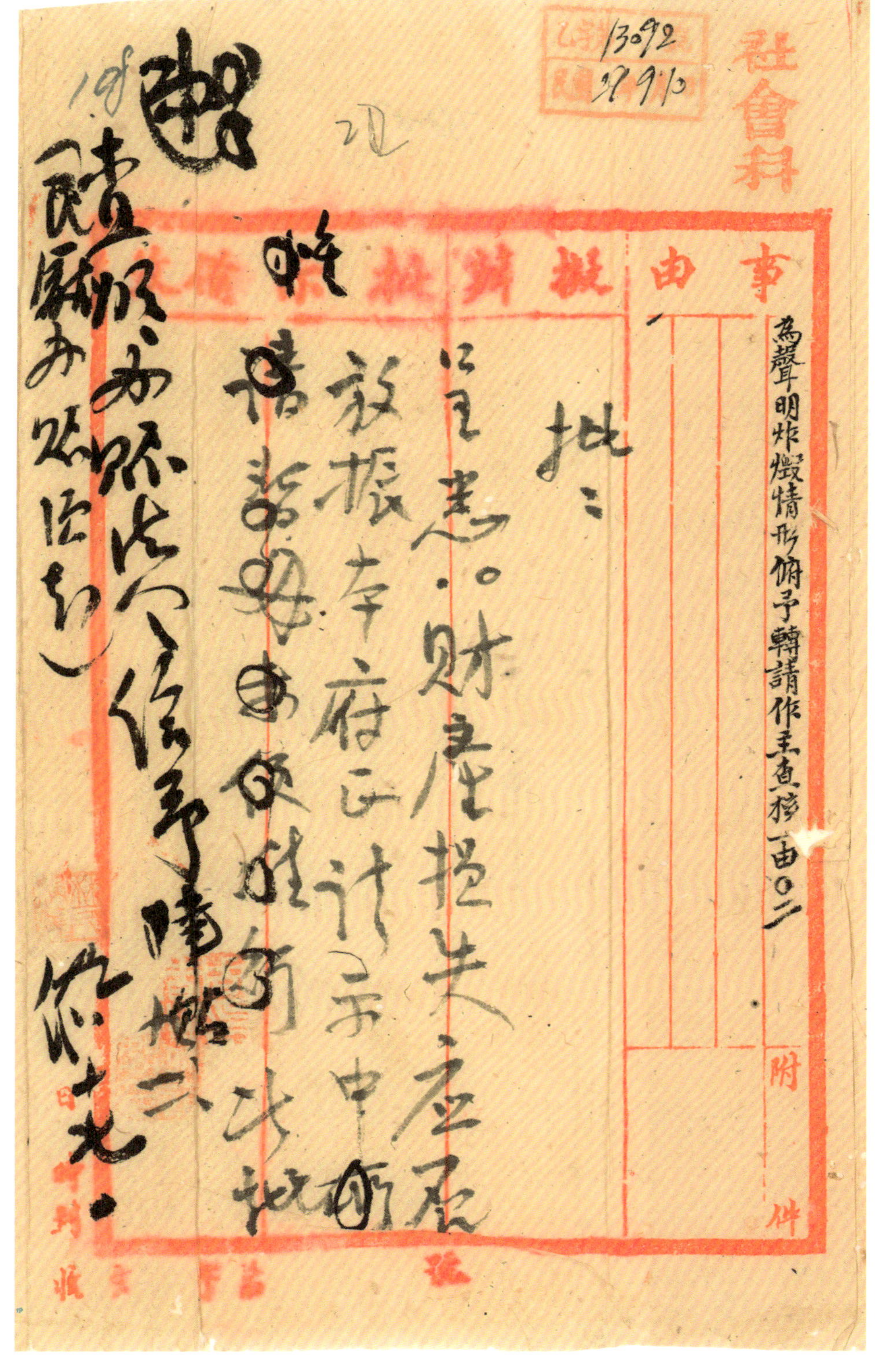

社會科

事由

為聲明炸燬情形俯予轉請作主查核

附件

具報告城廂西門外第三五保驗廠掩埋夫役陳興發劉興發陳壽堂夏
鴻金呈為聲明驗廠公地房屋及各器物悉被炸燬情形俯予轉請查核
優卹事情民等住居驗廠認業抬屍掩埋之責未敢苟安數年無異不
幸今陰八月初二上晝巽被敵機來縣轟炸竟將驗廠公地房屋及民等
被絮衣物器具悉行炸燬週圍四坑爆彈目覩心傷慘苦不堪情廹除
將原情報經本管保長夏伯駒查明不虛蓋章外俯懇
鈞府作主賞予轉請查核或賜優恤俾民等以活生命均沾再造之德也

謹呈

城廂鎮公所鎮長杜　核轉

縣府縣長鄔公鑒

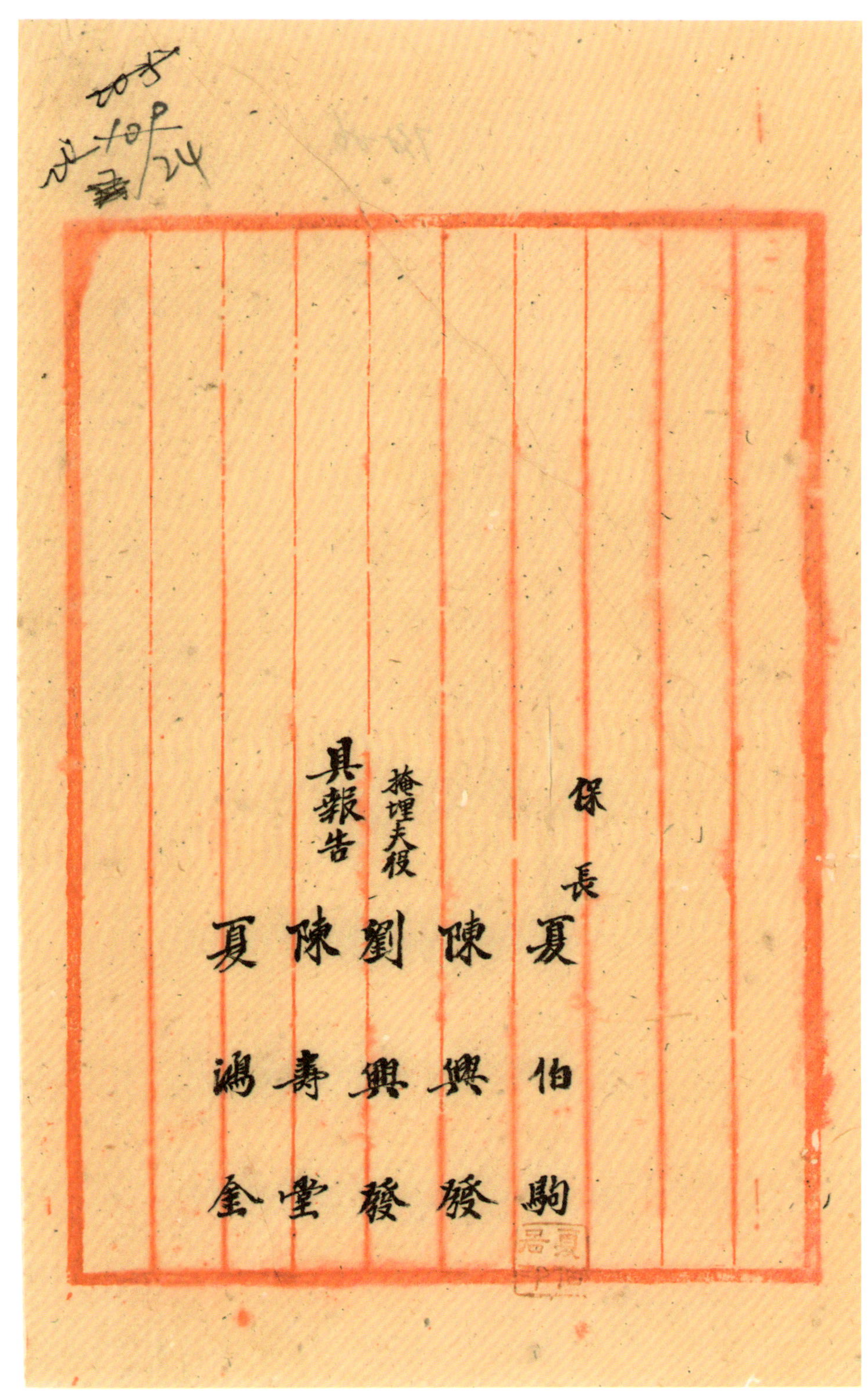

保長夏伯駒
陳興發
掩埋夫役劉興發
具報告陳壽堂
夏鴻金

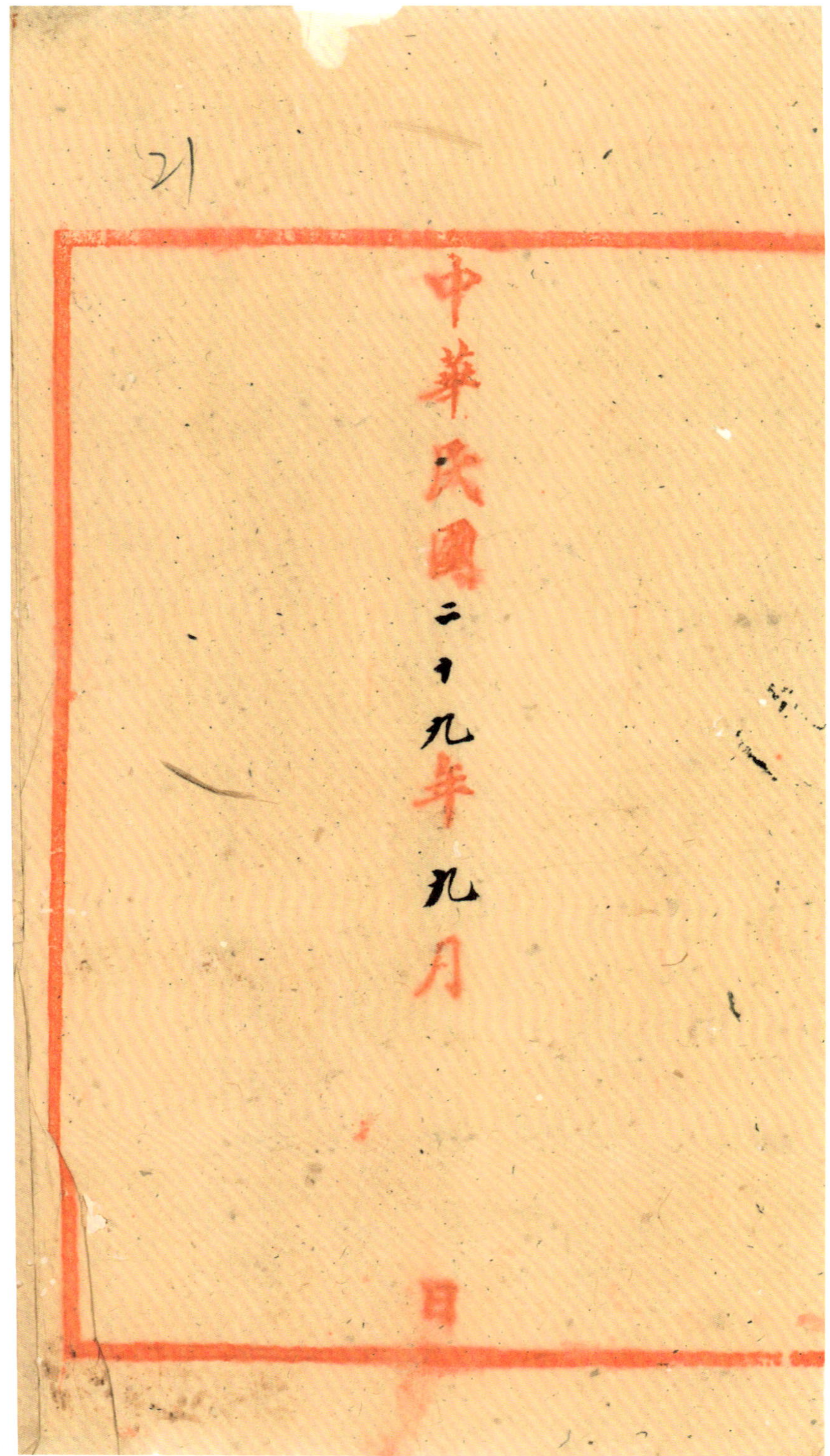

21

中華民國二十九年九月　日

陈兴发、刘兴发等致广安地方法院的呈（一九四〇年十一月）

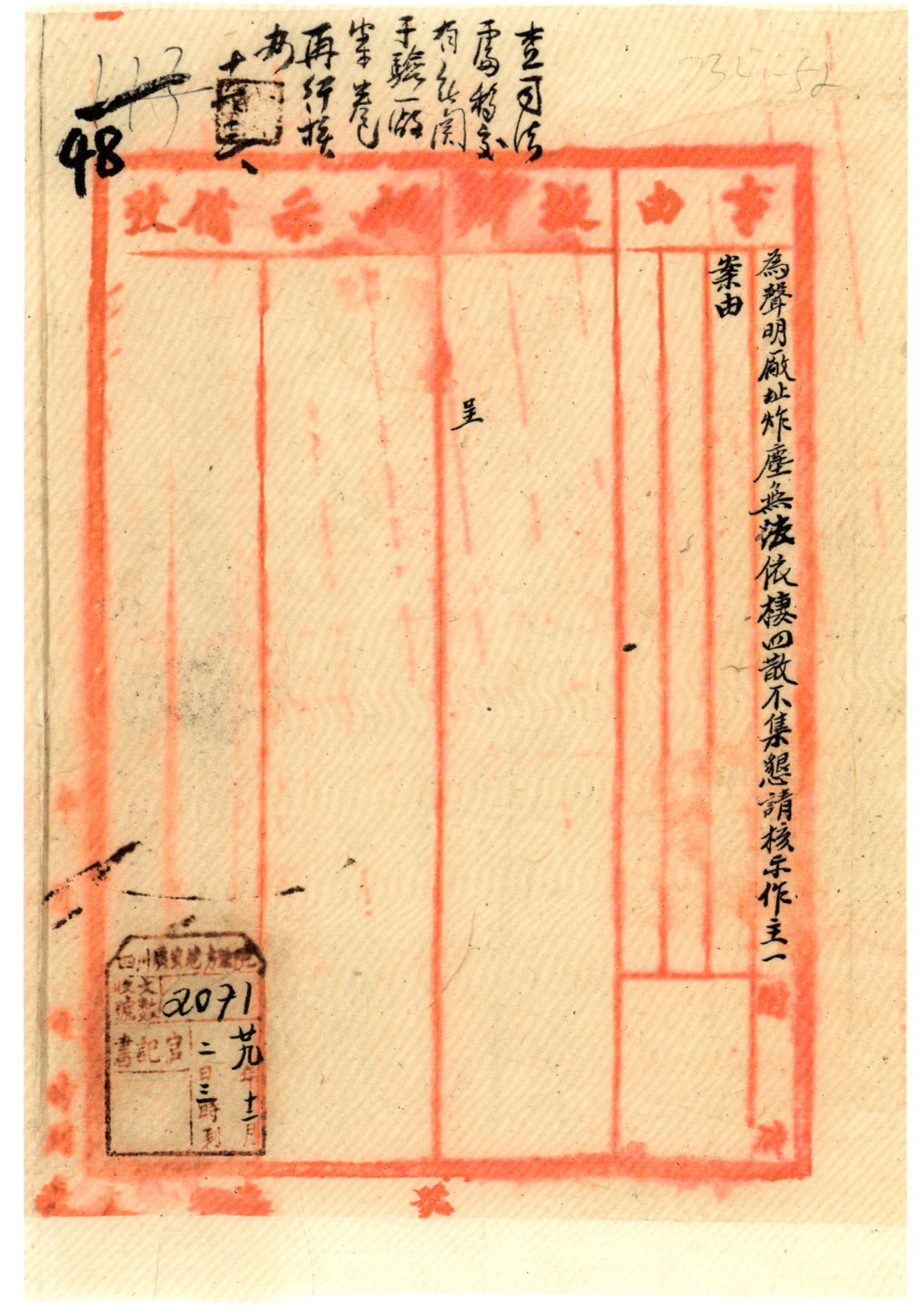

事由

為聲明廠址炸壓無法依樓四散不集懇請核示作主一

案由

呈

2071

廿九年十一月二日三時到

具呈本院騐廠掩埋夫陳興發、劉興發、晏洪興、陳壽堂

為聲明廠址炸塵無法依棲懇請核示作主以救役媢事情役等歷任縣院兩處騐廠掩埋職務廠址素設城區小西門外白花山經數十年無異孰意本年廢曆八月初二日突被敵機狂炸竟將廠址炸損如塵所有役等家俱什物各項炸毀無存而役等四散無棲生活亦皆無着意建不能　有被炸損存木料役等尚未奉示遵行至役等時而奉　令於各鄉鎮洗騐屍身亦難聚集尚有檢騐員杜道生素可深悉而役等處此進退維谷除縣府已具呈請示外理合報陳俯懇

鈞院核示祇遵謹呈

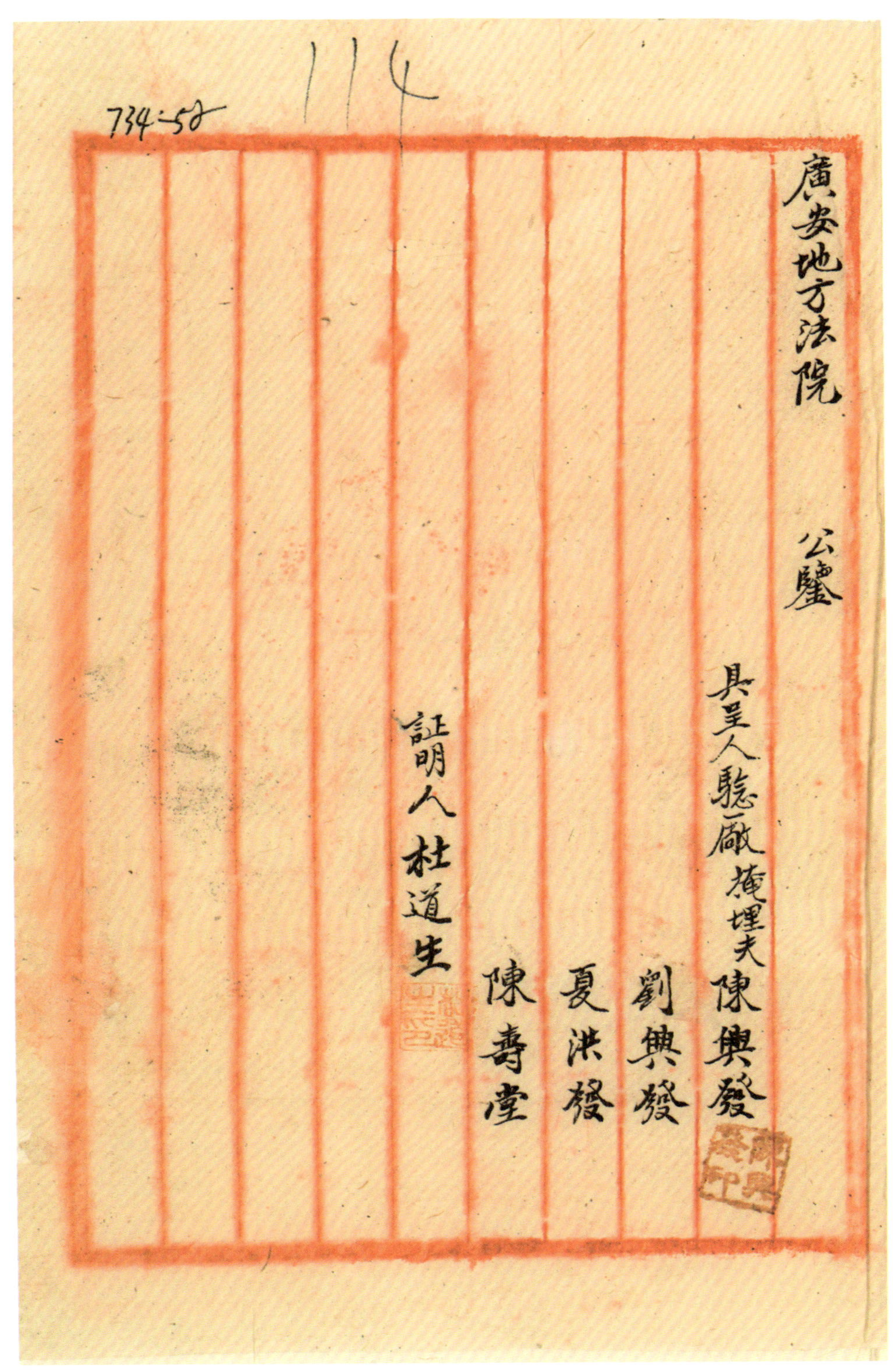

734-58

114

廣安地方法院

公鑒

具呈人戀廠掩埋夫陳興發

劉興發

夏洪發

陳壽堂

証明人杜道生

民30.109

中華民國二十九年十一月

广安县财务委员会关于城厢镇横街镇乡教经街房被炸毁事宜致县政府的呈（一九四〇年十月二十二日）

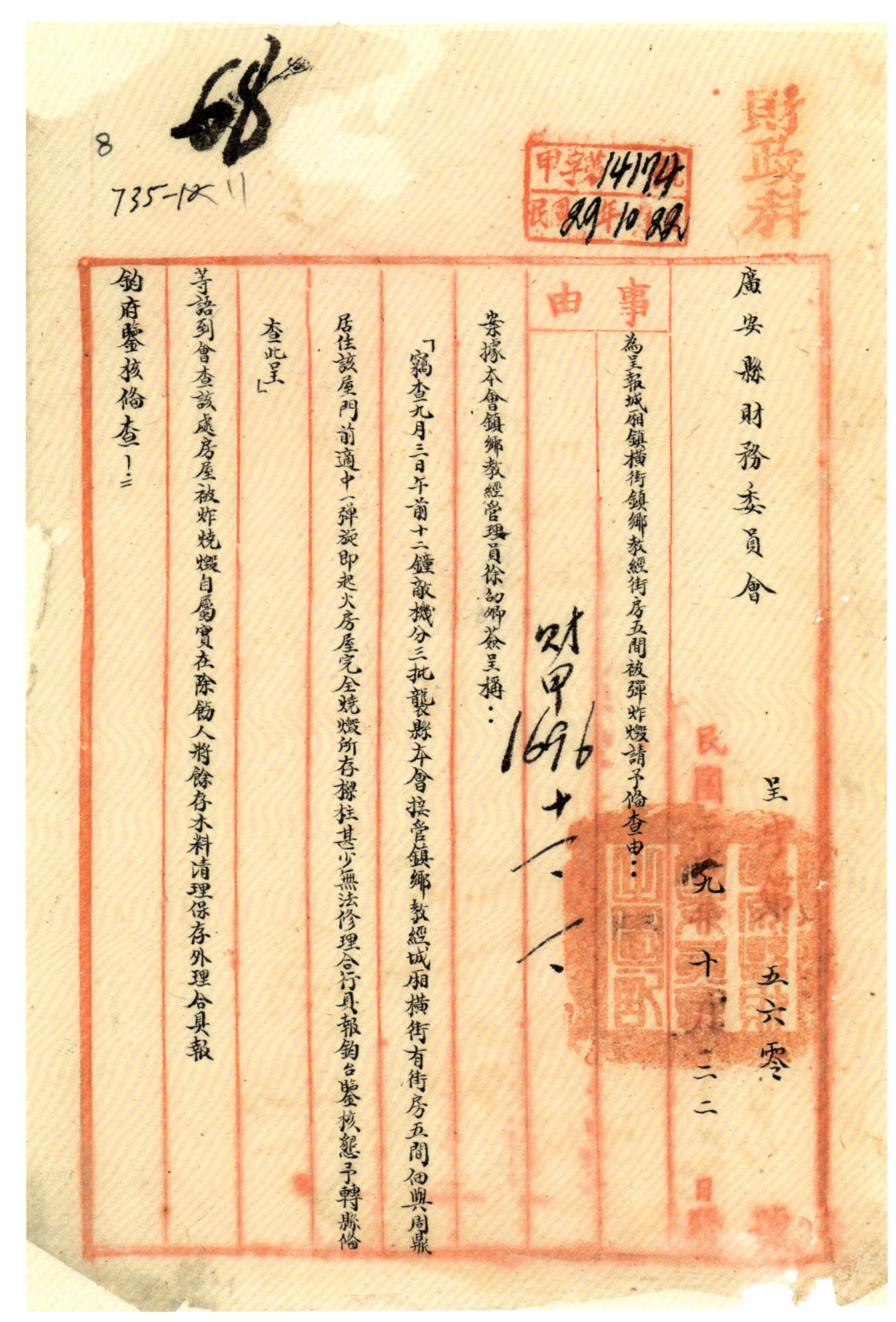
財政科

甲字第14174號
民國89年10月22日

廣安縣財務委員會　呈　五六零

事由　為呈報城厢鎮横街鎮鄉教經街房五間被彈炸燬請予備查由：

民國二十九年十月二十二日

財甲1696　十一、一

案據本會鎮鄉教經管理員徐劭卿簽呈稱：

「竊查九月三日午前十二鐘敵機分三批襲縣本會接管鎮鄉教經城厢横街有街房五間佃與周鼎居住該屋門前適中一彈旋即起火房屋完全燒燬所存樑柱甚少無法修理合行具報鈞台鑒核懇予轉縣備查此呈」

等語到會查該處房屋被炸燒燬自屬實在除飭人將餘存木料清理保存外理合具報

鈞府鑒核備查！

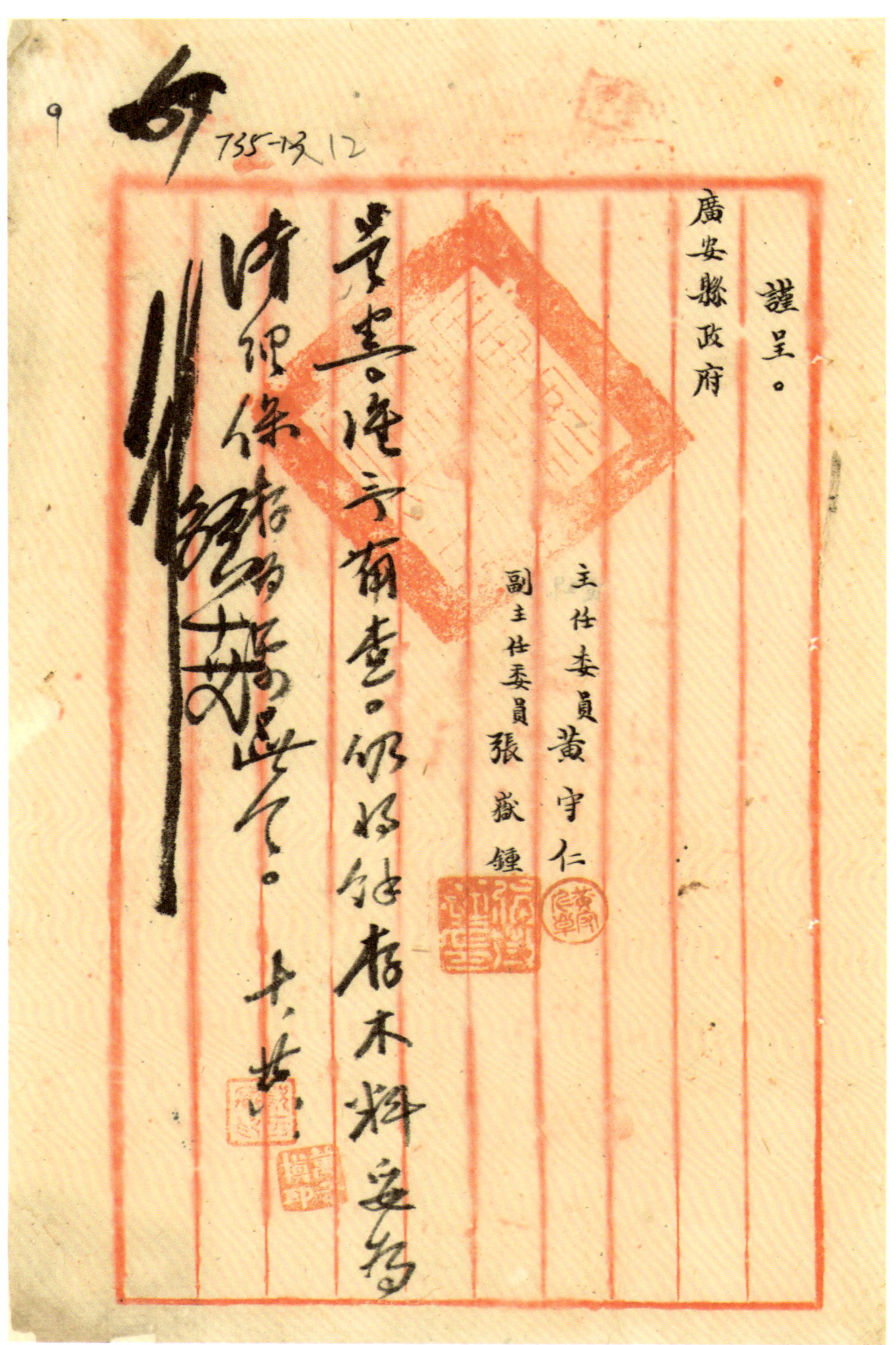

735-1-12

謹呈。

廣安縣政府

主任委員 黃宇仁

副主任委員 張嶽鍾

貴會修亭有案。所收餘存木料妥為清理保存為要。

十、廿

广安县政府一九四〇年八月二日、九月三日被日机轰炸所领赈款收支情况表（一九四一年二月）

3

734-下B

茲將本縣八月二日、九月三日被炸所領賑款收支情形開列於后

一、收委座 八月二日 洋壹萬元正

二、收中賑會 八月二日 洋壹仟貳百壹拾元正

三、收省賑會 八月二日 洋壹仟元正

四、收中賑會 九月三日 洋壹萬元正

五、收子金 洋捌百壹拾貳元正

以上五筆共收洋貳萬叁仟零貳拾貳元正。

一、付防護醫藥費 委座款 洋貳仟陸百叁拾捌元貳角捌分正

一、付八月二日發賑 中賑會款 洋壹仟零玖拾元正

一、付八月二日發賑 省賑會款 洋壹仟元正

4

一、卅九月三日發賬 中縣公款 洋捌仟捌百捌拾伍元正

一、卅九月三日發 公務員 賬 洋玖百玖拾元正

以上五筆共計洋壹萬零壹百玖拾玖元貳角捌分正。

收付品迭存洋壹萬貳仟捌百貳拾貳元柒角陸分正。除

已支壹萬壹仟貳百貳拾壹元五角陸分外，尚應補支洋壹

仟陸百零壹元貳角正。

前任縣長 鄔繩武

經手人

社會科長 周啓池

民32.140

红十字会广安分会关于请拨款归垫被日机炸伤灾民李永莲住院费致广安县政府的呈（一九四一年四月十八日收）

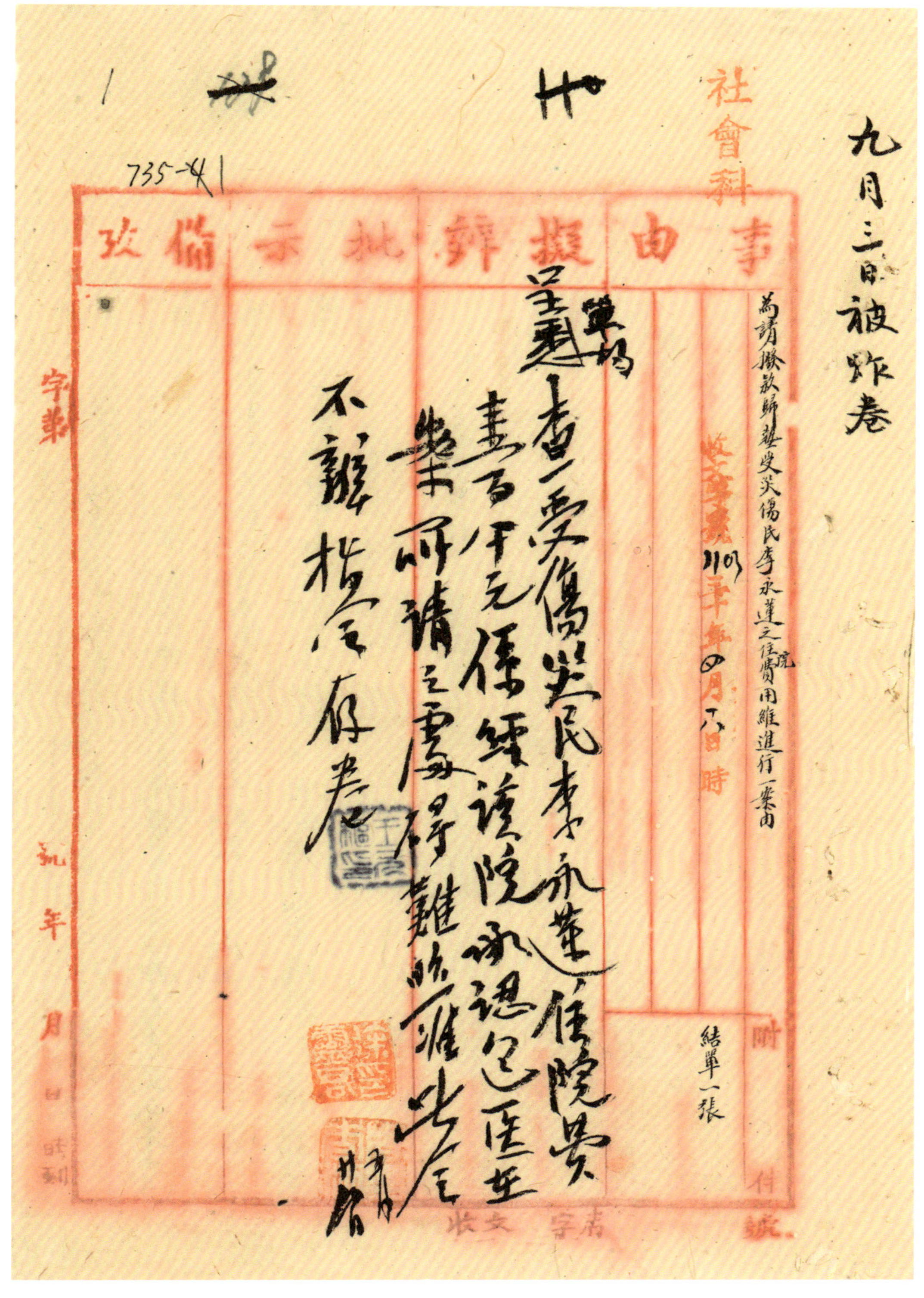

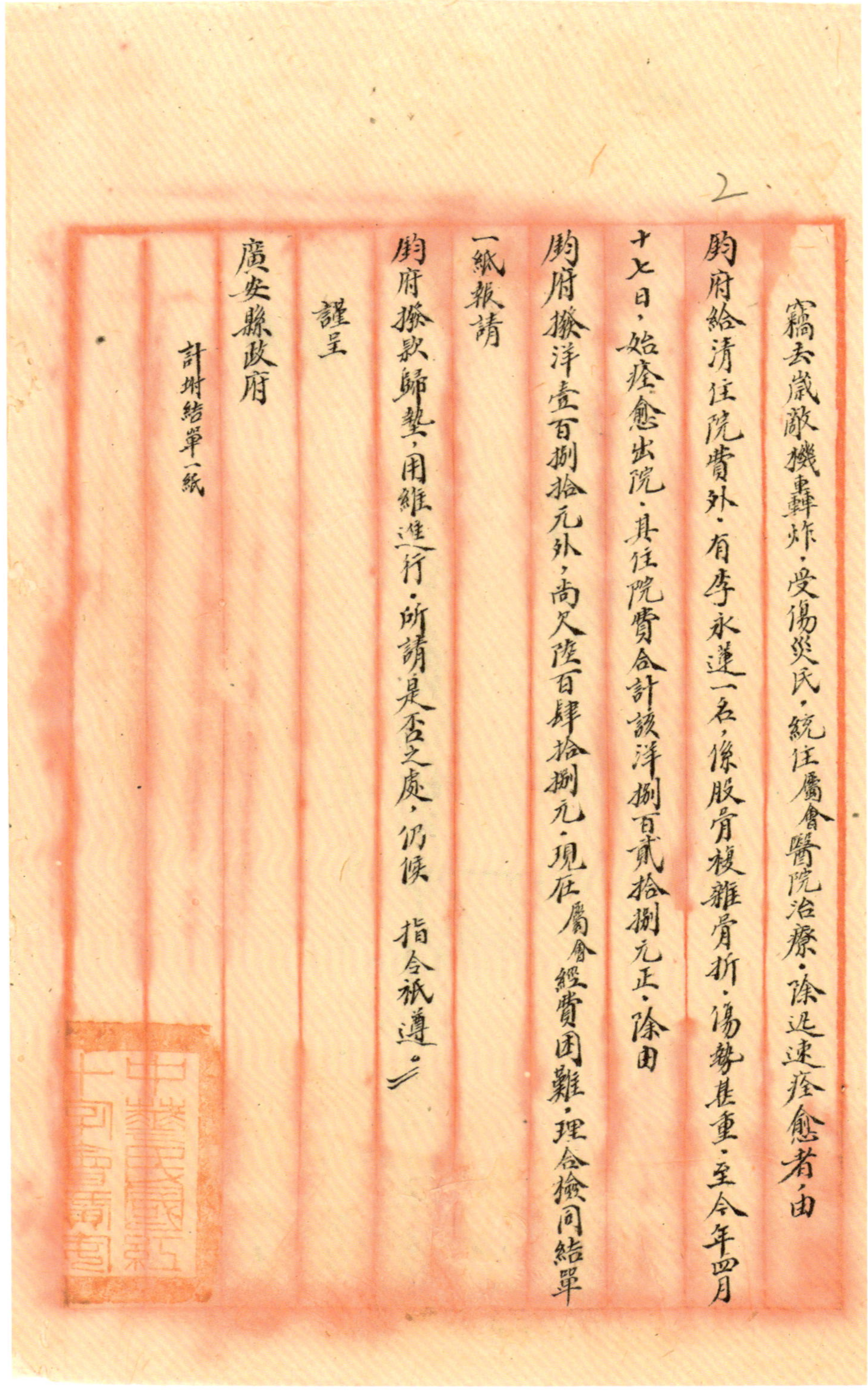
2

竊去歲敵機轟炸，受傷災民，統住廣會醫院治療，除迅速痊愈者，由
鈞府給清住院費外，有李永蓮一名，係股骨複雜骨折，傷勢甚重，至今年四月十七日，始痊愈出院，其住院費合計該洋捌百貳拾捌元正，除由
鈞府撥洋壹百捌拾元外，尚欠陸百肆拾捌元，現在廣會經費困難，理合檢同結單一紙報請
鈞府撥款歸墊，用維進行，所請是否之處，仍候　指令祇遵。
謹呈
廣安縣政府
計附結單一紙

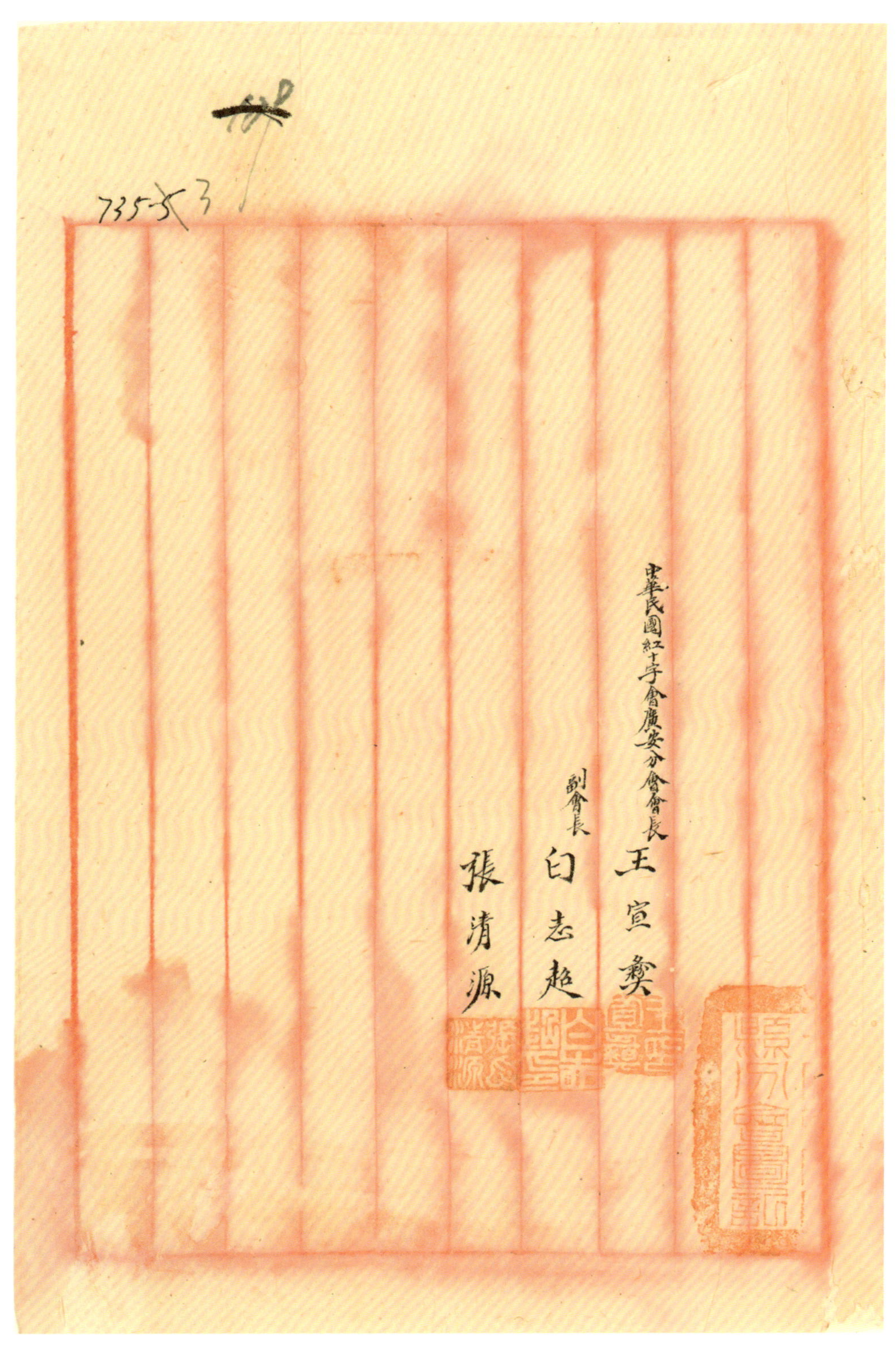

735-5 3

中華民國紅十字會廣安分會會長 王宣夔

副會長 臼志超

張清源

4

中華民國三十　四　月　日

中華民國紅十字會廣安縣分會圖記

民32140.

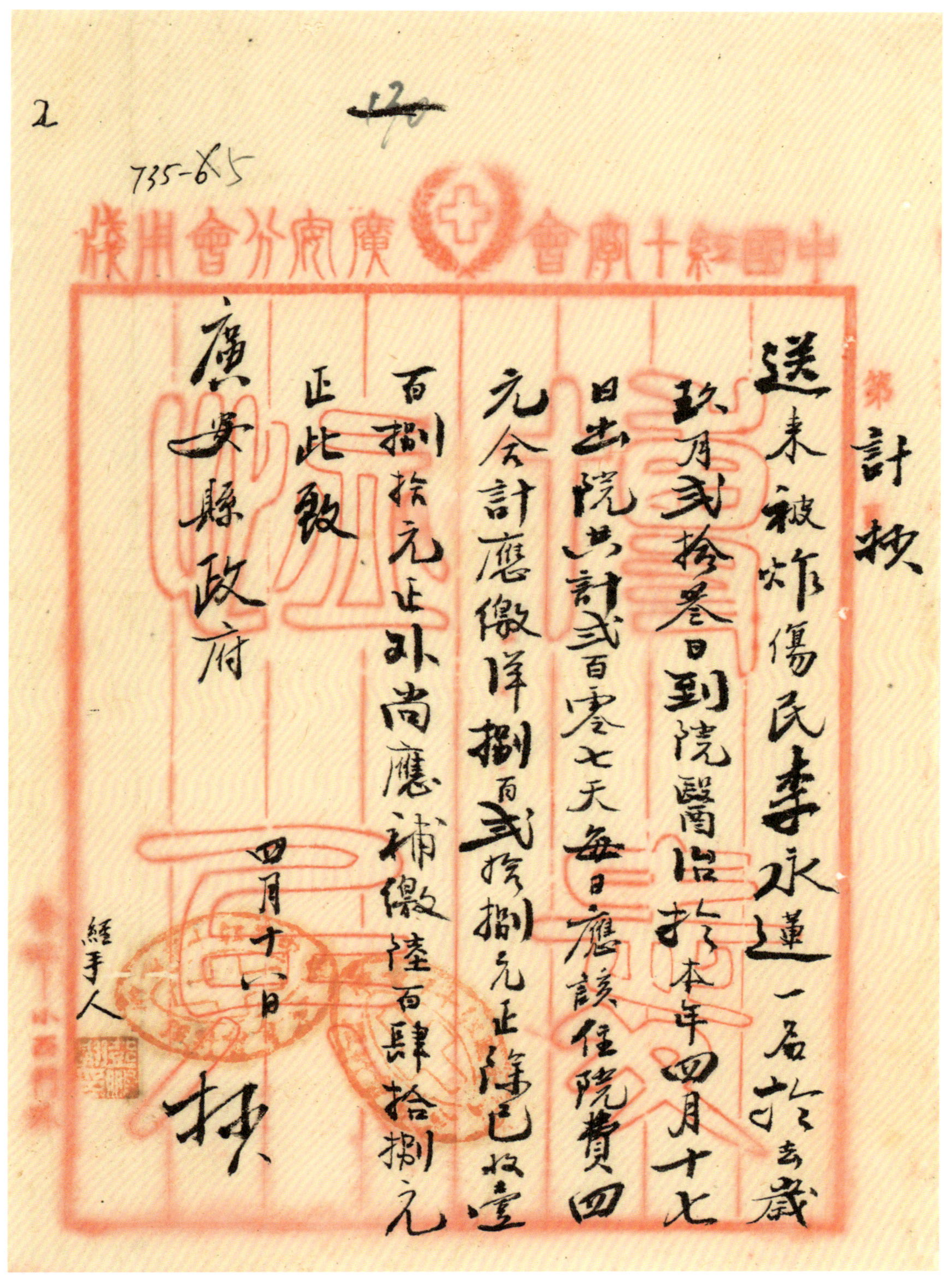

2

735-65

中國紅十字會廣安分會醫院

第　　計核

送來被炸傷民李永蓮一名於去歲玖月貳拾叁日到院醫治於本年四月十七日出院共計貳百零七天每日應該住院費四元合計應繳洋捌百貳拾捌元正除已收壹百捌拾元正外尚應補繳陸百肆拾捌元正此致

廣安縣政府

四月十八日

經手人　　核

四川省政府关于按规定填报城区公私立小学被炸情况调查表致广安县政府的指令（一九四一年六月十六日）

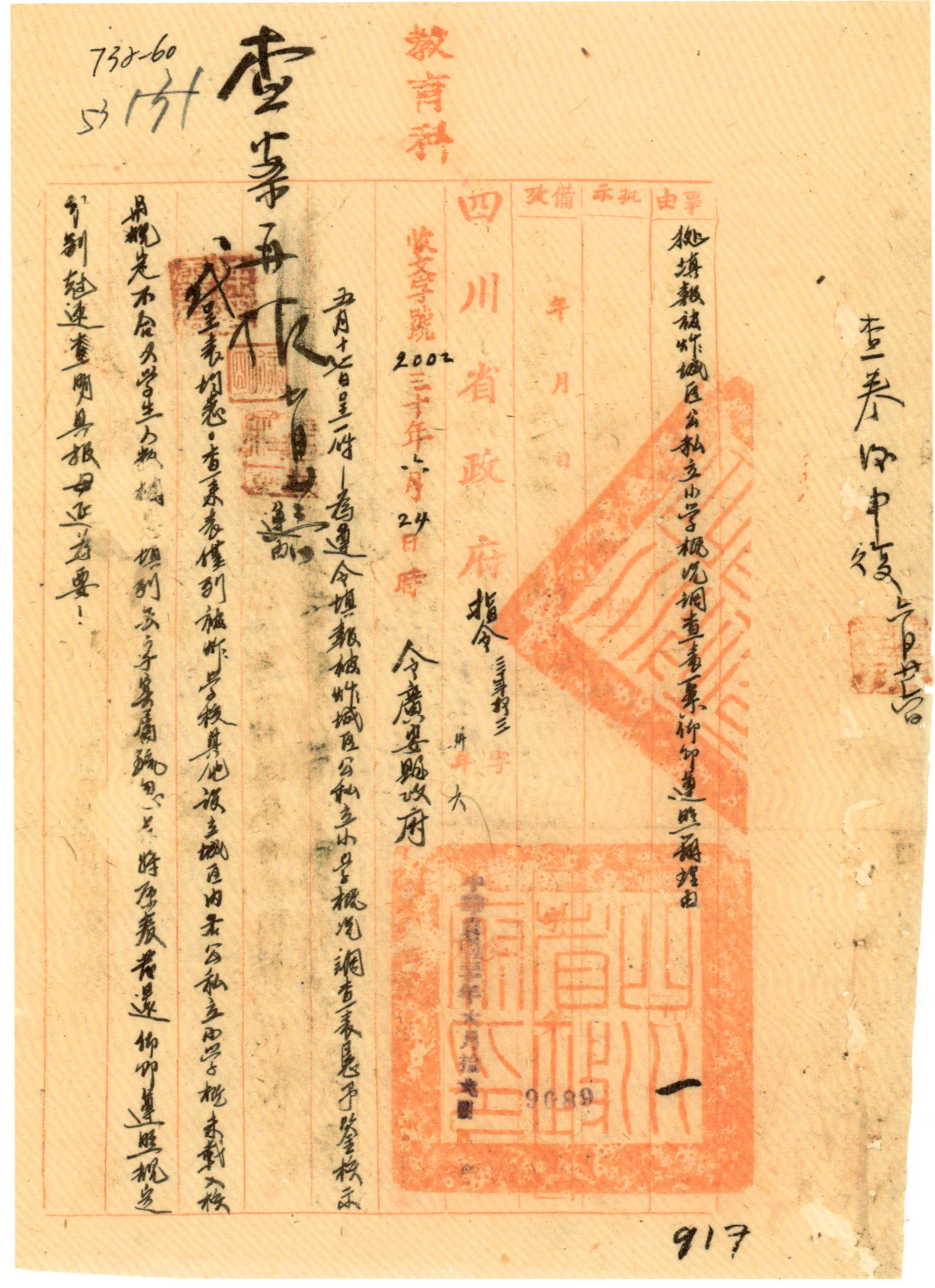
教育科

事由：據填報被炸城區公私立小學概況調查表一案飭即遵照辦理由

四川省政府指令 三十年教三字第 號

收文字號 2002 三十年六月24日時

令廣安縣政府

五月十七日呈一件，為遵令填報被炸城區公私立小學概況調查表恳予鉴核示遵由

呈表均悉。查原表僅列被炸學校，其他設立城區內之公私立學校概未載入，核與規定不合；又學生人數欄〔未〕填列，殊屬疏忽。茲將原表發還，仰即遵照規定分別趕速查明具報毋延為要！

54-158
732-61

附件：

計表格表一份。

兼理主席孫科

教育廳長郭有守

校對員萬伯良

監印李竹溪

广安县城厢镇公所关于请拨发抗属徐作春被炸安葬费致县政府的呈（一九四一年八月六日）

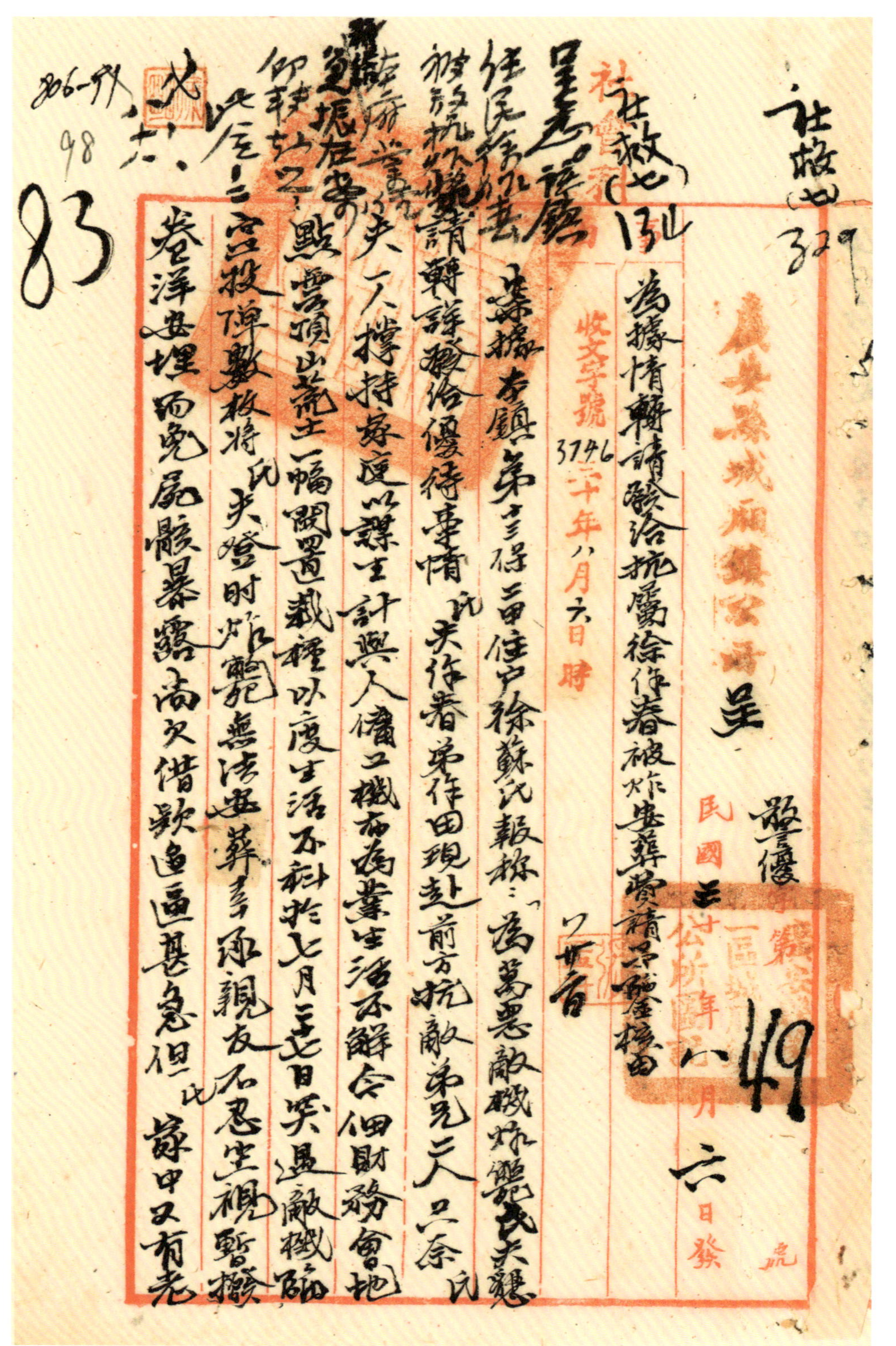
廣安縣城厢鎮公所 呈 警優字第 號
為據情轉請發給抗屬徐作春被炸安葬費請鑒核由
收文字號 3746 三十年八月六日時
民國三十年八月六日發

案據本鎮第十三保二甲住戶徐蘇氏報稱：「為萬惡敵機炸斃氏夫，懇請轉請發給優待事情。氏夫作春，弟作田現赴前方抗敵，弟兄二人，只余氏夫一人撑持家庭，以謀生計，與人傭工織布為業，生活不[illegible]，[illegible]財務會地點[illegible]頂山荒土一幅，闢置栽種，以度生活。不料於七月二十七日突遇敵機臨空投彈數枚，將氏夫登時炸斃，無法安葬，幸承親友不忍坐視，暫[illegible]卷洋安埋，而免屍骸暴露，尚欠借款追逼甚急，但氏族中又有老……

母年近七旬，下有子女三幼，闔家數口，生活無着，實屬令人寒心，人不忍聞。情迫不已，具實申明泣懇

鈞處原情鑒憐，賞准轉詳發給優待兩支，安理以免逼迫。如蒙允准，闔家眷老幼不勝沾感，頂祝不忘矣」。等情前來，經派該保保長傅茂軒查明，其弟作田確在第九戰區服務，該民家徒四壁，生活無着，屬實。現次該民夫徐作春被敵機炸死，殊堪憫惻，理合據情轉請

鈞府賑憐核發該民喪葬費，以示體恤而示道！

謹呈

縣長 王

鎮長 梁[illegible]簽

行政院赈济委员会关于复准备查遭空袭伤亡人数报告表致广安县政府的快邮代电

（一九四一年十月四日收）

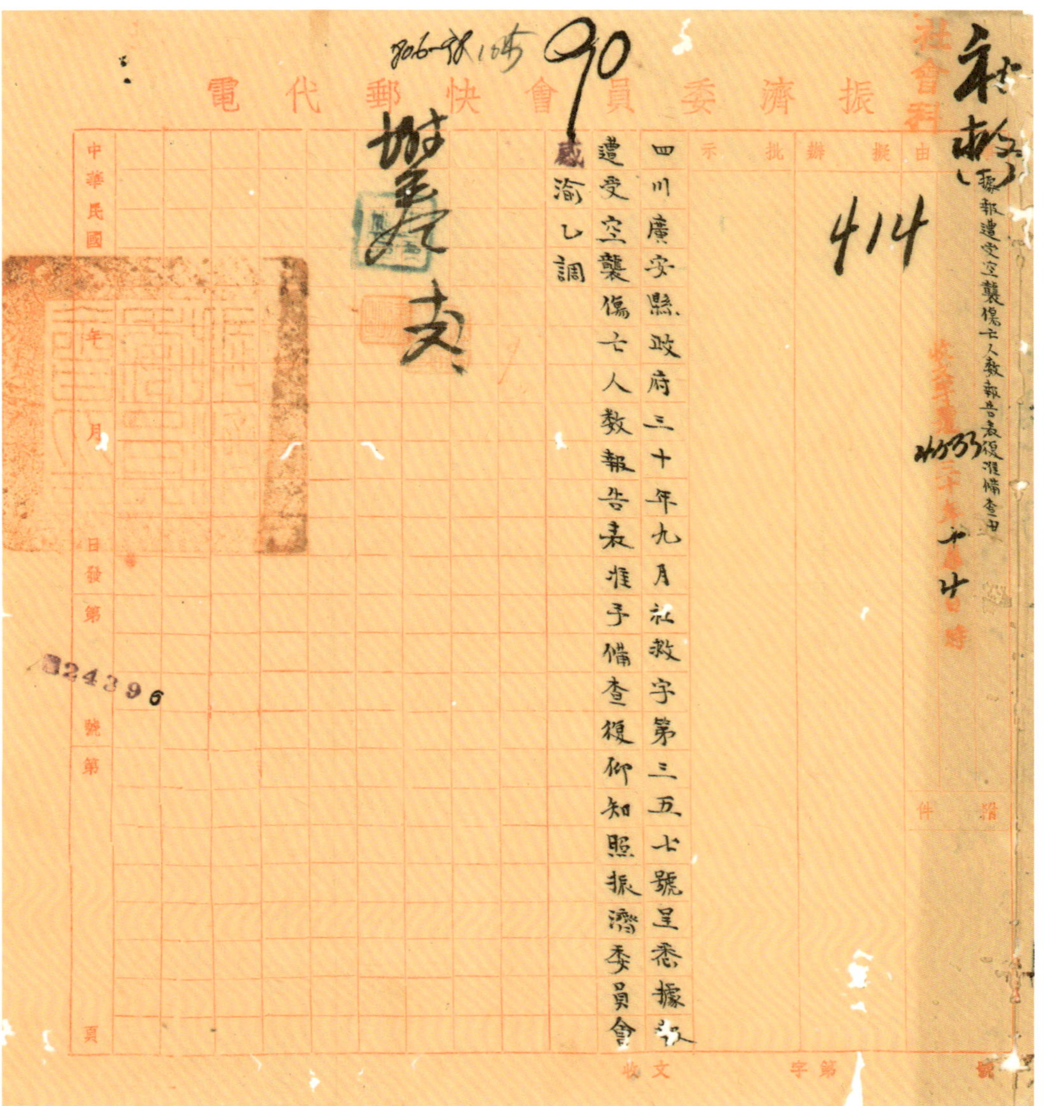

振濟委員會快郵代電

四川廣安縣政府三十年九月社救字第三五七號呈悉據敘遭受空襲傷亡人數報告表准予備查復仰知照振濟委員會感渝乙調

附：四川省广安县一九四〇年度遭受空袭伤亡人数报告表

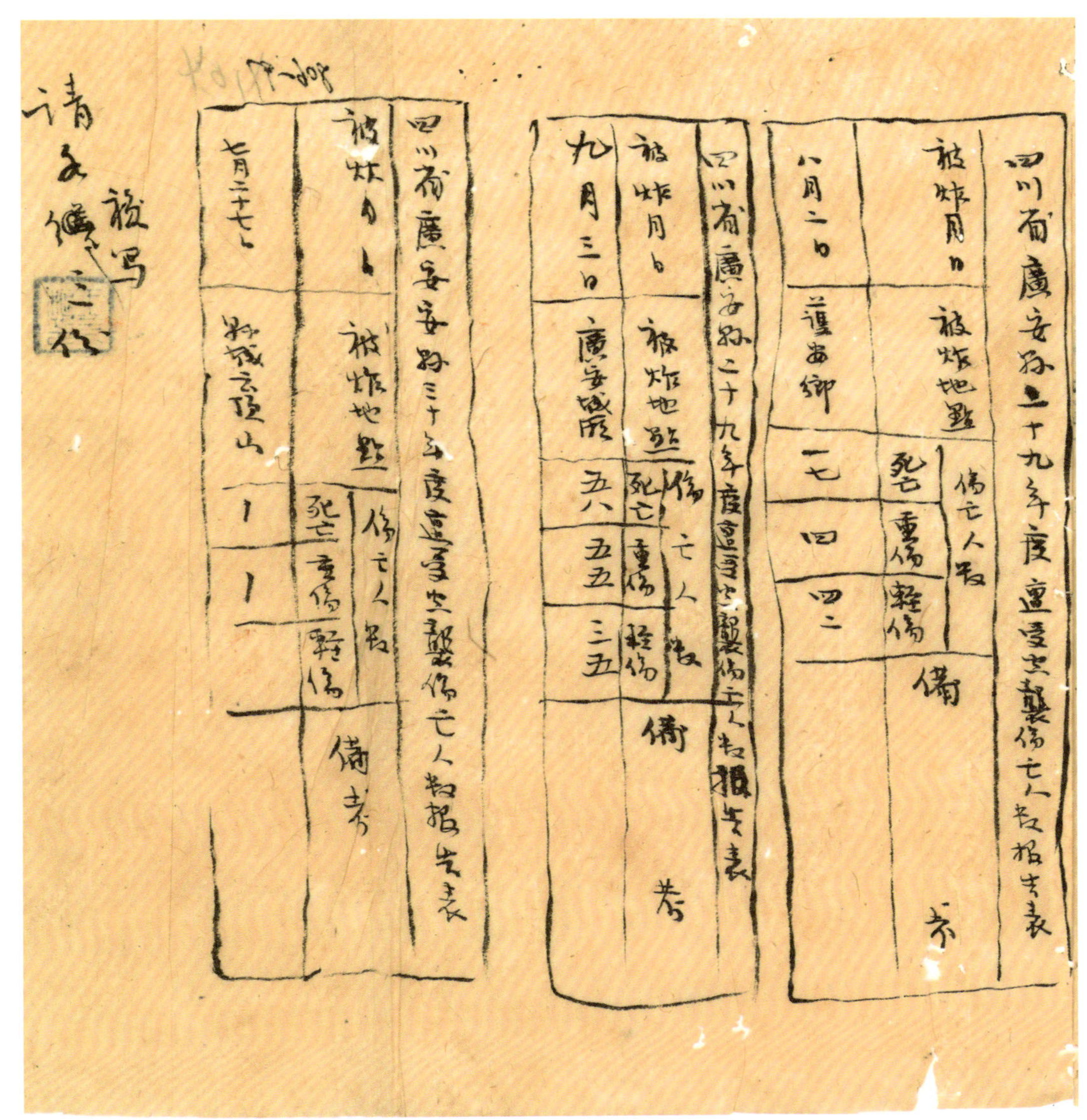

四川省廣安縣二十九年度遭受空襲傷亡人數報告表

被炸月日	被炸地點	傷亡人數			備考
		死亡	重傷	輕傷	
八月二日	護安鄉	一七	四	四二	

四川省廣安縣二十九年度遭受空襲傷亡人數報告表

被炸月日	被炸地點	傷亡人數			備考
		死亡	重傷	輕傷	
九月三日	廣安城廂	五八	五五	三五	

四川省廣安縣三十年度遭受空襲傷亡人數報告表

被炸月日	被炸地點	傷亡人數			備考
		死亡	重傷	輕傷	
七月二十七日	縣城云頂山	1	1		

請予備 核写

后 记

本书编纂工作在《抗日战争档案汇编》编纂出版工作领导小组和编纂委员会的具体领导下进行。四川省档案馆、广安市档案馆、广安市广安区档案馆非常重视本书的编纂出版工作，广安市广安区档案馆和广安市广安区地方志编纂中心共同参与了本书的编纂工作，四川省档案馆曾声珂、张晓芳、刘金霞等相关领导及专家审阅了书稿，提出了许多具体的指导意见和重要的修改意见。中华书局对本书的编纂出版给予了鼎力支持。谨向上述同志和单位致以诚挚的感谢！

编　者